Droit de la famille

COURS DALLOZ

Série Droit privé

Sous la direction de Marie-Anne Frison-Roche
Professeur à Sciences Po (Paris)

DROIT
DE LA FAMILLE

4e édition

2019

Dominique Fenouillet
Professeur à l'Université Panthéon-Assas (Paris II)
Directrice du Laboratoire de sociologie juridique

DALLOZ

DALLOZ

31-35, rue Froidevaux - 75685 Paris Cedex 14

ISBN 978-2-247-17815-5

Abréviations

AJ fam.	*Actualité juridique famille*
Bull. civ.	*Bulletin des arrêts de la chambre civile de la Cour de cassation*
C. civ.	Code civil
C. pén.	Code pénal
C. pens. retr.	Code des pensions civiles et militaires de retraite
C. pr. exéc.	Code des procédures civiles d'exécution
CEDH	Cour européenne des droits de l'homme
CESEDA	Code de l'entrée et du séjour des étrangers et du droit d'asile
Charte UE	Charte des droits fondamentaux de l'Union européenne
COJ	Code de l'organisation judiciaire
Consid.	Considérant
Const.	Constitution
Conv. EDH	Convention européenne de sauvegarde des droits de l'homme et des libertés fondamentales
C. pr. civ.	Code de procédure civile
C. pr. pén.	Code de procédure pénale
C. pr. exéc.	Code des procédures civiles d'exécution
CASF	Code de l'action sociale et des familles
CSP	Code de la santé publique
D.	*Recueil Dalloz*

DDH	Déclaration des droits de l'homme et du citoyen de 1789
Décr.	Décret
DP	*Recueil périodique et critique mensuel*
Dr. fam.	*Droit de la famille*
DUDH	Déclaration universelle des droits de l'homme du 10 décembre 1948
Gaz. Pal.	*La Gazette du Palais*
JCP	*Juris-Classeur périodique, édition Générale*
L.	Loi
Ord.	Ordonnance
RDC	*Revue des contrats*
RTD civ.	*Revue trimestrielle de droit civil*

INTRODUCTION

1 La famille, nœud de vipères ou doux cocon, laisse rarement indifférent. Ses partisans évoquent ses repas et ses fêtes, un certain air de famille, conservent ses souvenirs. Ses détracteurs préfèrent vivre d'amour et d'eau fraîche, « sans » plutôt que « en » famille, réprouvent ses secrets, haïssent ses volets clos, dénoncent des slogans associés à de tristes heures... Reste à comprendre pourquoi les jeunes gens de 15 à 25 ans la célébraient et la hissaient au sommet de leurs valeurs lors d'une consultation nationale opérée en 1994[1]. Et, plus généralement, à tenter d'expliquer la permanence du phénomène familial : quels que soient les pays, les époques, les individus, etc., la famille existe. Sur cette voie, il conviendra de présenter ce phénomène permanent qu'est la famille (**§ 1**) avant de présenter l'institution familiale (**§ 2**) puis le droit familial (**§ 3**).

§ 1. Le phénomène familial

2 Appréhender le phénomène familial est d'autant plus difficile que la notion de famille est floue. Très approximativement, il est possible de la définir comme un groupe de personnes, qui peuvent être liées par le sang, l'alliance ou la vie commune. La difficulté

1. Consultation opérée auprès des jeunes gens âgés de 15 à 25 ans.

vient de ce qu'il n'existe pas « une » mais « des » familles, variant selon les temps, les lieux, les individus concernés, les questions considérées... Cette diversité est d'autant plus remarquable que, dans le même temps, le phénomène est d'une grande permanence (**A**), ce qu'expliquent aisément les diverses fonctions remplies par la famille (**B**).

A. La permanence du phénomène

1. L'intemporalité dans la diversité

3 À *Rome*, la *gens* patriarcale réunissait tous les descendants mâles d'un même auteur sous la *potestas* du *paterfamilias* au sein d'une famille qui jouait un rôle économique et politique important, jusqu'à son effondrement, à partir du IIe siècle avant Jésus Christ (sous l'influence de multiples facteurs). Elle sera progressivement remplacée sous l'influence du christianisme[1], par la *domus* (ou *familia*, c'est-à-dire le groupe de ceux qui vivent sous le même toit), cette famille fondée sur le mariage (conçu comme une union sacrée) et placée sous l'autorité du mari-père de famille, autorité que ce dernier doit exercer dans l'amour et le respect mutuel.

L'*Ancien Droit* connaîtra une évolution comparable : la famille s'inspire dans un premier temps du clan patriarcal[2] germanique ; mais l'acquisition par l'Église de la juridiction sur le mariage et la filiation au IXe siècle favorisent dans un second temps l'expansion du modèle chrétien (rejet de la famille naturelle, c'est-à-dire celle qui résulte des relations hors mariage, adoucissement de l'autorité paternelle). Cohabitent alors plusieurs figures familiales, comme le lignage (la parenté légitime) et la mesnie (la vie commune).

L'édit de novembre 1787 sera une date déterminante : en octroyant aux protestants le droit de se marier devant l'autorité civile, il contribue à la perte d'influence de l'Église sur la famille. La sécularisation du mariage par la Révolution (Décr. 20 sept. 1792) s'en inspirera.

1. Avec Constantin, au Ve siècle après Jésus-Christ.
2. Où la femme est achetée au père et soumise au pouvoir du mari, qui peut notamment la répudier.

Les philosophes du *XVIIIe siècle*, en encensant une famille nucléaire, où règnent la liberté et l'égalité (liberté du divorce, liberté de l'union, libre accueil des enfants naturels, etc.) prépareront la voie aux réformes *révolutionnaires*. Divorce par consentement mutuel et incompatibilité d'humeur, droits des enfants naturels, contrôle de la puissance paternelle, cessation de cette puissance à 21 ans, égalité des enfants, etc. : la liberté et l'égalité seront effectivement à l'honneur dans la famille tricolore. Mais pour peu de temps : *1804* marquera le retour en force de conceptions plus traditionnelles et plus conformes à l'autoritarisme bonapartiste. Et il faudra attendre le milieu du XXe siècle pour voir consacrer les principes républicains au sein de la famille.

2. L'universalité dans la diversité

4 *La famille existe partout* : au nord comme au sud, en orient comme en occident, sous tous les climats et toutes les civilisations.

Mais cette universalité du phénomène familial ne doit pas masquer l'*extrême diversité* des familles ainsi recensées en un même temps sur la planète : quel rapport existe-t-il entre la famille étendue de la Méditerranée et la famille nucléaire du nord, entre celle fondée sur le mariage monogame et celle naissant de l'union polygame ou du concubinage, entre celle accueillant les couples homosexuels et celle les excluant, entre celle où la répudiation permet unilatéralement de dissoudre le lien conjugal et celle où le divorce est enserré dans des limites de fond et de procédure, entre celle qui accueille l'enfant naturel comme l'enfant légitime et celle qui se ferme aux premiers, entre celle qui partage l'autorité entre père et mère et la contrôle et celle qui vit sous une puissance exclusive, etc. ?

5 Cette diversité du phénomène familial se constate à tous égards : organisation patrimoniale et personnelle, rapports de couple ou de parenté, constitution et fonctionnement ou dissolution. Et les facteurs en sont trop multiples pour les énumérer de façon exhaustive : climat[1], considérations religieuses[2] ou philosophiques

1. Pour Montesquieu, la polygamie était affaire de climat, de sang chaud ou froid.
2. V. ainsi la grande diversité d'approche du divorce, de l'union libre, de la polygamie, du mariage homosexuel, etc., selon le poids de la religion catholique, protestante, islamique, etc.

ou culturelles, facteurs sociaux[1], politiques ou économiques, influence de facteurs démographiques[2], de représentations sexuelles...

B. Les fonctions de la famille

6 Cette permanence et cette diversité du phénomène familial se comprennent aisément au regard des diverses fonctions que la famille a assumées et – ou – assume encore aujourd'hui. Leur identification atteste que la famille est d'importance, tant pour l'individu que pour le groupe.

1. Diversité des fonctions familiales

7 Si on laisse de côté la fonction religieuse qu'elle joue éventuellement, il semble possible d'identifier plusieurs types de fonctions que la famille assume plus particulièrement.

Des fonctions anthropologiques, liées à la condition humaine. « Le sexe et la procréation sont premiers » disait très justement Jean Carbonnier. La famille joue d'abord, dans cet ordre, un rôle de reproduction biologique : elle est facteur de natalité parce qu'une femme-célibataire conçoit moins d'enfant qu'une femme vivant « en couple », pour des raisons évidentes, matérielles et affectives. C'est ce qu'exprime la fameuse formule de Portalis, « les familles sont la pépinière de l'État ». La famille joue ensuite une fonction spirituelle, qui prolonge cette fonction biologique et se réalise quant à elle dans l'ordre symbolique : par l'enracinement de l'homme, qu'elle situe dans le temps, en le replaçant dans la lignée de ses ancêtres (elle lui donne ainsi des racines dans le passé) et de ses descendants (elle le projette ainsi dans l'avenir), la famille permet à l'homme de dépasser sa condition de mortel. On invoque ainsi l'ancrage du sujet dans l'espèce humaine par la filiation, cet enjeu essentiel du principe généalogique[3]. Enfin, et cette fonction semble toujours plus perceptible à l'époque contem-

1. Les différentes classes sociales ne pratiquent pas les mêmes types de divorce, peuvent être plus ou moins hostiles à l'union libre, etc.
2. La cohabitation juvénile est une pratique bien particulière.
3. P. Legendre, *L'inestimable objet de la transmission, Étude sur le principe généalogique en Occident*, Fayard, 1983.

poraine, la famille permet la réalisation du sujet dans l'ordre affectif. Cela tient d'abord au fait que la famille a été, et reste, un lieu de satisfaction sexuelle : l'ordre familial impose, autorise ou interdit – c'est selon – les relations sexuelles. Cela tient ensuite au fait qu'elle tend aujourd'hui de plus en plus à permettre au sujet d'assouvir sa soif de parenté, son désir d'enfant. Au-delà du couple et de la parenté (au sens étroit), la famille permet à l'individu de parvenir au bonheur, à l'épanouissement personnel : épanouissement du sujet dans le couple, épanouissement du sujet dans la parenté, épanouissement que la société a longtemps surtout rattaché à la maternité et que l'époque contemporaine exalte aussi aujourd'hui dans la paternité.

Des fonctions économiques. La famille a joué, ou joue encore dans d'autres pays, une fonction de production économique, mais celle-ci est assez réduite aujourd'hui sous nos climats[1]. La famille reste en revanche la première cellule de consommation. Elle encourage le travail et l'épargne des adultes conscients de leurs responsabilités à l'égard de leurs enfants. Elle assure l'éducation économique des enfants. Elle permet la transmission des biens.

Des fonctions sociales. La famille réunit ce qui ne serait à défaut que « poussière d'individus »[2] : elle est le premier maillon de la société, un facteur irremplaçable de cohésion sociale. Elle permet *l'apprentissage* de l'autorité[3] et de la solidarité[4] et, plus généralement, la transmission des valeurs républicaines (liberté, égalité, fraternité) : elle est, ainsi, facteur de socialisation de l'enfant. Par cette fonction éducative, associée à la fonction économique de transmission des biens, elle est encore facteur de reproduction sociale, tant il est vrai que les familles ne se mêlent pas toujours, ce qui participe à la fois à la stabilité bienfaisante et à la sclérose desséchante de l'ordre social. La famille est enfin *la première source de solidarité*, en permettant la prise en charge patrimoniale et personnelle des faibles, quelle que soit la cause de

1. Les entreprises familiales sont rares dans le monde économique moderne.
2. Josserand.
3. Les psychiatres insistent sur les rapports entre délinquance et image paternelle : l'autorité du père, qui incarnerait la loi, serait psychologiquement essentielle à la construction de l'individu.
4. Le partage familial préfigure le partage social.

leur faiblesse (âge, maladie, chômage, etc.). Et son importance est, de ce point de vue, considérable : les statistiques indiquent ainsi que la famille est facteur de longévité, car les structures familiales offrent une protection précieuse contre l'adversité, si bien que l'homme entouré d'une famille vit plus âgé que l'homme seul.

2. Enjeux collectifs et individuels sous-jacents

8 De telles fonctions confèrent à la famille une *importance de premier plan*, pour l'individu comme pour le groupe. La famille est un *lieu irremplaçable pour le sujet*, qu'elle inscrit dans le temps et l'espace et insère dans un groupe humain *a priori* bienveillant. Mais elle constitue aussi, à plus d'un titre, *un appui essentiel pour l'État*, par exemple en lui évitant la charge des faibles, en assurant l'éducation de l'enfant, etc. Et il arrive également qu'elle constitue *un rempart contre l'État*, et plus généralement contre les pouvoirs, un refuge où chacun est assuré de trouver l'intimité, la solidarité, le particularisme, un lieu de résistance, le cas échéant, qui combat l'embrigadement. Cette fonction libératrice et protectrice, que l'on mesure mal en temps de paix, est pleinement à l'œuvre dans les heures sombres d'un pays : dictature, guerre, cataclysme naturel, etc.

Se mêlent ainsi bien souvent *considérations d'intérêt général et considérations d'intérêt privé* : la prise en charge des faibles profite directement à ceux-ci et indirectement au groupe entier, qu'elle dispense d'un poids qui peut s'avérer très lourd. Il n'en demeure pas moins que certaines des fonctions de la famille semblent tendre plutôt à l'intérêt général, quand d'autres semblent relever plutôt de l'intérêt privé, encore que la différence est sans doute de degré plus que de nature. La fonction de reproduction biologique, les fonctions économiques, ou encore les fonctions de constitution du lien social, d'intégration sociale, et de solidarité profitent ainsi tout particulièrement à la société, quand la fonction affective du lien de famille semble surtout bénéficier au sujet.

9 *L'identification de ces fonctions est essentielle.* Ce sont d'elles, en effet, que dépend la définition de la famille (qu'est-ce qui fait famille : est-ce l'engendrement, la volonté, l'union sexuelle, etc. ?) et la détermination de son régime juridique : la solidarité repose

plutôt sur une famille soudée dans l'instant et stable dans le temps ; le droit au bonheur conduit davantage à une famille choisie et instable. L'essentiel, ici comme ailleurs, est de mesurer *les enjeux de l'objet juridique.*

Or cette mesure est inévitablement délicate, la famille étant, comme on l'a vu plus haut, un phénomène *contingent* : selon le lieu, le temps, selon les individus aussi, la famille sera plutôt dotée de telle ou telle fonction, tel rôle pouvant perdre à une époque son caractère bénéfique ou sa légitimité, quand tel autre peut à l'inverse apparaître et se développer.

La fonction de reproduction biologique a ainsi longtemps inspiré une politique familiale destinée à remédier à la crise de la natalité qui affecte certains pays ; mais elle est aujourd'hui discutée, en raison d'une part du scepticisme parfois manifesté quant à l'effectivité des politiques familiales sur la démographie (à tort si l'on en croit divers éléments[1]), d'autre part des discussions entre démographes, les uns s'inquiétant des conséquences d'une augmentation de la natalité en période de crise économique, sociale, écologique (chômage, dérapage des dépenses de santé, pillage des ressources naturelles, etc.), quand les autres insistent sur cet enjeu vital pour assumer le poids des retraites dans un pays vieillissant.

La fonction normative traditionnelle de la famille dans l'ordre sexuel (satisfaction des besoins sexuels et encadrement des relations sexuelles) est elle aussi fortement contestée à l'époque contemporaine, la liberté de la vie privée portant certains à revendiquer une absolue liberté des mœurs sexuelles. L'argument pèche par excès : pourquoi cette liberté devrait-elle être absolue ? L'apport des sciences humaines, qui rappellent à la fois la contingence et l'importance des interdits sexuels, devrait conduire à une double prudence : conscience de la relativité des tabous certes, mais conscience aussi de la nécessité des tabous. Pour ne prendre

1. On prétend parfois que la décision d'avoir un enfant relèverait de choix personnels sur lesquels l'État n'aurait pas de pouvoir. L'affirmation est contredite par diverses indications : les études faites en Europe confirment l'existence d'une étroite corrélation entre politique familiale et natalité ; le modèle social français est, sur ce plan, de tout premier ordre, et on lui impute le taux de fécondité assez remarquable des femmes françaises, qui peuvent concilier vie professionnelle et vie familiale, notamment grâce à des structures sociales bien agencées, mais aussi grâce à des prestations familiales et aides sociales traditionnellement généreuses.

qu'un exemple, celui de la prohibition de l'inceste, on peinera à suivre ceux qui la contestent aujourd'hui alors que sa fonction sociale instituante est confirmée par les travaux des anthropologues qui ont montré que l'interdiction réalisait le passage de la nature à la culture, de l'instinct sexuel à la norme sociale, l'interdiction d'épouser sa mère et sa sœur fondant l'échange des femmes et participant ainsi à la constitution de l'ordre social.

10 Une fois admis que les fonctions de la famille sont multiples, diverses dans l'espace et variables dans le temps, se pose la question de savoir quelles sont *aujourd'hui* les fonctions que la société attache à la famille.

A priori, la fonction d'épanouissement individuel semble prendre une importance grandissante dans la société contemporaine : l'essentiel aujourd'hui résiderait dans *la fonction affective* du lien de famille. Les discussions qui ont entouré l'ouverture du mariage aux couples homosexuels ont été de ce point de vue très significatives : soutenir que le mariage doit accueillir les couples homosexuels parce qu'ils s'aiment comme les autres couples revient en effet implicitement à faire de l'amour le fondement de l'institution matrimoniale. Et cette ligne de force semble traverser plus généralement tout le droit de la famille : l'amour serait devenu l'essentiel, sous toutes ses formes, amour conjugal, amour sexuel, amour parental, amour fraternel, etc. Ce qui revient à attacher au lien de famille une fonction essentielle subjective et individuelle : permettre au sujet de s'épanouir, de se réaliser dans sa relation personnelle à autrui[1].

Pareille conception de la famille laisse *sceptique*. Elle gomme l'enjeu patrimonial : la famille est aussi répartition des richesses, transmission des biens. Elle escamote ensuite la signification temporelle : la famille fondée sur l'amour fluctue au gré de la précarité des sentiments. Elle efface également la portée collective : fondé sur l'amour, le lien de famille n'a guère de raison de rayonner au-delà des deux intéressés. Elle tend à l'instrumentalisation des êtres, chacun n'existant plus que dans et par le désir de l'autre.

1. Le lien de famille n'est pas le seul à évoluer ainsi, le travail est un autre exemple de ce besoin individuel généralisé de réalisation de soi.

Elle conduit enfin à se demander ce que vient faire le droit en pareil terrain subjectif. Le sentiment ne relève-t-il pas, traditionnellement, d'autres ordres normatifs, le religieux, le moral, l'affectif, etc. ? Est-il bien raisonnable de fonder le lien familial sur l'amour, quand ce sentiment ambivalent, fluctuant, renvoie à des réalités aussi variables et insaisissables que le désir d'un soir ou l'amour d'une vie, le dérèglement psychique des passions ou l'amour construit par la vie, patiemment préservé, voire raisonné ?

On observe d'ailleurs que *l'évolution n'est sans doute pas linéaire*. Certes, la tendance est plutôt à l'essor de cette fonction subjective et au déclin des fonctions d'intérêt général, traditionnellement assumées par la famille, et qui sont souvent transférées à l'État dans la société contemporaine : l'éducation des enfants, les secours aux indigents, les soins aux malades, la prise en charge des chômeurs ont ainsi progressivement été prises par l'État. Mais la crise de l'État providence, crise politique et économique tout à la fois, n'augure-t-elle pas un renversement de tendance et un retrait de l'État, rendant cruciale la question de savoir si la famille est prête à assumer à nouveau ses fonctions collectives ? On se référera sur ce point à l'évolution des conditions de vie des jeunes adultes : alors qu'ils quittaient autrefois le nid familial au plus tôt, ils y restent bien souvent plus volontiers aujourd'hui, voire y reviennent à la trentaine au gré des divorces et des pertes d'emploi. Le phénomène n'est pas propre à la France. Il révèle les interactions constantes existant entre individu, famille et société.

11 Cette ambivalence de la famille, entre intérêt général et intérêt individuel, se retrouve dans les textes juridiques.

L'alinéa 10 du préambule de la Constitution de 1946, selon lequel « La Nation assure à l'individu et à la famille les conditions nécessaires à leur développement », ou encore l'article 16 de la Charte sociale européenne signée à Turin le 18 octobre 1961 [1], et

1. « En vue de réaliser les conditions de vie indispensables au plein épanouissement de la famille, cellule fondamentale de la société, les parties contractantes s'engagent à promouvoir la protection économique, juridique et sociale de la vie de la famille, notamment par le moyen de prestations sociales et familiales, de dispositions fiscales, d'encouragement à la construction de logements adaptés aux besoins des familles, d'aides aux jeunes foyers, ou de toutes autres mesures appropriées ».

plus près de nous l'article 1er de la loi du 25 juillet 1994, qui proclame que « la famille est une des valeurs essentielles sur laquelle est fondée la société. C'est sur elle que repose l'avenir de la nation », reflètent remarquablement les enjeux sociaux de la question familiale.

Mais l'essentiel, aujourd'hui, est ailleurs : dans les droits fondamentaux. La famille est devenue un droit de l'homme, comme le proclament divers textes : l'article 16, § 3, de la Déclaration universelle des droits de l'homme (« la famille est l'élément naturel et fondamental de la société et a droit à la protection de la société et de l'État »), l'article 23 du Pacte des droits civils et politiques (« le droit de se marier et de fonder une famille est reconnu à l'homme et à la femme à partir de l'âge nubile »), les articles 8 et 12 de la Convention européenne des droits de l'homme (« toute personne a droit au respect de sa vie (...) familiale » ; « à partir de l'âge nubile, l'homme et la femme ont le droit de se marier et de fonder une famille selon les lois nationales régissant l'exercice de ce droit »), les articles 7, 9 et 33 de la Charte des droits fondamentaux de l'Union adoptée le 12 décembre 2007 (droit au respect de la vie familiale, droit de se marier et de fonder une famille, droit à la conciliation de la vie professionnelle et familiale)[1], ou encore les nombreuses dispositions de la Convention des Nations Unies sur les droits de l'enfant concernant la matière familiale.

Mais il n'est alors plus question du phénomène familial : c'est l'objet juridique que ces textes dessinent.

§ 2. L'institution familiale

12 Définir l'institution familiale contemporaine est difficile. C'est que la famille contemporaine est « incertaine » : parce que la société hésite sur les fonctions qu'il convient d'attribuer à la famille, le système juridique peine à définir *ce qu'est une famille*. La notion renvoie à l'idée *d'un groupe de personnes unies par des liens interindividuels*, mêlant ainsi individuel et collectif. Il serait d'ailleurs

1. L'article 6 du Traité de Lisbonne du 13 décembre 2007 lui reconnaît la même valeur juridique qu'aux traités.

sans doute préférable aujourd'hui de parler « des » familles, tant la notion est plurielle et désigne des réalités variables, ce que les expressions attestent : famille monoparentale, famille recomposée, famille homosexuelle, etc. L'incertitude de la notion (**A**) frappe d'autant plus qu'elle contraste avec la constance de l'évolution (**B**), consistant à développer les valeurs individuelles de liberté et d'égalité, la cohésion et la stabilité du groupe familial s'effaçant corrélativement.

A. Une notion incertaine

13 Le Code civil n'employait le terme de « famille », en 1804, que pour fixer la composition du *conseil de famille*, cet organe tutélaire de protection des majeurs et des mineurs. Et il ne connaissait qu'une famille à l'époque, *la famille légitime* (c'est-à-dire celle qui découlait du mariage), rejetant dans le non droit ces « conjonctions vagues et illicites » qu'évoquait Portalis pour désigner le concubinage. Le Code civil emploie aussi aujourd'hui le mot lorsqu'il consacre l'« intérêt de la famille ». Et le flou de cette notion-cadre en dit long des incertitudes notionnelles : il est bien difficile de déterminer les individus qu'une famille relie et le groupe qu'elle assemble ainsi. L'analyse atteste qu'il n'existe sans doute plus aujourd'hui « une » mais bien « des » familles, au gré des droits et des individus. La seule certitude tient dans le fait que la famille-groupe s'est effacée derrière les liens interindividuels de famille.

1. L'effacement du groupe familial

14 Traditionnellement, la famille est groupe : le mot désigne l'ensemble des personnes reliées entre elles par un rapport de parenté ou d'alliance (sur ces deux notions, v. ss 16). Elle apparaît encore sous cette forme en droit contemporain : la loi soustrait *la résidence de la famille* au pouvoir de gestion unilatérale des époux (art. 215, v. ss 145), détermine les règles de dévolution *du nom de famille* (art. 311-21 s. ; v. ss 662) ; la jurisprudence préserve *les souvenirs de famille* (v. ss 704) ; le droit organise, le cas échéant, la tutelle avec un *conseil de famille*, qui réunit les membres de la famille du mineur ou du majeur (parents et alliés). Mais on observe aussitôt que la tutelle fait aujourd'hui sa place, aux côtés

des parents et alliés, à « l'entourage » du majeur (art. 456, al. 1 et 2), à tous ceux qui entretenaient des relations habituelles avec les parents de l'enfant mineur ou ont des « liens affectifs » avec lui (art. 399), ce qui atteste que la logique familiale institutionnelle est concurrencée par une logique affective et que les liens juridiques cèdent aux situations factuelles. Toutes choses très révélatrices du déclin de la famille-groupe, déclin qui ne procède d'ailleurs sans doute pas seulement de considérations idéologiques – l'essor de l'individualisme – mais tient peut-être aussi à la difficulté technique qu'il y a à saisir ce groupe.

La première technique permettant de l'appréhender consiste à doter la famille de *la personnalité morale*. Cette idée suscita en son temps la controverse doctrinale[1]. Elle peut expliquer quelques solutions positives[2] ou fonder encore des nouveautés[3]. Mais elle souffre du discrédit lié à l'époque qui la vit naître et, surtout, échoue sur la difficulté qu'il y a à fixer les contours de cette personnalité et à en déterminer les organes : quels en seraient les membres ? ; quelle en serait la capacité ? ; qui pourrait donc parler en son nom ? Ces difficultés expliquent sans peine le droit contemporain, qui préfère user de cette notion-cadre qu'est *l'intérêt de la famille* lorsqu'il entend prendre en considération la famille-groupe. Il s'y réfère parfois explicitement : l'intérêt de la famille constitue ainsi le critère guidant le changement de régime matrimonial (art. 1397, v. ss 152), ou fondant d'éventuelles mesures judiciaires de crise (art. 217, 220-1, v. ss 149). Mais dans bien des cas, il n'est que sous-jacent à la règle de droit : la protection du logement de la famille ne peut ainsi s'expliquer que par le souci de protéger la stabilité du nid familial (art. 215, v. ss 145). Surtout, il faut reconnaître que l'intérêt de la famille est, lui aussi, difficilement saisissable. La jurisprudence considère qu'il ne se résume pas à l'addition des intérêts individuels et qu'il permet

1. Savatier, *D.* 1939, chron. 49.
2. Ainsi du régime matrimonial (c'était l'objet de la thèse du doyen Carbonnier), ainsi du statut jurisprudentiel des souvenirs de famille...
3. Elle permettrait d'agir en justice pour le respect du droit à l'honneur (Mazeaud, par L. Leveneur, *Leçons de droit civil*), pourrait fonder la protection d'un patrimoine familial (actuellement bien mal préservé, V. ss 702), permettrait la représentation politique des familles, etc.

de dépasser les égoïsmes de chacun[1] ; mais elle peine à définir positivement ce qu'il faut entendre par là.

On comprend alors que le droit contemporain, plutôt que de saisir la famille-groupe, préfère appréhender les différents liens interindividuels de famille.

2. La diversité des liens inter-individuels

15 **La détermination des liens.** La famille contemporaine s'appuie sur des liens de famille que le droit reçoit depuis de longs siècles, mais il accueille aussi des liens apparus plus récemment, dont on ne sait pas toujours s'ils sont de droit ou de fait, simple attache interindividuelle ou véritable lien familial.

16 **Parenté et alliance.** La famille se constitue traditionnellement dans deux ordres. Dans l'ordre vertical, elle repose sur un lien élémentaire, le lien de filiation. Dans l'ordre horizontal, elle associe les alliés et assimilés.

La parenté. La famille repose principalement sur *le lien élémentaire de filiation*, ce lien qui aujourd'hui rattache généralement l'individu à ses auteurs biologiques. Mais le droit y agrège aussi la filiation qui procède de *l'adoption* : quelle que soit la différence dans la source du lien (nature ou artifice, réalité biologique de l'engendrement ou volonté d'être parent, titre formel ou décision de justice constitutive, etc.), il s'agit dans les deux cas de liens de filiation, *inscrivant le sujet dans un ordre généalogique.* En outre, et en additionnant les liens successifs de filiation existant entre individus, le droit consacre *le lien de parenté* au sens large, c'est-à-dire le lien existant entre toutes les personnes qui ont un *auteur commun.* Dans ce groupe des parents, le droit distingue ensuite ceux qu'il appelle les parents *en ligne directe* (c'est-à-dire ceux qui descendent les uns des autres ; la parenté est dite « directe », parce qu'on peut la schématiser sous la forme d'une droite)[2] et ceux qu'il qualifie de parents *en ligne collatérale* (c'est-à-dire ceux qui

1. Civ. 1re, 6 janv. 1976, *Bull. civ.* I, n° 4, *Grands arrêts*, n° 90 : « l'existence et la légitimité d'un tel intérêt doivent faire l'objet d'une appréciation d'ensemble, le seul fait que l'un des membres de la famille risquerait de se trouver lésé n'interdisant pas nécessairement » de considérer que le changement de régime matrimonial est conforme à l'intérêt de la famille.

2. La ligne est descendante (enfants, petits-enfants...) ou ascendante (parents, grands-parents...), maternelle (du côté de la mère) ou paternelle (du côté du père).

descendent d'un auteur commun ; la parenté est dite collatérale parce que la ligne qui les unit est brisée, qu'ils sont placés à côté les uns des autres dans l'arbre généalogique, de part et d'autre de l'auteur commun)[1]. Le droit procède même à un second classement, plus fin : il distingue les parents en fonction de leur proximité, proximité qui ne dépend pas de la réalité affective, mais d'une unité de mesure abstraitement déterminée par le droit, et qu'il appelle « le degré », qui désigne la distance qui sépare deux générations.

L'alliance. À tous ces liens de parenté (lien de filiation, lien de fraternité, lien de grand-parenté, etc.), viennent traditionnellement s'ajouter les liens dits d'alliance. Il est d'usage de parler des époux et alliés : *stricto sensu*, l'alliance n'existe qu'entre les époux ; *lato sensu*, le lien existant entre chaque époux et les parents de l'autre est parfois pris en compte juridiquement[2].

17 **Liens de fait, liens de couple, parentalité.** Mais la famille contemporaine ne s'appuie plus seulement sur les liens de parenté et d'alliance.

Liens de droit ou liens de fait ? À ces liens pleinement « juridiques » que sont l'alliance et la parenté, il faut d'abord ajouter *les liens de fait* que le droit n'« institue » pas à proprement parler, mais qu'il « re-connaît » peu ou prou. Il en va ainsi dans l'ordre horizontal : le concubinage relève ainsi sans conteste de la matière familiale. Mais il en va ainsi également dans l'ordre vertical : la filiation de fait, la possession de la fonction d'éducateur (et non pas la possession d'état de père et/ou mère), la réalité de la prise en charge affective de l'enfant tendent ainsi progressivement à se transformer en situations juridiques, et à bénéficier de la protection du droit[3].

1. Qu'ils soient collatéraux privilégiés (ce sont les frères et sœurs d'une personne et leurs descendants), consanguins ou utérins ou germains (c'est-à-dire venant seulement du même père ou seulement de la même mère ou issus des mêmes père et mère) ou collatéraux simples (parce que leur auteur commun est plus éloigné que le père ou la mère).

2. Il faut prendre garde à la polysémie du terme « beaux-parents ». Le mot peut désigner l'épouse du père (ou le mari de la mère) ; mais le droit ne reconnaît pas ce lien. Il peut aussi désigner le père ou la mère du conjoint ; et le droit consacre ce lien en matière alimentaire et d'inceste.

3. La protection des « relations personnelles » en est une excellente illustration : art. 371-4, al. 2, v. ss 601. On citera aussi la situation de « l'enfant confié à un tiers » : art. 373-3, v. ss 656 s.

Alliance ou liens de couple ? Dans une perspective assez comparable d'élargissement du cercle de famille, on observe que le droit tend aujourd'hui à consacrer, au-delà et en deçà de l'alliance, *le pacte civil de solidarité*, ce contrat qui crée un lien horizontal incompatible avec le lien matrimonial ou avec une parenté étroite, ce qui donne à penser qu'il relève, lui aussi, de la catégorie des liens de famille, et ce même s'il ne produit ni effet d'alliance, ni effet de parenté (v. ss 330 s.). Plus généralement, le droit se réfère désormais *au couple* (v. ss 44). Le terme permet de désigner, en les rassemblant sous une même étiquette, les trois types de couples existant en droit : mariage, pacs, concubinage. Le vocabulaire révèle le recours de la société à des mythes en matière familiale[1] : alors que ces situations juridiques renvoient à des liens dont les sources, les formes, le contenu matériel, la portée temporelle et personnelle, etc., diffèrent profondément, la terminologie commune permet en même temps d'éviter un vocabulaire plus cru (les relations sexuelles stables ou légalement dues) et de nier les différences autour d'un fondement prétendument unique qu'on peine pourtant à définir, entre vie commune promise ou vécue (sur cette ambiguïté fondamentale du « couple », v. ss 44).

Liens de parenté ou liens de parentalité ? Non sans rapport, on assiste aujourd'hui à l'émergence de *la parentalité*, ce néologisme qui se construit aux côtés de la parenté, pour désigner la prise en charge de l'enfant, entre filiation généalogique et pouvoir d'éducation (v. ss 382). Apparue dans le champ de la psychologie familiale, la parentalité a d'abord désigné le fait que la qualité d'éducateur ne s'acquiert pas naturellement, du seul fait de la naissance d'un enfant, mais qu'elle est acquise par le temps, l'expérience, l'éducation, la réflexion. Elle a ainsi fructifié en droit de l'aide sociale et de l'action publique, sous la forme des divers soutiens à la parentalité mis en place depuis une dizaine d'années. Mais le terme a ensuite été repris par les sociologues, pour désigner des structures familiales marginales et, surtout, profondé-

1. C'est vrai aussi du « couple parental » tant mis en valeur par la loi du 4 mars 2002 : 18 % des enfants de parents séparés ne voient jamais leur père ; la jeunesse de l'enfant lors de la séparation, la durée de celle-ci, le fait que le père vive seul, et la faiblesse de ses revenus sont des facteurs importants. V. rapport de l'INED, *Population et société*, mai 2013.

ment différentes dans l'ordre juridique en ce qu'elles reposent les unes sur un lien de filiation, les autres sur un simple rapport factuel d'éducation : famille monoparentale, famille recomposée, famille homoparentale. Là encore, le mot renvoie donc à des réalités plurielles, entre situations de fait et situations de droit, lien de filiation ou/et prise en charge d'un enfant. Et il donne à voir, là encore, le même phénomène : rassembler sous une même bannière des situations différentes, dont le point commun réside dans le fait qu'il s'agit d'un lien existant entre un adulte et un enfant, mais dont le juriste peine à saisir le fondement et le contenu : un même toit ? ; un rapport d'affection ? ; une prise en charge matérielle ?

18 **La famille et les mots, les institutions juridiques et les réalités familiales.** De proche en proche, ainsi, les liens de famille se sont étendus, de telle sorte qu'il est sans doute préférable aujourd'hui de parler *« des » familles* plutôt que de « la » famille, à l'instar du Code de l'action sociale et des familles. Et ce pluriel va de pair avec une certaine confusion, que révèlent bien *les néologismes* évoqués plus haut : couple ; parentalité ; tiers. Tous ces mots en disent long d'une réalité vécue qui se particularise toujours plus, et d'un refus de jugement de valeur du droit qui s'efforce d'accueillir toutes les réalités subjectivement vécues comme familiales par l'individu et la société, tout en conservant les structures familiales existantes. On mesure la difficulté de la qualification « lien de famille » sur la base d'un tel parti pris.

19 **Les effets des liens.** « Plurielle » et « incertaine », la famille l'est d'autant plus que les effets des liens reconnus par le droit varient selon la matière considérée. La famille est aujourd'hui souvent dite « à géométrie variable » parce que le cercle familial considéré par le droit varie *selon la question en jeu.* Le droit civil procède ainsi différemment selon que la question est d'ordre successoral (la limite de successibilité est au 6e degré ; mais le conjoint fait aujourd'hui partie des héritiers)[1], alimentaire (seule la parenté en

1. Le droit ne traite pas tous les parents par le sang de la même façon. Il les classe selon un double critère : selon qu'ils sont parents en ligne directe ou collatérale avec le défunt ; selon le degré de leur parenté avec le défunt.

ligne directe et l'alliance au premier degré produisent effet), tutélaire (tous les parents et alliés peuvent être conviés au conseil de famille ; conjoint, concubin ou partenaire d'un pacte civil de solidarité sont chargés par la loi de la tutelle ou de la curatelle)[1]. Le même relativisme se constate selon que l'objet familial est saisi par le droit civil, ou par *le droit pénal*, ou par *le droit fiscal*, ou par *le droit de l'action sociale*, etc.

L'évolution du droit semble toutefois s'inspirer du phénomène sociologique, décrit par Durkheim, de rétrécissement continu de la famille. Les réformes successives, notamment en droit successoral[2], matrimonial[3], tutélaire[4], parental[5], attestent le passage de la famille étendue à la famille conjugale (couple seul) ou parentale (parent + enfant)[6].

B. Une évolution individualiste

20 La tendance constante est l'évolution de la famille vers plus d'individuel et moins de collectif.

1. L'individuel

21 Le seul acquis révolutionnaire fut, pendant longtemps, *la sécularisation* de la famille[7], les idées très conservatrices de Bonaparte sur l'institution familiale[8] ayant eu pour effet de consacrer une famille profondément inégalitaire[9] et marquée par la puissance

1. Depuis la loi du 5 mars 2007.
2. Abaissement du degré de successibilité, promotion du conjoint survivant...
3. Système des autorisations à mariage.
4. Le phénomène inverse existe aussi : la tutelle en forme d'administration légale peut désormais être confiée à n'importe quel parent ou allié.
5. Organisation de la famille unilinéaire (parent isolé et enfant) et monoparentale (l'enfant vit avec un seul parent).
6. Quoique la famille étendue reprend son empire dans un monde où l'être humain se sent sans attache (ainsi s'explique le rôle des ascendants, et plus particulièrement des grands-parents) et où les difficultés économiques invitent à une solidarité retrouvée, dans la pauvreté, le chômage, la maladie, etc.
7. Jusque-là, les mariages étaient célébrés par l'Église, les registres d'état civil tenus par elle.
8. Le divorce ne fut consacré que parce que Bonaparte souhaitait pouvoir l'utiliser pour se séparer de Joséphine qui ne lui donnait pas d'héritier.
9. Inégalité des filiations, légitime et naturelle (la seconde étant très inférieure à la première dans son établissement et ses effets) et dont il aurait dit (« l'État n'a pas besoin de bâtards ») ; silence intentionnel sur le concubinage (« le mariage au treizième arrondissement » disait-on quand la capitale n'en comptait que douze) ; inégalité des hommes et femmes, dans les rapports conjugaux, à la fois personnels et patrimoniaux, puisque la femme était soumise à son mari (frappée d'incapacité, même, jusqu'à la loi du 18 févr. 1938, si bien que l'article 213 du Code civil proclamait alors que « le mari doit protection à sa femme et la femme obéissance à son mari » ; le mari était dit « seigneur et maître de

du mari et père[1]. Le rétablissement du divorce par la loi Naquet en 1884, alors que la Restauration avait aboli le divorce en 1816, fut sans doute la plus grande modification du XIXe siècle.

Les véritables réformes apparaissent dans *la première moitié du XXe siècle*. La guerre, la crise économique, la pression du mouvement féministe aussi, introduiront la liberté et l'égalité dans les rapports de famille : d'abord entre époux[2], puis entre enfants[3], enfin dans les rapports de parent à enfant[4].

« *La révolution tranquille du droit de la famille* »[5] se produira plus tard, dans la seconde moitié du XXe siècle. Les rapports de couple, les relations parentales, les pouvoirs sur l'enfant : tout sera revisité à partir des années 1960. Cette re-codification, émanée du doyen Carbonnier, s'est faite par étapes successives mais dans un ordonnancement remarquable : lois sur la tutelle (14 déc. 1964), les régimes matrimoniaux (13 juill. 1965), l'adoption (11 juill. 1966), l'autorité parentale (4 juin 1970), la filiation (3 janv. 1972), le divorce (11 juill. 1975).

À partir des années 1985, un troisième train de réformes est intervenu. Il s'est agi, en s'inspirant le cas échéant de rapports commandés par les pouvoirs publics[6], soit de modifier à la marge telle ou telle réforme antérieure, soit de refondre plus globalement telle ou telle institution familiale, ce afin de consacrer pleinement l'égalité ou de faire progresser encore la liberté, lorsqu'il ne s'agissait pas de lutter contre l'instrumentalisation du droit de la famille, et plus particulièrement contre les mariages frauduleux ou plus récemment les reconnaissances frauduleuses. Régimes

la communauté », etc.) mais aussi dans les rapports parentaux où la puissance paternelle ne conférait qu'un rôle restreint à la mère.

1. La puissance paternelle était absolue et non contrôlée.

2. Trois grandes dates marquent cette période : 1907, 1938, 1942. À savoir, dans l'ordre, le libre salaire de la femme mariée, la capacité de la femme mariée, les mesures de représentation ou d'autorisation.

3. Là aussi quelques grandes dates : 1912, 1907, 1955 et 1956, 1923 et 1939 et 1958 et 1960, soit, dans l'ordre, l'admission de l'action en recherche de paternité naturelle, l'ouverture de la légitimation, l'amélioration de la condition des enfants incestueux et adultérins, les faveurs successives à l'égard de l'adoption.

4. La loi de 1938 place la puissance paternelle sous contrôle.

5. Suivant l'expression du doyen Cornu.

6. V. not. I. Théry, *Couple, filiation et parenté aujourd'hui*, rapport remis en mai 1998 au ministre de l'Emploi et de la Solidarité et au Garde des Sceaux ; F. Dekeuwer-Défossez, *Rénover le droit de la famille*, rapport remis en sept. 1999 au Garde des Sceaux.

matrimoniaux (L. 23 déc. 1985, 8 janv. 1993, 26 mai 2004, 3 juin 2006, 5 mars 2007, 9 juill. 2010, 17 mars 2014), gestion des biens de l'enfant (L. 23 déc. 1985, Ord. 15 oct. 2015, L. 14 mars 2016 et 18 nov. 2016), autorité parentale (L. 22 juill. 1987, 8 janv. 1993, 5 juill. 1996, 30 déc. 1996, 4 mars 2002, 2 janv. 2004, Ord. 4 juill. 2005, L. 5 mars 2007, 1er déc. 2008, 9 juill. 2010, 13 déc. 2011, 17 mai 2013, 4 août 2014, 14 mars 2016, 3 juin 2016, 18 nov. 2016, 23 déc. 2016, 28 févr. 2017), filiation (L. 8 janv. 1993 et 29 juill. 1994, L. 3 déc. 2001, Ord. 4 juill. 2005, L. 16 janv. 2009, 17 mai 2011, 13 déc. 2011 et 10 sept. 2018), adoption (L. 8 janv. 1993, 5 juill. 1996, 6 févr. 2001, 22 janv. 2002, 4 mars 2002, Ord. 4 juill. 2005, L. 23 juin 2006, 5 mars 2007, 22 déc. 2010, 13 déc. 2011, 17 mai 2013, 14 mars 2016, 18 nov. 2016), pacte civil de solidarité (L. 15 nov. 1999 et 23 juin 2006 principalement), concubinage (L. 15 nov. 1999), droits successoraux (L. 3 déc. 2001 et 23 juin 2006), divorce (L. 30 juin 2000, 26 mai 2004, 18 nov. 2016), mariage (L. 24 août 1993 et 26 nov. 2003, Ord. 4 juill. 2005, L. 4 avr. 2006, 14 nov. 2006, 20 nov. 2007, 17 juin 2008, 17 mai 2011, 28 mars 2011, 17 mai 2013, 4 août 2014, 18 nov. 2016), nom (L. 4 mars 2002 et 18 juin 2003, Ord. 4 juill. 2005, L. 16 janv. 2009, 17 mai 2013, 18 nov. 2016) : aucune question familiale n'a échappé à cette frénésie législative de réforme et à cet appétit du détail.

La *réforme du 17 mai 2013* mérite évidemment une attention particulière. Cette loi a ouvert le mariage aux couples d'homosexuels et, par là même, leur a donné accès à l'adoption conjointe (c'est-à-dire l'adoption d'un enfant par les deux membres du couple). Elle a été précédée de débats à la fois houleux et tronqués, car le pouvoir politique était conscient de ce que les Français étaient majoritairement favorables à l'octroi aux couples de personnes de même sexe des droits bénéficiant aux couples de personnes de sexe différent, mais majoritairement hostiles à la parenté homosexuelle : il a donc choisi de dissocier les questions de couple et de parenté. Mais l'ouverture de l'adoption, en recevant dans l'ordre juridique le modèle d'une bi-filiation monosexuée, conduit inéluctablement à s'interroger sur l'avenir de la filiation du Titre VII et de l'assistance médicale à la procréation.

Il est regrettable que les réformes soient ainsi réalisées par empilement successif et sans se soucier de la cohérence de l'ensemble. Il est difficile, aussi, de ne pas insister sur les dangers qu'une tendance législative toujours plus individualiste présente. Aucune famille ne peut se construire et prospérer sur les seules considérations de liberté et d'égalité : par essence, la famille est lien, et classement de ses membres. Seuls le devoir, l'union, la solidarité, le dépassement des égoïsmes individuels, peuvent dessiner un groupe familial stable et fort, qui soit à même de jouer son rôle structurant et protecteur pour le sujet. *L'amour*, ce leitmotiv contemporain, est impuissant à fonder une *famille juridique* à la fois respectueuse des personnes et structurante de l'ordre social.

2. Le collectif

22 **Solidarité familiale.** La solidarité existe encore, comme l'attestent l'intérêt de la famille, les devoirs entre époux, les vocations successorales et alimentaires... Mais elle a été fortement entamée par les réformes successives. La meilleure illustration en est sans doute la réforme du divorce opérée par la loi du 26 mai 2004 : en privant la faute de tout effet dans la détermination des conséquences du divorce, elle a entamé les devoirs de mariage et atténué la réalité du lien matrimonial ; en consacrant le divorce pour altération définitive du lien conjugal, elle a fait du mariage un engagement librement dissoluble. Un mariage dépourvu de portée temporelle et obligatoire peut-il constituer un foyer stable ? Pour autant, la solidarité demeure, et même progresse à certains égards. La loi du 23 juin 2006 a ainsi, d'une part renforcé la portée patrimoniale du mariage en améliorant les droits successoraux du conjoint survivant, d'autre part accru la portée personnelle du pacte civil de solidarité. Non sans rapport, l'ouverture du mariage aux couples homosexuels a étendu les couples susceptibles de bénéficier de la solidarité personnelle, temporelle et patrimoniale attachée au mariage.

23 **Institution juridiquement finalisée.** Une autre manifestation de la persistance des enjeux collectifs de la famille tient dans le fait que le droit refuse la famille « lego », celle que l'individu ne crée que pour la satisfaction de tel ou tel de ses besoins sans rapport

avec *les fonctions que la société entend voir remplies par la famille.* Il n'est pas rare que les individus utilisent les institutions familiales à des fins toutes différentes de celles que le droit esquisse : le mariage peut ainsi être recherché uniquement pour permettre à un étranger de séjourner sur le territoire national ; une demande d'adoption est parfois présentée au juge pour conférer à un concubin des droits dans la succession de l'autre ; le divorce peut n'avoir d'autre but que de soustraire un époux à la créance alimentaire de ses beaux-parents ; la reconnaissance d'un enfant est parfois réalisée pour contourner les règles qui encadrent l'adoption, ou déterminent le statut des étrangers...

De tels *détournements d'institution* sont difficilement acceptables, car ils violent le principe d'égalité[1] et portent atteinte aux valeurs familiales. Mais ils sont difficiles à sanctionner : 1°) car définir la fonction des institutions est une tâche délicate ; 2°) car établir le mobile illicite est incertain ; 3°) car prévenir de tels comportements par l'institution d'un contrôle préalable n'est pas sans danger pour la liberté de constituer une famille[2] ; 4°) car la sanction habituelle de la fraude consiste à déclarer le montage inopposable aux tiers mais valable entre les parties, ce qui revient à maintenir, à titre de sanction, une institution familiale qui n'est qu'une coquille vide. On pourra préférer, de ce point de vue, la sanction consistant d'une part à anéantir purement et simplement le lien de famille artificiellement créé et d'autre part à abandonner aux autres droits la prévention et la sanction de ces comportements, qu'il s'agisse du droit pénal, du droit administratif, du droit des étrangers...

1. L'étranger bénéficiera du statut attaché à la qualité de conjoint de français, à la différence des étrangers non mariés (il y a violation de l'égalité à traiter inégalement des situations égales) et comme les autres étrangers « réellement » mariés, qui eux vivent effectivement en mariage et ne se contentent pas d'invoquer le bénéfice des droits attachés au mariage mais en assument aussi les devoirs (il y a violation de l'égalité à traiter également des situations inégales).
2. Comp. la décision « Liberté d'association » rendue en 1971 par le Conseil constitutionnel.

§ 3. Le droit familial

24 La spécificité du droit de la famille est bien connue (**A**). Son avenir est incertain (**B**).

A. La spécificité du droit de la famille

25 Cette spécificité concerne ses sources, formelles ou surtout réelles[1], mais aussi les caractères de la règle de droit et la place du judiciaire.

1. Les sources du droit de la famille

a. Les sources législatives

26 **Compétence législative et pouvoir réglementaire.** Dans l'ordre interne, le droit de la famille relève de la compétence législative (Const. 1958, art. 34)[2], sous réserve des incidences éventuelles de la question procédurale[3].

27 **Droit public ou droit privé ?** *Le législateur de 1804 a « privatisé »* la famille, en la soumettant aux règles et juridictions privées. Aujourd'hui, la question familiale est d'ailleurs traitée par le Code civil[4], notamment au sein du Livre Ier qui traite *Des personnes* : plus précisément, il relève des titres V (Du mariage), VI (Du divorce – et séparation de corps), VII (De la filiation), VIII (De la filiation adoptive), IX (De l'autorité parentale), X (De la minorité et de l'émancipation), parfois XI (De la majorité et des majeurs protégés par la loi) et XII (De la gestion du patrimoine des mineurs et majeurs en tutelle), XIII (Du pacte civil de solidarité et du concubinage) et enfin XIV (Des mesures de protection des victimes de violences)...

Pour autant, *le droit public* n'a pas renoncé à se saisir[5] d'une institution qui constitue à la fois un élément essentiel du tissu social et un droit de l'homme. Ainsi s'expliquent l'existence d'un droit non civil de la famille (droit social, fiscal...) et l'omnipré-

---

1. Pour reprendre la distinction qu'opérait Ripert dans *Les forces créatrices du droit*, LGDJ, 1955.
2. L'article 34 de la Constitution de 1958 en réservant l'état et la capacité des personnes au pouvoir législatif écarte la compétence du pouvoir réglementaire autonome.
3. L'importance de la procédure est manifeste dans le droit du divorce.
4. Depuis l'entrée en vigueur des lois du 5 mars 2007 du 9 juillet 2010.
5. Comme le voulait déjà Savigny.

sence de l'autorité publique en matière familiale (officiers d'état civil, ministère public, juge aux affaires familiales). Ainsi s'explique, également, l'existence d'un Code de l'action sociale et des familles. On soulignera aussi l'importance du Code de la santé publique, notamment à raison de l'encadrement de l'assistance médicale à la procréation qu'il contient.

Ce double rattachement au droit privé et au droit public explique des interactions croisées. Ainsi, les contrôles que le Code de l'action sociale et des familles institue sur l'autorité parentale pèsent indirectement sur les institutions civiles : alors que traditionnellement, seul le juge peut limiter les pouvoirs parentaux, le Code de l'action sociale institue un contrôle diffus, du fait des aides octroyées par les services sociaux ou des mesures de contrôle et sanction de la parentalité. Inversement, le rattachement de la question familiale à la liberté de la vie privée conduit à repousser le rôle des pouvoirs publics en la matière, tout comme les conquêtes progressives de l'outil contractuel[1] « privatisent » la famille.

Utile dans une perspective formelle de clarification du système de droit et d'amélioration de la connaissance de la règle de droit (*nemo censetur*...), le regroupement des diverses règles familiales dans un Code de la famille ne serait pas sans présenter quelques dangers, idéologiquement parlant, tant il est vrai qu'il pourrait conduire à un détachement du droit de la famille de sa terre natale, le droit privé, et plus précisément le droit civil des personnes[2].

b. Les sources supra-législatives

28 **Droit international.** Les sources internationales sont relativement *récentes* en droit de la famille. Le particularisme a longtemps prévalu[3]. Mais il est aujourd'hui remis en cause. La première raison tient à l'internationalisation de la famille, qui conduit à la multi-

1. *La contractualisation de la famille*, Economica, 2002. Pour le dernier venu en la matière, v. le divorce contractuel institué par la loi du 18 novembre 2016, v. ss 191 s.
2. L'exemple des codifications pratiquées en matière familiale par certains pays étrangers, de l'Est, d'Afrique, du Proche Orient atteste la signification souvent politique d'une telle codification.
3. Conséquence naturelle de la diversité des familles dans l'espace et d'un besoin d'uniformité juridique bien moindre dans les familles que dans « les affaires ».

plication des conventions internationales s'efforçant de résoudre les problèmes posés par les « familles transfrontières »[1]. La seconde raison procède de l'essor constant des droits de l'homme dans le système juridique. La source principale est à cet égard la Convention européenne de sauvegarde des droits de l'homme et des libertés fondamentales (art. 8 et 12), du fait de la jurisprudence souvent intrusive d'une Cour européenne peu soucieuse du principe de subsidiarité (et de son corollaire, la marge d'appréciation nationale) et de la grande docilité des juridictions nationales[2]. Mais d'autres normes internationales sont également présentes : Pacte international des droits civils et politiques (art. 23, al. 2) ; Convention des Nations Unies sur les droits de l'enfant[3] ; Convention européenne sur l'exercice des droits de l'enfant signée par la France le 4 juin 1996 et ratifiée par décret du 10 janvier 2008 ; Charte des droits fondamentaux (art. 7, 9, 33).

29 **Droit constitutionnel.** Le droit de la famille comporte également *des racines constitutionnelles.* La première raison tient dans *le Préambule de la Constitution* de 1946, dont l'alinéa 10 proclame que « La nation assure à l'individu et à la famille les conditions nécessaires à son développement ». La seconde raison tient dans le fait que toutes les normes appartenant au bloc de constitutionnalité, notamment *la liberté et l'égalité*, sont susceptibles d'être invoquées en matière familiale, et le sont d'ailleurs de plus en plus souvent, la création de la question prioritaire de constitutionnalité ayant suscité de nombreuses décisions en matière familiale. Pour l'essentiel, on constate une certaine prudence du Conseil, qui s'est

---

1. Des conventions bilatérales ou multilatérales, mais aussi des règlements européens saisissent ainsi les familles internationales. L'européanisation du droit pèse inévitablement sur les structures familiales. Pour s'en tenir à l'exemple de la fonction parentale, on rappellera que l'« autorité parentale » dont le droit français considère qu'elle « appartient » aux parents se transforme dans l'ordre européen en « responsabilité parentale », ce qui participe de l'effacement d'une part de l'obéissance due par l'enfant et d'autre part du titre naturel des parents à exercer cette autorité.
2. La Convention européenne des droits de l'homme fut, dès l'origine, dotée d'un double effet, vertical (v. par ex. CEDH 1er févr. 2000, *Mazurek c/ France*, *JCP* 2000. II. 10286) et horizontal (v. par ex. le rejet d'une répudiation étrangère contraire à l'égalité des époux : Civ. 1re, 1er juin 1994, *Bull. civ.* I, n° 192)
3. Il fallut attendre 2005 pour que la Cour de cassation fasse application directe de cette convention : Civ. 1re, 18 mai et 14 juin 2005, *JCP* 2005. II. 10115.

efforcé à diverses reprises de ne pas empiéter sur le pouvoir d'appréciation et de décision du Parlement[1].

c. Les autres sources du droit de la famille

30 **Sources jurisprudentielles.** *La jurisprudence civile* a joué un rôle considérable en droit de la famille tout au long du XXe siècle, qu'il s'agisse de sanctionner la fraude aux institutions familiales, de venir en aide au concubin abandonné, de déterminer la part respective de la réalité biologique, de la volonté et du vécu en matière de filiation[2]. Ce rôle s'est transformé *avec la fondamentalisation du droit :* il s'agissait hier d'interpréter les textes internes, de combler leurs lacunes et de résoudre leurs obscurités ; il s'agit désormais de censurer tel ou tel texte interne, au motif qu'il est contraire à tel ou tel droit ou principe fondamental.

Pour l'heure, le Conseil constitutionnel se montre souvent – mais pas toujours – respectueux de la marge d'appréciation législative, et sa jurisprudence n'a pas bouleversé les institutions familiales, qui se montrent d'ores et déjà plutôt soucieuses des droits fondamentaux, grâce aux réformes intervenues depuis plus de cinquante ans. Les choses sont profondément différentes s'agissant de la jurisprudence européenne. La mollesse des standards utilisés par la Convention européenne confère à la Cour européenne une grande liberté dans la détermination du contenu des droits fondamentaux et des conséquences qu'il convient d'attacher à ces derniers. En outre, loin de respecter la marge d'appréciation nationale que le principe de subsidiarité impose pourtant de reconnaître aux États membres, la Cour de Strasbourg procède à une interprétation constructive des notions et se livre à un contrôle de proportionnalité qui lui permet d'aller toujours plus loin dans la protection des droits et libertés des individus.

Soucieuses de ne pas être à la traîne, les juridictions internes ont choisi de renforcer le mouvement, en s'engageant dans un contrôle de conventionnalité étendu, qui porte tant sur *la néces-*

1. V. ss 95, au sujet du mariage homosexuel, 388 et 512 à propos de l'adoption homosexuelle.
2. La jurisprudence a œuvré surtout pour la filiation, avec une audace variable. Sont notamment célèbres les diverses interprétations *a contrario* que consacra la Cour de cassation pour faire progresser la vérité biologique dans le droit de la filiation (art. 334-9, art. 322, v. ss 500).

sité abstraite de la disposition qui porte atteinte à un droit fondamental, que sur *la proportionnalité concrète de son application* au regard de *ses conséquences dans le cas d'espèce.* Or si les juridictions semblent relativement prudentes lorsqu'elles exercent le premier contrôle, elles sont beaucoup plus audacieuses s'agissant du second. Cour de cassation, Conseil d'État et juges du fond n'hésitent plus désormais à écarter telle ou telle disposition législative au motif qu'elle porte, en l'espèce, une atteinte excessive à tel droit fondamental de tel individu : la nullité du mariage incestueux, l'interdiction d'établir le double lien de filiation incestueuse, l'impossibilité de recourir à une assistance médicale à la procréation *post mortem* ont ainsi été mises de côté, après avoir été abstraitement jugées conformes aux droits fondamentaux, au motif qu'elles étaient en l'espèce trop rigoureuses pour le justiciable. Ces décisions présentent trois défauts majeurs. En faisant prévaloir la justice du cas sur le respect de la règle, elles permettent d'écarter une règle qui a pourtant, d'une part été adoptée dans le respect des procédures et d'autre part été jugée compatible abstraitement avec les droits fondamentaux, ce qui implique qu'elle poursuit une finalité légitime suffisante : on peut s'étonner d'un tel arbitrage entre intérêt individuel et intérêt général. En faisant des juges les défenseurs de la justice du cas, elle les charge de peser les effets concrets de la loi contestée, en mettant en balance les conséquences préjudiciables pour le sujet en chair et en os et les conséquences favorables pour l'intérêt général : l'appréciation des premières est affaire très subjective, quand l'appréciation des secondes, généralement immatérielles, dépend notamment de tous les *a priori* des magistrats, politiques, religieux, moraux, etc. On reprendra l'exemple du mariage incestueux : comment mettre en balance l'atteinte à la vie privée résultant de la nullité de l'union et la protection des intérêts assurés par la règle en cause, sans engager dans le débat, d'une part la valeur que l'on attribue soi-même à l'interdit de l'inceste, en fonction de ses convictions personnelles, et d'autre part les considérations d'humanité qu'on attache soi-même au cas d'espèce. Toutes choses qui donnent à voir *la liberté* du juge dans la prise de décision et *la subjectivité* du jugement porté : c'est ressusciter un pouvoir d'équité peu convaincant dans sa généralité. Chacun sait que le droit se méfie de l'équité, et qu'il n'accepte en principe de la faire jouer *contra legem* que dans des cas exceptionnels et strictement encadrés. En s'attribuant un tel pouvoir général, au motif que la Cour européenne le pratique (mais c'est en vertu d'une convention internationale qui lui en attribue le pouvoir), sans retenue (mais c'est en violation du principe de subsidiarité), et exige que les juridictions internes y procèdent aussi (sans que rien dans la Convention européenne ne fonde une telle exigence), les juridictions internes manifestent qu'elles ont elles aussi oublié que la Constitution confère *au pouvoir législatif un pouvoir d'appréciation* qu'elles n'ont pas. Dans cette perspective, mieux vaudrait, *dans le respect de la Convention européenne*, laisser la Cour pratiquer seule un tel pouvoir de censure *in concreto* : dans une démocratie, l'intérêt général peut prévaloir sur un intérêt particulier, si l'État compense le dommage qu'un particulier subit, *in casu*, du fait d'une loi qui poursuit une finalité légitime suffisante. À tout le moins, il conviendrait de *respecter l'organisation des pouvoirs publics*, d'une part en imposant aux juges du fond de ne pas empiéter sur le pouvoir d'appréciation législatif (en prenant exemple sur ce que fait le plus souvent le Conseil constitutionnel) et de n'intervenir que lorsqu'il est évident, sans discussion possible, qu'un droit fondamental est méconnu, et d'autre part en cantonnant la Cour de cassation et le Conseil d'État aux rôles éminents qui sont les leurs (assurer l'unité d'interprétation et vérifier le respect du droit par les juges du fond, notamment par le contrôle de la base légale pour ce qui est de la Cour de cassation).

La critique dépasse le domaine du droit de la famille, mais elle y trouve une résonance particulière car les diverses limites que les institutions familiales apportent aux droits fondamentaux procèdent de finalités légitimes souvent très difficiles à peser concrètement de façon précise : comment mesurer quantitativement l'importance de l'interdit de l'inceste, de l'impératif de la fidélité conjugale, de l'octroi au parent d'un pouvoir sur l'enfant, etc. ? Les intérêts concrets de plaideurs en chair et en os étant naturellement plus faciles d'accès, le droit à la vie privée, le droit à la vie familiale, l'égalité éprouveront toujours davantage les structures familiales, alors, il faut le souligner, qu'elles sont nécessaires pour le sujet lui-même (sur quoi, v. ss 8 s.). Il serait de beaucoup préférable, pour la démocratie, que les juges européens et internes, de droit public ou de droit privé, s'en tiennent à une interprétation raisonnable des droits fondamentaux et respectent les pouvoirs que la Constitution et les traités reconnaissent au législateur national. Cette mobilisation raisonnable des droits fondamentaux s'impose d'autant plus que l'excès appelle l'excès : l'amour aveugle des droits fondamentaux suscite une répulsion tout aussi aveugle – et dangereuse – pour ces mêmes droits.

31 **Importance des pratiques.** Le droit de la famille est très réceptif *aux pratiques*. Il peut s'agir des pratiques *individuelles*, prégnantes dans le droit du mariage (qui se vit hors du droit plus que dans le droit, ce dernier n'intervenant qu'au moment de sa dissolution, ou lors des actes importants, tels l'achat d'un immeuble, le changement de régime matrimonial, etc.) ou de l'autorité parentale (les pratiques de la famille constitueront, le cas échéant, un critère simple de résolution des conflits : art. 373-2-11, v. ss 627). Il peut aussi s'agir des pratiques *collectives*, qu'elles soient le fait de milieux professionnels (notaires, médecins, avocats) ou d'autorités publiques (services scolaires, services sociaux, services de l'état civil, juridictions, etc.) : les usages fixent ainsi l'incapacité exacte du mineur et les pouvoirs des parents ; la pratique des services sociaux pèse sur l'adoption[1] et l'autorité parentale dans une mesure non négligeable. Quant à la doctrine administrative, elle est déterminante en matière d'état civil, qu'il s'agisse de la pratique des services d'état civil ou des circulaires du garde des Sceaux : alors que rien dans la loi ne prévoit de certificats de concubinage, les mairies en délivrent fréquemment ; le cas du parrainage républicain est peut-être encore plus exemplaire, puisque cette pratique consistant à faire recevoir par l'officier d'état civil la promesse, faite aux parents d'un enfant, par un homme et/ou une femme, qui s'engage à assurer l'éducation politique de l'enfant dans les valeurs républicaines s'inscrit directement en

1. Par exemple la pratique relative à la délivrance des agréments, au choix des personnes auprès desquelles un mineur abandonné est placé, etc.

porte à faux avec la loi civile, qui interdit la cession et le transfert de l'autorité parentale en dehors des cas prévus par la loi (art. 376, v. ss 591 et 646).

32 **Pluralisme normatif. Normes non juridiques.** Fortement déterminé autrefois par *les croyances religieuses* et *les règles morales*, le droit de la famille s'est progressivement détaché de ces sources. Le législateur a, depuis la deuxième moitié du XXe siècle, récusé le dogmatisme d'une famille idéale, unique et impérative. Refusant le jugement moral, conscient de la diversité religieuse, soucieux de liberté individuelle et empreint de pragmatisme, il s'est attaché à la réalité vécue et s'est donné pour objet non plus d'« imposer » « la "famille" idéale » mais d'« encadrer » « les » familles existantes, qu'elles soient légitimes ou naturelles, unies ou désunies, composées, décomposées ou recomposées, hétérosexuelles ou homosexuelles. Mais le mouvement n'est pas univoque, divers éléments donnant à voir l'importance des valeurs dans les réformes et revendications contemporaines.

2. La flexibilité du droit de la famille

33 **Méthodes sociologiques et flexibilité du droit matériel dans les réformes inspirées du doyen Carbonnier.** Ce parti pris législatif s'est d'abord traduit, en amont, par le recours du législateur à *la méthode sociologique* à l'occasion des réformes opérées dans les années 1970 : utilisation d'outils tels les statistiques, les questionnaires, les enquêtes d'opinion... L'innovation a été beaucoup critiquée, comme conduisant à un « alignement » du droit sur les mœurs[1]. Le reproche était, sur le plan méthodologique, injustifié : pour reprendre les mots mêmes du doyen Carbonnier, le promoteur de cette méthode sociologique, « l'enquête n'a pas légiféré », la distinction, fondamentale, du fait et du droit, de ce qui est et de ce qui doit être, n'étant nullement niée par l'utilisation d'une sociologie informative[2].

Ce parti pris législatif s'est ensuite traduit, sur le fond du droit cette fois, par la réception d'un *droit flexible*, soucieux des réalités

1. À quoi Carbonnier avait répondu que l'« on p(ouvai)t sans fin se demander ce qui, du droit ou des mœurs, (était) responsable de ce déclin familial » : c'est « un très ancien jeu de raquettes » disait-il, que d'objecter « *quid mores sine legibus ?* » à « *quid leges sine moribus ?* ».

2. L'enquête sociologique s'était bornée à renseigner sur les faits sans entamer la liberté du législateur.

humaines. Si l'on s'en tient, en effet, à la définition formelle de la règle de droit, qui se définit en principe comme une règle d'une part générale (c'est-à-dire abstraite et impersonnelle), d'autre part obligatoire (c'est-à-dire accompagnée de sanctions juridiques), il semble que le droit de la famille dessiné par les réformes des années soixante-dix présentait une double particularité.

– Sa flexibilité tenait d'abord au fait que, quoique *général*, le droit de la famille s'efforçait de faire place aux *cas particuliers*. Soucieux de donner « à chacun sa famille à chacun son droit », le législateur avait usé de diverses techniques : 1°) le pluralisme législatif qui consiste à offrir plusieurs modèles aux justiciables[1] (plusieurs divorces, plusieurs régimes matrimoniaux) ; 2°) les pouvoirs accrus que le droit confère au juge, grâce à des notions-cadres[2] et à l'attribution d'un pouvoir modérateur[3], qui lui permettent d'individualiser la règle de droit ; 3°) la réception des manifestations de volonté individuelles, qu'elles soient unilatérales ou accordées[4], et des pratiques individuelles. Bref, le droit de la famille issu des réformes pensées par Jean Carbonnier avait institué un triple pluralisme, de source légale, ou judiciaire, ou individuelle.

– Sa flexibilité tenait ensuite au fait que, tout en étant *contraignant*, le droit de la famille était caractérisé par une certaine *souplesse*. Le modèle familial traditionnel, impératif et muni de fortes sanctions, notamment pénales, avait même, disait-on, laissé la place à une famille sur laquelle les volontés individuelles et le juge avaient un large pouvoir et au sein de laquelle les sanctions étaient souvent limitées et de moins en moins spéciales[5].

1. Chaque modèle est général mais la pluralité de modèles permet de concrétiser davantage la règle de droit dans la mesure où chaque situation individuelle particulière peut espérer trouver une règle adaptée à son particularisme.
2. Ces notions générales telles l'intérêt de la famille, ou celui de l'enfant.
3. Le juge reçoit pouvoir d'écarter une règle applicable en principe mais qui serait injuste dans un cas particulier, se faisant ainsi « législateur des cas particuliers ».
4. Sur ce thème, v. notamment *La contractualisation de la famille*, Economica, 2001.
5. Les sanctions spéciales de l'adultère ont été supprimées (abrogation de la sanction pénale en 1975, de la sanction successorale de l'enfant adultérin en 2001). Quant à la suppression des sanctions en cas de divorce pour faute, qui aboutit à abandonner les devoirs de mariage au seul droit de la responsabilité civile, elle date de la loi du 26 mai 2004, v. ss 253, 263 et 264.

34 **Méthodes sociologiques et flexibilité du droit dans les réformes post-Carbonnier.** La philosophie ayant inspiré les réformes des années 1970 est-elle toujours à l'œuvre ? Une réponse nuancée s'impose.

- *Pragmatisme ou dogmatisme ?* Il semble bien, en premier lieu, que les réformes intervenues à la toute fin du XXe siècle et en ce début de XXIe siècle ne procèdent pas (ou pas seulement) de considérations pragmatiques mais répondent bien souvent à *un souci directif* : l'adoption du pacte civil de solidarité doit ainsi sans doute autant à la volonté symbolique de « légitimer » les couples homosexuels qu'à une demande pratique des justiciables ; la « libéralisation » du divorce opérée par la loi du 26 mai 2004 n'a pas seulement procédé du souci d'alléger la charge des tribunaux mais aussi de l'idéologie de la liberté ; le principe de coparentalité posé par la loi du 4 mars 2002 relève davantage du principe idéal que de la règle pratique ; l'ouverture du mariage homosexuel par la loi du 17 mai 2013 a eu pour objectif, non seulement d'octroyer aux couples homosexuels les mêmes avantages pratiques qu'aux couples hétérosexuels et de leur ouvrir les chemins de l'adoption conjointe, mais aussi de légitimer leur orientation sexuelle, voire de modifier l'appréhension de la différence des sexes, non sans rapport avec les théories tendant à substituer le genre au sexe dans l'ordre social.

On observe d'ailleurs que les réformes ne sont pas toujours précédées d'analyses sociologiques fiables, qu'il s'agisse de préciser les contours du fait à appréhender ou de déterminer les aspirations de la société française en la matière. Il serait utile d'analyser le rôle exact du lobbying en matière familiale et de mettre à jour l'instrumentalisation de ce droit à des fins politiciennes, que ce soit pour stigmatiser telle catégorie de la population ou inversement pour normaliser tel autre comportement.

- *Pluralisme ou monisme ?* Les réformes récentes semblent parfois remettre en cause le pluralisme législatif : à preuve, l'unification de l'autorité parentale par la loi du 4 mars 2002, quel que soit le couple des parents ; à preuve encore, l'unification par la loi du 26 mai 2004 des effets du divorce, quelle que soit la cause de son prononcé ; à preuve aussi, la suppression de la distinction des enfants légitimes et des enfants naturels par l'ordonnance du

4 juillet 2005 et la loi du 16 janvier 2009 ; à preuve toujours, les modifications successives apportées au concubinage et au pacte civil de solidarité (L. 15 nov. 1999, 23 juin 2006, 23 mai et 24 nov. 2009, 1er juill. 2010 et 28 mars 2011), modifications qui ont souvent consisté à rapprocher mariage, pacs et concubinage, au point que certains parlent aujourd'hui d'un droit commun des couples (v. ss 44). Mais dans le même temps, le droit contemporain fait une place toujours plus grande aux volontés individuelles : libéralisation du changement de régime matrimonial, en principe soustrait à l'homologation judiciaire (art. 1397)[1] ; validité des conventions par lesquelles les époux liquident leur régime matrimonial et fixent les effets de leur divorce même hors le consentement mutuel (art. 268 et 279-1, v. ss 262 et 268) ; ouverture d'un divorce par consentement mutuel déjudiciarisé (art. 229-1 à 4, v. ss 191 s) ; renvoi des pacsés à leur volonté pour liquider leurs intérêts patrimoniaux au moment de la dissolution du pacte (art. 515-7, al. 10 et 11, v. ss 377) ; possibilité pour les concubins de se mettre d'accord par convention sur les charges du ménage[2] ; pouvoir de saisir le juge d'une demande d'homologation de la convention par laquelle des parents organisent leur autorité (art. 373-2-7, v. ss 626) ; admission d'une délégation partage d'autorité (art. 377-1, al. 2, v. ss 646 s.). Tous ces exemples attestent que le cadre familial dépend de plus en plus souvent des volontés individuelles, ce qui renforce le pluralisme. Pour autant, et non sans paradoxe, l'ouverture de nouvelles libertés s'accompagne souvent aussi de nouvelles limites. L'organisation de la rupture du concubinage par les accords de volonté trouve ainsi sa limite dans la liberté de la rupture, qui doit être préservée[3] ; la convention par laquelle les parents fixent leur contribution à l'éducation et l'entretien de l'enfant ne doit pas violer le principe des obligations alimentaires, qui veut qu'elles soient toujours

1. Le projet de loi de programmation pour la Justice 2018-2022 envisage d'accentuer la déjudiciarisation : l'homologation judiciaire ne serait plus automatique en présence d'enfants mineurs ; elle n'existerait qu'en cas d'opposition du représentant du mineur sous tutelle ; le notaire pourrait ensuite saisir le juge des tutelles en cas d'administration légale. V. art. 7 tel que rédigé par la Commission des lois, 20 déc. 2018.
2. Civ. 1re, 28 juin 2005, *Bull. civ.* I, n° 278.
3. Civ. 1re, 20 juin 2006, *Bull. civ.* I, n° 312.

révisables[1] ; etc. Ces solutions attestent la survivance de règles générales impératives.

- *Libéralisme ou dirigisme ?* Pour autant, il est difficile de mesurer précisément le rôle de l'ordre public et de la contrainte.

La « législation Carbonnier » restait attachée à un « modèle législatif familial »[2] et la doctrine avait conclu à la persistance de l'ordre public, dont elle considérait qu'il n'avait pas « abdiqué » mais « déplacé ses marques »[3].

À divers titres, l'analyse reste pertinente. Le droit des sanctions en matière familiale est de ce point de vue très éclairant : leur relatif effacement dans les relations de couple s'accompagne de leur multiplication, voire de leur durcissement, dans la relation de parenté[4]. On relève aussi l'essor d'un ordre public consistant à interdire la violence en matière familiale (L. 4 avr. 2006 contre les mariages « forcés », L. 9 juill. 2010 instituant des mesures de protection des victimes de violence, v. ss 78, 129 et 166)[5]. Quant à l'ordre public de direction, il n'a pas disparu : seules les familles « communément admises » sont accueillies par le droit[6], qui persiste à rejeter les formes familiales qu'il considère « sociologiquement dissidentes ». La tolérance législative n'est pas sans limite, comme l'atteste l'ordonnance du 4 juillet 2005, qui a reconduit le droit antérieur en interdisant très généralement le double établissement du lien de filiation incestueuse, notamment par la voie de l'adoption de l'enfant (art. 310-2, v. ss 417). Et le rejet jurisprudentiel des modèles familiaux étrangers contraires à des principes auxquels la société française reste attachée l'atteste aussi : rejet

---

1. *Ibid.*
2. Comme il le disait joliment, « l'emporteront à la longue (les familles) qui se seront évertuées à être, sinon les plus vertueuses, du moins les plus sobres » : Carbonnier, *op. cit.*, n° 7.
3. Cornu, *op. cit.*. Ex. : ce qui est aujourd'hui pénalement sanctionné, ce n'est plus l'adultère dans le mariage mais le viol entre époux, v. ss 126.
4. Sur cette question, v. « Les sanctions en droit de la famille, Incohérences ou politique résolument diversifiée ? », in *Les sanctions en droit contemporain, La sanction, entre technique et politique*, Dalloz, « L'esprit du droit », 2012, p. 151 s.
5. On évoque souvent l'ordre public de protection, ce qui semble tout à fait inexact, car l'interdiction de la violence tend autant, voire plus, à l'intérêt général qu'à l'intérêt privé.
6. La disparition de la distinction des enfants légitime et des enfants naturels procède moins d'une réflexion théorique sur la notion de filiation que du constat de la banalisation de l'union libre et des naissances hors mariage dans la société.

de la polygamie[1], refus de l'inégalité des sexes dans le divorce[2], exigence de l'ouverture à l'enfant d'une possibilité de faire établir la paternité hors mariage[3], rejet hier encore d'une filiation rattachant l'enfant à deux parents de même sexe[4], etc.

La flexibilité du droit de la famille demeure donc (pluralisme des couples, pluralisme des divorces, rôle des volontés privées…), mais elle reste encadrée par un ordre public, qui varie et se déplace, mais qui atteste la survivance en matière familiale de considérations normatives, voire révèle le renforcement du dogmatisme[5].

3. La place incertaine du juge en droit de la famille

35 **Le droit de la famille, entre judiciarisation et privatisation.** Non sans rapport avec sa flexibilité, le droit de la famille hésite entre deux tentations : conférer au juge un rôle considérable pour adapter la règle au cas particulier, ou le remplacer par les modes dits « alternatifs » de règlement des conflits, voire renvoyer purement et simplement la question aux intéressés.

36 **Spécificité du contentieux familial.** La spécialisation du droit de la famille, le parti pris législatif de souplesse et la multiplication des conflits familiaux expliquent la spécificité de la procédure familiale.

Cette spécificité s'observe d'abord sous la forme de *la spécialisation du juge* de la famille. Après la création, dans certains tribunaux de grande instance, de chambres de la famille, le juge aux affaires matrimoniales (baptisé JAM) a été institué par la loi du 11 juillet 1975. Rebaptisé juge aux affaires familiales (encore appelé JAF) par la loi du 8 janvier 1993[6], il est aujourd'hui prévu à l'article L. 213-3 du Code de l'organisation judiciaire : « dans chaque tribunal de grande instance, un ou plusieurs magistrats

1. Civ. 1re, 6 juill. 1988, n° 85-12.743.
2. Civ. 1re, 17 févr. 2004, *Bull. civ.* I, n° 47 ; 10 mai 2006, *Bull. civ.* I, n° 406.
3. Civ. 1re, 26 oct. 2011, *Bull. civ.* I, n° 182.
4. Civ. 1re, 7 juin 2012, n° 11-30.261 et 11-30.262.
5. La loi du 17 mai 2013 est très révélatrice de cette tendance : elle écarte les solutions du droit international privé ou du droit des conflits de lois dans le temps pour faire rayonner les droits de l'homme et assurer largement l'interdiction de toute distinction fondée sur l'orientation sexuelle en matière de mariage. V. art. 171-9, 202-1, v. aussi L. 17 mai 2013, art. 21.
6. La doctrine avait ironisé sur ce juge dit « matrimonial » alors que sa compétence principale consistait à dissoudre le mariage ou décider de l'autorité parentale sur l'enfant.

du siège sont délégués dans les fonctions de juge aux affaires familiales ». Le texte précise toutefois que « le juge aux affaires familiales peut renvoyer à la formation collégiale du tribunal de grande instance qui statue comme juge aux affaires familiales » (art. L. 213-4, al. 1er).

Sa compétence a été progressivement étendue par les lois successives (v. récemment L. 12 mai 2009 et 9 juill. 2010). Désormais, il connaît : 1°) de l'homologation judiciaire du changement de régime matrimonial, des demandes relatives au fonctionnement des régimes matrimoniaux et des indivisions entre personnes liées par un pacte civil de solidarité ou entre concubins, de la séparation de biens judiciaire, sous réserve des compétences du président du tribunal de grande instance et du juge des tutelles des majeurs ; 2°) du divorce, de la séparation de corps et de leurs conséquences, de la liquidation et du partage des intérêts patrimoniaux des époux, des personnes liées par un pacte civil de solidarité et des concubins, sauf en cas de décès ou de déclaration d'absence ; 3°) des actions liées à la fixation de l'obligation alimentaire, de la contribution aux charges du mariage ou du pacte civil de solidarité et de la contribution à l'entretien et à l'éducation des enfants, à l'exercice de l'autorité parentale, à la révision de la prestation compensatoire ou de ses modalités de paiement, au changement de prénom ou encore à la protection d'un conjoint, d'un partenaire lié par un pacte civil de solidarité ou d'un concubin ou d'un ancien conjoint, partenaire lié par un pacte civil de solidarité ou concubin contre la violence de l'autre ou encore à la protection de la personne majeure menacée de mariage forcé (COJ, art. L. 213-3). Il assure aussi aujourd'hui les fonctions de juge des tutelles des mineurs : il connaît, à ce titre, de l'émancipation, de l'administration légale et de la tutelle des mineurs, ainsi que de la tutelle des pupilles de la Nation (COJ, art. L. 213-3-1).

Incontournable alors que le contentieux familial représente une part considérable du contentieux civil, cette consécration d'un juge unique n'est pas sans danger, car elle peut conduire soit à une froide technicité soit à une équité sentimentale très éloignée du juridique. Or *l'office du juge* en matière familiale est considérable et assez particulier : il lui appartient, ici comme ailleurs, de trancher des conflits (entre époux, entre pacsés, entre concubins ; entre parents, entre parent et tiers, entre parent et enfant ; etc.) ; mais il assume aussi en maintes occasions un rôle d'homologation des accords privés ; sans oublier sa fonction de conciliation, obligatoire dans le cadre d'une procédure judiciaire de divorce (art. 252, v. ss 222 et 226), mais que le droit de la famille lui permet aussi d'exercer plus généralement (art. 373-2-10 en matière d'autorité parentale, v. ss 628 ; C. pr. civ., art. 21, art. 1071).

37 **Essor des modes alternatifs de règlement des conflits.** De multiples facteurs qui expliquent la faveur du droit pour les modes alternatifs de règlement des conflits : la difficulté que la justice éprouve à trancher des conflits passionnels, le souci qu'elle a de respecter la liberté individuelle et l'intimité de la vie privée de chacun, l'effectivité incertaine de la contrainte juridique, la faveur du monde contemporain pour les décisions négociées par les intéressés, le poids économique du contentieux familial.

La médiation familiale ne cesse ainsi de se développer : le juge peut d'abord, en matière familiale, mettre en place une médiation avec l'accord des parties (C. pr. civ., art. 1071) ; mais il peut aussi, depuis les lois du 4 mars 2002 et du 26 mai 2004, ordonner aux parties de rencontrer un médiateur pour résoudre un conflit d'autorité parentale (art. 373-2-10) ou survenant dans une procédure de divorce (art. 255)[1] ; la loi du 18 novembre 2016 institue même l'obligation d'y recourir, à titre expérimental, pour trois ans. La solution n'est pas sans danger : symboliquement, elle signe un certain effacement de la loi et conduit indirectement à une « privatisation » de la matière familiale ; pratiquement, le rapprochement des prétentions des parties hors la présence tutélaire d'un juge chargé d'appliquer la loi risque de se faire à l'avantage du plus fort et en marge du cadre légal. Pour autant, la médiation est utile pour pacifier la relation et permettre aux parties de prendre le temps de renouer un dialogue particulièrement nécessaire lorsque la difficulté touche au statut de l'enfant.

1. *Adde* Décr. n° 2010-1395 et Arr. 16 mai 2013, expérimentant dans les TGI de Bordeaux et d'Arras la pratique de la double convocation.

Relève d'une même logique, et présente donc les mêmes avantages et les mêmes risques, *la convention de procédure participative* instituée par la loi du 22 décembre 2010 aux articles 2062 et suivants du Code civil (*adde* C. Pr. civ., art. 1542 s.), cette convention par laquelle les parties à un différend qui n'a pas encore donné lieu à saisine du juge, « s'engagent à œuvrer conjointement et de bonnes fois à la résolution » du dit différend, l'assistance des avocats respectifs des parties étant destinée à permettre de parvenir à un accord qui peut être soumis à l'homologation du juge. La loi précise qu'elle peut être conclue afin de rechercher une solution consensuelle en matière de divorce ou de séparation de corps. Mais elle peut aussi être utilisée en matière d'autorité parentale (v. alors C. pr. civ., art. 1557).

38 **Déjudiciarisation *versus* privatisation.** L'état préoccupant des finances publiques et le libéralisme ambiant expliquent un phénomène plus radical de privatisation du droit de la famille. Deux illustrations remarquables l'attestent : l'ordonnance du 15 octobre 2015 a supprimé l'administration légale sous contrôle judiciaire en conférant au parent qui exerce seul l'autorité parentale le pouvoir de décider seul de tous les actes de gestion, et même de ceux qui supposent l'accord des deux parents lorsqu'ils exercent en commun leur autorité (art. 382-1 *a contrario* ; v. ss 597), le juge ayant seulement le pouvoir de décider que certains actes de disposition relevant en principe de ce pouvoir unilatéral de gestion seront soumis à son autorisation (art. 387-3 ; v. ss 589) ; la loi du 18 novembre 2016 a offert aux époux la liberté de « se » divorcer eux-mêmes, sans intervention judiciaire, en imposant seulement le contreseing de l'accord des époux par leurs deux avocats et le dépôt ultérieur de l'acte au rang des minutes d'un notaire (art. 229-1 à 4, v. ss 197). On regrette que le souci de désengorgement des tribunaux de grande instance et d'économies budgétaires l'emporte sur la protection des multiples intérêts en jeu dans toute question familiale.

B. L'avenir du droit de la famille

39 L'avenir du droit de la famille est incertain, dans sa légitimité, mais aussi dans son inspiration.

1. Un droit en quête de légitimité

40 **La contestation du droit de la famille.** Le droit de la famille est parfois contesté dans son existence même. Certains jugent incongru d'associer les notions de « droit » (une règle générale et abstraite, contraignante, ayant pour finalité la justice et la sécurité) et de « famille » (groupe fondé sur le sang et l'alliance voire la vie commune, source de solidarité et moyen de bonheur). Plus précisément, trois griefs sont adressés au droit de la famille : il serait inutile en matière patrimoniale, où le droit commun suffirait (engagement contractuel, faute, enrichissement sans cause...) ; il serait illégitime en matière personnelle, où la liberté individuelle devrait régner (chacun devrait pouvoir régler sa vie personnelle comme il l'entend, avoir ou pas des enfants, vivre ou non en couple, être fidèle ou infidèle...) ; il serait enfin ineffectif, le droit étant impuissant à régir les cœurs, imposer l'affection, la fidélité...

41 **La nécessité du droit de la famille.** L'analyse infirme de telles conclusions.

Si l'on admet que *famille rime avec solidarité*, il est bien difficile de contester la compétence du juridique. Seul un droit spécial peut fournir *les moyens techniques* de la solidarité : la théorie générale du patrimoine ne suffit pas à assurer la solidarité familiale, que ce soit au sein du couple ou de la parenté[1] ; et il en va de même en matière personnelle, où le principe général de liberté individuelle doit être écarté si l'on entend consacrer l'engagement, le devoir, le pouvoir familial. À ce premier titre de compétence, tenant à la réalisation technique de la solidarité familiale, s'en ajoute un autre, tenant à la délicate détermination de la part respective de la solidarité familiale et de *l'indépendance de chacun.*

1. Le droit commun est propice à l'indépendance de chacun : la solidarité doit être expresse (n'est-il pourtant pas normal que chaque époux réponde solidairement des dettes ménagères ?), la propriété est un pouvoir exclusif sur la chose (les limites aux pouvoirs d'un époux sur le logement familial ne sont-elles pas salutaires ?), l'obligation suppose un engagement ou un fait générateur de responsabilité (l'obligation alimentaire n'est-elle pas une limite légitime à la liberté patrimoniale de chacun ?), etc.

Parce que de tels objectifs (déterminer le domaine et les techniques de la solidarité) relèvent incontestablement des finalités du droit[1], la contestation existentielle du droit de la famille semble spécieuse.

Quant à *l'effectivité du droit de la famille*, peut-être est-elle plus limitée qu'ailleurs. Pour autant, là encore, il est difficile de nier l'utilité du juridique, et ce que ce soit dans l'ordre pratique (la perspective d'une sanction juridique[2] permet de prévenir, voire de régler, des conflits souvent très passionnels) ou dans l'ordre symbolique, en raison du caractère « civilement instituant » des liens de famille. Ainsi s'expliquent l'essor des sanctions en certains domaines et, plus généralement, le maintien de la contrainte étatique, sous la forme d'un ordre public de protection ou de direction.

2. Un droit en quête d'inspiration

42 **Une famille pourquoi ? Une famille comment ?** Le droit de la famille est aujourd'hui en quête d'inspiration. Plus précisément, il doit résoudre trois difficultés.

Un droit en quête d'équilibre. La première difficulté tient à l'épreuve de *l'individualisme*. Le souci de l'individu est une chose salutaire : la liberté et l'égalité, en conduisant à discuter les règles et à en rechercher les justifications, permettent sans doute à la famille d'être un lieu où il fait souvent bon vivre. Mais le droit ne peut fonder la famille sur les désirs individuels, à peine d'instituer une famille contingente et précaire, variant selon les conceptions que chacun a du bonheur, conceptions qui peuvent d'ailleurs évoluer au cours d'une vie, et qui aboutissent finalement à l'instrumentalisation des êtres. Le sort de l'enfant illustre bien ce

1. Le contenu du devoir parental d'éducation de l'enfant, l'étendue du devoir conjugal (confère-t-il un pouvoir illimité sur l'autre ou doit-il s'exercer dans le respect de l'autre ?), du devoir de fidélité, d'assistance... peuvent-ils être abandonnés à la conscience de chacun ? Il est difficile d'accepter cette idée, souvent répandue, selon laquelle la matière personnelle échapperait, par nature, au droit, alors que la double exigence de justice et de sécurité impose de poser, là comme ailleurs, les règles du jeu social.

2. Le droit de la famille conserve une incontestable effectivité en matière personnelle (grâce à divers moyens de pressions : divorce, retrait d'autorité parentale, etc.), même si elle est moindre qu'en matière patrimoniale, la liberté individuelle s'opposant à l'exécution de devoirs personnels sous la contrainte (art. 1221 ; imagine-t-on l'accomplissement du devoir conjugal avec le concours de la force publique ?). Sans compter l'obstacle pratique : l'exécution des devoirs personnels relève trop de la personne pour que son exécution contrainte soit réellement satisfactoire.

glissement. Le droit au bonheur des adultes, que l'on prétend souvent fonder sur le droit à une vie familiale, est invoqué pour soutenir de nombreuses aspirations des adultes : recourir à la procréation assistée, accéder à l'adoption, obtenir l'exercice de l'autorité parentale, etc. Certes, la Cour européenne des droits de l'homme et le Conseil constitutionnel répètent qu'il n'existe ni droit à adopter[1], ni droit à recourir à l'assistance médicale à la procréation[2], et dénient plus généralement tout *droit à l'enfant*[3]. Mais l'évolution du droit, qui tend à satisfaire toujours plus le désir d'enfant, fragilise cette affirmation. Plus techniquement, il est impossible de construire la famille sur la liberté et l'égalité. Pensées en termes purement individuels, les questions familiales sont souvent insolubles ; sans compter qu'elles risquent de conduire à des solutions peu conformes à l'intérêt social. La question de l'accouchement sous X est une excellente illustration de l'aporie des droits de l'homme : comment départager entre les multiples droits en présence (droit de la femme, droit de l'enfant, droit du père, droit des parents de la mère, droit de la famille d'accueil, etc.) ? L'exemple des familles recomposées et la question du statut des tiers à l'égard de l'enfant révèlent pareillement les limites d'une logique purement individualiste : le droit se perd entre tous les intérêts en cause, ceux de l'enfant, ceux des parents biologiques, ceux des beaux-parents, ceux des adultes en charge de l'enfant, dans le domaine pratique et symbolique, personnel et patrimonial, à court terme et dans le long terme, etc. Mieux vaudrait garder présent à l'esprit que le lien de famille est *le lien social élémentaire*, et qu'il engage la société tout entière, très au-delà du bonheur des uns et/ou des autres.

Un droit en quête de direction. La seconde difficulté tient dans le fait que la société ne s'accorde plus sur les mérites qu'elle prête à la famille. Au-delà de la rhétorique du *droit au bonheur et de l'amour*, qu'est-ce qui peut justifier qu'on reconnaisse et protège

1. CEDH 26 févr. 2002, *Fretté c/ France*, n° 36515/17, *JCP* 2002. II. 10074 ; CEDH 22 janv. 2008, *E.B. c/ France*, n° 43546/02 ; Décis. 6 oct. 2010, n° 2010-39 QPC, consid. 8.
2. CEDH 10 avr. 2007, *Evans c/ Royaume-Uni*, n° 6339/05 ; 4 déc. 2007, *Dickson c/ Royaume-Uni*, n° 44362/04 ; 1er avr. 2010 et 3 nov. 2011, *S.H. et a. c/ Autriche*, n° 57813/00.
3. Décis. 17 mai 2013, n° 2013-669 DC, consid. 52.

tel lien, et, inversement, qu'on nie ou sanctionne tel autre ? Ce n'est qu'après avoir déterminé les *fonctions qu'elle souhaite confier à la famille* que la société pourra dessiner son droit. Légiférer avant d'avoir pensé cette question n'a guère de sens. Il faut donc d'abord se mettre d'accord sur l'essentiel, la technique juridique n'étant que mise en forme ultérieure : souhaite-t-on que la famille ait des fonctions anthropologiques, qu'elle place le sujet dans l'ordre généalogique, ou la résume-t-on à des questions économiques ? Entend-on qu'elle préside à des relations affectives ou souhaite-t-on qu'elle institue le sujet et l'ancre dans un tissu de liens sociaux ? La question est évidemment très complexe, mais elle est le préalable obligé pour un droit de qualité.

Un droit en quête de cohérence. La troisième difficulté tient dans la tendance qu'a le droit contemporain à « saucissonner » les questions et difficultés : le mariage est pensé sans questionner le pacs et le concubinage ; le divorce est réformé sans qu'on s'interroge sur l'incidence des changements sur le mariage lui-même ; le statut des tiers à l'égard de l'enfant est dissocié de la question du devenir de la parenté assise sur la filiation ; l'adoption est autorisée, sans que les incidences sur l'assistance médicale à la procréation ne soient envisagée ; etc. Ce tronçonnement des questions familiales conduit à résoudre les difficultés en occultant des enjeux qui peuvent s'avérer très importants. La question de l'égalité entre les couples, ainsi, est trop souvent pensée en oubliant la dimension de parenté inévitablement sous-jacente : pourquoi reconnaît-on, pourquoi protège-t-on, un couple ? ; est-ce parce que deux personnes s'aiment ? ; ou est-ce parce que leur union est socialement bienfaisante, notamment en ce qu'elle offre un berceau accueillant pour l'enfant ? Et la dissociation est encore plus singulière lorsqu'elle consiste à poser une question concrète particulière, et à la régler, sans l'avoir replacée dans le contexte de l'institution dont elle dépend. Le débat qui a eu lieu autour de la question de l'impact du mensonge sur la virginité du conjoint l'illustre bien (v. ss 86) : divers arguments connexes ont été invoqués, tenant à l'égalité homme-femme, à la laïcité du droit, à la liberté sexuelle ; mais de mariage, il n'a guère été question et la discussion s'est peu attardée sur le point de savoir quelle était, aujourd'hui, la fonction remplie par l'institution matrimoniale : intégration des étrangers ? ; moyen de faire progresser l'égalité homme-femme ? ; instrument d'affirmation de la laïcité du droit français ? ; association précaire de vaisselle et de chaussettes, ou union sexuelle fondée sur l'accord respectif des époux et leur confiance mutuelle[1] ?

43 **Plan.** Le droit de la famille sera exposé, dans trois parties distinctes, consacrées la première au couple (PREMIÈRE PARTIE), la deuxième à l'enfant (DEUXIÈME PARTIE) et la troisième aux effets produits par le lien familial « au-delà » (TROISIÈME PARTIE). Les dispositions qui relèvent des droits spéciaux, tels le droit des régimes matrimoniaux, le droit de la tutelle, le droit des successions, etc., seront présentées schématiquement lorsque la compréhension de la matière l'exigera. Dans le cas contraire, elles seront abandonnées aux ouvrages spécialisés.

1. Si l'on admet que le mariage est, par vocation une union sexuelle durable, fondée sur la confiance respective des époux, la solution consistant à refuser de faire produire effet à cette dissimulation ne coule pas de soi.

PREMIÈRE PARTIE

LES COUPLES

44 **Le couple en législation.** Le « couple » est *un terme commode*, qui permet de désigner des réalités sociales très diverses, allant du couple d'un soir au mariage d'une vie. Absent du vocabulaire juridique de 1804 qui ne connaissait que le mariage, le terme est apparu dans la législation récente : plus précisément, c'est le droit de l'assistance médicale à la procréation qui l'a intronisé en législation, dans le Code de la santé publique[1]. La doctrine juridique l'emploie bien souvent : parfois – comme ici – ce sont de simples raisons de commodité qui l'expliquent, le terme permettant, *brevitatis causa*, de désigner en un mot ces trois situations juridiques différentes que sont le mariage, le pacs et le concubinage ; mais dans d'autres cas, il s'agit de défendre la thèse selon laquelle *un droit commun du couple* existerait et devrait être renforcé.

Il est vrai que le droit positif multiplie les règles communes à ces trois situations différentes que sont le mariage, le pacs et le concubinage. C'est tout particulièrement le cas des droits non civils de la famille, comme le droit pénal, le droit social. Mais c'est également vrai dans des matières intimement liées au droit civil de la famille : à titre d'exemples, on citera la loi du 12 mai 2009 (qui a étendu la compétence du juge aux affaires familiales

1. V. aujourd'hui not. art. L. 1214-2 et 2141-2 s.

à la liquidation des intérêts patrimoniaux de tous les couples), la loi du 5 mars 2007 (qui traite identiquement, à certains égards, les trois types de couples s'agissant de la protection des majeurs dont les facultés mentales sont altérées), les lois du 19 novembre 1999 et 17 mai 2013 (qui ont ouvert ces trois moules aux couples sans distinction d'orientation sexuelle), les lois du 9 juillet 2010 et du 4 août 2014 (qui ont institué et encadré l'ordonnance de protection destinée aux victimes de violences exercées par un membre du couple ou de l'ex-couple). Il est donc exact de souligner l'essor d'*un droit commun des couples*. Pour autant, prétendre qu'il existe *un droit commun du couple* est techniquement impossible, *en l'absence de notion juridique de « couple »* : le droit connaît trois types de couple (le couple marié, le couple pacsé, le couple de concubins), mais le « *genre* » « couple » est introuvable car il n'existe aucun élément commun caractérisant en même temps ces trois situations[1].

Le mot ne sera donc employé qu'à des fins pédagogiques, en insistant sur le fait que la généralité et la neutralité du vocable ne doivent pas faire oublier les différences juridiques profondes qui séparent les « moules » juridiques ainsi désignés. La doctrine a d'ailleurs très justement dénoncé ce « mythe » du couple[2] qui permet à la société de nier le fossé séparant mariage et concubinage.

45 **Évolution historique.** Le Code civil de 1804 ne régissait que le mariage (actuel titre V du livre Ier) et le divorce (actuel titre VI du même livre). Le concubinage était en revanche ignoré du droit. L'essor quantitatif des couples non mariés et les mutations religieuses et morales de la société au cours du XXe siècle ont conduit le droit à lui attacher progressivement divers effets, notamment en matière sociale et fiscale, puis à le définir dans le Code civil lui-même (loi du 15 novembre 1999). L'évolution de la société à l'égard de l'homosexualité a en outre amené le législateur à créer,

1. La vie commune semble certes constituer le noyau commun ; mais en faire le critère du couple est impossible, car la vie commune est tantôt un devoir (c'est le cas du pacs et du mariage), tantôt un élément constitutif (c'est le cas du concubinage). Si le couple n'existe pas en droit, c'est à raison de la différence fondamentale qui oppose des actes juridiques (le mariage et le pacs) et un fait juridique (le concubinage).

2. F. Dekeuwer-Défossez, « Réflexions sur les mythes fondateurs du droit contemporain de la famille », *RTD civ.* 1995. 249 s.

par cette même loi du 15 novembre 1999, le pacte civil de solidarité. Assez considérablement modifié par une loi du 23 juin 2006, ce statut emprunte beaucoup au mariage, excepté lors de la rupture, qui est abandonnée à la liberté des partenaires. Dans le même temps, la multiplication des divorces et la « libéralisation » progressive de cette institution en législation (L. 11 juill. 1975 et 26 mai 2004) ont ébranlé fortement le mariage en affaiblissant la sécurité qui lui était traditionnellement attachée. Il continue toutefois d'offrir au conjoint (devoirs de mariage, régime matrimonial, vocation successorale, conditions de rupture, effets du divorce...) et à l'enfant (présomption de paternité) une protection bien supérieure à celle qu'apportent le pacte civil de solidarité et, *a fortiori*, le concubinage. On note d'ailleurs que la loi, en même temps qu'elle a anéanti son monopole et facilité sa rupture, a renforcé sa portée successorale (L. 3 déc. 2001 et 23 juin 2006). Et son ouverture aux couples homosexuels par la loi du 17 mai 2013 atteste, de la même façon, toute l'ambiguïté de la société contemporaine à l'égard du mariage : en même temps qu'elle changeait profondément sa nature juridique en le détachant de la fonction de procréation qui faisait traditionnellement sa spécificité et expliquait la force de ses effets (notamment dans le temps), cette loi (et la forte contestation qu'elle a suscitée) attestai(en)t que le mariage avait encore, dans la société, une place singulière et conservait pour beaucoup un attrait inégalé.

46 **Quelques chiffres.** L'évolution juridique a accompagné – cause et/ou effet ? – l'évolution sociologique, comme l'attestent les chiffres. Globalement, *le mariage reste la norme*. Les études de l'INSEE indiquaient ainsi en 2011 que 31 748 000 personnes vivaient en couple, dont 23 202 000 en mariage, 1 377 000 en pacs, 7 169 000 en concubinage, ce qui donne une proportion de 73,1 % de mariages, 4,3 % de pacs et 22,6 % de concubinages. Mais *le déclin de l'institution dans le temps* est assez net.

On se marie moins aujourd'hui qu'autrefois : 410 000 mariages étaient célébrés en 1972, 394 000 en 1974, 287 000 en 1996, 241 000 en 2012, 235 000 en 2016, 228 000 en 2017[1]. Si l'on

---

1. Après un pic de 305 000 mariages en 2000, une lente régression (moins de 296 000 en 2001, moins de 279 000 en 2004) jusqu'en 2005 (avec un peu plus de 283 000 mariages), et à nouveau un

rapporte le nombre de mariages au nombre d'habitants, l'évolution est identique : le taux de nuptialité pour 1 000 habitants était de 7 en 1960, de 6,2 en 1980, de 5 en 2000 et de 3,7 en 2012. Ces chiffres attestent un déclin de l'institution, même s'il faut les relativiser notamment en les mettant en corrélation avec l'âge moyen au mariage, qui augmente régulièrement : en moyenne en France métropolitaine, en 1994, les hommes se mariaient à 31,7 ans et les femmes à 29,2 ans ; en 2001, les hommes se mariaient à 33,6 ans et les femmes à 30,9 ans ; en 2010, l'âge moyen était passé à 36,4 ans pour les hommes et 33,8 ans pour les femmes ; en 2018, il était de 38,4 ans pour les hommes et 35,9 ans pour les femmes[1].

Le mariage est en outre aujourd'hui plus fragile qu'autrefois. Le nombre de divorces prononcés chaque année l'atteste : 50 000 divorces étaient prononcés en 1972, 100 000 en 1992, 122 000 en 1995, 127 000 en 2003, 155 000 en 2005, 123 668 en 2015. Les statistiques indiquent aussi que les mariages contemporains sont soumis à une érosion bien plus forte que les mariages célébrés hier : pour 10 000 mariages célébrés en 1970, 364 seulement avaient été dissous au bout de 5 ans de mariage ; pour 10 000 mariages célébrés en 1990, 820 l'avaient été au bout de 5 ans ; pour 10 000 mariages célébrés en 2006, 915 l'ont été au bout de 5 ans. Si l'on rapporte le nombre de divorces au nombre de mariages (ce qu'on appelle le taux de divorce), l'évolution est également considérable : rapporté au nombre de mariages existants dans la même année, il y a 10,7 divorces pour 1 000 couples mariés en 2008, 10,9 en 2011 ; rapporté au nombre de mariages célébrés dans la même année, le taux de divorce est de 44,7 % en 2011, après un pic à 52,3 en 2005. Enfin, si l'on rapporte le nombre de divorces à la population totale (ce qu'on appelle le taux de divortialité), l'évolution est nette, même si la France se situe

lent déclin jusqu'en 2012 (moins de 274 000 en 2006, plus de 251 000 en 2009 en 2005, moins de 274 000 en 2007), qui a été la première année de hausse après une baisse constante tout au long de la décennie.

1. Dans les couples de personnes de sexe différent.

dans la moyenne de l'Europe : on est passé de 1,5 à 2,1 entre 1980 et 2011[1].

La concurrence du concubinage progresse aussi : les 314 000 couples non mariés de 1968 sont devenus 1 707 000 en 1990 et on en recensait 3 585 500 en 2011.

Quant au *pacte civil de solidarité*, il a beaucoup *progressé jusqu'en 2010* : 22 271 en 2000, 60 462 en 2005, 77 347 en 2006, 101 999 en 2007, 205 558 en 2010, 189 000 en 2015. Rapportés au nombre de mariages célébrés, les chiffres sont très signifiants : en 2000, 5 pacs étaient conclus pour 100 mariages ; en 2006, il y avait 25 pacs pour 100 mariages ; en 2015, quatre pacs ont été conclus pour cinq mariages célébrés. Surtout, élément de comparaison essentiel, alors que 42 % des pacs étaient conclus par des couples homosexuels la première année, 93 % d'entre eux ont concerné des couples hétérosexuels en 2006, et même 95,5 % en 2010. Dans le même temps, sur les 198 000 personnes qui disaient vivre en couple avec une personne de même sexe (dont 116 000 couples d'hommes et 82 000 couples de femmes), 43 % étaient pacsées (47 % des couples d'hommes et 38 % des couples de femmes). Il est encore un peu tôt pour apprécier la stabilité de ce nouveau statut : on sait qu'entre 1999 et 2007, plus de 38 000 pacs ont été rompus, soit 14 % du total des pacs conclus ; on sait aussi que depuis 2006, le nombre de dissolutions enregistrées au tribunal est en constante augmentation (9 583 en 2006, 22 783 en 2007, 23 448 en 2008, 26 860 en 2009, 34 652 en 2010).

47 **Et demain ?** L'avenir est incertain. *L'individualisme*, qui explique sans peine l'évolution passée, risque fort de poursuivre son chemin. D'un côté, *la liberté* pèse sur les liens, qu'elle effiloche progressivement : beaucoup de couples préfèrent la liberté à la sécurité que le mariage continue d'offrir et choisissent le concubinage ou le pacs ; de nombreux couples mariés ne résistent pas à l'usure du temps et aux difficultés de la vie. De l'autre côté, *l'égalité* pousse le droit dans un mouvement de réduction progressive

1. En 2011 : 2 au Royaume-Uni ; 2,1 en Autriche ; 2,2 en Espagne ; 2,3 en Allemagne ; 2,5 en Finlande ; 2,5 en Suède ; 2,6 au Danemark ; 2,9 en Belgique. Mais 0,1 à Malte ; 0,7 en Irlande ; 0,9 en Italie ; 1,2 en Grèce ; 1,4 en Bulgarie…

des différences entre les types de couples, le législateur choisissant de plus en plus de soumettre les différents couples à des conditions identiques et de leur attacher les mêmes effets, sans qu'il soit toujours possible d'en déterminer la motivation : démagogie politicienne, facilité de l'égalité abstraite[1], condamnation sincère de ce qui apparaît comme constituant une inégalité, ou crainte d'être condamné pour discrimination. Pourtant, la jurisprudence de la Cour européenne des droits de l'homme[2] n'impose en rien de traiter identiquement les trois modèles de couples, la Cour ayant jugé à diverses reprises que la diversité des engagements pouvait justifier des différences de traitement[3]. La jurisprudence du Conseil constitutionnel est également dans ce sens : il a ainsi été jugé qu'il était possible de n'ouvrir l'adoption qu'aux couples mariés (art. 343 et 346, al. 1er, v. *ss* 95, 515 et 529)[4], ou encore de réserver au conjoint survivant la pension de réversion ouverte par l'article L. 39 du Code des pensions civiles et militaires de retraite[5].

L'avenir seul dira si le *mariage* reste une union sérieuse, entre « ciel et terre »[6], ou s'il laisse place au *couple*, conçu comme un mode « temporaire » de « gestion » des questions « patrimoniales » liées à la vie commune. En toutes hypothèses, si le droit entend maîtriser les institutions familiales et non se borner à entériner les faits sociaux et aspirations en tous sens, il ne pourra pas faire

1. Maintenir une distinction de régime suppose la capacité à discerner la différence de fait, à la peser, à apprécier sa raison d'être, la légitimité de celle-ci... Rien de bien facile !

2. *Adde* CJUE 1er avr. 2008, *Maruko*, C-267/06 et 10 mai 2011, *Römer*, C-147/08, considérant, à propos des pensions de retraite, qu'il n'y a discrimination qu'en cas de traitement différent de couples se trouvant dans des situations comparables. Comp. CEDH 8 mars 2010, *Munoz Diaz c/ Espagne*, n° 49151/07.

3. V. ainsi CEDH 15 mars 2012, *Gas et Dubois c/ France*, n° 25951/07 ; comp. CEDH 19 févr. 2013, *X et a. c/ Autriche*, n° 19010/07 ; *adde* CEDH 3 avr. 2012, *Van Der Heijden c/ Pays Bas*, n° 42857/05.

4. Décis. 6 oct. 2010, n° 2010-39 QPC, consid. 9 : « en maintenant le principe selon lequel la faculté d'une adoption au sein du couple est réservée aux conjoints, le législateur a, dans l'exercice de la compétence que lui attribue l'article 34 de la Constitution, estimé que la différence de situation entre les couples mariés et ceux qui ne le sont pas pouvait justifier, dans l'intérêt de l'enfant, une différence de traitement quant à l'établissement de la filiation adoptive à l'égard des enfants mineurs ; qu'il n'appartient pas au Conseil constitutionnel de substituer son appréciation à celle du législateur sur les conséquences qu'il convient de tirer, en l'espèce, de la situation particulière des enfants élevés par deux personnes de même sexe ».

5. Décis. 29 juill. 2011, n° 2011- 155 QPC.

6. Sur ce partage du matériel et du spirituel, v. Carbonnier, « Terre et ciel dans le droit français du divorce », *Mélanges Ripert*, I, 329.

l'économie de la réflexion essentielle : qu'est-ce qui justifie que le système juridique reconnaisse des couples et en écarte d'autres, attribue tel droit et dénie tel autre, impute telle obligation et exclue tel autre ? L'intervention de l'État s'est longtemps fondée sur la procréation, nécessaire à la perpétuation de l'espèce, ou sur l'éducation de l'enfant, indispensable à la vie sociale. Aujourd'hui, le droit semble embarqué dans *la logique de l'amour* : le couple se fait et se défait au gré du sentiment amoureux, et le droit suit l'affect, noue ce que l'amour relie, dénoue ce que l'amour ne lie plus. Il semble pourtant possible, souhaitable, nécessaire, de dissocier l'ordre des sentiments, qui relève du non droit (et doit être abandonné à la morale, la religion, l'affection, etc.), et l'ordre du droit, qui n'a pas à s'immiscer dans les cœurs mais est pleinement légitime à régir *les conduites* à des fins sociales, d'intérêt général et d'intérêt privé, de justice et de sécurité, tant personnelle que patrimoniale.

48 **Plan.** Après avoir exposé le droit des couples mariés (LIVRE PREMIER) et celui des couples démariés (LIVRE DEUXIÈME), il faudra analyser la situation juridique des couples non mariés (LIVRE TROISIÈME).

Livre premier

Le couple marié

49 **Notion. De 1804 à 2013.** Le Code civil de 1804 ne définissait pas explicitement le mariage, tant la définition de cette « plus vieille coutume de l'humanité »[1] semblait évidente. Implicitement, il était possible d'inférer cette définition des conditions et effets essentiels de l'institution : le mariage reposait sur deux éléments, d'une part la promesse échangée par un homme et une femme de se soutenir mutuellement dans la vie commune et d'élever les enfants à naître, d'autre part la reconnaissance officielle de ce lien par la société. La maîtrise de la procréation progressivement acquise au cours du XXe siècle (tant négativement, par la contraception et l'interruption de grossesse, que positivement par l'assistance médicale à la procréation ; sur quoi, v. ss 551) et les réformes successives de la filiation et de l'autorité parentale ont progressivement distendu le lien entre mariage et enfant, faisant du rapport entre les adultes le cœur de l'institution matrimoniale. La loi du 17 mai 2013, en l'ouvrant aux couples homosexuels, a rompu avec cette définition ancestrale, et encore renforcé l'importance du lien de couple au détriment partiel de l'effet de parenté (sur quoi, v. ss 96).

1. Carbonnier, *op. cit.*

50 **Crise du mariage ?** Cette réforme, en même temps qu'elle bouleverse l'institution juridique, atteste le regain d'intérêt que suscite le mariage, non sans paradoxe au regard du déclin qui l'affecte par ailleurs, *déclin manifeste* si l'on s'en tient à l'essor d'une part des couples non mariés, d'autre part des divorces[1]. Le paradoxe n'est qu'apparent, tant l'évolution du droit et des faits procède de la même inspiration, la montée en puissance de l'individualisme, qui pousse toujours plus loin la liberté et l'égalité.

L'institution reste essentielle. *Pour les adultes*, d'abord, car elle offre une meilleure sécurité, patrimoniale mais aussi – surtout ? – personnelle, que les autres couples, le concubinage bien sûr mais aussi le pacte civil de solidarité. *Pour les enfants* aussi, car elle leur offre un cadre de vie plus stable que le concubinage : les statistiques établissent que, malgré l'accroissement du nombre des divorces, le mariage reste une union plus durable que le concubinage. *Pour la société* enfin, car le mariage fonde des solidarités horizontales et verticales irremplaçables et participe ainsi à la constitution du tissu social élémentaire.

51 **Double nature, contrat et institution.** De quelle nature est le mariage ? Est-ce une institution sociale, une norme sociale régissant l'union de deux êtres ? Ou est-ce un contrat, un accord de deux volontés privées procédant de l'exercice de deux libertés individuelles ?

Classique, cette question intéresse encore la doctrine moderne. *Une réponse nuancée* doit être donnée : 1°) le mariage est une institution (le statut conjugal est déterminé par la société, le mariage constituant le fondement principal de la famille, cellule de base de la société) qui procède de la rencontre de deux volontés privées (un mariage sans le consentement mutuel des époux ne se conçoit pas) ; 2°) le caractère institutionnel du mariage décline[2], les volontés individuelles se voyant reconnaître une portée grandissante, aussi bien dans la formation de l'union que dans la

1. La modification des effets du mariage, moins contraignant aujourd'hui qu'autrefois, est diversement interprétée : déclin pour les uns, elle serait progrès pour les autres, le droit se bornant alors à mieux concilier l'institutionnel et l'individuel, l'union et la liberté.

2. Quelques exemples de ce phénomène : dépénalisation de l'adultère ; admission du divorce par consentement mutuel ; atténuation des effets du divorce...

détermination de ses effets. L'évolution du droit matrimonial ne fait que suivre ici celle, plus générale, d'une société où l'individualisme progresse. Reste que l'importance de l'union matrimoniale dans la société justifie que le droit pose des conditions pour la formation du lien et lui attache certains effets intangibles.

52 **Institution civile. Célébration religieuse.** Institution civile, le mariage est *également institution religieuse*. Depuis la sécularisation du mariage, par la Constitution du 3 septembre 1791[1], l'attitude du droit civil français est claire : la célébration religieuse est *une liberté* (elle peut exister, si telle est la volonté des époux, mais elle n'est pas obligatoire) ; mais cette célébration ne peut intervenir qu'après l'échange des consentements devant l'officier d'état civil (le ministre du culte qui enfreindrait cette règle encourrait des sanctions pénales : C. pén., art. 433-21). La proposition, souvent formulée, de maintenir la liberté de l'union religieuse mais de supprimer la double célébration et de faire produire effet civil à l'union religieuse lorsque les époux ont choisi de faire célébrer celle-ci, doit être écartée : la soumission du mariage au droit étatique, logique si l'on admet que le mariage est une « institution sociale », justifie pleinement l'intervention d'un officier d'état civil, à des fins tant symboliques que pratiques (contrôle de la régularité du mariage). C'est bien dans la séparation des deux ordres, temporel et spirituel, que la laïcité du droit français trouve ici sa plus simple et sa plus efficace expression[2].

53 **Mariage civil. Union dans la liberté.** « L'histoire du mariage est celle d'une libération continue »[3]. Fameuse, la formule mérite d'être précisée, car la liberté est double dans le mariage. Elle consiste en premier lieu dans la *liberté de choisir ou non le mariage* et cette liberté constitue aujourd'hui un droit fondamental proclamé par

1. Art. 7 du titre II : « La loi ne considère le mariage que comme un contrat civil ». Sur ce thème, v. Carbonnier, « La sécularisation du droit civil », *Christianisme, sécularisation et droit moderne*, Milan, p. 1006 s.

2. L'origine historique du système civil actuel plaide pour son maintien. Sur l'épisode des mariages au désert des protestants, v. Carbonnier, « L'amour sans la loi », *Bull. hist. du protestantisme français, 1979.*

3. Carbonnier, *op. cit.*

divers textes (DUDH, art. 16[1], Conv. EDH, art. 12[2], Charte UE, art. 9[3], DDHC, art. 2 et 4[4]) et protégé tant par la Cour européenne des droits de l'homme[5] que par le Conseil constitutionnel. Depuis la première décision rendue en 1993[6], la liberté du mariage a fait l'objet de nombreuses décisions du Conseil constitutionnel, notamment depuis l'introduction de la question prioritaire de constitutionnalité : le Conseil a eu ainsi à connaître des conditions d'accès au mariage[7], du contrôle du consentement au mariage[8], ou encore des avantages réservés au mariage[9], et ce qu'il s'agisse du statut des étrangers, des homosexuels ou des personnes protégées ; il s'est efforcé d'assurer effectivement la liberté du mariage tout en préservant la liberté d'appréciation du législateur. La liberté du mariage consiste en second lieu dans la *liberté conservée par chacun en cours d'union*, liberté que préserve le droit du mariage, au-delà des devoirs qu'il tisse entre époux. Cette liberté là est également conquérante, et conduit à un effacement progressif des contraintes inhérentes au lien matrimonial : repli des

1. « À partir de l'âge nubile, l'homme et la femme, sans aucune restriction quant à la race, la nationalité ou la religion, ont le droit de se marier et de fonder une famille. Ils ont des droits égaux au regard du mariage, durant le mariage et lors de sa dissolution » (al. 1er). « Le mariage ne peut être conclu qu'avec le libre et plein consentement des futurs époux » (al. 2). « La famille est l'élément naturel et fondamental de la société et a droit à la protection de la société et de l'État » (al. 3).
2. « À partir de l'âge nubile, l'homme et la femme ont le droit de se marier et de fonder une famille selon les lois nationales régissant l'exercice de ce droit ».
3. « Le droit de se marier et de fonder une famille sont garantis selon les lois nationales qui en régissent l'exercice ».
4. « Le but de toute association politique est la conservation des droits naturels et imprescriptibles de l'homme. Ces droits sont la liberté, la propriété, la sûreté et la résistance à l'oppression » (art. 2). « La liberté consiste à pouvoir faire tout ce qui ne nuit pas à autrui : ainsi, l'exercice des droits naturels de chaque homme n'a de bornes que celles qui assurent aux autres Membres de la Société la jouissance de ces mêmes droits. Ces bornes ne peuvent être déterminées que par la Loi » (art. 4).
5. V. par ex. CEDH 11 juill. 2002, Goodwin c/ RU, n° 28957/59.
6. Décis. 13 août 1993, n° 1993-325 relative à la maîtrise de l'immigration et aux conditions d'entrée, d'accueil et de séjour des étrangers en France.
7. Décis. 28 janv. 2011, n° 2012-92 QPC relative à l'interdiction du mariage entre personnes de même sexe ; Décis. 17 mai 2013, n° 2013-669 DC relative à la loi ouvrant le mariage aux couples de personnes de même sexe.
8. Décis. 30 mars 2012, n° 2012-227 QPC relative aux conditions de contestation par le procureur de la République de l'acquisition de la nationalité par mariage ; Décis. 22 juin 2012, n° 2012-261 QPC relative au consentement à mariage et à l'opposition à mariage ; Décis. 13 juill. 2012, n° 2012-264 QPC relative aux conditions de la contestation par le ministère public de l'acquisition de la nationalité par mariage ; Décis. 29 juin 2012, n° 2012-260 QPC relative au mariage d'une personne en curatelle.
9. Qu'il s'agisse de l'adoption (réservée aux couples mariés, et donc fermée aux couples homosexuels lorsque le mariage leur était refusé : Décis. 6 oct. 2010, n° 2010-39 QPC relative à l'adoption au sein d'un couple non marié), ou de la pension de réversion (Décis. 29 juill. 2011, n° 2011-155 QPC), ou de la carte de séjour (Décis. 22 mai 2013, n° 2013-312 QPC).

devoirs (v. ss 124 s.), affirmation d'un droit au divorce (v. ss 190), etc.

Cette exaltation de la liberté individuelle ne saurait faire oublier : d'une part que le mariage est une institution sociale dont les conditions d'accès et les effets sont inévitablement définis par l'État, en rapport avec les fonctions sociales qui sont les siennes ; d'autre part que, même envisagé dans une perspective individuelle, le mariage est avant tout une union, un lien, un engagement mutuel, une promesse réciproque, en ce sens que le mariage n'a de signification et d'utilité que parce qu'il constitue un engagement durable pris par chacun, une promesse de « pour toujours » solennellement échangée.

54 **Plan.** Cette association d'institution sociale et de volontés individuelles, de liberté et d'engagement, existe à tout moment dans le mariage : dans sa formation (TITRE 1) comme dans ses effets (TITRE 2). C'est elle qui fait la difficulté du droit matrimonial, en quête permanente d'équilibre et de cohérence ; c'est elle, surtout, qui donne à l'union matrimoniale son originalité et sa force. Le droit contemporain semble parfois l'oublier, obnubilé par la liberté individuelle.

TITRE 1

LA FORMATION DU MARIAGE

55 **Plan.** Le droit subordonne la formation du lien matrimonial à diverses conditions. Elles seront exposées (CHAPITRE 1) avant que soient envisagées leurs sanctions (CHAPITRE 2).

CHAPITRE 1

La détermination des conditions

56 **Liberté individuelle et institution sociale.** « Il n'y a pas de mariage lorsqu'il n'y a point de consentement ». La tournure catégorique de l'article 146 du Code civil, qui subordonne l'existence du mariage à la volonté personnelle de fonder une famille, atteste l'essence du mariage : un acte de volonté, expression d'une liberté individuelle fondamentale. Le Code civil pose en outre diverses conditions, morales, hier biologiques..., d'où résulte implicitement une certaine « définition » sociale du mariage. Deux séries de conditions enserrent ainsi la formation du mariage. Les premières procèdent de ce que le mariage constitue une liberté individuelle et suppose un accord de deux volontés (SECTION 1). Les secondes tiennent à l'aspect institutionnel du mariage, qui apparaît comme l'acte fondateur d'une famille (SECTION 2).

Pour l'essentiel issu de la codification révolutionnaire, le droit afférent à la formation du lien matrimonial est resté paisible jusque dans les années 1990. Un premier train de réformes est alors intervenu, où des lois se sont succédé afin de lutter contre les mariages « simulés » et contre les mariages « forcés », ce qui s'est traduit par l'essor des contraintes pesant sur la formation du lien matrimonial : loi Pasqua des 22 juillet-24 août 1993, loi

Chevènement du 16 mars 1998, lois Sarkozy du 26 novembre 2003, du 24 juillet 2006, du 14 novembre 2006 et du 16 juin 2011. Mais désormais, il semble bien que ce soit le phénomène de fondamentalisation du droit qui exerce la plus forte influence sur le droit du mariage. La loi du 17 mai 2013 en est l'illustration la plus remarquable : en ouvrant le mariage aux couples homosexuels, au motif de l'égalité des couples, elle a profondément modifié l'esprit de l'institution. Diverses solutions jurisprudentielles l'attestent aussi, qu'il s'agisse de l'interdiction de l'inceste et de la bigamie, du statut des majeurs protégés, etc.

SECTION 1
UN ACCORD DE VOLONTÉS INDIVIDUELLES

57 ***Consensus non concubitus facit matrimonium.*** L'adage classique correspond assez bien à la conception française du mariage, plus idéaliste[1] que le droit canonique, et qui s'attache davantage à l'union des volontés, le consentement des époux, qu'à la *copula carnalis*, l'union des corps. La volonté de chacun doit exister (**§ 1**) et être intègre, c'est-à-dire non viciée (**§ 2**).

§ 1. L'existence de l'accord de volontés

58 **Plan.** Le consentement requis n'est en principe que celui des époux, le mariage étant union de deux individus et non plus de deux familles. Il faudra toutefois examiner les quelques cas dans lesquels le consentement des intéressés doit être avalisé par autrui (**A**). Il faudra également envisager le mariage posthume, cette institution exorbitante du droit commun, qui permet de célébrer un mariage après le décès d'un des époux, alors que le consentement doit en principe être exprimé au moment même du mariage (**B**). Il faudra surtout s'efforcer de préciser ce que l'on

1. Carbonnier, *Terre et ciel dans le droit français du mariage*, préc.

entend par « consentement au mariage » et tâcher de découvrir ce que recouvre réellement l'échange formel des oui (**C**).

A. Les personnes devant consentir

59 **Principe.** Le mariage fut longtemps affaire de familles : par l'enfant qu'il peut engendrer, il apparaissait comme l'un des maillons de l'arbre généalogique unissant le destin de deux familles. En un temps où les individualités comptaient peu, le consentement personnel des époux s'effaçait donc devant la volonté de deux familles, auxquelles était donné le pouvoir d'éviter toute mésalliance ou charge supplémentaire. Ce n'est que progressivement, sous l'influence notamment du droit canon, que le consentement personnel des époux devînt suffisant et que les familles furent écartées de l'union matrimoniale.

60 **Limites.** Du moins est-ce le principe de droit. Il faut en effet d'abord compter avec l'influence qu'exercent en fait les familles, et notamment en leur sein les ascendants, sur le mariage des membres de la tribu. Il faut surtout préciser que le consentement personnel des intéressés ne suffit pas en cas d'incapacité de l'un d'eux, qu'il soit mineur ou majeur : le droit exige alors, outre le consentement des époux, celui de diverses personnes. À défaut, le mariage est nul de nullité relative (v. ss 113) ; quant aux personnes ainsi chargées de consentir au mariage d'autrui, elles peuvent former opposition à la célébration de l'union (v. ss 109).

1. Le mariage des mineurs

61 La société accepte parfois, quoiqu'à titre exceptionnel, le mariage d'un mineur (C. civ., art. 145, v. ss 90). Elle le subordonne évidemment à son consentement personnel. Mais elle ne se contente alors pas de ce consentement.

Elle exige en outre celui de sa famille proche : celui des père et mère s'ils sont tous deux vivants, le consentement d'un seul suffisant en cas de désaccord (art. 148) ; celui du survivant si l'un des parents est mort ou ne peut manifester sa volonté (art. 149) ; celui des aïeux si les parents sont tous deux décédés ou incapables de manifester leur volonté, le consentement d'un(e) seul(e) suffisant en cas de désaccord (art. 150) ; celui du conseil de famille si le mineur n'a plus aucun ascendant paternel ou maternel en état de manifester sa volonté (art. 159).

En la forme, le consentement peut être donné au moment même du mariage (il sera alors reçu par l'officier d'état civil qui procède à la célébration de l'union : art. 75 et 76) ou avant l'union, par acte authentique (acte notarié ou acte de l'officier d'état civil du domicile ou de la résidence de l'ascendant donnant son consentement : art. 73). On enseigne classiquement que le refus de consentir ne peut être *soumis au contrôle des tribunaux*[1]. Mais un tel pouvoir discrétionnaire ne semble guère conforme au droit contemporain de la famille, très attaché au bonheur individuel, et qui reconnaît une marge grandissante d'autonomie au mineur pourvu de discernement et n'hésite plus à contrôler l'autorité parentale, jusque dans des décisions longtemps abandonnées, elles aussi, aux pleins pouvoirs parentaux (ainsi du consentement à l'adoption de l'enfant : art. 348-6 ; v. ss 523). La décision rendue par le Conseil constitutionnel à l'égard du majeur sous curatelle conforte l'analyse (v. ss 62). On se demande toutefois si les parents ne conservent pas, à la différence de ce qui advient pour un majeur protégé, le pouvoir d'apprécier l'opportunité du mariage de leur enfant[2].

L'officier d'état civil qui célébrerait le mariage d'un mineur sans le consentement d'un ascendant ou du conseil de famille s'expose à une sanction pénale (art. 156, ss 108). La nullité du mariage ainsi célébré pourrait en outre être demandée par ceux qui devaient consentir ou par l'époux mineur (art. 182, v. ss 113).

2. Le mariage des majeurs protégés

62 La pleine capacité que confère la majorité civile (art. 414) permet en principe aux personnes de plus de dix-huit ans de décider seules de leur mariage. Mais ce principe cède en présence d'un majeur protégé, c'est-à-dire d'un majeur ne pouvant veiller seul à ses intérêts en raison d'une altération de ses facultés personnelles

---

1. En ce sens v. Rouen 26 juill. 1949, *D.* 1951. 532.
2. Reconnaître ce pouvoir aux parents pourrait être doublement justifié : 1) l'autorité sur un mineur est une prérogative « naturelle » des parents, quand le pouvoir de protection à l'égard d'un majeur est « anormal » ; 2) l'état de minorité n'est que temporaire, si bien que le refus parental contraint seulement le mineur à attendre sa majorité.

(art. 425). L'ouverture d'un régime de protection limite alors l'autonomie de la personne. Cette limitation varie selon le régime de protection choisi : sauvegarde de justice, tutelle ou curatelle. Le droit issu de la loi du 3 janvier 1968 a été quelque peu modifié par la réforme de la protection juridique des majeurs opérée par la loi du 5 mars 2007, qui est entrée en vigueur le 1er janvier 2009.

Le majeur *sous sauvegarde de justice* demeure en principe capable (art. 435 et 506) et conserve l'entière liberté de se marier, ce qui n'est d'ailleurs pas sans danger eu égard à l'altération des facultés personnelles dont il souffre nécessairement. Il ne sera protégé que par une éventuelle nullité du mariage pour défaut de consentement (art. 146 ; v. ss 67)[1].

Le majeur *sous tutelle*, par hypothèse gravement atteint, est en principe incapable et représenté par un tuteur qui doit être muni d'une autorisation du conseil de famille pour les actes de disposition (art. 440, 473 et 505). Ces principes sont partiellement écartés à l'égard du mariage du majeur sous tutelle. Le majeur sous tutelle doit naturellement donner son consentement personnel[2], mais ce consentement ne suffit pas. Dans le droit issu de la loi de 1968, la loi exigeait le consentement des père et mère de l'intéressé ; à défaut de ce double consentement, la décision appartenait au conseil de famille, cet organisme collégial constitué par le juge des tutelles au sein de la famille, la loi précisant que le conseil de famille devait être spécialement convoqué à cet effet et que la décision ne pouvait intervenir qu'après audition des futurs conjoints ; dans les deux cas, le médecin traitant devait donner son avis (anc. art. 506). Depuis la loi du 5 mars 2007, le mariage doit être autorisé par le juge (ou le conseil de famille s'il a été constitué[3]) ; la décision ne peut intervenir qu'après audition des

1. Pour une illustration, v. Civ. 1re, 4 mai 2011, *Bull. civ.* I, n° 82 : « les juges du fond, appréciant souverainement la valeur des témoignages produits et des expertises médicales versées aux débats, ont, sans inverser la charge de la preuve, estimé que Xavier X... était affecté, à l'époque du mariage, de lourdes déficiences mentales qui lui interdisaient d'apprécier la portée de son engagement le jour de la célébration de l'union ».

2. Civ. 1re, 24 mars 1998, *Bull. civ.* I, n° 124 : « si le mariage d'un majeur en tutelle n'est permis qu'avec le consentement du conseil de famille ou des deux parents, il nécessite, préalablement, le consentement du majeur ».

3. La règle antérieure, qui voulait qu'un conseil de famille *ad hoc* soit constitué lorsque la tutelle n'en comportait pas (tutelle sous forme d'administration légale notamment), a été abrogée : en pareil cas, c'est désormais le juge qui décidera du mariage.

intéressés (art. 460, al. 2) ; le juge peut aussi recueillir « le cas échéant » l'avis des parents, des alliés et de l'entourage ; en revanche, l'avis du médecin traitant n'est plus requis par la loi[1]. La décision rendue par le Conseil constitutionnel à l'égard du mariage d'un majeur sous curatelle (v. *in fine*) porte à considérer que le juge n'a que le pouvoir de vérifier l'aptitude du majeur à consentir et n'est pas juge de l'opportunité du mariage.

Le majeur *sous curatelle*, étant dans une situation personnelle intermédiaire entre le majeur sous sauvegarde de justice et le majeur sous tutelle, demeure capable d'accomplir les actes les moins graves mais doit être assisté du curateur pour les autres actes, le refus éventuel du curateur pouvant être soumis au contrôle du juge (art. 440, 467 et 469). Ces principes s'appliquent à l'union matrimoniale : le mariage du majeur sous curatelle n'est possible qu'avec l'autorisation du curateur ou, à défaut, celle du juge des tutelles (art. 460, al. 1er). Le Conseil constitutionnel a précisé que cette éventuelle décision du juge des tutelles, « prononcée après un débat contradictoire », devait « être motivée en fonction de l'aptitude de l'intéressé à consentir au mariage » et qu'elle était « susceptible de recours »[2]. C'est affirmer implicitement que le curateur (ou le juge) n'a pas à apprécier l'opportunité du mariage mais doit seulement vérifier que le majeur est apte à consentir[3].

B. Le moment du consentement

63 **Mariage posthume.** Le consentement doit exister lors de l'accomplissement des formalités prénuptiales (dépôt des pièces, demande de publication des bans). Il doit perdurer jusqu'à la célébration de

1. Solution discutable, car le médecin semble le seul apte à déterminer la réalité du consentement au mariage que donne le majeur en question.
2. Décis. 29 juin 2012, n° 2012-260 QPC, consid. 7. Adde CEDH, 25 oct. 2018, req. n° 37646/13, Delecolle c/ France, *AJ fam.* 2018. 693.
3. Civ. 1re, 5 déc. 2012, n° 11-25.158 : justifie légalement sa décision de rejet de la demande d'autorisation du mariage présentée par un majeur sous curatelle renforcée la cour d'appel qui, « après avoir analysé tant les certificats établis par le médecin psychiatre qui a examiné M. X... que les autres éléments d'appréciation versés aux débats, a estimé, en considération de l'évolution psychopathologique des troubles présentés par l'intéressé et de sa perte de maîtrise des réalités financières, que celui-ci n'était pas en mesure de donner un consentement éclairé au mariage », cette appréciation relevant de son pouvoir souverain.

l'union par l'officier d'état civil. Il en résulte que le décès d'un des futurs époux interdit en principe la célébration de l'union. À la suite de la rupture du barrage de Malpasset, l'opinion publique s'est émue du sort de jeunes femmes qui avaient perdu leurs fiancés dans la catastrophe et ne pouvaient donc mener à bien leur projet de mariage, d'où résultait que les enfants le cas échéant attendus ne pouvaient prétendre à la qualité d'enfants légitimes et ne pouvaient qu'être naturels. C'est pour remédier à cette situation que la loi du 31 décembre 1959 a introduit dans notre législation le mariage posthume (art. 171). La loi du 17 mai 2011 l'a élargi. À titre exceptionnel et sous conditions, il est possible de célébrer un mariage après le décès d'un des époux ; mais ce mariage ne produira que des effets limités.

1. Les conditions

64 La célébration de ce mariage est soumise à *l'autorisation du président de la République*, qui ne peut elle-même intervenir qu'à *deux conditions*. Elle est subordonnée d'abord à la présence de « motifs graves », qui relèvent de l'appréciation discrétionnaire du Président de la République. Elle suppose d'autre part qu'une « réunion suffisante de faits établi(sse) sans équivoque son consentement » (celui du défunt). La loi du 31 décembre 1959 était plus exigeante : il fallait constater « l'accomplissement de formalités officielles marquant sans équivoque le consentement » de l'intéressé. La Cour de cassation avait procédé à un partage délicat de pouvoirs entre les autorités publiques[1] : elle avait abandonné l'appréciation de l'existence d'un consentement au pouvoir souverain du président de la République, qui n'était pas même assujetti à une obligation particulière de motivation[2]; elle avait considéré que le juge judiciaire devait vérifier, d'une part l'accomplissement des formalités préalables à la célébration, d'autre part la persistance du consentement ainsi révélé jusqu'au décès de l'intéressé[3]. La loi du 17 mai 2011 a élargi le mariage posthume : désormais, des formalités

1. Civ. 1re, 6 déc. 1989, *Grands arrêts*, n° 32 ; Civ. 1re, 30 mars 1999, *Bull. civ.* I, n° 114.
2. L'obligation de motivation pesant sur lui étant très souplement entendue : Civ. 1re, 17 oct. 2007, *Dr. fam.* 2007. 197. comp. Nancy, 15 janv. 2016, n° 15/00048.
3. Civ. 1re, 28 févr. 2006, *Bull. civ.* I, n° 123.

officielles ne sont plus requises, le Code se contentant d'une « réunion suffisante de faits » établissant sans équivoque le consentement du défunt.

2. Les effets

65 Ce « mariage nominal »[1] ne produit que peu d'effets. Ces effets remontent à la date de la veille du décès de l'époux.

Il conférait autrefois à l'enfant la qualité d'enfant légitime. Mais ce gain, d'ailleurs limité du fait de l'égalité progressivement acquise entre les filiations naturelle et légitime (v. ss 394 et 397 s.) et de l'existence de la légitimation par autorité de justice (v. ss 391 s.), a disparu avec l'abrogation de la distinction des enfants légitimes et des enfants naturels par l'ordonnance du 4 juillet 2005 (donc à compter du 1er juillet 2006).

La loi prévoit qu'il n'a aucun effet successoral à l'égard de l'époux survivant et n'engendre aucun régime matrimonial (art. 171, al. 3). Il serait pourtant excessif de le réduire à une valeur purement symbolique : il confère au survivant *divers avantages sociaux*[2] *et fiscaux*[3] ; en outre, dans l'ordre civil, en attribuant au survivant la qualité d'époux à compter de la veille du décès, il lui confère le droit d'user du nom du défunt.

C. La définition du consentement

66 **Notion de consentement au mariage.** La difficulté principale est de déterminer ce qu'il faut entendre par « consentement au mariage ». Suffit-il de répondre formellement « oui » à la question posée par l'officier d'état civil pour avoir « consenti au mariage » ou la forme doit-elle en outre correspondre à une certaine volonté substantielle ? La question recouvre en fait deux hypothèses très différentes.

1. Cornu, n° 166.
2. Ainsi du versement de la pension de réversion ; ainsi du droit d'exiger le versement du capital décès, le conjoint survivant l'emportant sur les enfants du défunt qui seraient nés d'une première union dissoute par divorce (Civ. 1re, 22 mai 2007, *Bull. civ.* I, n° 206) ; ainsi du droit de demander la réparation du préjudice moral résultant du décès du conjoint causé par un accident professionnel (Civ. 1re, 8 janv. 2009, *Bull. civ.* II, n° 4).
3. Les donations et legs consentis par le défunt seront soumis au régime fiscal des transmissions entre époux : Rép. min. QE n° 88311, *JO* 16 mai 2006, p. 5187.

67 **Altération des facultés mentales.** Quelle valeur doit-on, en premier lieu, reconnaître au « oui » émané d'un moribond sans lucidité ou d'un aliéné sous l'empire d'un trouble mental ? La question de la sanction d'un tel mariage, très discutée au début du siècle, trouve depuis la loi du 19 février 1933 sa réponse dans *l'article 184* du Code civil qui, en ouvrant l'action en nullité non seulement à la victime du trouble, mais également à son conjoint, à tout intéressé, ou au ministère public, frappe implicitement un tel mariage de nullité absolue[1]. Encore faut-il, bien sûr, que le moribond ait été privé de toute volonté libre et réfléchie[2] ou que l'altération des facultés mentales soit telle qu'elle ait conduit à un défaut effectif de consentement au mariage, ce que doit établir le demandeur en nullité et ce que les juges du fond apprécient souverainement[3].

68 **Absence de volonté matrimoniale réelle.** Quelle valeur peut-on, en second lieu, attribuer au mariage d'un individu lucide, en pleine possession de ses facultés intellectuelles, mais dont le « oui » ne correspond à aucune intention conjugale réelle ou dont la volonté matrimoniale est très limitée parce qu'il recherche des effets secondaires du mariage, comme des avantages fiscaux ?

Cette question, théoriquement délicate car elle renvoie à la définition du mariage, que la loi n'a nulle part explicitée, est d'un intérêt pratique indéniable, et qui semble grandissant. L'instrumentalisation du mariage se développerait, notamment en raison du durcissement de la politique d'immigration, les étrangers y recourant parfois dans le seul but d'obtenir la nationalité française ou un titre de séjour.

69 **La sanction d'un mariage sans consentement.** Selon une doctrine classique, l'échange formel des consentements suffirait à former le mariage, l'intervention de l'autorité publique purgeant cet acte solennel de ses vices. Mais tel n'a jamais été le droit positif, qui s'attache à la réalité de la volonté et ne se satisfait pas d'une forme vide. Le sort d'un tel mariage a varié dans le temps et diffère selon qu'il a été célébré ou est projeté et selon qu'il est invoqué

1. En ce sens, Civ. 1re, 20 avril 2017, n° 16-15.632.
2. Est valable le mariage *in extremis* auquel le mourant a consenti par un râle que tous les témoins ont interprété comme une volonté d'épouser : Civ. 1re, 31 janv. 2006, *Dr. fam.* 2006. 79, 2e esp.
3. Civ. 1re, 2 déc. 1992, *JCP* 1993. IV. 401.

dans l'ordre civil ou dans l'ordre administratif. Seront exposées les sanctions jurisprudentielles et les réformes législatives successives depuis 1993.

1. Les sanctions jurisprudentielles

70 **Sanction par le juge civil ou le juge administratif.** La sanction d'un mariage pour consentement inexistant ou limité diffère selon qu'elle est prononcée par le juge civil ou par le juge administratif.

71 **La nullité du mariage pour défaut de consentement prononcée par le juge civil.** Dans une célèbre décision *Appietto* du 20 novembre 1963[1], la Cour de cassation considérait que « le mariage est nul faute de consentement lorsque les époux ne se sont prêtés à la cérémonie qu'en vue d'atteindre *un résultat étranger* à l'union matrimoniale » mais qu'il était « valable quand ils ont cru pouvoir limiter ses effets légaux ». Rendue dans une espèce où les époux ne s'étaient mariés que pour légitimer leur enfant commun, la décision distinguait ainsi les unions dans lesquelles les époux recherchaient un « effet étranger » au mariage et celles dans lesquelles les époux voulaient seulement écarter tel ou tel effet du mariage : nulles dans la première hypothèse (de nullité absolue, pouvant être demandée par tout intéressé, pendant trente ans, aucune confirmation n'étant envisageable), les unions restaient valables et produisaient leurs entiers effets dans la seconde. Cette solution fut critiquée comme permettant à un simulateur de se dégager un peu trop facilement d'un mariage devenu encombrant en obtenant sa nullité. Pourtant, il semble logique d'anéantir une telle « coquille vide », le souci, légitime, de sanctionner l'individu malhonnête appelant d'autres réponses que le maintien d'un mariage dépourvu de tout contenu[2]. Plus sérieusement, elle fut contestée comme reposant sur une distinction difficile à mettre en œuvre : qu'entendre par « effets étrangers » à l'union matrimoniale ? Il est vrai que la notion est difficile à définir de façon générale. Mais les applications concrètes qu'en fait la jurisprudence semblent « raisonnables ». Elle a ainsi considéré que le

1. *JCP* 1964. II. 13498.
2. Le droit pénal pourrait être un précieux allié dans cette sanction.

mariage exclusivement destiné à obtenir un titre de séjour[1] ou conclu à des fins purement successorales[2] était vicié par le défaut de consentement. Plus récemment, elle a jugé qu'il en allait de même lorsque l'épouse, animée par « l'intention de lucre et de cupidité », avait eu pour seul but « d'appréhender le patrimoine » de son conjoint[3]. La solution se comprend en fait, vu la particulière indignité de l'épouse contre laquelle la nullité du mariage était demandée : elle avait porté des coups mortels à son conjoint et s'était toujours refusée à son époux, n'ayant consenti à des relations sexuelles qu'au jour du mariage. Pour autant, elle atteste en droit le glissement vers une conception toujours plus « sentimentale » du mariage, qui escamote l'importance des enjeux patrimoniaux du mariage, alors que, traditionnellement, le consentement au mariage se nourrit des effets personnels *et* des effets patrimoniaux que la loi attache, sans possibilité de dérogation, à l'union. De proche en proche, on se demande si le consentement au mariage ne se réduit pas à la volonté de vie commune. En toute hypothèse, la nullité est subordonnée à la preuve, par le demandeur, de l'absence radicale d'intention matrimoniale[4].

72 **L'inopposabilité du mariage frauduleux décidée par le juge administratif.** La question s'est particulièrement posée, devant les juridictions administratives, à propos de mariages exclusivement contractés pour permettre à un étranger d'entrer ou séjourner en France ou d'acquérir la nationalité française. Dans un avis du 9 octobre 1992, le Conseil d'État proposa une solution plusieurs fois appliquée depuis. Après avoir retenu qu'« un acte de droit privé (...) est en principe opposable (...) à l'administration tant qu'il n'a pas été déclaré nul par le juge judiciaire », la haute juridiction administrative considéra qu'« il appartient cependant à l'administration, lorsque se révèle une fraude commise en vue d'obtenir l'application de dispositions de droit public, d'y faire échec, même

1. Civ. 1re, 19 janv. 1999, *Dr. fam.* 1999. 23, 1er arrêt.
2. Civ. 1re, 28 oct. 2003, *Bull. civ.* I, n° 215. *Adde* Civ. 1re, 1er juin 2017, n° 16-13.441.
3. Civ. 1re, 19 déc. 2012, n° 09-15.606.
4. Civ. 1re, 22 nov. 2005, *Bull. civ.* I, n° 441. La preuve peut résulter de l'enquête de police et de l'audition d'un époux : Civ. 1re, 22 avr. 1997, *Defrénois* 1997. 1326. L'absence de vie commune et de relations sexuelles est fréquemment invoquée : v. par ex. Civ. 1re, 22 nov. 2005, *Bull. civ.* I, n° 442.

dans le cas où cette fraude revêt la forme d'un acte de droit privé », ce qui pouvait « conduire l'administration (...) à ne pas tenir compte (...) d'actes de droit privé opposables aux tiers ». Faisant application de ces principes au mariage, elle estima donc que, si « le mariage d'un étranger avec un ressortissant de nationalité française est opposable aux tiers dès lors qu'il a été célébré et publié dans les conditions prévues aux articles 165 et suivants du Code civil et s'impose donc en principe à l'administration tant qu'il n'a pas été dissous ou déclaré nul par le juge judiciaire », néanmoins « il appartient (...) au préfet, s'il est établi de façon certaine lors de l'examen d'une demande (...) que le mariage a été contracté dans le but exclusif d'obtenir un titre de séjour, de faire échec à cette fraude et de refuser à l'intéressé, sous le contrôle du juge de l'excès de pouvoir, la carte de résident ».

Cet avis se bornait donc à suggérer l'application d'une institution de la théorie générale du droit, que le droit international privé notamment connaît bien, à savoir la fraude. Lorsqu'un individu s'est artificiellement placé sous l'empire d'une loi pour obtenir, grâce à la lettre des textes, une application d'une institution contraire à l'esprit des textes, la réaction du droit consiste à priver d'efficacité le montage imaginé en déclarant l'acte frauduleux inopposable aux tiers.

L'administration applique cette solution depuis 1992. Le mariage frauduleux, simulé, nul si les juridictions judiciaires sont saisies, peut donc en outre être sanctionné, de façon autonome, par l'administration, par le recours à la fraude. Cette solution est apparemment respectueuse de la liberté du mariage et de la compétence judiciaire. En effet, d'une part l'inopposabilité du mariage ne préjuge pas de sa nullité (les juridictions judiciaires sont seules compétentes pour annuler un acte qui relève de l'exercice d'une liberté civile et apprécient souverainement la réalité du consentement), et d'autre part ce pouvoir de sanction n'est conféré à l'administration que sous le contrôle du juge administratif. Elle est pourtant regrettable. En premier lieu car l'on peut s'interroger sur la légitimité d'une sanction – inopposabilité du mariage aux tiers mais validité de ce mariage entre les époux – qui maintient un mariage qui n'est qu'une « coquille vide »[1] ; en second lieu car elle confère, quoi qu'on en dise, dans un premier temps à l'administration et dans un second temps au juge administratif (par la voie du recours pour excès de pouvoir), le pouvoir d'apprécier la réalité d'un mariage, alors pourtant que la liberté du mariage est une liberté civile essentielle et que l'appréciation de la régularité d'un mariage devrait relever de la compétence exclusive des juridictions judiciaires. On aurait préféré que l'administration soit tenue, en présence d'un doute, d'informer le ministère public, qui peut toujours agir en nullité du mariage en cas de défaut de consentement (art. 184).

2. Les réformes législatives

73 **Dispositif législatif contre les mariages frauduleux.** Le législateur s'est également efforcé d'améliorer la lutte contre les mariages frauduleux, le phénomène paraissant en augmentation (un peu plus de 180 cas signalés au parquet en 2000, plus de 1 350 en 2005). Deux pistes ont été suivies : celle de la prévention, celle de la sanction.

74 **La prévention des fraudes.** Le législateur s'est efforcé d'améliorer la prévention. Les dispositions actuelles sont le produit de lois successives, parfois censurées partiellement par le Conseil constitutionnel : lois Pasqua du 22 juillet 1993[2], du 24 août 1993, du 13 décembre 1993 ; loi Chevènement du 16 mars 1998 ; lois Sarkozy du 26 novembre 2003[3], du 4 avril 2006, du 14 novembre 2006, du 16 juin 2011.

Le contrôle des mariages avant leur célébration a d'abord été renforcé.

De nouveaux pouvoirs ont été octroyés à cet effet à l'officier d'état civil et au procureur de la République (art. 175-2). L'officier

1. À cet égard, on peut noter que la solution est bien différente de celle à laquelle conduit la théorie générale de la simulation. Dans ce dernier cas, en effet, si la simulation ne peut nuire aux tiers, ce qui conduit éventuellement à considérer que l'acte réel leur est inopposable, il n'en va pas de même entre les intéressés, puisque cet acte prévaut au fond dans leurs relations, conformément à leur volonté.

2. Le droit de former opposition à la célébration d'un mariage reconnu par cette loi au procureur de la République fut jugé contraire à la liberté du mariage, cette composante de la liberté individuelle, en raison de la longueur du délai octroyé au procureur pour se décider (3 mois) et de l'absence de recours contre sa décision : Décis. 20 juill. 1993, n° 1993-321 DC.

3. Plusieurs de ces dispositions ont été censurées par le Conseil constitutionnel : Décis. 20 nov. 2003, n° 2003-484 DC.

d'état civil a le pouvoir, « lorsqu'il existe des indices sérieux laissant présumer que le mariage envisagé est susceptible d'être annulé » pour défaut de consentement (ou pour vice du consentement, v. ss 78), de saisir sans délai le procureur de la République [1]; il doit en informer les intéressés. Le procureur de la République dispose alors de quinze jours pour choisir entre trois attitudes : laisser célébrer le mariage, faire opposition au mariage, surseoir à sa célébration. Il doit informer le ministère public et les intéressés de sa décision et en donner les motifs. Le sursis ne peut excéder un mois ; il est renouvelable une seule fois par décision motivée ; à son expiration, le procureur de la République doit faire connaître à l'officier d'état civil sa décision de laisser procéder au mariage ou de s'y opposer, ainsi que les motifs de cette décision. Le droit de former opposition peut également être exercé d'office par le procureur de la République (art. 175-1, v. ss 109). L'opposition formée par le ministère public continue de produire effet tant qu'une décision judiciaire n'est pas intervenue (art. 176, al. 4)[2]. La décision de surseoir à la célébration est soumise au contrôle du juge judiciaire[3], tout comme l'opposition[4].

Pour remédier aux limites du dispositif, tenant au fait que ni l'officier d'état civil ni le procureur de la République n'ont de moyens de soupçonner une fraude, le législateur a imposé aux officiers d'état civil l'obligation, pénalement sanctionnée, de procéder à l'audition des futurs époux avant la publication des bans (art. 63, v. ss 100). Cette obligation cède « en cas d'impossibilité » (ainsi d'un candidat au mariage retenu à l'étranger)[5] ou si l'audi-

1. L'officier d'état civil peut, après avoir une première fois saisi le procureur de la République et après que ce dernier lui a notifié son absence d'opposition, « saisir à nouveau le procureur de la République », « sur le fondement de l'article 175-2 du Code civil », « s'il a recueilli des indices nouveaux laissant présumer une absence de consentement au mariage » ; mais « il ne peut pas, en ce cas, refuser de procéder à sa célébration à la date fixée, en l'absence d'opposition ou de décision de sursis du procureur de la République » : Civ. 1re, 6 févr. 2007, *Bull. civ.* I, n° 49.

2. Jusqu'en 2006, elle cessait automatiquement de produire effet après un an et pouvait seulement être renouvelée par le ministère public.

3. La décision du président du tribunal de grande instance doit intervenir dans les dix jours ; l'appel éventuel doit également être jugé par la cour dans les dix jours (art. 175-2, al. 5).

4. Elle est soumise au droit commun de l'opposition : le tribunal de grande instance peut en ordonner la main levée dans les dix jours ; la décision en appel doit intervenir dans les dix jours (art. 177 et 178).

5. Il en va ainsi de l'étranger qui, n'ayant pu obtenir de visa, ne peut venir en France : Civ. 1re, 9 janv. 2007, *Bull. civ.* I, n° 7 : « la cour d'appel, en relevant que Mme Y... n'avait pu obtenir de visa, a souverainement retenu l'impossibilité que l'officier de l'état civil aurait dû constater, de procéder à l'audition commune des futurs époux ».

tion « ne paraît pas nécessaire au vu des pièces fournies ». La loi permet à l'officier d'état civil de déléguer à des fonctionnaires du service de l'état civil le pouvoir de procéder aux auditions. Ces deux règles limitent sensiblement l'efficacité du dispositif.

La loi a également prévu que les époux devaient indiquer à l'officier d'état civil l'identité de leurs témoins avant même la publication des bans (art. 63 ; v. ss 100)[1], produire une copie intégrale de leur acte de naissance et non plus seulement un extrait (art. 70 ; v. ss 100), et enfin justifier de leur identité au moyen d'une pièce délivrée par l'autorité publique.

Une deuxième arme a été utilisée, consistant à *réduire les effets bénéfiques du mariage sur le statut des étrangers*. Le délai de vie commune requis pour permettre à l'étranger marié à un Français d'acquérir la nationalité française par déclaration volontaire a été allongé[2] et une condition de connaissance suffisante de la langue française a été ajoutée par la loi du 16 juin 2011 (art. 21-2)[3]; les conditions d'obtention des titres de séjour ont été durcies[4].

Enfin, ont été créées des *dispositions propres au mariage de Français célébré à l'étranger* (chapitre II *bis* : Du mariage des Français à l'étranger). Déjà, en 1993, la loi avait essayé de lutter contre les fraudes en imposant la présence du Français lors de la célébration d'un mariage à l'étranger (art. 146-1). D'autres dispositions ont été créées en 2006. Le mariage ne peut être célébré à l'étranger qu'après délivrance d'un certificat de capacité à mariage, établi par l'autorité diplomatique ou consulaire après accomplissement de diverses formalités[5]. Les conditions de la transcription du mariage célébré à l'étranger, transcription nécessaire pour que le mariage soit opposable aux tiers en France, ont

1. La mesure sera sans doute illusoire : il suffira au simulateur de cacher la vérité à un tiers de bonne foi ou d'obtenir le témoignage de complaisance d'un tiers.
2. Il est passé de un an en 1998 à deux ans en 2003 et à quatre, voire cinq ans, en 2006, selon que l'étranger a vécu régulièrement ou non en France depuis son mariage.
3. Sur la constitutionnalité des art. 21-1, 21-2 et 26-4, v. Décis. 30 mars 2012, n° 2012-227 QPC et 13 juill. 2012, 2012-264 QPC.
4. Il faut trois ans de vie commune et non plus deux pour obtenir la carte de résident (CESEDA, art. 314-9) ; le conjoint étranger qui souhaite s'installer en France doit obtenir un visa de long séjour...
5. Et notamment de l'audition prénuptiale : art. 171-2.

été durcies[1]. Lorsque « des indices sérieux laissent présumer que le mariage (...) encourt la nullité au titre » du défaut de consentement, de la fraude, de la violence, etc., l'autorité diplomatique ou consulaire peut, avant célébration du mariage à l'étranger ou avant transcription de l'acte de mariage étranger sur les registres de l'état civil français, saisir le ministère public pour permettre à ce dernier de s'opposer à la célébration ou à la transcription (art. 171-4 et 171-7 et 8).

L'« effet macédonien » éventuel décrit par Carbonnier rend discutable l'opportunité de ces dispositions : le développement d'un contrôle préventif à la célébration laisse sceptique, le gain escompté à l'encontre des quelques centaines de tricheurs dépassant largement l'entrave à la liberté du mariage en résultant pour le plus grand nombre.

75 **La sanction des unions fictives.** Parallèlement à ce renforcement de la prévention des unions fictives, la loi s'est efforcée d'améliorer les sanctions.

La loi du 24 août 1993 avait inséré dans le Code civil un article 190-1, qui n'ouvrait que restrictivement l'action en nullité contre une telle union : seuls le ministère public et l'époux de bonne foi pouvaient agir en nullité, et seulement dans l'année du mariage. La sanction s'avérait ainsi très en deçà de celle que le droit commun édictait : la jurisprudence *Appietto* sanctionnait en effet un tel mariage pour défaut de consentement ; la nullité était donc absolue, d'où résultait qu'elle pouvait être prononcée pendant trente ans, à la demande de tout intéressé. La réforme de 1993 avait ainsi pour conséquence discutable de restreindre l'action en nullité, dans le temps[2] et quant aux personnes pouvant agir[3].

1. Elle doit être précédée de l'audition des époux par l'autorité diplomatique ou consulaire si le certificat de capacité prénuptiale n'a pas été préalablement établi (art. 171-7). Dans le cas contraire, elle existe sauf si des éléments nouveaux laissent présumer un mariage simulé (art. 171-8).

2. L'action ne pouvait être exercée que pendant un an à compter de la célébration du mariage, ce qui était particulièrement malvenu, le conjoint de bonne foi pouvant fort bien être abusé pendant un an et la fraude n'étant pas nécessairement découverte avant l'expiration de ce délai par le ministère public.

3. L'action était fermée au simulateur et à son complice, ce qui aboutissait au maintien discutable d'un mariage formel ne correspondant à aucune réalité.

Ce parti pris était d'autant plus discutable qu'il était en porte à faux avec *la sanction de la fraude* : il était difficile d'admettre le jeu de la fraude dans l'ordre administratif et de l'écarter dans l'ordre civil ; dès lors, alors même qu'ils n'avaient pas civilement qualité pour agir en nullité, les tiers pouvaient sans doute refuser de tenir compte du mariage et tenir les époux pour des célibataires, conformément au principe général selon lequel la fraude corrompt tout. Le mariage, valable entre les parties (d'où l'interdiction d'un nouveau mariage en vertu de la prohibition de la polygamie) était donc inopposable aux tiers. Des époux étaient ainsi liés en droit, alors qu'ils ne l'étaient nullement en fait... Sans compter qu'il était particulièrement regrettable de sanctionner le simulateur en le maintenant dans les liens d'un mariage purement nominal : est-il conforme à la finalité de l'institution matrimoniale de l'utiliser comme sanction ?

La solution était également en porte à faux *avec la théorie générale des contrats*. Le mariage simulé est en effet un accord de volontés qui manque de cause ou d'objet ou repose sur une cause illicite. En associant la théorie contractuelle (le mariage procède de l'accord de deux volontés) et la théorie institutionnelle (le mariage a une double finalité sociale, conjugale d'une part – unir durablement deux êtres, dans l'ordre patrimonial et personnel – et parentale d'autre part – accueillir les enfants à naître), la sanction consiste en une nullité pour défaut de consentement ou de but ou but illicite puisque le consentement donné par l'époux (ou les époux) n'a pas pour objet la réalisation de la finalité institutionnelle du mariage, et poursuit un but illicite. La nullité absolue découle inéluctablement de cette analyse.

Pour pallier l'absurdité d'une telle disposition, l'administration et les tribunaux avaient invoqué le principe selon lequel le droit spécial ne déroge pas au droit commun mais s'y ajoute, pour autoriser l'application d'une nullité absolue de droit commun[1]. Le texte a été heureusement abrogé par la loi du 26 novembre 2003. La sanction d'une telle union est donc désormais, conformément

1. V. par ex. Civ. 1re, 22 nov. 2005, *Bull. civ.* I, n° 442.

au droit commun, une nullité absolue, qui peut être demandée par tout intéressé, pendant trente ans.

À cette première sanction, qui assure le rétablissement de la légalité civile en éradiquant un mariage ne correspondant en rien à l'institution juridique, viennent s'ajouter deux autres sanctions éventuelles : le simulateur engage en effet sa responsabilité civile[1] et pénale[2].

§ 2. L'intégrité des volontés

76 Le consentement donné par les époux doit en outre être intègre, c'est-à-dire donné librement (**A**) et de façon éclairée (**B**). À défaut il est nul, de nullité relative puiqu'il s'agit de protéger la seule victime de la violence ou de l'erreur (v. ss 113).

A. Une volonté libre

77 La liberté du mariage suppose notamment que le consentement est donné en toute liberté. À défaut, si le mariage a été conclu sous la contrainte, le Code civil le sanctionne par la nullité. La règle date de 1804. Elle n'avait jusqu'à aujourd'hui guère été appliquée : pour l'essentiel, la nullité avait été prononcée dans quelques « affaires corses ou militaires »[3] ou encore lors des deux dernières guerres, lorsque l'institution matrimoniale avait été utilisée pour fuir un péril grave (notamment les persécutions contre les juifs)[4]. Elle a été réaffirmée et renforcée par la loi du 4 avril 2006, destinée à lutter contre les mariages dits « forcés ». En outre,

1. On songe avant tout au dommage subi par le conjoint de bonne foi. Mais il pourrait aussi d'agir du dommage subi par un tiers, notamment si l'apparence de mariage l'a conduit à un acte qui lui est préjudiciable.

2. Depuis la loi du 26 novembre 2003, une infraction pénale existe en la matière. L'article L. 623-1 du Code de l'entrée et du séjour des étrangers et du droit d'asile punit celui qui consent à un mariage dans le seul but d'acquérir ou de faire acquérir la nationalité française, d'obtenir ou de faire obtenir un titre de séjour, et celui qui organise un tel mariage de 5 ans de prison et de 15 000 euros d'amende. La loi du 16 juin 2011 a cru bon préciser que ces peines étaient « également encourues lorsque l'étranger qui a contracté mariage a dissimulé ses intentions à son conjoint ». Les condamnations sont rares. La même sanction est encourue pour l'organisation ou la tentative d'organisation d'un mariage à de telles fins. L'infraction commise en bande organisée est susceptible de 10 ans d'emprisonnement et 750 000 euros d'amende.

3. Cornu, n° 172.

4. La nullité de ce mariage pour contrainte interférerait peut-être avec la sanction d'un mariage pour fraude à la loi (v. ss 68 s.).

la jurisprudence, relayée par le législateur, a accentué la protection de la liberté du mariage en sanctionnant des pressions plus diffuses. Sanction d'un mariage conclu sous l'empire de la violence et sanction des simples pressions exercées sur un individu pour le pousser au mariage ou à l'inverse l'en dissuader constituent ainsi les deux faces essentielles de la liberté du consentement au mariage.

1. La violence *stricto sensu*

78 *L'article 180* du Code civil sanctionne par la nullité le mariage contracté « sans le consentement libre des deux époux ». Peu importe la source de la menace (qu'il s'agisse du conjoint lui-même ou d'un tiers) et le moyen employé (que la menace ait suscité la crainte d'un mal personnel ou patrimonial, et qu'elle vise directement l'intéressé ou ses proches). Il faut et il suffit que la contrainte exercée ait suscité chez l'époux victime une crainte déterminante du consentement au mariage. Ce caractère déterminant relève du pouvoir souverain d'appréciation des juges du fond. L'appréciation est portée en considération des caractéristiques propres de l'intéressé (âge, résistance...).

Pour lutter contre les « mariages forcés », la loi du 4 avril 2006 a innové sur trois points. En premier lieu, *la crainte révérencielle* ressentie à l'égard des ascendants, qui était autrefois insuffisante pour obtenir la nullité en raison du droit commun des contrats (anc. art. 1114 ; comp. auj. art. 1140), est aujourd'hui explicitement sanctionnée dans le mariage (art. 180, al. 1, *in fine*). En deuxième lieu, *la nullité a été élargie* : alors qu'elle ne pouvait jusque-là être demandée que par l'époux dont le consentement a été forcé, elle peut désormais l'être aussi par le ministère public (art. 180 ; v. ss 113)[1] ; alors que la cohabitation continue des époux pendant six mois conduisait à la prescription de l'action en nullité, la prescription suppose désormais, en toutes hypothèses, l'écoulement d'un délai de cinq ans (art. 181 ; v. ss 113). En troisième et dernier lieu, le souci de prévenir la célébration de ces unions a conduit le législateur à élargir *les pouvoirs de l'officier d'état civil et du pro-*

1. Il s'est agi de pallier la peur des représailles, qui empêche bien souvent les jeunes femmes contraintes au mariage de demander la nullité.

cureur de la République. Le premier doit désormais, lors de l'audition prénuptiale, rechercher, non seulement si le mariage projeté est simulé, mais également s'il est forcé (v. ss 100). Il peut en outre saisir le procureur de la République si des indices sérieux laissent présumer une telle situation, le procureur de la République ayant alors le choix de laisser procéder au mariage, ou de surseoir à sa célébration, ou de former opposition au mariage (C. civ., art. 175-2 ; v. ss 109). Quant au procureur de la République, il peut désormais s'opposer à la célébration en cas de mariage forcé (C. civ., art. 175-1 ; v. ss 109). La loi prévoit également que le juge peut délivrer, en urgence, une ordonnance de protection à la personne majeure menacée de mariage forcée (art. 515-13).

2. Les pressions *lato sensu*

79 La jurisprudence s'est en outre efforcée de prévenir les pressions exercées sur une personne afin de la pousser au mariage ou de l'en dissuader. Trois hypothèses principales doivent être examinées.

a. Le statut des promesses de mariage

80 La célébration d'un mariage est parfois précédée de fiançailles, c'est-à-dire de *la promesse* que deux personnes échangent de se marier prochainement. Valables en droit canon quoique dotées d'une efficacité variable, elles produisaient divers effets sous l'Ancien droit : empêchements à mariage entre chaque fiancé et la famille de l'autre ; condamnation à des dommages-intérêts en cas d'inexécution, sauf preuve d'un motif légitime... À la différence de pays étrangers qui réglementent cette promesse, le Code civil est resté silencieux. Le statut des fiançailles a été progressivement élaboré par la jurisprudence qui s'efforce de consacrer une solution mesurée, associant deux principes : les fiançailles ne sont pas un contrat juridiquement obligatoire ; les fiançailles constituent un fait juridique, c'est-à-dire un événement auquel le droit attache divers effets juridiques.

81 Le principe posé en jurisprudence au siècle dernier[1] demeure : « toute promesse de mariage *est nulle en soi* comme portant

1. Civ. 30 mai 1838, *Grands arrêts*, n° 31.

atteinte à la liberté illimitée qui doit régner dans les mariages et subsister jusqu'à la célébration d'un acte aussi solennel ». Les promesses de mariage sont nulles en tant que promesses, en tant qu'actes juridiques : s'attaquant à la liberté du mariage, elles ont en effet un objet illicite contraire à l'ordre public, ce qui les entache de nullité absolue (anc. art. 1108 ; comp. art. 6 et art. 1162). Elles échappent donc à toute exécution forcée et leur rupture n'est pas source de responsabilité contractuelle.

82 Pour autant, l'existence d'une promesse de mariage est *un fait* qui ne relève pas exclusivement du non-droit mais *produit divers effets juridiques*. Elle constituait autrefois un « cas d'ouverture » de l'action en recherche de paternité naturelle (anc. art. 340-2°) et, sous l'empire de la loi du 8 janvier 1993, pouvait constituer les « présomptions ou indices graves » autorisant l'exercice d'une action en recherche de maternité ou paternité (anc. art. 340 et 341) ; elle peut aujourd'hui encore être invoquée au soutien d'une action en recherche de paternité (v. ss 483) ou d'une demande d'expertise génétique (v. ss 416).

Surtout, elle produit trois effets à l'égard des fiancés[1].

Elle peut en premier lieu *fonder une action en responsabilité délictuelle* (art. 1382) s'il est établi qu'elle n'a été consentie qu'à la légère ou pour tromper l'autre ou, surtout, que sa rupture est fautive. La faute peut résulter des circonstances de la rupture (la veille, voire le jour même du mariage...) ou de son existence même : les tribunaux en sont en effet progressivement venus à contrôler le motif de la rupture de fiançailles et imposent à celui qui rompt sans motif légitime[2] d'indemniser le dommage matériel et moral subi du fait de la rupture. Si bien que le droit positif n'est pas si loin du système proposé par Josserand, qui voyait dans les fiançailles un contrat avec faculté de résiliation unilatérale sauf abus dans la rupture[3].

---

1. Sans compter sa portée à l'égard du mariage posthume, v. ss 63 s.
2. Découverte d'une inconduite, d'un mensonge. Le défaut d'amour lui-même est, en théorie, suffisant, même si, en pratique, tout dépend des faits. La naissance d'un enfant commun fonde en effet souvent même alors une indemnisation, preuve que les tribunaux tranchent en équité et s'attachent au préjudice pour apprécier la faute. V. Cornu, *op. cit.*, n° 152.
3. Reste la preuve. La charge de la preuve d'abord : si les fiançailles sont une promesse obligatoire, il appartient à l'auteur de la rupture de justifier celle-ci ; s'il ne s'agit que d'un fait juridique, il appartient à celui qui demande réparation de prouver la faute de l'auteur de la rupture. Si les tribunaux

Elle entraîne en deuxième lieu *restitution éventuelle de la bague de fiançailles*. À la lettre, l'article 1088 du Code civil frappe de caducité toutes les donations « en faveur du mariage » en cas de non survenance de ce mariage. Mais la jurisprudence écarte le texte dans deux cas. Elle le fait en premier lieu à l'égard des menus cadeaux, que les ex-fiancés peuvent conserver. Elle le fait en second lieu à l'égard de la bague de fiançailles : s'il s'agit d'un bijou de famille, sa remise à la fiancée ne vaut que comme prêt à usage (ou dépôt), si bien qu'elle devra toujours être restituée[1] ; dans le cas contraire, tout dépend de la cause de rupture (imputable à la fiancée, qui décède ou commet une faute ou rompt elle-même, la rupture entraînera restitution du bijou ; imputable au fiancé, elle permettra à la fiancée de conserver cette bague).

Elle fonde en troisième lieu *une action en dommages-intérêts contre le tiers responsable du décès d'un des fiancés* (art. 1382 s.). Classiquement écartée par la jurisprudence, qui se fondait sur l'absence de tout lien de droit entre fiancés[2], l'indemnisation du préjudice matériel et moral est désormais admise par le droit positif qui prend en considération la perte de la chance de se marier subie par le survivant[3].

b. La nullité des clauses des actes juridiques attentatoires à la liberté du mariage

83 Il arrive que l'existence ou l'absence d'un mariage soit la condition d'un acte juridique. Une telle stipulation porte évidemment atteinte à la liberté de l'intéressé : parce qu'il perdra le bénéfice de l'acte en question s'il ne respecte pas la condition posée, sa

semblent parfois mettre le premier système en application, il n'en est rien : s'ils imposent souvent à l'auteur de la rupture la preuve du motif légitime, c'est que les faits parlent d'eux-mêmes, que les circonstances permettent de présumer la faute, et qu'il appartient donc logiquement à celui qui semble fautif de se disculper. Le mode de preuve en outre : acte juridique, les fiançailles doivent être établies par écrit ; fait juridique, tout mode de preuve est recevable. C'est ce dernier système qu'en bonne logique applique la jurisprudence, contemporaine du moins, puisque, dans un premier temps, influencée par le droit de la filiation, qui exigeait la preuve par écrit des fiançailles pour ouvrir l'action en recherche de paternité naturelle (anc. art. 340, 2°), elle exigeait une preuve écrite. Mais ce système est aujourd'hui abandonné : Civ. 1re, 3 janv. 1980, *Bull. civ.* I, n° 5.

1. Cette restitution s'impose également après divorce : Civ. 1re, 23 mars 1983, *D.* 1984. 81.
2. Civ. 22 févr. 1944, *Gaz. Pal.* 1944. 1. 5. La jurisprudence inférait de cette absence d'un lien de droit l'inexistence d'un dommage, aussi bien moral (comme si l'affection supposait un lien de parenté) que patrimonial (puisqu'il n'existait aucune obligation alimentaire entre fiancés).
3. V. ainsi Crim. 5 janv. 1956, *D.* 1956. 216.

liberté de se marier – ou de ne pas se marier – est entamée. La jurisprudence opère pourtant une distinction.

Elle considère que *de telles conditions sont en principe nulles dans les actes à titre onéreux*, c'est-à-dire ceux qui « assujetti(ssen)t chacune des parties à donner ou à faire quelque chose » (anc. art. 1106 ; art. 1107). Ce principe peut toutefois céder en présence d'une situation exceptionnelle où la condition devient légitime. Proposée à l'égard du contrat de travail des hôtesses de l'air[1] et consacrée à l'égard des contrats liant les enseignants à des établissements privés religieux[2], cette association d'un principe et d'une exception – dans des « cas exceptionnels où la nécessité des fonctions l'exige évidemment » – est assez protectrice de la liberté du mariage (à condition, bien sûr, d'apprécier strictement l'exception)[3]. La solution renvoie à une vérification de la proportionnalité qui rappelle celle opérée par la jurisprudence de la Cour européenne des droits de l'homme pour concilier liberté de conscience et liberté de la vie privée[4].

La solution inverse est admise, en revanche, dans les actes à titre gratuit, c'est-à-dire ceux « dans le(s)quel(s) l'une des parties procure à l'autre un avantage purement gratuit » (C. civ., anc. art. 1105 ; art. 1107). En principe valables parce qu'elles se bornent à limiter la liberté de celui qui bénéficie d'un avantage sans avoir à fournir de contrepartie, de telles clauses ne sont nulles que s'il est établi qu'elles procèdent d'un mobile immoral de l'auteur de l'acte (haine raciale ou religieuse, jalousie posthume...). Très respectueuse de la volonté de l'auteur de l'acte, cette solution fait bon marché de la liberté du mariage. Elle suscite donc la critique de la doctrine, qui propose de remplacer une nullité incertaine

1. Paris 30 avr. 1963, *D.* 1963. 428 ; Soc. 7 févr. 1968, *D.* 1968. 429, *RTD civ.* 1968. 557.

2. Ass. plén. 19 mai 1978, *D.* 1978. 541, *RTD civ.* 1978. 665 et 1979. 370.

3. La doctrine a parfois regretté l'admission, en l'espèce, d'une nécessité.

4. V. par ex. CEDH 23 sept. 2010, *Obst c/ Allemagne*, n° 425/03 (licenciement pour adultère d'un directeur pour l'Europe au département des relations publiques de l'Église mormone) ; CEDH 23 sept. 2010, *Schüth c/ Allemagne*, n° 1620/03 (licenciement d'un organiste et chef de cœur de l'Église catholique pour adultère) ; CEDH 15 mai 2012, *Fernandez Martinez c/ Espagne*, renvoyée en gr. ch. 24 sept. 2012, n° 56030/07 (prêtre professeur de religion et morale d'un lycée public que l'évêque refuse de confirmer dans son poste car il manifeste en faveur du mariage des prêtres) ; CEDH 15 janv. 2013, *Eweida et a. c/ Royaume Uni*, n° 48420/10 (port des signes religieux par un agent d'escale), 15 janv. 2013, *Chaplin c/ Royaume Uni*, n° 59842/10 (port des signes religieux par une infirmière gériatrique d'un établissement public).

pour illicéité ou immoralité de la cause (le pourquoi de la condition) par une nullité systématique pour illicéité de l'objet (les conséquences de la condition).

c. La réglementation du courtage matrimonial

84 Le courtage matrimonial est le contrat par lequel une personne promet à son contractant, moyennant rémunération, de tout faire pour lui permettre de contracter mariage. Après l'avoir annulé pour contrariété à l'ordre public (atteinte à la liberté du consentement) et aux bonnes mœurs (atteinte à la dignité du mariage)[1], la jurisprudence l'a validé au milieu du XXe siècle[2] ; elle considère même aujourd'hui que cette validité vaut alors même que le contrat aurait été conclu par une personne mariée[3], au motif discutable que « le contrat conclu ne se confond pas avec la réalisation du mariage ou d'une union stable ». Le droit positif le soumet toutefois à un statut qui s'efforce de protéger le candidat au mariage. La jurisprudence limite sa force obligatoire en acceptant de réduire la somme initialement convenue en cas d'excès. Quant au législateur, il l'a doté d'une *réglementation particulière* (L. n° 89-421, 23 juin 1989), redoutant les méfaits de ce véritable « marché de la solitude »[4]. Le contrat ne peut donc être conclu que pour une durée limitée d'un an, ne peut faire l'objet d'une tacite reconduction, comporte une faculté de résiliation pour motif légitime et comprend la « mallette usuelle du consommateur »[5] (formalisme, informations, notamment relatives aux « qualités de la personne recherchée, droite de rétractation (C. Cons., art. L. 224-90 s.)).

B. Une volonté éclairée

85 Le consentement au mariage doit en outre être éclairé, c'est-à-dire être donné sans erreur, en connaissance de cause. Le droit du mariage est moins exigeant que la théorie générale des contrats,

1. Civ. 1er mai 1855, *DP* 1855. 1. 147.
2. Req. 27 déc. 1944, *D.* 1945. 237.
3. Civ. 1re, 4 nov. 2011, *Bull. civ.* I, n° 191, *RDC* 2012. 473.
4. G. Heidsieck, « Le marché de la solitude et le droit », *JCP* 1990. I. 3432.
5. Cornu, *op. cit.*, n° 156.

qui organise la nullité d'un contrat conclu par erreur commise spontanément ou provoquée par le dol du contractant, alors que cette dernière hypothèse est en principe rejetée ici.

1. L'erreur spontanée

86 L'article 180 du Code civil prévoyait, dès 1804, la nullité du mariage en cas d'« erreur dans la personne ». Mais la jurisprudence avait, à l'occasion d'une célèbre affaire Berthon[1], retenu de cette notion une conception très étroite. Une fille de bonne famille avait épousé, sans le savoir, un ancien forçat ; aussitôt la vérité découverte, elle demandait la nullité du mariage, ce qui lui fut refusé, au motif qu'il n'y avait erreur « dans » la personne que lorsque l'un des époux avait commis une méprise sur l'identité physique (hypothèse de substitution de personne lors de la célébration du mariage : croyant me marier avec Paul, j'épouse Pierre) ou civile (nom, âge, nationalité...) du futur ; en revanche, l'erreur « sur » les simples qualités de la personne ne pouvait mener à la nullité du mariage. La nullité de l'union matrimoniale, cette pierre fondatrice d'une famille, était considérée comme une chose trop grave pour que le droit l'admette fréquemment ; or tel était le risque si l'on retenait au titre d'erreur « dans la personne » toute erreur sur les qualités essentielles du conjoint. Les dangers d'une conception subjective et large en raison de la nature même du consentement au mariage, ce « duo de sentiments et de passion »[2] où les désillusions risquent d'être plus nombreuses que dans un contrat classique, où la froideur du consentement favorise les appréciations et calculs rationnels, expliquaient une solution qui était toutefois très rigoureuse pour le conjoint abusé, d'autant plus qu'à l'époque, la voie du divorce n'était pas ouverte.

Sensibles à la critique, les juges du fond s'efforcèrent d'atténuer la rigueur de cette conception jurisprudentielle[3], soit qu'ils déforment la notion d'identité civile jusqu'à y intégrer de simples qualités (passé professionnel, pénal, personnel...), soit qu'ils pro-

1. Ch. réunies 24 avr. 1862, *Grands arrêts*, n° 33.
2. Selon l'expression de Carbonnier.
3. Cornu, « Centenaire », *D.* 1959. chron. 215.

noncent le divorce (une fois celui-ci rétabli par la loi de 1884) pour violation du devoir de sincérité entre époux[1].

À l'occasion de la réforme du divorce du 11 juillet 1975, le législateur a abandonné cette conception restrictive de l'erreur. L'article 180 du Code civil prévoit désormais que la nullité du mariage peut être demandée en *cas d'erreur « dans la personne »* mais aussi en cas d'erreur *« sur les qualités essentielles de la personne »*. L'erreur sur l'identité, physique ou civile, de la personne peut donc aujourd'hui encore conduire à la nullité du mariage, si du moins elle a déterminé le consentement au mariage, ce que doit établir l'époux qui se plaint d'en avoir été victime. Mais la nullité peut aussi venir sanctionner une erreur sur une qualité de la personne (une seule suffit alors même que le texte emploie le pluriel). Il faut et il suffit que cette qualité soit essentielle : celui qui se prétend victime doit prouver que la qualité en cause était tout à la fois essentielle subjectivement (pour lui) et essentielle objectivement (pour le commun des mortels). Cette double appréciation, fidèle à la double nature du mariage, à la fois accord de deux volontés individuelles (d'où une conception subjective) et institution (d'où une conception objective), permet de retenir diverses erreurs : trouble mental[2], aptitude aux relations charnelles[3], passé pénal... En marge, elle laisse en suspens quelques questions délicates. *Quid* de l'erreur sur le patrimoine : peut-on demander la nullité pour n'avoir pas fait le « beau mariage »[4] que l'on croyait[5] ? *Quid* de l'erreur sur la santé, la religion du futur époux... : le principe d'égalité et l'interdiction des discriminations, qui interdisent en principe de prendre en compte de tels éléments dans des relations patrimoniales, peuvent-ils être invoqués

1. Solution discutable en théorie. Le devoir de sincérité conjugale, étant érigé en devoir né du mariage, ne devrait naître qu'après l'union. Or les tribunaux l'utilisèrent pour mettre à la charge des futurs une obligation de sincérité préconjugale.

2. TGI Rennes 9 nov. 1976, *D.* 1977. 539.

3. TGI Avranches 10 juill. 1973, *D.* 1974. 174. La question est discutée, d'une part car la doctrine conteste parfois cette finalité du mariage (et donc le caractère essentiel de cette qualité ; et il est sûr que l'ouverture du mariage aux couples de personnes de même sexe va plutôt dans ce sens), d'autre part car l'assistance médicale à la procréation (et l'adoption) peut permettre de pallier l'infertilité de l'union.

4. Pour reprendre l'expression de Carbonnier.

5. L'annulation pour défaut de consentement du mariage conclu par esprit de lucre et cupidité donne à penser que la réponse serait négative : v. ss 71.

lorsqu'il s'agit de fonder une famille ? La jurisprudence récente semble assez rigoureuse pour admettre le caractère objectivement essentiel de la qualité en cause : elle a ainsi refusé d'annuler un mariage pour dissimulation par le conjoint d'une relation amoureuse antérieure au motif, notamment, qu'il n'était pas démontré que le mari ait eu l'intention de poursuivre cette liaison après le mariage[1] ; de même, elle a écarté la nullité pour erreur sur la virginité de l'épouse, au double motif de l'égalité des sexes et de la liberté sexuelle[2].

2. L'erreur provoquée

87 L'article 180 n'envisage pas, en revanche, la sanction du mariage lorsque le consentement a été surpris par dol (comp. art. 1116). Les rédacteurs du Code civil ont ainsi voulu recevoir le vieil adage de Loysel : « en mariage, il trompe qui peut ». La raison de cette exclusion est que la séduction ne pousse guère aux aveux spontanés et qu'il est d'usage de se présenter sous son jour le plus attrayant pour obtenir l'accord de l'autre et non d'attirer son attention sur tel ou tel défaut. Le droit abandonne donc *a priori* la sincérité à la conscience de chacun : le dol n'est pas cause de nullité du mariage, où « l'art de plaire » n'est pas illégitime.

On enseigne *traditionnellement* que cette exclusion de la nullité pour dol doit être doublement tempérée. La jurisprudence a en effet dans le passé à diverses reprises consacré un devoir de sincérité entre époux, dont la violation était cause de divorce (v. ss 131). En outre, elle semblait admettre la nullité du mariage pour erreur dans la personne ou sur les qualités essentielles de la personne avec indulgence lorsque cette erreur était provoquée par le dol du conjoint : la doctrine avait montré comment le dol « élargissait l'erreur » susceptible d'être sanctionnée en permettant de

1. Civ. 1re, 13 déc. 2005, *Bull. civ.* I, n° 495. Mais le rejet du pourvoi s'est également appuyé sur le fait que la cour d'appel avait souverainement estimé que les convictions religieuses de l'épouse ne permettaient pas d'établir que celle-ci n'aurait pas contracté mariage si elle avait eu connaissance de cette liaison passée de son mari dans la mesure où les aspirations de ce dernier à une union durable n'étaient nullement mises à mal par cette circonstance.

2. TGI Lille 1er avr. 2008, *JCP* 2008. II. 10122 ; Douai 17 nov. 2008, *D.* 2008. AJ 2938. Les deux arguments sont discutables, car la nullité peut fort bien respecter l'égalité des sexes, en bénéficiant à l'homme comme à la femme ; quant à la liberté sexuelle, elle ne suffit pas nécessairement à interdire la prise en compte du passé sexuel d'un conjoint, alors que le mariage est, avant tout, un lien de couple, donc un lien emportant union sexuelle.

prononcer la nullité alors même que les conditions de l'article 180 du Code civil n'étaient pas réunies, soit que, avant la réforme de 1975, il n'y ait pas erreur « dans » la personne, soit que, depuis cette date, le caractère « essentiel » des qualités en question soit douteux. La jurisprudence la plus récente ne corrobore pas vraiment l'affirmation[1].

SECTION 2
LES CONDITIONS INSTITUTIONNELLES

88 **Liberté du mariage mais contrôle social sur l'institution.** La volonté de se marier, sans laquelle il n'est pas de mariage, n'est pas suffisante. Le droit exige en outre des candidats au mariage qu'ils soient aptes à fonder une famille (**§ 1**). À ces conditions de fond, s'ajoutent des conditions de forme : le mariage est célébré par un officier d'état civil lors d'une cérémonie républicaine[2] (**§ 2**).

§ 1. Les conditions de fond

89 Le droit impose des conditions d'âge, de monogamie, d'exogamie. Il a en revanche abandonné la condition de différence de sexe, et s'avère très libéral quant à la santé des futurs époux. La loi de « libération continue » est bien à l'œuvre ici.

A. L'âge

90 L'aptitude d'une personne à fonder une famille dépend étroitement de *sa maturité* et de *sa capacité à avoir des relations*

1. Civ. 1re, 13 déc. 2005, *Bull civ.* I, n° 495 : le mari avait dissimulé l'existence d'une relation antérieure avec une autre femme ; la Cour a rejeté le pourvoi formé contre l'arrêt d'appel ayant rejeté la demande en nullité de l'épouse car il n'était pas démontré que le mari ait eu l'intention de poursuivre cette liaison après le mariage et car la cour d'appel avait souverainement estimé que les convictions religieuses de l'épouse ne permettaient pas d'établir que celle-ci n'aurait pas contracté mariage si elle avait eu connaissance de cette liaison passée de son mari dans la mesure où les aspirations de ce dernier à une union durable n'étaient nullement mises à mal par cette circonstance. *Adde* la jurisprudence sur la virginité citée ss 86.
2. Sur le défaut de portée normative de cette précision légale, V. CE, 18 éc. 2015, n° 370459

sexuelles, à procréer (encore que cette finalité du mariage soit discutée en doctrine et décline en droit positif) et *à assumer la charge des enfants.* Ainsi s'explique que le Code civil pose une limite d'âge minimal pour se marier, sanctionnée par la nullité absolue du mariage (art. 184 ; v. ss 112). En 1804, cette limite était de quinze ans pour les filles, de dix-huit ans pour les garçons (art. 144)[1]. La forte divortialité des mariages précoces, l'allongement des études, la venue plus tardive des enfants, et surtout, plus récemment, le phénomène des mariages « forcés » ont conduit le législateur à abandonner cette solution libérale. La loi du 4 avril 2006 a élevé l'âge minimal et égalisé le statut des hommes et des femmes : chacun doit désormais attendre dix-huit ans pour contracter mariage (art. 144)[2]. Mais par faveur pour la liberté nuptiale, la loi du 4 avril 2006 a maintenu la possibilité de *dispense* : il faut que des « motifs graves » justifient le mariage, et c'est au procureur de la République de les apprécier souverainement (art. 145).

Le législateur n'a en revanche prévu aucune limite maximale au-delà de laquelle la liberté du mariage disparaîtrait. Le mariage peut même être célébré *in extremis*, c'est-à-dire en cas de péril imminent de mort de l'un des futurs époux (ce qui va souvent avec le grand âge) : le droit prévoit alors le transport de l'officier d'état civil sur les lieux (art. 75, al. 2). En toute hypothèse, le mariage ne sera valable que si le grand âge a laissé intactes les facultés intellectuelles des époux ; à défaut, il sera nul pour défaut de consentement (art. 146 ; v. ss 67).

B. La monogamie

91 « On ne peut contracter un second mariage avant la dissolution du premier » (art. 147) : l'interdiction de la bigamie, ce « crime social » pour reprendre une expression des rédacteurs du Code civil, est fermement posée par le droit français.

---

1. La distinction opérée en 1804, étonnante à l'époque contemporaine, s'expliquait alors pour diverses raisons : la maturité plus précoce des filles que des garçons ; la nécessité d'une autonomie professionnelle pour les hommes, qui assumaient la charge du ménage dans la société de l'époque.
2. La loi du 17 mai 2013 a modifié la rédaction pour supprimer toute référence à l'homme et la femme.

Il s'efforce de *prévenir la célébration* de telles unions en exigeant la délivrance d'une copie intégrale récente de l'acte de naissance (C. civ., art. 70 ; v. ss 100)[1] et en autorisant largement l'opposition à mariage (elle peut être formée par l'époux de l'un des futurs époux, les ascendants, le ministère public ; C. civ., art. 172, 173 et 175-1 ; v. ss 109). À supposer qu'une union bigame ait été célébrée, il la sanctionne par *la nullité absolue* (C. civ., art. 184 et 188 ; v. ss 112)[2], nullité associée, le cas échéant, à la sanction pénale de l'époux bigame et de l'officier d'état civil (C. pén., art. 433-20).

Si elle échappe pour l'heure à l'épreuve des droits fondamentaux[3], cette « clef de voûte de la civilisation européenne »[4] connaît toutefois *deux limites*[5]. La première résulte de la reconnaissance, en France, d'une union polygame valablement célébrée dans un pays étranger qui admet la polygamie. Le droit international privé français distingue en effet ordre public plein et ordre public atténué. L'ordre public est plein en ce qu'il s'oppose catégoriquement à ce qu'il soit directement fait application, en France, d'une loi étrangère contraire aux conceptions fondamentales de la société française : un mariage bigame ne peut donc être célébré en France. En revanche, l'ordre public est dit atténué quand il s'agit seulement de faire produire effet, en France, à une situation juridique régulièrement constituée à l'étranger : le mariage bigame célébré à l'étranger produira donc en France les effets d'un mariage quelconque. Cette solution, posée par un célèbre arrêt Chemouni du 28 janvier 1958[6], a été limitée, d'une part par la jurisprudence qui l'écarte dès lors qu'un français est

1. Datant de moins de trois mois si elle a été délivrée en France, de moins de six mois si elle l'a été dans un consulat.
2. Peu importe que le second mariage ait été célébré entre les mêmes époux : Civ. 1re, 3 févr. 2004, *Bull. civ.* I, n° 33.
3. Civ. 1re, 4 mai 2017, n° 17-40.026 : refus de transmettre une QPC qui reprochait à l'article 187 d'être contraire aux articles 10 du Préambule de 1946 (droit de mener une vie familiale normale) et 2 et 4 de la DDHC (liberté du mariage).
4. Carbonnier.
5. La liberté du remariage n'en est pas une : il n'y a pas alors deux unions concomitantes mais succession temporelle de deux unions.
6. *Grands arrêts de la jurisprudence française de droit international privé*, n° 31.

impliqué dans l'affaire[1], et d'autre part par le législateur qui écarte en pareilles circonstances le regroupement familial.

Le droit purement interne reçoit une autre forme, indirecte et atténuée celle-là, de polygamie lorsqu'il accepte de prendre en considération, en un même instant, un concubinage et un mariage : indemnisation de la concubine et de la femme légitime en cas de décès accidentel du mari-concubin (v. ss 326) ; qualité d'ayant droit cumulativement attribuée à la femme légitime et à la concubine en droit social...

C. L'exogamie

92 L'interdiction de l'inceste reste le plus fort tabou. On invoque parfois une raison eugénique ; mais les tares des enfants d'unions consanguines ne permettent pas d'expliquer une prohibition qui joue aussi en dehors de tout lien de sang, par exemple entre alliés, ou en cas d'adoption. L'essentiel est ailleurs : les anthropologues soulignent que la règle interdit directement d'épouser sa mère, sa sœur, bref de se marier *dans* sa famille, et qu'elle impose ainsi, indirectement, de chercher *ailleurs* le conjoint, de s'allier à *une autre* famille, par où il apparaît que l'interdit de l'inceste réalise « le passage de la nature à la culture » et assure la constitution de la société. Ainsi analysé, l'interdit joue un rôle fondateur de l'ordre social et procède donc avant tout de considérations d'intérêt général. À quoi l'on ajoutera qu'une union au sein de la famille peut mener à l'explosion de la famille par les « passions troubles » qu'elle crée et menace la stabilité de l'ordre social par la perturbation qu'elle suscite dans l'ordre généalogique en bouleversant les places de chacun. Sans oublier, évidemment, les conséquences préjudiciables de l'inceste sur la construction de l'enfant.

L'officier d'état civil doit donc *refuser la célébration* d'une telle union. À la supposer célébrée, elle est nulle de *nullité absolue* (art. 184, v. ss 112).

Encore ne faut-il pas exagérer la portée de la prohibition : elle peut parfois céder *sur dispense* octroyée par le président de la

1. Civ. 1re, 24 sept. 2002, *JCP* 2003. II. 10007.

République « pour des causes graves »[1]. La prohibition du mariage est absolue (aucune dispense n'est possible) entre proches parents : entre ascendant et descendant, quel que soit le degré les unissant (art. 161) ; entre frère et sœur, entre frères, entre sœurs (art. 162). En revanche, entre parents plus éloignés, la prohibition peut être levée exceptionnellement (art. 164) : peut ainsi être exceptionnellement autorisé le mariage, en principe interdit (art. 161 et 163), entre l'oncle et la nièce (ou le neveu), ou entre la tante et le neveu (ou la nièce) ; il en va de même du mariage entre alliés en ligne directe, donc entre gendre et belle-mère (ou beau-père), ou entre beau-père et bru (ou gendre), mais seulement dans ce cas après dissolution de la première union par décès.

L'adoption plénière crée ces empêchements à mariage au sein de la nouvelle famille ; par dérogation au principe selon lequel l'adoption plénière fait sortir l'enfant adopté de sa famille d'origine, elle les maintient aussi dans la famille d'origine (art. 356 ; v. ss 538). Dans l'adoption simple, l'article 366 (v. ss 546) prohibe le mariage : entre adoptant et adopté (et ses descendants) ; entre adopté et enfants de l'adoptant ; entre enfants adoptifs d'une même personne ; entre adopté et conjoint de l'adoptant (et réciproquement entre l'adoptant et le conjoint de l'adopté). Mais la prohibition peut être levée, dans les trois dernières hypothèses, par dispense du président de la République, « s'il y a des causes graves » et à condition, en outre, s'il s'agit du mariage entre « alliés », que la personne qui créait l'alliance soit décédée (décès de l'adoptant pour le mariage de l'adopté et du conjoint de l'adoptant, décès de l'adopté pour le mariage de l'adoptant et du conjoint de l'adopté ; comp. art. 164, 3°).

Longtemps indiscutée, cette interdiction de la célébration du mariage entre proches parents est aujourd'hui discutée au nom de *la liberté individuelle*. La Cour européenne de sauvegarde des droits de l'homme et des libertés fondamentales a ainsi jugé que

1. CE 12 oct. 2005, *AJ fam.* 2005, 451 : les tribunaux civils sont seuls compétents pour connaître de recours contre les décisions que le président de la République prend sur le fondement de l'article 164, car elles sont indissociables des questions d'état des personnes. Adde Paris, 3 avr. 2008, *AJ fam.* 2008. 256 : l'absence de recours contre la décision discrétionnaire du président de la République méconnaît l'article 13 de la Conv. EDH.

l'empêchement à mariage existant entre un beau-père et sa belle-fille était une atteinte excessive au droit au mariage[1]. Plus récemment, elle a heureusement jugé que la liberté du mariage ne s'opposait pas à la sanction pénale de l'inceste[2]. La Cour de cassation souffle elle aussi le chaud et le froid : le 4 décembre 2013, elle écartait d'office la nullité d'une union célébrée entre beau-père et belle-fille après divorce qui avait duré plus de vingt ans au motif que le prononcé d'une telle nullité porterait une atteinte disproportionnée au droit à la vie privée et familiale de l'épouse survivante[3] ; mais, trois ans plus tard, le 8 décembre 2016, elle rejetait le pourvoi formé contre une décision d'appel ayant annulé un mariage incestueux ayant duré huit ans[4]. Le rôle fondateur de la prohibition de l'inceste, tant pour l'individu que pour la société[5], justifie aisément son maintien, alors même que certains questionnent la survivance des tabous en matière matrimoniale[6].

D. Le sexe des époux

93 Le Code civil de 1804 n'exigeait pas explicitement la différence de sexe des futurs époux. Mais cette condition découlait implicitement de divers textes, et notamment de l'article 75 du Code civil, qui prescrivait hier à l'officier d'état civil de recevoir de chaque partie, l'une après l'autre, « la déclaration qu'elles veulent se prendre pour mari et femme »[7]. Ce qui a suscité deux difficultés, la première résolue par une loi du 17 mai 2013 qui a ouvert le mariage aux homosexuels, l'autre partiellement abandonnée à l'appréciation des juges et qui concerne les transsexuels.

1. CEDH 13 sept. 2005, *Dr. fam.* 2005. 234. La solution s'est appuyée sur plusieurs motifs peu convaincants : l'absence de sanction pénale et le fait que rien ne garantissait l'effectivité de l'interdit ; le caractère discrétionnaire du pouvoir du Parlement ; l'absence d'enquête, dont la Cour disait par ailleurs qu'elle poserait problème au regard de la vie privée.
2. CEDH 12 avr. 2012, *Stübing c/ Allemagne*, n° 43547/08.
3. N° 12-26.066.
4. N° 15-27.201. Outre la durée du mariage, la Cour a pris en compte deux éléments : l'absence d'enfant issu de l'union incestueuse ; le caractère perturbateur de la célébration d'un tel mariage pour l'épouse elle-même, l'arrêt d'appel ayant relevé qu'elle avait été mineure, élevée pendant neuf ans par son futur époux.
5. Sur la prohibition de la filiation incestueuse, v. C. civ., art. 310-2 et ss 378.
6. « Au-delà du mariage : de l'égalité des droits à la critique des normes », EHESS, 8 avr. 2013.
7. *Adde* anc. art. 144 : « l'homme et la femme ne peuvent contracter mariage avant dix-huit ans révolus ».

94 **Mariage et couple d'homosexuels. Éléments de discussion.** La première difficulté a porté sur l'ouverture du mariage aux couples homosexuels. Longtemps indiscutée, la condition de différence de sexe a suscité des critiques grandissantes dans une société peinant à penser les différences, aussitôt qualifiées de discrimination.

La question de savoir si la liberté de se marier pouvait – ou devait – être reconnue aux homosexuels ne pouvait être résolue que par référence *aux fonctions du mariage*. Ceux qui n'y voyaient qu'une simple union horizontale destinée au bonheur de deux adultes considéraient qu'il était illégitime de fermer le mariage aux couples de deux personnes de même sexe. Ceux qui analysaient le mariage comme l'acte de fondation d'une famille, intégrant une dimension diachronique et se projetant dans le futur avec la descendance, jugeaient que la position du droit français n'était nullement discriminatoire.

La condition de différence de sexe ne pouvait plus vraiment être justifiée comme assurant la capacité de procréation du couple alors que rapports sexuels et procréation ont été progressivement dissociés par la contraception et l'assistance médicale à la procréation (v. ss 360 et 512 s.). Pour autant, accueillir et élever les enfants à naître restant l'une des fonctions du mariage, comme l'attestaient – et comme l'attestent encore – les articles 213 (« les époux assurent ensemble la direction morale et matérielle de la famille. Ils pourvoient à l'éducation des enfants et préparent leur avenir ») et 343 (« l'adoption peut être demandée par deux époux »)[1], la question du mariage des homosexuels s'avérait fondamentalement indissociable de la question de la *parenté homosexuelle* : la société pouvait-elle – devait-elle – admettre qu'un enfant ait deux personnes de même sexe pour parents ?

Chemin faisant, la question de l'ouverture du mariage aux homosexuels renvoyait ainsi, *in fine*, aux *fonctions de la filiation.* Or la question était immense et la réponse positive incertaine, car la filiation joue non seulement *dans l'ordre pratique* mais aussi

1. L'appel à la réforme visait notamment à ouvrir la voie de l'adoption. S'il n'avait été question que des relations entre les adultes, réformer le pacte civil de solidarité suffisait. Le mariage a été désiré pour son aspect de légitimation symbolique (relever de la même norme que les couples hétérosexuels, et donc effacer la différence) et pour son effet pratique d'adoption (sur quoi, v. ss 516).

dans l'ordre symbolique : outre sa fonction opératoire, consistant notamment à désigner un éducateur et à créer une vocation alimentaire et héréditaire, on s'accorde généralement à attacher à la filiation une fonction symbolique, d'ancrage du sujet dans une chaîne généalogique, et, au-delà, dans la chaîne humaine, fonction que la parenté mono-sexuée attachée à l'adoption par un couple de personnes de même sexe ne peut pas assurer.

95 **Mariage homosexuel. Évolution du droit positif.** Jugeant qu'une parenté homosexuelle sacrifiait l'intérêt de l'enfant sur l'autel de l'intérêt des adultes, le législateur s'est dans un premier temps contenté de créer un « pacte civil de solidarité » : la loi du 15 novembre 1999 a offert aux couples de deux personnes de même sexe un statut dépourvu de tout effet de parenté mais produisant peu ou prou certains effets du mariage, dans l'ordre patrimonial et personnel (v. ss 330 s.). Mais cette solution n'a pas satisfait les couples intéressés, qui ont continué de réclamer la liberté de se marier, ce pour diverses raisons, symboliques (être traité comme un couple hétérosexuel), patrimoniales (bénéficier de la même protection, notamment en matière de succession et de protection sociale), mais aussi – surtout ? – pour pouvoir accéder à l'adoption[1].

Les juridictions nationales et internationales saisies ont refusé de condamner le droit civil français au nom des droits fondamentaux : la Cour de cassation, s'en tenant aux textes[2], a considéré que le mariage contracté par un couple d'homosexuels était nul,

1. L'adoption pouvant être le fait d'un célibataire, son homosexualité était indifférente (CEDH 22 janv. 2008, *E.B. c/ France*, n° 43546/02, v. ss 518). Mais le mariage était (et est encore) favorable : seuls les couples mariés peuvent adopter conjointement (art. 343, v. ss 516) ; en outre, la loi autorise le conjoint d'un parent biologique à adopter l'enfant de son époux sous la forme plénière sans faire disparaître le lien de filiation avec le parent biologique (art. 345-1 et 356) et la Cour de cassation a refusé d'étendre la règle aux couples non mariés ; elle a aussi jugé que l'adoption simple par l'un de l'enfant de l'autre était impossible dans un couple non marié, car l'adoption simple laisse subsister la filiation d'origine mais transfère l'autorité parentale à l'adoptant (sauf le cas du mariage : art. 365, v. ss 530), si bien qu'il fallait, pour préserver les droits du parent biologique, procéder ensuite à une délégation-partage, ce qui posait problème en cas de dislocation du couple : Civ. 1re, 21 févr. 2007, *Grands Arrêts*, n° 53-55, v. ss 649 s.

2. V. Civ. 1re, 13 mars 2007, *Dr. fam.* 2007. 76, confirmant la nullité ultérieure du « mariage de Bègles », célébré par Noël Mamère sous le feu des projecteurs, au motif que « selon la loi française, le mariage est l'union d'un homme et d'une femme ». La Cour a jugé que cette solution n'était contraire ni à l'article 12 de la Convention européenne de sauvegarde des droits de l'homme et des libertés fondamentales ni à l'article 9 de la Charte des droits fondamentaux. *Grands arrêts*, n° 32.

de nullité absolue[1] ; la Cour européenne des droits de l'homme a jugé qu'en l'absence de consensus européen, l'ouverture du mariage aux homosexuels était une possibilité ouverte par la Charte des droits fondamentaux et non pas une obligation[2]; quant au Conseil constitutionnel, il a estimé « qu'il ne lui appart(enait) pas de substituer son appréciation à celle du législateur sur la prise en compte, en cette matière, de (la) différence de situation » existant entre les couples de même sexe et les couples composés d'un homme et d'une femme[3].

C'est donc au législateur qu'est revenue la responsabilité de la réforme : comme promis lors de la campagne présidentielle de François Hollande, un projet de loi a été soumis au Parlement au début de l'année 2013 ; adopté par l'Assemblée nationale en seconde lecture le 23 avril 2013, il a été soumis au Conseil constitutionnel, qui l'a jugé conforme à la Constitution dans une longue décision du 17 mai 2013[4]. La France est ainsi le quatorzième pays au monde à avoir ouvert le mariage aux homosexuels[5].

L'article 143 du Code civil dispose désormais : « le mariage est contracté par deux personnes de sexe différent ou de même sexe », la loi précisant par ailleurs que « le mariage (...) emporte (...) les mêmes effets, droits et obligations reconnus par les lois, à l'exclusion de ceux prévus au titre VII du Livre Ier du présent code, que les époux (...) soient de sexe différent ou de même sexe » (C. civ., nouv. art. 6-1). L'ouverture du mariage aux couples de personnes de même sexe s'est également accompagnée de diverses dispositions en droit de la famille, qu'il s'agisse des actes d'état civil[6], du mariage[7], de l'adoption (v. ss 528, 535 et 542), de l'autorité

1. Et l'officier d'état civil qui le célèbre nonobstant l'opposition du procureur de la République encourt des sanctions disciplinaires.
2. CEDH 24 juin 2010, *Schalk et Kopf c/ Autriche*, n° 30141/04, spéc. consid. 60 s., 105 et 108.
3. Décis. 28 janv. 2011, n° 2010-92 QPC, consid. 9.
4. Décis. 17 mai 2013, n° 2013-669 DC.
5. Ce qui relativise à tout le moins l'argument de droit comparé qui a été inlassablement répété, selon lequel la France était à la traîne.
6. Modification des mentions de l'acte de naissance.
7. Récriture formelle des textes relatifs à l'âge légal (art. 144, v. ss 104), à l'inceste (art. 162 s., v. ss 90), au déroulement de la cérémonie (art. 75, v. ss 101 s.) ; affirmation de l'existence d'une cérémonie républicaine (art. 165, v. ss 104) ; extension de la faculté de choix du lieu de célébration (art. 74 et 165, v. ss 102) ; modification des règles relatives au nom (v. ss 663).

parentale[1], mais aussi en droit international privé[2], et en droit du travail et de la protection sociale.

96 **Effets à venir du mariage homosexuel. Bouleversement de la parenté.** Les conséquences à long terme d'une telle réforme sont incertaines. Dans l'ordre du couple, il est difficile de prédire l'avenir du mariage, même si le renforcement des revendications à plus de liberté est vraisemblable, tant pour l'accès au mariage[3] que pour ses effets[4] ; on s'interroge également sur les conséquences que la réforme est susceptible de produire sur le pacs[5]. Mais les questions les plus difficiles portent sur la filiation : les couples mariés ayant le droit d'adopter (v. ss 515), la loi nouvelle permet qu'un enfant ait désormais deux pères ou deux mères inscrits dans son acte de naissance comme étant ses « parents »[6]. Le mariage homosexuel conduisant ainsi à la filiation mono-sexuée, trois questions se posent, auxquelles les pouvoirs publics se sont habilement soustraits, en dissociant soigneusement la réforme du mariage de celle de la parenté : que va-t-il advenir, demain, de l'adoption, de l'assistance médicale à la procréation, et de la filiation du titre VII ?

Pour l'heure, *l'engendrement* est l'appui essentiel de la filiation du titre VII (v. ss 384 s.). Et il reste un modèle pour les filiations dites « artificielles », c'est-à-dire celles qui reposent sur une

1. Remplacement des mots « père et mère » par le mot « parents » à l'article 371-1, v. ss 598.
2. Validation rétroactive des mariages célébrés à l'étranger avant l'entrée en vigueur de la loi nouvelle : L. 17 mai 2013, art. 21. Règles spéciales de conflit de lois dans l'espace favorables à la validité et à la célébration d'un tel mariage : art. 202-1, al. 2, permettant à deux personnes de même sexe de contracter mariage en France dès lors que la loi personnelle d'une d'elles ou la loi de l'État sur le territoire duquel elle a son domicile ou sa résidence le permet ; art. 171-9, permettant la célébration en France du mariage alors même que les futurs époux, dont l'un au moins est français, ont leur domicile et résidence à l'étranger. Sur le nom, v. ss 663 s.
3. Ce qui vaut surtout pour les interdits de l'inceste et de la bigamie, mais peut aussi avoir des incidences sur le lien existant entre mariage civil et mariage religieux. Sur cette question, v. l'ouverture du mariage aux personnes de même sexe, Coll. 15 avr. 2013, éd. Panthéon-Assas, 2014.
4. Le devoir de fidélité sera peut-être fragilisé : dans les couples homosexuels, il perd son fondement institutionnel (sécuriser la filiation) et ne peut plus être justifié que par la blessure affective que l'infidélité cause. De même le devoir de communauté de lit perd la justification qu'il trouve dans la fonction procréative qu'a le mariage dans un couple de personnes de sexe différent.
5. En fait, le pacs ne perdra pas son utilité : plus de 95 % des pacs sont conclus par des couples d'hétérosexuels. En droit, il conserve un double avantage : permettre d'unir les patrimoines en actif mais pas en passif ; permettre une dissolution sans juge et sans prestation compensatoire. On se demande si le vide de parenté qui le caractérise aujourd'hui ne devrait pas être revu.
6. Ce qui explique d'ailleurs que la loi ait modifié formellement l'acte de naissance et remplacé la mention des « père et mère » par celle des « parents » (art. 34).

volonté parentale (v. ss 386) : le droit puise dans l'engendrement diverses conditions, que ce soit dans l'adoption (notamment la condition de différence d'âge entre adoptant et adopté, destinée à garantir un rapport de génération ; ou encore la limitation du nombre d'adoptions : v. ss 514 et 524 s.) ou dans l'assistance médicale à la procréation (qui est réservée à un couple, de personnes de sexe différent, vivantes, en âge de procréer un enfant : v. ss 559 s.) ; en outre, il fait de l'adoption et de l'assistance médicale à la procréation des techniques subsidiaires d'apparentement (l'adoption suppose un enfant en mal de parenté, v. ss 519 s.) ou de procréation (l'assistance à la procréation repose sur une raison médicale, en ce qu'elle suppose une infertilité pathologique médicalement constatée au sein du couple, ou le risque de transmission d'une maladie au sein du couple ou à l'enfant : v. ss 560 s.).

L'ouverture de l'adoption aux couples homosexuels accroît le pouvoir de la volonté des adultes et la force du désir d'enfant et éloigne l'adoption du modèle de l'engendrement. Ce qui, inévitablement, conduit à se demander : 1) ce que deviendront les autres conditions qui, en matière d'adoption, révèlent l'existence du modèle de l'engendrement[1] ? ; 2) ce que deviendra cette même logique dans l'assistance médicale à la procréation ? ; 3) ce qui, demain, constituera le fondement de la filiation du titre VII[2] (v. ss 387) ?

Le mariage pour tous préfigure-t-il *l'enfant pour tous*, couples ou célibataires, personnes en âge de procréer ou non, vivantes ou *post mortem*, recourant à l'assistance à la procréation pour raison médicale ou convenance personnelle ? Et *quid* de la gestation pour autrui ? Le don de gamètes, s'il permet à un couple de

---

1. *Quid* par exemple de la condition de différence de génération entre l'adoptant et l'adopté ?

2. *Quid*, demain, d'une présomption de paternité ou de maternité dans les couples homosexuels ? Pour l'heure, elle est explicitement écartée par la loi (v. C. civ., nouv. art. 6-1 ; *adde* Décis. 17 mai 2013, n° 2013-669 DC, consid. 40). Mais l'exemple du droit comparé atteste que l'hypothèse n'est pas farfelue. Elle semble difficile à imaginer en droit français tant la filiation du titre VII repose sur la réalité biologique (v. ss 398). Mais l'assistance médicale à la procréation avec tiers donneur révèle que la paternité du mari peut bien être présumée, alors qu'il n'est pas biologiquement le père. Certains soutiennent donc qu'il ne s'agirait en somme que d'admettre une nouvelle limite à la réalité biologique. D'autres proposent de redéfinir l'engendrement, ce qui pourrait justifier la solution technique. Sur quoi, V. Deschamps, *L'engendrement comme fondement e la filiation. Étude sur la cohérence du Titre VII du Livre premier du Code civil*, LGDJ, coll. « th. dr. pr. », à paraître.

femmes homosexuelles de procréer, ne permet pas aux couples d'hommes de satisfaire leur désir d'enfant, le recours à une mère porteuse étant la seule réponse possible en l'état actuel de la technique. La philosophie volontariste que les discours tenus sur ces questions révèlent fréquemment (la « bonne » parenté, i. e. la parenté de qualité, serait celle qui est voulue, choisie, par l'auteur, car l'amour est le fondement principal de l'éducation)[1], associée à l'argument de la discrimination risquent ainsi de peser à un double titre sur le système actuel de parenté.

Fondamentalement, deux risques existent, qu'on aurait voulu voir pensés et pesés avant que la réforme du mariage[2] ne soit votée. Le premier vient, *négativement*, de l'impossibilité, pour une parenté mono-sexuée, de jouer sa fonction d'ancrage symbolique du sujet dans la chair, l'humanité. Les plaintes des enfants nés sous X attestent le rôle que la généalogie joue dans la construction du sujet. On objecte qu'il suffit de renforcer l'accès aux origines personnelles pour les enfants adoptés et de lever l'anonymat du don dans l'assistance médicale à la procréation : mais pourquoi ne pas l'avoir fait en même temps ? ; et n'est-il pas hypocrite d'invoquer ce remède quand on sait que moins de 40 % des enfants adoptés ont accès à des informations relatives à leurs origines ? ; et quel peut être l'impact de cette inscription duale de l'enfant, l'une se développant dans l'ordre de la biologie, l'autre dans l'ordre de la filiation ? Le second risque vient, *positivement*, de ce nouveau mythe qu'est *la parenté d'intention*, présentée comme étant la garantie d'une filiation de qualité, et donc préférable à la filiation « biologique ». Que la filiation reposant sur l'engendrement charnel soit toujours idéale est certes excessif ; mais elle présente tout de même des avantages incontestables, notamment en ce que son fondement est indestructible et échappe aux virevoltes des adultes ; en outre, il est inexact de prétendre

1. Et ce d'autant plus qu'on la rencontre déjà sur le terrain de l'autorité parentale, sous la forme de ce néologisme contemporain qu'est la parentalité, qui désigne l'aptitude à être un bon parent, aptitude qui naîtrait de l'expérience et de l'éducation, et ne serait pas naturellement et immédiatement acquise à la naissance d'un enfant. V. ss 383

2. Sur cette critique, V. D. Fenouillet, « Du mythe de l'engendrement au mythe de la volonté », in *La famille en mutation*, Arch. fil. Dr., T. 57, 2014, p. 7 s.3

que le primat du lien biologique signifie indifférence à la volonté ; qu'il s'agisse du refus d'enfant, ou de l'acceptation d'enfant, la volonté joue évidemment un rôle d'appoint dans le droit de la filiation. Il est fort douteux que le tout volontaire soit préférable à l'équilibre actuel, qui assure globalement les intérêts en présence, du parent, de l'enfant, de la famille, de la société. Les déboires du couple attestent que la volonté ne suffit pas à garantir la qualité du lien familial, et notamment sa stabilité ; dans ces conditions, n'est-il pas étonnant de vouloir en faire le fondement principal de la filiation ? Et ce d'autant plus que, par hypothèse, la volonté est le plus souvent unilatérale en matière de filiation, l'enfant n'ayant pas son mot à dire. Parce qu'il est la source première et principale de stabilité, dans un monde fragile où les structures traditionnelles sont devenues précaires ou ont perdu leur rôle d'appui (lien à l'État, lien de travail, lien de couple), le lien de filiation ne doit être réformé qu'avec la plus extrême prudence. On aurait aimé que le législateur soit conscient de cette responsabilité.

Par où l'on mesure que la question du mariage des couples homosexuels est autrement plus complexe que ce qu'en donne à voir la rhétorique schématique des droits fondamentaux, se résumant à la liberté du mariage et l'interdiction des discriminations.

97 **Mariage et transsexualisme.** La seconde difficulté concerne les transsexuels. Depuis sa condamnation par la Cour européenne des droits de l'homme[1], le droit français autorise le transsexuel à obtenir la modification de la mention de son sexe à l'état civil.Subordonné hier à une double condition (que le syndrome de transsexualisme ait été établi et que le changement d'apparence du sujet soit irréversible[2]), le changement est possible, depuis la loi du 18 novembre 2016, si la mention de l'acte de naissance ne correspond pas au sexe dans lequel la personne se

1. CEDH 25 mars 1992, *D.* 1993. 101.
2. Ass. plén. 11 déc. 1992, *Bull. civ.* AP, n° 13 et 14, *GAJC*, n° 26 ; Circ. DACS n° CIV/07/10, 14 mai 2010 relative aux demandes de changement de sexe à l'état civil, *BOMJL* 31 mai 2010, n° 2010-03 ; Civ. 1re, 7 juin 2012, 2 arrêts, n° 11-22.490 et 10-26.947 ; Civ. 1re, 13 févr. 2013, 2 arrêts, n° 12-11.949 et 11-14.515.

présente et dans lequel elle est connue (art. 61-5). Mais ce changement pose deux difficultés.

La première concerne *l'ouverture du mariage au transsexuel après le changement de sexe* à l'état civil : la Cour européenne des droits de l'homme a jugé que le droit à une vie familiale normale et le droit de se marier obligeaient les États à reconnaître au transsexuel la liberté de se marier dans leur nouveau sexe[1], et l'ouverture du mariage aux couples d'homosexuels ne change rien à cette solution. La seule limite tient dans la protection du conjoint, qui doit être informé, avant la célébration, du transsexualisme de son futur époux : dans le cas contraire, il pourrait sans doute obtenir la nullité du mariage pour erreur sur les qualités essentielles du conjoint (art. 180 ; v. ss 86 s.).

La seconde difficulté est peut-être plus complexe : une fois le changement de sexe avéré, *que devient le mariage antérieurement contracté* par le transsexuel ? Plusieurs solutions sont envisageables : affirmer la caducité automatique du mariage antérieur[2] ; donner au conjoint le droit de demander le divorce[3] ; permettre au conjoint du transsexuel de demander la nullité pour erreur sur les qualités essentielles[4] ; subordonner le changement de sexe à l'accord du conjoint ; subordonner le maintien du mariage au consentement du conjoint ; etc. On regrette que le législateur n'ait rien prévu en 2016, laissant la jurisprudence régler cette difficulté.

E. La santé

98 Le droit français est très libéral : la santé des époux n'est pas une condition de validité du mariage en soi ; elle n'est prise en considération que comme constituant un élément éventuellement déterminant du consentement de l'autre conjoint.

1. CEDH 11 juill. 2002, *Dr. fam.* 2002. 133. V. aussi CJCE 7 janv. 2004, *D.* 2004. 979.
2. Avant que la loi du 17 mai 2013 n'ouvre le mariage aux couples de personnes de même sexe, la disparition de la condition de différence de sexe conduisait logiquement à la caducité du mariage. Il est douteux que ce soit encore le cas.
3. Mais il est impossible de qualifier de faute le changement de sexe alors que la loi l'autorise, sous réserve de circonstances particulières (mensonge lors de la célébration du mariage, conditions préjudiciables de l'annonce du conjoint, etc.).
4. Aux conditions de droit commun de l'art. 180 : v. ss 86.

Le droit imposait autrefois à chaque futur époux de se soumettre à un *examen médical*, réalisé par le praticien de son choix, dans les deux mois qui précédaient la célébration (anc. art. 63)[1]. Cet examen était destiné à éclairer chacun des futurs époux sur son propre état de santé : à cette occasion, divers examens (CSP, anc. art. L. 2121-1) étaient proposés (dépistage du SIDA) ou imposés (rubéole, toxoplasmose). Mais les résultats n'étaient communiqués qu'à l'intéressé (CSP, anc. art. R. 2121-1). C'est à lui qu'il appartenait de les communiquer - ou non - à l'autre. À défaut, il violait son devoir de sincérité, violation éventuellement justiciable d'un divorce, voire d'une nullité du mariage pour erreur sur les qualités essentielles[2]. Le médecin, quant à lui, devait seulement délivrer une attestation indiquant que l'examen avait eu lieu, « à l'exclusion de toute autre indication » (anc. art. 63).

Ce respect du secret de la santé de chacun pouvait s'avérer préjudiciable pour le conjoint en permettant de lui cacher une maladie grave, éventuellement transmissible. L'interdiction des pratiques eugéniques et la liberté matrimoniale interdisaient certainement que le droit exige la délivrance d'un certificat médical attestant la bonne santé des époux. On pouvait en revanche prôner une meilleure information du futur conjoint, par exemple en ne permettant au médecin de délivrer de certificat qu'une fois établie la connaissance, par l'autre, des résultats des examens pratiqués[3]. Làs ! La loi de simplification du droit du 20 décembre 2007 a préféré abroger purement et simplement ce dispositif, attestant une fois de plus le progrès de la liberté au détriment de la sécurité, et, très prosaïquement, la prévalence des considérations économiques (remboursement de la visite médicale prénuptiale et des examens) sur la santé de la population.

1. Cette obligation cédait, en cas de dispense du procureur de la République « dans des cas exceptionnels », ou en cas de « péril imminent de mort de l'un des époux », art. 169.
2. Qualités essentielles de la personne tenant à la fois dans l'honnêteté et dans l'état de santé du conjoint.
3. Comp. CSP, art. L. 1131-1 imposant la révélation d'une anomalie génétique grave dans le cercle familial.

§ 2. Les conditions de forme

99 **Formalisme, protection des époux, information des tiers, contrôle étatique des conditions.** Le contrôle de l'autorité publique se concrétise dans une célébration officielle de l'union, par un officier d'état civil, célébration qui symbolise la reconnaissance par l'autorité publique d'une union entre deux personnes privées (**B**). Mais avant même cette solennité, un formalisme prénuptial est exigé, destiné à permettre à l'autorité publique de ne célébrer qu'une union régulière au fond (**A**).

A. Les formalités préalables

100 Elles ne sont pas très lourdes et ne constituent que des empêchements prohibitifs au mariage, c'est-à-dire que leur absence empêche l'officier d'état civil de célébrer l'union mais n'entache pas la validité du mariage à supposer celui-ci célébré (v. ss 108). Leur inobservation entraîne une sanction pénale de l'officier d'état civil (art. 63, al. 7).

Elles consistent en premier lieu en *la remise de pièces* destinées à permettre à l'autorité publique de contrôler le respect des conditions de fond du mariage : extrait récent de l'acte de naissance de chaque époux, avec indication de filiation, pour établir les diverses conditions d'âge, de monogamie, d'exogamie... (art. 70 ; l'officier d'état civil peut demander la vérification des données à caractère personnel auprès du dépositaire de l'acte de naissance après avoir informé l'époux intéressé) ; en cas d'impossibilité de se procurer cet acte, un acte de notoriété établi par le tribunal d'instance pourra être produit (art. 71).

Elles consistent en deuxième lieu en une éventuelle *audition des futurs époux* (art. 63). Cette audition est destinée à vérifier que le mariage n'est ni simulé, ni forcé. L'officier d'état civil peut demander à s'entretenir séparément avec chacun des futurs époux s'il l'estime nécessaire. Elle a lieu sauf « en cas d'impossibilité » ou « s'il apparaît, au vu des pièces du dossier, que cette audition n'est (pas) nécessaire ». En outre, le pouvoir d'y procéder peut être délégué par l'officier d'état civil au personnel de la mairie.

Elles consistent, en troisième lieu, en *la publication des bans* (la terminologie est empruntée à la tradition canonique), c'est-à-dire l'affichage, en mairie (du lieu de célébration du mariage projeté et du domicile de chaque époux), pendant dix jours, du projet de mariage (art. 63, 64 et 166) : il s'agit d'informer la société mais aussi de permettre à d'éventuels intéressés de former opposition. Le procureur de la République peut dispenser les intéressés de cette formalité, « pour des causes graves », ce qui peut correspondre notamment à une volonté d'anonymat (art. 169)[1].

Elles sont parfois jugées archaïques ; on leur reproche aussi de détourner certains couples du mariage. La doctrine[2] observe toutefois que le « mariage-minute » serait mal venu eu égard à l'importance de l'engagement, et anachronique dans une société qui donne des délais de réflexion pour acquérir à crédit n'importe quel bien de consommation.

B. La célébration de l'union

101 **Date de célébration.** La date de la cérémonie est au choix des époux, à une réserve près : afin que *la publication des bans* assure effectivement l'information des tiers et leur permette de former opposition, le mariage ne peut pas être célébré moins de dix jours après la publication des bans (sauf dispense du procureur de la République : art. 169) et ne peut plus l'être un an après cette date (art. 64 et 65). L'officier d'état civil et les parties encourent une amende[3] en cas de violation de cette exigence (art. 192).

Le droit en connaissait autrefois une autre, résultant de ce que l'on appelait le « délai de viduité » : les textes imposaient à la femme de laisser s'écouler un délai de trois cents jours après dissolution d'un mariage, par décès du mari ou divorce, avant de se remarier (art. 228, 261). Ce délai n'était pas imposé pour des raisons de convenance sociale (le temps du deuil ou du célibat) ; il était destiné à éviter qu'un éventuel enfant puisse être rattaché

1. Le mariage du président de la République, Nicolas Sarkozy, fut ainsi célébré le 2 février 2008 sans publication préalable des bans.
2. Carbonnier.
3. Le montant de l'amende encourue par l'officier d'état civil est dérisoire : 4,50 € ! Les parties risquent en revanche une amende « proportionnée à leur fortune ».

aux deux maris successifs[1]. Il a disparu avec la loi du 26 mai 2004 : cette atteinte à la liberté du remariage se concevait mal à une époque où les modes de preuve, et notamment l'expertise génétique, permettent de déterminer aisément quel est le vrai père de l'enfant.

102 **Lieu de célébration.** Le lieu est *la mairie du domicile ou de la résidence* de l'un des époux ou, depuis la loi du 17 mai 2013, du domicile ou de la résidence de l'un des parents des époux (art. 74 et 165)[2]. La célébration doit être publique, c'est-à-dire portes ouvertes, à peine de nullité absolue de l'union (art. 165 et 191). À titre exceptionnel, le mariage pourra être célébré au domicile ou à la résidence d'un époux (art. 75) : ainsi lorsque le procureur de la République le requerra de l'officier d'état civil, en cas « d'empêchement grave »[3] ; ainsi, en cas de « péril imminent de mort de l'un des futurs époux », l'officier d'état civil pouvant alors de lui-même déroger à la célébration en mairie, à charge pour lui d'en informer dans le plus bref délai le procureur de la République.

103 **Présence des témoins et des époux.** Le mariage doit être célébré en présence de *deux témoins au moins, de quatre au plus* (art. 75). La loi permet, très libéralement, qu'ils soient parents ou non des parties, et précise désormais qu'ils peuvent être français ou étrangers. Pour lutter contre les mariages simulés, la loi du 14 novembre 2006 a restreint la liberté de choix des époux. Alors qu'ils pouvaient traditionnellement les choisir au dernier moment, les futurs époux sont désormais tenus d'indiquer l'identité de leurs témoins avant la publication des bans (art. 63). La mesure est illusoire : en fait, car les futurs époux pourront soit tromper un témoin de bonne foi, soit fournir un témoin complaisant ; en droit,

1. La date de la conception est en effet fixée à partir de la présomption légale de durée de la grossesse : la grossesse étant présumée durer un délai qui varie de cent quatre-vingt à trois cents jours (art. 311), la conception d'un enfant peut être fixée dans une période allant de trois cents jours avant la naissance à cent quatre-vingt jours avant cette même date (v. ss 412 s.). Dès lors, si le remariage pouvait intervenir à tout moment, tout enfant né moins de trois cents jours après dissolution du premier mariage et plus de cent quatre-vingt après célébration du second pourrait être juridiquement rattaché aux deux maris.

2. La loi du 17 mai 2013 a étendu le choix des époux en autorisant le mariage aux lieux du domicile ou de la résidence de l'un des parents des époux.

3. Ainsi, le mariage du président de la République, Nicolas Sarkozy, fut célébré à l'Élysée, le 2 février 2008. On s'interroge sur l'« empêchement grave » qu'il y avait à célébrer le mariage en mairie.

car la loi leur permet de désigner de nouveaux témoins lors de la cérémonie (art. 74-1).

Doivent également être présents les époux eux-mêmes (art. 75, art. 146-1). On ne se marie pas par représentation, sauf très rares exceptions : la procuration est ainsi admise pour les marins et militaires, dans des cas spéciaux (art. 96-1)[1]. La loi précise d'ailleurs que la présence des époux est requise alors même qu'il s'agirait d'un mariage célébré à l'étranger, si du moins il est question du conjoint de nationalité française.

104 **Rôle de l'officier d'état civil.** Le mariage doit être *célébré par un officier d'état civil* : c'est le maire territorialement compétent en vertu du lieu de célébration qui doit assurer celle-ci ; pour prendre ses distances d'avec l'institution religieuse, la loi du 17 mai 2013 a tenu à ajouter que le mariage était célébré « lors d'une cérémonie républicaine » (art. 75 et 165), mention que le Conseil d'État a jugée dépourvue de portée normative[2].

Après avoir lu les articles 212, 213, et les alinéas premiers des articles 214 et 215 (ces quatre textes énumèrent les devoirs de mariage, v. ss 125 s.) ainsi que l'article 371-1 (qui définit l'autorité parentale, v. ss 598 s.), l'officier d'état civil demande aux futurs époux s'ils ont fait un contrat de mariage puis s'ils veulent se prendre pour époux (art. 75). Une fois les consentements exprimés par les intéressés, il constate que l'union existe : « il prononcera, au nom de la loi, qu'elles sont unies par le mariage ». Si l'un des époux est mineur, il demandera aux ascendants présents à la célébration et autorisant celle-ci de donner leur consentement.

La doctrine s'est demandé ce qui faisait le mariage : est-ce l'échange des consentements des époux ou les paroles rituelles de l'officier d'état civil ? La question est assez théorique, encore qu'elle ne soit pas, le cas échéant, dépourvue de toute portée pratique : quel serait, ainsi, l'effet du décès d'un époux qui surviendrait entre le « oui » fatidique et la formule solennelle prononcée par l'officier d'état civil ? ; qu'adviendrait-il, encore, si l'un des

1. En cas de guerre ou d'opérations militaires conduites en dehors du territoire national, pour causes graves, sur une double autorisation (du Garde des Sceaux et du ministre de la Défense), et à condition que le consentement de l'intéressé ait été constaté dans certaines formes.
2. CE, 18 déc. 2015,n° 370459.

époux rétractait son consentement dans ce même laps de temps ? L'essence du mariage, cette promesse solennellement échangée, conduit à considérer que c'est l'échange des consentements *devant* le maire et non la formule rituelle *prononcée par* ce dernier qui fait le mariage[1].

Une fois échangés les consentements et prononcée la formule rituelle, l'officier d'état civil établit l'acte de mariage, c'est-à-dire qu'il mentionne la célébration du mariage sur les registres de l'état civil (art. 75 et 76). Il en sera ensuite fait mention en marge des actes de naissance de chacun des époux (art. 76).

L'ouverture du mariage aux couples de personnes de même sexe a conduit certains officiers d'état civil à refuser de célébrer de tels mariages au motif que leur conscience le leur interdisait et à demander qu'une clause de conscience leur soit reconnue. Le Conseil constitutionnel a considéré que le silence du droit français en la matière ne portait pas atteinte à la liberté de conscience (Déc. n° 2013-353 QPC du 18 oct. 2013)[2].

105 **Preuve du mariage.** L'établissement de l'acte de mariage est une formalité essentielle car cet acte de mariage est le seul acte que le Code civil reçoit en principe comme preuve d'un mariage (art. 194), la possession d'état d'époux étant impuissante à le remplacer (art. 195). Ce principe est écarté dans deux cas. Il l'est en premier lieu lorsque les registres ont été détruits par cas de force majeure (art. 46) : il suffit alors aux époux prétendus d'établir ce cas de force majeure pour être autorisés ensuite à produire tout mode de preuve de leur mariage, et notamment la possession d'état d'époux. Il peut également l'être au profit de l'enfant issu du couple en question. Si cet enfant ignore le lieu de naissance de ses auteurs et celui de la célébration de leur mariage, et si ses deux parents sont décédés, exiger qu'il produise cet acte de

1. La théorie générale des actes authentiques impose cette solution : l'acte authentique renvoie à la « réception » des consentements par un « témoin privilégié », qu'il s'agisse du notaire ou de l'officier d'état civil.

2. *Adde* CE, 18 déc. 2015, n°s 370459, 370468, 370583, 370697, rejetant le recours pour excès de pouvoir contre le décret du 24 mai 2013. V. aussi Circ. min. de l'Intérieur, n° INT1300195C, 13 juin 2013. Comp. CEDH, *Ladele c/ RU*, 15 janv. 2013, jugeant qu'imposer à un officier d'état civil d'enregistrer un partenariat civil porte à la liberté de conscience (art. 14 et 9, CEDH) une atteinte justifiée par la considération des droits d'autrui, le besoin de reconnaissance juridique des couples homosexuels et leur protection juridique.

mariage serait très rigoureux. La loi permet donc à l'enfant, lorsque ses deux parents sont décédés[1] (art. 197), de prouver le mariage de ses auteurs en prouvant qu'ils « ont vécu publiquement comme mari et femme » (c'est la possession d'état d'époux), à condition cependant qu'il établisse en outre bénéficier lui-même de la possession d'état d'enfant du couple en question (sur quoi, v. ss 414 s. et 417 s.) et que cette possession ne soit pas contredite par son acte de naissance (sur l'acte de naissance de l'enfant né en mariage, v. ss 421 s.). La doctrine a suggéré d'étendre ce texte afin d'en faire bénéficier les concubins exemplaires[2].

1. On se demande si la même solution doit prévaloir lorsque les parents sont vivants mais dans l'impossibilité de manifester leur volonté. Carbonnier, « Le mariage par les œuvres ou la légitimité remontante dans l'article 197 du Code civil », *Mélanges Marty*, p. 254 s., spéc. p. 257, note 4.

2. Carbonnier, *ibid.* S'inspirant de la dissertation de Portalis sur la validité des mariages au désert, ces mariages entre protestants célébrés par les pasteurs contrairement à la législation royale qui exigeait l'intervention d'un ministre du culte catholique, ce que refusaient les protestants qui ne pouvaient se résoudre à abjurer leur foi, Carbonnier suggérait d'utiliser ce texte pour considérer rétrospectivement, au vu de l'enfant commun et de la vie passée, que les concubins se sont comportés comme des époux et qu'ils ont donc acquis ce titre. Il n'est alors plus question de la fonction probatoire de la possession d'état mais bien de sa fonction acquisitive.

CHAPITRE 2

La sanction des conditions

106 **Théorie générale de la nullité et droit matrimonial.** Dans la théorie générale du contrat, la sanction d'une condition de formation consiste dans la nullité : le contrat est anéanti, pour le futur mais aussi dans le passé. Ainsi, la nullité de la vente fait obstacle au paiement du prix et à la délivrance de la chose vendue et entraîne, si le contrat a déjà été exécuté, restitution de la chose et du prix.

Les dangers d'une telle solution en matière de mariage expliquent le particularisme du droit spécial : *acte fondateur d'une famille*, le mariage produit ses effets non seulement entre les époux mais aussi à l'égard des enfants (l'enfant né ou conçu en mariage bénéficie ainsi de la présomption de paternité qui existe à l'égard du mari de sa mère ; v. art. 312 et ss 428 s.) et des tiers (existence d'un régime matrimonial notamment). Anéantir rétroactivement l'union matrimoniale risque donc d'atteindre gravement la sécurité juridique. C'est pourquoi le législateur a restreint les cas de nullité aux violations les plus graves. À défaut, il appartient seulement à l'officier d'état civil de refuser la célébration du mariage. Le droit français reprend ainsi une distinction traditionnelle du droit canonique, entre empêchement « prohibitif » (qui ne peut fonder que le refus de célébration) et empêchement « dirimant » (qui entraîne en outre la nullité de l'union).

Seront successivement présentés le refus de célébration de l'officier d'état civil (SECTION 1) et la nullité du mariage célébré (SECTION 2).

SECTION 1
LE REFUS DE CÉLÉBRATION PAR L'OFFICIER D'ÉTAT CIVIL

107 Quelle que soit sa gravité, l'irrégularité d'un mariage projeté peut toujours fonder le refus de célébration de l'officier d'état civil. Ce refus constitue même parfois la seule sanction possible. Il convient donc de distinguer les empêchements prohibitifs et les empêchements dirimants (**§ 1**) puis d'exposer la procédure de l'opposition à mariage (**§ 2**).

§ 1. Empêchement prohibitif et empêchement dirimant

108 Le refus de célébration est parfois *la seule sanction possible* de la condition qui fait défaut. Les textes ne donnent pas la liste des conditions qui ne sont ainsi sanctionnées qu'à titre préventif. Mais elle s'obtient aisément en vertu du principe fondamental selon lequel « en matière de mariage, pas de nullité sans texte » : il suffit de comparer la liste de toutes les conditions de formation et celle des conditions explicitement sanctionnées par la nullité pour savoir dans quels cas le refus de célébration de l'union est la seule sanction possible. Constituent ainsi des empêchements seulement prohibitifs : le défaut de publication des bans, le défaut de remise des pièces nécessaires à cette publication, l'omission de l'audition prénuptiale (art. 63), l'inobservation des délais entre la publication et la célébration (art. 192), l'existence d'une opposition (art. 68 ; v. ss 109). Toutes les autres règles (interdiction de la bigamie, de l'inceste, exigence d'un consentement intègre, d'une autorisation familiale, condition d'âge...) entraînent la nullité de l'union. La comparaison atteste que le caractère dirimant ou prohibitif de l'empêchement dépend de la gravité de l'irrégularité en question.

En toute hypothèse, que l'empêchement soit dirimant ou simplement prohibitif, l'officier d'état civil qui constate qu'un mariage ne remplit pas les conditions de formation posées par les textes doit refuser de le célébrer. À défaut, il encourt même parfois une sanction pénale, dont l'importance est très variable : ainsi en cas de défaut de publication des bans et d'absence de remise des diverses pièces requises par la loi (justification d'identité, copie intégrale de l'acte de naissance) ou d'omission de l'audition des époux (art. 63, al. 7 ; v. ss 100)[1] ; ainsi en cas d'irrespect du délai devant s'écouler entre la publication des bans et la célébration (art. 192 ; v. ss 100)[2] ; ainsi en cas de célébration d'un mariage d'un mineur sans le consentement familial (art. 156 ; v. ss 61)[3] ; ainsi encore en cas de célébration malgré une opposition (C. civ., art. 68 ; v. ss 109)[4] ; ainsi en cas de célébration d'un mariage malgré la connaissance de l'existence d'une précédente union non dissoute (v. ss 91 ; C. pén., art. 433-20)[5].

§ 2. Opposition à mariage

109 L'opposition à mariage est un acte formaliste par lequel une personne avertit l'officier d'état civil de l'existence d'un empêchement à mariage et lui interdit de procéder à sa célébration.

Le pouvoir de former opposition varie selon l'empêchement à mariage considéré. Les père et mère et, à défaut, les ascendants, peuvent s'opposer au mariage pour tout motif (art. 173)[6] ; à défaut d'ascendant, le frère ou la sœur, l'oncle ou la tante, la cousine ou le cousin germains, éventuellement le curateur ou le tuteur autorisés par le conseil de famille, mais seulement pour démence ou défaut de consentement au mariage d'un mineur ou majeur protégé (art. 174 et 175) ; le conjoint d'un futur époux, pour le cas de polygamie (art. 172). À quoi il faut ajouter le

1. L'amende est dérisoire : 3 à 30 euros.
2. L'amende est ridicule : 4,50 euros.
3. Même amende ridicule de 4,50 euros.
4. L'amende est substantielle : 3 000 euros.
5. La sanction est lourde : un an de prison, 45 000 euros d'amende.
6. La doctrine suggère donc aux ascendants terrorisés par un mariage « de passion » d'utiliser l'opposition, en invoquant la démence de leur descendant, pour le contraindre à la réflexion.

pouvoir d'opposition du ministère public, reconnu par la jurisprudence et confirmé par la loi (art. 175-1)[1], dès lors que l'irrégularité du mariage est une cause de nullité qu'il pourrait invoquer[2].

L'évolution de la famille (resserrement) et de son droit (plus grande liberté de chacun) explique que le pouvoir d'opposition familial soit discuté et que certains proposent de ne l'attribuer qu'au ministère public. Il semble pourtant que la famille soit souvent mieux placée que le ministère public pour connaître l'existence d'un empêchement à mariage ; pragmatiquement, on peut donc préférer maintenir un pouvoir préventif qui, il faut en outre le reconnaître, est assez rarement utilisé.

L'opposition prend *la forme* d'un acte d'huissier ; elle doit être nominative et motivée, à peine de nullité et de sanction de l'officier ministériel l'ayant signé (art. 176).

Elle empêche la célébration du mariage : l'officier d'état civil n'est pas juge de son bien-fondé ; il doit refuser la célébration et s'expose à une sanction pénale s'il passe outre (art. 68 ; v. ss 108). En revanche, le mariage ne sera pas alors nécessairement nul ; tout dépendra de la réalité et de la gravité du grief invoqué : s'il s'agit d'un empêchement prohibitif, le mariage restera valable (v. ss 111 s.) ; s'il s'agit d'un empêchement dirimant, en revanche, il pourra être annulé.

L'opposition peut faire l'objet d'une *mainlevée judiciaire* (art. 177 et 178)[3] et est en principe[4] caduque passé un an, sauf renouvellement[5] (art. 176, al. 2). Son auteur encourt une condamnation à des dommages-intérêts s'il commet un abus, exception faite des ascendants, auxquels un pouvoir discrétionnaire est explicitement reconnu par le Code civil (art. 179).

1. Disposition jugée conforme à la Constitution : Décis. n° 2012-261 QPC, 22 juin 2012.
2. Le mariage simulé et le mariage forcé sont deux cas particuliers : art. 175-2.
3. Il appartient au tribunal de grande instance de statuer dans les dix jours ; le même délai est imposé à la cour d'appel.
4. L'opposition formée par le ministère public échappe à cette caducité automatique.
5. Un tel renouvellement est impossible lorsqu'une précédente opposition a été formée par un ascendant et qu'elle a fait l'objet d'une décision judiciaire de main levée.

SECTION 2
L'ANNULATION PAR LE JUGE JUDICIAIRE

110 Le Code civil ne prévoit que la nullité du mariage (**§ 1**). Mais la doctrine s'interroge sur son inexistence éventuelle (**§ 2**).

§ 1. La nullité du mariage

111 **Théorie générale des contrats et droit matrimonial spécial.** Le droit matrimonial aménage les règles de la théorie générale des actes juridiques.

Le droit commun des nullités distingue la nullité relative et la nullité absolue. Il ne le fait pas pour déterminer les effets de la nullité, qui sont invariables : la nullité d'un acte juridique consiste en son anéantissement rétroactif, c'est-à-dire son effacement dans le futur mais aussi dans le passé, ce qui conduit le cas échéant à des restitutions croisées entre les parties. Peu importe à cet égard que la nullité soit relative ou absolue. Pour ce qui est, en revanche, du *prononcé de la nullité*, la distinction nullité relative – nullité absolue acquiert toute sa portée. La nullité absolue est réservée aux règles qui assurent la sauvegarde de l'intérêt général alors que la nullité relative intervient pour sanctionner la violation d'une règle qui protège un intérêt particulier[1]. Cette différence explique que le prononcé des secondes soit facilité (la société a intérêt à ce que l'intérêt général soit préservé) alors que les premières sont moins faciles à obtenir (elles sont de moindre importance). À deux égards, le prononcé d'une nullité absolue est plus ouvert que celui d'une nullité relative. En ce qui concerne, d'abord, les personnes pouvant agir : tout intéressé et le ministère public peuvent demander une nullité absolue ; seule la personne

1. C'est du moins la conception moderne. Dans la thèse classique, le critère de distinction ne consiste pas dans l'intérêt protégé par la règle violée mais dans la nature du vice atteignant l'acte. Lorsque manque un élément de formation (par exemple manque le consentement au mariage, manque la célébration publique du mariage...), l'acte est mort, atteint de nullité absolue. Quand un élément constitutif existe mais est vicié, l'acte existe, mais est malade et peut être guéri. Cette conception anthropomorphique n'est plus de mise dans la doctrine contemporaine, même si elle continue parfois d'inspirer les tribunaux.

protégée par la règle méconnue peut demander la nullité relative[1]. En ce qui concerne, ensuite, la possibilité d'une confirmation (sur laquelle, v. art. 1182) : cette renonciation au droit d'action, possible en cas de nullité relative (on peut renoncer à une règle qui assure notre propre protection), est interdite en cas de nullité absolue (car on ne peut renoncer à une règle qui protège l'intérêt général). Les délais d'action ont en revanche été unifiés par la loi du 17 juin 2008 : l'action se prescrit par cinq ans (art. 2224), que la nullité soit absolue ou relative.

Acte juridique spécifique, le mariage est sanctionné par une nullité dont le prononcé (**A**) et les effets (**B**) obéissent à des règles spéciales.

A. Le prononcé de la nullité

1. La nullité absolue

112 **L'aménagement des règles de nullité absolue.**

– *Les cas.* La nullité absolue sanctionne (art. 184) : le défaut d'âge nuptial, le défaut de consentement matrimonial (démence[2] ou fraude)[3], l'absence d'un époux lors de la célébration, la polygamie[4] et l'endogamie[5]. La loi l'applique aussi à la clandestinité du mariage (c'est-à-dire le défaut de publicité de la célébration) et à l'incompétence de l'officier d'état civil, mais seulement si ces irrégularités ont été volontaires (art. 191).

– *Les personnes pouvant agir.* La nullité absolue doit, du vivant des époux, être demandée par le ministère public, qui doit en outre faire condamner les époux à se séparer (art. 184 et 190)[6]. Elle peut également être demandée par l'un des époux (art. 184 et 191). Le conjoint de l'époux bigame a aussi le droit d'agir,

1. Sans compter l'imprescriptibilité de l'exception de nullité.
2. Civ. 1re, 20 avril 2017, n° 16-15.632.
3. Disposition jugée conforme à la Constitution : Décis. 22 juin 2012, n° 2012-261 QPC.
4. L'art. 189 limite cette nullité du mariage bigame et impose de statuer sur la validité du précédent mariage si les conjoints en secondes noces invoquent la nullité de ce premier mariage. Sur quoi, v. Civ. 1re, 26 oct. 2011, n° 10-25.285 et Civ. 1re, 25 sept. 2013, n° 12-26.041.
5. Et hier l'identité de sexe des époux : Civ. 1re, 13 mars 2007, *Grands arrêts*, n° 32.
6. Sauf en cas de clandestinité ou incompétence de l'officier d'état civil.

même du vivant des époux (art. 188)[1]. L'action en nullité peut enfin être exercée par tous ceux qui ont un intérêt (art. 184 et 191), mais seulement du vivant des époux et s'ils y ont un intérêt né et actuel s'il s'agit d'un collatéral ou d'un enfant né d'un autre mariage (art. 187)[2]. Les parents et ascendants des époux peuvent encore agir lorsque la nullité est encourue pour défaut de célébration publique ou incompétence de l'officier d'état civil (art. 191).

– *Prescription.* L'action est soumise à la prescription trentenaire, qui court à compter de la célébration du mariage[3].

– *Obstacles à l'exercice de l'action.* Par exception, certaines dispositions limitent telle ou telle action[4]. Le ministère public ne peut ainsi plus agir après le décès d'un époux (art. 190). Quant à la clandestinité du mariage, elle ne peut être invoquée si les époux ont la possession d'état d'époux (art. 196)[5].

2. La nullité relative

113 Elle sanctionne en premier lieu le vice du consentement. La loi du 4 avril 2006 a élargi le droit d'agir en nullité. Le mariage consenti par erreur peut être attaqué par l'époux victime mais, en cas de violence, il peut désormais l'être aussi par le ministère public[6]. Le

1. Une fois le divorce prononcé entre les époux, le conjoint ne peut plus se fonder sur l'article 188 pour obtenir la nullité ; il doit, conformément au droit commun, justifier d'un intérêt à agir : Civ. 1re, 12 avr. 2012, n° 11-11.116.

2. Pour une illustration, v. Civ. 1re, 4 mai 2011, *Bull. civ.* I, n° 82, accueillant l'action en nullité pour défaut de consentement exercée par les collatéraux du majeur ayant contracté mariage sous sauvegarde de justice, alors qu'il « était affecté... de lourdes déficiences mentales qui lui interdisaient d'apprécier la portée de son engagement le jour de la célébration de l'union » : « les consorts X... avaient vocation à recueillir, en l'absence de conjoint survivant, la partie de la succession de leur frère non incluse dans un testament », si bien qu'ils justifiaient d'un intérêt actuel à agir.

3. Pour l'éventuelle suspension de la prescription de l'action en nullité absolue du mariage pour bigamie, v. par *a contrario* Civ. 1re, 29 mai 2013, n° 12-15.001 : la règle selon laquelle la prescription ne court pas contre celui qui est dans l'impossibilité d'agir par suite d'un empêchement quelconque résultant soit de la loi, soit de la convention ou de la force majeure, ne s'applique pas lorsque le titulaire de l'action disposait encore, au moment où cet empêchement a pris fin, du temps nécessaire pour agir avant l'expiration du délai de prescription. Sur l'éventuel impact des droits fondamentaux, v. ss 92.

4. Jusqu'à la loi du 20 nov. 2007, l'action en nullité pour défaut d'âge légal ne pouvait plus être exercée si un délai de 6 mois s'était écoulé depuis le jour où les époux avaient atteint l'âge minimal pour se marier ou si la femme avait conçu pendant ce même délai de 6 mois (art. 185) ; en outre, ce vice ne pouvait pas être invoqué par les membres de la famille qui avaient donné leur consentement au mariage du mineur en question (art. 186).

5. Civ., 1er août 1930, *DP* 1931. 1. 169.

6. Disposition jugée conforme à la Constitution : Décis. 22 juin 2012, n° 2012-261 QPC.

délai de prescription, qui est de cinq ans[1], court désormais à compter du mariage (art. 181).

Elle sanctionne également le mariage contracté par un mineur sans autorisation familiale[2]. Là aussi, la loi du 4 avril 2006 a élargi l'action en nullité. L'article 182 du Code civil reconnaît la qualité pour agir aux parents auxquels était conféré le pouvoir de consentir, ainsi qu'à celui des époux qui avait besoin de ce consentement (art. 182). L'action est prescrite par un délai qui varie selon le demandeur en nullité : 1°) l'époux ne peut plus agir lorsque cinq ans se sont écoulés depuis qu'il a atteint l'âge de consentir seul à son mariage[3] ; 2°) nul ne peut agir lorsque les parents qui devaient consentir ont donné leur approbation expresse ou tacite au mariage, ou lorsqu'il s'est écoulé cinq ans depuis que ceux qui devaient consentir au mariage ont eu connaissance du mariage (art. 183).

B. Les effets de la nullité

114 Le principe demeure : la nullité opère pour le futur mais aussi dans le passé, c'est-à-dire que les intéressés ne sont plus mariés et qu'ils sont même considérés comme ne l'ayant jamais été. Mais ce principe connaît deux tempéraments, d'inégale importance, selon qu'il est question des enfants ou des ex-époux.

1. À l'égard des enfants

115 La disparition du mariage dans le futur s'applique : elle impose donc de régler les questions d'autorité parentale et d'obligation alimentaire comme dans un divorce (art. 202).

En revanche, *les enfants ne pâtissent pas de la rétroactivité en principe attachée à la nullité* (art. 202) : ils conservent ainsi leur qualité d'enfant conçu ou né en mariage ou encore, le cas échéant, le bénéfice de la nationalité française[4]. Peu importe que leurs parents aient ou non connu le vice qui affectait le mariage : le

1. Le délai de cinq ans était autrefois écarté en cas de vie commune poursuivie pendant six mois après la découverte de l'erreur ou la cessation de la violence.
2. Ou celui contracté par un majeur sous curatelle sans l'autorisation du curateur : Civ. 1re, 20 avril 2017, n° 16-15.632.
3. Donc lorsqu'il a atteint dix-huit ans.
4. Pour une illustration, v. Civ. 1re, 6 juill. 2011, *Bull. civ.* I, n° 143.

bénéfice passé du mariage est conservé par l'enfant sans condition depuis la réforme de la filiation opérée par la loi du 3 janvier 1972, conformément à l'un des principes directeurs du droit de la filiation, à savoir l'innocence fondamentale de l'enfant, qui n'a pas à pâtir des fautes de ceux qui l'ont mis au monde.

2. À l'égard des ex-époux

116 La disparition du mariage dans le futur s'applique intégralement. Chacun reprend son nom, ses biens, sa liberté...

L'anéantissement du mariage dans le passé joue en principe. Il faudra donc effacer rétroactivement le mariage et traiter les relations entretenues par les anciens époux comme s'ils avaient été concubins (v. ss 306 s. : le règlement de leurs relations patrimoniales ne relève donc pas de la mise en œuvre d'un régime matrimonial). Mais cette rétroactivité de principe est exceptionnellement écartée lorsque *le mariage est dit « putatif »*.

Le mariage putatif est le mariage contracté *« de bonne foi »*. Il faut que l'un au moins des époux ait cru qu'il était valable au jour de sa célébration, peu important qu'il ait commis une erreur de fait ou de droit (art. 201). Il ne lui appartient pas d'établir cette bonne foi, conformément au droit commun de l'article 2274 : « la bonne foi est toujours présumée, et c'est à celui qui allègue la mauvaise foi à la prouver ». L'appréciation de cet état psychologique relève du pouvoir souverain des juges du fond. Le caractère putatif d'un mariage annulé peut être reconnu, soit par le jugement même qui annule le mariage, soit par un jugement ultérieur lorsque la décision prononçant la nullité de l'union n'a pas statué sur la putativité[1]. Il doit en revanche avoir été reconnu en justice pour profiter au conjoint de bonne foi[2].

Le bénéfice attaché au caractère putatif d'un mariage est considérable. Les effets passés du mariage seront maintenus et il sera seulement dissous dans le futur comme un divorce : conser-

1. Civ. 1re, 28 mai 1991, *Bull. civ.* I, 169.
2. Soc. 25 mars 2003, *Bull. civ.* I, 115 : en l'absence de décision ayant prononcé l'annulation du second mariage et reconnu son caractère putatif à l'égard de l'intéressée, la seconde épouse ne peut se prévaloir de la qualité de conjoint survivant au sens de l'article L. 353-1 du Code de la sécurité sociale et prétendre à la pension de réversion prévue par ce texte.

vation de la nationalité par l'époux de bonne foi[1], liquidation du régime matrimonial à compter de la décision d'annulation, application des règles relatives aux donations consenties pendant l'union, droit éventuel à une pension de réversion[2], à une prestation compensatoire[3], etc.

Ce bénéfice peut être unilatéral : le mariage putatif étant une faveur attachée à la bonne foi, il est logique que ce privilège soit personnel et réservé à l'époux de bonne foi. Partant, si un seul des époux croyait à la validité de l'union au jour du mariage, il sera seul à profiter de l'institution (art. 201, al. 2) : il pourra donc réclamer tous les droits attachés au mariage (donation consentie par l'autre, droits successoraux, prestation compensatoire...) ; en revanche son conjoint ne pourra se prévaloir du mariage ayant existé pour demander une prestation compensatoire, user de son nom, etc.

La limite tient à l'indivisibilité du régime matrimonial, qu'il est impossible d'appliquer « unilatéralement » : le conjoint de bonne foi aura alors seulement le choix entre se prévaloir du régime matrimonial (qui sera alors en outre invocable contre lui par son conjoint de mauvaise foi) ou choisir d'en écarter les règles, auquel cas il y aura liquidation d'une société de fait (v. ss 323).

§ 2. L'inexistence du mariage

117 **Discussion.** Pour la doctrine classique, il fallait parfois considérer que le mariage n'était pas seulement nul mais qu'il était même inexistant. Cette sanction, dont le Code civil ne parle jamais, était prétendument destinée à frapper efficacement un acte informe, atteint d'un vice d'une extrême gravité. Il s'agissait surtout très

1. Art. 21-5. *A contrario*, la nullité du mariage frauduleux entraîne caducité de la déclaration d'acquisition de nationalité française faite par un conjoint de mauvaise foi : Civ. 1re, 7 nov. 2012, n° 11-25.662 ; il en résulte que « le délai prévu à l'article 26-4 du Code civil, propre à l'action en contestation de l'enregistrement de la déclaration, n'a pas vocation à s'appliquer » à ce que l'arrêt qualifie d'« action en constatation de la caducité » de la déclaration.

2. Soc. 9 nov. 1995, *Bull. civ.* I, n° 296 : la pension de réversion doit être partagée, au prorata de la durée des mariages, entre la première épouse et la seconde épouse, qui peut se prévaloir de sa bonne foi pour faire écarter la rétroactivité de la nullité de son mariage pour bigamie. *Adde* Civ. 2e, 16 sept. 2003, n° 02-30.224.

3. Civ. 1re, 23 oct. 1990, *Bull. civ.* I, n° 321 : « les dispositions des articles 270 et suivants (...) sont aussi applicables, en tant que de raison » à la nullité du mariage.

pragmatiquement de sanctionner un mariage que l'application littérale des textes n'annulait pas. En raison du principe selon lequel « en mariage, pas de nullité sans texte », certains mariages, pourtant gravement viciés, échappaient à la nullité puisque le Code civil ne la prévoyait pas explicitement : ainsi de la différence de sexe (cette condition de validité du mariage n'a disparu qu'avec la loi du 17 mai 2013, v. ss 94 s.), du défaut de consentement (la nullité absolue n'est prévue que depuis la loi du 19 février 1933) ou du défaut de célébration du mariage par un officier d'état civil. Pour contourner la difficulté, les auteurs considéraient alors que le mariage n'était pas seulement nul mais qu'il était même inexistant. De la gravité du vice découlait le régime de la sanction : l'intervention judiciaire n'était pas nécessaire, l'inexistence « étant » par elle-même ; la sanction échappait même à la prescription trentenaire ; l'institution du mariage putatif devait être écartée.

La jurisprudence a consacré cette théorie dans une espèce très particulière[1]. Quant à *la doctrine moderne*, elle est généralement réservée à l'égard d'une sanction le plus souvent présentée comme très utilitaire et dont la spécificité suscite en outre quelques doutes. Pourtant, même réduite à peau de chagrin, cette institution pourrait éventuellement présenter l'intérêt qu'elle offre généralement, à savoir échapper à l'un des éléments du régime de la nullité. C'est sans doute pourquoi la doctrine contemporaine lui laisse parfois encore une place[2]. On notera que la question est d'un enjeu pratique limité puisque la seule hypothèse semble être la célébration par un officier d'état civil, le défaut de consentement étant aujourd'hui explicitement sanctionné par la loi par la nullité absolue (C. civ., art. 184 ; v. ss 67 et 75) et la condition de différence de sexe ayant disparu avec la loi du 17 mai 2013 (v. ss 94 s.)[3].

1. Req. 14 mars 1833, affaire *Cousin de Lavallière*, *S.* 1934. 1. 161. Un administrateur de Guinée s'était uni à deux épouses autochtones, en dehors de toute formalité. Des enfants étant nés, se posait la question de leur légitimité éventuelle. Écartée par Nîmes 17 juill. 1829 (*S.* 1929. 2. 129), l'institution du mariage putatif le fut aussi par la Chambre des requêtes. Comp. Civ. 1re, 18 oct. 1955, *Bull. civ.* I, n° 345.

2. Cornu, n° 194 ; Carbonnier, n° 203.

3. On observe par ailleurs que la jurisprudence avait fait application de la nullité absolue au mariage contracté par un couple homosexuel, v. ss 95 et 112.

Titre 2

Les effets du mariage

118 **Plan.** Les effets principaux du mariage sont déterminés par *les articles 212 et suivants* du Code civil. À quoi il faut ajouter d'autres dispositions civiles, d'importance variable, concernant le nom (art. 225-1), la nationalité (art. 21-1 s.), le régime matrimonial (art. 1387 s.), la vocation successorale (art. 756 s.), l'émancipation éventuelle (art. 413-1), ainsi que, naturellement, toutes les autres dispositions de droit du travail, fiscal, social, etc.

Ces effets jouent indépendamment du *sexe des époux* et indépendamment de *l'orientation sexuelle* du couple considéré. La loi du 18 juin 2013 a jugé bon de le préciser explicitement : « le mariage (...) emporte (...) les mêmes effets, droits et obligations reconnus par les lois, à l'exclusion de ceux prévus au titre VII du Livre Ier du présent code, que les époux (...) soient de sexe différent ou de même sexe » (C. civ., nouv. art. 6-1). La réserve concerne la présomption de paternité du mari de la mère, logiquement réservée aux couples de personnes de sexe différent (art. 312, v. ss 428 s.).

Ces effets, le mariage les produit bien souvent *sans se soucier de la volonté des époux* (v. ainsi art. 226). En cela, il constitue bien un acte hybride, de nature contractuelle (ces effets sont exclusivement attachés au mariage, qui n'existe pas sans l'accord des deux volontés) mais aussi institutionnelle (le mariage est un acte qui déclenche l'application automatique d'un statut que la volonté est pour une bonne part impuissante à déterminer). Encore faut-il reconnaître que l'emprise de la volonté s'étend en droit positif. Du moins à certains égards, tant il est vrai que sur d'autres points, l'ordre public paraît à l'inverse gagner du terrain : il est frappant de constater ainsi que de nombreuses règles déterminant les pouvoirs respectifs des époux dans les régimes matrimoniaux échappent aux volontés individuelles, l'idée étant que la répartition est fondamentale en ce qu'elle consacre l'égalité de l'homme et de la femme, et plus généralement aujourd'hui des époux.

La nature statutaire des effets du mariage devrait, en bonne logique, aller de pair avec de fortes sanctions : s'ils procèdent directement de l'institution, et échappent aux volontés individuelles, les effets du mariage ne devraient-ils pas être dotés d'une portée considérable ? Le droit positif ne correspond pourtant guère à ce schéma : c'est plutôt un effacement des sanctions qui s'observe.

Il faudra dans un premier temps déterminer les effets du mariage (CHAPITRE 1) avant de s'attacher dans un second temps à préciser leur portée (CHAPITRE 2).

CHAPITRE 1

La détermination des effets

119 **Évolution.** « Le mari doit protection à sa femme, la femme obéissance à son mari » : l'article 213 du Code civil de 1804 illustre avec éclat le modèle alors à l'honneur, c'est-à-dire une famille patriarcale caractérisée par l'inégalité des époux et l'unité de la cellule familiale grâce aux pleins pouvoirs du chef de famille. Incapable, la femme mariée ne pouvait ni gérer ses biens ni percevoir ses salaires ; le mari choisissait le lieu de résidence de la famille, autorisait sa femme à exercer une activité professionnelle, décidait du sort des enfants en vertu de la puissance paternelle... Cette conception, en phase avec la société française du début du XIXe siècle, s'avéra peu à peu dépassée. Des réformes successives s'attachèrent alors, d'une part à préserver l'indépendance et la liberté de chacun, d'autre part à instaurer l'égalité entre époux.

Côté liberté, l'évolution a été considérable. La femme en fut parfois la bénéficiaire principale : ainsi de l'institution du libre salaire de la femme mariée par la loi du 13 juillet 1907 ; ainsi encore de la reconnaissance progressive d'une autonomie personnelle en matière spirituelle, intellectuelle, politique grâce à une jurisprudence audacieuse. Mais le gain d'autonomie profita aussi souvent à l'un et l'autre des époux : ainsi de la « libéralisation » du divorce opérée par les réformes du 11 juillet 1975, du 26 mai 2004 ou encore du 18 novembre 2016 ; ainsi des dispositions destinées à protéger l'indépendance de chacun en matière de régimes matrimoniaux (L. 13 juill. 1965), d'autorité parentale (L. 4 juin 1970, L. 23 déc. 1985) ; ainsi encore de l'essor des accords de volonté en matière familiale (notamment en matière d'autorité parentale avec la loi du 4 mars 2002).

Côté égalité, l'évolution fut tout aussi considérable. S'agissant de *l'égalité homme/femme*, plusieurs dates sont à retenir : la loi du 18 février 1938 abolit la puissance maritale ; la loi du 4 juin 1970 supprima le « chef de famille » et consacra une autorité dite « parentale » ; les lois du 13 juillet 1965 et 23 décembre 1985 réalisèrent une pleine égalité des époux en matière de régime matrimonial et de gestion des biens de l'enfant mineur ; il faut encore citer la loi du 11 juillet 1975[1] ou celles du 3 janvier 1972[2], du 22 juillet 1987 et du 8 janvier 1993[3]. De ces réformes successives, résultèrent la pleine capacité de chacun des époux (C. civ., art. 216) et la neutralité de la règle de droit, qui, au fond et en la forme, ne distingue plus entre le mari et la femme. Il semble même que l'on soit progressivement[4] parvenu à instaurer l'égalité dans le domaine du nom (v. art. 311-21 s. et ss 662 s.)[5].

L'égalité des sexes va de pair avec *l'égalité des couples* : les couples sont traités identiquement, soit que les effets d'ordre public attachés au mariage leur soient automatiquement et également appliqués, soit que la liberté d'organiser leurs relations personnelles et/ou patrimoniales leur soit également reconnue. La loi du 17 mai 2013, en ouvrant le mariage aux couples de personnes de même sexe, a précisé que le mariage emportait les mêmes droits

1. Elle dépénalisa l'adultère de la femme mariée.
2. Elle affaiblit la présomption de paternité légitime et ouvrit, le cas échéant, à d'autres qu'au mari le droit de la contester, portant ainsi atteinte à la figure traditionnelle du *pater familias*.
3. L'égalité fut alors revendiquée par les pères, légitimes ou naturels, refusant le privilège matriarcal le plus souvent avéré en fait quant à la résidence de l'enfant mineur.
4. L. 4 mars 2002, L. 18 juin 2003, Ord. 4 juill. 2005, L. 17 mai 2013 (art. 10 s.).
5. Depuis les lois du 4 mars 2002 et 18 juin 2003, les parents peuvent choisir le nom de famille que portera leur descendance, et ce nom peut être soit celui du père, soit celui de la mère, soit les deux noms accolés dans l'ordre que bon leur semble (art. 311-21). En outre, depuis la loi du 17 mai 2013, en cas de désaccord parental, l'enfant porte un double nom, composé des premiers noms de famille de chacun de ses parents, accolés selon l'ordre alphabétique (art. 311-21, al. 1, *in fine*). Certes la loi maintient la dévolution du nom du père en l'absence de déclaration conjointe et en l'absence de conflit : mais il ne semble pas déraisonnable d'analyser la solution comme procédant d'un accord tacite des parents sur le choix du nom du père.

et devoirs, et plus généralement les mêmes effets, que le mariage unisse deux personnes de sexe différent ou de même sexe (C. civ., nouv. art. 6-1)[1].

120 **Liberté, égalité, mais surtout union.** Réduire le mariage à la sauvegarde de la liberté de chacun et de l'égalité de tous serait méconnaître que le mariage est avant tout union, lien, solidarité. Il est absurde de se marier si c'est pour vivre chacun chez soi et chacun pour soi. Le mariage, avant d'être indépendance, est *union*. Il est vrai que l'union est à divers égards moins soudée aujourd'hui qu'autrefois et que l'indépendance a le vent en poupe, conformément à l'individualisme qui prévaut dans la société en général et dans la famille en particulier[2]. La concurrence de l'union libre n'est sans doute pas étrangère, non plus, à cette libéralisation progressive du mariage. Et l'on peut s'interroger sur l'effet que produiront, à terme, l'existence du pacte civil de solidarité et l'ouverture du mariage aux homosexuels[3]. Prétendre remédier à la crise que traverserait le mariage en affaiblissant les effets de l'union est un projet surprenant : est-ce « sauver » le mariage que de le rabaisser à n'être que l'association temporaire de deux célibataires conservant une entière autonomie ? Est-ce d'ailleurs vraiment ce que souhaitent les candidats au mariage ?

121 **Droit et non-droit.** Qu'il s'agisse de la liberté, de l'égalité, de l'union, les effets du mariage sont *a priori* déterminés par la loi abstraitement. Pourtant, ce serait avoir une vue bien théorique du mariage que de s'en tenir à l'exposé des effets de droit. Ici plus qu'ailleurs, le droit se vit plus qu'il ne se décrète. Il existe en réalité autant de mariages, pour ce qui est des effets de l'union, qu'il existe de couples mariés. « À chacun sa famille, à chacun son droit » : la formule est particulièrement heureuse dans le mariage, où chaque couple détermine quotidiennement l'union qu'il instaure, l'indépendance qu'il concède, la répartition des rôles à laquelle il procède...

1. Sous réserve des dispositions du Titre VII relatives à la filiation : v. ss 96 et 431.
2. Mais ce n'est pas toujours vrai : la loi successorale a ainsi renforcé la solidarité conjugale.
3. Les devoirs de fidélité et de relation charnelle pourraient être fragilisés, car l'absence de perspective de procréation au sein d'un couple de personnes de même sexe questionne leur légitimité. V. ss 146 et 127.

122 **Plan.** Parce que l'essence du mariage est d'unir les personnes[1], la célébration d'un mariage étant principalement le fruit de l'affection que se portent les époux, les effets personnels du mariage seront envisagés en premier lieu (SECTION 1). Les effets patrimoniaux, qui ne sont là que pour soutenir ce lien personnel noué entre deux êtres, et n'apparaissent donc que comme le prolongement naturel de l'union des personnes, seront envisagés dans un deuxième temps (SECTION 2). Puis, viendront les effets familiaux du mariage (SECTION 3).

SECTION 1
LES EFFETS PERSONNELS

123 L'union des personnes se traduit dans l'ordre social par la faculté, ouverte à chacun, de porter le nom du conjoint. La loi du 17 mai 2013 a intégré au Code civil un article 225-1 selon lequel « chacun des époux peut porter, à titre d'usage, le nom de l'autre époux, par substitution ou adjonction à son propre nom dans l'ordre qu'il choisit » (sur quoi, v. ss 683). Elle procède surtout des devoirs que le mariage impose mutuellement aux deux époux (**§ 1**). Cela ne veut pas dire que chacun renonce à sa liberté individuelle en entrant en mariage : sous réserve des devoirs de mariage, le droit protège en effet l'indépendance individuelle (**§ 2**).

Toute la difficulté consiste évidemment à déterminer le seuil à partir duquel on passe de la liberté de chacun à la solidarité des époux, et inversement. Ce seuil varie, en fait, selon les couples. En droit, sa détermination est une question rarement envisagée directement : c'est le plus souvent à l'occasion du divorce que cette question surgit, lorsque les juges sont saisis de la question d'une éventuelle « faute » entre époux.

1. En ce sens, v. Civ. 1re, 19 déc. 2012, n° 09-15.606, v. ss 61.

§ 1. Les devoirs mutuels

124 **Plan.** *Et duo erunt in une carne* : le droit positif reprend la règle canonique. L'union des personnes se manifeste par l'existence de devoirs conjugaux[1].

Ces devoirs sont imposés, en toute *égalité*, à chacun.

La formule légale, selon laquelle « les époux se doivent mutuellement respect, fidélité, secours, assistance » (art. 212) et « s'obligent mutuellement à une communauté de vie » (art. 215, al. 1er), atteste que le mariage n'est pas un vulgaire contrat synallagmatique, dans lequel les prestations de l'un constitueraient la cause des prestations de l'autre, mais comme une véritable union de deux personnes, liées l'une à l'autre par des devoirs personnels « *mutuels* ».

Ils sont en outre *impératifs*, conformément à l'article 226 du Code civil, qui manifeste ainsi que les devoirs personnels constituent bien le cœur de l'union matrimoniale.

À côté des devoirs nommés par la loi, il en existe d'autres, consacrés par la jurisprudence.

A. Les devoirs nommés

125 **Évolution.** Le Code civil de 1804 imposait au mari le devoir de protéger sa femme et à celle-ci le devoir d'obéir à son époux : si ces deux devoirs ont disparu en droit positif, le devoir de communauté de vie qui en résultait indirectement[2] et que la loi du 4 juin 1970 a explicitement consacré perdure en revanche (art. 215). Il apparaît bien souvent comme étant le cœur même du mariage, le devoir par lequel le couple s'accomplit. Les époux assument en outre, comme en 1804, un devoir de fidélité, ainsi qu'un devoir d'assistance dans les épreuves de la vie. Ces devoirs sont parfois contestés comme constituant des atteintes illégitimes à la liberté

1. Parce que fondamentalement (même si cela n'apparaît pas explicitement dans la législation civile) l'union instituée entre les personnes se fonde sur l'amour que se portent ceux qui décident d'unir ainsi leurs destins, le lien matrimonial crée en outre diverses incapacités, incompatibilités ou présomptions d'influence, en droit pénal, en droit professionnel, en droit processuel...
2. De ce double devoir, étaient déduits le devoir du mari de recevoir sa femme chez lui et le devoir de la femme de vivre chez son mari.

individuelle, et plus particulièrement à la liberté sexuelle. À quoi l'on objectera qu'ils sont essentiels à l'union matrimoniale, tout particulièrement pour ce qui concerne l'union des corps et l'exclusivisme des rapports charnels[1]. On peut être plus sceptique, en revanche, sur la pertinence de l'affirmation, par la loi du 4 avril 2006, d'un devoir de « respect » mutuel.

1. Le devoir de communauté de vie

126 « Boire, manger, coucher ensemble, c'est mariage ce me semble » : la communauté de vie constituait l'essence du mariage pour Loysel. Elle reste d'ailleurs le devoir essentiel, car elle permet aux autres devoirs de s'accomplir quotidiennement, et ce alors même que les textes, plus spiritualistes, ne l'envisagent qu'après ces autres devoirs mutuels. On peut lui assigner deux fonctions spécifiques : satisfaire au besoin d'amour et d'affection de chacun ; permettre au mariage de réaliser sa finalité procréative. Son maintien dans le mariage de personnes de même sexe atteste un repli de la seconde.

Cette communauté de vie comprend traditionnellement *deux aspects* : un aspect charnel (la communauté de lit, c'est-à-dire les rapports sexuels)[2] et un aspect matériel (le « vivre ensemble » sous le même toit). On tend aujourd'hui à distinguer en son sein deux éléments, l'un objectif (la communauté de lit et de toit) et l'autre subjectif : les époux devraient éprouver des sentiments l'un pour l'autre[3]. On s'interroge sur la légitimité et l'effectivité d'un tel devoir juridique d'affection.

Le devoir de communauté de toit est plus souple qu'il n'y paraît : l'article 108 du Code civil autorise les époux à avoir des résidences séparées (notamment pour raisons professionnelles)[4]. La communauté de vie, qui reste obligatoire, se traduira alors par le choix d'une résidence familiale, choix opéré d'un commun

1. En raison de la fonction de procréation que le mariage remplit encore aujourd'hui, et aussi parce qu'infidélité conjugale rime souvent avec instabilité matrimoniale et divorce.
2. S'il est exécuté de force, il y a viol entre époux : Crim. 17 juill. 1984, *D.* 1985. 7. Sur le fait que l'absence ou la limitation des relations sexuelles n'est pas en soi une cause de divorce car elle peut trouver sa source dans diverses origines, v. Paris, 16 avr. 2015, JurisData n° 2015-008448.
3. Ce qui rompt avec la jurisprudence antérieure, qui refusait de considérer que la loi conjugale imposait le sentiment amoureux : Civ. 2e, 2 févr. 1972, *D.* 1972. 295.
4. Par ex. Civ. 1re, 12 févr. 2014, n° 13-13.873.

accord depuis la réforme de 1975[1] (pour la résolution des éventuels litiges, v. ss 145).

Le droit s'efforce également de *lutter contre les violences conjugales*. La loi du 26 mai 2004 avait autorisé le juge aux affaires familiales à dispenser l'un des époux du devoir de communauté de vie lorsque « les violences exercées par un époux mett(ai)ent en danger son conjoint, un ou plusieurs enfants » (art. 220-1, al. 3). La loi du 9 juillet 2010 a étendu la protection aux couples non mariés, en introduisant, au sein du premier Livre du Code civil, un nouveau titre XIV qui traite *Des mesures de protection des victimes de violences* (art. 515-9 s.). Elle a par ailleurs renforcé le dispositif, tout comme, après elle, la loi du 4 août 2014. Le principe est simple : lorsqu'« il existe des raisons sérieuses de considérer comme vraisemblables la commission des faits de violence allégués et le danger auquel la victime ou un ou plusieurs enfants sont exposés » (art. 515-11), le juge aux affaires familiales peut délivrer en urgence une ordonnance de protection à l'époux victime (art. 515-9 et 11). La loi précise les mesures que peut contenir cette ordonnance de protection[2] : le juge est compétent pour statuer sur la résidence séparée des époux et préciser quel est l'époux qui continuera de vivre dans le logement conjugal (la jouissance du logement conjugal devant en principe être attribuée à l'époux qui n'est pas l'auteur des violences, et ce même s'il a bénéficié d'un hébergement d'urgence) ; il peut autoriser le conjoint victime à garder secrète sa résidence et à élire domicile (chez son avocat ou auprès du procureur de la République pour toutes les instances civiles ; chez une personne morale qualifiée pour les besoins de la vie courante) ; il se prononce également, si nécessaire, sur la contribution aux charges du mariage, ainsi que sur l'exercice de l'autorité parentale et la contribution à l'entretien de l'enfant ; il peut interdire au défendeur d'entrer en relations avec l'époux victime, de détenir ou porter une arme ; etc. Une limite importante tient toutefois dans le fait que ces

1. Il relevait autrefois du pouvoir du mari.
2. L'énumération est limitative. Doit être cassée l'ordonnance qui condamne le conjoint auteur des violences à des dommages et intérêts pour avoir abusivement provoqué l'hospitalisation contrainte de son épouse : Civ. 1re, 13 juill. 2016, n° 14-26.203.

mesures sont caduques si une demande en divorce ou séparation de corps n'est pas formée dans un délai de six mois à compter de la notification de l'ordonnance (art. 515-12) : il ne s'agit pas de permettre une séparation de fait durable mais seulement de préserver sans délai l'intégrité des victimes, d'aider le conjoint violent à prendre conscience de la gravité de son comportement et de permettre à l'autre de réfléchir dans le calme à une éventuelle dissolution du mariage[1]. Les mesures prises peuvent toutefois être prolongées si une demande en divorce ou séparation de corps, ou relative à l'exercice de l'autorité parentale, est présentée dans ce délai de six mois. Elles sont en outre toujours rapportables ou modifiables.

La récente réforme du divorce a entamé la portée de ce devoir. Dans le droit issu de la loi du 11 juillet 1975, chaque époux pouvait obtenir le divorce en se prévalant d'une cessation de la communauté de vie (donc de la violation d'un devoir de mariage) ; mais il fallait six ans de rupture de vie commune ; le juge pouvait en outre écarter la demande si le prononcé du divorce risquait de produire des conséquences d'une exceptionnelle dureté ; enfin le divorce, prononcé « contre » le demandeur, était « à charges », c'est-à-dire qu'il produisait à son encontre plusieurs effets « négatifs » (maintien unilatéral du devoir de secours à sa charge, exclusion de toute prestation compensatoire, attribution du logement familial au défendeur ; v. ss 206). La loi du 26 mai 2004 a transformé le divorce pour rupture de la vie commune en divorce pour altération définitive du lien conjugal : il suffit désormais de deux ans de séparation pour que le divorce soit prononcé, le juge n'ayant plus aucun pouvoir modérateur ; et le divorce ne produit plus à l'encontre du demandeur aucun effet négatif (v. ss 207 s.).

2. Le devoir de fidélité

127 Il s'agit avant tout d'un devoir de fidélité physique : chaque époux doit réserver l'exclusivité de ses faveurs sexuelles au conjoint. Une décision remarquée a considéré que le devoir de fidélité interdisait

1. Dans une procédure de divorce, la résidence séparée est organisée en principe lors de l'audience de conciliation (art. 255, v. ss 227), sauf la possibilité pour le juge de statuer dès la requête initiale en cas d'urgence (C. civ., art. 257 ; v. ss 227).

aussi les intrigues amoureuses et relations trop étroites avec un tiers, ce que la doctrine désigne parfois sous le terme d'« adultère blanc »[1].

Sa justification a évolué. Initialement fondée sur la nature familiale du mariage, et notamment sur les effets de filiation qui lui étaient attachés, la fidélité s'est subjectivisée au fil du temps : on l'explique souvent aujourd'hui par l'importance sentimentale et affective de la fidélité dans l'ordre individuel.

Le devoir de fidélité a été *progressivement entamé, par le législateur comme par la Cour de cassation.* Les lois successives ont érodé ses sanctions : *la loi du 11 juillet 1975* a aboli la sanction pénale de l'adultère et supprimé l'automaticité du prononcé d'un divorce demandé pour infidélité (l'adultère n'est plus une cause « péremptoire » de divorce) ; sous l'influence de la Cour européenne des droits de l'homme, *la loi du 30 décembre 2001* a supprimé la sanction successorale dont pâtissait hier l'enfant adultérin (sur quoi, v. ss°405). La jurisprudence a accentué le trait. Elle affirme que l'existence d'une procédure de divorce ne supprime pas le devoir de fidélité, ce qui est fort logique car le mariage demeure, dans l'ordre personnel, jusqu'à sa dissolution par la décision judiciaire, si bien que les devoirs de mariage continuent de s'imposer aux époux jusqu'à cette date[2] ; mais elle semble aussi admettre que cette circonstance peut enlever à l'adultère la gravité qui est nécessaire pour qu'il constitue une faute cause de divorce[3]. Par ailleurs, elle absout en principe le complice de l'adultère, jugeant que l'acte charnel relève de la vie privée et ne constitue pas à lui seul une faute susceptible d'engager la responsabilité civile (v. ss 168). Non sans rapport, elle juge que « l'évolution des mœurs comme celle des conceptions morales » ne permettent plus de considérer que l'allégation d'une infidélité conjugale est à elle seule susceptible de porter atteinte à l'honneur ou la considération de la personne[4]. Dans cette même

1. Paris 13 févr. 1986, *Gaz. Pal.* 1986. 1. 216. Comp. Civ. 1re, 30 avr. 2014, n° 13-16.649, sanctionnant le « comportement de recherche de relations masculines multiples » d'une femme.
2. V. ainsi récemment Civ. 1re, 9 nov. 2016, n° 15-27.968.
3. Civ. 2e, 29 avr. 1994, *Bull. civ.* II, n° 123.
4. Civ. 1re, 3 nov. 2016, n° 15-24.879 ; v. déjà Civ. 1re, 17 déc. 2015, n° 14-29.549.

logique relativiste, si elle admet que l'infidélité peut justifier la révocation d'une libéralité, c'est en soulignant les circonstances qui l'entourent (commise avec un ami intime du mari, suscitant des rumeurs dans le village, affectant profondément le conjoint trompé), d'où semble implicitement résulter que le seul adultère ne saurait suffire[1]. On se demande ce qui autorise la Cour à tenir pour secondaire un devoir matrimonial qui persiste dans la loi et auquel de nombreux couples restent attachés. À tout le moins, devrait-elle se garder d'affirmations péremptoires qui donnent à voir un maniement approximatif de l'argument sociologique, loin de toute analyse scientifique sérieuse.

3. Le devoir d'assistance

128 Les époux doivent s'assister dans les épreuves, petites ou grandes, de la vie quotidienne, se soutenir dans les difficultés qu'ils rencontrent, maladies, peines, perte d'emploi... Le devoir d'assistance joue ainsi dans l'ordre personnel un rôle comparable à celui que remplit le devoir de secours dans l'ordre patrimonial (art. 212, v. ss 142 s.).

Le devoir d'assistance se traduit, dans le droit des majeurs protégés, par le fait que *la tutelle et la curatelle* sont en principe confiées au conjoint (art. 449 réd. L. 5 mars 2007).

La portée de ce devoir est *entamée par le droit du divorce*. La réforme du 11 juillet 1975 avait institué le divorce pour altération des facultés mentales du conjoint, qui permettait à l'époux du conjoint aliéné de se soustraire à l'assistance qu'il devait au malade (art. 238). La réforme du 26 mai 2004 a accentué le mouvement, en remplaçant le divorce pour rupture de la vie commune par le divorce pour altération définitive du lien conjugal (art. 237 s. ; v. ss 206 s.) : la clause de dureté (anc. art. 240), qui permettait au juge, sous l'empire de la loi du 11 juillet 1975, de rejeter la demande en divorce si le divorce risquait d'avoir des conséquences excessives sur le malade mental, a disparu, comme ont disparu les « charges » de ce divorce (anc. art. 239).

1. Civ. 1re, 25 oct. 2017, n° 16-21.136.

4. Le devoir de respect

129 *La loi du 4 avril 2006*, loi destinée à lutter contre les violences dans les couples, a par ailleurs érigé le respect mutuel en devoir conjugal légal (art. 212). Elle en a même fait le premier des devoirs de mariage.

La solution est soit anecdotique, soit absurde, en toute hypothèse regrettable symboliquement.

Elle est anecdotique s'il est question du respect mutuel des personnalités de chacun : la jurisprudence avait depuis longtemps dégagé un tel devoir, afin d'éviter que l'union matrimoniale ne vienne empiéter de façon excessive sur la liberté individuelle. Il en résulte que, bien avant la loi du 4 avril 2006, chacun devait laisser l'autre libre de ses lectures, de ses choix vestimentaires, de la conduite de sa vie personnelle, etc., sous réserve naturellement qu'il respecte par ailleurs les devoirs de mariage imposés par la loi.

Elle est absurde s'il ne s'agit que d'imposer à chaque époux de respecter l'intégrité physique et morale de l'autre : l'interdiction de la violence, physique ou morale, s'impose à tous et n'est en rien subordonnée à l'existence d'un mariage. On subodore pourtant que c'est à elle que le législateur a songé, puisque la loi du 4 avril 2006 était destinée à lutter contre les violences conjugales, lutte dont on a vu plus haut qu'elle a été renforcée par les lois du 9 juillet 2010 et 4 août 2014 (art. 515-9 s., v. ss 126).

Elle est en toute hypothèse symboliquement regrettable, car la primauté ainsi reconnue au respect ravale les autres devoirs, et notamment la communauté de vie et la fidélité, à un rang second, et les affaiblit ainsi, alors pourtant que leur spécificité institutionnelle est quant à elle bien réelle.

B. Les devoirs innommés

130 À ces devoirs conjugaux nommés par la loi, il faut ajouter des devoirs que la jurisprudence a elle-même posés, conformément à la finalité de l'institution du mariage. Trois d'entre eux notamment concourent à unir deux destins.

1. Le devoir de sincérité

131 Les époux doivent être sincères l'un envers l'autre. Ce devoir a été essentiellement mis en œuvre dans la période pré-conjugale : à l'époque où la Cour de cassation avait de l'erreur dans la personne une conception très stricte (art. 180 ; v. ss 86), les juges du fond avaient institué entre époux un devoir de sincérité dont la violation, même antérieure à la célébration du mariage, était cause de divorce. La solution, théoriquement discutable (il est étrange de rattacher au mariage, qui n'est pas encore formé, un tel devoir de sincérité prénuptiale), peut s'expliquer en considération de l'union des personnes qu'entraîne le mariage. La rigueur dont le droit positif semble faire preuve quant à l'erreur sur les qualités essentielles (v. ss 86) conduit à se demander ce qu'il advient de cette jurisprudence.

2. Le devoir de retenue

132 Chacun des époux doit veiller à ce que son comportement ne retentisse pas sur l'honneur de l'autre et n'entame pas la dignité de celui-ci. Ce devoir, consacré par la jurisprudence, s'il ne trouve dans le droit du mariage aucun soutien textuel, trouvait autrefois dans le droit du divorce un fondement implicite : l'article 243 du Code civil prévoyait en effet, sous l'empire de la loi du 11 juillet 1975, que le divorce pouvait être demandé par un époux « lorsque l'autre a(vait) été condamné à l'une des peines prévues par l'article 131-1 du Code pénal »[1]. La disparition de cette « faute péremptoire » dans le droit du divorce ne signifie en rien l'abandon de cette jurisprudence : la solidarité personnelle que le mariage engendre entre les époux justifie que chacun soit tenu d'éviter tout comportement infamant, propre à rejaillir sur l'honneur et la réputation de l'autre. Plus largement, alors même qu'aucune infraction pénale n'aurait été commise par l'un des époux, son comportement pourra être jugé incompatible avec le mariage s'il est de nature à ternir l'honneur du conjoint.

1. La jurisprudence avait considéré que cette condamnation constituait une cause péremptoire de divorce (v. ss 212).

3. Le devoir de loyauté

133 La jurisprudence contemporaine invoque aussi parfois un devoir de loyauté entre époux. Il a ainsi été jugé[1] qu'il y avait faute cause de divorce à se rendre coupable de concurrence déloyale à l'encontre du conjoint[2]. Une fois encore, la solution peine à convaincre, tant l'interdiction de la concurrence déloyale n'a rien à faire avec le mariage !

§ 2. La liberté individuelle

134 **La liberté individuelle.** L'indépendance vient tempérer l'union ainsi imposée par le droit dans les relations conjugales. Selon l'expression imagée de Carbonnier, union et indépendance sont associées dans le mariage : « même lit, rêves séparés ». Chacun conserve, en mariage, sa liberté individuelle, dans ses diverses composantes. Mais cette liberté n'autorise pas un époux à violer ses devoirs de mariage : ainsi, la liberté corporelle ne saurait justifier l'adultère... C'est à la jurisprudence qu'incombe la charge de définir les limites respectives de l'union des personnes et de la liberté individuelle.

135 **La liberté corporelle.** La liberté corporelle est de rigueur entre époux. Il en résulte que chacun est libre de veiller comme il l'entend à son intégrité corporelle (art. 16-1). Mais l'union matrimoniale impose aussi de préserver l'autre, dans son désir d'enfant, ou contre la transmission d'éventuelles maladies... La ligne de partage entre la liberté de l'un et celle de l'autre est extrêmement délicate à fixer[3].

136 **La liberté spirituelle.** La liberté spirituelle est reconnue à chacun : aucun droit de censure n'existe de l'un sur l'autre ; chacun peut librement choisir ses lectures, ses engagements politiques, sa pratique religieuse... La question religieuse suscite des conflits rares

1. *Adde* Civ. 1re, 25 avr. 2006, n° 05-12.822, s'appuyant sur le comportement des époux, associés et employés de la société, qui « démontrait un désaccord profond et des actions judiciaires réciproques » et caractérisait un manquement « au devoir de loyauté qui doit présider aux relations entre époux qui étaient au surplus engagés ensemble dans la vie des affaires »...
2. Civ. 1re, 17 oct. 2007, n° 06-20.701.
3. La conciliation se fera principalement en faisant prévaloir la liberté corporelle du conjoint (qui peut ainsi ne pas se soigner, recourir à la contraception, décider seul d'avorter : CE 31 oct. 1980, *Lahache*, n° 13028), et en prononçant un divorce à ses torts si l'autre conjoint pâtit de cette liberté.

mais souvent aigus et que la justice tranche malaisément. La liberté qu'a chacun de pratiquer la religion de son choix[1] trouve sa limite dans les devoirs de mariage : l'appartenance à un mouvement sectaire qui prohibe l'union sexuelle, ou impose des relations avec de multiples partenaires, ou ordonne la contemplation mystique permanente, etc., ne dispense pas l'époux de ses devoirs de communauté de vie, de fidélité, d'assistance, etc. ; le divorce pourra donc être prononcé aux torts de celui qui fait prévaloir sa conscience sur les devoirs que la loi civile attache à l'union matrimoniale[2].

137 **La liberté affective.** Il appartient à chacun de nouer les relations sociales, amicales ou affectives qu'il juge bon, sous réserve, là encore, des devoirs de fidélité, de communauté de vie, d'assistance...

138 **La liberté professionnelle.** La liberté professionnelle, exclusivement reconnue au mari en 1804, a été progressivement octroyée à la femme. Elle est aujourd'hui consacrée, sous une forme neutre parfaitement égalitaire, par l'article 223 du Code civil : « chaque époux peut librement exercer une profession ». Là encore, toutefois, il appartient à chacun de faire coexister paisiblement activité professionnelle et union matrimoniale. Et là encore, la ligne de partage n'est pas toujours aisée[3].

Section 2

Les effets patrimoniaux

139 **Plan.** L'union personnelle que le droit institue entre gens mariés se prolonge naturellement quant aux biens. Cette union patrimo-

1. Civ. 2e, 25 janv. 1978, *Gaz. Pal.* 1978. 2. 505. L'adhésion à une secte n'est pas en soi constitutif d'une faute cause de divorce : Civ. 2e, 8 nov. 1995, *Bull. civ.* II, n° 271.

2. Civ. 2e, 9 oct. 1996, *Bull. civ.* II, n° 224 : est fautif le refus de participer aux fêtes familiales (anniversaires des enfants, fête de Noël...).

3. La difficulté existe ainsi entre liberté professionnelle, devoir de communauté de vie et choix en commun de la résidence de la famille. Une décision remarquée a jugé fautif le refus d'une femme de rejoindre son époux à l'étranger, alors qu'il était tenu d'y résider pour des raisons professionnelles : Civ. 1re, 11 janv. 2005, *Bull. civ.* I, n° 8. Comp. Civ. 2e, 12 sept. 2002, *Bull. civ.* II, n° 180, jugeant fautif le refus de la femme de suivre son mari à l'étranger eu égard aux « circonstances particulières ».

niale a d'ailleurs été renforcée par la loi du 3 décembre 2001 qui a profondément modifié le statut successoral du conjoint survivant.

Pour autant, le droit veille aussi à l'indépendance de chacun. La loi la préserve parfois elle-même : ainsi affirme-t-elle, dès l'article 216, que « chaque époux a la pleine capacité de droit ». Dans d'autres cas, elle laisse aux époux la liberté de déterminer eux-mêmes, par des stipulations volontaires, la part d'union et d'indépendance de chacun.

Le droit s'efforce ainsi d'associer harmonieusement union et indépendance par trois corps de règles : le « régime primaire impératif », fixé par la loi, qui s'applique automatiquement et impérativement à tous les époux vivant sur le territoire français (**§ 1**) ; le régime matrimonial, choisi par les époux et qui organise leur statut patrimonial de leur vivant (**§ 2**) ; la loi successorale, enfin, qui règle le sort de leurs biens à leur décès (**§ 3**).

En dehors du régime primaire, impératif (art. 226), et qui ne laisse donc pas de place aux volontés individuelles, il est essentiel de comprendre que le statut patrimonial du mariage dépend non seulement de la loi mais aussi de la volonté des époux. À la différence du statut personnel, impérativement fixé par la loi, le statut patrimonial des gens mariés procède, pour une part importante, de la volonté des époux, qui pourront ainsi, selon leurs aspirations, choisir d'unir étroitement leurs deux patrimoines ou au contraire de préserver l'indépendance patrimoniale de chacun.

§ 1. Le régime primaire impératif

140 **Définition.** Dès qu'ils sont mariés, les époux sont de plein droit soumis à certaines règles qu'ils ne peuvent écarter : c'est ce que l'on appelle « le régime primaire impératif » (art. 212 à 226).

Ce régime primaire met en place une union patrimoniale minimale entre époux (**A**) mais préserve aussi, là encore sans dérogation possible, certaines poches d'indépendance (**B**). Sans oublier ce qu'il est convenu d'appeler les « mesures de crises », qui permettent de pallier toutes sortes d'événements exceptionnels rendant insuffisantes les règles normales (**C**).

Comme l'indique la terminologie choisie de régime « primaire » « impératif », il s'agit de dispositions qui sont d'une part impératives, d'autre part, pour l'essentiel, destinées à répondre aux questions patrimoniales courantes et résoudre les difficultés quotidiennes.

A. L'union patrimoniale

141 **Union patrimoniale.** Une union patrimoniale minimale est imposée entre époux : ils sont tous deux obligés de contribuer aux charges du mariage et assument l'un envers l'autre un devoir de secours (**1**) ; ils sont solidairement tenus, à l'égard des tiers, des dettes ménagères (**2**) ; ils prennent ensemble les décisions graves concernant le logement de la famille (**3**).

1. Contribution aux charges du mariage et devoir de secours

142 **Devoir de secours et contribution aux charges du mariage en cours de mariage.** Chaque époux assume, à l'égard de l'autre, *un devoir de secours* (art. 212), qui n'est qu'une sorte d'obligation alimentaire. Comme toute obligation alimentaire, le devoir de secours suppose établi le « besoin » du demandeur et donne droit à des « aliments », c'est-à-dire seulement à ce qui est nécessaire à la vie. Il bénéficie des voies d'exécution simplifiées propres aux obligations alimentaires[1] et son non-paiement expose à la sanction pénale de l'abandon de famille (C. pén., art. 227-3). La jurisprudence considère qu'il prime le devoir qu'ont les enfants de subvenir aux besoins alimentaires de leurs parents[2]. Ce devoir s'exécute généralement indirectement, par la contribution aux charges du mariage que la loi fait peser sur chaque époux (art. 214).

La contribution aux charges du mariage se démarque nettement du devoir de secours dans sa finalité : il ne s'agit pas de permettre au conjoint de survivre à l'adversité mais d'égaliser les

1. L. n° 84-1171, 22 déc. 1984, art. 9 ; C. pr. exéc., art. L. 161-3 ; L. n° 75-618, 11 juill. 1975, art. 1 et 15 mod. Ord. n° 2010-420, 27 avr. 2010 et CSS, art. L. 581-9 s. ; L. 2 janv. 1973 et C. pr. exéc., art. L. 213-1 s.
2. Civ. 1re, 4 nov. 2010, *Bull. civ.* I, n° 226 : « le devoir de secours (...) prime l'obligation alimentaire découlant de la parenté ».

niveaux de vie des conjoints, d'éviter que les inégalités de fortune soient vécues au quotidien. Il en résulte trois différences : la contribution est due sans condition de « besoin » ; elle recouvre « toutes » les dépenses « courantes »[1] générées par la vie à deux (charges liées au logement, à la nourriture, au chauffage... : comp. les dettes ménagères, ss 144) ; elle est due en principe « à proportion de(s) facultés respectives » de chacun, c'est-à-dire qu'elle dépend des revenus de chaque époux, qu'il s'agisse des revenus du travail ou des revenus du capital (art. 214).

Les modalités de la contribution peuvent être déterminées par les stipulations du contrat de mariage. Les époux peuvent ainsi préciser ses formes (elle peut s'exécuter en nature – travail ménager ou aide apportée à l'activité professionnelle du conjoint – ou en argent) et son montant (tel versement mensuel). À défaut, c'est au juge qu'il appartiendra d'en décider[2].

Une difficulté peut survenir lorsque la contribution aux charges du mariage prend la forme d'une collaboration d'un époux à la profession de l'autre et que cette collaboration excède la mesure du devoir légal. Si les époux n'ont pas pris la précaution de conclure un véritable contrat de travail entre eux[3] et s'ils ne sont pas mariés sous un régime de communauté[4], l'un des époux se sera appauvri en ne recevant aucune contrepartie à son activité, quand l'autre se sera enrichi en profitant gratuitement de la collaboration de son époux. Le droit impose à ce dernier de verser, lors de la dissolution du régime matrimonial, une indemnité à son conjoint qui s'est appauvri. La jurisprudence applique cette solu-

1. Elle couvre les dépenses de loisir et d'agrément (Civ. 1re, 18 déc. 2013, n° 12-17.420) et l'investissement permettant acquisition et aménagement du logement de la famille (Civ. 1re, 15 mai 2013, n° 11-26.933, 12 juin 2013, n° 11-26.748), mais pas l'investissement locatif (Civ. 1re, 5 oct. 2016, n° 15-25.944).

2. Civ. 1re, 12 juin 2013, n° 11-26.748 : le remboursement par un conjoint des échéances d'emprunts nécessaires à l'acquisition du logement familial, bien propre de l'autre conjoint, peut participer de l'exécution de son obligation de contribuer aux charges du mariage à proportion de ses facultés.

3. Le droit considérait autrefois qu'aucun contrat de travail ne pouvait exister entre époux pour deux raisons : la cause du travail fourni ne consistait pas dans une quelconque rémunération mais dans l'obligation légale qu'est le devoir d'assistance ; l'indépendance et l'égalité des époux ne paraissaient pas compatibles avec la subordination qui caractérise le contrat de travail. Cette solution n'est plus de droit positif.

4. S'ils sont mariés sous un régime de communauté, la masse commune permet en principe de compenser le déséquilibre.

tion en cas de divorce[1] comme en cas de décès, en utilisant à cet effet l'action *de in rem verso*[2].

Le devoir de secours n'apparaît isolément que lorsque la vie commune cesse[3] : si l'époux demandeur établit qu'il se trouve dans le besoin, il a alors droit au versement d'une pension alimentaire destinée à couvrir ses besoins élémentaires.

143 **Survie du devoir de secours à la dissolution du mariage.** Le devoir de secours est même suffisamment intense entre époux pour survivre, le cas échéant, à la dissolution de l'union.

La loi a renforcé la solidarité liée au mariage *en cas de décès d'un époux*. Aujourd'hui comme hier, la succession du défunt assume, à l'égard du survivant, une obligation alimentaire (art. 767, anc. art. 207-1)[4]. La loi du 3 décembre 2001 a en outre reconnu au survivant le droit de jouir gratuitement[5], pendant un an à compter du décès, du logement[6] qui était effectivement occupé à titre d'habitation principale à l'époque du décès (art. 763)[7].

L'évolution est moins linéaire *en matière de divorce*. Dans le droit issu de la loi du 11 juillet 1975, le maintien du devoir de

1. Cette circonstance est également prise en compte pour régler l'avenir puisque la loi prévoit que c'est un des éléments au vu desquels le juge statue sur l'attribution d'une prestation compensatoire (art. 271). Avant la réforme du 26 mai 2004, la loi précisait en outre explicitement qu'une indemnité pouvait alors être allouée au conjoint fautif (anc. art. 280-1). Cette disposition n'avait plus lieu d'être, puisque la faute exclusive ne déchoit plus en principe les époux de leur droit à prestation compensatoire.

2. Cette action, créée au siècle dernier par la jurisprudence à des fins d'équité, suppose qu'un transfert patrimonial de valeur entre deux patrimoines se soit réalisé (l'un s'étant enrichi, l'autre appauvri) et qu'il manque de cause. L'appauvri peut alors exiger une indemnité, qui est égale à la plus faible des deux sommes, que représentent l'appauvrissement et l'enrichissement. V. art. 1303 s.

3. Et encore, la cessation de la communauté de vie ne signifie-t-elle pas nécessairement disparition de la contribution aux charges du mariage et apparition du devoir de secours : Civ. 1re, 14 mars 1973, *D.* 1974. 453. La contribution demeure en effet, en jurisprudence, à la charge de celui auquel est imputable la rupture de la communauté de vie, soit qu'il soit parti le premier, soit qu'il ait offert à l'autre une vie insupportable (violence...).

4. Il a été jugé qu'elle échappait à C. civ., art. 207, al. 2 : Civ. 1re, 17 janv. 1995, *JCP* 1995. II. 22407. L'analogie avec le devoir parental d'entretien est mal venue et paraît curieuse eu égard à la jurisprudence relative à la contribution aux charges du mariage citée note précédente. Le délai pour réclamer la pension est de un an à compter du décès ou du moment où les héritiers cessent de soutenir le conjoint survivant.

5. Si l'habitation était assurée par un bail à loyers ou si elle était indivise (et qu'une indemnité d'occupation est due aux autres indivisaires), les loyers ou l'indemnité d'occupation dus par le survivant seront remboursés par la succession pendant un an.

6. Ainsi que du mobilier garnissant celui-ci.

7. Ces droits « sont réputés effets directs du mariage et non droits successoraux ». Ils sont « d'ordre public ».

secours était automatique dans le divorce pour rupture de la vie commune[1] ; dans les autres cas de divorce, un époux pouvait être tenu de verser à l'autre une prestation compensatoire (anc. art. 270 s.) ou une indemnité (anc. art. 280-1), qui n'était pas dépourvue de tout rapport avec des aliments. Une loi du 30 juin 2000 a d'abord entamé la solidarité patrimoniale que la prestation compensatoire assurait entre ex-époux : en limitant la durée d'éventuels versements périodiques et en assurant la protection des héritiers de l'époux débiteur, le cas échéant au détriment de l'ex-époux créancier. La loi du 26 mai 2004 a profondément modifié la question (v. ss 267 s.). Le devoir de secours ne survit désormais jamais plus au divorce (art. 270)[2]. Quant à la prestation compensatoire, son attribution est désormais indépendante de la responsabilité des époux dans le prononcé du divorce (peu importent les fautes respectives, sauf exception ; la solidarité est ainsi plus forte puisqu'objective ; art. 270), mais sa portée a été limitée à divers égards (révision pour changement « important » de la situation du débiteur, art. 275 ; interdiction de réviser à la hausse une rente viagère, art. 276-3 ; protection des héritiers, art. 280 s.).

2. La solidarité des dettes ménagères à l'égard des tiers

144 **Dettes ménagères.** L'union des patrimoines se manifeste aussi par l'existence d'un passif liant les deux époux à l'égard des tiers. Le droit commun patrimonial veut que chacun n'oblige que ses propres biens par ses dettes (art. 2284). Le droit du mariage déroge à cette règle en organisant « la solidarité des dettes ménagères »[3] : toute dette « ménagère » engage solidairement les deux époux (art. 220).

Peu importe les circonstances de la naissance de la dette (qu'elle trouve sa source dans un contrat conclu par un seul des époux ou par les deux...). Il suffit qu'elle soit « ménagère » par

1. L'époux obtenant la dissolution du mariage en restait entièrement et unilatéralement tenu à l'égard du défendeur (anc. art. 270).

2. Le divorce pour rupture de la vie commune a d'ailleurs disparu.

3. La dérogation est même double, puisque, non seulement la dette contractée par un époux engage l'autre, mais encore l'engagement est solidaire, alors que, en principe, la solidarité doit être consentie volontairement explicitement : anc. art. 1197 ; art. 1310.

son objet, c'est-à-dire qu'elle soit destinée à assurer l'entretien du ménage (ce qui couvre les dépenses courantes liées à la vie commune, telles les dépenses de logement, chauffage, nourriture, habillement, santé[1], loisirs...) ou l'éducation des enfants[2]. Chacun des époux pourra alors être poursuivi pour la totalité de la dette par le créancier[3].

Le texte excepte *deux hypothèses*. Sont d'abord écartées les « dépenses manifestement excessives » ; la loi précise que cette qualification dépend du « train de vie du ménage », de « l'utilité ou l'inutilité de l'opération », de « la bonne ou la mauvaise foi du tiers contractant »[4]. Sont également exclus les « achats à tempérament » (achats à crédit) ainsi que les emprunts sauf ceux qui « ne portent que sur des sommes modestes nécessaires aux besoins de la vie courante ». Encore faut-il en outre, en cas de pluralité d'emprunts, que leur montant cumulé ne soit pas manifestement excessif eu égard au train de vie du ménage. La loi restaure la solidarité pour les achats à crédit et emprunts conclus avec le consentement des deux époux, uniquement – cela va de soi – si les dettes ainsi contractées ont une finalité ménagère[5].

3. Les décisions conjointes sur le logement de la famille

145 **Logement de la famille et codécision.** La détermination du logement de la famille relevait autrefois du pouvoir du mari. Depuis la loi du 11 juillet 1975, l'accord des deux époux est requis (art. 215, al. 2).

Le devenir ultérieur de ce logement dépend également, au moins en partie, de cet accord conjoint. Pour préserver le cadre de vie de la famille, la loi subordonne en effet les actes de disposition relatifs au logement de la famille et aux meubles garnissant ce dernier[6] au consentement des deux époux[7]. À défaut, l'époux

1. V. ainsi Civ. 1re, 17 déc. 2014, n° 13-25.117.
2. Sont exclues les opérations d'investissement.
3. S'agissant, en revanche, de la contribution à la dette, tout dépendra du contrat de mariage ou des facultés de chacun.
4. La bonne foi étant présumée, il appartient à l'époux qui est poursuivi en paiement par le créancier et se prévaut de la mauvaise foi de ce dernier de la prouver.
5. Sans cette disposition, le double consentement conduirait seulement à des codébiteurs conjoints : les créanciers ne pourraient donc poursuivre chaque époux que pour une partie de la dette.
6. Peu importe la nature du droit assurant le logement (droit personnel de jouissance lié au bail, droit réel de jouissance attaché au droit de propriété, ou à l'usufruit...). Peu importe aussi l'acte de disposition considéré, qu'il soit consenti à titre gratuit ou à titre onéreux, unilatéral ou bilatéral...
7. Si le bien assurant le logement de la famille est un bien personnel d'un époux, l'article 215 entame l'exclusivisme et l'absolutisme du droit de propriété (art. 544).

n'ayant pas consenti peut agir en nullité, pendant un an à compter de sa connaissance de l'acte (et au plus tard dans l'année de la dissolution du régime matrimonial, art. 215, al. 3). Pour préserver l'indépendance de chacun, et aussi protéger la sécurité juridique des tiers, la jurisprudence interprète ce texte strictement[1].

Dans la même veine, l'*article 1751* du Code civil protège le droit au bail du local assurant effectivement l'habitation des deux époux et dépourvu de tout caractère professionnel ou commercial : quel que soit le régime matrimonial, et nonobstant toute convention contraire, ce bail, même conclu avant le mariage, est réputé indivis, d'où résulte que le congé donné par l'un des époux est inopposable à l'autre et que le bailleur doit donner congé à l'un et l'autre ; en cas de divorce, le juge pourra l'attribuer à l'un ou l'autre des époux « en considération des intérêts sociaux et familiaux en cause » ; en cas de décès d'un époux, le conjoint survivant dispose d'un droit exclusif sur le bail, sauf renonciation explicite de sa part.

B. L'indépendance des patrimoines

146 **Autonomie substantielle ou présumée.** L'indépendance patrimoniale de chacun est préservée grâce à des dispositions impératives conférant à chacun le pouvoir d'agir seul. Le régime primaire impératif contient, à cet égard, deux sortes de règles.

1. Les pouvoirs attribués

147 Les premières dispositions reconnaissent, substantiellement, un pouvoir autonome d'action à chacun. C'est ainsi que la liberté d'exercer librement une profession se prolonge dans le pouvoir qu'a chaque époux de percevoir seul ses gains et salaires et d'en disposer librement (art. 223)[2]. C'est ainsi, également, que chaque époux a un pouvoir exclusif de gestion (active et passive) sur ses biens personnels (art. 225). C'est ainsi, encore, que chaque époux

1. Il ne joue que pour les actes de disposition volontaires, est inapplicable en cas de cautionnement, ne vaut pas contre les actes de disposition à cause de mort...
2. Après s'être, toutefois, acquitté des charges du mariage et en respectant, le cas échéant, la vocation communautaire des gains et salaires.

peut se faire ouvrir un compte bancaire sans le consentement de l'autre (art. 221).

2. Les pouvoirs présumés

148 D'autres dispositions octroient à chacun une autonomie patrimoniale en posant une présomption applicable dans les rapports avec les tiers.

La loi présume ainsi que chacun a pouvoir de gérer les biens meubles qu'il détient individuellement (art. 222) ou de disposer des fonds et titres déposés sur son compte bancaire (art. 221).

Dans les deux cas, il s'agit de permettre aux tiers de traiter avec des époux sans leur demander de justificatif et de simplifier ainsi la vie quotidienne de chacun. Il en résulte une autonomie patrimoniale concrète assez considérable.

Ces dispositions ne préjugent en rien, en revanche, de la régularité de tels actes au regard du régime matrimonial : les présomptions de pouvoir sont seulement destinées à assurer la sécurité juridique des tiers en leur donnant l'assurance que l'acte, quoiqu'irrégulier, restera valable à leur égard ; l'époux ayant agi sans droit pourra en revanche se voir reprocher par son conjoint l'acte irrégulier. Ainsi, si un époux dispose d'un bien meuble qu'il détient individuellement mais qui appartient à l'autre époux, l'acte ne sera pas remis en cause mais l'époux coupable pourra être sanctionné à la demande de son conjoint.

C. Les mesures de crise

149 **Mesures judiciaires à la demande d'un époux.** Il arrive que le fonctionnement normal du régime se heurte à une difficulté liée à la situation personnelle d'un époux ou à son comportement. Pour remédier à la crise, la loi donne alors pouvoir au juge de modifier les règles déterminant en principe les pouvoirs patrimoniaux de chacun.

– Lorsqu'un époux est hors d'état de manifester sa volonté, le juge pourra autoriser l'autre, soit à passer seul[1] un acte qui sup-

1. L'acte sera valable, opposable à l'époux sans le consentement duquel il a été conclu. Mais il ne fera naître aucune obligation à sa charge.

posait en principe l'accord ou le consentement du premier (art. 217)[1], soit à représenter son époux (art. 219)[2].

– Lorsque le manquement d'un époux à ses devoirs met en péril l'intérêt de la famille, le juge aux affaires familiales peut prendre toutes les mesures urgentes nécessaires (art. 220-1, al. 1er). Il peut ainsi interdire la disposition des biens personnels ou des biens communs, le déplacement des biens meubles (al. 2). Les mesures prises sont provisoires : elles ne peuvent durer plus de trois ans, prolongation comprise (art. 220-1, al. 3). Sur la résidence séparée des époux en cas de violences conjugales, v. art. 515-9 s. et v. ss 126 et 129.

§ 2. Le régime matrimonial

150 **Définition.** Outre les dispositions impératives du régime primaire, les époux sont soumis à ce que la loi nomme « régime matrimonial », c'est-à-dire à un ensemble cohérent et complet de règles déterminant le statut patrimonial de chacun. Les questions réglées sont nombreuses : elles ont trait à la composition et à la gestion des patrimoines, visent les questions d'actif comme de passif, et concernent aussi bien les rapports mutuels des époux que leurs relations avec les tiers. Le droit permet aux époux d'unir plus ou moins étroitement leur patrimoine : la loi organise, à titre supplétif, un régime matrimonial (celui de la communauté réduite aux acquêts) (**A**) ; elle reconnaît aux époux la liberté de choisir, par contrat de mariage (**B**), un régime assurant une plus grande association patrimoniale ou, au contraire, une plus grande indépendance patrimoniale. Ce choix doit être opéré avant le mariage, par acte notarié (art. 1394 s.), une modification en cours de mariage pouvant néanmoins intervenir (art. 1397 s.).

1. La même solution prévaut lorsque le refus d'un époux n'est pas justifié par l'intérêt de la famille.
2. Conformément à la notion de représentation, l'acte sera conclu par l'époux autorisé en justice à le passer mais au nom de l'autre : il n'engagera donc que ce dernier.

A. Le régime légal

151 **Le régime légal.** Si les époux n'ont pas émis de volonté particulière dans un contrat de mariage, ils seront soumis au régime dit « légal » : ce régime est supplétif de volonté (art. 1387) et consiste, depuis la loi du 13 juillet 1965, dans le régime de la communauté réduite aux acquêts (art. 1400).

– Ce régime *unit étroitement* les deux époux. En premier lieu il crée une masse commune, *active* (tout bien acquis après le mariage est en principe commun, si bien que chacun participe aux gains de l'autre : art. 1401 ; la loi pose en outre une présomption de communauté, d'où résulte que tout bien est considéré comme commun sauf preuve qu'il est un bien propre : art. 1402) et *passive* (toute dette née pendant le mariage est en principe commune, si bien que chacun participe au règlement des dettes nées du chef de l'autre : art. 1409). En second lieu il associe les deux époux dans la gestion de cette masse commune : la conclusion des actes les plus graves suppose l'accord des deux époux, ce que l'on appelle la cogestion (v. not. art. 1422, 1424).

– Ce régime préserve toutefois aussi *l'indépendance de chacun.* Le droit laisse en premier lieu en dehors de la communauté les biens acquis avant le mariage par chacun (art. 1403 ; ces biens, qualifiés de « propres » relèvent de la gestion exclusive de l'époux propriétaire : art. 1428) ainsi que les dettes nées avant le mariage du chef de chaque époux, quoique dans une moindre mesure (elles n'engagent que ses biens propres et ses revenus : art. 1410 et 1411). Le droit fait en second lieu sa place à l'autonomie de chacun dans la gestion de communauté, en abandonnant notamment les actes courants de gestion à ce que l'on appelle la gestion concurrente, c'est-à-dire que chacun peut les accomplir sans avoir besoin de l'accord de l'autre (art. 1421).

B. Les régimes conventionnels

152 **Plus de communauté ou plus d'indépendance.** L'association patrimoniale déterminée par la loi est supplétive de volonté : le régime légal ne s'applique qu'à défaut d'un autre choix par les époux (art. 1387 et 1400). Les époux peuvent donc, soit la restreindre en

adoptant un régime plus séparatiste (art. 1536 s.), soit l'accroître en adoptant un régime plus communautaire (art. 1497 s.). Leur choix est doublement limité : au fond, les époux ne peuvent déroger aux règles d'ordre public qui concernent les devoirs conjugaux, l'autorité parentale, la tutelle et l'administration légale, l'ordre des successions, etc. (art. 1387, 1388 et 1389) ; en la forme, leur accord doit être conclu par acte notarié, rédigé avant la célébration, mentionné lors de la célébration du mariage et dans l'acte de mariage lui-même, et son changement est encadré par la loi (art. 1394 s.). Sous ces réserves, le choix des époux est large.

– Ils peuvent opter pour *un régime plus communautaire.* Ce caractère peut être attaché à la composition des masses : les époux peuvent élargir la masse commune, active mais aussi passive, en choisissant une communauté d'acquêts et de meubles (art. 1498 s.), voire une communauté universelle (art. 1426), le cas échéant avec attribution intégrale au survivant (tous les biens communs iront au survivant lors de la dissolution du mariage par décès, si bien que les éventuels enfants communs devront attendre le décès du survivant pour succéder). Ils peuvent aussi accentuer l'union en matière de gestion : une clause peut ainsi étendre la cogestion (art. 1503 s.)[1]...

– Les époux peuvent, à l'inverse, opter pour *un régime plus indépendant.* À condition de n'écarter ni le devoir de secours (ni la contribution aux charges du mariage) ni la solidarité des dettes ménagères (v. ss 127 s.), ils peuvent opter pour un régime séparatiste. Le « plus de séparation » peut ne concerner que les pouvoirs de gestion : ainsi de la participation aux acquêts, régime caractérisé, d'une part par le partage des bénéfices de chacun en fin de régime, d'autre part par l'indépendance des deux patrimoines en cours de régime, d'où résulte une indépendance de gestion quasi-totale de chacun (art. 1569 s.). Le plus souvent, la séparation joue non seulement dans l'ordre des pouvoirs de gestion mais aussi dans la composition des masses : ainsi du régime de séparation de biens (art. 1536 s.), où les biens et les dettes restent personnels à chaque époux.

1. D'autres institutions peuvent d'ailleurs assurer la plus grande association des époux : ainsi de la technique de la représentation, qui permet à l'un des époux d'agir au nom et pour le compte de l'autre.

§ 3. Le statut successoral du conjoint survivant

153 **Évolution historique.** La vocation successorale du conjoint survivant est étroitement dépendante de la conception qu'a le droit de la famille : dans une famille fondée sur la parenté de sang, le conjoint survivant ne peut avoir que des droits limités ; au contraire, dans une famille reposant sur les liens d'affection, il acquiert une place de choix. Le droit français est passé progressivement de la première à la seconde attitude. La loi du 3 décembre 2001 a modifié la vocation légale du conjoint survivant, protégé son cadre de vie, et même instauré à son profit une réserve héréditaire. La loi du 23 juin 2006 a pour l'essentiel maintenu ces dispositions. À ces trois mesures, s'ajoute, le cas échéant, l'obligation alimentaire que la succession de l'époux défunt assume à l'égard de l'époux survivant dans le besoin (C. civ., art. 767, v. ss 128).

A. La vocation successorale légale

154 **Vocation successorale légale.** Si le conjoint défunt n'a pas organisé volontairement la dévolution de sa succession (art. 758-5, al. 2), l'époux survivant qui n'est ni divorcé, ni séparé de corps d'avec le défunt a vocation à hériter. Mais sa part successorale varie selon les parents que laisse par ailleurs le défunt[1].

Si le défunt laisse un enfant (ou descendant) commun, le conjoint survivant pourra choisir entre l'usufruit sur la totalité de la succession ou la propriété du quart de la succession ; en présence d'un enfant d'un autre lit, la vocation est fixée au quart en propriété (art. 757)[2].

Si le défunt ne laisse que ses père et mère, le survivant a droit à la moitié de la succession (art. 757-1, al. 1er). Il a droit aux trois quarts des biens si l'un des père et mère est décédé (art. 757-1, al. 2).

1. Le conjoint passe ainsi devant les frères et sœurs du défunt (sous réserve du droit de retour légal de l'art. 757-3).
2. Il s'agit d'éviter d'inutiles frictions entre l'enfant d'un autre lit et l'époux survivant.

Enfin, en l'absence de descendant et de père et mère, le conjoint survivant a droit à toute la succession (art. 757-2), sous réserve d'un éventuel droit de retour légal des frères et sœurs du défunt sur la moitié des biens que le défunt tenait de ses ascendants (art. 757-3).

Lorsque le conjoint recueille la totalité ou les trois quarts des biens du défunt, les ascendants du défunt qui seraient dans le besoin bénéficient d'une créance d'aliments contre la succession (art. 758).

B. La protection du cadre de vie du survivant

155 **Protection du cadre de vie du survivant.** En outre, la loi nouvelle a souhaité préserver le cadre de vie du conjoint survivant et éviter que le prédécès de l'un contraigne l'autre à quitter son domicile.

– Le survivant a d'abord droit à *la jouissance gratuite du logement* qui lui servait d'habitation principale à l'époque du décès (ainsi que des meubles le garnissant)[1], ce pendant un an à compter de l'ouverture de la succession (art. 763). Ce droit de jouissance est « réputé » effet direct du mariage et non droit successoral (il ne s'impute donc pas sur les droits successoraux du conjoint survivant). Il est d'ordre public.

– Le survivant a en outre *un droit d'habitation sur ce même logement et un droit d'usage sur le mobilier le garnissant* (art. 764). Il a un an à compter de l'ouverture de la succession pour en faire la demande. À la différence du précédent, ces droits s'imputent sur sa part successorale, mais de façon très avantageuse : le survivant recevra un complément si ces droits n'épuisent pas sa vocation successorale mais il ne devra aucune récompense à la succession s'ils excèdent sa part successorale (art. 765). Ces droits d'habitation et d'usage ne sont pas d'ordre public : le défunt peut en priver son conjoint, par acte notarié.

1. Si le logement est assuré par un bail, la succession doit rembourser les loyers au conjoint survivant. Si le logement était indivis entre le défunt et des tiers, la succession sera tenue de rembourser l'éventuelle indemnité d'occupation due par le survivant aux tiers.

C. Les dispositions volontaires du défunt

156 **Dispositions volontaires du défunt.** Les droits successoraux du conjoint survivant peuvent être modifiés par la volonté du défunt. La question est de savoir dans quelle mesure.

Le droit successoral distingue ce qu'il appelle la « quotité disponible » d'une part, la « réserve héréditaire » d'autre part (art. 912). La loi consacre au profit des plus proches parents du défunt (appelés « héritiers réservataires ») ce qu'elle appelle la « réserve héréditaire », c'est-à-dire qu'elle leur réserve obligatoirement une part des biens et droits du défunt, sans que celui-ci puisse les en priver par sa volonté. La liberté de disposer de ses biens à titre gratuit ne joue donc pleinement qu'à l'égard de ce que la loi appelle la « quotité disponible ». Le mariage est essentiel pour déterminer la liberté de la volonté du défunt.

– Le défunt a pu souhaiter *aller au-delà des droits attribués par la loi elle-même*, soit par des donations consenties de son vivant, soit en instituant son conjoint légataire par testament. Et les libéralités ainsi consenties au conjoint survivant bénéficient d'un régime de faveur : elles peuvent être octroyées dans la limite de ce que la doctrine appelle la « quotité disponible spéciale », c'est-à-dire que le défunt peut disposer au profit de son époux (de lui et seulement de lui) d'une partie de ses biens plus importante que celle dont il pourrait disposer s'il entendait privilégier une autre personne (art. 1094-1)[1].

– Le défunt a pu, à l'inverse, *vouloir favoriser des tiers*, soit par des donations consenties de son vivant, soit par des dispositions testamentaires. Jusqu'à la réforme du 3 décembre 2001, l'époux survivant pouvait être totalement déshérité par le défunt. La seule limite à cette liberté du défunt consistait dans l'obligation alimentaire assumée par la succession à l'égard du survivant (anc. art. 207-1 ; v. ss 143). La solution, logique en 1804 où la conservation des biens dans la famille était un objectif du droit successoral,

1. En principe, la quotité disponible est de moitié quand le défunt a un enfant, d'un tiers quand il en a deux, d'un quart quand il en a trois ou plus (art. 913). Mais, si la disposition est faite en faveur du conjoint, le défunt peut disposer soit de cette quotité disponible, soit d'un quart des biens en propriété et des trois quarts en usufruit, soit de tous ses biens en usufruit.

était dépassée dans une société où la famille nucléaire avait peu à peu remplacé la famille lignagère. Ce sort juridique peu enviable du conjoint survivant était d'autant plus mal venu qu'il était largement méconnu du grand public. La loi du 3 décembre 2001 a donc institué le conjoint survivant héritier réservataire : en l'absence de descendant et d'ascendant, elle lui réservait un quart de la succession (anc. art. 914-1). La loi s'efforçait ainsi de concilier protection du conjoint survivant et liberté de disposer du défunt. Certains craignaient qu'une telle solution n'incite des couples au divorce. D'autres regrettaient que cette réserve héréditaire disparaisse en présence de descendant ou d'ascendant. La loi du 23 juin 2006 a supprimé la réserve héréditaire des ascendants (art. 916), et ainsi étendu par ricochet la réserve héréditaire du conjoint survivant : elle est toujours égale à un quart des biens du défunt ; mais elle n'est plus subordonnée qu'à l'absence de descendant (art. 914-1).

Section 3
Les effets familiaux

157 **Déclin du caractère familial du mariage.** Le mariage produisait autrefois des effets familiaux très importants, entre alliés mais aussi et surtout à l'égard de l'enfant à naître. Les réformes ont diminué cette spécificité mais ne l'ont pas encore supprimée. Le mariage reste un lien familial qui rayonne au-delà des deux principaux intéressés.

§ 1. L'effet d'alliance

158 **Mariage et alliance.** Le mariage produit deux effets d'alliance qui lui sont propres et que le pacs notamment ne produit pas.

Il engendre d'abord des interdits à mariage (art. 161), d'une part entre beau-père et belle-fille (ou gendre), d'autre part entre belle-mère et gendre (ou belle-fille). Cet interdit peut être levé par le président de la République, mais seulement « pour des causes graves » et une fois l'alliance dissoute par le décès d'un des conjoints (art. 164).

Il génère par ailleurs une obligation alimentaire entre les mêmes personnes[1], et cette obligation ne cesse que lorsque le mariage a été dissous par le décès du conjoint qui produisait l'affinité et seulement si les enfants issus de cette union sont eux-mêmes décédés (art. 206)[2].

§ 2. L'effet de parenté

159 **Mariage et parenté.** Le mariage était autrefois déterminant du statut de l'enfant, qu'il s'agisse de sa filiation, de son nom, des pouvoirs reconnus aux parents sur la personne et les biens de l'enfant. Le lien existant entre le rapport conjugal et le rapport parental s'est progressivement distendu, l'idée étant que le statut des enfants n'avait pas à dépendre des choix conjugaux faits par ses parents dans leurs rapports mutuels et que seul importait le lien tissé par chacun des parents à l'égard de l'enfant. Pour autant, le mariage conserve certains effets de filiation, de nom, et de prise en charge des intérêts de l'enfant.

160 **Filiation.** Le mariage produit, dans l'ordre de la parenté, un premier effet essentiel, relatif à la filiation.

La loi du 3 janvier 1972 avait repris deux règles traditionnelles, *la présomption de paternité légitime* d'une part (« l'enfant conçu pendant le mariage a pour père le mari » : anc. art. 312), la preuve de la filiation légitime par l'acte de naissance de l'enfant d'autre part (« la filiation légitime se prouve par les actes de naissance inscrits sur les registres de l'état civil » : anc. art. 319). La double promesse faite au jour du mariage – de vivre ensemble et d'être fidèles (C. civ., art. 212 et 215, v. ss 126 et 127) d'une part, d'accueillir les enfants à naître d'autre part (C. civ., art. 213, v. ss 104 et 171) –, expliquait que l'enfant issu d'un couple marié bénéficie ainsi automatiquement du double lien, maternel et paternel, dès lors du moins que l'acte de naissance désignait comme mère la femme mariée. L'enfant naturel devait, en

1. Aucune obligation alimentaire dans le concubinage : Civ. 1re, 28 mars 2006, *Bull. civ.* I, n° 174.
2. Pas de violation du principe d'égalité par cette différence de traitement : v. Civ. 1re, 11 avr. 2018, n° 18-40.010, refusant de transmettre une QPC.

revanche, être solennellement reconnu, son acte de naissance ne suffisant pas en principe à établir le lien, paternel, mais aussi maternel (v. ss 426).

L'ordonnance du 4 juillet 2005 a restreint l'avantage considéré. Désormais en effet l'acte de naissance établit toujours la maternité de celle qui est désignée dans l'acte comme étant la mère (C. civ., art. 311-25, v. ss 393 s.) : peu importe que l'enfant ait été conçu ou soit né en mariage. Le mariage conserve toutefois un avantage spécifique relativement à la paternité : la réforme a maintenu au profit de « l'enfant conçu ou né pendant le mariage » *la présomption de paternité du mari de la mère* (C. civ., art. 312, v. ss 398 s.). L'acte de naissance de l'enfant conçu ou né en mariage établit donc la paternité du mari de la mère dès lors que ses indications sont suffisantes. Au contraire, lorsque l'enfant est conçu et né hors mariage, la paternité n'est établie que par reconnaissance, possession d'état ou action en recherche de paternité.

Enfin et surtout, la loi du 17 mai 2013 qui a ouvert le mariage aux couples de personnes de même sexe, a pris soin, après avoir précisé qu'un tel mariage emportait les mêmes effets, droits et obligations qu'un mariage célébré entre personnes de sexe différent, d'exclure les effets que le titre VII du livre Ier du Code civil attache au mariage (art. 6-1), ce qui vise notamment la présomption de paternité.

161 **Nom.** Parce que la présomption de paternité confère à l'acte de naissance de l'enfant conçu ou né en mariage ce double effet de filiation, maternelle et paternelle, le mariage n'est pas sans effet à l'égard du nom.

Le Code civil de 1804 attribuait à l'enfant légitime le nom de son père. La loi du 4 mars 2002 s'est efforcée d'instaurer *une certaine égalité entre les père et mère.* L'article 311-21 du Code civil prévoit désormais que « lorsque la filiation d'un enfant est établie à l'égard de ses deux parents au plus tard le jour de la déclaration de sa naissance » (ce qui est le cas de l'enfant issu d'un mariage, du fait de la présomption de paternité du mari de la mère, v. ss 428 s.), ses parents « choisissent le nom de famille qui lui est dévolu : soit le nom du père, soit le nom de la mère, soit leurs deux noms accolés dans l'ordre choisi par eux dans la limite d'un nom de famille pour chacun d'eux ». Les époux peuvent donc décider ensemble du nom que l'enfant commun recevra et pourra transmettre à sa descendance. À défaut de déclaration conjointe faite à l'officier d'état civil, l'enfant « prend le nom de celui de ses parents à l'égard duquel sa filiation est établie en premier lieu et le nom de son père si sa filiation est établie simultanément à l'égard de l'un et de l'autre ». *Depuis la loi du 17 mai 2013*, en cas de désaccord, l'enfant porte un nom double résultant des deux premiers noms de famille de ses parents, accolés dans l'ordre alphabétique. Afin d'assurer l'unité familiale du nom, la loi précise enfin que « le nom précédemment dévolu ou choisi » par application du texte « vaut pour les autres enfants communs » (pour une plus ample présentation du nom de famille, v. ss 662 s.).

162 **Co-direction familiale.** Depuis la réforme de l'autorité parentale opérée par la loi du 4 juin 1970, « *les époux assurent ensemble la direction morale et matérielle de la famille. Ils pourvoient à l'éducation des enfants et préparent leur avenir* » (art. 213). La loi du 4 mars 2002 a repris la règle : les époux exercent en principe en commun l'autorité parentale (art. 372, v. ss 617 s.) et administrent en principe conjointement les biens de leur enfant mineur (art. 382-1, v. ss 614). Le mariage produit ainsi un effet familial incontestable.

Pour autant, il est indéniable que les lois successives (L. 22 juill. 1987, 8 janv. 1993 et 4 mars 2002) ont relâché le lien qu'entretenait autrefois le mariage avec la fonction parentale en étendant l'exercice en commun de l'autorité parentale aux enfants nés et conçus hors mariage ainsi qu'aux enfants de parents divorcés : le mariage continue de conduire, en principe, à une autorité conjointe, mais il n'a plus l'exclusivité, puisque d'autres situations y mènent aussi.

– Cette codirection familiale impose aux époux de *prendre ensemble les décisions*. La loi le précise à propos de la fixation du logement de la famille (C. civ., art. 215, v. aussi art. 1751 du même code ; v. ss 112 et 130), des questions relatives à la personne de l'enfant (questions d'éducation et de garde : C. civ., art. 371-3, 372, v. ss 607 s.) ou, de façon moins nette aujourd'hui, à la gestion de ses biens (C. civ., art. 382 s., v. ss 606 s.). Les désaccords éventuels entre époux pourront être soumis au juge, qui tâchera de déterminer où est l'intérêt de l'enfant (C. civ., art. 373-2-6 s. et art. 387 ; v. ss 628 s.).

– Mais le droit veille à préserver *l'indépendance de chacun.* Il serait en pratique difficilement supportable d'exiger, pour toute question, même quotidienne, l'accord des deux époux et leur intervention associée. Le législateur a donc consacré au profit des parents (et les époux qui exercent ensemble leur autorité et administrent ensemble les biens de leur enfant en profitent) deux présomptions de pouvoirs. La loi confère d'abord à chacun le pouvoir d'accomplir les « actes usuels » d'autorité parentale (c'est-à-dire les actes courants) en présumant l'accord des époux (art. 372-2, v. ss 607), ce qui protège les tiers de bonne foi et les incite donc à accepter de traiter avec chacun séparément. Pareillement, l'article 382-1 du Code civil considère que chacun est réputé, là encore à l'égard des tiers, avoir le pouvoir de faire seul les actes d'administration, c'est-à-dire les actes de gestion courante (pour un exposé complet de la question, v. ss 609 s.).

CHAPITRE 2

La portée des effets

163 **Plan.** Trois questions distinctes se posent. Quelles sont les sanctions ouvertes en cas de violation par un conjoint des devoirs du mariage (SECTION 1) ? Quels sont les pouvoirs du juge en cas de désaccord dans l'exercice des pouvoirs conjugaux (SECTION 2) ? Dans quelle mesure les époux peuvent-ils s'entendre et décider par convention d'écarter ou modeler tel ou tel effet du mariage (SECTION 3) ?

Là encore, la discussion relative à la nature juridique du mariage est importante. S'il n'est qu'un contrat, le mariage doit pouvoir être aménagé par les époux en vertu du principe de liberté contractuelle et le juge ne peut guère intervenir, cantonné dans un rôle positif ; le mariage doit en outre être sanctionné par les voies contractuelles du droit commun (résolution pour inexécution, exception d'inexécution, exécution forcée, responsabilité contractuelle). S'il est une institution, il échappe au principe de liberté contractuelle, bénéficie de sanctions particulières et peut justifier des pouvoirs judiciaires spécifiques. Le droit positif révèle, là encore, la double nature du mariage.

SECTION 1

LES SANCTIONS DES DEVOIRS DE MARIAGE

164 **Théorie générale des contrats et droit matrimonial spécial.** L'époux victime d'une violation des devoirs du mariage par son conjoint peut saisir le juge de diverses demandes. Certaines ne sont pas sans rapport avec celles que connaît le droit des contrats : exception d'inexécution (**§ 1**) ; exécution forcée (**§ 2**) ; responsabilité de l'époux fautif (**§ 3**) ; dissolution du mariage (**§ 4**).

§ 1. L'exception d'inexécution

165 L'exception d'inexécution est un moyen de défense du droit commun des contrats qui permet à un contractant de s'opposer à une demande d'exécution du contrat formée par son cocontractant lorsque ce dernier ne satisfait pas lui-même à ses obligations (art. 1219 s.). En bref, c'est l'application du « donnant-donnant ».

La transposition de cette institution en droit du mariage a longtemps été catégoriquement exclue par la doctrine, qui jugeait contraire à la nature institutionnelle du mariage un tel marchandage des droits et devoirs. Elle n'est reçue qu'avec réserve dans la doctrine moderne, qui insiste sur le fait que la loi parle elle-même de devoirs « mutuels » et non de devoirs « réciproques » (v. ss 110).

Le droit positif l'admet pourtant parfois. Dès le XIXe siècle, la jurisprudence a accepté de dispenser l'un des conjoints du devoir de communauté de vie lorsque les conditions de vie offertes par l'autre étaient inacceptables[1]. Et la solution a été reprise par la loi, loi du 4 avril 2006 d'abord, loi du 9 juillet 2010 ensuite, le juge ayant aujourd'hui le pouvoir d'autoriser une résidence séparée en cas de violences conjugales (art. 515-9, v. ss 126).

---

1. Req. 2 janv. 1877, *DP* 1877. 1. 162, *Grands arrêts*, n° 37. Ainsi légitimé, le refus de cohabitation ne supprimait pas le droit d'exiger de l'auteur des coups, violences et humiliations, le versement de la contribution aux charges du mariage ; la victime pouvait en revanche refuser de verser sa part contributive. Cette solution demeure.

Quant à la réforme du divorce opérée par la loi du 11 juillet 1975, elle a indirectement accueilli l'institution dans le divorce pour faute : les torts d'un époux peuvent en effet enlever aux fautes commises par l'autre la gravité nécessaire pour les qualifier de fautes causes de divorce (et donc empêcher le prononcé du divorce) ou à tout le moins fonder un partage des torts. La solution perdure avec la loi du 26 mai 2004 (art. 245 ; v. ss 216).

§ 2. L'exécution forcée

166 L'exécution forcée est une institution de la théorie générale des obligations qui permet à un créancier d'obtenir, avec le concours de la force publique, l'exécution de son obligation par le débiteur. La jurisprudence contemporaine affirme l'existence d'un véritable « droit » à l'exécution en nature, sous la seule limite des obligations de faire ayant un fort caractère personnel (anc. art. 1142 ; art. 1221).

La mise en œuvre de ces principes dans le droit du mariage impose de distinguer les questions patrimoniales et les questions extrapatrimoniales.

L'exécution forcée des devoirs patrimoniaux s'impose. Devoir de secours et contribution aux charges du mariage font l'objet de procédures spéciales de contrainte (art. 214, al. 2 ; C. pr. civ., art. 1282 s. ; v. aussi les procédures de paiement direct et de recouvrement instituées par L. 2 janv. 1973, 11 juill. 1975 et 22 déc. 1984, v. ss 599)[1]. Il en va de même des pouvoirs de gestion sur les biens, communs ou personnels, sur les salaires, etc. : un époux pourra être condamné sous astreinte à ne plus s'immiscer dans la gestion des biens personnels de l'autre ; défense pourra lui être faite de dilapider les gains et salaires nécessaires à la vie de la famille...

À cet égard, l'article 220-1 du Code civil est de toute première importance (v. ss 149). En vertu de ce texte en effet, si « l'un des

1. L. n° 84-1171, 22 déc. 1984, art. 9 et C. pr. exéc., art. L. 161-3 ; L. n° 75-618, 11 juill. 1975, art. 1 et 15 mod. Ord. n° 2010-420, 27 avr. 2010 et CSS, art. L. 581-9 s. ; L. 2 janv. 1973, et C. pr. exéc., art. L. 213-1 s.

époux manque gravement à ses devoirs et met en péril les intérêts de la famille[1], le juge aux affaires familiales peut prendre toutes les mesures urgentes que requièrent ces intérêts ». Pourra notamment être interdit, à peine de nullité[2], tout acte de disposition, tout déplacement de meuble... La seule limite à ce pouvoir judiciaire réside dans la limitation temporelle de la mesure prise, qui ne doit pas durer plus de trois ans.

L'exécution forcée des devoirs personnels suscite plus de réserves. Elle se heurte à une objection pratique, car l'exécution forcée des devoirs de communauté de vie, de fidélité, etc., se conçoit mal. Comme le relève la doctrine, « l'exécution forcée peut faire perdre beaucoup de son charme à la créance »[3]. À quoi s'ajoute une objection théorique : est-il concevable d'entraver ainsi la personne ? Si certaines décisions de justice l'ont admis autrefois (ainsi d'une réintégration sous la force du domicile conjugal), la doctrine contemporaine est généralement réticente. La liberté de la vie privée explique que la sanction de l'inexécution paraisse alors constituer la meilleure sanction. Encore convient-il de noter que le droit sort parfois de cette réserve. Ainsi, depuis les lois du 4 avril 2006 et 9 juillet 2010, lorsque les violences exercées par un époux mettent en danger le conjoint ou un enfant, le juge peut autoriser les époux à résider séparément en précisant lequel des époux reste au domicile conjugal (art. 515-9 s., v. ss 126), ce qui constitue en quelque sorte l'exécution forcée du devoir de respect mutuel.

Relevant autant de l'ordre personnel que patrimonial, l'exercice d'une activité professionnelle semble également pouvoir donner lieu à intervention judiciaire[4].

1. Conditions cumulatives abandonnées au pouvoir souverain d'appréciation des juges du fond.
2. Dans les conditions de l'article 220-3 du Code civil : action ouverte au seul époux requérant, pendant deux ans à compter du jour où il a connu l'acte (et pas plus de deux ans après sa publication éventuelle). La mauvaise foi du tiers doit en outre être établie, sauf si l'aliénation du bien était sujette à publicité.
3. Carbonnier, *op. cit.*
4. La loi ne la prévoit pas explicitement. Et la doctrine considère parfois que l'autonomie professionnelle devrait échapper à tout contrôle judiciaire. On imagine certes mal un juge imposant l'exercice de telle ou telle profession (arg. anc. art. 1142, art. 1221). Mais ne pourrait-il interdire à l'un des époux, sous astreinte, d'exercer telle activité contraire au mariage ?

§ 3. La responsabilité civile et pénale

167 **Responsabilité civile ou pénale.** La violation des devoirs de mariage par un époux peut conduire à la responsabilité civile de l'époux, voire du tiers, et même, à titre exceptionnel, à la responsabilité pénale du conjoint fautif.

168 **La responsabilité civile.** La violation des devoirs du mariage est une faute. Si elle entraîne un dommage, que celui-ci soit matériel ou moral, le coupable doit réparation. La transposition de ce principe au mariage, aisée en théorie, est délicate en pratique, tant il est *difficile d'apprécier le dommage* subi, qui est très souvent extrapatrimonial : à quelle somme estimer le tort causé par l'adultère, par l'abandon, etc. ?

Le plus souvent, c'est à l'occasion d'une demande en divorce que la demande de dommages-intérêts sera formée (sur la question, v. ss 265 s.). Mais la réparation peut aussi être demandée en dehors de toute procédure de divorce ou séparation de corps.

La nature de cette responsabilité est difficile à déterminer. Le plus souvent, la doctrine se fonde sur l'article 1382 (devenue art. 1240) du Code civil, retenant implicitement une responsabilité délictuelle. D'autres l'analysent comme une responsabilité contractuelle, puisqu'elle procède d'un engagement pris devant l'officier d'état civil. La discussion, théorique en ce qu'elle renvoie à la question de la nature contractuelle ou institutionnelle du mariage, présente peu d'intérêts pratiques, hormis la question de l'étendue de la réparation : la réparation est-elle intégrale ou limitée au seul dommage prévisible (anc. art. 1150 ; art. 1231-3) ?

Outre la responsabilité civile du conjoint fautif, un tiers complice de la faute peut-il voir sa responsabilité engagée ? Alors que le tiers complice de la violation d'un contrat de droit commun engage sa responsabilité civile à l'égard d'un contractant, la jurisprudence a jugé que le complice de l'adultère n'engageait pas sa responsabilité à l'égard du conjoint victime[1], au motif que « le

1. V. déjà Civ. 1re, 4 mai 2000, n° 95-21.567 : rejet de la demande de dommages et intérêts fondé sur le fait que, contrairement aux allégations de l'époux victime de l'adultère, la rupture du couple ne pouvait pas être imputée au tiers.

seul fait d'entretenir une liaison avec un homme marié ne constitue pas une faute »[1]. Il est vrai que l'acte charnel relève de la vie privée et ne saurait donc, *en lui-même*, constituer une faute. Mais *les circonstances* qui l'entourent peuvent conduire à considérer qu'il est fautif. Et en toute logique, on devrait en décider ainsi lorsqu'il intervient en violation du devoir de fidélité, devoir légal impératif, et ce en toute connaissance de cause.

169 **La responsabilité pénale.** Ce n'est qu'à titre exceptionnel que le mariage trouve un appui contemporain dans le droit pénal, attestant la privatisation de l'union. L'adultère n'est plus pénalement sanctionné depuis la loi du 11 juillet 1975[2]. Demeure l'abandon de famille (C. pén., art. 227-3 et 4 ; v. ss 700)[3].

§ 4. Dissolution du lien

170 **Le divorce.** L'inexécution d'un contrat, lorsqu'elle est grave et que le contrat est réciproque, donne au contractant victime de l'inexécution la possibilité de demander la résolution du contrat au juge, voire d'y procéder unilatéralement (anc. art. 1184 ; art. 1224). Le contrat est alors anéanti, en principe rétroactivement ; la résolution laisse place, toutefois, à une résiliation qui ne joue que dans le futur, lorsque l'exécution passée ne peut plus être remise en cause.

Le divorce pour faute peut-il être rapproché de la résiliation pour inexécution ?

Dans ses conditions, oui, mais en partie seulement. De même que la résolution suppose un manquement grave, le divorce pour faute suppose que l'un des époux ait commis des « faits constitutifs d'une violation grave ou renouvelée des devoirs et obligations du mariage » (C. civ., art. 242 ; v. ss 213). Mais la nature institu-

1. Civ. 2e, 5 juill. 2001, *Bull. civ.* II, n° 136.
2. Le mari était justiciable de la sanction s'il recevait la concubine au foyer, la femme l'était dans tous les cas, car l'on considérait qu'elle risquait d'introduire un « bâtard » dans la famille.
3. V. aussi l'organisation frauduleuse de l'insolvabilité (C. pén., art. 314-7 s.). On peut encore citer les dispositions qui érigent le mariage, le pacs ou le concubinage de l'auteur d'une infraction pénale avec la victime en circonstance aggravante ; mais il est difficile d'y voir la sanction pénale du devoir de respect mutuel alors qu'elles jouent même lorsque les fais sont commis par l'ancien conjoint, partenaire ou concubin.

tionnelle du mariage explique le caractère exclusivement judiciaire du divorce pour faute, ce qui le distingue de la résolution contractuelle de droit commun, qui peut aujourd'hui être le fait unilatéral du créancier.

Et la différence est plus nette encore dans l'ordre des effets de la dissolution de l'union. La résolution pour inexécution s'accompagne bien souvent de la responsabilité du débiteur qui a manqué à son engagement. Il en va différemment aujourd'hui en matière de divorce : les sanctions patrimoniales que la loi du 11 juillet 1975 attachait à la faute conjugale (perte des donations et avantages matrimoniaux... ; v. ss 185, 253 s., 263 s. et 269 s.) ont disparu avec la loi du 26 mai 2004, le législateur espérant ainsi « pacifier » le divorce[1]. Il en résulte d'ailleurs, le cas échéant, des solutions étonnantes : le conjoint seul fautif peut ainsi obtenir de l'autre une prestation compensatoire, conserve les donations et avantages matrimoniaux consentis...

On comprend donc la Cour de cassation lorsqu'elle affirme que la fonction du divorce n'est pas de punir des fautes. Encore faut-il nuancer l'affirmation, tant le prononcé d'un divorce pour faute pourra constituer, dans l'ordre symbolique, une réelle sanction. Cette signification concerne avant tout les époux, aux yeux desquels la reconnaissance officielle des torts de l'un et de l'innocence de l'autre est parfois très importante. Mais il peut également en aller ainsi de l'enfant, qui a parfois été le témoin de comportements inacceptables, et auquel la reconnaissance officielle des torts de l'un de ses parents aura le mérite de réaffirmer la portée de la loi matrimoniale. Enfin, il peut sembler utile pour la société, de rappeler par la décision de divorce la force des devoirs institués par la loi matrimoniale.

171 **Relâchement du lien matrimonial.** La spécificité du mariage se traduit aussi par l'admission, à côté du divorce qui dissout le lien matrimonial, de la séparation de corps, qui se contente de relâcher

1. L'effet pacificateur attendu sera-t-il obtenu, alors que l'époux victime peut agir en responsabilité civile pour obtenir réparation d'un préjudice « d'une particulière gravité » (art. 266), invoquer le caractère inéquitable de l'attribution d'une prestation compensatoire à son conjoint fautif pour en être dispensé (art. 270, al. 3), sans compter qu'il risque d'essayer de se venger par l'intermédiaire des enfants ?

le lien : la théorie générale du contrat ne connaît pas d'institution comparable, qui permette le maintien du lien contractuel, mais assoupli.

SECTION 2

LE RÈGLEMENT JUDICIAIRE DES DÉSACCORDS CONJUGAUX

172 Le juge a également reçu le pouvoir de régler les désaccords conjugaux. Sur ce point, le pouvoir judiciaire n'a guère d'équivalent dans le droit des contrats, et il atteste que le mariage n'est pas seulement un contrat, mais aussi le fondement d'une famille, une institution, que l'autorité publique doit, le cas échéant, aider à vivre. Ce pouvoir judiciaire s'explique, plus précisément, par deux considérations. La nature institutionnelle du mariage, d'abord, appelle assez naturellement l'intervention de l'autorité publique pour permettre à cet acte fondateur d'une famille de fonctionner en cas de crise. La nature égalitaire du mariage contemporain, ensuite, implique de trouver un moyen pratique de sortir d'un conflit. Dès lors qu'il est partagé entre le mari et la femme, le pouvoir de direction de la famille génère nécessairement des désaccords ; plutôt que de renvoyer les époux à leur propre raison ou de donner arbitrairement voix prioritaire à l'un ou l'autre, le législateur a opté pour ce que certains ont ironiquement appelé un « mariage à trois » : le désaccord sera soumis au juge qui tranchera.

Ce pouvoir judiciaire a fait l'objet de critiques vigoureuses : mainmise de l'État sur les familles (lieu de non-droit par excellence), il ne ferait qu'attiser le feu et pourrait d'autant moins apaiser le conflit que le juge ne peut avoir de la situation qu'une connaissance très limitée. Il est sans doute illusoire d'espérer une réconciliation judiciaire des époux : la saisine du juge atteste la gravité de la mésentente. Mais, quelque imparfait que soit ce pouvoir judiciaire de décision, il reste préférable à la solution qui consisterait à renvoyer les époux dos à dos ou à conférer à l'un suprématie sur l'autre. Son champ d'application n'est d'ailleurs pas sans limites.

173 Il existe avant tout dans les cas où la loi exige l'accord des époux.

La loi le prévoit explicitement en matière d'*autorité parentale* sur la personne de l'enfant, de devoir parental d'entretien (C. civ., art. 373-2-6)[1] et de gestion des biens de l'enfant (C. civ., art. 389-5, al. 2[2] ; v. ss 596, 607 s., 612 s., 616 et 627).

Il existe aussi dans les *rapports conjugaux*, au moins en matière patrimoniale : gestion des biens communs, sort du logement familial (C. civ., art. 215 et 217). Les questions personnelles s'en accommodent moins facilement. À mi-chemin entre personne et patrimoine, se pose la question de la détermination de la résidence de la famille. Subordonné à l'accord conjoint des époux depuis la loi du 11 juillet 1975 (v. ss 145), le choix de la résidence de la famille peut susciter un désaccord profond. Et la loi n'ayant pas ici explicitement prévu le recours au juge, sauf pour fixer une résidence séparée en cas de violences (art. 515-9, v. ss 126), de procédure de divorce (art. 255 et 257 ; v. ss 227) ou de rejet d'une demande en divorce (art. 258 ; v. ss 182), la doctrine hésite à lui reconnaître un tel pouvoir. Il est vrai qu'il est plus facile de juger de l'intérêt de la famille en matière de gestion de biens qu'en matière de choix du lieu de vie. Mais cette difficulté n'est pas insurmontable ; elle suppose seulement un juge prudent et usant à bon escient de ses pouvoirs d'instruction.

Section 3

Les pactes entre époux

174 Les époux concluent parfois des pactes relatifs aux effets du mariage, que ce soit avant la célébration de celui-ci ou en cours d'union : ils souhaitent ainsi se dispenser du devoir de fidélité ou de communauté de vie, ou fixer en tel lieu la résidence familiale,

1. C'est une nécessité absolue tant l'intérêt de l'enfant s'accommode mal d'une guerre perpétuelle ; en outre, le renvoi de la loi à la pratique antérieure permet le respect du particularisme familial : art. 373-2-11, v. ss 628.

2. C'est qu'il est assez facile de déterminer l'intérêt patrimonial de l'enfant et que cela ne conduit en outre *a priori* à aucune intrusion dans la vie privée de la famille en question.

ou déterminer la forme et le montant de la contribution aux charges du mariage, ou opter pour telle ou telle éducation religieuse des enfants à venir, voire organiser leur séparation de fait...

Tant que l'accord persiste et est respecté de part et d'autre, la question n'est pas soumise au droit : elle pourrait l'être éventuellement dans la mesure où le ministère public pourrait souhaiter agir en nullité (lorsque le pacte est nul) ; mais en pratique, il est peu probable qu'il ait connaissance de ce pacte. La question apparaît en revanche lorsque l'un des époux refuse de s'exécuter.

175 Deux attitudes sont concevables : appliquer purement et simplement le principe de la force obligatoire des conventions et, ravalant le mariage au rang d'un vulgaire contrat, considérer que les époux sont liés par leur parole et que seule une révocation mutuelle peut atteindre le pacte (anc. art. 1134 ; art. 1193) ; considérer que les effets de l'union matrimoniale échappent aux volontés individuelles et que de tels pactes sont nuls par leur objet (art. 6 et 1162) en raison de la nature institutionnelle du mariage (v. ss 51).

176 L'attitude du droit varie selon l'objet du pacte en question : assez favorable aux accords de volonté en matière patrimoniale, le droit leur est plus hostile en matière personnelle. Tout dépend, très classiquement, de la nature de l'effet du mariage en jeu. S'il s'agit d'un effet d'ordre public, il ne peut être ainsi écarté par convention[1]. S'il procède d'une règle supplétive de volonté, en revanche, il peut être écarté. Le critère vaut tant pour les pactes conjugaux que pour les pactes parentaux.

§ 1. Les pactes conjugaux

177 **Nullité des pactes personnels.** Les devoirs personnels de mariage (fidélité, assistance, communauté de vie, respect de la personnalité de l'autre...) échappent certainement à la volonté des époux (art. 1388 et 226). Ces effets du mariage sont trop essentiels pour

1. C'est alors la nullité absolue qui s'impose, la nature institutionnelle du mariage l'emportant sur la protection des époux.

qu'on les mette à portée des individus. Il y va de l'institution matrimoniale elle-même.

Dépourvus de validité, les pactes n'auront donc aucune force obligatoire, ni pour les parties ni pour le juge[1]. Leur existence pourra toutefois être un élément d'appréciation pour le juge : ainsi, dans l'appréciation d'une faute, cause de divorce[2] ; ainsi dans l'aménagement de la vie séparée, pendant ou après l'instance en divorce ; etc.

178 **Séparation amiable.** Les pactes de séparation amiable sont une excellente illustration de cette solution. La nullité, admise par la jurisprudence au début du XXe siècle[3], est parfois contestée par la doctrine contemporaine, qui se fonde sur la « contractualisation » du mariage. Cette opinion fait fi du caractère hybride du mariage, acte de volonté et de liberté individuelle, mais aussi institution, pierre fondatrice d'une famille, cellule de base de la société.

La seule « organisation »[4] juridique possible de la séparation de fait (et elle ne peut qu'être très limitée) procède du pouvoir que l'article 258 du Code civil confère au juge du divorce, lorsqu'il rejette une demande en divorce, de statuer sur la résidence séparée des époux, la contribution aux charges du mariage et les modalités d'exercice de l'autorité parentale (v. ss 182)[5]. Le pacte de séparation amiable pourra alors éventuellement constituer un élément d'appréciation, voire d'inspiration, pour le juge.

179 *La matière patrimoniale* se prête en revanche assez bien aux accords de volonté entre époux (v. ss 118 s. et 139).

C'est même le principe fondamental en matière de régime matrimonial : l'article 1387 affirme clairement que les époux sont

1. V. Civ. 1re, 20 nov. 1963, v. ss 71.
2. Civ. 1re, 23 févr. 2011, n° 10-13.477 : la cour d'appel peut refuser de qualifier le manquement imputé au mari de faute cause de divorce après avoir relevé que les époux s'étaient séparés d'un commun accord plusieurs années auparavant.
3. Civ. 2 janv. 1907, *DP* 1907. 1. 137. V. plus récemment Civ. 27 févr. 1950, *D.* 1950. 316 ; 4 janv. 1958, *Bull. civ.*, n° 9 ; 3 janv. 1964, *Bull. civ.*, n° 4 ; 31 oct. 1962, *Bull. civ.*, n° 683 ; comp. Aix 15 sept. 1982, *D.* 1984. 267 ; Paris 13 févr. 1986, *Gaz. Pal.* 86. 1. 216.
4. À quoi il faut ajouter le pouvoir qu'a le juge de statuer sur la résidence séparée dans le cadre d'une procédure de divorce (art. 254 et 255, v. ss 227) ou pour protéger l'un des époux et les enfants des violences de l'autre (art. 515-9 s., v. ss 126).
5. La Cour de cassation entend strictement les pouvoirs du juge : Civ. 1re, 31 mars 1992, *JCP* N 1992. 383 ; Civ. 1re, 19 juin 2007, n° 06-16.656.

libres de choisir le régime matrimonial qui leur convient le mieux. Ils doivent toutefois respecter le formalisme du contrat de mariage (art. 1394 s.). Surtout, l'article 1388 limite doublement leur liberté : les accords de volonté ne peuvent ni décharger les époux de leurs devoirs conjugaux ni retirer aux époux les pouvoirs reconnus par la loi. Le contrat de mariage ne saurait ainsi ni dispenser un époux de son obligation de contribuer aux charges du mariage ni confisquer à l'un des époux l'autonomie minimale que lui confère le régime primaire, qui est d'ordre public (gestion des biens propres, des comptes bancaires, des salaires ; v. ss 140 s.).

La même liberté encadrée se retrouve en matière successorale, puisque chacun peut assez librement modifier les effets que la loi attache au mariage après décès d'un époux, sous réserve du droit aux aliments (art. 767, v. ss 143), du droit de jouissance du logement pendant un an (art. 763 et 764 ; v. ss 155) et de la réserve héréditaire, qu'il s'agisse de celle du conjoint survivant (art. 914-1, v. ss 156) ou de celle des autres héritiers (art. 1094 s. ; v. ss 156).

§ 2. Les pactes parentaux

180 Il arrive fréquemment que les parents se mettent d'accord, avant même le mariage ou pendant celui-ci, sur l'exercice de leurs droits et devoirs parentaux : devoir d'entretien, éducation des enfants nés ou à naître... L'analyse classique de la fonction parentale interdisait de les entériner : indisponible, cette fonction ne pouvait être l'objet d'une convention. Pourtant, les mérites des pactes parentaux sont indéniables : procédant de la volonté des parents, *a priori* mieux placés qu'autrui pour décider de l'intérêt de l'enfant, la décision prise est généralement bien acceptée par ses auteurs et a donc de fortes chances d'être respectée. À quoi il faut ajouter que de tels pactes peuvent aider le juge à trancher des conflits inextricables, notamment religieux, là où le principe de laïcité de l'État lui interdit de régler un désaccord par référence à l'intérêt religieux de l'enfant. On comprend donc que la législation contemporaine se montre plus accueillante.

Le principe théorique demeure : l'*article 376* affirme ainsi qu'« aucune renonciation, aucune cession portant sur l'autorité parentale, ne peut avoir d'effet si ce n'est en vertu d'un jugement dans les cas déterminés ci-dessous » ; quant à l'article 1388 du Code civil, il interdit qu'il soit dérogé « aux règles de l'autorité parentale, de l'administration légale ». Mais le rôle des accords entre époux, et plus largement entre parents s'est considérablement développé, notamment avec la loi du 4 mars 2002. Aujourd'hui, comme hier, le juge qui statue sur l'autorité parentale, l'éducation d'un enfant, ou décide de le confier à un tiers, peut « avoir égard aux pactes que les père et mère ont pu conclure entre eux à ce sujet » (C. civ., art. 376-1, v. ss 591 et 646 s.), ou se référer à la pratique précédemment suivie par les parents (art. 373-2-11, v. ss 627). Quant aux accords conclus dans le cadre du divorce, ils portent notamment sur le sort des enfants communs (art. 230 s., v. ss 195). Surtout, l'article 373-2-7 autorise désormais les parents, de façon générale, à demander au juge d'homologuer leur accord sur les modalités d'exercice de leur autorité parentale ou leur devoir d'entretien (v. ss 626)[1]. Ce rôle des pactes n'est pas, il est vrai, réservé aux parents mariés, mais il leur profite aussi. Sur toutes ces questions, v. ss 647.

1. La faveur aux accords entre parents se traduit aussi par l'admission de la conciliation et de la médiation : art. 373-2-10, v. ss 628.

LIVRE DEUXIÈME

LES COUPLES DÉMARIÉS

181 **Diversité des crises conjugales.** Le « démariage » est une expression doctrinale imagée qui recouvre tous les événements atteignant le mariage dans sa substance, quels que soient la nature et le degré de l'atteinte considérée. De fait, le mariage peut connaître diverses vicissitudes, allant de la simple anicroche à la rupture définitive.

182 **Séparation de fait.** La séparation de fait modifie peu, en elle-même, le statut matrimonial. La disparition de la communauté de vie ne supprime pas les droits de l'époux abandonné et se borne, le cas échéant, à peser sur l'appréciation que le juge porte sur la conduite des époux dans le cadre d'un divorce pour faute (v. ss 213). Le régime matrimonial, grâce aux pouvoirs légaux qu'il confère et à l'intervention judiciaire qu'il autorise (v. not. C. civ., art. 217 et 220-1 s. ; v. ss 149), constitue dans une certaine mesure un remède à la désunion. Les pactes de séparation amiable n'ayant pas de force obligatoire (v. ss 178), la seule possibilité pour les époux de « stabiliser » la séparation consiste à saisir le juge pour qu'il statue sur une résidence séparée (art. 258), étant observé que les pouvoirs conférés au juge par la loi restent limités : d'abord parce que, sauf hypothèse de violences conjugales (art. 515-9 s., v. ss 126)[1], une telle décision ne peut intervenir que

1. Et les mesures sont dans cette hypothèse limitées dans le temps puisqu'elles sont caduques si, dans un délai de quatre mois, une procédure de divorce ou séparation de corps n'a pas été intentée.

dans le cadre du rejet d'une demande en divorce (ou séparation de corps) ; en outre parce que le juge ne peut statuer que sur la résidence séparée, la contribution aux charges du mariage, les modalités de l'exercice de l'autorité parentale[1].

183 **Plan.** Divers événements entament en revanche réellement les droits et devoirs de mariage. Le décès, comme l'absence déclarée entraînent ainsi dissolution du mariage, non sans limite (vocation successorale du conjoint survivant, v. ss 138 s. ; port du nom du conjoint prédécédé par le survivant). Surtout, le lien de mariage peut être dissous par divorce (TITRE 1) ou relâché par séparation de corps (TITRE 2).

1. Civ. 1re, 31 mars 1992, *JCP* N 1992. 383 ; Civ. 1re, 19 juin 2007, n° 06-16.656.

TITRE 1

LE DIVORCE

184 **Évolution.** « La question du divorce est une question qui divise un pays » : ces propos de Carbonnier, « auteur intellectuel » de la réforme du divorce opérée par la loi du 11 juillet 1975, sont célèbres. La question, relativement paisible en France en ce début de XXIe siècle - sous réserve des discussions qui ont entouré le divorce par consentement mutuel déjudiciarisé (sur lequel, v. ss 191 s., a suscité des débats passionnés autrefois, et en suscite aujourd'hui encore dans certains pays.

Admis et couramment pratiqué à *Rome*, le divorce résista à la volonté de l'Église de faire respecter la doctrine de l'indissolubilité du mariage. Solennellement affirmée par *le Concile de Trente en 1563*, cette indissolubilité sera accueillie par l'Ancien droit. La réforme protestante, qui s'attache moins à cette indissolubilité car elle ne considère pas le mariage comme un sacrement, jettera le trouble. Et, dans le droit fil de la philosophie des Lumières, *le droit intermédiaire*, en même temps qu'il abolit la séparation de corps considérée comme le « divorce des catholiques », admet très largement le divorce, qui peut être prononcé pour des causes déterminées mais aussi pour consentement mutuel ou même incompatibilité d'humeur (L. 20 sept. 1792).

Accueilli, quoique plus strictement, par *le Code civil de 1804*[1], le divorce sera aboli sous *la Restauration* (L. 8 mai 1816), avec la

1. Abolition du divorce pour incompatibilité d'humeur, limitation du divorce par consentement mutuel.

réintroduction du catholicisme comme religion d'État. Il sera rétabli par *la loi du 27 juillet 1884*, mais limité. Il ne peut être prononcé que pour faute (adultère, condamnation à une peine afflictive et infamante, excès, sévices ou injures graves) : le divorce par consentement mutuel était ainsi écarté. Et il le demeura jusqu'à la loi du 11 juillet 1975, du moins officiellement : pour contourner la loi, les époux d'accord pour se séparer s'échangeaient de fausses lettres d'injures.

185 **Réforme du 11 juillet 1975.** Une réforme était très attendue. La loi fut votée à partir de deux textes, l'un réglant les questions de fond, l'autre s'attachant à la procédure, issus de la plume de Carbonnier[1].

Son *inspiration fondamentale* était modérée : pour reprendre une formule que Carbonnier avait empruntée à Josserand, le divorce constituait un « mal nécessaire ». Cette position, intermédiaire entre un refus catégorique et une admission inconditionnelle, expliquait la réception du divorce par le droit, un certain refus de jugement de valeur moral, mais aussi les conditions de procédure (conciliation) et de fond (condition de temps ; clause de dureté ; définition de la faute, cause de divorce) qui limitaient la dissolution du mariage, ainsi que les effets du divorce, plus ou moins rigoureux selon les cas (attribution éventuelle d'une prestation compensatoire à l'époux fautif, sauf torts exclusifs, etc.).

Plus *techniquement*, la réforme obéissait à deux principes directeurs.

– *Le pluralisme législatif :* la loi admettait une pluralité de « cas »[2] de divorce (C. civ., art. 229), afin de donner « à chacun sa famille, à chacun son droit » (v. ss 32). Divorce-sanction, divorce-faillite ou divorce-consentement : chacun pouvait emprunter, pour divorcer, une voie appropriée à sa situation conjugale, certains aspirant à la reconnaissance publique des torts de l'autre, d'autres souhaitant partir malgré l'opposition de leur conjoint,

1. Carbonnier, « La question du divorce, Mémoire à consulter », *D.* 1975. chron. 115.
2. Le « cas » de divorce désigne un ensemble de règles, de fond et de procédure, relatives tant aux conditions du prononcé du divorce qu'à ses effets, ensemble complet et animé d'une cohérence interne (la cause de divorce expliquant ses effets).

d'autres, enfin, étant d'accord, mais dans des mesures variables, pour se quitter.

– *La dédramatisation du divorce :* la loi s'efforçait de rendre le divorce le moins douloureux possible. Pour ce faire, elle avait suivi trois voies : concentrer les effets du divorce dans le temps et limiter l'après-divorce ; détacher la cause et les effets du divorce, le pari étant que l'on se battrait moins autour du prononcé du divorce si les effets du divorce ne dépendaient pas de la cause de divorce ; favoriser les accords entre époux.

La prestation compensatoire constituait une pièce maîtresse du nouveau dispositif : en principe détachée de la cause de divorce, et subordonnée à la seule constatation d'un déséquilibre des niveaux de vie après le divorce, elle devait prendre la forme d'un capital forfaitaire, en principe invariable dans le temps. Il s'agissait, d'une part d'éviter la bataille lors du prononcé du divorce en privant l'attribution des torts d'incidence financière, et d'autre part de rompre avec le contentieux lancinant de la révision des pensions alimentaires.

186 **Loi du 30 juin 2000.** La crise économique (chômage) et l'évolution sociologique (désir d'accentuer la rupture patrimoniale après divorce, refus d'imposer aux héritiers du débiteur la charge de la prestation au profit de l'ex conjoint) révélèrent rapidement les limites de cette institution nouvelle. La loi du 30 juin 2000 lui apporta diverses modifications, essentiellement destinées à améliorer la situation des débiteurs.

187 **Le besoin de réforme.** Une réforme d'ensemble paraissait nécessaire pour deux raisons. L'une, idéologique, tenait à la liberté individuelle, qui pousse à faciliter le divorce et à limiter la durée des procédures. L'autre, pragmatique, tenait à la nécessité de réduire les dépenses publiques, le nombre toujours croissant de divorces[1] conduisant à un engorgement des tribunaux[2] auquel les Pouvoirs publics souhaitaient remédier.

1. Les 60 000 divorces prononcés en 1976 étaient devenus environ 115 000 en 2001.
2. Le contentieux du divorce représentait près de la moitié du contentieux du tribunal de grande instance.

Les statistiques[1] établissaient que, dans trois cas sur quatre, c'était la femme qui demandait le divorce, et qu'elle fondait bien souvent cette demande sur la faute[2]. Cette réalité n'était pas anodine, à en croire les chiffres alors avancés : les femmes gagnant en moyenne 25 % de salaire de moins que les hommes et la différence, en terme de retraite, s'élevant à plus de 40 %, il en résultait que 90 % des prestations compensatoires leur étaient attribuées. En outre, si plus de 47 % des divorces étaient prononcés sur requête conjointe, plus de 38 % l'étaient encore pour faute (dont un quart seulement était prononcé aux torts partagés)[3], les divorces sur demande acceptée n'étant pas nombreux (environ 13 %) et les divorces pour rupture de la vie commune étant rarissimes (un peu plus de 1 % seulement). Là encore, ces chiffres étaient importants, la durée des procédures variant considérablement selon le cas de divorce choisi : il fallait en moyenne 13 mois pour divorcer, mais le prononcé du divorce ne prenait qu'un peu plus de 9 mois sur requête conjointe alors qu'il fallait plus de 17 mois pour un divorce pour faute.

Les rapports présentés par Irène Théry et Françoise Dekeuwer-Défossez avaient suggéré diverses pistes[4]. Une proposition de loi fut déposée par le député Claude Colcombet fin 2001[5], mais elle échoua avec le changement de législature. En décembre 2002, une nouvelle commission fut chargée de réfléchir à la réforme du divorce. Un projet de loi fut présenté au Parlement en juillet 2003. L'urgence ayant été déclarée, le texte fut adopté le 12 mai et promulgué le 26 mai 2004. Il est regrettable que la procédure ait été

1. V. à cet égard rapport n° 117 du sénateur J. Rozier, présenté au Sénat, annexe de PV de séance du 16 déc. 2003 ; rapport n° 120 du sénateur P. Gélard, présenté au Sénat, annexe de PV de séance du 17 déc. 2003.

2. Pour de multiples raisons : signification affective particulière du mariage pour la femme, charges ménagères particulières issues du mariage pour la femme, indépendance professionnelle, etc.

3. Ce qui infirmait l'idée reçue selon laquelle un divorce procéderait toujours de deux coupables.

4. I. Théry, *Couple, Filiation et parenté aujourd'hui*, rapport remis en mai 1998 au ministre de l'Emploi et de la Solidarité et au Garde des Sceaux ; F. Dekeuwer-Défossez, *Rénover le droit de la famille*, rapport remis en sept. 1999 au Garde des Sceaux.

5. Proposition n° 3189, rapport n° 252 du sénateur Gélard au Sénat. Elle modifiait profondément les cas actuels de divorce en n'instituant plus que deux cas : un divorce pour consentement mutuel, un divorce pour rupture irrémédiable du lien conjugal.

expédiée à la va-vite[1], alors que la « question du divorce »[2] a des enjeux considérables, individuels (les conditions et effets de la dissolution d'un mariage sont essentiels pour un couple, en termes de liberté et de sécurité) et sociaux (en ce qu'il engage l'avenir de l'enfant et affecte la stabilité du lien de famille, et en raison de ses répercussions sur le sens du mariage).

188 **Loi du 26 mai 2004. Présentation générale.** Techniquement de bonne facture, la réforme a procédé à des choix qui ne sont neutres *ni pratiquement, ni symboliquement.* En apparence, le texte se situe dans le prolongement de la loi du 11 juillet 1975. Pluralisme des cas, prononcé judiciaire, faveur aux accords, concentration des effets, détachement de la cause et des effets, etc. : tous les grands principes directeurs du « divorce version 1975 » demeurent, la réforme se bornant à première vue à pousser plus avant les choix fondamentaux opérés trente ans plus tôt[3]. Mais, sous cette apparente continuité, se cache *une forme de rupture.* Le sens et la portée du mariage en ressortent profondément modifiés. Le mariage perd la force obligatoire qui était la sienne, dans le temps en s'ouvrant à une plus souple dissolubilité, mais aussi dans l'instant, d'une part en perdant dans les sanctions attachées au divorce pour faute son bras armé traditionnel et d'autre part en générant une solidarité patrimoniale redéfinie, à la fois plus intense dans l'instant et plus fragile dans le temps. Pareille constatation étonne si l'on en croit l'intention affirmée du législateur[4]. Répondra-t-elle, en outre, à l'attente des justiciables ? En renforçant la solidarité patrimoniale et en l'objectivant, ne risque-t-elle pas de

---

1. Le texte fut adopté en deux jours, par le Sénat (les 7 et 8 janv. 2004) puis par l'Assemblée nationale (les 13 et 14 avr.). Une commission mixte paritaire ayant été réunie, la loi fut définitivement adoptée le 6 mai par le Sénat et le 12 mai par l'Assemblée nationale.

2. Pour reprendre la célèbre expression de Carbonnier, *La question du divorce*, préc.

3. La médiation n'est au fond que la manifestation procédurale de l'importance des accords privés reconnue dès 1975 ; le silence de la requête en divorce sur demande acceptée sur les faits à l'origine de la faillite du ménage n'est que la suite logique de la jurisprudence qui avait exclu tout contrôle du juge sur ces faits ; le principe d'indifférence de la faute sur la prestation compensatoire, qui ne connaissait d'exception qu'en cas de torts exclusifs, n'en connaît désormais qu'en cas de faute particulièrement grave...

4. Le Garde des Sceaux disait vouloir « affirmer les références essentielles qui constituent le socle de notre société, au rang desquelles la valeur de l'engagement, la solidarité, la responsabilité » : exposé des motifs, projet de loi relatif au divorce, séance 9 juill. 2003 ; v. aussi audition du Garde des Sceaux par le Sénat le 16 déc. 2003.

générer des injustices et, éventuellement, de dissuader du mariage ? Et parviendra-t-elle à la pacification escomptée ?

L'importance pratique et théorique des modifications opérées a conduit le législateur à retarder l'entrée en vigueur des nouvelles dispositions au 1er janvier 2005 (art. 25, I) et à opter en certains cas pour la survie de la loi ancienne[1]. Les dispositions relatives à la prestation compensatoire (révision, suspension, substitution...) ont en revanche été largement rendues immédiatement applicables[2].

189 **Évolution postérieure. Réformes ponctuelles. Loi du 18 novembre 2016.** À en croire les statistiques et données judiciaires, les objectifs poursuivis par le législateur de 2004 ont été obtenus, qu'il s'agisse des cas de divorce (succès du consentement mutuel, progression de l'altération définitive du lien conjugal et de la demande acceptée, déclin du divorce pour faute) ou de ses effets (objectivation des effets, politique de concentration, etc.[3]). Pour autant, le droit du divorce a continué d'évoluer, sous diverses influences : essor de l'individualisme ; succès des droits fondamentaux ; engorgement des tribunaux ; endettement étatique ; etc. Des solutions nouvelles sont intervenues, notamment en matière de prestation compensatoire (v. ss 270, 272), non sans lien avec l'apparition progressive d'un droit au divorce, explicitement consacré par le Conseil constitutionnel le 29 juillet 2016 (Déc. nº 2016-557 QPC). Surtout, la loi du 18 novembre 2016 a profondément modifié le divorce, et avec lui le mariage, en introduisant en droit français une figure inédite, celle d'un divorce par consentement mutuel purement contractuel.

1. Les procédures en cours restaient soumises à la loi ancienne dans certains cas : homologation de la convention temporaire avant l'entrée en vigueur de la loi nouvelle ; délivrance de l'assignation avant l'entrée en vigueur de la loi nouvelle, deux exceptions étant toutefois prévues pour permettre le divorce, notamment le divorce pour altération définitive du lien conjugal. La séparation de corps obéissait aux mêmes principes. L'appel et le pourvoi étaient jugés selon les règles en vigueur lors du prononcé de la décision de première instance (IV). Pareillement les règles applicables à la séparation de corps lors de son prononcé régissaient sa conversion en divorce (V).

2. Les dispositions transitoires de la loi du 30 juin 2000 ont été abrogées. L'application des dispositions nouvelles aux rentes attribuées antérieurement a été précisée : art. 25, VI à X.

3. Cela vaut notamment pour la prestation compensatoire : objectivation effective de son attribution, respect de la hiérarchie légale quant à ses formes, faiblesse de son montant, admission rigoureuse de sa révision, etc.

Formellement, l'innovation est venue se couler dans le système législatif antérieur : l'article 229 s'est borné à ajouter aux quatre cas de divorce existant une nouvelle hypothèse, celle d'époux qui consentent à leur divorce par un acte sous seing privé contresigné par deux avocats avant d'être déposé au rang des minutes d'un notaire. Mais la physionomie de ce divorce est bien trop spécifique pour y voir un nouveau « cas de divorce » au sens où on l'entend traditionnellement (sur quoi, v. ss 191). C'est la raison pour laquelle il conviendra d'en faire une analyse séparée.

Le projet de loi de programmation pour la Justice 2018-2022 entend, au même prétexte de simplification, alléger à nouveau la procédure de divorce, acceptation possible du principe de la rupture par acte sous seing privé contresigné par avocats et qui peut être conclu avant l'introduction de l'instance ; appréciation du délai d'altération définitive du lien au jour du prononcé du divorce ; passage de ce délai de deux à un an ; etc. (v. art. 12). À ce train-là, on s'interroge sur l'avenir du mariage et la réalité de sa distinction avec le pacs, hier essentiellement fondée sur la stabilité de l'union matrimoniale, aux antipodes de la précarité du pacs.

190 **Plan.** Conformément à la présentation légale (art. 229), le divorce contractuel (CHAPITRE 1) sera envisagé avant les divorces judiciaires (CHAPITRE 2).

CHAPITRE 1

Le divorce contractuel

191 **La question du divorce sans juge. Loi du 18 novembre 2016.** Jusqu'à la loi du 12 mai 2009, le Code civil précisait explicitement qu'il appartenait au juge de se prononcer sur le divorce et ses conséquences (art. 228). La suppression de cette disposition en 2009 n'avait rien changé au fond : le Code civil n'admettait de divorce que judiciaire. Mais l'innovation révélait symboliquement un effacement de cette exigence.

La déjudiciarisation du divorce avait d'ailleurs été déjà proposée par le rapport Théry, cette solution étant réservée aux couples qui, n'ayant pas d'enfant et étant dépourvus de biens, auraient été d'accord pour divorcer, l'idée étant que l'intervention du juge est alors inutile, le divorce étant lui-même dépourvu d'enjeux pratiques. L'analyse était discutable : le démariage engage le plus souvent profondément l'affect, ce qui pèse sur la rationalité des époux et rend nécessaire le contrôle de leur accord par un tiers impartial, sauf à accepter de voir resurgir un contentieux postérieur ou de consacrer des arrangements injustes. À quoi s'ajoutaient des objections théoriques et symboliques : le divorce était une question d'état civil, matière traditionnellement soumise aux principes d'indisponibilité et d'immutabilité ; la célébration du mariage par un officier d'état civil appelait logiquement le formalisme de sa dissolution ; la banalisation et la privatisation du divorce risquaient d'affecter le sérieux de l'engagement matrimonial et la sécurité attachée au mariage. Rejetée par la commission Dékeuwer-Défossez, la proposition a toutefois resurgi, en 2014, sous la forme d'un divorce reçu par un greffier auquel la loi aurait donné des pouvoirs juridictionnels[1]. Mais les critiques suscitées par une telle solution ont conduit là encore à abandonner ce projet.

C'est à l'occasion de l'examen de la loi de modernisation de la justice du XXIe siècle qu'un divorce purement contractuel a été introduit en droit français, un amendement parlementaire ayant été déposé en ce sens, et voté dans la précipitation. Prétendument fondée sur l'illégitimité et l'inutilité de l'intervention judiciaire en cas d'accord des époux[2], la réforme a surtout poursuivi un objectif budgétaire : désengorger les tribunaux et économiser les fonds publics. Discutable dans son principe, l'exclusion du juge a en outre conduit à mettre en place un système dont les modalités s'avèrent tout à la fois complexes et peu sûres : complexes car s'appuyant sur l'intervention de trois professionnels (deux avocats et un notaire) et instituant un formalisme tatillon ; peu sûres car le législateur a conféré à ce divorce un domaine trop large (il n'est exclu ni en présence d'enfant mineur, ni en cas de situation internationale) et n'a pas suffisamment encadré ses effets, si bien que la nature contractuelle de ce nouveau divorce pose diverses difficultés.

Le Conseil constitutionnel n'a rien trouvé à redire à l'innovation, allant jusqu'à soutenir que les dispositions nouvelles ne posaient aucun problème au regard de l'intérêt des enfants mineurs, puisque cet intérêt était protégé... par les parents eux-mêmes (Déc. n° 2016-739 DC 17 nov. 2016). Promulguée le

1. « Le juge du 21e siècle, Un citoyen acteur, une équipe de justice », Rapport à Madame la Garde des Sceaux, P. Delmas-Goyon, janvier 2014.
2. Illégitime car le divorce renverrait à des questions de couple, qui relèvent de la vie privée (c'est oublier que l'institution du mariage ne poursuit pas seulement les intérêts privés, et que l'État est de surcroît le garant de l'intérêt des enfants mineurs) ; inutile car le juge homologuait quasi automatiquement les conventions de divorce qui lui étaient soumises (c'est oublier la portée préventive de l'intervention du juge, qui dissuadait les époux d'introduire dans la convention des stipulations illicites ou déraisonnables).

18 novembre 2016, et complétée par divers textes réglementaires[1], la loi nouvelle est entrée en vigueur le 1er janvier 2017.

192 **Plan.** On envisagera successivement le domaine de ce divorce (**§ 1**), puis ses conditions (**§ 2**), et enfin ses effets (**§ 3**).

§ 1. Le domaine du divorce contractuel

193 **Généralités.** Le divorce contractuel bénéficie d'un large domaine puisqu'il n'est fermé que dans deux cas (art. 229-2). Hors ces deux exceptions (**A**), il est la seule option ouverte aux époux qui souhaitent divorcer en organisant eux-mêmes leur séparation (**B**).

A. Une fermeture exceptionnelle

194 **Généralités.** Le divorce contractuel est fermé dans deux cas : si le mineur demande son audition au juge ; si l'un des époux est placé sous un régime de protection.

1. La demande d'audition d'un enfant mineur

195 **Une demande de l'enfant.** L'article 229-2 du Code civil ferme en premier lieu la voie du divorce contractuel lorsque « le mineur, informé par ses parents de son droit à être entendu par le juge dans les conditions prévues à l'article 388-1, demande son audition au juge ». Le renvoi à l'article 388-1 conduit à transposer les règles découlant de ce texte : seuls sont concernés les mineurs munis de discernement ; la demande d'audition doit être faite dans les conditions formelles envisagées par le texte ; elle produit les effets habituels d'une telle demande (le juge doit auditionner l'enfant, personnellement ou avec l'aide d'une personne compétente, sauf à juger qu'il est dépourvu de discernement), et autorise les époux à saisir aussitôt le juge aux affaires familiales d'une demande en divorce par consentement mutuel (C. pr. civ., art. 1148-2 ; sur le déroulement de ce divorce judiciaire, v. ss 194 s.). Pour garantir ce droit à demander une audition, la loi assujettit les parents à l'obligation d'informer l'enfant de son

1. Décr. n° 2016-1907 et n° 2016-1907 du 28 déc. 2016 ; arr. n° NOR JUSC1633188A du 28 déc. 2016 ; arr. n° 2017/1/20/ECFC1700157A du 20 janv. 2017. *Adde* Circ. min. Justice n° NOR JUSC1638274C du 26 janv. 2017.

droit à être entendu par le juge et des conséquences de son choix sur les suites de la procédure, impose de mentionner l'information en question dans l'acte contresigné par les avocats (v. ss 203)[1], un arrêté du garde des Sceaux ayant défini un formulaire à son attention (C. pr. civ., art. 1144).

Incohérente avec la solution retenue en matière de changement de régime matrimonial (la présence d'enfant mineur conduit automatiquement à une homologation judiciaire : art. 1397, al. 5)[2], la solution laisse sans protection les enfants dépourvus de discernement et instaure une mesure illusoire[3], déplacée[4], et éventuellement contre-productive[5] à l'égard des enfants munis de discernement.

2. Le placement d'un époux sous un régime de protection

196 **Un époux juridiquement protégé.** L'article 229-2 du Code civil ferme en second lieu la voie du divorce contractuel lorsque « l'un des époux se trouve placé sous l'un des régimes de protection prévus au chapitre II du titre XI du présent livre », ce qui vise : les mesures judiciaires que sont la sauvegarde de justice, la curatelle et la tutelle ; le mandat de protection future ; l'habilitation familiale. La solution s'explique aisément : la nature exclusivement contractuelle de ce divorce impose de l'exclure lorsque l'un des époux souffre d'une altération de ses facultés personnelles suffisamment grave pour l'empêcher de pourvoir seul à ses intérêts (c'est l'hypothèse, v. art. 425).

Le texte ne suffit pas à protéger les époux vulnérables, qu'il s'agisse de l'époux sous influence ou de celui qui souffre d'une altération telle de ses facultés personnelles qu'il devrait être placé sous un régime de protection mais ne l'est pas : on espère que les

1. Si l'enfant est dépourvu de discernement, mention doit en être portée dans l'acte : C. pr. civ., art. 1144-2.
2. Le projet de loi Justice 2018-2022 présenté en Conseil des ministres le 20 avril 2018 supprime cette solution.
3. Ils ne formeront pas de demande d'audition, ne serait-ce que parce que les parents les en dissuaderont.
4. Il est incohérent de reconnaître un tel pouvoir à l'enfant tout en affirmant haut et fort qu'il faut distinguer couple parental et couple conjugal, et dangereux de faire peser sur l'enfant la responsabilité de décider de la forme du divorce de ses parents.
5. Les mentions de l'acte qui leur est soumis ne risquent-elles pas de perturber les jeunes enfants ?

avocats chargés de contresigner l'accord des époux refuseront alors leur concours.

B. Une voie exclusive

197 **Une voie exclusive en principe.** Dans tous les autres cas, le divorce contractuel est la seule voie ouverte aux époux, la loi ne leur offrant pas le droit de saisir le juge d'une demande de divorce par consentement mutuel. Il s'agit même de la voie préférée par le législateur, comme l'attestent d'une part sa place dans la présentation légale des cas de divorce (art. 229, al. 1er) et d'autre part la possibilité qu'ont les époux qui se seraient engagés dans une autre voie d'opter « à tout moment de la procédure » pour ce divorce contractuel (art. 247, v. ss 191).

Cette exclusivité vient mordre sur le pluralisme législatif antérieurement consacré en la matière (v. ss 185), pour permettre aux époux de choisir le modèle qu'il juge le plus approprié, conformément à la célèbre formule « à chacun sa famille, à chacun son droit » (v. ss 33). Elle atteste qu'il ne s'est pas agi d'accroître la liberté des justiciables mais bien de réaliser des économies budgétaires. Elle prive malencontreusement les époux qui choisissent ce divorce contractuel, de la possibilité d'obtenir du juge aux affaires familiales une décision utile. Ainsi tout particulièrement dans trois situations : pour organiser la vie pendant le temps des négociations, l'obtention de l'accord des époux sur le règlement des effets du divorce prenant parfois du temps ; pour pallier l'incertaine réception étrangère d'un divorce contractuel, la nature hybride de l'acte sous seing privé étant problématique dans l'ordre international ; pour assurer au règlement conventionnel des effets une meilleure sécurité juridique, en fermant notamment le contentieux de la nullité et de la révision. On peut craindre des détournements de procédure[1], que les époux suscitent une demande d'audition de l'enfant mineur pour passer par un consentement mutuel judiciaire, ou qu'ils s'engagent dans un

1. À l'image des « faux divorces pour faute » qui dissimulaient de « vrais divorces d'accord » avant la loi du 11 juillet 1975 : v. ss 184.

divorce judiciaire uniquement pour obtenir les mesures provisoires qu'ils souhaitent en prévoyant d'opter ensuite pour un divorce contractuel, ou qu'ils choisissent la voie de la demande acceptée, en faisant ensuite homologuer par le juge la convention par laquelle ils auront réglé les effets du divorce.

§ 2. Les conditions du divorce contractuel

198 **Généralités.** Le divorce contractuel est soumis à des conditions de fond (**A**) et de forme (**B**).

A. Les conditions de fond

199 **Un accord explicite des époux.** Le divorce contractuel suppose l'accord explicite des époux : « le consentement au divorce et à ses effets ne se présume pas » (art. 229-3).

200 **Un accord global des époux.** Comme le divorce par consentement mutuel judiciaire (v. ss 195), le divorce contractuel suppose que l'accord des époux soit total : il doit porter sur le principe même du divorce mais aussi sur ses effets, et sur tous ses effets, qu'il s'agisse des effets entre époux, tant personnels (ex. port du nom) que patrimoniaux (art. 229-3, 3°)[1], ou des effets à l'égard des enfants (une disposition explicite en ce sens aurait été bienvenue).

201 **Quinze jours de réflexion avant la signature.** Pour assurer un consentement libre et éclairé, la loi impose le respect d'un délai de réflexion avant la signature de l'accord. L'article 229-4 interdit ainsi à chaque époux de signer le projet de convention que son avocat lui adresse avant l'expiration d'un délai de réflexion d'une durée de quinze jours à compter de la réception de ce projet. La sanction est forte : faute d'avoir respecté ce délai, l'accord sera nul[2]. Pour assurer le respect de cette règle de fond, l'envoi du projet par l'avocat doit se faire par lettre recommandée avec demande d'avis de réception[3].

1.

2. Nullité vraisemblablement relative, sauf à soutenir que ce délai entend protéger les intérêts de chaque époux mais aussi de l'enfant, voire des tiers (ex. les créanciers).

3. Mesure insuffisante ou problématique selon la domiciliation des époux.

B. Les conditions de forme

202 **Des conditions complexes.** Pour garantir la qualité du consentement des époux et du contenu de la convention, le droit impose un formalisme tatillon et une procédure complexe. L'efficacité du dispositif institué est douteuse.

203 **Le formalisme de l'acte.** Le formalisme est de deux types.

L'article 229-3 du Code civil impose en premier lieu la présence de *certaines mentions dans l'acte* (art. 229-3) : informations civiles et professionnelles relatives aux époux et aux enfants ; informations relatives aux avocats assistant les époux ; mention de l'accord global des époux ; modalités de règlement complet des effets du divorce (notamment s'il y a lieu au versement d'une prestation compensatoire) ; état liquidatif du régime matrimonial (ou déclaration selon laquelle il n'y a pas lieu à liquidation) ; mention de ce que le mineur a été informé de ses droits[1]. Le texte sanctionne ce formalisme par la nullité (sans préciser si elle est relative ou absolue). S'y ajoutent diverses mentions prévues par le Code de procédure civile : informations relatives au notaire chargé de recevoir l'acte au rang des minutes de son office (art. 1144-1) ; mention éventuelle de ce que l'enfant n'a pas le discernement nécessaire pour être informé de son droit à être entendu par un juge (art. 1144-2) ; valeur des biens ou droits attribués à titre de prestation compensatoire (art. 1144-3) ; rappel des modalités de recouvrement et des règles de révision de la créance ainsi que des sanctions pénales attachées au non paiement en cas de stipulation d'une pension alimentaire ou d'une prestation compensatoire sous forme de rente viagère (art. 1144-4) ; répartition éventuelle des frais du divorce (art. 1144-5 ; à défaut, ils sont répartis par moitié).

Le Code de procédure civile exige en second lieu que soient *annexées* à l'acte certaines pièces (art. 1145, al. 2) : dans tous les cas, le formulaire daté et signé par lequel les enfants reconnaissent avoir été informés de leur droit à être entendu par le

1. Si l'enfant n'a pas le discernement nécessaire pour recevoir pareille information, C. pr. civ., art. 1144-2.

juge ; seulement s'ils ont été établis en la forme authentique, l'état liquidatif de partage (art. 229-3, 5°) et l'acte d'attribution de bien (art. 1144-3).

On s'interroge d'une part sur la finalité et l'efficacité de ces mentions et annexes[1], d'autre part sur leur sanction, car les textes ne précisent pas toujours ce qu'il advient en leur absence[2]. La doctrine s'inquiète d'une potentielle résurgence du contentieux de la nullité[3].

204 **La procédure contractuelle.** Au-delà de ces exigences qui ont trait au contenu de l'acte (entendu largement), le droit impose une procédure contractuelle complexe.

L'acte doit être établi avec *l'assistance des deux avocats* (art. 229-1).

L'acte est établi en trois, ou éventuellement quatre exemplaires (C. pr. civ., art. 1145).

Ces différents exemplaires doivent être signés par chaque époux et contresignés par leurs avocats respectifs[4]. Le texte précise qu'ils doivent signer et contresigner ensemble, ce qui impose la présence simultanée de tous. Une fois les signatures recueillies, le divorce contractuel existe.

L'avocat le plus diligent doit, dans les sept jours de la signature, et à la requête des parties, transmettre l'un des actes (et ses annexes) à un notaire. Celui-ci est alors tenu, dans les quinze jours de la réception de l'acte, de le *déposer au rang des minutes de son office*. Il assurera ensuite la conservation de l'acte et délivrera une attestation de dépôt, qui permettra aux époux de faire procéder aux formalités de publicité (en marge de l'acte de mariage et des actes de naissance des époux : C. pr. civ., art. 1147) et de justifier de leur divorce à l'égard des tiers (C. pr. civ., art. 1148). Surtout, le dépôt confère à l'acte date certaine et force exécutoire (C. civ., art. 229-4, al. 2).

1. Elle suppose que l'acte soit lu et compris.
2. Le Code civil prévoit la nullité de l'acte faute des mentions que l'art. 229-3 impose, mais le Code de procédure civile est silencieux.
3. Ce que le divorce par consentement mutuel judiciaire ferme précisément.
4. Conformément au droit commun, ce contreseing permet à l'acte de faire foi de l'écriture et de la signature des parties : C. civ., art. 1374.

Une telle procédure ne saurait remplacer efficacement la procédure judiciaire.

L'assistance de chaque époux par son avocat dans l'élaboration de l'accord, la présence de ce dernier lors de la signature de la convention et le contreseing qu'il appose sur l'acte sont censés permettre aux avocats d'assurer la protection des intérêts des deux époux et de leurs enfants, à l'instar de ce que fait le juge dans un consentement mutuel judiciaire (v. ss 197 s., 282). On soulignera toutefois que le droit commun se borne à imposer à l'avocat qui contresigne, d'informer son client des conséquences juridiques de l'acte[1], sans lui demander de veiller à la conformité concrète des stipulations contractuelles à l'intérêt de son client, ni, *a fortiori*, à l'intérêt des enfants de celui-ci[2]. Surtout, on rappellera que les pouvoirs du juge (pouvoirs d'instruction, de pression, de décision, etc.) diffèrent profondément de ceux des avocats (qui ne peuvent exiger d'eux aucune preuve[3], ont comme seule arme celle du refus d'assister leurs clients, etc.) et que l'indépendance statutaire des premiers jure avec la dépendance financière des seconds à l'égard de leurs clients.

Quant à la formalité du dépôt de l'acte au rang des minutes d'un notaire, elle ne donne lieu ici qu'à un contrôle limité, le notaire devant seulement veiller au respect des exigences formelles (mentions et annexes de la convention) et du délai de réflexion de quinze jours entre la réception de la convention et sa signature par l'époux (art. 229-1, al. 2), voire à l'absence de clause illicite dans l'acte[4]. Le notaire n'est en revanche pas chargé de recevoir le consentement des parties, qui a d'ores et déjà été exprimé lors de la signature de l'acte par les époux avec les avocats. Ce qui met en lumière combien le dépôt au rang des minutes d'un notaire est ici singulier et ce qui donne à penser qu'il s'est

1. Comp. art. 66-3-1 de la loi du 31 déc. 1971, tel que créé par la loi du 28 mars 2011 : « en contresignant un acte sous seing privé, l'avocat atteste avoir éclairé pleinement la ou les parties qu'il conseille sur les conséquences juridiques de cet acte ».

2. Mais il est vrai que l'on peut interpréter l'art. 229-1 comme générant une obligation particulière à la charge des avocats.

3. Alors même que la loi ne le prévoit pas, les avocats demandent en pratique à leur client de déclarer sur l'honneur l'exactitude de leurs ressources, revenus, patrimoines et conditions de vie. Comp. art. 272 dans les divorces judiciaires.

4. C'est le droit commun. La circulaire reste en-deçà, en exigeant que l'illicite soit manifeste.

surtout agi, pour le législateur, de rallier les notaires à une réforme qu'ils n'approuvaient guère, car elle consacrait le rôle essentiel des avocats en matière de divorce contractuel[1], et aussi de bénéficier de la force exécutoire attachée à cette formalité.

§ 3. Les effets du divorce contractuel

205 **Des effets escamotés par la loi.** La loi est peu diserte s'agissant de déterminer les effets de ce divorce contractuel.

Elle précise la date à laquelle se produisent ses effets : la dissolution du mariage intervient au jour où la convention acquiert force exécutoire (art. 260) ; les effets patrimoniaux sont opposables aux tiers à compter de l'accomplissement des formalités en marge des actes d'état civil (art. 262) et se produisent entre les ex-époux à compter de la date à laquelle la convention acquiert force exécutoire, sauf stipulation contraire de la convention (art. 262-1).

Elle envisage la modification de la convention dans deux cas : la prestation compensatoire pourra être révisée dans les conditions de l'article 279, alinéas 3[2] et 4 (art. 279, al. 5 ; v. ss 286) ; les stipulations relatives aux enfants peuvent être modifiées ou complétées à tout moment par le juge, à la demande des ou d'un parent, ou du ministère public, qui peut lui-même être saisi par un tiers, parent ou non (art. 373-2-13).

Les difficultés principales tiennent à la nature exclusivement contractuelle de ce divorce. Faute d'avoir été homologuée en justice, la convention ne peut pas bénéficier ici de ce qu'elle ferait corps avec une décision de justice, ce qui lui cconféreraitla même force contraignante (v. ss 283 s. en cas de consentement mutuel judiciaire). La nature contractuelle du divorce devrait ainsi conduire à faire application des dispositions du droit commun des contrats, sauf exclusion explicite de ce droit commun par le droit du divorce, ou sauf exclusion implicite à raison de telle disposi-

1. La consolation est plus symbolique que pratique, eu égard au tarif imposé par la loi.
2. Le renvoi est curieux, car cela revient à donner au juge le pouvoir de réviser une prestation qu'il n'a pas fixée.

tion spéciale dérogatoire. On se demande pourtant si les sanctions de l'inexécution contractuelle sont bien applicables (exception d'inexécution, clause pénale, résolution pour inexécution, etc.), si la convention peut être révisée pour imprévision (C. civ., art. 1195) ou annulée pour défaut de forme, vice du consentement, illicéïté du contenu ? Quelle place pour la nullité d'abord : sera-t-elle réservée aux hypothèses prévues par les articles 229-1 et suivants, ou admise conformément au droit commun ? Quelles conséquences produira-t-elle ensuite : affectera-t-elle seulement la stipulation irrégulière, ou s'étendra-t-elle à la convention régissant les effets du divorce, ou conduira-t-elle à anéantir rétroactivement le divorce dans son principe même ? Les conséquences d'une telle solution seraient importantes : les mariages subséquents seraient nuls pour bigamie ; en outre, les nouveaux époux n'ayant jamais été mariés, aucun régime matrimonial n'aurait jamais existé entre eux, etc. Si l'on estime que les tempéraments à la nullité (mariage putatif, apparence, possession de bonne foi, etc.) sont insuffisants pour remédier à ces difficultés, reste la voie étrange consistant à maintenir le divorce contractuel et demander au juge de régler au mieux ses effets. Bref, la question de la portée de la convention reste entière.

CHAPITRE 2

Les divorces judiciaires

206 **Divorce. Prononcé judiciaire.** En dehors du divorce contractuel envisagé plus haut, la solution antérieure demeure : le divorce ne peut être prononcé que par une décision judiciaire.

207 **Cas de divorce.** Cette décision judiciaire est soumise à diverses conditions, de procédure et de fond, et produit certains effets. C'est l'association de ces deux types de conditions, intimement liées, et des effets qui leurs sont attachés, qui constitue ce qu'on appelle les « cas » de divorce. L'existence de ces « cas » se traduit, dans l'ordre procédural, par une double autonomie : chaque cas obéit à une procédure déterminée ; une procédure entamée sur le fondement d'un cas déterminé doit en principe être poursuivie sur ce seul fondement (C. pr. civ., art. 1077). Mais cette autonomie est doublement limitée. Elle l'est d'abord par une règle originale, introduite par la loi du 26 mai 2004, qui consiste à distinguer deux phases dans la procédure, la phase de la requête initiale et celle de l'assignation en divorce, ce dans l'espoir de pacifier la procédure et de parvenir à un divorce d'accord : la procédure en divorce est engagée par la demande d'un époux qui saisit le juge d'une requête en ce sens « sans indiquer les motifs du divorce » (art. 251), en bref sans invoquer aucun « cas » particulier de divorce ; les époux sont alors convoqués à une audience de conciliation, au cours de laquelle le juge tente d'accorder les époux sur

les conditions de dissolution du mariage (art. 252) ; en cas d'échec de la tentative de conciliation, le juge rend une ordonnance de non-conciliation, ce qui permet à chacun des époux d'assigner l'autre en divorce en choisissant alors « le cas » sur lequel fonder la demande (art. 257-1). La seconde limite tient dans le fait que la loi organise des passerelles entre les cas de divorce : on peut toujours, en cours de procédure, passer à un divorce contractuel, ou à un divorce par consentement mutuel judiciaire ou à un divorce sur demande acceptée (art. 247 et 247-1) ; en outre, une demande en divorce pour altération définitive du lien conjugal peut être transformée en demande en divorce pour faute[1] si le défendeur répond à la demande initiale par une demande reconventionnelle en divorce pour faute (art. 247-2, v. ss 209).

208 **Plan.** On envisagera le prononcé du divorce (**§ 1**) avant de présenter ses effets (**§ 2**).

§ 1. Le prononcé du divorce

209 La loi fixe les conditions propres à chacun des quatre cas de divorce (**A**) et pose un socle procédural commun (**B**).

A. Les conditions propres à chaque cas de divorce

210 **Généralités.** La loi du 11 juillet 1975 distinguait trois cas de divorce (art. 229) : le divorce par consentement mutuel, le divorce pour rupture de la vie commune, le divorce pour faute. Mais sous le « consentement mutuel », se cachaient en réalité deux cas distincts : le divorce « sur requête conjointe », qui procédait d'un accord intégral des époux, sur le principe et les effets du divorce ; le divorce « sur double aveu », qui résultait d'un accord beaucoup plus limité, ne portant que sur le principe du divorce. La doctrine avait donc pris l'habitude de distinguer quatre cas de divorce. La loi du 26 mai 2004 distingue désormais *quatre cas de divorce* : le divorce par consentement mutuel ; le divorce « sur acceptation du principe de la rupture du mariage » ou « divorce accepté », inspiré

1. Elle peut être transformée en une demande en divorce aux torts exclusifs, mais aussi aux torts partagés : Civ. 1re, 11 sept. 2013, n° 11-26.751.

du divorce sur double aveu, que la loi a voulu plus objectif et plus sûr ; le divorce « pour altération définitive du lien conjugal », lointain héritier du divorce pour rupture de la vie commune ; enfin le divorce pour faute, relativement peu modifié dans ses conditions.

La présentation de ces quatre cas suivra l'ordre de l'énumération légale, très politique (il renseigne sur la préférence législative) et qui correspond aujourd'hui à la fréquence pratique effective des différents cas[1] : le divorce par consentement mutuel (**1**) caracole en tête suivi du divorce sur demande acceptée (**2**), pour altération définitive du lien conjugal (**3**) et pour faute (**4**).

1. Le divorce par consentement mutuel

211 **Généralités.** Le divorce « par consentement mutuel » est l'héritier de l'ancien divorce dit « sur demande conjointe ». Il est caractérisé par la plénitude de l'accord des époux, accord qui concerne, en bloc, le principe et l'aménagement du divorce, sa cause et ses effets.

Il attirait de nombreux couples avant la loi du 18 novembre 2016 (40 % des couples en 1995 ; 47 % à la veille de la réforme de 2004 ; plus de la moitié depuis 2006), sans doute en partie pour sa rapidité (un peu moins de 3 mois sont nécessaires pour obtenir le divorce). Il a conservé les faveurs du législateur qui apprécie ce mode économe de dissolution du mariage.

Ainsi s'explique la passerelle instituée par l'article 247 du Code civil qui permet toujours, tant que le divorce n'a pas été prononcé, et même s'il a été engagé sur un autre fondement (faute, altération définitive du lien conjugal ou divorce accepté), de passer au divorce contractuel ou au divorce judiciaire sur demande conjointe (par exception au principe de l'autonomie des cas : C. pr. civ., art. 1077).

1. En 2010, les TGI ont prononcé 133 909 divorces, dont 72 348 par consentement mutuel, 32 654 sur demande acceptée, 14 116 pour altération définitive du lien conjugal, et 12 909 pour faute, soit respectivement environ 54 %, 24,4 %, 10,5 % et 9,6 % des divorces. La durée moyenne des procédures n'y est pas étrangère : en 2010, il fallait un peu moins de 3 mois pour un divorce par consentement mutuel et plus de 19 mois pour les autres cas.

Régi par les articles 230 à 232 du Code civil, ce divorce se fonde sur l'accord des époux (**a**) et son homologation judiciaire (**b**).

a. L'accord des époux

212 **Plénitude de l'accord.** L'accord des époux, complet au fond, s'exprime par des règles procédurales.

Au fond, le « consentement mutuel » a un *double objet* : il porte sur le principe même de la dissolution du lien et sur les conséquences de cette dissolution, à l'égard des enfants ainsi que dans les rapports réciproques, personnels et patrimoniaux, des époux (C. civ., art. 230 et C. pr. civ., art. 1091). Il peut d'ailleurs aussi porter sur l'aménagement de la vie *pendant l'instance* en divorce : la loi autorise le juge qui prescrit les mesures nécessaires pour assurer l'existence des époux et des enfants pendant cette période à « prendre en considération » les « accords éventuels entre époux » (art. 254 ; v. ss 227), « les arrangements que les époux ont déjà conclus entre eux » (C. pr. civ., art. 1117)[1].

En la forme, le « consentement mutuel » se manifeste de deux façons. Le divorce est d'abord « *demandé conjointement* » (art. 230. ; ce qui expliquait la terminologie, retenue en 1975, de divorce « sur requête conjointe ») : une « requête unique » est déposée au greffe (C. pr. civ., art. 1089) par les époux, assistés par le ou les avocats choisis (les époux peuvent préférer que chacun soit assisté par un avocat ou désigner d'un commun accord un seul défenseur : art. 250 nouv.). Pour être recevable, la demande doit comporter, en annexe, *une convention élaborée par les époux* (C. civ., art. 230 et C. pr. civ., art. 1091), « qui règle les conséquences du divorce »[2] et est soumise à l'approbation du juge (art. 230). Les époux peuvent également annexer une convention temporaire par laquelle ils déterminent eux-mêmes les mesures provisoires applicables pendant l'instance[3].

1. La loi du 11 juillet 1975 était plus exigeante, en imposant aux époux de se mettre d'accord sur l'organisation de la vie pendant l'instance : C. civ., anc. art. 253. L'exigence a été supprimée pour ouvrir davantage la voie de ce divorce.
2. La procédure civile est très explicite : la convention doit porter « règlement complet des effets du divorce » (C. pr. civ., art. 1091).
3. Ce qui était autrefois une obligation (art. 253, al. 1er) est devenu une simple faculté.

213 **Conditions temporelles.** La gravité d'un tel consentement au divorce avait conduit le législateur de 1975 à enserrer un tel divorce dans des conditions temporelles strictes. Le divorce sur requête conjointe était en premier lieu interdit dans les six premiers mois d'un mariage (anc. art. 230, al. 3). La demande initiale devait en second lieu être réitérée par les époux après un délai de réflexion de trois mois (anc. art. 231, al. 2).

La loi du 26 mai 2004, jugeant la première règle inefficace et trop stricte, l'a purement et simplement abrogée. La seconde, en revanche, n'a été qu'assouplie. *Le principe est désormais que la demande initiale n'a pas à être réitérée* : si la convention émane d'une volonté de qualité et préserve suffisamment les intérêts des époux et des enfants, le juge l'homologue immédiatement (art. 232 et 250-1). Dans le cas contraire, en revanche, les époux ont un délai maximum de six mois pour présenter une nouvelle convention (art. 250-2) ; à défaut, la demande initiale est caduque (art. 250-3). La volonté d'accélérer la procédure a ainsi prévalu sur le souci de protéger les époux, en veillant, d'une part à la réalité et à l'intégrité des consentements, d'autre part à la conformité des dispositions de l'accord aux intérêts des époux et des enfants.

b. Le contrôle judiciaire

214 **Un contrôle judiciaire étendu.** Subordonné à l'accord des époux, et de nature gracieuse (C. pr. civ., art. 1088), le divorce par consentement mutuel n'en reste pas moins soumis à un contrôle judiciaire étendu (C. civ., art. 232, 250 s. ; C. pr. civ., art. 1099 s.).

215 **L'examen de la requête.** Une fois saisi par le dépôt de la requête au greffe, le juge convoque les époux (C. pr. civ., art. 1092). Au jour fixé par lui, il examine leur demande, d'abord avec chacun des époux séparément, ensuite en les réunissant, enfin en appelant le ou les avocats (art. 250).

Cette audition lui permet d'exercer divers contrôles. Il vérifie d'abord la recevabilité de la demande (mentions obligatoires, annexes...). Il s'assure ensuite du caractère réel, libre et éclairé des *deux consentements* (C. civ., art. 232 ; C. pr. civ., art. 1099). En revanche, il ne s'enquiert pas des motifs qui poussent les époux à demander le divorce et ne s'intéresse pas aux conditions de la vie conjugale. Il examine enfin *le contenu de la convention* établie par les époux, pour vérifier sa compatibilité avec les intérêts des enfants et des époux. Ces deux contrôles (de l'existence et l'intégrité du consentement d'une part, du bien-fondé des dispositions conventionnelles prises par les époux d'autre part) constituent deux faces indissociables de la décision judiciaire d'homologation.

216 **Homologation de la convention et prononcé du divorce.** Homologation de la convention et prononcé du divorce sont indissociables.

– *Le juge homologue la convention* si les consentements sont de qualité et si la convention est conforme aux intérêts de chacun (art. 250-1) ; il prononce alors le divorce. Dans cette perspective, il peut d'ailleurs, mais seulement avec l'accord des parties, supprimer les clauses de la convention qui ne préservent pas suffisamment les intérêts des époux et des enfants (C. pr. civ., art. 1099).

– *Il peut refuser d'homologuer de la convention* qui lui a été présentée si la qualité des consentements est incertaine ou si la convention « préserve insuffisamment les intérêts des enfants ou de l'un des époux » (art. 232). Il ajourne alors la décision de divorce par une ordonnance dans laquelle il mentionne les conditions et garanties auxquelles il subordonne une homologation. Il prend en outre, le cas échéant, les mesures provisoires nécessaires à la vie pendant l'instance (C. pr. civ., art. 1100), la loi prévoyant qu'il peut homologuer les mesures provisoires dont les parties seraient convenues, si elles sont « conformes à l'intérêt du ou des enfants » (art. 250-2).

Il appartient alors aux parties de présenter une nouvelle convention, dans un délai de six mois (art. 250-2, al. 2). En l'absence de dépôt d'une nouvelle convention dans le délai légal, la demande en divorce est caduque (C. pr. civ., art. 1101). En cas de présentation d'une nouvelle convention, le juge convoque les parties à un nouvel entretien, au cours duquel il examine la convention en question. Il peut l'homologuer ou refuser l'homologation, auquel cas la demande en divorce est caduque (C. pr. civ., art. 1101).

2. Le divorce accepté

217 **Du double « aveu » à l'acceptation du « principe » de la rupture.** La loi du 26 mai 2004 accueille un deuxième cas de divorce, le divorce prononcé « en cas d'acceptation du principe de la rupture du mariage » (art. 229), plus sobrement appelé « divorce accepté »[1].

Il succède au divorce que la doctrine avait baptisé divorce « sur double aveu » sous l'empire de la loi du 11 juillet 1975, parce qu'il procédait de l'aveu par chaque époux de la faillite du mariage, et même le plus souvent de l'aveu de « fautes » conjugales respectives. Ce divorce procédait d'une demande en divorce formée par un époux et acceptée par l'autre conjoint. En cela, il constituait bien un divorce par consentement mutuel, reposant sur un accord des époux. Mais il se distinguait à trois titres du divorce sur requête conjointe. L'accord des époux était d'abord moins étendu puisqu'il portait seulement sur le principe du divorce et non sur ses effets. Formellement, ensuite, il ne s'exprimait pas par une requête conjointe mais procédait d'une demande de l'un, acceptée par l'autre. Enfin, la seule existence d'une volonté de divorcer ne suffisait pas, car la loi exigeait des époux qu'il soit fait état « d'un ensemble de faits, procédant de l'un et de l'autre, qui rendent intolérable le maintien de la vie commune », ce qui évoquait dangereusement la faute cause de divorce (v. ss 213).

Malgré son attrait, tenant au fait que les époux devaient seulement s'accorder sur le principe du divorce, la loi chargeant uniquement l'autorité judiciaire de prononcer le divorce et d'en fixer les conséquences, il était autrefois peu pratiqué, les avocats le jugeant dangereux[2].

La loi du 26 mai 2004 a maintenu l'inspiration générale, tout en s'efforçant de le simplifier, le sécuriser et l'objectiver, afin de le rendre plus attrayant.

1. Selon l'intitulé de la section II du Chapitre I du Titre VI.
2. En raison de la jurisprudence, qui avait reconnu aux époux la faculté de se rétracter, ce qui conférait à l'aveu un caractère incertain ; en raison d'une proximité incertaine avec le divorce pour faute (les faits avoués rappelant la faute, le divorce étant prononcé aux torts partagés, mais aucune discussion sur l'existence d'une « faute » ne devait intervenir).

a. L'acceptation des époux

218 **Objet de l'acceptation.** L'article 233 du Code civil limite désormais l'objet de l'acceptation : elle porte seulement sur « le principe de la rupture du mariage ». Et pour qu'il n'y ait aucune ambiguïté, la loi précise que cette acceptation vaut « sans considération des torts à l'origine (de la rupture) » (*adde* C. pr. civ., art. 1123 : « sans considération des faits à l'origine » de la rupture). S'inspirant d'une proposition faite par la Commission Irène Théry[1], la loi du 26 mai 2004 a ainsi accentué le rôle des volontés privées : ce cas de divorce ne procède désormais plus que d'une double volonté (l'acceptation des époux) portant sur un objet déterminé (le principe de la rupture du mariage) et détachée de toute cause factuelle (quels que soient les faits à l'origine de leur échec).

219 **Moment de l'acceptation.** Dans la loi du 11 juillet 1975, le divorce sur double aveu était « demandé » par l'un (anc. art. 233), l'autre ayant la possibilité de « reconnaître » (anc. art. 234 : le divorce était alors prononcé) ou non (soit qu'il les désavoue formellement, soit qu'il se contente de ne pas répondre à la demande ; anc. art. 235 : le divorce n'était alors pas prononcé) les faits auxquels le demandeur imputait leur désunion.

Accentuant, ici aussi, le rôle des volontés privées, la loi du 26 mai 2004 a élargi les possibilités. L'article 233 prévoit en effet désormais que le divorce accepté peut être « demandé par l'un ou l'autre des époux ou par les deux ». L'article 247-1 précise que l'acceptation peut intervenir « à tout moment de la procédure », ce qui correspond à *trois hypothèses* (C. pr. civ., art. 1123) : l'acceptation peut être exprimée dès l'audience de non-conciliation (l'instance ne pourra alors être engagée que sur le fondement de l'article 233 : art. 257-1) ; elle peut intervenir, après l'ordonnance de non-conciliation, sous la forme d'une requête conjointe intro-

1. L'idée est sans doute que demander aux époux de déterminer quels sont les faits à l'origine de leur désunion est inutile (le pari de la loi était que cet effort psychologique d'introspection sur les causes profondes de la désunion permettrait d'éviter les rancœurs, l'expression des griefs ayant, le cas échéant, une vertu éducative ; à quoi l'on objectait qu'il ne servait à rien de chercher les causes de la désunion, la seule chose importante étant de séparer les conjoints), dangereux (cela risque de raviver le conflit), illusoire (ils manquent du recul nécessaire pour ce faire), déplacé (cela les oblige à étaler leur vie privée en public), voire hypocrite (la jurisprudence avait interdit au juge de contrôler la réalité des faits allégués, si bien que les époux pouvaient fort bien avancer n'importe quel élément).

ductive d'instance ; elle peut enfin n'exister qu'en cours d'instance, après qu'une assignation en divorce a été déposée par un époux pour faute ou altération définitive du lien conjugal, chaque époux devant alors annexer à ses conclusions une acceptation expresse et concordante.

220 **Irrévocabilité de l'acceptation.** La question de la portée du double aveu avait autrefois été posée en jurisprudence. Le divorce sur demande acceptée était en effet caractérisé par la distinction de deux temps procéduraux : l'échange des aveux était constaté par une ordonnance du juge aux affaires familiales ; puis intervenaient les débats sur les effets du divorce, débats clos par la décision judiciaire prononçant le divorce en même temps qu'elle déterminait les effets de celui-ci. Or la Cour de cassation avait permis à chaque époux de rétracter son aveu librement tant que l'ordonnance du juge aux affaires familiales qui le constatait n'était pas devenue définitive[1], sans exiger que soit invoqué un quelconque vice du consentement[2]. La cause du divorce n'était définitivement acquise[3] qu'une fois écoulé le délai de quinze jours pendant lequel l'ordonnance pouvait être frappée d'appel ou une fois l'appel rejeté : c'est seulement à partir de cette date que les époux ne pouvaient plus, ni contester la sincérité de leur aveu, ni rétracter leur acceptation[4].

Voulant sécuriser ce cas de divorce, la loi prévoit désormais que l'acceptation « *n'est pas susceptible de rétractation*, même par la voie de l'appel » (art. 233, al. 2). Il s'est agi de lever la réticence qu'avaient les époux à s'engager dans la voie du double aveu, chacun craignant que l'autre ne reprenne ensuite son consentement. Mais cette irrévocabilité des volontés individuelles n'est pas sans danger, l'expression des consentements devant le juge ne garantissant pas nécessairement la qualité des consentements respectifs[5]. Il est heureux que la loi refuse, dans ce cas de divorce,

---

1. Civ. 2e, 16 juill. 1987, *D.* 1987. 582.
2. Civ. 2e, 4 oct. 1995, *Bull. civ.* II, n° 229.
3. Sous la réserve très résiduelle de la tierce-opposition, fondée sur la fraude d'un époux.
4. Civ. 2e, 26 janv. 1984, *D.* 1984. 390.
5. Cette modification n'est pas sans rappeler la disparition de la seconde comparution obligatoire dans le divorce par consentement mutuel (v. ss 196).

que les époux soient assistés par un avocat commun et exige que chaque époux ait son défenseur (art. 253) et que la Cour de cassation limite l'irrévocabilité de l'aveu en autorisant chaque époux à se prévaloir en appel d'un vice du consentement[1].

b. La décision du juge aux affaires familiales

221 **Constat de l'acceptation et décision de divorce.** La procédure du divorce sur double aveu présentait autrefois la spécificité de se dérouler en deux phases. Une première phase permettait au juge aux affaires familiales de vérifier l'existence et l'intégrité des aveux. Si tel était le cas, il constatait l'aveu par ordonnance et renvoyait les époux à se pourvoir en vue du prononcé du divorce et du règlement de ses effets (C. civ., anc. art. 234 ; C. pr. civ., anc. art. 1135, al. 1er)[2]. S'ouvrait alors une seconde phase, qui se déroulait, initialement devant le tribunal de grande instance statuant collégialement, puis devant le juge aux affaires familiales à partir de la loi du 8 janvier 1993 (v. ss 220), seconde phase qui permettait au juge de prononcer le divorce. Le législateur voulait ainsi préserver la paix dans l'échange des aveux, ce qu'un débat concomitant sur les effets du divorce risquait de ne pas permettre, le contentieux entre époux étant souvent aigu sur ce point[3].

La loi du 26 mai 2004 a abrogé cette dissociation : le juge aux affaires familiales est désormais chargé, dans le même temps, de vérifier l'acceptation *et* de prononcer le divorce. C'est donc en principe par une seule et même ordonnance qu'il constate l'acceptation des époux, prononce le divorce et en aménage les effets. Il faut toutefois tenir compte de ce que l'acceptation peut désormais intervenir dès l'audience de conciliation. En ce cas, le juge constate l'acceptation dans un procès-verbal qu'il annexe à l'ordonnance de non-conciliation et renvoie les époux à introduire l'instance pour qu'il prononce le divorce et statue sur ses

1. Cass. avis 9 juin 2008, n° 08-00.004, *Bull. civ.* Avis, n° 4 : « L'appel général d'un jugement prononçant un divorce sur le fondement des art. 233 et 234 du Code civil, même si l'acceptation du principe de la rupture du mariage ne peut plus être remise en cause, *sauf vice du consentement*, ne met pas fin au devoir de secours, la décision n'acquérant force de chose jugée qu'après épuisement des voies de recours ».
2. Un appel pouvait être formé dans les quinze jours.
3. C'est un souci comparable de pacification qui a conduit la loi du 26 mai 2004 à prévoir que la requête initiale ne devait pas préciser de fondement juridique : C. pr. civ., art. 1106 ; v. ss 223.

effets[1] ; mais la loi prend soin de préciser que « la cause du divorce demeur(e) acquise », pour éviter tout débat ultérieur sur l'acceptation (C. pr. civ., art. 1123).

222 **Pouvoirs du juge.** Aujourd'hui comme avant la loi du 26 mai 2004, la compétence du juge aux affaires familiales est liée. « S'il a acquis la conviction que chacun des époux a donné librement son accord », il prononce le divorce et aménage ses effets (art. 234). Dans le cas contraire, il rejette la demande en divorce.

– *Vérification de l'accord.* La loi le charge d'abord de *vérifier* « que chacun des époux a donné librement son accord ». Le juge n'a donc pas à rechercher les raisons profondes du divorce. Il lui appartient seulement de contrôler la liberté du consentement. La loi n'exige pas explicitement que le consentement soit éclairé (comp. art. 232, v. ss 199). Mais un consentement donné sous l'empire d'une erreur n'est pas à proprement parler « librement » donné. Il est indispensable que le juge s'assure de ce que chacun des époux connaît les conséquences de son acceptation avant de prononcer le divorce, la solution contraire étant par trop injuste. En toutes hypothèses, la Cour de cassation autorise chacun à se prévaloir, en appel, d'un vice du consentement (v. ss 202).

– *Prononcé du divorce et aménagement de ses effets.* S'il est convaincu que chaque époux a librement donné son accord, il lui appartient de prononcer le divorce (« sans autre motif que l'acceptation des époux », précise l'article 1124 du Code de procédure civile) *et* d'en déterminer les conséquences (C. civ., art. 234).

La loi prévoyait autrefois que le divorce sur double aveu produisait les effets d'un divorce aux torts partagés (anc. art. 234 *in fine*) : c'était la conséquence logique de l'existence probable d'une responsabilité partagée dans la faillite du mariage (vu le double aveu existant par hypothèse). Le juge n'avait donc pas à statuer sur les torts puisque le double aveu débouchait automatiquement sur les torts partagés. Ce partage légal des torts avait pour conséquence que certains effets étaient directement déterminés par la

1. Civ. 1re, 19 mars 2008, *Bull. civ.* I, n° 80 : le divorce devient exécutoire au jour où le jugement qui le prononce acquiert force de chose jugée et non au jour où l'ordonnance constatant le double aveu a été rendue.

loi (sort des donations et avantages matrimoniaux, des droits légaux et conventionnels...) et que d'autres questions devaient être réglées par le juge (attribution éventuelle d'une prestation compensatoire et de dommages-intérêts, concession à bail du logement familial, autorisation de continuer à porter le nom du conjoint...).

La loi ne dit plus rien de tel aujourd'hui, ce qui est la conséquence logique de l'unification des effets du divorce et de la neutralisation radicale de sa cause (v. ss 253 s.). Il appartiendra donc au juge de déterminer les conséquences du divorce dans le cadre établi par la loi (v. ss 255 s.). Le maintien de certains avantages matrimoniaux et la révocation de certains autres avantages et de certaines donations (art. 265, v. ss 263), la conservation des droits légaux ou conventionnels (art. 265-1, v. ss 264) sont automatiques ; le juge peut autoriser un conjoint à continuer de porter le nom de l'autre (art. 264, v. ss 258), attribuer des dommages-intérêts pour un préjudice autre que celui résultant de la dissolution du mariage (art. 1382 et 266, v. ss 265 et 262), statuer sur la liquidation des intérêts patrimoniaux des époux (art. 267, v. ss 262), fixer une prestation compensatoire (art. 270 s., v. ss 267 s.), concéder à bail le logement de la famille (art. 285-1, v. ss 277), et aussi statuer sur les conséquences du divorce pour les enfants (v. ss 251). Sur tous ces points, v. ss 255 s.

3. Le divorce pour altération définitive du lien conjugal

223 **Du divorce pour rupture de la vie commune au divorce pour altération définitive du lien conjugal.** *La loi du 11 juillet 1975* avait créé un divorce appelé « divorce pour rupture de la vie commune », qui permettait à un époux de rompre son mariage alors même que son conjoint voulait rester marié et n'avait commis aucune faute conjugale. Ce cas recouvrait deux hypothèses : celle d'époux séparés de fait depuis six ans (anc. art. 237) et celle d'époux ne partageant plus de vie commune en raison d'une altération des facultés mentales du conjoint, grave et ayant duré six ans (anc. art. 238). Mais, soucieuse de maintenir le sérieux de l'engagement matrimonial, la loi avait strictement encadré ce cas. Dans *son prononcé* d'abord : alors même que les conditions légales étaient réunies, la

demande en divorce pouvait être rejetée si le prononcé du divorce conduisait à des conséquences matérielles ou morales d'une exceptionnelle dureté pour les enfants ou le défendeur (eu égard, notamment à son âge et à la durée du mariage : anc. art. 240) ; le juge pouvait même rejeter d'office la demande sur ce motif, sans y avoir été sollicité par l'époux défendeur (anc. art. 240, al. 2, anc. art. 238, al. 2). Dans *ses effets* ensuite : la loi avait fait de ce cas un divorce « à charges », qui produisait des conséquences rigoureuses à l'encontre du demandeur (anc. art. 239) ; ainsi, il perdait ses avantages matrimoniaux, était déchu des droits légaux ou conventionnels dont il bénéficiait du fait du mariage, restait tenu du devoir de secours, pouvait être condamné à des dommages-intérêts...

Après avoir été vigoureusement dénoncé, à l'époque de sa création, comme introduisant en droit français une faculté de répudiation[1] et comme réduisant à peu de chose l'engagement matrimonial, il était devenu, avant la réforme du 26 mai 2004, la cible de *critiques* inverses. On lui reprochait d'enfermer l'époux dans le mariage pendant un laps de temps trop long et de faire peser sur le demandeur des charges trop rigoureuses, bref de limiter excessivement la liberté de divorcer.

La loi du 26 mai 2004 l'a profondément remanié, en même temps qu'elle le rebaptisait divorce « pour altération définitive du lien conjugal ». Elle a quasiment *supprimé la spécificité de ses effets* : le divorce pour altération définitive du lien conjugal n'est plus un divorce « à charges ». Elle a considérablement *assoupli les conditions de son prononcé*, en diminuant, voire en supprimant, le délai de séparation requis et en éradiquant la clause de dureté. La liberté de divorcer en sort grandie, au point que certains ont évoqué le « droit » au divorce. Corrélativement, le sens du mariage

1. Les différences étaient pourtant considérables : le divorce était indifféremment ouvert à l'un ou l'autre des époux, et non pas réservé au mari ; il était prononcé par le juge, et non laissé à la seule volonté du conjoint ; le juge avait le pouvoir exceptionnel de rejeter la demande si le divorce risquait d'avoir des conséquences d'une dureté excessive ; le demandeur assumait les conséquences, notamment patrimoniales, de la dissolution ; celles-ci étaient rigoureusement définies par la loi.

s'en trouve profondément modifié, puisque l'engagement durable laisse place à un lien conditionnel[1].

224 **Deux cas.** Le divorce peut être demandé par un époux « lorsque le lien conjugal est définitivement altéré » (C. civ., art. 237). Il en est ainsi dans deux cas, assez nettement différents.

a. L'altération définitive du lien conjugal liée à une séparation de deux ans

225 **La demande pour altération définitive du lien conjugal résultant d'une séparation de deux ans.** Le premier cas est envisagé par l'article 238, alinéa 1er : « l'altération définitive du lien conjugal résulte de la cessation de la communauté de vie entre les époux, lorsqu'ils vivent séparés depuis deux ans lors de l'assignation en divorce ». La liberté de divorcer ainsi ouverte est réelle puisque le demandeur ne doit apporter que deux preuves.

Il doit d'abord établir *la cessation de la vie commune*, qui existe selon la loi « lorsque (les époux) vivent séparés ». Les notions de séparation et de cessation de la vie commune, que le texte tient pour équivalentes, renvoient *a priori* à deux hypothèses, du moins si l'on se réfère à la notion matrimoniale de « vie commune » (C. civ., art. 215, v. ss 126) : les époux ne cohabitent plus sous le même toit ou, du moins, ne partagent plus le même lit.

Il doit ensuite prouver que cette séparation a duré *deux ans*, ce qui est assez peu, surtout si l'on considère le moment d'appréciation de cette condition : la loi exige seulement que deux ans se soient écoulés « lors de l'assignation en divorce » ; il en résulte que deux ans de séparation ne sont pas nécessaires lors de la requête initiale (sur la distinction entre requête initiale et assignation en divorce, v. ss 223). Cette condition est d'autant moins rigoureuse que la loi interdit au juge de relever d'office le moyen tiré du défaut d'expiration du délai requis, sauf si le défendeur ne comparaît pas (C. pr. civ., art. 1126).

1. Sur sa conformité aux droits fondamentaux, v. Civ. 1re, 6 juin 2012, n° 12-40.027 et 12-40.028 ; Civ. 1re, 15 avr. 2015, n° 13-27.898. V. déjà, à propos du divorce pour rupture de la vie commune, Civ. 2e, 25 mars 1987, n° 85-12.262.

La jurisprudence, qui avait refusé de prendre en considération les circonstances accompagnant la séparation des époux, semble reconduite par le silence des textes.

226 **L'attitude procédurale du défendeur.** L'époux ainsi assigné en divorce pour altération définitive du lien conjugal peut alors choisir entre deux attitudes procédurales.

– *La défense et le rejet du divorce.* Conformément au droit commun, il peut se défendre en contestant l'existence des conditions auxquelles la loi subordonne le prononcé du divorce : il soutiendra que fait défaut la séparation des époux ou qu'elle n'a pas duré deux ans. La rédaction des textes conduit en revanche à considérer que le juge n'a pas de pouvoir d'appréciation ou de modération : si la communauté de vie a cessé pendant deux ans, il doit prononcer le divorce ; il n'a pas à vérifier que le lien conjugal est définitivement altéré ; il ne peut non plus se prévaloir des éventuelles circonstances particulières du cas, et notamment de l'exceptionnelle dureté de la situation, pour rejeter la demande. Ce divorce diffère à cet égard profondément de l'ancien divorce pour rupture de la vie commune, que le juge pouvait refuser de prononcer en cas d'exceptionnelle dureté.

– *La demande reconventionnelle en divorce pour faute.* L'époux assigné peut aussi former une demande reconventionnelle en divorce pour faute (art. 247-2), à charge, bien sûr, d'établir que les conditions d'un tel divorce sont réunies (art. 242, v. ss 211 s.).

Si les conditions des deux demandes sont cumulativement réunies (il y a séparation de deux ans *et* faute), c'est le divorce pour faute qui est prononcé. Si seule une demande est fondée, le divorce est prononcé sur ce fondement (altération définitive du lien conjugal en cas de séparation de deux ans, faute en cas de violation grave ou renouvelée des devoirs et obligations du mariage).

En présence d'une telle demande reconventionnelle, la loi reconnaît au demandeur en divorce la faculté de modifier le fondement de sa demande en invoquant les fautes du défendeur (art. 247-2)[1]. Si l'une ou (et) l'autre sont accueillies, le divorce

1. Le divorce peut être demandé aux torts exclusifs du défendeur mais aussi aux torts partagés des époux : Civ. 1re, 11 sept. 2013, n° 11-26.751.

sera prononcé pour faute. Si la demande reconventionnelle est rejetée, deux cas se présentent : soit la demande initiale, telle que modifiée dans son fondement, est accueillie, et le divorce est prononcé pour faute (du défendeur) ; soit la demande initiale, telle que modifiée dans son fondement est rejetée, et le divorce n'est pas prononcé.

b. L'altération définitive du lien conjugal établie par l'existence de deux demandes en divorce

227 **Demande formée à titre principal pour faute et demande formée à titre reconventionnel pour altération définitive du lien conjugal.** Le divorce peut encore être prononcé pour altération définitive du lien conjugal lorsque deux demandes en divorce sont présentées, l'une pour faute et l'autre pour altération définitive du lien conjugal, à condition que le juge rejette la demande en divorce pour faute et que la demande en divorce pour altération définitive du lien conjugal ait été formée à titre reconventionnel (art. 238, al. 2, et 246, al. 2[1]).

En précisant que le divorce est alors prononcé « nonobstant » les dispositions de l'alinéa 1er de l'article 238, la loi fait de cette hypothèse un cas distinct d'altération définitive du lien conjugal[2]. Il en résulte que le prononcé du divorce n'est alors subordonné ni à la preuve d'une séparation des époux, ni, *a fortiori*, à celle d'un délai de deux ans[3]. La spécificité de ce cas de divorce est ainsi très nette.

Et ce cas ne manque pas de logique. Les conditions exigées par la loi (rejet d'une demande en divorce pour faute formée à titre principal et formation à titre reconventionnel d'une demande en divorce pour altération définitive du lien conjugal) établissent en effet deux choses : d'une part que chacun des époux souhaite divorcer ; d'autre part que ni le défendeur, ni le demandeur n'ont commis de faute (le premier puisque la demande en divorce pour

---

1. Peu importe que la demande en divorce pour faute n'ait été présentée qu'à titre subsidiaire : Civ. 1re, 16 déc. 2015, n° 14-29.322.
2. Rien de tel lorsqu'à une demande principale ayant pour objet la séparation de corps pour faute, le défendeur répond par une demande reconventionnelle en divorce pour altération définitive du lien conjugal. Les conditions du divorce pour altération sont alors celles du droit commun. V. par ex. Civ. 1re, 28 mai 2015, n° 14-10.868.
3. Civ. 1re, 5 janv. 2012, *Bull. civ.* I, n° 1.

faute présentée contre lui a été rejetée, le second puisque le défendeur n'a pas formé de demande reconventionnelle en divorce pour faute à son encontre). Il est donc logique de les divorcer, et de ne pas attendre que s'écoule ce délai de « deuil du couple » que constitue le délai de séparation de deux ans.

4. Le divorce pour faute

228 **Plan.** Le divorce pour faute est aujourd'hui la voie la moins fréquemment utilisée pour dissoudre le mariage. L'évolution statistique est riche d'enseignements : 42 % des divorces étaient prononcés pour faute entre 1995 et 1999, 38 % encore à la veille de la réforme de 2004, moins de 10 % des cas aujourd'hui. Le but recherché peut être symbolique : il s'agit parfois de voir officiellement reconnue par l'État la culpabilité de l'un ou – et – l'autre dans l'échec du couple ; le divorce pour faute est alors recherché pour sa vertu psychothérapeutique, consistant à « crever l'abcès », « punir » l'époux coupable, « consoler » l'innocent, éventuellement aussi rappeler à l'enfant la loi conjugale. Il est d'autres fois plus « terre à terre » : il peut s'agir de bénéficier des éventuels effets de la faute, qui déchoit le cas échéant encore le coupable de certains droits et confère quelques avantages à l'innocent (v. ss 265 et 269).

Il a été fortement critiqué avant la réforme de 2004. On lui a reproché d'abord d'attiser le conflit entre époux (mais le conflit résulte-t-il de la situation conjugale ou du divorce ?), ensuite d'être infondé dans son principe, les torts étant toujours partagés (ce qui est pour le moins caricatural), enfin de conférer au juge une mission impossible, la recherche et l'appréciation des fautes respectives étant fort délicates et conduisant le juge à s'immiscer dans la vie privée des époux (la critique concerne principalement les griefs d'ordre sexuel ; mais n'est-ce pas alors le contenu même des devoirs de mariage que l'on remet en cause ?). Il a pourtant été maintenu, du moins dans son principe, par cohérence avec la logique des devoirs de mariage.

Mais la faute a été largement neutralisée dans la détermination des effets du divorce, la loi du 26 mai 2004 ayant poussé plus avant le parti pris du législateur de 1975 (v. ss 253, 263 s.

et 269 s.). Il semble ainsi aujourd'hui ne plus offrir, pour l'essentiel, que le gain symbolique de la culpabilité imputée à l'époux fautif. L'avenir dira si les devoirs de mariage, désormais dépourvus des sanctions patrimoniales autrefois attachées au divorce pour faute, ne seront pas affaiblis. Il dira aussi si cette « objectivisation » du divorce ne risque pas de générer chez l'époux non fautif un profond sentiment d'injustice voire de le conduire à chercher vengeance sur d'autres terrains (on songe notamment aux questions d'autorité parentale) et, au-delà, de dissuader progressivement les couples de « convoler en justes noces ».

Ce sont les articles 242 à 245 du Code civil, qui déterminent les contours de la demande initiale (**1**) et le sort de celle-ci (**2**).

a. La demande initiale

229 **L'abandon de la faute, cause péremptoire de divorce.** Le Code civil prévoyait, dans le droit issu de la loi du 11 juillet 1975, une cause dite « péremptoire » de divorce, c'est-à-dire que le constat de la cause considérée conduisait automatiquement au prononcé du divorce, le juge étant privé de tout pouvoir d'appréciation. L'article 243 autorisait un époux à invoquer au soutien de sa demande le fait que « l'autre a(vait) été condamné à l'une des peines prévues par l'article 131-1 du Code pénal »[1], c'est-à-dire à une peine criminelle. En pareil cas, le juge était privé de tout pouvoir d'appréciation : il devait prononcer le divorce demandé par le conjoint du délinquant, sans avoir à rechercher quoi que ce soit d'autre. Il n'était pas nécessaire de vérifier que ladite condamnation pénale constituait « une violation grave ou renouvelée des devoirs et obligations du mariage » et rendait « intolérable le maintien de la vie commune » (au sens de l'article 242)[2]. C'est pourquoi la doctrine, reprenant la terminologie employée avant la réforme de 1975, parlait alors de faute cause « péremptoire » de divorce.

La loi du 26 mai 2004 a supprimé cette faute « spéciale ». Cela ne signifie pas, pratiquement, que le divorce ne pourra plus être

1. Jusqu'à la loi du 16 déc. 1992, le texte parlait de condamnation à une peine afflictive et infamante. La réforme est entrée en vigueur le 1er mars 1994, avec la réforme du Code pénal.
2. Civ. 2e, 11 janv. 1989, *Gaz. Pal.* 1989. 2. 763.

demandé en pareil cas : il pourra l'être, mais aux conditions posées par l'article 242 du Code civil. Mais cette abrogation est symboliquement signifiante : elle renforce l'évolution qui veut que le mariage devienne pour l'essentiel une question d'intérêt privé et atteste que l'État a renoncé à en faire un « relais » de la loi républicaine.

230 **La faute, cause facultative de divorce.** Le Code civil n'envisage désormais plus que la faute, cause « facultative » de divorce. L'article 242 autorise un époux à demander le divorce lorsque « des faits constitutifs d'une violation grave ou renouvelée des devoirs et obligations du mariage » sont « imputables à l'autre » et « rendent intolérable le maintien de la vie commune »[1].

Peu importe donc le devoir du mariage auquel il a été porté atteinte : qu'il s'agisse de l'un des devoirs nommés par la loi – respect, fidélité, secours, assistance, communauté de vie, contribution aux charges du mariage, éducation et entretien des enfants... (C. civ., art. 212 s.) – ou d'un devoir admis par la jurisprudence – devoir de sincérité... (v. ss 131 s.) –, sa violation pourra être considérée comme cause de divorce.

Trois conditions sont cumulativement requises : 1°) il faut que cette violation soit « imputable » à l'un des conjoints, c'est-à-dire qu'il l'ait commise librement et consciemment ; 2°) il faut que cette violation soit « grave » ou « renouvelée » (ces deux exigences sont alternatives : les scènes de ménage verbales répétées vaudront autant que le coup unique mais d'une grande violence...) ; 3°) il faut que cette violation rende « intolérable le maintien de la vie commune », ce qui évoque surtout l'impossibilité subjective, pour l'époux victime, de supporter la vie commune avec le coupable.

Cette définition générale laisse au juge un pouvoir souverain d'appréciation, ce qui explique que cette faute soit appelée une cause « facultative » (pour le juge) de divorce. Après avoir un temps exigé des juges du fond qu'ils fassent explicitement état

1. Seule la formulation du texte a été modifiée par la loi du 26 mai 2004, la condition de violation de devoir matrimonial venant désormais avant l'imputabilité de la faute.

des conditions posées par le texte, la Cour de cassation semble avoir abandonné toute exigence formelle de cet ordre[1].

b. Le sort de la demande

231 **Généralités.** La demande en divorce pour faute peut connaître quatre sorts différents. La loi du 26 mai 2004 a reconduit ici le droit antérieur. La demande peut être accueillie purement et simplement (le divorce est prononcé aux torts de l'époux assigné) ou rejetée purement et simplement (le mariage est maintenu entre les époux) ou n'entraîner qu'un divorce aux torts partagés des époux, voire un divorce aux torts exclusifs du demandeur. Tout dépend du parti procédural adopté par l'époux assigné[2] et de l'appréciation portée par le juge sur deux événements éventuels, à savoir la réconciliation des époux ou les fautes du demandeur.

232 **La réconciliation des époux.** « La réconciliation des époux intervenue depuis les faits allégués empêche de les invoquer comme cause de divorce » (C. civ., art. 244, al. 1er) : le Code civil instaure ici une fin de non-recevoir, qui permettra au juge, avant tout examen de l'affaire au fond, de rejeter la demande en divorce comme étant irrecevable (al. 2, *in limine*).

Mais cette irrecevabilité est doublement limitée. Elle l'est d'abord par la définition de la réconciliation : la reprise de la vie commune (condition objective) doit s'accompagner d'une volonté de pardon (condition subjective) ; « le maintien ou la reprise temporaire de la vie commune » ne suffisent pas « s'ils ne résultent que de la nécessité ou d'un effort de conciliation ou des besoins de l'éducation des enfants » (al. 3). Elle l'est en outre par les effets de la réconciliation : elle n'efface que les fautes passées et connues, et encore seulement sous condition du « rachat » du coupable, en ce sens qu'une nouvelle demande en divorce pour faute peut être formée « en raison de faits survenus ou découverts

1. V. ainsi Civ. 1re, 6 juill. 2005, *Bull. civ.* I, n° 303.
2. Si une demande en divorce pour faute et une demande en divorce pour altération définitive du lien conjugal sont concurremment présentées, le juge examine d'abord la demande en divorce pour faute (pour l'accueillir ou la rejeter), et n'examine la demande en divorce pour altération que dans le second cas : art. 246. Peu importe que la demande en divorce pour faute ne soit présentée qu'à titre subsidiaire : Civ. 1re, 16 déc. 2015, n° 14-29.322.

depuis la réconciliation », « les faits anciens pouvant alors être rappelés à l'appui de cette nouvelle demande » (al. 2).

233 **Les fautes de l'époux demandeur.** « Les fautes de l'époux qui a pris l'initiative du divorce n'empêchent pas d'examiner sa demande » (art. 245, al. 1er, *in limine*). Elles ne constituent donc pas une fin de non-recevoir.

Elles ne sont pas pour autant privées d'effets. Trois possibilités se présentent en effet. L'époux assigné en divorce pour faute peut choisir de les faire valoir comme défense au fond ou au soutien d'une demande reconventionnelle. Et à supposer même qu'il s'abstienne de les invoquer ainsi, le juge pourra néanmoins les prendre en considération d'office.

– *La défense au fond.* L'époux assigné en divorce pour faute peut choisir de se défendre au fond et contester l'existence, à sa charge, d'une faute cause de divorce au sens de l'article 242 du Code civil. Mais il peut plus spécifiquement invoquer ce que l'on appelle « l'excuse de réciprocité » : les fautes du demandeur « peuvent (...) enlever aux faits qu'il reproche à son conjoint le caractère de gravité qui en aurait fait une cause de divorce » (art. 245, al. 1er, *in fine*). Ainsi renvoyés dos à dos, les deux époux se verront mutuellement opposer leurs fautes comme justification de leurs attitudes respectives. Il en résultera le rejet de la demande initiale en divorce.

– *La demande reconventionnelle.* L'époux assigné peut préférer invoquer les fautes du demandeur au soutien d'une demande reconventionnelle en divorce pour faute (art. 245, al. 2), à supposer, bien sûr, qu'elles répondent aux critères de l'article 242 du Code civil. Le juge aura alors le choix entre trois possibilités : rejeter les demandes reconventionnelle et initiale (le mariage est maintenu) ; rejeter l'une et accueillir l'autre (le divorce est prononcé aux torts exclusifs d'un époux, celui dont la demande a été rejetée alors que celle du conjoint a été accueillie) ; accueillir les deux demandes mais partiellement (le divorce est prononcé aux torts partagés des époux : art. 245, al. 3).

– *Le pouvoir d'office du juge.* Alors même que l'époux assigné en divorce pour faute s'abstiendrait d'invoquer les fautes du demandeur, le juge a reçu de la loi le pouvoir, *motu proprio* et par dérogation au principe dispositif, de relever dans le débat les torts du demandeur, soit pour rejeter la demande initiale, soit pour prononcer un divorce aux torts partagés (art. 245, al. 3). Il lui appartient alors seulement d'inviter les parties à présenter leurs observations pour respecter le principe du contradictoire.

234 **Pacification du divorce pour faute et contenu de la décision.** Afin d'éviter d'envenimer le conflit, et pour pacifier la procédure, la loi permet au juge de se borner à constater dans le jugement qu'il existe des faits constitutifs d'une cause de divorce, sans énoncer les torts et griefs des parties (art. 245-1 ; anc. art. 248-1). Encore faut-il que la demande en soit faite par les deux conjoints, « de façon expresse et concordante » dans leurs conclusions (C. pr. civ., art. 1128).

B. Les principes procéduraux communs

235 **Plan.** Quel que soit le cas de divorce emprunté par les époux, certains principes doivent être respectés : ils sont relatifs au déroulement de l'instance (**1**), à l'office du juge (**2**) et à l'administration de la preuve (**3**).

1. Le déroulement de l'instance

236 **Compétence d'attribution et territoriale.** Les règles procédurales du droit commun sont aménagées, doublement.

La loi du 11 juillet 1975 avait maintenu, en principe, la compétence du tribunal de grande instance pour prononcer les divorces et régler leurs effets (anc. art. 247, al. 1er). Toutefois, elle avait délégué au sein de ce tribunal un juge aux affaires matrimoniales – dit JAM –, qu'elle avait « plus spécialement chargé de veiller à la sauvegarde des intérêts des enfants mineurs » et auquel elle avait donné mission de prononcer le divorce par consentement mutuel (prononcé du divorce et homologation de la convention dans le divorce sur demande conjointe, v. ss 199 s. ; constat du double aveu dans le divorce sur double aveu, v. ss 204 s.).

La loi du 8 janvier 1993, pour remédier à l'engorgement judiciaire, a maintenu ce magistrat spécialisé, l'a rebaptisé « juge aux affaires familiales », et a étendu sa compétence : outre la sauvegarde des intérêts des enfants mineurs[1], il est désormais chargé de prononcer tous les divorces quels qu'ils soient, sauf à user de la faculté qui lui est reconnue de renvoyer l'affaire en formation collégiale, renvoi qui devient de droit si une partie le demande. La loi du 26 mai 2004 a reconduit ces règles (art. 228).

La compétence territoriale est déterminée par l'article 1070 du Code de procédure civile : est compétent le tribunal du lieu de résidence de la famille ; si les époux résident séparément, celui du lieu où réside l'époux avec lequel vivent les enfants mineurs[2] ; à défaut, le tribunal du lieu où réside l'époux qui n'a pas pris l'initiative de la procédure. En cas de requête conjointe, est compétent, au choix des parties, le juge du lieu de résidence de l'un ou l'autre des époux. Enfin, lorsque le litige est relatif à la pension alimentaire, la contribution à l'entretien des enfants, la contribution aux charges du mariage ou la prestation compensatoire, le tribunal compétent peut être celui du lieu où réside l'époux créancier ou le parent assumant à titre principal la charge des enfants.

237 **Qualité et capacité pour agir.** Le caractère personnel et la gravité du divorce expliquent les règles relatives à la qualité pour agir et à la capacité des époux.

– *La qualité pour agir* n'est reconnue qu'aux époux. La voie de l'action oblique est évidemment fermée aux créanciers, s'agissant d'un droit personnel. Quant aux héritiers, il ne leur appartient pas non plus d'agir, la seule réserve consistant dans l'éventuelle poursuite d'une instance, intentée par l'un des époux, après son décès : la mort d'un conjoint dissolvant le mariage éteint en principe l'action en divorce ; mais il y a place pour une continuation d'instance par les héritiers dans l'hypothèse où, le divorce ayant d'ores et déjà été prononcé, une voie de recours serait formée contre un aspect patrimonial de la décision (prestation compensatoire...).

1. Il est, depuis la loi du 22 juillet 1987, seul compétent pour statuer sur l'exercice de l'autorité parentale, l'exécution du devoir d'entretien, ou prendre la décision de confier l'enfant à un tiers.
2. Plus précisément, de l'époux avec lequel les enfants résident habituellement en cas d'exercice en commun de l'autorité ou de l'époux qui exerce seul cette autorité.

– *La capacité pour agir* relève de quelques règles spécifiques[1]. Première règle générale, les divorces par consentement mutuel ou pour acceptation du principe de la rupture du mariage sont catégoriquement fermés aux majeurs protégés (art. 249-4). Pour les autres cas de divorce, tout dépend du régime de protection sous lequel le majeur est placé. S'il est sous tutelle, c'est le tuteur qui peut demander le divorce (après autorisation du conseil de famille s'il a été institué, et du juge des tutelles dans le cas contraire ; après avis du médecin traitant ; et « dans la mesure du possible » après audition de l'intéressé, a ajouté la loi du 26 mai 2004 : art. 249, al. 1er) et c'est contre lui que l'action est exercée (art. 249-1 *in limine*). S'il est sous curatelle, il doit être assisté de son curateur, en demande comme en défense (art. 249, al. 2 et 249-1 *in fine*). En outre, dans ces deux hypothèses, si le tuteur ou curateur est le conjoint du majeur protégé, il faut procéder à la nomination d'un tuteur ou curateur spécial (art. 249-2). Quant au majeur sous sauvegarde de justice, il doit être placé sous curatelle ou tutelle avant que la demande en divorce soit examinée, le juge pouvant toutefois prendre les mesures provisoires, voire les éventuelles mesures urgentes (art. 249-3).

238 **La conciliation.** La volonté de pacifier le divorce se traduit par une phase obligatoire de conciliation. La loi du 11 juillet 1975 avait chargé le juge d'une mission de conciliation (anc. art. 251 s.) : il s'agissait, lorsqu'il ne parvenait pas à « faire renoncer (les époux) au divorce », de les amener à se mettre d'accord pour en régler les conséquences (anc. art. 252-2). La loi du 26 mai 2004 a étendu cette conciliation et modifié ses fonctions. La tentative de conciliation, qui n'était obligatoire qu'en cas de divorce pour faute ou pour rupture de la vie commune, est un passage obligé de tous les cas de divorce depuis la loi du 26 mai 2004[2], sauf dans le consentement mutuel (art. 252). Mais elle ne vise plus à sauver le mariage : il s'agit désormais seulement de concilier les époux

1. La loi précise en outre qu'un majeur protégé ne peut acquiescer au jugement de divorce, ou se désister de l'appel, qu'avec l'autorisation du juge des tutelles (C. pr. civ., art. 1120).
2. Pour une application, v. Civ. 1re, 16 déc. 2015, n° 14-28.296.

« tant sur le principe du divorce que sur ses conséquences » (art. 252, al. 2, art. 252-3, al. 1er)[1].

239 **Distinction entre la requête initiale et l'assignation.** Pour pacifier l'audience de conciliation et favoriser, sinon la réconciliation, du moins les accords entre époux, la loi du 26 mai 2004 a prévu que la requête initiale se borne à demander le divorce, sans contenir, ni le fondement juridique de la demande, ni les faits à l'origine de la rupture (C. civ., art. 252 s. ; C. pr. civ., art. 1106). Ce n'est qu'après l'échec de la procédure de conciliation que le choix d'un cas de divorce devra être fait par le demandeur dans l'assignation en divorce (C. civ., art. 257-1 ; C. pr. civ., art. 1113).

240 **Respect de l'intimité de la vie privée.** La loi s'efforce en outre de protéger l'intimité de la vie privée des époux, et même celle de leurs familles, contre la publicité qui pourrait résulter d'une instance judiciaire. Ainsi s'expliquent : 1°) le caractère secret des débats sur la cause, les conséquences du divorce et les mesures provisoires (art. 248) ; 2°) la liberté qu'ont les conjoints, dans un divorce pour faute, de demander au juge de ne pas faire état, dans les motifs du jugement, de leurs torts et griefs respectifs et de se contenter de constater qu'il existe des faits constitutifs de cause de divorce (C. civ., art. 245-1, v. ss 217).

2. L'office du juge

241 **Plan.** Le juge du divorce est compétent pour concilier les parties, organiser la vie pendant l'instance, mettre l'affaire en l'état, statuer sur le prononcé du divorce et régler le contentieux de l'après-divorce.

a. L'organisation de la conciliation

242 **Les pouvoirs du juge.** Le juge doit d'abord, on l'a vu, tenter de concilier les parties.

Il lui appartient de fixer la date de l'audience (C. pr. civ., art. 1107), le greffe devant convoquer les époux (C. pr. civ., art. 1108). Exceptionnellement, si l'un des époux ne peut se rendre au lieu indiqué, le juge peut se transporter même hors de son

1. Le juge peut se prononcer sur le régime matrimonial des époux : Civ. 1re, 24 févr. 2016, n° 15-14.887.

ressort ou donner mission à un autre magistrat de procéder à l'audition (C. pr. civ., art. 1110).

La tentative de conciliation se déroule selon *un schéma procédural légal* assez souple : après s'être entretenu avec chacune des parties, le juge les réunit en sa présence, les avocats étant ensuite appelés à assister et participer à la réunion (art. 252-1). Si l'époux qui n'a pas formé la demande ne se présente pas à l'audience, ou se trouve hors d'état de manifester sa volonté, le juge s'entretient avec le demandeur et l'invite à la réflexion.

Si le juge l'estime souhaitable, il peut suspendre, soit seulement la tentative de conciliation (et ménager aux époux un délai de réflexion ne pouvant excéder huit jours), soit même la procédure de divorce (et décider qu'une nouvelle conciliation sera tentée dans un délai ne pouvant excéder six mois : art. 252-2). Il peut alors ordonner les mesures provisoires nécessaires à la vie pendant l'instance (C. pr. civ., art. 1111, v. ss 227).

Enfin, pour faciliter la conciliation et déjouer les calculs frauduleux, la loi interdit d'invoquer, pour ou contre un époux ou un tiers, ce qui a été dit ou écrit à l'occasion de cette conciliation (art. 252-4). La tentative de conciliation pourrait se solder au détriment de celui qui, y participant honnêtement, se risquerait à de dangereuses confidences pour sauver son mariage.

Afin d'apaiser le divorce, la loi favorise les accords entre époux. Lorsqu'il constate que le demandeur maintient sa demande, le juge doit s'efforcer de les faire parvenir à un accord sur les conséquences du divorce (art. 252-3, al. 1er). Il peut même utiliser la médiation au titre des mesures provisoires (C. civ., art. 255, v. ss 227).

Lorsque le juge constate que le demandeur maintient sa demande et qu'il ne souhaite pas procéder à une nouvelle tentative de conciliation, il rend une ordonnance de non-conciliation par laquelle il autorise les époux à introduire l'instance en divorce (C. pr. civ., art. 1111). Il peut alors ordonner des mesures provisoires (C. pr. civ., art. 1111, art. 254, v. ss 227).

Un appel peut être formé dans les quinze jours de l'ordonnance (C. pr. civ., art. 1112), mais seulement sur la compétence et les mesures provisoires. Dans les trois mois de l'ordonnance, seul l'époux ayant présenté la requête initiale peut assigner en divorce (C. pr. civ., art. 1113). L'ordonnance est caduque en cas de réconciliation des époux ou à défaut d'introduction de l'instance dans les trente mois de son prononcé (C. pr. civ., art. 1113).

b. La vie pendant l'instance

243 **Les mesures pendant l'instance.** Organiser la vie pendant l'instance est une nécessité, parfois absolue, notamment en cas de violences conjugales : il faut assurer l'existence des époux et des enfants jusqu'au moment où le jugement de divorce passe en force de chose jugée (art. 254).

– *La liste des mesures.* La loi du 26 mai 2004 a allongé et précisé la liste de mesures que le juge peut prendre à ce titre. Il peut ainsi « notamment »[1] : organiser la résidence séparée[2], attribuer à l'un ou partager la jouissance du logement et mobilier[3], ordonner la remise de vêtements et d'objets personnels, fixer la pension alimentaire entre époux[4], accorder une provision sur les droits dans la liquidation à venir du régime matrimonial (notamment sur la part à venir de communauté)[5], désigner celui des époux qui doit assurer le règlement provisoire des dettes[6], attribuer la jouissance ou gestion des biens communs ou indivis entre époux (art. 255). Les mesures provisoires relatives aux enfants doivent être prises dans les conditions prévues par les articles 371 et suivants du Code civil (art. 256 ; v. ss 594 s.).

Parmi les mesures ajoutées à cette liste par la loi du 26 mai 2004, deux sont d'importance.

Les premières concernent *la médiation.* Conformément à l'objectif général de dédramatisation de la procédure de divorce

1. La liste est donc énonciative et non limitative.
2. La loi du 11 juillet 1975 prévoyait que le juge pouvait « autoriser les époux à résider séparément ». La loi du 26 mai 2004, faisant reculer le devoir de vie commune, ne lui donne plus que le pouvoir de « statuer sur les modalités de la résidence séparée des époux ».
3. La loi du 26 mai 2004 impose de préciser le caractère gratuit ou onéreux de cette occupation, pour éviter d'éventuels conflits ultérieurs et permet de constater le cas échéant l'accord des époux sur le montant d'une indemnité d'occupation. Le report dans le temps de la date de dissolution de la communauté que déciderait ensuite le juge n'aura pas pour effet de rendre onéreuse l'occupation du logement familial avant l'ordonnance de non conciliation, sauf si la décision de report le prévoit spécialement : v. ss 259.
4. Elle prend fin au jour où la décision de divorce devient irrévocable : Civ. 1re, 15 mai 2013, no 12-11.516.
5. Mais seulement si « la situation le rend nécessaire » précise le texte depuis la loi du 26 mai 2004.
6. La précision date de la loi du 26 mai 2004.

et de pacification des relations entre époux, et s'inspirant d'une mesure introduite dans les relations parentales par la loi du 4 mars 2002 (C. civ., art. 373-2-10, v. ss 627), l'article 255 nouveau autorise le juge à « proposer » aux époux une mesure de médiation (il désignera le médiateur après avoir recueilli leur accord) ; il lui permet même d'« enjoindre aux époux de rencontrer un médiateur familial », chargé, en ce cas, de les informer de l'objet et du déroulement de la médiation.

Les secondes concernent *le règlement des intérêts pécuniaires des époux et la liquidation du régime matrimonial.* Avant la loi du 26 mai 2004, le Code civil prévoyait que « en prononçant le divorce, le juge aux affaires familiales ordonne la liquidation et le partage des intérêts patrimoniaux des époux et [...] statue, s'il y a lieu, sur les demandes de maintien dans l'indivision ou d'attribution préférentielle » (art. 264-1). La liquidation du régime matrimonial n'intervenant ainsi qu'après le prononcé du divorce, la détermination judiciaire des effets patrimoniaux du divorce (notamment quant à l'attribution et au montant de l'éventuelle prestation compensatoire) n'était pas toujours faite en connaissance de cause[1] ; en outre, le contentieux de l'après-divorce était ainsi favorisé. Le législateur de 2004 a donc souhaité que la liquidation des intérêts patrimoniaux des époux soit faite dans le cadre du divorce. À cet effet, le juge peut, au titre des mesures provisoires, désigner « tout professionnel qualifié » en vue de dresser un inventaire estimatif ou de faire des propositions quant au règlement des intérêts pécuniaires des époux, et désigner un notaire en vue d'élaborer un projet de liquidation du régime matrimonial et de formation des lots à partager.

– *Les modalités d'adoption des mesures.* Le lien que les mesures provisoires entretiennent avec la mésentente conjugale explique que le juge du divorce soit aussi celui de l'avant-divorce, quoique selon des modalités variables en fonction du cas de divorce considéré.

1. Solution d'autant plus étonnante que la prestation compensatoire dépendait (et dépend toujours) du patrimoine des époux « après la liquidation du régime matrimonial » : anc. art. 272.

La question ne se pose pas dans le divorce par consentement mutuel si le juge homologue la convention que les époux lui soumettent dès la première entrevue organisée avec les époux (C. pr. civ., art. 1099) : le divorce étant alors aussitôt prononcé, les mesures provisoires sont inutiles. Il en va autrement si le juge refuse cette homologation et ajourne sa décision (C. pr. civ., art. 1100) : en ce cas, il peut homologuer les mesures provisoires que les époux s'accorderaient à prendre jusqu'à la date à laquelle le jugement de divorce passera en force de chose jugée, à condition toutefois « qu'elles soient conformes à l'intérêt du ou des enfants » (C. pr. civ., art. 1100, al. 4, C. civ., art. 250-2). Mais la loi du 26 mai 2004 a supprimé la nécessité de l'accord des époux, que la loi du 11 juillet 1975 imposait en la matière (anc. art. 253)[1] : à défaut d'un tel accord, c'est le juge qui décidera lui-même des mesures provisoires.

Dans les autres divorces, le principe est que les mesures provisoires interviennent à l'issue de la tentative de conciliation (art. 254), la loi précisant que le juge rend sa décision « en considération des accords éventuels entre époux » (C. civ., art. 254, C. pr. civ., art. 1117).

En cas de « survenance d'un fait nouveau », le juge peut « supprimer, modifier ou compléter » ces mesures provisoires, et ce « jusqu'au dessaisissement de la juridiction » (C. pr. civ., art. 1118). Un appel est en outre possible, pendant quinze jours, contre l'ordonnance par laquelle le juge prend les mesures provisoires (C. pr. civ., art. 1102 et 1119).

– *Les mesures urgentes.* Reconduisant une solution antérieure, la loi du 26 mai 2004 donne également au juge aux affaires familiales le pouvoir de prendre « les mesures d'urgence » « dès la requête initiale » (art. 257). Sont notamment envisagées une autorisation de résidence séparée et d'éventuelles mesures conservatoires sur les biens (comme l'apposition de scellés sur les biens communs). La loi renvoie en outre à l'article 220-1 du Code civil et aux dispositions du titre XIV du Livre Ier du Code civil, ce qui

1. Il reste fortement conseillé en fait, comme signe de l'entente existant effectivement entre les époux.

donne au juge des pouvoirs importants, et notamment celui de préciser quel est le conjoint qui continuera à résider dans le logement conjugal (v. ss 149).

c. La mise en l'état

244 **La mise en état de l'affaire.** Le juge aux affaires familiales est également chargé de la mise en l'état de l'affaire (C. pr. civ., art. 1114) : respect des délais, échange des pièces, mesures d'instruction éventuelles...

d. Le prononcé du divorce ou le rejet de la demande

245 **La décision sur la dissolution du lien.** Le rôle essentiel du juge consiste à statuer sur la dissolution du lien. Il est, en la matière, investi d'un pouvoir variable, mais souvent considérable. On note toutefois que, sur divers points, ce pouvoir a cédé du terrain (notamment en cas de divorce pour altération définitive du lien conjugal).

Dans le consentement mutuel, où la volonté des époux constitue le fondement du divorce, le juge est chargé de deux missions : contrôler l'existence et l'intégrité de la volonté des époux, vérifier que les intérêts des enfants et des époux ne sont pas méconnus par la convention aménageant l'après-divorce (C. civ., art. 232, v. ss 198 s.).

Dans le divorce accepté, il doit vérifier la liberté des consentements des époux et statuer sur les conséquences du divorce (C. civ., art. 234, v. ss 204 s.).

Dans le divorce pour faute, il lui appartient de vérifier l'existence d'une faute, cause de divorce (et éventuellement de rechercher si la réconciliation est intervenue ou si le défendeur n'a pas commis de faute, cause de divorce ; art. 242 s., v. ss 212 s.), et d'aménager les effets du divorce.

Enfin, en cas de divorce pour altération définitive du lien conjugal, il doit vérifier l'existence d'une cessation de la vie commune depuis deux ans ou statuer sur les demandes en divorce pour faute et altération, présentées à titre principal et reconventionnel (C. civ., art. 238 s., v. ss 207 s.).

246 **Autorité de la décision à l'égard des époux.** Une décision rejetant la demande en divorce n'interdit pas aux époux d'en former une

nouvelle, fondée sur un autre cas de divorce ou même fondée sur le même cas mais procédant de faits nouveaux et différents de ceux invoqués au soutien de la précédente demande. Une décision accueillant la demande dissout le mariage, les époux disposant toutefois des voies de droit commun à l'encontre de la décision[1].

247 **Autorité de la décision à l'égard des tiers.** Les limites de la chose jugée devraient justifier la relativité de la décision, qu'elle accueille ou rejette la demande en divorce. Mais comme toute décision judiciaire rendue dans le cadre d'une action d'état, la décision prononçant la dissolution du mariage échappe à cette règle et est opposable *erga omnes*, si du moins les formalités requises par la loi ont été effectuées à l'état civil (double mention en marge, de l'acte de mariage et des actes de naissance ; art. 262).

e. Le contentieux de l'après-divorce

248 **Le règlement du contentieux de l'après-divorce.** Le juge aux affaires familiales est également en charge du contentieux de l'après-divorce, que celui-ci soit lié aux rapports entre ex-époux (prestations financières, litiges relatifs au bail sur le logement familial, au nom...) ou aux enfants (exercice de l'autorité parentale sur la personne, devoir d'entretien)[2].

3. L'administration de la preuve

a. La charge de la preuve

249 **Rôle des époux, du juge, des tiers.** Conformément au droit commun de la preuve (art. 1315), il appartient à l'époux qui invoque un fait au soutien de sa demande de l'établir : violation imputable, grave ou renouvelée, des devoirs et obligations du mariage, rendant intolérable le maintien de la vie commune ; séparation de plus de deux ans... Mais, là encore conformément au droit commun, chacun étant tenu d'apporter son concours à la justice (art. 10), le juge pourra enjoindre tel ou tel de délivrer un élément de preuve en sa possession. En outre, afin de régler le plus justement possible les intérêts pécuniaires des époux, le droit s'efforce

1. L'appel est fermé contre la décision prononçant le divorce par consentement mutuel (C. pr. civ., art. 1102). Pour une ouverture de la révision pour fraude en cas de dissimulation de biens et revenus, v. Civ. 2e, 12 juin 2008, *Bull.* n° 141.
2. Des interférences sont possibles avec le juge des enfants (en cas d'assistance éducative).

d'éclairer réellement le juge sur les fortunes et ressources respectives des époux. À cet effet, il leur impose de se communiquer et de communiquer au juge, aux experts et autres personnes désignées par le juge dans le cadre des mesures provisoires (v. ss 208), tous renseignements et documents utiles pour fixer les prestations et pensions et liquider le régime matrimonial ; il autorise le juge à faire procéder à toutes recherches utiles et interdit aux tiers - débiteurs ou détenteurs de valeurs pour le compte des époux - de lui opposer le secret professionnel (art. 259-3).

b. Les modes de preuve

250 **Droit commun et droit spécial.** La question des modes de preuve susceptibles d'être utilisés dans une procédure de divorce est délicate.

Le droit du divorce applique le droit commun de la preuve (liberté de la preuve des faits juridiques : anc. art. 1341 ; art. 1358) en autorisant les époux à établir « par tout mode de preuve » les « faits invoqués en tant que causes de divorce ou comme défenses à une demande » (art. 259)[1]. Est même explicitement affirmée la recevabilité de l'aveu, alors que l'on aurait pu craindre qu'un tel mode de preuve ne permette de dissimuler un divorce d'accord et ne soit ainsi un moyen commode d'échapper aux contraintes du divorce par consentement mutuel (accord des époux sur les effets du divorce : art. 230, v. ss 195 s.) ou du divorce accepté (exigence d'un double défenseur : C. civ., art. 253, v. ss 202 s.).

Trois limites sont apportées à cette liberté de la preuve. Pour protéger les *descendants*, qui risquent d'être entraînés à des témoignages arrachés par l'un ou l'autre des époux au détriment de la paix familiale, le droit écarte *leurs témoignages* (C. civ., art. 259 ; C. pr. civ., art. 205) ; la jurisprudence interprète le texte de façon extensive pour protéger la paix familiale[2]. En outre, généralisant

1. Preuve par SMS (Civ. 1re, 11 mai 2016, n° 15-16.410), courriel et rapport d'enquête privée (Civ. 1re, 18 mai 2005, n° 04-13.745).

2. L'interdiction concerne les beaux-enfants (Civ. 2e, 18 nov. 1987, *Bull. civ.* II, 230), même divorcés (Civ. 1re, 4 févr. 2006, *Bull. civ.* I, n° 71), le concubin des descendants (Civ. 2e, 10 mai 2001, *Bull. civ.* II, n° 94) les enfants d'une autre union. Peu importe les circonstances dans lesquels les témoignages ont été recueillis : Civ. 1er, févr. 2012, n° 10-27.460, écartant des déclarations recueillies par les services de police dans le cadre d'une enquête pénale étrangère à l'instance en divorce ; Civ. 1re, 3 nov. 2004, *Bull. civ.* I, n° 239, écartant l'attestation de la mère d'un conjoint relatant les dires des petits enfants.

une solution jusque-là réservée aux lettres échangées entre un conjoint et un tiers, la loi interdit désormais à un époux de produire en justice un « élément de preuve qu'il aurait obtenu par *violence ou fraude* » (C. civ., art. 259-1)[1]. Enfin, la loi écarte « les constats dressés à la demande d'un époux »[2] « s'il y a eu violation de domicile ou atteinte illicite à l'intimité de la vie privée » (art. 259-2)[3]. Il n'y a là, somme toute, qu'application du droit commun, le principe de loyauté rendant irrecevables les preuves obtenues par des procédés illicites ou déloyaux.

Sur un point spécifique, il faut aussi compter avec un mode de preuve pour le moins original : depuis la loi du 30 juin 2000, les époux doivent procéder à *une déclaration sur l'honneur* en matière de fixation ou révision d'une prestation compensatoire ; la loi leur impose alors en effet « une déclaration certifiant sur l'honneur l'exactitude de leurs ressources, revenus, patrimoine et conditions de vie » (C. civ., art. 272 ; C. pr. civ., art. 1075-1). D'efficacité incertaine, cette déclaration pose diverses difficultés : il appartient au juge d'inviter les parties à la fournir[4] ; mais il n'est pas tenu d'enjoindre à une partie de la produire[5] ou de mentionner dans la décision qu'elle a été produite[6] et cette production n'est pas une condition de recevabilité de la demande de prestation[7]. Surtout, le droit permet au juge de demander d'autres pièces justificatives (C. pr. civ., art. 1075-2). En cas de fausse déclaration, un recours en révision est envisageable[8].

1. La jurisprudence a accueilli la preuve par journal intime (Civ. 2e, 29 janv. 1997, *Bull. civ.* II, nº 28) ou par SMS reçus sur le téléphone portable professionnel du mari et constatés par huissier (Civ. 1re, 17 juin 2009, *Bull. civ.* I, nº 132).
2. Civ. 1re, 6 févr. 1979, *JCP* 1980. II. 19290 : le président du tribunal de grande instance peut autoriser un constat d'huissier.
3. Comp. Civ. 2e, 3 juin 2004, *Dr. fam.* 2004. 172, écartant des débats le rapport de surveillance établi par un détective privé, pour défaut de proportionnalité entre l'atteinte portée à la vie privée de l'épouse et la nécessité pour l'ex-mari de prouver les faits invoqués au soutien de sa demande en suppression de prestation compensatoire, car l'épouse « avait été épiée, surveillée et suivie pendant plusieurs mois », ce qui constituait une « immixtion arbitraire dans la vie privée » d'un époux.
4. Civ. 2e, 28 mars 2002, *Dr. fam.* 2002. 7.
5. Civ. 1re, 2 mars 2004, *Dr. fam.* 2004. 12.
6. Civ. 1re, 8 juill. 2002, *Dr. fam.* 2003. 119.
7. Civ. 1re, 11 janv. 2005, *Dr. fam.* 2005. 55.
8. Civ. 1re, 12 juin 2008, *Bull. civ.* I, nº 141, ouvrant le recours en révision pour déclaration mensongère de la femme ayant caché des éléments patrimoniaux, ce qui a influé sur la prestation compensatoire attribuée.

§ 2. Les effets du divorce

251 **Généralités. Portée du divorce.** Le divorce démarie les époux. La décision judiciaire, en modifiant un élément de l'état civil déterminant, produit des effets personnels (ainsi la célébration d'une nouvelle union redevient-elle possible...) et patrimoniaux (ainsi la solidarité conjugale des dettes ménagères disparaît-elle...) considérables.

Ces effets ne se produisent d'ailleurs pas seulement entre les époux. Ils existent aussi à l'égard des tiers et des enfants du couple. Le sort de ces derniers était autrefois réglé par des dispositions spécifiques du droit du divorce (art. 286 s. réd. L. 11 juill. 1975). La loi du 4 mars 2002 a abrogé ces dispositions spécifiques : les questions relatives aux enfants (exercice de l'autorité parentale, résidence, contribution à leur entretien) sont désormais réglées par les dispositions du chapitre I du titre IX du livre Ier du Code civil, c'est-à-dire par les articles 371 et suivants relatifs à l'autorité parentale (v. ss 594 s.), et plus particulièrement par les textes qui règlent l'hypothèse de la « séparation » des parents (art. 373-2 s. ; v. ss 619 s.).

252 **Effet temporel.** La détermination du moment de la dissolution du mariage est essentielle. L'article 260 précise que « la décision qui prononce le divorce dissout le mariage à la date à laquelle elle prend force de chose jugée ». Mais ce principe connaît des aménagements.

– *À l'égard des tiers.* À l'égard des tiers, et s'agissant des biens, la décision de divorce ne produit ses effets que plus tard. Indispensable s'agissant d'une décision modificative de l'état des personnes, l'opposabilité *erga omnes* n'est admissible qu'à condition de préserver la sécurité juridique : la décision devra donc être publiée en marge des actes de l'état civil ; ce n'est qu'à compter de cette mention en marge qu'elle sera opposable aux tiers (art. 262)[1].

1. La décision prend effet à l'égard des tiers à cette date et non à celle de la publicité foncière : Civ. 1re, 12 avr. 2012, n° 11-13.456.

– *Dans les rapports entre époux.* Dans les rapports entre époux, et s'agissant là encore des biens, la loi distingue selon que le divorce est prononcé par consentement mutuel ou pour une autre cause (C. civ., art. 262-1 ; v. ss 256 s., 259 s. et 278 s.). Dans le divorce par consentement mutuel, le principe est que le mariage est dissous dans l'ordre patrimonial à compter de l'homologation de la convention ; mais ce principe cède si la convention homologuée par le juge fixe une autre date. Dans les autres cas de divorce, le principe est que le mariage est dissous, dans l'ordre patrimonial, au jour de l'ordonnance de non-conciliation. Mais le juge peut, à la demande de l'un quelconque des époux, reporter dans le temps la date de dissolution et la fixer au jour où les époux ont cessé de cohabiter et de collaborer.

253 **Principes fondamentaux.** L'esprit d'apaisement qui avait inspiré la loi du 11 juillet 1975 expliquait les principes directeurs présidant à la détermination matérielle des effets du divorce. La loi s'était efforcée d'abord de *détacher la cause de divorce des effets de celui-ci*, l'idée étant que le prononcé de la dissolution susciterait moins de contentieux si les conséquences de cette dissolution ne dépendaient pas des fautes. Elle avait voulu en outre *concentrer le règlement des effets au moment du procès initial* pour éviter le contentieux de l'après-divorce, qui ravive des plaies toujours douloureuses[1]. Elle avait enfin *favorisé les accords entre époux*, plus propices à la paix en cours de procédure et moins sujets à contestation ultérieure que les décisions imposées par le juge. Ces trois principes connaissaient toutefois divers tempéraments : certains effets du divorce dépendaient encore, dans certains cas, de l'imputabilité du divorce, le législateur ayant ainsi souhaité préserver la force de l'engagement matrimonial ; la prestation compensatoire, en principe intangible, pouvait exceptionnellement être révisée, si l'absence de révision risquait de produire des conséquences excessives pour l'un des époux ; enfin, la faveur aux accords trouvait sa limite dans la détermination légale impérative de certains effets.

1. La pratique du divorce a démontré combien, dans une période de crise économique, cette volonté pouvait être illusoire.

Prenant acte de l'incertitude économique, de l'allongement de la durée de la vie et de la multiplication des divorces, la loi du 30 juin 2000 a renforcé la concentration dans le temps des effets du divorce, en rendant plus exceptionnelle l'attribution d'une rente viagère et en assouplissant la révision de celle-ci, essentiellement dans l'intérêt du débiteur.

Le même souci de détachement de la cause et des effets et de concentration des effets du divorce a animé le législateur de 2004, qui s'est en outre montré moins soucieux des interactions éventuelles entre le droit du divorce et le droit du mariage. La loi du 26 mai 2004 a accentué la neutralisation de la cause de divorce en attachant quasiment les mêmes effets à tous les divorces, quelle que soit la cause de leur prononcé. La politique de concentration des effets du divorce a été reconduite, avec cette réserve importante que la loi a également voulu préserver l'intérêt des héritiers éventuels du débiteur de la prestation compensatoire. Quant aux accords entre époux, ils ont été encore davantage favorisés.

254 **Plan.** Matériellement, les effets du divorce varient désormais selon qu'il s'agit du divorce par consentement mutuel (**B**) ou des autres cas de divorce (**A**), le droit réservant naturellement au premier un traitement tout à fait particulier du fait de la spécificité de ce cas, qui tient à l'existence d'un accord des époux sur le principe et sur les effets de leur divorce.

A. Dans les divorces judiciaires autres que par consentement mutuel

255 **Généralités.** Le divorce produit ses effets dans l'ordre conjugal en démariant les époux. La dissolution du mariage est quasi-totale en matière personnelle : les époux redeviennent célibataires. En revanche, en matière patrimoniale, les relations entre époux peuvent perdurer : les effets patrimoniaux du mariage disparaissent, mais le divorce engendre des effets particuliers.

1. La désunion personnelle

256 **Portée temporelle à l'égard des époux.** Dans l'ordre personnel, le mariage est dissous à la date à laquelle la décision de divorce prend force de chose jugée (art. 260), les voies de recours ayant

été rejetées ou les délais pour les exercer étant expirés. C'est à ce jour que les époux sont à nouveaux traités comme des célibataires dans l'ordre personnel.

Ce principe était autrefois écarté, dans le droit du remariage, en raison de l'existence du délai dit « de viduité » prévu par l'article 228 du Code civil : la femme divorcée ne recouvrait la liberté de se remarier qu'après expiration d'un délai de trois cents jours (art. 261) dont la finalité n'était pas d'imposer un délai de convenance aux époux mais d'éviter la confusion de parts, c'est-à-dire le risque d'une double attribution de paternité à l'enfant. Ce délai a disparu avec la loi du 26 mai 2004.

257 **Disparition des effets personnels du mariage.** Le principe est que le divorce dissout l'union des personnes. Les devoirs personnels que la loi institue entre les époux (v. ss 124 s.) disparaissent donc : ils ne se doivent plus ni respect, ni fidélité, ni assistance, ni communauté de vie. Chacun retrouve la faculté de se remarier. Très logiquement, la loi impose une nouvelle célébration de l'union si les ex-époux veulent à nouveau être mariés (art. 263). Enfin, cette dissolution du lien personnel entraîne la perte par chacun de l'éventuel usage du nom de son conjoint (art. 264) : concrètement, la femme (puisque c'est généralement elle qui use du nom de son conjoint) reprend son nom dit « de jeune fille ».

258 **Usage du nom de l'ex-conjoint.** Mais ce principe n'est pas absolu. La loi de 1975 avait prévu, dans trois cas, la possibilité pour la femme mariée de conserver l'usage du nom du mari. La loi du 26 mai 2004 a prévu que « l'un des époux peut néanmoins conserver l'usage du nom de l'autre » mais elle n'a maintenu que deux cas (art. 264)[1].

Tel est d'abord le cas si *l'ex-époux donne son accord.* Tel est aussi le cas si le juge en décide ainsi, à condition que l'époux en cause « justifie d'un *intérêt particulier pour lui ou pour les enfants* », ce qu'apprécie souverainement le juge en se plaçant au jour où la demande est formée. Il en va ainsi notamment lorsque

1. Tel était également le cas, avant la loi du 26 mai 2004, dans le divorce pour rupture de la vie commune, lorsque la femme était défenderesse (anc. art. 264, al. 2).

l'un des époux s'est fait connaître dans son activité professionnelle[1], artistique... sous le nom de son ex-conjoint.

Dans ces deux hypothèses, le conjoint, sans être marié, pourra user d'un nom qui n'est pas le nom que la loi lui a attribué à la naissance. Cette faculté est-elle discrétionnaire et perpétuelle ? Il paraît naturel de considérer que l'abus de l'usage du nom de l'ex-conjoint fonde le retrait de l'autorisation, que celle-ci soit conjugale[2] ou judiciaire. De même, semble naturelle la caducité de l'autorisation en cas de remariage, du moins lorsque cette autorisation émanait du conjoint[3]. Il n'est pas sûr en revanche que le remariage fasse disparaître l'autorisation judiciaire s'il est établi que le conjoint ou les enfants ont un intérêt particulier à l'usage du nom de l'ex-époux ; inversement, il semble logique de considérer que la décision judiciaire ne vaut qu'autant que l'intérêt qui la fonde existe et que la disparition de cet intérêt (celui de la femme ou des enfants) justifie le retrait de l'autorisation conférée.

2. La désunion patrimoniale

259 **Date de la dissolution du mariage.** Dans l'ordre patrimonial, la date de dissolution du mariage dans les rapports entre époux est différente de celle que le droit retient en matière personnelle (qui est la date à laquelle la décision prononçant le divorce acquiert force de chose jugée : art. 260, v. ss 256).

La date de l'assignation, que la loi du 11 juillet 1975 avait retenue pour les questions patrimoniales (anc. art. 262-1, al. 1er), ne pouvait être reconduite par la loi du 26 mai 2004, l'assignation en divorce n'intervenant plus dès le début de la procédure, mais seulement après l'ordonnance de non-conciliation (v. ss 223). Le législateur a opté, dans les divorces autres que par consentement mutuel (donc pour faute, altération définitive du lien conjugal, ou sur demande acceptée), pour la date de *l'ordonnance de non-conciliation* (art. 262-1). C'est donc dès ce jour que le régime matrimonial est dissous, quitte à ce que la communauté soit

1. Pour un exemple, v. Rennes, 15 déc. 2015, n° 14/04313, autorisant un ex-époux à porter le nom double des conjoints, pour des raisons professionnelles, mais seulement jusqu'à sa retraite.
2. Paris 9 mars 1979, *D.* 1979. 471.
3. TGI Paris 10 févr. 1981, *D.* 1981. 443, *JCP* 1981. II. 19624.

relayée par une indivision post-communautaire si les époux étaient mariés sous un régime de communauté. C'est donc à ce jour que sera déterminée la masse de biens communs que devront se partager les époux après avoir payé les créanciers communs. Mais cette date peut être écartée dans deux hypothèses.

Elle peut l'être, en premier lieu, par *la volonté accordée des époux* : dans tous les divorces en effet, la loi leur permet de régler tout ou partie des effets du divorce par une convention qu'ils doivent soumettre à *l'homologation* du juge (art. 268). Ils peuvent fort bien utiliser cette liberté à cet effet.

Elle peut l'être, en second lieu, sur *décision du juge*. La vie commune a parfois été rompue avant l'ordonnance de non-conciliation, voire bien avant la saisine du juge par un époux. Ne faire produire effet au divorce qu'à compter de l'ordonnance de non-conciliation en ce qui concerne les biens permettrait alors à l'époux ayant abandonné le domicile conjugal de profiter de l'éventuel accroissement de communauté dû au labeur du conjoint abandonné. Injuste, cette solution est écartée par la loi : l'article 262-1 autorise donc le juge à faire remonter dans le temps[1] la date de dissolution du mariage (et donc celle du régime matrimonial) « à la date à laquelle ils ont cessé de cohabiter et de collaborer ». Mais ce pouvoir est encadré.

Le juge doit être saisi d'une *demande d'un époux* à cet effet. Avant la réforme du 26 mai 2004, il fallait qu'un époux en fasse la demande et ce ne pouvait être « celui auquel incombent à titre principal les torts de la séparation » (art. 262-1, al. 2, réd. L. 23 déc. 1985)[2]. Conformément au principe de neutralisation de l'imputabilité du divorce au stade des effets de ce dernier, la loi du 26 mai 2004 a supprimé cette limitation : chacun des époux peut aujourd'hui former une telle demande (art. 262-1, al. 2). Depuis la loi du 26 mai 2004, cette demande doit être formée *à l'occasion de l'action en divorce* : c'est la conséquence logique du souci de concentration des effets du divorce au jour du prononcé

---

1. Cette date ne peut qu'être antérieure au jour de l'ordonnance de non-conciliation : Civ. 1re, 18 mai 2011, *Bull. civ.* I, n° 90.

2. La déchéance du droit de demander un tel report valait initialement à l'encontre de l'époux dont la faute était à l'origine de la cessation de la cohabitation ou de la collaboration.

et de la volonté de permettre au juge de prendre une décision éclairée, notamment sur la prestation compensatoire.

La jurisprudence considère que « la cessation de la cohabitation fait présumer la cessation de la collaboration »[1], et que « l'existence de relations patrimoniales entre les époux, résultant d'une volonté commune, allant au-delà des obligations découlant du mariage ou du régime matrimonial, caractérise le maintien de la collaboration des époux »[2].

Enfin, la loi précise désormais que *la jouissance du logement conjugal* par un seul époux conserve un caractère gratuit jusqu'à l'ordonnance de non-conciliation, sauf décision contraire du juge.

260 **Nullité des actes frauduleux accomplis après la requête initiale.** En outre, la loi protège chaque époux en l'autorisant à faire déclarer nulles toute obligation contractée par l'autre à la charge de la communauté et toute aliénation de biens communs faite par l'autre, alors même que l'acte aurait été accompli dans la limite des pouvoirs objectifs que le régime matrimonial conférait à son auteur, dès lors qu'il a été fait postérieurement à la requête initiale en divorce et en fraude aux droits du conjoint (art. 262-2). La jurisprudence a précisé que l'acte restait régulier à l'égard du tiers de bonne foi, qui était seulement privé du droit de l'opposer au conjoint innocent[3].

261 **Portée de la dissolution du mariage.** Dans l'ordre patrimonial, à compter de cette date, le mariage cesse de produire effet. Diverses questions patrimoniales doivent être réglées au moment du divorce.

Le divorce, en dissolvant le mariage, fait disparaître l'union patrimoniale dans le futur. Les époux redeviennent donc des célibataires : ils sont soustraits aux devoirs patrimoniaux des époux (devoir de secours et contribution aux charges du mariage : art. 212 et 214) ; leur régime matrimonial est dissous ; leurs vocations successorales légales réciproques s'éteignent.

1. Civ. 1re, 17 déc. 2008, *RTD civ.* 2009. 703 ; Civ. 1re, 31 mars 2010, *Bull. civ.* I, n° 80.
2. Ainsi en cas d'emprunts co-contractés par les époux : Civ. 1re, 17 nov. 2010, *Bull. civ.* I, n° 235 ; Civ. 1re, 24 oct. 2012, n° 11-30.522.
3. La solution a été posée à propos de la séparation de corps : Civ. 1re, 23 oct. 2013, n° 12-17.896.

Mais ce principe connaît diverses limites : il est impossible de faire effectivement disparaître les années passées, eu égard aux répercussions qu'elles auront sur les années à venir. Dans cette perspective, le divorce ne débouche pas seulement sur un non-mariage – le retour à l'état de célibat – mais sur un statut particulier – le statut d'ex-époux[1]. Ce particularisme peut résider dans la concession à bail du logement familial. Surtout, un époux pourra être condamné à verser à l'autre une rente ou un capital : la disparition du devoir de secours entre époux connaît en effet une limite (art. 270), tenant à l'éventuel versement d'une prestation compensatoire. En outre, le cas échéant, il faudra statuer sur le passé matrimonial.

a. La liquidation du régime matrimonial

262 Favorable aux accords entre époux, la loi du 26 mai 2004 a étendu à tous les régimes matrimoniaux une règle que la loi du 11 juillet 1975 n'avait prévu qu'au profit des époux mariés sous le régime de la communauté légale réduite aux acquêts (anc. art. 1450) : l'article 265-2 prévoit désormais que « les époux peuvent, pendant l'instance en divorce, passer *toutes conventions pour la liquidation et le partage de leur régime matrimonial* »[2], la loi imposant seulement la forme notariée lorsque la liquidation porte sur des biens soumis à publicité foncière.

Mais la question ne peut pas toujours être réglée à l'amiable. Or il importe que la liquidation des intérêts des époux soit effective au plus tôt, afin d'éviter le contentieux de l'après-divorce. C'est ce à quoi s'emploie le droit.

Le juge du divorce peut d'abord, depuis la loi du 26 mai 2004, désigner au titre des *mesures provisoires*, et dans l'ordonnance de non-conciliation, un professionnel qualifié pour dresser un inventaire estimatif et faire des propositions de règlement des intérêts

---

1. Sur les pensions de réversion attribuées au conjoint survivant divorcé, v. C. pens. retr., art. L. 44 et CSS, L. 353-3. *Adde* Décis. 21 juin 2013, n° 2013-324 QPC : il n'y a pas discrimination à réserver au conjoint marié la pension militaire d'invalidité ouverte par l'art. 43 du Code des pensions militaires et d'invalidité des victimes de la guerre, car cette pension a pour objet d'assurer un droit à réparation.

2. Pour une illustration de la nullité d'une convention passée avant l'instance, v. Civ 1re, 27 sept. 2017, n° 16-23.531.

pécuniaires des époux, ainsi qu'un notaire, en vue d'élaborer un projet de liquidation du régime matrimonial et de formation des lots à partager (C. civ., art. 255, v. ss 227).

Le juge du divorce doit ensuite, *lorsqu'il prononce le divorce*, assurer autant que possible la liquidation et le partage des intérêts patrimoniaux des époux (art. 267). La détermination des pouvoirs du juge du divorce n'a pas été sans mal en législation.

L'article 267 donne compétence au juge du divorce pour statuer sur les demandes de maintien dans l'indivision ou d'attribution préférentielle. Il l'autorise aussi, depuis la loi du 26 mai 2004, à accorder à l'un (ou aux deux) des époux une avance sur sa part de communauté ou de biens indivis.

La loi du 26 mai 2004 avait également mis en place un dispositif destiné à assurer une liquidation rapide des intérêts des époux. L'article 267 précisait d'abord que le juge du divorce statuait sur « les désaccords persistants entre époux », à la demande de l'un ou l'autre si « le projet de liquidation (...) établi par le notaire (désigné lors de l'audience de conciliation) contient des informations suffisantes »[1]. En outre, pour permettre le règlement des désaccords subsistants, l'article 267-1 imposait au notaire de « transmet(tre) au tribunal un procès-verbal de difficultés reprenant les déclarations respectives des parties » si les opérations de liquidation et de partage n'étaient pas achevées alors qu'un an s'était écoulé depuis la date à laquelle le jugement de divorce était passé en force de chose jugée[2]. La loi du 12 mai 2009 avait supprimé le dispositif mis en place par l'article 267-1, et s'était contentée de renvoyer aux dispositions du Code de procédure civile qui régissent la question du partage des indivisions. Consciente des limites de ce renvoi, la Cour de cassation avait alors reconnu au juge du divorce le pouvoir de désigner un notaire liquidateur dans la décision de

1. Il pouvait ainsi fixer l'indemnité d'occupation due par un époux : Civ. 1re, 7 nov. 2012, n° 11-17.377.

2. Le tribunal pouvait accorder un délai supplémentaire de six mois au plus. À l'expiration de ce délai, si les opérations n'étaient toujours pas achevées, le notaire informait le tribunal, en établissant le cas échéant un nouveau procès-verbal. Le tribunal statuait alors sur les contestations subsistant entre les parties et les renvoyait devant le notaire pour l'établissement de l'état liquidatif.

divorce elle-même[1], ou encore celui de se prononcer sur le régime matrimonial applicable aux époux[2].

L'ordonnance du 15 octobre 2015 a profondément remanié la question. De l'article 267, résulte aujourd'hui une large compétence du juge du divorce. Outre le pouvoir de statuer sur les demandes de maintien dans l'indivision, d'attribution préférentielle et d'avance sur part de communauté ou de biens indivis, il peut désormais, « s'il est justifié par tous moyens des désaccords subsistant entre les parties », statuer sur les demandes de liquidation et de partage des intérêts patrimoniaux. La loi précise qu'une telle preuve peut notamment résulter : d'une déclaration commune d'acceptation d'un partage judiciaire, indiquant les points de désaccord des époux ; du projet de liquidation établi par le notaire désigné au titre des mesures provisoires lors de l'ordonnance de non conciliation (art. 255, v. ss 243). Reprenant la jurisprudence, le texte précise enfin qu'il peut « même d'office » statuer sur la détermination du régime matrimonial applicable aux époux.

b. Le sort des donations et avantages matrimoniaux

263 **Donations et avantages matrimoniaux.** Le sort des donations et avantages matrimoniaux dépendait autrefois de l'imputabilité de la dissolution du mariage[3]. Depuis la loi du 26 mai 2004, le droit distingue selon la nature de la disposition ou de l'avantage matrimonial (art. 265)[4]. La Cour de cassation semble considérer que le dispositif légal est d'ordre public[5].

– *Les avantages matrimoniaux qui prennent effet au cours du mariage et les donations de biens présents, quelle que soit leur*

1. Civ. 1re, 7 nov. 2012, n° 12-17.394.
2. Civ. 1re, 20 mars 2013, n° 11-27.845.
3. L'époux contre lequel le divorce était prononcé (le fautif dans le divorce pour faute, le demandeur dans le divorce pour rupture de la vie commune) les perdait de plein droit alors que son conjoint les conservait (anc. art. 267 et 269). En cas de divorce prononcé aux torts partagés, c'est-à-dire en cas de divorce pour fautes réciproques (anc. art. 267-1) ou sur demande acceptée (art. 268-1), chacun des époux était libre de les révoquer ou non.
4. Les causes de révocation des donations admises par le droit commun pourront également s'appliquer (mais chacun sait qu'elles sont strictement définies et ne permettront donc pas, le plus souvent, de revenir sur la disposition, art. 953).
5. Civ. 1re, 14 mars 2012, *Bull. civ.* I, n° 56, a jugé, au visa des art. 265, al. 1er, et 1096, al. 2, du Code civil, « que le divorce est sans incidence sur une donation de biens présents faite entre époux et prenant effet au cours du mariage » et que « les dispositions impératives du premier des textes susvisés font obstacle à l'insertion, dans une donation de biens présents prenant effet au cours du mariage, d'une clause résolutoire liée au prononcé du divorce ou à une demande en divorce ».

forme, demeurent, sans que le divorce ait à leur égard la moindre incidence[1].

– *Les avantages matrimoniaux qui ne prennent effet qu'à la dissolution du régime matrimonial ou au décès d'un époux, ainsi que les dispositions à cause de mort*, sont en revanche révoqués de plein droit. Peu importe qu'ils soient accordés par contrat de mariage ou pendant l'union. Cette révocation peut être écartée par la « volonté contraire » de l'auteur de l'acte. Pour éviter les discussions suscitées par le droit antérieur, le texte précise, depuis la loi du 26 mai 2004, que cette volonté « est constatée par le juge au moment du prononcé du divorce » et, surtout, qu'elle « rend irrévocable l'avantage ou la disposition maintenue ».

– *La reprise des apports faits par les époux à la communauté* peut toutefois être stipulée dans le contrat de mariage : c'est la loi du 23 juin 2006 qui est venue ajouter cette limite.

c. Le sort des droits légaux ou conventionnels

264 **Imputabilité du divorce.** Le sort des droits que la loi (droits à pension de réversion de retraite) et des conventions conclues par un époux avec un tiers (contrats d'assurance-vie) attribuent au conjoint dépendait là encore, quoique dans des conditions un peu différentes, de l'imputabilité de la dissolution du lien matrimonial (anc. art. 265, al. 2 et 3)[2]. La loi du 26 mai 2004 a à nouveau neutralisé l'imputabilité du divorce : le divorce est sans incidence sur les droits légaux et conventionnels (art. 265-1) ; ils sont donc maintenus sans condition ni limite.

1. La Cour de cassation avait autrefois jugé qu'une condition de non divorce pouvait être insérée dans une donation, aux motifs qu'« aucune disposition légale n'interdit à l'époux qui consent une donation à son conjoint pendant le mariage d'assortir celle-ci d'une condition dont l'inexécution entraînera la révocation », que « la stipulation d'une telle condition dans une donation entre époux ne fait nullement obstacle à la libre révocabilité de celle-ci, laquelle peut intervenir, de façon discrétionnaire, à tout moment », et que « la clause par laquelle un époux subordonne la donation faite à son conjoint durant le mariage au cas où celui-ci lui survivrait, à la persistance du lien matrimonial ou à l'absence de toute action entreprise pour y mettre fin, n'est pas en soi illicite et est justifiée, sauf intention de nuire, par la nature même de cette libéralité » Civ. 1re, 13 déc. 2005, *Bull. civ.* I, n° 491. Mais la solution a été abandonnée par la décision précitée rendue le 14 mars 2012.

2. Ces droits étaient perdus par l'époux contre lequel le divorce était prononcé, c'est-à-dire celui aux torts exclusifs duquel le divorce avait été prononcé ou celui qui avait demandé et obtenu le divorce pour rupture de la vie commune. Ils étaient conservés si les torts étaient partagés (divorce sur demande acceptée ou divorce pour faute prononcée avec attribution des torts à chacun).

d. L'attribution de dommages-intérêts

265 **Droit spécial du divorce et dommages causés par la dissolution du mariage.** La réparation des dommages que la dissolution du mariage entraîne[1] était limitée dans le droit issu de la loi du 11 juillet 1975 : le texte ne prévoyait l'attribution de dommages-intérêts qu'à l'époux au bénéfice duquel un divorce pour faute avait été prononcé (art. 266) ; et la Cour de cassation l'avait jugé inapplicable dans le divorce pour rupture de la vie commune[2]. Renversant cette jurisprudence discutable, la loi du 26 mai 2004 a prévu que la réparation pouvait être demandée non seulement lorsque le divorce a été prononcé aux torts exclusifs de l'autre époux mais également lorsque la victime est défendeur à un divorce prononcé pour altération définitive du lien conjugal et qu'elle n'a elle-même formé aucune demande en divorce (art. 266).

Souhaitant bloquer un éventuel contentieux à retardement, conformément à la politique de concentration des effets du divorce, la loi du 11 juillet 1975 avait prévu que la demande devait être *formée à l'occasion de l'action en divorce.* La loi du 26 mai 2004 a repris la même règle (art. 266, al. 2).

Elle a également apporté une limite supplémentaire : le texte précise que seules « les conséquences d'une particulière gravité » subies du fait de la dissolution du mariage peuvent être réparées. Cette condition, souverainement appréciée par les juges du fond, est destinée à interdire qu'un recours trop systématique au droit de la responsabilité civile n'aiguise les conflits entre époux et n'anéantisse ainsi l'effort de pacification lié à la neutralisation de l'imputabilité de la rupture. Mais il en résulte une dérogation au droit commun de la responsabilité, dérogation se traduisant par

1. La prestation compensatoire atténue sans doute les conséquences patrimoniales du divorce en égalisant les conditions de vie après divorce (C. civ., art. 270 ; v. ss 267 s.). Mais elle ne supprime pas tout dommage matériel (une perte de 30 % du pouvoir d'achat des époux après divorce serait même constatée). Elle est en outre sans effet sur le dommage moral. Sans compter qu'elle est subordonnée à l'existence de ressources du débiteur, ce qui n'est pas le cas des dommages et intérêts.

2. Civ. 2e, 23 janv. 1980, *D.* 1980. 281, *JCP* 1980. II. 19369, *Gaz. Pal.* 1980. 1. 355 ; 30 déc. 1983, *Gaz. Pal.* 1984. 2. Pan. 185. La loi réputait pourtant ce divorce comme étant « prononcé contre » le demandeur (de même qu'un divorce aux torts exclusifs était réputé « prononcé contre » l'époux fautif, art. 265), ce qui autorisait une interprétation analogique du texte.

un retrait de la responsabilité, à rebours de la tendance du droit contemporain, et conduisant le cas échéant à une impunité discutable dans l'ordre individuel (peu équitable pour la victime, privée d'indemnisation, et excessivement indulgente pour son conjoint, qui a pourtant violé les devoirs de mariage) et dangereuse pour l'institution matrimoniale. La Cour de cassation semble vouloir renchérir sur le rigorisme législatif[1].

La loi prend en revanche soin d'autoriser explicitement le juge à opter pour une réparation en nature (art. 266, al. 3). On se demande quelles mesures « en nature » seraient ainsi envisageables. La concession à bail du logement conjugal pourrait-elle remédier au préjudice causé par le nécessaire départ du domicile appartenant à l'autre ? L'usage du nom de l'ex-conjoint pourrait-il être autorisé afin de supprimer le dommage moral subi par l'époux souffrant de porter un nom différent de celui de ses enfants ?

266 **Droit commun.** La loi du 11 juillet 1975 n'avait ainsi envisagé que la réparation du dommage causé par la dissolution du mariage. La jurisprudence avait alors considéré que le recours au droit commun de la responsabilité civile restait possible (anc. art. 1382 s ; art. 1240 s) s'il était question de réparer un dommage distinct de celui procédant de la dissolution du mariage. Cette jurisprudence n'a pas été atteinte par la réforme du 26 mai 2004 : un éventuel autre préjudice pourra donc être réparé sur le fondement du droit commun (ainsi du dommage résultant d'une faute conjugale comme l'adultère) ; la solution est regrettable, eu égard à la politique de concentration du divorce, dans la mesure où l'action de droit commun peut être engagée à n'importe quel moment, et même après le divorce.

e. La prestation compensatoire

267 **Généralités.** La prestation compensatoire est une institution originale créée par la loi de 1975 qui souhaitait rompre avec l'ancienne pension alimentaire, source d'un contentieux intarissable. Elle tire

---

1. Civ. 1re, 1er juill. 2009, *Bull. civ.* I, n° 145 : se détermine par des motifs « insuffisants à caractériser les conséquences d'une particulière gravité » engendrées par la dissolution du mariage la décision condamnant un mari qui « a quitté son épouse après 39 ans de mariage, dans des conditions difficiles et en recherchant une nouvelle compagne, ce qui a entraîné pour Mme Y... un préjudice moral ».

son nom de sa nature juridique : elle n'est pas exécution du devoir de secours mais est « destinée à compenser, autant qu'il est possible, la disparité que la rupture du mariage crée dans les conditions de vie respectives » (art. 270). Elle est donc caractérisée par une nature indemnitaire (elle compense la disparition de la contribution aux charges du mariage, qui égalisait les niveaux de vie, v. ss 142) et non pas alimentaire. De cette nature juridique, résulte naturellement qu'elle est *en principe* détachée de la cause de divorce (le dommage est identique quelle que soit la responsabilité de la rupture) et forfaitaire (le dommage ne devant pas en principe évoluer, elle devrait être définitivement appréciée et arrêtée au jour du prononcé du divorce). Mais le législateur n'a pas voulu aller jusqu'au bout de cette politique d'apaisement : la prestation n'est pas totalement détachée de la cause de divorce et dépend dans une certaine mesure de la cause de dissolution du lien ; outre son aspect indemnitaire elle a aussi certains aspects alimentaires ; en principe forfaitaire, elle peut être exceptionnellement révisée.

Une première réforme est intervenue avec la loi du 30 juin 2000. Il s'est agi de limiter dans le temps la prestation compensatoire et de protéger les héritiers du débiteur contre une charge qui pouvait, le cas échéant, s'avérer lourde. Il est résulté de ces textes une sorte d'éclatement de la prestation compensatoire en deux institutions : la prestation compensatoire sous forme de capital, essentiellement dotée d'une fonction compensatoire ; la prestation compensatoire sous forme de rente viagère, qui se rapproche davantage de l'obligation alimentaire.

La loi du 26 mai 2004 a apporté de nouvelles modifications. Les principes fondamentaux perdurent : la fonction de la prestation compensatoire, ses modalités, son caractère forfaitaire... Les modifications principales affectent le sort de la prestation après décès du débiteur : l'effet dissolvant du divorce est accentué, la portée familiale du lien conjugal réduite et l'ambition temporelle du mariage limitée.

Plusieurs dispositions ont précisé l'application de la loi nouvelle dans le temps. Les dispositions transitoires de la loi du 30 juin 2000 ont d'abord été abrogées. L'application des dispositions nouvelles aux rentes attribuées antérieurement a ensuite été précisée (art. 25, VI à X), qu'il s'agisse des questions de suppression, modification ou suspension des rentes viagères[1] et temporaires[2], ou du statut successoral de la prestation[3].

268 **Sources.** Dans les divorces autres que par consentement mutuel, la prestation compensatoire est *fixée par le juge*, qui décide de son attribution, de son montant, de ses formes, de sa révision, etc.

Mais la prestation compensatoire *peut aussi être fixée par les époux eux-mêmes*, dans une convention soumise à l'homologation du juge (art. 268 et 279-1). L'article 279-1 précisant que « les dispositions des articles 278 et 279 sont applicables », il en résulte deux choses. En premier lieu, le texte donne aux époux la liberté de prévoir un terme ou de stipuler une rente pour une durée limitée (sur quoi, v. ss 281), d'introduire une clause prévoyant la révision possible en cas de changement important dans les ressources ou les besoins de l'une ou l'autre des parties (sur quoi, v. ss 286), d'écarter les articles 280 à 280-2 qui déterminent le sort de la prestation après décès du débiteur (sur quoi, v. ss 286). En second lieu, il en résulte que l'accord des parties pourra être modifié par une nouvelle convention entre les époux, soumise à homologation (sur quoi, v. ss 285). On se demande alors ce qu'adviennent les questions et dispositions légales non visées par le texte : *quid* des conditions d'attribution de la prestation ? ; *quid* de sa forme ? ; *quid* de son montant ?

1. Elles peuvent être révisées, suspendues, supprimées aux conditions habituelles (en cas de changement important dans les besoins et ressources des parties – art. 276-3 : al. 2) ou dans un cas particulier (à la demande du débiteur ou des héritiers lorsque le *statu quo* confère au créancier un avantage excessif au regard des conditions modernes d'attribution de la rente viagère, fixées par l'article 276-1) ; elles peuvent être transformées en capital, à la demande du débiteur (ou du créancier s'il établit que la substitution est possible du fait du changement de situation du débiteur) ; le juge doit motiver son refus (al. 3).

2. Elles peuvent être révisées, suspendues ou supprimées en cas de changement important dans les besoins et ressources des parties (sans qu'aucun accroissement de durée ou de montant ne soit possible). Elles peuvent être l'objet d'une demande de transformation en capital, même partielle, à la demande du débiteur ou des héritiers (ou du créancier si une modification de la situation du débiteur le permet). La loi prévoit même son application aux instances en cours tant qu'une décision en force de chose jugée n'existe pas (art. 25, VIII).

3. Les règles relatives aux héritiers (280 à 280-2) sont applicables même dans une succession ouverte sauf si le partage définitif est réalisé. Quant à la déduction des pensions de réversion organisée par la loi du 3 juin 2000 (276-2), elle peut être décidée en justice malgré le décès du débiteur survenu avant l'entrée en vigueur de ladite loi.

La Cour de cassation admet par ailleurs que l'on renonce, après coup, à une prestation judiciairement fixée[1]. On s'interroge sur la possibilité de remplacer une prestation compensatoire par une pension alimentaire, de renoncer aux règles de révision, etc.

En toutes hypothèses, la prestation dépend, dans son attribution, son montant, ses modalités et sa révision, de multiples éléments de fait qui devront être établis par les époux, conformément aux règles de preuve envisagées ci-dessus (not. art. 259-3, v. ss 233 s.). La loi du 30 juin 2000 avait prévu que les époux devaient remettre au juge une déclaration sur l'honneur certifiant l'exactitude de leurs ressources, revenus, patrimoine et conditions de vie. Après avoir sanctionné le défaut de déclaration par la nullité de la procédure[2], la Cour de cassation a assoupli l'exigence[3]. La loi du 26 mai 2004 a reconduit la règle (art. 272). La dissimulation par un époux de l'existence de revenus, nécessairement déterminante pour statuer sur la demande de l'épouse, constitue une fraude au sens de l'article 595 du Code de procédure civile, ce qui ouvre à la victime un recours en révision contre la décision judiciaire ayant statué sur la base d'informations patrimoniales erronées[4].

Attribution

269 L'attribution d'une prestation compensatoire dépend de diverses conditions.

– *Elle est aujourd'hui indépendante du cas de divorce prononcé.* La loi du 11 juillet 1975 avait prévu le maintien intégral du devoir de secours à la charge du demandeur dans le divorce pour rupture de la vie commune : « l'époux qui a pris l'initiative du divorce reste entièrement tenu au devoir de secours » (art. 270 et 281)[5]. La jurisprudence en avait déduit l'impossibilité d'attri-

1. Civ. 1re, 8 févr. 2005, *Bull. civ.* I, n° 70 : « Vu l'article 1134 du Code civil ; attendu que, si dès lors qu'aucune instance en divorce n'est engagée, les époux ne peuvent valablement transiger sur leur droit futur à une prestation compensatoire, ils peuvent renoncer en tout ou partie aux effets de celle qui a été fixée judiciairement ».

2. Civ. 2e, 28 mars 2002, *Bull. civ.* II, n° 58.

3. Civ. 1re, 8 juill. 2003, *Dr. fam.* 2003. 425. Une circulaire du 25 nov. 2002 a esquissé d'éventuelles sanctions : Lécuyer, *Dr. fam.* 2003. 11.

4. Civ. 2e, 21 févr. 2013, n° 12-14.440. V. déjà Civ. 1re, 4 nov. 2010, *Bull. civ.* I, n° 221.

5. Manifestation principale de la nature « divorce à charge » de ce divorce, le devoir de secours s'exécutait généralement sous la forme d'une pension alimentaire, déterminée selon les ressources et besoins de chacun des époux et variant selon ces mêmes critères (anc. art. 282), transmissible passivebuer une prestation compensatoire dans ce cas de divorce[1]. La substitution au divorce pour rupture de la vie commune du divorce pour altération définitive du lien conjugal et la banalisation de ce dernier se sont traduites par l'abrogation de ces deux règles. Désormais, c'est dans tous les cas que « le divorce met fin au devoir de secours entre époux » (art. 270, al. 1er) ; et c'est également dans tous les cas qu'un des époux peut être tenu de verser à l'autre une prestation compensatoire (art. 270, al. 2).

– *L'attribution d'une prestation compensatoire suppose – c'est la condition de fond essentielle – que la rupture du mariage crée une disparité dans les conditions de vie respectives des époux* (art. 270). Cette condition est souverainement appréciée par les juges du fond. La fonction de la prestation, justement dite « compensatoire », est ainsi de rééquilibrer, « autant qu'il est possible » précise le texte, des situations patrimoniales qui pourraient s'avérer très inégales après le mariage, notamment lorsqu'il détermine les choix personnels et professionnels de chacun et pèse ainsi sur le futur. Concrètement, il s'agit surtout d'éviter que la charge domestique qui repose bien souvent davantage sur la femme pendant le mariage, en lui conférant une situation professionnelle plus précaire ou moins aisée, ne lui préjudicie après la dissolution du mariage. Aujourd'hui encore, bien souvent, après un divorce, homme et femme ne se retrouvent pas à égalité au plan professionnel.

– *L'attribution d'une prestation compensatoire est en revanche en principe indépendante des torts éventuels dans la dissolution du mariage.*

Espérant que l'on se battrait moins sur la faute si la reconnaissance judiciaire de cette faute n'avait que peu d'effets sur l'amé-

ment (anc. art. 284) et cessant d'être due, soit de plein droit (en cas de remariage du créancier), soit sur décision judiciaire (en cas de concubinage notoire, anc. art. 283). Il pouvait aussi s'exécuter, en tout ou partie, par l'attribution d'un capital « si la consistance des biens de l'époux débiteur s'y prêtait ». Cette solution relevait de l'appréciation souveraine des juges du fond. Elle présentait l'avantage évident de couper définitivement les relations entre ex-époux et d'éviter ainsi une occasion de discorde. Soumise aux règles applicables à la prestation compensatoire lorsque celle-ci prenait la forme d'un capital, cette modalité d'exécution du devoir de secours en était soustraite sur un point essentiel, son caractère révisable : « si ce capital dev(enait) insuffisant pour couvrir les besoins du conjoint créancier, celui-ci (pouvait) demander un complément sous forme de pension alimentaire » (anc. art. 285, al. 2).

1. Civ. 2e, 26 avr. 1990, *D.* 1991. 126, *Defrénois* 1990. 946, *RTD civ.* 1991. 305.

nagement de l'après-divorce, la loi du 11 juillet 1975 avait détaché l'attribution d'une prestation compensatoire de l'imputation des torts entre époux. Mais, pour tenir compte des aspirations des Français, qui refusaient qu'un époux exclusivement coupable puisse ainsi bénéficier de l'aide financière de son ex-époux innocent, la loi avait institué une limite : « l'époux aux torts exclusifs de qui le divorce est prononcé n'a droit à aucune prestation compensatoire » (anc. art. 280-1, al. 1er). Mais ce principe était tempéré par la faculté de lui attribuer « une indemnité à titre exceptionnel, si, compte tenu de la durée de la vie commune et de la collaboration apportée à la profession de l'autre époux, il apparai(ssai)t manifestement contraire à l'équité de lui refuser toute prestation pécuniaire à la suite du divorce » (anc. art. 280-1, al. 2)[1].

La loi du 26 mai 2004 a poussé plus avant la neutralisation des torts dans l'attribution de la prestation compensatoire en restreignant la limite autrefois prévue. L'article 270, alinéa 3, prévoit désormais : « Toutefois, le juge peut refuser d'accorder une telle prestation si l'équité le commande, soit en considération des critères prévus à l'article 271, soit lorsque le divorce est prononcé aux torts exclusifs de l'époux qui demande le bénéfice de cette prestation, au regard des circonstances particulières de la rupture ». La première hypothèse permet au juge de prendre en compte les critères qui déterminent en principe le montant de la prestation pour exclure son attribution : durée du mariage, âge et état de santé des époux, qualification et situation professionnelles, conséquences des choix que chacun a faits pendant la vie commune pour éduquer les enfants (et du temps qu'il faudra encore leur consacrer) ou pour favoriser la carrière du conjoint, patrimoines respectifs, droits existants et prévisibles, situations respectives en matière de pension de retraite. La seconde s'inscrit dans la logique du droit antérieur : la prestation compensatoire est refusée à titre de sanction de l'époux seul coupable. Mais la

1. Cette indemnité relevait du pouvoir souverain des juges du fond, tant dans le principe de son attribution que dans ses modalités et son montant. La Cour de cassation s'était refusée à la soumettre au régime de l'action *de in rem verso* : Civ. 2e, 20 mars 1989, *D.* 1989. 582.

déchéance n'est plus automatiquement attachée à l'attribution exclusive des torts : une seconde condition est exigée par la loi, qui charge le juge de statuer « au regard des circonstances particulières de la rupture »[1].

– *Elle ne peut en outre être attribuée que lors de la décision judiciaire prononçant le divorce.* Se fondant sur le caractère forfaitaire de la prestation compensatoire (v. ss 271 s.), la jurisprudence a en effet jugé qu'une nouvelle instance ne pouvait être intentée après le prononcé du divorce pour obtenir une prestation compensatoire. Les dangers d'une telle solution expliquent que la Cour ait permis aux juges de provoquer les observations des parties sur la question en cas de silence de la demande initiale sur l'attribution d'une telle prestation. La solution est aujourd'hui protectrice : lorsqu'une partie ne demande que le versement d'une pension alimentaire ou d'une contribution aux charges du mariage, le juge ne peut prononcer le divorce « sans avoir invité les parties à s'expliquer sur le versement d'une prestation compensatoire » (C. pr. civ., art. 1076-1).

Ces conditions d'attribution attestent : 1°) une conception objective de la solidarité patrimoniale attachée au mariage, puisque seule importe en principe la disparité des patrimoines des époux après le divorce ; 2°) un déclin de l'idée de responsabilité individuelle dans le divorce puisque peu importe en revanche l'imputabilité de la dissolution du mariage.

Montant

270 Il appartient au juge chargé de prononcer le divorce de fixer le montant de cette prestation, conformément aux prescriptions légales qui la modèlent aux « besoins » du créancier et aux « res-

1. Civ. 1re, 8 juill. 2010, *Bull. civ.* I, n° 165 : refus de prestation compensatoire alors que la charge des quatre enfants communs est entièrement assumée par le mari puisque la mère ne verse aucune contribution pour leur entretien et ne leur rend que de rares visites, que l'épouse n'avait que 33 ans lorsqu'elle a cessé d'avoir la charge des enfants et qu'elle ne justifie pas des efforts entrepris pour suivre une formation ou exercer un emploi. La question relève du pouvoir souverain des juges du fond (Civ. 1re, 26 oct. 2011, n° 10-25.659 ; Civ. 1re, 23 mars 2011, n° 10-17.153), sous réserve de l'obligation de répondre aux conclusions des parties (Civ. 1re, 20 juin 2012, n° 10-26.937 : le mari invoquait qu'il avait été abandonné par son épouse au moment de l'aggravation de sa maladie pour vivre avec son amant et travailler avec lui). Des fautes « banales » ne suffisent pas, même si elles sont vivement ressenties par le conjoint : Civ. 1re, 12 sept. 2012, n° 11-12.140 (prendre un amant et abandonner le domicile conjugal à deux reprises).

sources » du débiteur, « en tenant compte de la situation au moment du divorce et de l'évolution de celle-ci dans un avenir prévisible » (art. 271). Une telle appréciation par le juge des besoins et ressources à venir des époux est difficile, surtout en période de crise économique. Or cette fonction prévisionnelle est essentielle en raison du caractère forfaitaire de la prestation (v. ss 271 s.).

Le Code civil donne, à titre d'exemple, une série d'éléments à prendre en compte : critères *personnels* et *familiaux* (la durée du mariage, l'âge et l'état de santé des époux, le temps consacré ou à consacrer à l'éducation des enfants), *professionnels* (qualifications, situations professionnelles, choix professionnels faits pour favoriser la carrière du conjoint) ainsi que *patrimoniaux* (leurs patrimoines estimés ou prévisibles, tant en capital qu'en revenus, après liquidation du régime matrimonial[1], leurs droits existants et prévisibles, leurs situations respectives en matière de pension de retraite)[2].

La loi du 26 mai 2004 avait prévu qu'il convenait de ne prendre en considération dans la détermination des besoins et ressources respectifs ni les sommes versées au titre de la réparation des accidents du travail ni celles versées au titre du droit à compensation d'un handicap (art. 272, al. 2), mais la disposition a été invalidée par le Conseil constitutionnel (Déc. n° 2014-398 QPC 2 juin 2014)[3].

Modalités

271 **Politique de concentration en 1975. Réformes du 30 juin 2000 et du 26 mai 2004.** La volonté législative de couper court au contentieux futur s'est traduite en 1975 par deux principes.

– *Le premier principe fondamental était le caractère forfaitaire de la prestation compensatoire* (anc. art. 273) : sa révision était impossible, et ce « même en cas de changement imprévu dans les

---

1. La part de communauté ne doit pas, sauf circonstances particulières, être prise en compte, dans la mesure où les époux se voient en principe attribuer la même : Civ. 1re, 31 mars 2016, n° 15-18.065.

2. Sur la prise en compte, du côté du débiteur, de la pension alimentaire qu'il verse pour l'enfant (car elle accroît ses charges) et, du côté du créancier, de l'éventuel partage de ses charges avec son nouveau compagnon, v. Civ. 1re, 4 juill. 2018, n° 17-20.281.

3. Les prestations compensatoires fixées par des décisions judiciaires définitives n'ont pas été remises en cause.

ressources et les besoins des parties », le but étant d'éviter la réapparition du contentieux après le divorce. Mais le législateur n'avait pas osé aller jusqu'au bout de cette politique : « Si l'absence de révision devait avoir pour l'un des conjoints des conséquences d'une exceptionnelle gravité », le juge pouvait modifier la prestation initialement attribuée. La Cour de cassation s'était efforcée de contraindre les juges du fond à n'user de leur pouvoir modérateur que parcimonieusement. Mais le pouvoir souverain dont ils bénéficiaient inévitablement pour apprécier l'exceptionnelle gravité et pour fixer la prestation révisée limitait considérablement cette politique de rigueur.

– *Le second principe était que le juge devait privilégier la prestation compensatoire sous forme de capital.* Un tel capital devait être alloué dès lors « que la consistance des biens de l'époux débiteur de la prestation compensatoire le permet(tait) ». Ce n'est qu'« à défaut de capital ou si celui-ci n'(était) pas suffisant », éléments de fait qui relevaient inévitablement du pouvoir souverain d'appréciation des juges du fond, que la prestation compensatoire pouvait prendre « la forme d'une rente » (anc. art. 276). Cette modalité, qui présentait le double inconvénient de maintenir entre les ex-époux des relations patrimoniales régulières et de les livrer davantage aux variations économiques, était source d'un contentieux irréductible ; mais il était souvent bien difficile de ne pas y recourir.

Sur ces deux points, la réforme de 1975 ne fut qu'un demi-succès. La forme privilégiée par le législateur ne fut pas toujours choisie par les magistrats, pour des raisons économiques (la consistance d'un patrimoine ne permet pas toujours cette solution) et fiscales (le fisc craignant que l'attribution de biens à titre de prestation compensatoire ne soit réalisée frauduleusement avait choisi de taxer le versement du capital comme un transfert de biens entre époux). Quant au caractère forfaitaire de la prestation, il fut largement écorné par la crise économique.

La loi du 30 juin 2000 a modifié en profondeur l'institution. Si elle a explicitement réaffirmé le caractère forfaitaire (art. 273), ce caractère a été doté d'une portée variable selon la forme de la prestation. Le législateur a ainsi rompu l'unité de la prestation compensatoire et procédé à un véritable *éclatement de l'institution*. La loi du 26 mai 2004 a pour l'essentiel reconduit les solutions.

La prestation compensatoire est en principe attribuée sous forme de « capital » : il s'agit alors d'une sorte de « prime de recyclage » destinée à donner à chacun le temps de retrouver son autonomie patrimoniale. En pratique, il s'agit notamment de donner à la femme le temps de retrouver un emploi. Mais si l'un des conjoints ne peut subvenir à ses besoins, alors la prestation compensatoire est attribuée sous forme de rente viagère : elle prend en ce cas un caractère alimentaire plus marqué.

272 **Le principe : la prestation compensatoire sous forme de capital.** La forme « capital » est privilégiée par la loi, qui l'envisage d'abord (art. 274) et n'autorise en outre le versement d'une rente viagère qu'à titre « exceptionnel » (art. 276).

Ce capital peut prendre la forme de diverses modalités, envisagées par la loi. Il appartient au juge de choisir entre elles, sous réserve du respect de la hiérarchie légale.

– Le juge peut librement opter pour un *versement unique* en espèces ou l'attribution de droits réels sur des biens (art. 274).

Le juge peut d'abord choisir le versement d'une somme d'argent : la loi lui donne le pouvoir de subordonner le prononcé du divorce à la constitution de garanties (art. 274, 1°)[1]. Il peut également opter pour le transfert de la propriété de biens, meubles ou immeubles, voire l'attribution d'un droit temporaire ou viager d'usage, d'habitation ou d'usufruit (art. 274, 2°) ; dans ces cas, le jugement vaut cession forcée en faveur du créancier ; le transfert de la propriété de biens que le débiteur de la prestation aurait reçus par donation ou succession suppose toutefois, depuis la loi du 26 mai 2004, l'accord du débiteur ; le Conseil constitutionnel a en outre jugé que cette modalité devait être subsidiaire, par égard pour le droit de propriété[2].

1. Déc. n° 2016-557, QPC 29 juill. 2016.
2. Décis. 13 juill. 2011, n° 2011-151 QPC, consid. 8 : « l'atteinte au droit de propriété qui résulte de l'attribution forcée prévue par le 2° de cet article ne peut être regardée comme une mesure proportionnée au but d'intérêt général poursuivi que si elle constitue une modalité subsidiaire d'exécution de la prestation compensatoire en capital ». *Adde* CEDH, 10 juill. 2014, *Milhau c/ France*, n° 4944/11.

Depuis la loi du 23 juin 2000, ces modalités obéissent sans limite au principe forfaitaire : aucune demande en révision ne peut être ultérieurement formée[1].

– Si le débiteur ne peut s'acquitter du capital sous la forme de l'une ou l'autre de ces deux modalités, *le paiement peut prendre la forme de versements périodiques* (art. 275). C'est ce que l'on appelle en doctrine un « capital renté ». Les droits du débiteur ont été notablement améliorés par la loi du 30 juin 2000, et la loi du 26 mai 2004 a repris les solutions antérieures.

Les versements ne peuvent d'abord pas, en principe, être étalés sur plus de huit ans[2].

Ils sont indexés selon les règles applicables aux pensions alimentaires.

La loi permet au seul débiteur de demander la révision en cas de changement « important » dans sa situation[3]. En ce cas, le juge peut, « à titre exceptionnel », et seulement « par décision spéciale et motivée », allonger la durée des versements au-delà de la limite des huit années[4].

Enfin, « à tout moment », le débiteur peut se libérer du solde du capital indexé, alors que le créancier de la prestation ne peut que saisir le juge d'une telle demande « après la liquidation du régime matrimonial ».

– La loi autorise le juge à *cumuler* les versements périodiques avec les modalités prévues par l'article 274, à savoir versement unique en espèces ou attribution de biens en propriété, usufruit, usage ou habitation (art. 275-1).

273 **L'exception : la prestation compensatoire sous forme de rente viagère.** Sous l'empire de la loi du 11 juillet 1975, la prestation compensatoire pouvait être versée sous forme de rente, éventuellement via-

---

1. Sauf éventuellement dans le cadre successoral, v. ss 275.
2. La loi du 30 juin 2000 s'est inspirée de la pratique judiciaire antérieure : le plus souvent les prestations étaient attribuées non pas sous la forme d'un capital mais sous celle d'une rente versée pour une durée allant de 5 à 10 ans.
3. Ce qui est plus strict que la condition antérieure de « changement notable » issue de la loi du 30 juin 2000.
4. Curieusement, la loi du 30 juin 2000 a été présentée comme assouplissant la révision des prestations, alors qu'elle durcissait doublement le caractère forfaitaire : en interdisant la modification du montant global du capital et en fermant la révision au créancier.

gère[1], si le débiteur ne disposait pas de capital suffisant pour s'acquitter de cette prestation. En pratique, cette forme était assez fréquemment choisie, notamment au sein des ménages peu fortunés. Or il en résultait une continuation des relations entre ex-époux peu compatible avec le souci d'éviter le contentieux de l'après-divorce et avec l'idéal contemporain de liberté. C'est pourquoi la loi du 30 juin 2000, reprise sur ce point par la loi du 26 mai 2004, a profondément modifié la donne.

La forme « rente viagère » ne peut désormais être choisie qu'« à titre exceptionnel » (art. 276) et à deux conditions : l'une, de fond, consiste dans le fait que l'âge ou la santé du créancier ne lui permettent pas de subvenir à ses besoins[2] ; l'autre, de forme, tient dans le fait que la décision judiciaire doit être spécialement motivée[3]. Le juge prend en considération les éléments d'appréciation envisagés par l'article 271 (v. ss 270). La demande ne peut émaner que du créancier[4].

Le montant est soit fixé uniformément, soit variable au gré de l'évolution probable des ressources et des besoins (art. 276-1) ; là encore, il est possible de fixer un montant déterminé à l'avance (unique ou variable dans le temps) ou seulement déterminable (ainsi d'un pourcentage du salaire ou des revenus perçus...). La rente est indexée (c'est une obligation : art. 276-1), l'indice devant être choisi comme en matière de pension alimentaire.

Pour assouplir le système, la loi du 26 mai 2004 a autorisé *le cumul* d'une rente viagère et d'un capital sous l'une des formes prévues par l'article 274 du Code civil (versement d'une somme d'argent, transfert de la propriété d'un bien, attribution d'un usufruit ou d'un droit d'usage ou d'habitation ; v. ss 272) : l'article 276 exige seulement que « les circonstances l'imposent ».

---

1. Avant la loi du 30 juin 2000, la rente pouvait être attribuée pour une durée égale ou inférieure à la vie de l'époux créancier (anc. art. 276-1, al. 1er).
2. Civ. 1re, 23 avr. 2003, n° 01-11.108, *Bull. civ.* I, n° 96 : elle ne peut donc être attribuée à une femme âgée de 42 ans, sans emploi et sans formation, qui doit assumer encore pendant de longues années l'éducation des cinq enfants issus du mariage, dont les chances de s'insérer professionnellement sont quasi inexistantes et dont les seules ressources sont constituées de prestations sociales.
3. Pour une illustration, Civ. 1re, 23 sept. 2015, n° 14-19.949.
4. Civ. 1re, 23 oct. 2013, n° 12-17.492.

Le caractère forfaitaire de la rente viagère a été accentué par la loi du 30 juin 2000 ; et la loi du 26 mai 2004 a confirmé l'évolution. La rente peut être « révisée, suspendue ou supprimée » en cas de « changement important dans les ressources ou les besoins de l'une ou de l'autre des parties[1] » (art. 276-3, al. 1er). La formulation du principe est assez souple. Mais les règles qui s'ensuivent dessinent un dispositif beaucoup plus favorable au débiteur qu'au créancier.

Si la révision concerne le montant, l'article 276-3, alinéa 2 prévoit qu'elle ne peut intervenir qu'à la baisse et qu'elle peut aller jusqu'à une suppression pure et simple de la rente initialement attribuée (art. 276-3). La solution paraît bien rigoureuse, vu la situation que présupposent les conditions d'attribution d'une telle rente (le créancier est, par hypothèse même, dans une situation personnelle assez précaire).

La modification peut également consister en une suspension des versements.

Elle peut enfin tenir en la substitution à la rente d'un capital, substitution qui peut être partielle ou totale (art. 276-4). Le débiteur peut saisir le juge en ce sens « à tout moment » ; le créancier doit, quant à lui, établir « qu'une modification de la situation du débiteur permet cette substitution, notamment lors de la liquidation du régime matrimonial ». Le juge ne peut rejeter la demande qu'en rendant une décision spécialement motivée. La substitution pouvant se faire par conversion ou par capitalisation, le législateur a renvoyé ce choix à un décret en Conseil d'État[2].

Garanties d'exécution

274 **Sûretés.** Des sûretés peuvent être constituées : indépendamment de l'hypothèque légale ou judiciaire, le juge peut exiger du débiteur qu'il constitue un gage, fournisse une caution, ou souscrive

1. Peu importe le caractère volontaire du changement dans les ressources ou les besoins : Civ. 1re, 8 juin 2016, n° 15-19.892.
2. Le décret du 29 oct. 2004 a précisé la règle. Art 1er, al. 1er : « Le capital alloué au crédirentier est égal à un montant équivalent à la valeur actuelle probable de l'ensemble des arrérages de la rente, à la date, selon le cas, de la décision du juge opérant cette substitution ou du décès du débiteur ». Art. 2 : « La valeur mentionnée au premier alinéa résulte d'un taux de capitalisation de 4 % et des probabilités de décès du crédirentier, selon son âge et son sexe, établies par les tables de mortalité INSEE 98-2000 ». V. Thouret, *JCP* 2004. Act. 597.

un contrat garantissant le paiement de la rente ou du capital (art. 277). Le Conseil constitutionnel a validé la disposition en précisant qu'elle visait un objectif d'intérêt général (garantir le versement de la prestation) et qu'elle ne faisait que retarder le prononcé du divorce, d'où résultait qu'il n'y avait pas de violation de la liberté de divorcer (Déc. n° 2016-557 QPC 29 juillet 2016).

Statut successoral de la prestation

275 **Statut successoral.** La prestation compensatoire disparaît à la mort du créancier : la nature de la prestation, destinée à compenser un déséquilibre entre les trains de vie respectifs des ex-époux l'emporte alors. Elle ne disparaît pas, en revanche, du fait de la mort du débiteur. Mais cet événement en affecte profondément la forme, donc souvent la durée, voire le montant. Les réformes opérées par les lois du 30 juin 2000 et 26 mai 2004 ont été présentées comme étant le fruit d'une transaction entre les intérêts divergents du créancier et des héritiers du débiteur alors qu'elles ont été bien plus favorables aux seconds qu'au premier.

– La première atteinte éventuelle aux droits du créancier tient à l'hypothèse d'une *insuffisance d'actif successoral*. Le principe est en effet que le paiement n'est supporté par les héritiers que dans la limite de l'actif successoral (art. 280). Certes, en cas d'insuffisance, les légataires particuliers seront également tenus, proportionnellement à leur émolument[1]. Mais cela ne suffira pas, le cas échéant, à remplir le créancier de ces droits. En outre, cette solution est dérogatoire au droit commun, puisque les héritiers sont en principes tenus des dettes du défunt, sauf déclaration d'acceptation à concurrence de l'actif net (art. 787 s. réd. L. 23 juin 2006), et cette dérogation surprend car elle revient à traiter la prestation compensatoire comme une dette « moins obligatoire » que les autres dettes du défunt, alors que la prestation compensatoire est au contraire une dette qui devrait bénéficier d'un traitement privilégié en ce qu'elle « présente un caractère alimentaire » pour reprendre une formule jurisprudentielle.

1. Sous réserve de la possibilité pour le testateur d'indiquer quel legs doit être exécuté par préférence aux autres, art. 927.

– La seconde atteinte éventuelle tient au fait que, en principe, *le paiement de la prestation*, « quelle que soit sa forme », *doit être réalisé à l'ouverture de la succession* (art. 280).

Si le capital était payable sous forme de versements périodiques, le solde devient immédiatement exigible. Pareillement, si la prestation est versée sous forme de rente viagère, la loi prévoit qu'un capital immédiatement exigible lui est alors substitué selon des modalités prévues par décret (sur quoi, v. Décr. n° 2004-1157, 29 oct. 2004).

Ce principe d'un paiement immédiat peut toutefois être écarté, si les héritiers décident « ensemble » de maintenir les formes et modalités de la prestation, par acte notarié (à peine de nullité)[1] ; mais ils s'obligent alors « personnellement » à payer la prestation (art. 280-1). En ce cas, les héritiers peuvent ultérieurement demander la modification de la prestation convenue dans les mêmes conditions que le pouvait leur auteur : révision des versements périodiques en cas de changement important dans leur situation (art. 275, al. 2, v. ss 272) ; révision, suspension ou suppression de la rente viagère (art. 276-3, v. ss 273) ; substitution à cette rente d'un capital (art. 276-4, v. ss 273). La loi leur permet en outre, lorsque la prestation compensatoire est sous forme de versements périodiques (art. 275), de se libérer « à tout moment » du solde du capital indexé.

– La loi a enfin prévu que *les pensions de réversion éventuellement versées du chef du conjoint décédé étaient déduites de plein droit* du montant de la prestation compensatoire lorsque celle-ci prenait la forme d'une rente viagère au jour du décès (art. 280-2). Elle précise même, pour le cas où les héritiers auraient décidé de maintenir la prestation sous forme de rente dans les conditions prévues par l'article 280-1 (v. ci-dessus), que cette déduction demeure même si le créancier perd son droit ou subit une variation de son droit à pension de réversion : la solution, qui risque d'être excessivement rigoureuse pour le créancier, est heureuse-

1. Il est opposable aux tiers à compter de sa notification à l'époux créancier, lorsque celui-ci n'est pas intervenu à l'acte. Il est nécessaire pour maintenir la prestation compensatoire initiale : Civ. 1re, 4 nov. 2015, n° 14-20.383.

ment tempérée par l'admission d'une « décision contraire du tribunal ».

Nature de la prestation

276 **Qualification des transferts et abandons.** L'article 281 du Code civil précise que les transferts et abandons sont considérés comme participant du régime matrimonial, et qu'ils ne sont pas assimilés à des donations. L'enjeu est fiscal : il s'agit d'éviter le versement des droits correspondant aux dispositions à titre gratuit. Malheureusement, la jurisprudence fiscale avait excepté de cette règle les versements qu'un époux opérait en capital et qui portaient sur des biens propres[1]. La loi du 26 mai 2004 a renversé cette jurisprudence en précisant que la règle valait « quelles que soient (les) modalités de versement (de la prestation) ».

f. La concession à bail du logement familial

277 **Le logement familial.** Conformément à l'apparition progressive dans la législation contemporaine d'un véritable droit au logement, particulièrement familial (v. ss 145), le droit du divorce connaît quelques règles spécifiques à cet égard. La dissolution du régime matrimonial entraîne en principe la reprise, par chaque époux, de ses biens personnels. Mais, par exception, l'article 285-1 du Code civil permet au juge de conférer à l'un des conjoints un bail sur l'ancien logement familial appartenant à l'autre.

La loi du 11 juillet 1975 l'avait prévu dans deux cas. Tel était d'abord le cas au profit de l'époux défendeur dans le divorce pour rupture de la vie commune[2]. La loi du 26 mai 2004 a supprimé l'hypothèse. Tel était également le cas au profit de l'époux qui exerçait unilatéralement ou en commun l'autorité parentale sur un ou des enfants communs dès lors que ces enfants communs résidaient habituellement dans le logement en question. Il appartenait au juge de fixer la durée du bail, et de le renouveler éventuellement ; il ne pouvait, en tout cas, pas aller au-delà de la

1. CGI, art. 757-A ; Com. 6 déc. 1984, *D.* 1986. 68.
2. Le juge devait fixer la durée du bail, dans une limite maximale de neuf ans, sauf la possibilité pour lui de prolonger la période initialement fixée. Ce bail disparaissait en cas de remariage ou concubinage.

majorité du plus jeune enfant. La loi du 26 mai 2004 a reconduit ce système en subordonnant toutefois la concession judiciaire du bail à une condition supplémentaire : pour que l'époux exerçant seul ou en commun l'autorité parentale sur un ou plusieurs enfants du couple bénéficie d'un tel bail judiciaire, il ne suffit pas que les enfants résident habituellement dans ce logement ; il faut aussi que « leur intérêt le commande ». La concession judiciaire du logement familial à bail devient ainsi une mesure exclusivement destinée aux enfants. La Cour de cassation a considéré qu'une telle concession à bail du logement devait être demandée en même temps que le divorce[1].

La loi du 26 mai 2004 a également maintenu l'éventualité d'une résiliation judiciaire du bail judiciaire si des « circonstances nouvelles le justifient ».

B. Dans le divorce judiciaire par consentement mutuel

278 **Date de la dissolution du mariage.** La décision qui prononce le divorce dissout le mariage, entre les époux, dans l'ordre personnel à la date à laquelle elle prend force de chose jugée, quel que soit le cas de divorce (art. 260, v. ss 252 et 256), et à la date de l'ordonnance de non-conciliation en matière patrimoniale (art. 262-1, v. ss 252 et 259). Le divorce par consentement mutuel a ceci de particulier que la loi donne aux époux la liberté de fixer eux-mêmes dans la convention réglant les effets du divorce la date à laquelle le divorce prendra effet dans *leurs rapports patrimoniaux réciproques* ; à défaut, c'est la date de l'homologation de la convention réglant l'ensemble des conséquences du divorce qui prévaudra (art. 262-1, al. 1er). S'agissant en revanche *des tiers*, la règle est la même que dans les autres cas de divorce : le jugement de divorce ne leur est opposable qu'après accomplissement des formalités de publicité prescrites par les règles de l'état civil (art. 262, v. ss 252).

1. Civ. 2e, 28 mars 2002, *Bull. civ.* II, n° 59.

279 **Accord des époux et contrôle judiciaire.** Eu égard à sa définition même, le divorce par consentement mutuel abandonne largement aux époux la détermination des effets du divorce : c'est à eux de décider des diverses conséquences qu'ils souhaitent attacher à la dissolution de leur mariage dans la convention qu'ils établissent (v. ss 195 s.). Mais leur volonté est encadrée (**1**) : la loi attache des conséquences impératives à la dissolution du lien matrimonial ; en outre, un contrôle judiciaire est exercé sur la teneur même de leur convention qui est soumise à l'homologation du juge aux affaires familiales. Une fois ainsi valablement déterminées, les conséquences de leur divorce seront d'une portée contraignante importante et originale (**2**).

1. L'encadrement de la volonté des époux

280 **Plan.** Les époux ne sont pas totalement libres d'organiser leurs rapports : des textes déterminent eux-mêmes certains effets du divorce (**a**) ; en outre, leur convention est soumise à l'homologation du juge aux affaires familiales qui en vérifie le contenu (**b**).

a. L'encadrement légal

281 **Effets attachés par la loi au divorce. Textes supplétifs ou impératifs.** Divers textes attachent eux-mêmes certains effets au divorce. Certains d'entre eux, seulement supplétifs de volonté, ne sont destinés qu'à pallier le silence des époux ; d'autres, évidemment impératifs car relevant de l'essence du divorce, ne pourront en revanche être écartés par la volonté des époux.

Certains textes sont impératifs : ainsi, l'abolition de l'union personnelle (disparition des devoirs de respect, fidélité, assistance, communauté de vie...) et de ses conséquences (liberté du remariage, nécessité de célébrer à nouveau une union si les ex-époux souhaitaient à nouveau être mari et femme : art. 263) ne relève pas de la libre volonté des époux ; de même, la disparition du régime matrimonial et l'abolition des devoirs patrimoniaux des époux (contribution aux charges du mariage...) sont-elles incontournables.

Mais divers effets de la dissolution de leur mariage sont laissés à la libre détermination des époux.

La loi le dit parfois explicitement : ainsi de l'éventuel usage du nom de l'un par l'autre (art. 264 ; v. ss 258) ; ainsi du maintien éventuel des avantages matrimoniaux qui ne prennent effet qu'à la dissolution du régime et des dispositions à cause de mort (art. 265 ; v. ss 263) ; ainsi des conditions de la liquidation et du partage de leurs intérêts patrimoniaux (art. 265-2 et 267, v. ss 262) ; ainsi surtout de l'existence et des modalités d'une prestation compensatoire (v. ss 268 s.). Après avoir indiqué, à titre général, que ce sont les époux qui fixent le montant et les modalités de la prestation compensatoire dans le divorce par consentement mutuel, l'article 278 du Code civil précise même qu'ils peuvent fixer un terme au versement (les limites posées par les articles 274 s. ne s'imposent pas à eux)[1] ou prévoir une rente attribuée pour une durée limitée (alors que la rente est en principe viagère).

Dans d'autres hypothèses, la loi règle les effets du divorce sans envisager spécifiquement le cas particulier du divorce par consentement mutuel. La recherche du caractère supplétif ou impératif de la disposition en question permet alors de déterminer si les époux peuvent régler eux-mêmes cette question dans leur convention. Il faut ainsi sans doute considérer que la convention peut conférer à l'un des époux un bail sur l'ex-logement familial en dehors des conditions de l'article 285-1 (v. ss 277) ou attribuer à l'un des époux une somme destinée à effacer le préjudice causé par l'autre alors même que les conséquences du divorce ne s'avéreraient pas d'une particulière gravité (art. 266, v. ss 265). On se demande en revanche ce que devient la jurisprudence ayant admis, sous l'empire de la loi du 11 juillet 1975, le maintien conventionnel du devoir de secours sous la forme d'une pension alimentaire révisable[2] : n'est-ce pas reconnaître aux volontés privées le pouvoir d'écarter le caractère forfaitaire de la prestation compensatoire, qui procède pourtant de l'un des objectifs principaux de la loi[3], à savoir éviter le contentieux de l'après-divorce ?

1. Sur les éventuelles difficultés d'interprétation de ce type de clause, v. Civ. 1re, 6 oct. 2010, n° 09-12.731.
2. Civ. 2e, 22 mai 1979, *D.* 1980. 507, *Gaz. Pal.* 1979. 2. 608, *RTD civ.* 1980. 570.
3. Qu'il s'agisse de la loi du 11 juillet 1975 ou de celle du 26 mai 2004.

b. L'homologation judiciaire

282 **Contrôle par le juge aux affaires familiales de la teneur de la convention.** La volonté des époux est en outre contrôlée par le juge aux affaires familiales.

Ce contrôle, le juge l'exerçait autrefois à deux reprises, lors de l'entrevue initiale qu'il avait avec les époux en début de procédure, lorsqu'il examinait avec eux le projet de convention de divorce – il pouvait alors suggérer des modifications éventuelles (anc. art. 230 et 231 ; v. ss 196 s.), puis à nouveau lors du prononcé du divorce, lorsqu'il homologuait, par la même décision, la convention qui en réglait les conséquences (anc. art. 232). La double comparution des époux ayant été supprimée par la loi du 26 mai 2004, le juge exerce désormais ce contrôle lors de l'entrevue qui fait suite au dépôt de la requête conjointe.

La loi lui impartit, à titre général, de veiller à la qualité du consentement des époux et l'autorise aussi à refuser l'homologation s'il constate que la convention préserve insuffisamment les intérêts des enfants ou de l'époux (art. 232, v. ss 198). Cette solution générale est réaffirmée au sujet de la prestation compensatoire : la loi précise que « le juge refuse d'homologuer la convention si elle fixe inéquitablement les droits et obligations des époux » (art. 278, al. 2). Pareille condition implique une appréciation d'ensemble de la convention et relève du pouvoir souverain du juge aux affaires familiales.

2. La force contraignante de la convention homologuée

283 **Généralités.** Quelle est la portée d'une telle décision judiciaire, qui prononce le divorce et homologue la convention ? Pratiquement, dans quelles conditions peut-elle être remise en cause ? Une action en nullité est-elle concevable contre la convention ou seules les voies de recours contre les décisions judiciaires sont-elles possibles ?

La première difficulté tient à *l'indivisibilité de deux questions* qui sont d'une part l'état des personnes (la dissolution du lien matrimonial lui-même) et d'autre part le statut patrimonial (les conséquences de la dissolution du lien dans l'ordre patrimonial). Il paraît difficile de remettre en cause la convention sans remettre en cause également le principe du divorce. Or une telle remise en cause est dangereuse, notamment car les époux ont pu se remarier.

La seconde difficulté tient à *l'existence d'une homologation judiciaire*. La convention réglant les effets d'un divorce sur demande conjointe est d'une nature originale. Elle ressemble en premier lieu à un contrat puisqu'elle résulte de l'accord de volonté des époux ; partant, il semblerait logique de lui reconnaître force obligatoire, sauf révocation par consentement mutuel des époux (anc. art. 1134, al. 2 ; art. 1193). Mais elle est en outre soumise à homologation judiciaire et résulte donc d'une décision judiciaire, ce qui, *a priori*, ne devrait la soumettre qu'à l'exercice des voies de recours classiques. De cette nature hybride, résulte un régime juridique original. La loi précise que « la convention homologuée a la même force exécutoire qu'une décision de justice » (art. 279, al. 1er). Il en résulte que le régime des conventions privées est écarté. Comme le dit la Cour de cassation, « après son homologation par le jugement prononçant le divorce sur requête conjointe, la convention définitive revêt la même force exécutoire qu'une décision de justice. Elle ne peut être attaquée que par les voies de recours ouvertes par la loi »[1].

a. L'exclusion du régime juridique des conventions privées

284 **Exclusion du droit commun des contrats.** Ayant fait l'objet d'une homologation judiciaire, à l'issue d'une procédure destinée à permettre au juge aux affaires familiales de vérifier la réalité et l'intégrité des consentements des époux, la convention échappe à la nullité pour vice du consentement[2] ou lésion[3] et à l'action paulienne (anc. art. 1167 ; art. 1341-2)[4] et au principe selon lequel « la fraude corrompt tout »[5].

En outre, la nécessité d'un contrôle judiciaire et le refus de consacrer en droit français un divorce purement consensuel expliquent que la loi refuse aux ex-époux le pouvoir de convenir

1. Civ. 2e, 25 nov. 1999, *Bull. civ.* II, n° 177.
2. Civ. 2e, 13 nov. 1991, *JCP* 1992. IV. 19.
3. Civ. 2e, 6 mai 1987, *Gaz. Pal.* 1988. I. 3 ; Civ. 1re, 3 mars 2010, n° 08-12.395.
4. Civ. 2e, 25 nov. 1999, préc.
5. Civ. 1re, 23 nov. 2011, *Bull. civ.* I, n° 204.

seuls d'une éventuelle modification : la convention échappe à la faculté qu'ont en principe les contractants de défaire leur contrat par *mutuus dissensus*, c'est-à-dire par un simple accord de volontés contraires (art. 1134, al. 2) ; la loi impose une nouvelle homologation (art. 279, al. 2).

b. L'admission de limites à l'intangibilité de la convention

285 **Voies ouvertes aux tiers et aux époux.** Si l'association du conventionnel et du judiciaire confère à la convention de divorce homologuée par le juge une efficacité renforcée, il serait inexact de dire qu'elle entraîne une intangibilité absolue.

La loi permet d'abord *aux créanciers* de l'un ou l'autre époux de former tierce-opposition contre la décision d'homologation. En cas de succès, la convention leur sera alors déclarée inopposable. Mais la loi enserre l'action dans un bref délai de un an à compter de l'accomplissement des formalités de publicité à l'état civil (C. pr. civ., art. 1104). En outre, la Cour de cassation a jugé que « la tierce-opposition n'est pas recevable sur le prononcé du divorce ni sur ses conséquences légales »[1].

La loi ouvre ensuite *aux époux* diverses voies. Ils peuvent d'abord conclure une convention modificative soumise à une nouvelle homologation judiciaire (art. 279, al. 2). La loi leur ouvre en outre des voies de recours contre la décision judiciaire d'homologation : si les époux obtiennent gain de cause, la convention tombe *avec* la décision judiciaire qui la contient et lui donne sa force obligatoire. Mais cette possibilité reste limitée. L'appel est fermé, puisque la loi ne l'ouvre que lorsque la décision refuse d'homologuer la convention et de prononcer le divorce (C. pr. civ., art. 1102). Quant au pourvoi en cassation, il n'est ouvert que pendant un bref délai de quinze jours à compter de la décision (C. pr. civ., art. 1103). Il ne reste alors que la possibilité de se prévaloir de la fraude commise par un époux au détriment de l'autre, pour exercer un recours en révision, dans les deux mois de la découverte de la fraude (C. pr. civ., art. 593 s.).

1. Civ. 1re, 7 mars 2002, *Bull. civ.* I, n° 33 : en l'espèce, un gendre se prévalait du divorce par consentement mutuel, et de la diminution de revenus en résultant, pour demander la diminution de sa part dans la dette alimentaire à laquelle il était tenu à l'égard de sa belle-mère.

La jurisprudence est venue au secours des époux en jugeant qu'« un époux divorcé demeure recevable à présenter une demande ultérieure tendant au partage complémentaire de biens communs ou de dettes communes omis dans l'état liquidatif homologué [1] », et en considérant que la responsabilité de l'époux fautif pouvait être engagée [2].

286 **Limites propres à la prestation compensatoire.** La question la plus fréquente concerne les dispositions relatives à la prestation compensatoire. La loi a donc tenté de la régler. Elle aurait pu écarter toute possibilité (en dehors de celles envisagées ci-dessus, v. ss 272 s. et 275) de modifier la prestation prévue en se fondant sur le caractère forfaitaire de la prestation compensatoire et sur l'intangibilité de la convention homologuée par le juge. Elle a préféré accueillir deux possibilités de modification.

Conformément à l'essence du divorce sur demande conjointe, qui reconnaît à la volonté des époux un rôle considérable, l'article 279, alinéa 3 du Code civil prévoit en premier lieu que les époux peuvent inclure, dans leur convention initiale, une clause reconnaissant à chaque époux, « en cas de changement important dans les ressources ou les besoins de l'une ou de l'autre des parties », le droit de « demander au juge de réviser la prestation compensatoire » (art. 279, al. 3). Une telle modification de la prestation conventionnellement fixée suppose ainsi : 1°) une stipulation conventionnelle admettant la possibilité d'une révision ; 2°) un changement important dans les ressources ou les besoins de l'une des parties [3], ce qui relève évidemment de l'appréciation souveraine des juges du fond ; 3°) une décision judiciaire.

La Cour de cassation avait en outre considéré que la prestation compensatoire conventionnellement fixée restait soumise au droit commun de la prestation compensatoire, et en particulier à l'époque à l'article 273 du Code civil [4], texte qui permettait à cha-

1. L'action est imprescriptible : Civ. 1re, 20 nov. 2013, n° 12-21.621.
2. Civ. 1re, 30 sept. 2009, *Bull. civ.* I, n° 195. V. déjà Civ. 1re, 22 févr. 2005, n° 02-13.745.
3. La réforme du 30 juin 2000 a doublement ouvert la faculté de révision. Le changement n'a plus à être imprévu ; il suffit qu'il soit important. Il peut aujourd'hui s'agir d'un changement dans les besoins et ressources de l'autre partie et pas nécessairement d'un changement dans les besoins et ressources du demandeur,
4. Civ. 2e, 6 févr. 1985, *D.* 1986. 452, *JCP* 1986. II. 20580.

cun de demander au juge une modification de la prestation convenue à condition d'établir qu'un « changement imprévu dans les ressources ou les besoins des parties » s'était produit et que « l'absence de révision » aurait « pour l'un des conjoints des conséquences d'une exceptionnelle gravité » (anc. art. 273, v. ss 271)[1]. La loi du 26 mai 2004 a consacré cette jurisprudence, en prévoyant que les dispositions prévues aux articles 275 (2e et 3e al. : modification d'une prestation sous forme de versements périodiques, v. ss 272), 276-3 (révision, suspension ou suppression d'une rente, v. ss 273) et 276-4 (substitution d'un capital à une rente, v. ss 273) étaient « également » applicables.

La modification peut enfin résulter de la mort du débiteur : la loi du 26 mai 2004 a en effet prévu que les articles 280 à 280-2 étaient alors en principes applicables (paiement immédiat de la prestation compensatoire, dans la limite de l'actif, sauf engagement des héritiers à maintenir les formes initiales..., v. ss 273) ; elle permet néanmoins aux époux de convenir de « disposition particulière » en la matière dans la convention homologuée par le juge (art. 279, al. 4).

1. La convention ne peut être révisée en justice que pour les modalités de paiement de la prestation; il n'est pas possible d'imposer au débiteur qui ne paie pas la souscription d'un contrat garantissant le paiement au créancier : Civ. 1re, 11 sept. 2013, no 12-25.753.

TITRE 2

LA SÉPARATION DE CORPS

287 **Généralités.** La séparation de corps a été maintenue, en 1975, le législateur s'étant montré soucieux d'offrir aux catholiques un remède à leur conflit conjugal qui soit compatible avec leurs convictions (et notamment avec la doctrine de l'indissolubilité du mariage). Cette caractéristique explique que, alors même qu'elle ne leur est pas réservée, la séparation de corps est généralement présentée comme « le divorce de catholiques ». Et il est vrai qu'elle emprunte beaucoup à la réglementation du divorce, dans son prononcé du moins, ses effets l'en distinguant en revanche nettement puisqu'elle n'entraîne qu'un relâchement du lien conjugal lorsque le divorce entraîne dissolution de ce lien. Elle reste une institution marginale en fait : environ 1 500 séparations ont été prononcées en 2010, quand il y avait la même année environ 150 000 divorces prononcés par des tribunaux de grande instance. Signe symbolique de la marginalité de l'institution, ou refus conscient d'admettre un relâchement contractuel du statut conjugal qui risquait de peser sur l'institution matrimoniale, elle n'a pas été touchée par la loi du 18 novembre 2016 : la séparation de corps contractuelle n'existe pas en droit positif, seul un juge ayant le pouvoir de la prononcer[1].

1. La règle n'est pas explicite (l'art. 298 renvoie encore à l'art. 228, qui exigeait hier une décision de justice, mais a été abrogé par la loi du 12 mai 2009) ; mais elle résulte implicitement de l'art. 296 (qui

Section 1
Le prononcé

288 **Emprunt au divorce.** Hormis ce rejet du divorce contractuel, le régime juridique de la séparation de corps emprunte au régime juridique du divorce.

289 **Conditions.** La séparation de corps est prononcée en justice dans les mêmes cas et aux mêmes conditions qu'un divorce (art. 296) : consentement mutuel, demande acceptée, faute, altération définitive du lien conjugal (v. ss 193 s.).

Cet emprunt suppose-t-il que les règles relatives aux conditions de fond du divorce soient aménagées pour tenir compte du particularisme de la séparation de corps ? La faute, cause de séparation, est-elle ainsi moins grave que la faute, cause de divorce ? Cette solution serait malvenue, alors que la faute est cause de divorce lorsqu'elle interdit la poursuite de la vie commune, ce qui correspond également tout à fait à l'esprit de la séparation de corps (v. ss 213). De la même façon, il convient de retenir une notion unitaire du consentement (il porte seulement sur un objet différent, la séparation de corps et non le divorce) ou de l'altération définitive du lien conjugal.

290 **Procédure.** Outre l'emprunt du régime de la séparation de corps aux cas et conditions du divorce, la loi aligne les deux institutions quant à la procédure (C. civ., art. 298 ; v. ss 218 s.).

Une question délicate peut se poser lorsqu'à une demande en divorce formée par un époux, le conjoint répond par une demande reconventionnelle en séparation de corps, ou inversement (art. 296 et 297). Le juge peut-il accueillir simultanément les deux demandes ? La loi prévoyait autrefois que, si le juge accueillait les deux demandes, le divorce était prononcé aux torts partagés des époux (art. 297, al. 2). Cette solution législative pouvait sembler originale alors qu'elle s'expliquait assez bien au regard des

précise que la séparation est « prononcée » et ce « à la demande de l'un des époux ») et de l'intitulé de la section I (Des cas et de la procédure de la séparation de corps). Le projet de loi de programmation pour la Justice 2018-2022 introduit la séparation de corps par consentement privé (art. 12 bis du projet n° 1548).

circonstances de fait qu'elle supposait[1]. La loi du 26 mai 2004 consacre deux textes à la question. L'article 297 permet d'abord de répondre à une demande en divorce par une demande reconventionnelle en séparation de corps, et inversement, sauf dans un cas : une demande reconventionnelle en séparation ne peut être formée sur une demande en divorce fondée sur l'altération définitive du lien conjugal (art. 297). L'article 297-1 détermine ensuite l'issue du procès. La loi empêche en principe le juge d'examiner en même temps les deux demandes : il doit d'abord examiner la demande en divorce et prononcer celui-ci si les conditions du divorce sont réunies[2] ; si les conditions défaillent, il statue sur la séparation de corps (art. 297-1). À titre exceptionnel, le juge peut examiner simultanément les deux demandes : tel est le cas lorsqu'elles sont toutes deux fondées sur la faute ; s'il les accueille, la loi réaffirme alors qu'il prononce un divorce aux torts partagés.

Section 2

Les effets

291 **Plan.** La séparation de corps n'entraîne qu'un relâchement du lien matrimonial. Mais, à cet effet principal et direct qu'elle produit immédiatement (**§ 1**), succède généralement un autre effet (**§ 2**).

1. Parce que divorce et séparation sont inconciliables, en ce qu'ils ne produisent pas le même effet, on aurait pu trouver naturel de ne prononcer qu'une séparation de corps, la demande en séparation étant incluse par *a fortiori* dans une demande en divorce (alors que la réciproque n'est pas vraie). Mais le caractère exorbitant de la séparation de corps (un mariage qui n'en est plus vraiment un tout en en étant encore un) et la simplicité du divorce expliquaient le choix législatif. Et il était logique que le divorce soit prononcé « aux torts partagés », eu égard aux hypothèses pratiques rencontrées. Il ne pouvait en effet s'agir que de deux demandes fondées sur la faute : il était impossible que le divorce et la séparation soient l'un et l'autre demandés conjointement (puisque les époux doivent en ce cas s'associer) ; de même, il était impossible que les deux demandes soient fondées sur la rupture de la vie commune, puisque la loi ne permettait d'invoquer ce cas que comme demande principale (anc. art. 241, al. 1er ; la seule demande reconventionnelle alors possible devait être fondée sur la faute et les deux demandes ne pouvaient être accueillies simultanément : art. 241, al. 2) ; quant au double aveu, il ne pouvait non plus fonder les deux demandes, puisqu'une demande en divorce sur double aveu ne pouvait être accueillie que si le défendeur reconnaissait les faits (ce qui excluait qu'il présente une demande reconventionnelle). Il était donc logique, si le juge accueillait les deux demandes, en divorce et séparation de corps pour faute, qu'il partage les torts car cela supposait que les époux partageaient bien la responsabilité de l'échec de leur mariage.

2. Civ. 1re, 28 mai 2015, n° 14-10.868 : c'est à la date de la demande reconventionnelle en divorce pour altération des facultés mentales qu'il faut se placer pour apprécier la durée de la cessation de la communauté de vie.

§ 1. À court terme

292 **Relâchement d'un mariage non dissous et emprunt au divorce.** La spécificité de la séparation de corps est de relâcher le lien de mariage sans le dissoudre. L'union matrimoniale ne disparaît pas (les époux restent mariés), mais ses effets sont distendus (la communauté de vie disparaît, et avec elle l'éventuelle communauté de biens). En cela, elle se distingue nettement du divorce.

Mais le Code civil aligne par ailleurs les effets de la séparation de corps sur le régime juridique du divorce (art. 304), si bien qu'elle produira pour le reste les mêmes effets que la dissolution du mariage : concession judiciaire d'un bail sur le logement familial (art. 285-1 ; v. ss 277), éventuelle attribution de dommages-intérêts (art. 266 et 1382 ; v. ss 265 s.)...

293 **Maintien du mariage dans l'ordre personnel mais disparition du devoir de communauté de vie.** Plus précisément, la séparation de corps entraîne dans l'ordre personnel la disparition du devoir de communauté de vie (art. 299 *in fine*) ; c'est ce qui explique sa terminologie. En revanche, les autres devoirs personnels (et notamment le devoir de fidélité) ne sont pas atteints puisque les époux restent mariés (art. 299 *in limine*). Le maintien de l'union des personnes explique que la femme (ou le mari) puisse en principe continuer d'user du nom de son mari (ou de sa femme ; art. 300). Cet usage pourra toutefois lui être retiré par décision judiciaire, la loi se bornant à renvoyer le juge aux « intérêts respectifs des époux ».

294 **Maintien du mariage dans l'ordre patrimonial mais séparation des biens.** En outre, la séparation des corps se double d'une séparation des patrimoines : l'éventuel régime de communauté est dissous pour laisser la place à une séparation de biens (art. 302 ; sur ce régime, v. ss 152). La loi renvoie aux dispositions relatives au divorce pour déterminer la date à laquelle cette séparation prend effet (art. 262 à 262-2 et 302). Il en résulte que, dans les rapports entre époux, la séparation existe à compter de l'ordonnance de non-conciliation, sauf report judiciaire dans le temps de la date de dissolution[1], et sauf en cas de séparation par consentement

1. Par renvoi à l'art. 262-1 : Civ. 1re, 12 juin 2014, n° 13-16.044.

mutuel, auquel cas c'est la date de l'homologation de la convention qui prévaut, sauf clause contraire dans la convention des époux ; à l'égard des tiers, elle ne vaut qu'après accomplissement des formalités de publicité, sous réserve de la sanction d'une éventuelle fraude.

Pour le reste, les époux restent mariés au plan patrimonial, avec toutes les conséquences qui en découlent.

C'est ainsi qu'ils conservent en principe leur vocation successorale respective. Mais ce principe cède lorsque, la séparation de corps ayant été prononcée sur demande conjointe, les époux renoncent à leurs droits par une clause de la convention organisant les effets de leur séparation. Dans le système issu de la loi du 11 juillet 1975, il en allait de même lorsque la séparation de corps était prononcée « contre » un époux, c'est-à-dire lorsqu'elle était prononcée aux torts exclusifs d'un époux ou pour rupture de la vie commune (art. 301) : l'époux ainsi coupable perdait ses droits. Cette hypothèse a disparu avec la loi du 26 mai 2004.

Surtout, le devoir de secours qui existe entre époux est maintenu (art. 303 ; v. ss 142). Il en résulte donc éventuellement une pension alimentaire, obéissant aux règles de droit commun des obligations alimentaires : elle est « attribuée sans considération des torts » (art. 303, al. 3), sous réserve de l'application de l'article 207, alinéa 2 (v. ss 691)[1] ; elle est fixée par jugement[2] en fonction des besoins et facultés respectifs des époux et varie en fonction de ces mêmes éléments (comp. art. 273, v. ss 270). La loi précise « toutefois » qu'elle peut être allouée sous forme de capital « selon les règles des articles 274 à 275-1, 277 et 281 » (sur quoi, v. ss 272), un complément pouvant être octroyé si ce capital devient insuffisant pour couvrir les besoins du créancier (art. 303, al. 4).

295 **Sort des enfants.** Pour ce qui est des enfants, la disparition de la communauté de vie entre les parents impose de fixer les modalités d'exercice de l'autorité parentale et la résidence de l'enfant mineur

1. Le texte permet de déchoir de ses droits un créancier d'aliments en se fondant sur un grave manquement dont il se serait rendu coupable à l'égard du débiteur.
2. Qu'il s'agisse de celui qui prononce la séparation ou d'un jugement postérieur.

et de déterminer la contribution à son entretien et à son éducation. C'est par application des règles relatives à la séparation des parents que le sort des enfants sera réglé (art. 373-2 s., v. ss 619 s.).

§ 2. À long terme

296 **Avenir de la séparation de corps.** Les époux séparés de corps peuvent rester ainsi, mariés mais séparés, jusqu'à ce que leur décès dissolve le lien matrimonial. Plus souvent, la séparation de corps ne sera qu'un état temporaire : elle sera suivie du divorce (**A**) ou de la restauration d'un plein mariage (**B**).

A. La dissolution du mariage par le prononcé du divorce

297 **Le prononcé du divorce selon les voies du droit commun.** Le divorce peut tout d'abord être demandé à titre autonome, sans que soit invoquée l'existence préalable d'une séparation de corps. C'est alors aux cas et conditions, de fond et procédure, applicables en principe (v. ss 173 s.) que le mariage pourra être dissout.

298 **La conversion en divorce d'une séparation de corps.** À côté de cette voie de droit commun, la loi organise la conversion éventuelle de la séparation prononcée en divorce. Cette conversion (il y en a eu environ 1 000 en 2010) est possible dans deux situations différentes.

– « Dans tous les cas », la séparation de corps peut être convertie en divorce par le consentement mutuel des époux (art. 307, al. 1er). Le divorce sera alors régi par les règles relatives au divorce par consentement mutuel : contrôle judiciaire sur la réalité et l'intégrité du consentement des époux et sur le contenu de la convention destinée à régir les effets du divorce, convention dont les stipulations ne doivent pas être contraires aux intérêts des époux et des enfants mineurs (v. ss 194 s.).

– La conversion peut en outre être demandée par un seul époux. Une telle conversion est écartée lorsque la séparation de corps a été prononcée par consentement mutuel : elle ne peut alors être transformée en divorce que par une demande conjointe de conversion (art. 307, al. 2). Dans les autres cas, la conversion est de droit pour le demandeur, au bout d'un délai qui était de trois ans de séparation de corps dans le système issu de la loi du 11 juillet 1975 et que la loi du 26 mai 2004 a réduit à deux ans (art. 306). La cause de la séparation devient alors la cause de divorce : une séparation acceptée entraîne donc un divorce accepté, une séparation pour altération définitive du lien conjugal se transforme en un divorce pour altération définitive du lien conjugal, une séparation pour faute devient un divorce pour faute, « l'attribution des torts » n'étant « pas modifiée » (art. 308). Partant, le juge doit déterminer les effets du divorce obtenu dans le cadre légal préétabli (v. ss 255 s.).

B. La restauration du mariage par abolition de la séparation de corps

299 **Reprise volontaire de la vie commune et cessation de la séparation de corps.** La restauration du mariage résulte dans l'ordre personnel de la « reprise volontaire de la vie commune » (art. 305), ce qui suppose réunis un élément objectif (la reprise de la communauté de vie) et un élément subjectif (l'intention de reprendre la vie commune et de pardonner).

300 **Publicité de la cessation de la séparation de corps et opposabilité aux tiers.** De cette réconciliation personnelle, résultera le retour à un mariage normal et doté de tous ses effets, mais à condition qu'un certain formalisme ait été respecté, formalisme que le législateur a voulu léger afin de favoriser le mariage. Il suffit que la reprise de la vie commune ait été constatée par acte notarié ou déclarée à l'officier d'état civil ; la mention de cette formalité en marge de l'acte de mariage et des actes de naissance des intéressés rendra la fin de la séparation de corps opposable aux tiers[1].

301 **Effets de la reprise de la vie commune.** La reprise de la vie commune entraîne cessation de la séparation de corps : le retour à un mariage normal entraîne donc réapparition de tout le statut,

1. Civ. 3e, 4 juill. 2001, *JCP* N 2002. 1308 : le maintien dans les lieux loués de l'épouse séparée de corps ayant repris la vie commune avant le décès du mari est inopposable au bailleur à défaut d'accomplissement des formalités de publicité.

personnel et patrimonial, de gens mariés auquel la séparation avait porté atteinte (v. ss 119 s.) : devoir de communauté de vie, droits successoraux...

Ce principe connaît toutefois une exception dans l'ordre patrimonial : les époux resteront séparés de biens, même si leur mariage avait été célébré sans contrat de mariage ; il leur appartient, s'ils souhaitent restaurer un régime de communauté, de procéder à un changement de régime matrimonial, conformément au droit commun (art. 1397).

LIVRE TROISIÈME

LES COUPLES HORS MARIAGE

302 **Relations sexuelles hors mariage. Liberté individuelle.** On affirme souvent que les rapports charnels hors mariage, autrefois considérés comme contraires aux bonnes mœurs et donc au droit, relèvent désormais du *non-droit*, de la religion, de la morale, mais non point du droit. Il semble en réalité plus exact de dire qu'ils constituent une liberté personnelle essentielle attachée à la *liberté individuelle* : en vertu du principe fondamental de liberté, tant spirituelle que corporelle, il appartient à chacun de décider des relations qu'il aura ou n'aura pas et de la façon dont il entend les vivre.

La *portée juridique* de cette liberté a évolué : conçue hier comme interdisant seulement la sanction, par l'État, des individus entretenant des relations hors mariage (une liberté-abstention), elle fonde désormais une protection positive de l'État, qui impose à chacun de respecter le choix d'autrui (une liberté-protection). Les relations charnelles bénéficient du rempart contemporain de *la vie privée*, qui protège chacun de l'indiscrétion et des pressions d'autrui (C. civ., art. 9 et Conv. EDH, art. 8), ainsi que de l'*interdiction des discriminations*, interdiction sanctionnée civilement et pénalement (v. not. C. pén., art. 225-1 s.).

Cette liberté n'est toutefois pas sans *limites*. Si les relations charnelles hors mariage n'attirent pas, en elles-mêmes, les foudres du droit, elles ne seront pas nécessairement sans effet juridique. La survenance d'un enfant pourra ainsi conduire à exercer en justice une action aux fins d'établissement du lien de filiation ou d'obtention de subsides (v. ss 482 s. et 503 s.). Des circonstances de fait particulières pourront même rendre les relations charnelles illicites et susciter une *sanction juridique*. La contrainte employée par l'un sur l'autre justifiera une sanction pénale ; la violation du devoir de fidélité découlant du mariage de l'un des partenaires pourra conduire au divorce ; etc. Mais là encore, la liberté semble progresser : le grand nombre de relations entretenues, qui caractérisait autrefois l'« inconduite notoire », cause d'exclusion ou de destitution de la tutelle (art. 444), a ainsi disparu avec la réforme du 5 mars 2007 (art. 395). La jurisprudence considère également désormais que « le seul fait d'entretenir une liaison avec un homme marié ne constitue pas une faute de nature à engager la responsabilité de son auteur à l'égard de l'épouse »[1]. La doctrine soutient même parfois que la stipulation d'une contrepartie ne justifierait plus une annulation du contrat pour immoralité hier, aujourd'hui pour but de la cause (anc. art. 1131 ; art. 1162). L'évolution de la jurisprudence ne confirme pourtant pas l'assertion : la Cour de cassation a certes jugé en 1999 que « n'est pas contraire aux bonnes mœurs la cause de la libéralité *dont l'auteur entend maintenir* la relation adultère qu'il entretient avec le bénéficiaire »[2] ; mais elle se borne aujourd'hui à affirmer que « n'est pas nulle, comme ayant une cause contraire aux bonnes mœurs la libéralité consentie *à l'occasion* d'une relation adultère »[3].

Pour l'essentiel, donc, les relations hors mariage relèvent de la liberté individuelle et ne produisent guère d'effets en droit. Encore faut-il nuancer l'affirmation : exacte lorsqu'il n'est question que de *relations sexuelles*, elle devient inexacte lorsque *la vie commune* s'y ajoute.

303 **Concubinage. Appréhension juridique limitée.** L'appréhension contemporaine du concubinage par le droit est le fruit d'une évolution

1. Civ. 2e, 5 juill. 2001, *Bull. civ.* II, n° 136. V. ss 168.
2. Civ. 1re, 3 févr. 1999, *Grands arrêts*, n° 28.
3. Ass. plén. 29 oct. 2004, *Grands arrêts*, n° 29 ; Civ. 1re, 25 janv. 2005, *Bull. civ.* I, n° 35.

historique bien connue, passant de la réprobation à l'exaltation, puis l'indifférence, pour aboutir dès le milieu du XXe siècle à une sorte de « mariage de seconde zone ».

Sous l'influence de la religion catholique, les concubins étaient contraints à la séparation par l'*Ancien droit*, qui jugeait les relations charnelles hors mariage contraires aux bonnes mœurs. La *Révolution*, à l'inverse, encouragea presque le concubinage, par faveur pour la liberté et par hostilité au mariage, institution symbolique d'un ordre social révolu. Ni révolution, ni réaction, *le Code civil de 1804* opta pour une voie médiane, celle du silence : à peu de chose près[1], il ignora les concubins, tout comme le Code pénal d'ailleurs, et s'en tint, sous l'impulsion de Bonaparte, à une attitude de *stricte indifférence*[2]. Le concubinage ne fut ainsi, tout au long du XIXe siècle, ni sanctionné ni favorisé, la loi refusant de lui faire produire un effet quelconque, pour de multiples raisons, politiques[3], religieuses[4], historiques, juridiques[5], dogmatiques[6], sociologiques aussi, tenant notamment à la difficulté que l'on éprouve à élaborer un statut juridique unique pour appréhender une réalité factuelle variée, notamment en raison de la diversité des mobiles des concubins[7].

La *pression sociologique* et le relativisme axiologique ont contraint le système juridique à abandonner cette indifférence au cours du XXe siècle. L'essor du phénomène ayant rendu politiquement difficile une attitude de stricte indifférence, les auteurs constatèrent, dès la première moitié du XXe siècle, l'« avènement du concubinat », le « crépuscule du mariage légal », le concubinage

1. V. ainsi l'effet probatoire attaché à la possession d'état d'époux (C. civ., art. 197 ; v. ss 105).
2. La formule, célèbre, du Premier consul (« les concubins ne veulent pas de la loi, la loi se désintéresse d'eux ») rappelle celle de Carbonnier : « pas de droit là où l'on refuse le droit ». On note toutefois que la volonté de « non droit » des parties ne suffit pas toujours à justifier l'abstention du système juridique.
3. Le mariage républicain est une victoire de l'État sur l'église.
4. La célébration civile du mariage n'est que la traduction matrimoniale du principe de laïcité.
5. Le mariage étant assez ouvert, le concubinage est rarement forcé.
6. « Pas de droit où l'on refuse le droit ».
7. Rarement juridiques (tant les obstacles au mariage sont peu nombreux, vu le libéralisme des conditions du mariage et du prononcé d'un divorce) ou culturelles (tant l'ignorance des conditions formelles de célébration du mariage est peu fréquente), les raisons sont parfois idéologiques (refus du modèle du mariage « bourgeois », opposition à toute intrusion de l'État dans la sphère privée, volonté de conserver sa liberté...), mais plus souvent pragmatiques (mariage à l'essai, crainte du coût d'une séparation...) ou psychologiques (échec d'une précédente union...).

montant progressivement à la vie juridique. Le système français s'est ainsi engagé dans une politique de reconnaissance mesurée de ce fait juridique, en lui faisant produire tel ou tel effet ponctuel mais en refusant de lui attacher un véritable statut spécial.

L'avenir dira si ce traitement ponctuel perdurera ou s'il cédera progressivement la place à un véritable statut. *L'évolution des faits* conduirait sans doute plutôt à doter le concubinage d'un statut juridique complet et cohérent. Marginal au début du XXe siècle, le phénomène a en effet pris une importance sociologique considérable : parmi les 29,4 millions de personnes qui vivaient en couple en 1994, 4,2 millions vivaient en concubinage ; début 2011, selon l'INSEE, sur les 32 millions de personnes majeures déclarant être en couple en France métropolitaine, 7 millions étaient en union libre ; alors qu'ils ne représentaient que 3 % des couples en 1960, ils constituaient 15 % des couples en 1998, et presque 22 % en 2011. Ces couples se recrutent dans presque toutes les couches sociales de la population mais surtout chez les jeunes : 80 % des jeunes gens de 20 à 24 ans vivraient en union libre, et ils ne sont plus que 5 % au-delà de 65 ans. Ils obéissent à des mobiles divers (v. *in limine*) En outre, et contrairement à ce qui se passait autrefois, l'arrivée d'un enfant ne conduit plus nécessairement les adultes à se marier : 43 % des naissances se produisaient hors mariage en 2001 ; 50,5 % en 2007 ; 55,8 % en 2011. À s'en tenir aux faits, l'évolution « naturelle » consisterait donc sans doute à attacher à ce mode de vie de plus amples effets. Mais *l'évolution du système juridique* est plutôt en sens contraire. L'appréhension juridique du concubinage doit tenir compte de l'existence, depuis la loi du 15 novembre 1999, d'un nouveau statut juridique de couple, celui du pacte civil de solidarité. Les couples pouvant désormais choisir entre un statut personnel et patrimonial assez étoffé (celui du mariage) et un statut moins contraignant et moins développé (celui du pacs), il semble nécessaire de préserver la liberté individuelle de vivre en couple « hors le droit » en laissant au concubinage son caractère « juridiquement inachevé ». Ainsi s'explique sans doute que la loi du 15 novembre 1999 se soit contentée de définir cette situation dans un article 515-8 nouveau, sans en développer les effets (v. ss 306 s.).

304 **Pacte civil de solidarité. Un nouveau statut spécial.** Depuis la loi du 15 novembre 1999, le droit offre aux couples hors mariage un nouveau statut civil spécial, le pacte civil de solidarité. Les circonstances de son adoption expliquent une existence déjà mouvementée.

Alors que l'homosexualité perdait progressivement son caractère infamant dans la société et que le drame du SIDA avait profondément meurtri la communauté homosexuelle, engendrant douleurs affectives mais aussi difficultés juridiques, la Cour de cassation avait refusé d'étendre aux couples homosexuels les avantages que la loi reconnaissait aux couples de concubins. Le 11 juillet 1989, la Chambre sociale avait en effet décidé que les textes ouvrant des droits aux concubins devaient être réservés aux concubins hétérosexuels, car la vie maritale ne pouvait concerner « qu'un couple constitué d'un homme et d'une femme »[1]. En 1997, la troisième chambre civile de la Cour de cassation refusait d'étendre aux couples homosexuels le transfert du bail que la loi organisait au profit du concubin survivant[2]. Se prévalant de législations étrangères adoptant la solution inverse, des associations d'homosexuel(le)s s'efforcèrent de faire voter un nouveau statut juridique pour les couples considérés[3]. Après des discussions acharnées de part et d'autre, *la loi du 15 novembre 1999* créa donc, dans le Livre premier du Code civil (consacré aux Personnes), un titre douze nouveau instituant le « pacte civil de solidarité », titre transformé en titre treize à compter du 1er janvier 2009 par la loi du 5 mars 2007.

Nombreuses furent les malfaçons législatives, notamment en raison des conditions d'adoption d'un statut conçu et voté dans une ambiance peu sereine, les discussions idéologiques escamotant toute analyse technique. La « réécriture » de la loi par le Conseil constitutionnel[4], le 9 novembre 1999, ne suffit pas à

1. *JCP* 1990. II. 21553, *RTD civ.* 1990. 53.
2. Civ. 3e, 17 déc. 1997, *Bull. civ.* III, n° 225 : « le concubinage ne p(eu)t résulter que d'une relation stable et continue ayant l'apparence du mariage, donc entre un homme et une femme ».
3. Proposition de « partenariat civil » déposée au Sénat en juin 1990, d'« union civile » enregistrée à l'Assemblée nationale en novembre 1992, de « contrat d'union sociale » déposée au Parlement en septembre 1995, de « contrat d'union civile et sociale » déposée en juin 1997...
4. N. Molfessis, *JCP* N 2000. 270.

donner au texte une cohérence suffisante. Une réforme s'avéra donc nécessaire. Mais il a fallu attendre *la loi du 23 juin 2006* portant réforme des successions et des libéralités pour que soit amélioré, à divers égards, principalement patrimoniaux, ce nouveau statut. Plusieurs modifications ponctuelles sont intervenues depuis, avec les lois du 5 mars 2007, du 12 mai 2009, du 24 novembre 2009, du 1er juillet 2010, du 28 mars 2011, ou encore avec l'ordonnance du 10 juin 2010. Il n'est pas exclu que de nouvelles modifications surviennent pour régler les difficultés que pose encore le droit positif (v. ss 330 s.).

Alors même qu'il apparaît avant tout comme la réponse du législateur aux souhaits d'associations d'homosexuel(le)s, le pacte civil de solidarité n'est pas réservé aux couples homosexuels et offre à tous les couples une troisième voie, entre mariage et concubinage. Après des débuts incertains[1], il semble aujourd'hui rencontrer un grand succès[2] : 1 198 000 pacs ont été recensés depuis 1999[3] et *l'augmentation du nombre de pacs conclus chaque année* semble constante (au moins jusqu'en 2010) : 22 271 en 2000, 60 462 en 2005, 77 347 en 2006, 101 999 en 2007, 205 558 en 2010[4]. Début 2011, sur les 32 millions de personnes majeures déclarant être en couple en France métropolitaine, 1,4 million étaient pacsées. En outre, alors que 42 % des pacs étaient conclus entre homosexuels la première année, 93 % d'entre eux ont concerné *des couples hétérosexuels* en 2006, et même 95,5 % en 2010. Dans le même temps, sur les 198 000 personnes qui disaient vivre en couple avec une personne de même sexe (dont 116 000 couples d'hommes et 82 000 couples de femmes), 43 % étaient pacsées (47 % des couples d'hommes et 38 % des couples de femmes). Le pacs est enfin un statut surtout choisi par les classes

1. Après les 23 718 pactes enregistrés en 2000, il n'y en a eu que 19 802 en 2001, ce qui était peu comparé aux 303 500 mariages célébrés à la même époque.

2. Rapportés au nombre de mariages célébrés, les chiffres sont assez signifiants : en 2000, 5 pacs étaient conclus pour 100 mariages ; il y en avait 25 pour 100 mariages en 2006. Pour les chiffres relatifs au mariage, v. ss 46.

3. Ce chiffre n'intègre pas les pacs reçus par notaire depuis 2011.

4. Ensuite, les chiffres diminuent : 144 000 enregistrés au tribunal seulement en 2011, et 142 957 (dont 137 274 entre couples de sexe différents) en 2012. Mais il est difficile d'interpréter ce chiffre, car depuis la loi du 28 mars 2011, la réception des pacs peut être réalisée par les notaires ; or ces pacs ne sont pas encore comptabilisés.

sociales intellectuelles : 25 % des pacsés sont cadres. Il est trop tôt pour apprécier *la stabilité de ce nouveau statut* : on sait qu'entre 1999 et 2007, plus de 38 000 pacs ont été rompus, soit 14 % du total des pacs conclus dans la même période ; on sait aussi que depuis 2006, le nombre de dissolutions enregistrées au tribunal est en constante augmentation (9 583 en 2006 ; 22 783 en 2007 ; 23 448 en 2008 ; 26 860 en 2009 ; 34 652 en 2010 ; 47 298 en 2012, dont 18 017 ruptures par mariage).

305 **Plan.** Le couple hors mariage peut donc aujourd'hui choisir entre deux formes juridiques : le concubinage (TITRE 1), le pacte civil de solidarité (TITRE 2).

TITRE 1

LE CONCUBINAGE

306 **Plan.** La loi définit sommairement le concubinage (CHAPITRE 1) et ne lui attache que quelques effets spéciaux (CHAPITRE 2) ; les intéressés ou le juge s'appuient parfois sur le droit commun pour compléter ce droit spécial très limité (CHAPITRE 3).

CHAPITRE 1

L'existence du concubinage

307 **Notion. Définition légale.** *Grosso modo*, on peut définir le concubinage comme l'union charnelle de deux personnes qui vivent « en couple » sans avoir fait célébrer leur mariage. Jusqu'à la loi du 15 novembre 1999, le concubinage n'était pas défini par la loi mais par la jurisprudence. Et celle-ci consacrait une « notion à contenu variable »[1], c'est-à-dire que la définition qu'elle retenait variait selon la règle qu'il était question d'appliquer. La loi du 15 novembre 1999 a fixé une définition unique dans l'article 515-8 du Code civil.

La condition centrale est celle de « *vie commune* ». L'utilisation du même mot pour désigner la vie en mariage, en pacs et en concubinage conduit *a priori* à transposer ici la définition de la vie commune que retient le droit du mariage[2] : une communauté de lit et de toit, voire d'affection, est nécessaire ; mais il semble possible, comme dans le mariage, de partager une « vie commune » nonobstant des « résidences séparées » pour raisons professionnelles (v. ss 126). Encore faut-il que ladite vie commune présente certaines caractéristiques. Elle doit, dit le texte, être « stable » et « continue ». La loi a ainsi repris deux conditions traditionnelles

---

1. A. Bénabent, *Droit de la famille*, Domat, 2010.
2. Et que le Conseil constitutionnel a dit applicable au pacte civil de solidarité le 9 nov. 1999, v. ss 338.

en jurisprudence, à savoir une durée et une permanence suffisantes dans le temps.

La loi du 15 novembre 1999 a en revanche écarté *la condition de différence de sexe* qu'avait retenue la jurisprudence. La Cour de cassation avait en effet posé comme principe que les textes ouvrant des droits aux concubins devaient être réservés aux concubins hétérosexuels, car la vie maritale ne pouvait concerner « qu'un couple constitué d'un homme et d'une femme »[1]. Cette interprétation avait été critiquée comme faisant bon marché du droit au respect de la vie privée des intéressés et comme constituant une discrimination infondée, au regard notamment du droit européen (Conv. EDH, art. 8). La solution s'expliquait pourtant sans peine, le droit du concubinage se construisant par référence à celui du mariage et celui-ci ne connaissant à l'époque que l'union officielle de deux personnes de sexe différent (v. ss 81). Après avoir été partiellement écartée par la loi du 27 janvier 1993, qui avait octroyé au concubin homosexuel le bénéfice de l'assurance maladie-maternité, bénéfice que lui avait refusé la Cour de cassation (CSS, art. L. 161-14, al. 2, réd. L. 27 janv. 1993, art. 78), cette solution a été purement et simplement abandonnée par la loi du 15 novembre 1999. L'article 515-8 précise même explicitement que le concubinage est l'union de fait existant « entre deux personnes, de sexe différent ou de même sexe »[2].

La définition conduit en outre à réserver la qualification aux seuls couples de « deux personnes ». Le multi-concubinage n'est pas reçu par le droit positif.

308 **Les questions sans réponse.** Le silence du texte conduit à se demander s'il faut ou non transposer *les autres conditions que les couples institués doivent respecter* (v. ss 56 s. pour le mariage et 333 s.

1. Soc. 11 juill. 1989, *Grands arrêts* n° 27. Dans deux décisions rendues le même jour, la Cour de cassation avait refusé d'octroyer au concubin d'un steward d'Air France les billets de faveur consentis aux conjoints ou concubins et avait dénié le bénéfice de l'assurance maladie-maternité à la concubine d'une assurée sociale. *Adde* Civ. 3e, 17 déc. 1997, *Bull. civ.* III, n° 225, refusant le bénéfice de la continuation du bail, au motif que « le concubinage ne pouvait résulter que d'une relation stable et continue ayant l'apparence du mariage, donc entre un homme et une femme ».
2. Confortant donc les décisions de certains juges du fond. V. ainsi, admettant l'indemnisation du dommage subi par l'un des concubins du fait du décès accidentel de l'autre : TI Belfort 25 juill. 1995, *JCP* 1996. I. 3902, n° 3.

pour le pacs) : conditions de consentement, d'âge, d'exogamie, de monogamie.

Pour ce qui est de la condition de *consentement*, il semble nécessaire de distinguer : la volonté de produire des effets juridiques n'est pas requise dans le concubinage, qui est un fait et non un acte juridique ; pour autant, la notion de vie commune intègre, semble-t-il, un élément subjectif, consistant dans la conscience et volonté de vivre avec l'autre. Pour cette même raison, si *la capacité contractuelle* n'est pas requise, une conscience minimale est sans doute nécessaire pour admettre l'existence d'une vie commune.

La notion de *bigamie* est difficile à transposer, alors qu'elle repose, par essence, sur l'état civil. La jurisprudence ne semble pas exiger l'exclusivité des relations charnelles pour admettre la qualification de concubinage[1]. On peut en revanche penser que le droit rejetterait un bi-concubinage, qui ne remplit pas les conditions légales de stabilité et continuité[2].

Certains considèrent enfin que l'interdiction de *l'endogamie* ne concerne pas le concubinage : le droit interdirait seulement l'institutionnalisation des relations incestueuses par célébration d'un mariage ou réception d'un pacs. On peut avoir une analyse différente et considérer que le droit doit refuser d'attacher d'éventuels effets bénéfiques au concubinage incestueux, en se fondant sur l'illicéité d'une telle situation factuelle.

309 **La preuve.** La loi ne dit rien non plus de la preuve du concubinage. S'agissant d'un *fait juridique*, les principes de droit commun s'appliquent : la charge de la preuve incombe à celui qui se prévaut du concubinage ; et la liberté de la preuve s'applique à lui. Celui qui se prévaut d'un concubinage peut donc en établir l'existence par tous moyens : écrit, témoignages, indices, etc. L'absence

1. En précisant que le concubinage est l'union de « deux personnes... », le texte empêche de considérer qu'il existe un concubinage « à trois » (ou plus). Mais cela ne signifie pas que chaque membre du couple considéré soit « obligé » de n'entretenir de relations sexuelles qu'avec l'autre.

2. La jurisprudence a admis que la mort d'un homme qui partageait sa vie entre sa femme et sa maîtresse conduise à l'indemnisation du préjudice subi par l'épouse et de celui subi par la « concubine ». Mais cette solution ne signifie pas *reconnaissance juridique* du bi-concubinage : la responsabilité suppose seulement de vérifier l'existence d'un dommage, d'une faute, d'une causalité (les conditions du concubinage n'empêchaient pas que la concubine et l'épouse avaient toutes deux subi un dommage) ; autre chose est d'admettre *la qualification* de concubinage.

de preuve préconstituée est certainement une faiblesse du concubinage. Mais les textes et la pratique y remédient de deux façons. Fréquemment, il suffira aux concubins de faire *une déclaration sur l'honneur* pour bénéficier des avantages attachés à leur union. En outre, de nombreuses mairies acceptent de délivrer des *certificats de concubinage*, au vu de divers éléments : factures, déclaration d'impôts, carte d'électeur, témoignages, etc.

CHAPITRE 2

Le statut spécial du concubinage

310 **Pas de régime légal associé. Plan.** Aussi curieuse que paraisse la méthode législative consistant à définir une situation (et donc à en faire une situation juridique) sans lui attacher d'effet spécifique (une institution nommée et définie par la loi civile mais sans contenu ?), la loi du 15 novembre 1999 s'en est tenue à cette appréhension minimaliste du concubinage. Aujourd'hui, comme avant, le concubinage n'est encadré par aucune règle civile spéciale. Cela ne signifie pas qu'il ne produise aucun effet spécial. Deux principes gouvernent la matière. Négativement, d'abord, *il échappe au statut matrimonial* (SECTION 1). Plus généralement, il n'est régi par aucun statut d'ensemble, n'est pas doté d'un véritable « régime juridique » en ce sens qu'il n'existe pas un « ensemble de règles cohérent et complet » comparable à celui qui existe en matière de mariage. Positivement, ensuite, il produit *certains effets juridiques spécifiques*, procédant de la loi ou de la jurisprudence (SECTION 2).

SECTION 1
L'EXCLUSION DU STATUT MATRIMONIAL

311 **Refus du statut matrimonial.** *Le mariage est doté d'un vrai statut,* qui embrasse toutes les questions susceptibles de se poser, personnelles ou patrimoniales, concernant les seuls époux ou intéressant aussi les tiers, qu'elles apparaissent à l'entrée en mariage, pendant la vie conjugale ou à la dissolution de l'union. Cohérence et complétude caractérisent ce statut, notamment en matière patrimoniale (v. ss 119 s.).

N'étant pas juridiquement considérés comme des gens mariés, les concubins sont en principe traités par le droit *comme des célibataires,* indépendants l'un de l'autre. Aucun des devoirs conjugaux ne leur est imposé : ni le devoir de fidélité, ni le devoir d'assistance[1], ni le devoir de communauté de vie... ; aucun lien juridique n'entrave leur liberté de se séparer. Et cette *indépendance personnelle* va de pair avec l'*indépendance patrimoniale* : aucun régime matrimonial ne règle la vie patrimoniale des concubins, qui ne doivent donc ni contribuer aux charges de l'union (C. civ., art. 214, v. ss 142)[2], ni répondre solidairement des dettes ménagères (C. civ., art. 220, v. ss 144)[3], chacun restant propriétaire de ses biens et les gérant librement, sans que ne se crée de richesse commune ou de passif commun. Ils ne bénéficient pas davantage de droits successoraux[4].

Ainsi soustrait au statut matrimonial, le concubinage échappe naturellement en outre d'une part aux conditions de *forme* du mariage, d'autre part aux conditions de sa *dissolution :* il n'existe

1. V. toutefois Civ. 1re, 20 janv. 2010, *Bull. civ.* I, n° 15 : considérant que « l'assistance apportée sur le plan administratif par... à la bonne marche de l'entreprise artisanale de maçonnerie qu'elle avait constituée avec son concubin n'excédait pas une simple entraide », ce qui excluait le jeu de l'enrichissement sans cause.

2. Civ. 1re, 11 janv. 1984, *Bull. civ.* I, n° 12, Civ. 1re, 28 nov. 2006, *Bull. civ.* I, n° 517. Chacun d'eux doit donc supporter les dépenses de la vie courante qu'il a exposées. La solution vaut, sauf convention contraire, v. ss 318.

3. Civ. 1re, 27 avr. 2004, *Bull. civ.* I, n° 113.

4. À la différence de l'époux survivant, le concubin survivant ne peut pas non plus se prévaloir de l'attribution préférentielle (Civ. 1re, 9 déc. 2003, *Bull. civ.* I, n° 253) sauf, depuis la loi du 23 juin 2006, s'il a été institué légataire universel ou à titre universel (art. 833).

aucun « cas de dé-concubinage » comparable aux « cas de divorce », cette association de conditions (de fond et de procédure) et d'effets de la dissolution du mariage (v. ss 184 s.) ; les concubins n'ont pas à recourir au juge pour se séparer, et n'ont aucun motif à donner à cette occasion.

SECTION 2
L'EXISTENCE DE QUELQUES RÈGLES SPÉCIALES

312 **Législations spéciales fragmentaires.** S'ils sont ainsi soustraits au statut matrimonial, les concubins ne sont pas pour autant totalement ignorés par la loi. Sont progressivement apparus, tout au long du XXe siècle, des textes spéciaux conférant à cette situation de fait tel ou tel effet particulier. Particulièrement frappant dans *la législation sociale et fiscale*, qui attache inévitablement une grande importance au vécu, ce mouvement n'a pas épargné *le droit civil*. Il atteste un certain *parti pris idéologique*, qui décide de considérer une solidarité patrimoniale et affective de fait, sans se soucier de l'existence ou de l'absence d'un quelconque engagement officiel et durable.

Quoique se multipliant, ces règles spéciales restent trop *limitées* à telle ou telle question ponctuelle pour qu'il soit possible de parler aujourd'hui de « statut » du concubinage. En outre, il est frappant de constater qu'elles ne concernent pas directement les relations *entre concubins* mais *seulement* leurs relations *avec des tiers*. C'est que le droit hésite à introduire la contrainte juridique là où elle a été volontairement écartée par les intéressés, donc dans les rapports entre concubins, mais qu'il refuse dans le même temps aux tiers le droit d'invoquer cette politique de non-engagement observée par les concubins au nom du droit à la vie privée de ces derniers. D'où un système juridique à la limite de l'incohérence.

Ce droit spécial s'attache à la solidarité patrimoniale que crée la vie commune (**§ 1**) et à la solidarité personnelle (**§ 2**) que génère l'affection qui fonde généralement l'existence d'un couple. Renforçant le caractère familial du concubinage, la loi du 12 mai 2009 a étendu la compétence du juge aux affaires familiales, pour connaître d'une part du contentieux lié aux indivisions entre concubins ou à la liquidation de leurs intérêts patrimoniaux (C. pr. civ., art. 1136-1 s.) d'autre part de l'ordonnance de protection contre les violences au sein du couple (C. civ., art. 515-9 et C. pr. civ., art. 1136-3 s.).

§ 1. La solidarité patrimoniale

313 **Solidarité patrimoniale et droits spéciaux.** La solidarité patrimoniale qui lie les concubins peut être opposée par eux aux tiers ou, à l'inverse, invoquée par les tiers.

Les tiers sont tenus par certains textes spéciaux de donner effet à la solidarité patrimoniale vécue. Le concubinage est ainsi juridiquement reconnu par le droit social, le bénéfice de *la sécurité sociale* (prestation maladie, maternité, retraite) ayant été progressivement ouvert aux concubins. Leur ont été également reconnus les divers droits issus de la *législation sur les baux* : droit au maintien dans les lieux créé par la loi de 1948 au profit des « personnes à charge qui vivaient effectivement » avec le locataire (art. 5) ; droit au renouvellement du bail reconnu par les lois de 1982 (art. 16) et 1989 (art. 13 et 15). Le droit de la sécurité sociale prévoit également que les ressources du concubin sont prises en compte pour calculer l'allocation solidarité aux personnes âgées ou l'allocation en faveur des adultes handicapés (CSS, art. L. 815-4 s. et 821-3).

Le droit *du divorce* issu de la loi du 11 juillet 1975 autorisait autrefois l'un des ex-époux à opposer à l'autre la solidarité patrimoniale qui l'unissait à son concubin. La loi prévoyait ainsi qu'un concubinage faisait perdre la pension alimentaire versée par l'ex-époux (C. civ., anc. art. 283)[1] et mettait fin à l'éventuel bail judiciaire concédé sur un bien appartenant à l'autre (C. civ., anc. art. 285-1). Ces dispositions spéciales ont disparu avec la réforme

1. Pour les conséquences éventuelles du concubinage entretenu par l'un des ex-époux sur la prestation compensatoire, qui dépend des besoins et facultés de chacun, v. C. civ., art. 271 s. V. ss 234.

du 26 mai 2004, laissant toutefois au juge le pouvoir de prendre en compte un « changement important dans les ressources ou les besoins de l'une ou l'autre des parties » (art. 276-3, v. ss 273 s.) ou de résilier le bail si les « circonstances nouvelles » le justifient (art. 285-1, v. ss 277). Plus récemment enfin, le *droit fiscal* s'est attaché à supprimer les avantages qu'il réservait jusque-là aux concubins en alignant leur statut fiscal sur celui des époux.

§ 2. La solidarité personnelle

314 **Solidarité personnelle et droits spéciaux.** Ainsi prise en considération par le droit social et civil en raison de la communauté patrimoniale qu'elle induit, l'affection que permet de présumer un concubinage conduit en outre naturellement à une solidarité personnelle entre les intéressés.

Cette affection explique que le droit traite chaque concubin comme une personne sous influence, d'où résultent diverses *incompatibilités, professionnelles* notamment, et diverses *immunités*, en particulier pénales (not. impunité de la non-dénonciation, du recel de malfaiteur : v. ainsi C. pén., art. 434-1, 434-6 et 434-11)[1]. Elle fonde également l'extension au concubin (ou ex-concubin) de l'ordonnance de protection contre les violences au sein du couple (C. civ., art. 515-9 s.)[2]. Elle explique aussi que le droit pénal aggrave la sanction pénale de certaines infractions lorsque l'auteur est le concubin de la victime (art. 132-80, 221-4, 222-3, 222-8, 222-10, 222-13, 222-24 et 222-28).

Mais cette union affective des personnes peut inversement apparaître comme justifiant une *confiance particulière* à l'égard des intéressés. Ainsi s'explique que le concubinage ait été pris en compte en *droit parental*. Les concubins ont dans un premier

1. Le droit de la filiation modifiait autrefois le point de départ du délai préfix de deux ans applicable à l'action en recherche de paternité naturelle (en principe fixé à la naissance), lorsque l'action était exercée à l'encontre de l'ancien concubin de la mère après rupture du concubinage : la mère pouvait alors agir dans les deux ans de la rupture (C. civ., art. 340-4). L'ordonnance du 4 juillet 2005 a abrogé cette règle.

2. La jurisprudence avait refusé d'appliquer par analogie l'art. 220-1 aux couples de concubins. La loi du 1er juillet 2010 a donc créé un titre 14 nouveau au sein du Livre Ier du Code civil, qui permet de protéger tous les couples contre les violences commises par l'un sur l'autre.

temps obtenu du législateur la faculté de saisir le juge par requête conjointe pour obtenir l'exercice en commun de l'autorité parentale sur l'enfant du couple (art. 374, al. 2, réd. L. 22 juill. 1987). Ce droit[1] a été renforcé par la loi du 8 janvier 1993 qui a prévu que l'exercice conjoint existerait automatiquement, sans aucune formalité, à condition que : 1°) l'enfant soit reconnu par ses deux parents dans sa première année de vie ; 2°) les parents soient liés par une communauté de vie lors de la reconnaissance de l'enfant (C. civ., art. 372, al. 2). La loi du 4 mars 2002 a amplifié le mouvement en posant un nouveau principe : « les pères et mère exercent en commun l'autorité parentale » (art. 372, v. ss 617). Ainsi intronisé en législation, le mythe du couple parental[2] a conduit naturellement le législateur de 1994 à ouvrir aux concubins la voie de l'assistance médicale à la procréation (CSP, art. L. 2141-2 ; v. ss 559)[3]. On s'étonne souvent de la distorsion établie avec le droit de l'adoption, puisque celle-ci reste fermée aux concubins, et ce alors même que l'analogie ne devrait pas prospérer entre les questions d'engendrement et celles d'affiliation (art. 346 ; v. ss 514). C'est la même logique affective qui explique que la loi du 5 mars 2007 ait ouvert au concubin le droit de demander en justice l'ouverture d'une tutelle, curatelle ou sauvegarde de justice, et qu'elle ait étendu la tutelle et curatelle légales au concubin (art. 430 et 449)[4]. Non sans rapport, le concubin fait partie du cercle étroit des personnes autorisées à consentir à un prélèvement d'organe, de leur vivant, au profit du receveur (CSP, art. L. 1231-1)[5].

---

1. La Cour de cassation refusait tout pouvoir de contrôle au juge aux affaires matrimoniales : Civ. 1re, 26 juin 1990, *JCP* 1991. II. 21688, *Defrénois* 1990. 1295.
2. Sur quoi, v. Dekeuwer-Défossez, « Réflexions sur les mythes fondateurs du droit contemporain de la famille », *RTD civ.* 1995. 249 s.
3. D'où l'idée de modifier le droit de l'adoption et d'ouvrir cette institution, initialement réservée aux couples mariés, aux couples de concubins. Ni la réforme de l'adoption ni la loi du 17 mai 2013 ouvrant le mariage aux homosexuels n'ont suivi cette voie.
4. V. aussi CSP, art. L. 3211-12-I ouvrant au concubin le droit de saisir le juge de la détention et des libertés pour obtenir mainlevée de la mesure de soins psychiatriques sans consentement décidée à l'égard de l'autre.
5. *Adde* C. pr. pén., art. 230-28 prévoyant l'information du concubin en cas d'autopsie d'un corps.

CHAPITRE 3

Le secours du droit commun

315 **Palliatif du droit commun.** Ainsi limité à telle ou telle règle ponctuelle, le régime juridique du concubinage reste très embryonnaire : il n'embrasse pas tous les rapports entretenus par les concubins avec des tiers et ne règle pas l'ensemble des relations nouées entre les concubins eux-mêmes. Ce parti pris, sans doute logique en théorie, s'avère parfois rigoureux humainement. Les ressources du droit commun permettent aux concubins (SECTION 1), voire au juge (SECTION 2), d'introduire plus d'équité dans le concubinage.

SECTION 1

L'ORGANISATION VOLONTAIRE DU CONCUBINAGE PAR LES CONCUBINS

316 **Recours au contrat par les concubins.** Les concubins utilisent parfois eux-mêmes la liberté contractuelle offerte hier par l'article 1134 du Code civil, désormais par l'article 1102, pour organiser leurs relations.

Cette utilisation du *moule contractuel*, relativement courante aux États-Unis et dans les pays nordiques, est plus rare en France, où elle semble difficilement conciliable, d'une part avec la liberté que les concubins recherchent le plus souvent, et d'autre part avec la défense de l'institution du mariage (voire désormais aussi celle du pacte civil de solidarité).

Les contrats pouvant être conclus entre concubins sont divers : ponctuels ou plus étendus, régissant les relations personnelles ou les questions patrimoniales.

317 **Matière personnelle.** Leur validité est improbable lorsque leur objet est d'*ordre personnel.*

La convention par laquelle des concubins s'assujettiraient aux devoirs de mariage (vie commune, fidélité, assistance, etc.) ou s'engageraient à perpétuité serait sans doute nulle, d'une part pour atteinte à l'institution du mariage et aux bonnes mœurs[1], d'autre part pour violation de la liberté individuelle (liberté qui s'oppose à ce que de tels engagements soient stipulés hors mariage ou pacte civil).

Il convient toutefois de réserver les éventuels pactes parentaux, que la loi autorise – voire favorise (C. civ., art. 373-2-7, 373-2-10, 373-2-11 et 376-1 ; v. ss 591, 626 et 646 s.). Mais une telle liberté n'est pas réservée aux seuls concubins : elle profite plus généralement à tous les parents. En outre, l'efficacité des accords de volonté n'est pas sans limites là non plus (v. not. art. 373-2-13, v. ss 646 s.).

318 **Matière patrimoniale.** Cette utilisation du moule contractuel pour pallier le silence de la loi se manifeste plus souvent en *matière patrimoniale*, les concubins s'efforçant de créer entre eux une solidarité financière. Le contrat se donnera souvent pour objet de limiter l'indépendance patrimoniale découlant, en droit commun, de la qualité de célibataire. Il s'agira pour l'essentiel de créer, par « contemplation » du mariage[2], un diminutif de régime matrimonial, primaire ou légal ou conventionnel, ou un diminutif de vocation successorale matrimoniale (sur ces questions dans le mariage,

---

1. La protection de cette institution qu'est le mariage fonde en la matière son exclusivité ; quant aux bonnes mœurs, elles empêchent que des relations charnelles soient promises par contrat (l'indisponibilité du corps humain aussi).

2. Pour cette expression, v. Mayaux, « Les concubinages, Les contrats des concubins », *in Les concubinages*, préc.

v. ss 139 s.), ou d'emprunter au divorce telle ou telle règle pour aménager une éventuelle rupture.

Les concubins pourront ainsi stipuler une *clause de solidarité* au profit d'un tiers, répartir entre eux *les charges de la vie commune*[1], acquérir un bien en *indivision* ou en *tontine*[2], constituer entre eux *une société*, contracter *une assurance sur la vie*, instituer *un légataire testamentaire*, se gratifier par *donation*..., ce afin de tempérer l'absence de régime matrimonial et de vocation successorale entre concubins.

L'objet de l'acte pourra aussi consister à *organiser la rupture*, pour tempérer la liberté qui la caractérise en principe (v. ss 322) : les concubins pourront convenir par avance de l'indemnité que l'auteur d'une rupture devra verser à l'autre[3] ; l'un d'eux pourra également transformer unilatéralement en obligation pleinement contraignante *l'obligation naturelle* (que les tribunaux ont découverte en la matière) de subvenir aux besoins de l'autre après dissolution de l'union[4]... Dans les deux cas, l'acte vise à procéder à un certain rapprochement avec la dissolution d'un mariage par divorce.

Il pourra enfin s'agir d'organiser le devoir d'entretien à l'égard des enfants communs (v. ss 595 s.)[5].

319 **Limites inhérentes à une source volontaire.** En toutes hypothèses, la nature contractuelle de ces tempéraments enferme ceux-ci dans d'étroites *limites*.

---

1. Pour le rejet de cette répartition faute de preuve de l'engagement, v. Civ. 1re, 28 juin 2005, *Bull. civ.* I, n° 278. Pour l'admission de cette possibilité, v. Civ. 1re, 28 nov. 2006, *Bull. civ.* I, n° 517 ; Civ. 1re, 24 sept. 2008, *Bull. civ.* I, n° 211. La volonté commune de partager les charges du ménage peut notamment porter sur le remboursement du crédit immobilier : Civ. 1re, 13 janv. 2016, n° 14-29.746.

2. La clause d'accroissement, usuellement dite de « tontine », est celle par laquelle les acquéreurs d'un bien en indivision conviennent que l'acquisition sera réputée faite pour le seul compte du survivant d'entre eux, et ce dès le jour de l'acquisition, le pré-mourant étant rétroactivement censé n'avoir jamais été propriétaire.

3. Encore faut-il qu'une telle indemnité n'ait pas, en raison de son montant, « un caractère particulièrement contraignant » et ne soit pas ainsi un « moyen de dissuader un concubin de toute velléité de rupture contraire au principe de la liberté individuelle » : Civ. 1re, 20 juin 2006, *Bull. civ.* I, n° 312.

4. Civ. 1re, 23 mai 2006, *Bull. civ.* I, n° 264. Comp. Civ. 1re, 19 déc. 2018, n° 17-27.855.

5. Civ. 1re, 20 juin 2006, *Bull. civ.* I, n° 312, annule une convention prévoyant que l'époux sans emploi ou y ayant renoncé pourrait demander à l'autre une indemnité égale à la moitié de son salaire à condition que les enfants soient élevés à son foyer, au motif notamment que cette stipulation était « contraire aux dispositions d'ordre public qui régissent l'obligation alimentaire », puisque la contribution n'était pas fixée « à proportion des ressources de chaque parent mais à un montant forfaitaire... susceptible de placer l'intéressé dans l'impossibilité d'exécuter ses obligations à l'égard d'autres créanciers d'aliments ».

Les premières tiennent à leur validité, puisque ces actes juridiques sont soumis au droit commun : ils doivent émaner d'un consentement intègre (anc. art. 1109 ; art. 1130 s.), avoir une cause – aujourd'hui un but – licite (anc. art. 1131 et 1133 ; art. 1162)[1], etc.

Les deuxièmes limites tiennent à leur efficacité : c'est à celui qui se prévaut d'un tel acte de rapporter la preuve de son existence[2].

Les troisièmes limites tiennent à leurs effets, réservés aux parties contractantes et inexistants à l'égard ou à l'encontre des tiers (anc. art. 1165 ; art. 1199 s.).

Plus fondamentalement encore, l'existence même d'une telle organisation n'est pas fréquente : procédant d'une volonté juridique, et supposant généralement les volontés accordées des deux concubins, cette organisation du concubinage se rencontre plus souvent dans les couples fortunés, les moins aisés ne prenant pas la précaution d'organiser leurs relations par ignorance du droit, crainte du coût du recours à un professionnel du droit...

Section 2
L'organisation jurisprudentielle du concubinage

320 **Recours au droit commun. Équité jurisprudentielle.** Ces limites de la « contractualisation » du concubinage expliquent que les justiciables se tournent vers le droit commun non contractuel pour leur venir en aide.

1. Il est rare que soient annulés pour immoralité de la cause les libéralités ou contrats à titre onéreux conclus isolément. La nullité pourrait sans doute atteindre les « conventions de concubinage », qui se pratiquent à l'étranger et que l'on propose parfois d'admettre en France (Charlin, *JCP N* 1991. I. 459), qui se donnent pour objet d'étendre au concubinage tout le statut patrimonial du mariage, puisqu'elles tentent d'obtenir les effets patrimoniaux du mariage en évacuant les contraintes inhérentes au mariage (notamment ses effets personnels et le contrôle étatique de la rupture).

2. V. ainsi Civ. 1re, 28 juin 2005, préc.

Les juges ont parfois, dans le passé, accepté de « forcer » ces règles de droit commun à des fins d'équité. Ils semblent peut-être moins enclins à une telle déformation du droit commun. Et de fait, la loi du 15 novembre 1999 ayant, d'une part consacré l'absence d'effet civil spécial du concubinage, d'autre part offert aux couples un statut autre que celui du mariage sous la forme du pacte civil de solidarité, on peut comprendre que les magistrats hésitent désormais à forcer la loi pour venir en aide, *a posteriori*, à des concubins qui ont volontairement choisi, au départ, de vivre sans droit.

Cette utilisation du droit commun, qui se rencontre principalement en matière patrimoniale et surtout à la dissolution du concubinage, concerne soit les rapports entre concubins (**§ 1**), soit leurs rapports avec les tiers (**§ 2**). Le procédé atteste les limites – le caractère fictif ? – de la politique de non-droit officiellement menée.

§ 1. Les rapports entre concubins

321 **Indépendance de chacun et dissolution sans droit.** L'indépendance conservée par chaque concubin pendant l'union trouve son prolongement logique à l'issue de celle-ci : quelle que soit sa cause (rupture ou décès), la dissolution de l'union devrait procéder de la seule disparition de la communauté de vie existant en fait. Elle ne devrait, en théorie, donner lieu à aucun contrôle, de quelque nature que ce soit, de l'autorité publique. Elle ne devrait surtout s'accompagner d'aucune conséquence ou compensation financière. Mais le droit n'est pas logique arithmétique : diverses considérations de justice interdisent de consacrer une politique absolue de refus d'effets de droit. Les tribunaux ont eu ainsi à connaître d'affaires dans lesquelles une concubine[1] « irréprochable » (au sens des devoirs du mariage : fidélité, secours, assistance...), après avoir consacré sa vie à élever les enfants communs et à s'occuper de son compagnon, était abandonnée par lui sans ressource. Les

1. L'injustice est, dans les faits, plus souvent subie par la concubine que par le concubin, l'activité professionnelle féminine restant moins fréquente et moins lucrative que celle des hommes.

tribunaux sont ainsi venus en aide à la victime par différentes voies.

322 **Liberté de rompre et limites.** Parce qu'il n'a rien promis juridiquement à l'autre, un concubin peut *en principe librement* rompre l'union. Il n'a à justifier d'aucun « cas » de rupture (au sens des « cas » de divorce, v. ss 191) et ne doit assumer aucune charge financière particulière[1]. Mais cette liberté de « sortir du concubinage », qui découle logiquement de ce que les concubins se sont eux-mêmes volontairement soustraits à tout engagement durable (v. ss 311), connaît, comme toute liberté, des limites.

Si la liberté caractérise le concubinage (justement dénommé « union libre »), lors de son établissement, de sa rupture et pendant la vie commune, la Cour de cassation a en effet jugé que celui qui faisait *un mauvais usage de cette liberté* commettait une faute dont il devait répondre si elle causait un dommage (anc art. 1382 ; art. 1240). La responsabilité civile délictuelle permet aux tribunaux de procéder à une appréciation d'ensemble de la situation de fait : qualité des rapports personnels, attitude réciproque des deux concubins, aussi bien lors de l'établissement des rapports que pendant la vie commune ou lors de la rupture, conséquences de la rupture, etc. Il en résulte un certain rapprochement entre rupture d'union libre et dissolution du mariage, la limite procédant de ce que le contrôle exercé sur l'union libre reste facultatif dans son principe (il faut que la justice soit saisie) et d'équité dans sa mise en œuvre (puisqu'il est soustrait à tout critère légal impératif) alors que le contrôle du juge du divorce, obligatoire si des époux veulent reconquérir leur liberté (personnelle et patrimoniale), est encadré assez strictement par la loi (v. ss 194 s.).

323 **Indépendance patrimoniale et limites.** Qui plus est, si l'absence de mariage entraîne naturellement *absence de régime matrimonial* et *de vocation successorale* (v. ss 139 s.), la solidarité patrimoniale effectivement vécue pendant l'union limite parfois ce qu'une indépendance patrimoniale juridique absolue pourrait avoir de choquant lors de la dissolution de l'union, que celle-ci survienne du fait de la séparation des concubins ou du décès de l'un d'eux.

1. Civ. 1re, 17 juin 1953, *D.* 1953. 596, Civ. 1re, 30 juin 1992, *Bull. civ.* I, n° 204.

Là encore, le droit commun permet parfois d'attribuer à l'un des concubins un avantage patrimonial en tenant compte de la solidarité patrimoniale vécue. Tel est le cas d'abord lorsqu'existe entre concubins une *société de fait*. Mais encore faut-il que trois éléments soient réunis[1] : l'existence d'apports (les apports réciproques peuvent se faire en argent, en nature, mais aussi en industrie[2]), l'*affectio societatis* (l'intention de collaborer sur un pied d'égalité à la réalisation d'un projet commun)[3], l'intention de participer aux bénéfices et aux pertes. Une telle qualification conduit, au moment de la dissolution de la société, à partager l'actif social au prorata des apports respectifs (prorata qu'il est d'ailleurs souvent malaisé de déterminer), après règlement du passif social[4]. Les tribunaux recourent aussi à la notion d'*enrichissement sans cause* (sur l'enrichissement injustifié, v. art. 13-3 s.) : si l'un des concubins a, par son travail non rémunéré, permis à l'autre de s'enrichir (ou de ne pas s'appauvrir), en collaborant à son activité professionnelle, et qu'il en est résulté à son détriment un appauvrissement (par manque à gagner ou perte patrimoniale éprouvée), l'appauvri peut exiger de l'enrichi une indemnité compensatrice[5].

En conditionnant le versement d'une indemnité au fait que l'apport excède la contribution normale aux charges du ménage, la jurisprudence semble créer une obligation naturelle de contribuer à de telles charges[6]. Sans aller jusqu'à assimiler mariage et concubinage, les tribunaux parviennent ainsi, le cas échéant, à

1. Com. 23 juin 2004, *Bull. civ.* IV, n° 134 et 135 : ces éléments doivent être établis cumulativement et séparément. La rigueur jurisprudentielle a été confirmée : Civ. 1re, 20 janv. 2010, *Bull. civ.* I, n° 11, n° 14 et 15.

2. Cet apport peut consister dans le labeur fourni par chacun dans le cadre d'une activité commune (exploitation d'un fonds de commerce, d'une entreprise agricole, d'un fonds libéral...), voire dans le travail d'un concubin sur un bien appartenant à l'autre (Civ. 1re, 19 avr. 2005, *Bull. civ.* I, n° 187).

3. L'intention de s'associer ne peut se déduire de la participation financière à la réalisation d'un projet immobilier, la preuve de l'intention de participer aux résultats d'une entreprise commune devant être rapportée : Com. 23 juin 2004, *Bull. civ.* IV, n° 135. La mise en commun d'intérêts inhérente à la vie maritale ne suffit pas : Civ. 1re, 12 mai 2004, *Bull. civ.* I, n° 131.

4. Lors de la liquidation de la société créée de fait, il n'y a lieu ni à la reprise, ni à la restitution des apports en industrie : Civ. 1re, 19 avr. 2005, *Bull. civ.* I, n° 187.

5. Civ. 1re, 15 oct. 1996, *Bull. civ.* I, n° 357. La même solution existe en cas de séparation de biens pour éviter l'injustice du transfert entre les patrimoines des époux, v. ss 142.

6. En ce sens, v. Civ. 1re, 3 juin 2015, n° 14-13.449 ; Civ. 1re, 1er févr. 2017, n° 16-12.744 ; Civ. 1re, 11 avr. 2018, n° 17-12.207.

conférer à un concubin un « *diminutif* » de part de communauté en fin d'union. Avec, là encore, la limite procédant du caractère aléatoire de l'attribution de ce diminutif, de l'incertitude de son montant et, dans tous les cas, de la nécessité d'une décision judiciaire en ce sens.

324 **Affection et absence d'indépendance.** Enfin, se fondant sur l'affection que se portent les concubins et la vie qu'ils partagent, le droit accepte à divers égards de ne pas les tenir pour des célibataires indépendants. De leurs relations, procède ainsi parfois une *impossibilité morale* de pré-constituer un écrit (anc. art. 1348 ; art. 1360) ou d'agir en justice pour interrompre la prescription (art. 2234). Leur vie commune peut également rendre *équivoque la possession* d'un bien meuble qu'un concubin prétendrait opposer à l'autre comme preuve de son droit de propriété (art. 2276 et 2261)[1].

§ 2. Les rapports avec les tiers

325 **Plan.** Le droit commun répare le dommage résultant de la cessation du concubinage lorsque cette cessation résulte d'un fait générateur de responsabilité (**A**) et prend en compte la solidarité patrimoniale (**B**) et affective (**C**) des concubins.

A. La responsabilité civile des tiers

326 L'indemnisation du préjudice résultant pour un concubin du décès accidentel de l'autre fut d'abord refusée au motif que le demandeur n'invoquait aucun « intérêt légitime juridiquement protégé »[2] et ne pouvait se prévaloir d'aucun préjudice patrimonial certain du fait de l'absence, en droit, de tout « lien de droit » entre la victime décédée et la personne demandant réparation à l'auteur de l'accident[3]. Mais elle fut ensuite accordée, à la condition initiale que le concubinage n'ait aucun caractère délictueux et soit

1. Dans le cas contraire, le revendiquant échoue s'il ne parvient pas à renverser la présomption de propriété attachée à la possession du bien : Civ. 1re, 24 oct. 2012, n° 11-16.431.
2. Civ., 27 juill. 1937, *Grands Arrêts*, n° 181.
3. Il était impossible d'affirmer que la mort de l'un entraînait pour l'autre un préjudice certain puisque l'on ne pouvait jamais avoir la certitude que le concubinage se serait poursuivi en l'absence de décès en raison de la liberté reconnue à chacun de rompre l'union et de l'absence, en pareil cas, d'un devoir de secours entre concubins ; comp. ss 80 s. à propos des fiançailles.

stable[1], puis à la seule condition que l'union soit stable et exclusive[2]. La doctrine se demande même si la condition d'exclusivité est encore de mise, eu égard à l'évolution de la jurisprudence et de la loi en la matière. À quoi l'on objectera que la notion de préjudice réparable, qui renvoie à l'existence d'un « intérêt légitime juridiquement protégé », s'oppose sans doute à une politique d'indemnisation aussi peu exigeante.

B. La solidarité patrimoniale des concubins

327 **Théorie du patrimoine.** La théorie classique du patrimoine rend étanches les deux patrimoines des concubins. Puisqu'ils ne se sont pas mariés, aucune communauté n'existe entre eux, que ce soit en actif ou en passif. Les deux masses distinctes que constituent leurs deux patrimoines demeurent donc en principe sans rapport entre elles autre que celui pouvant procéder d'un contrat générateur d'une obligation personnelle ou transférant la propriété d'un bien... Et ces deux masses vont en principe continuer à prospérer distinctement, à s'enrichir ou s'appauvrir séparément. *Chacun pour soi seul et chacun contre soi seul.* Il n'est donc pas question en principe de solidarité patrimoniale des concubins à l'égard des tiers.

328 **Incidence de la solidarité patrimoniale de fait.** Mais la *solidarité patrimoniale existant en fait* pendant le concubinage limite cette indépendance théorique de deux patrimoines autonomes.

Il arrive qu'elle génère des droits au profit des tiers contre les concubins. La *théorie de l'apparence* a permis parfois aux tiers d'invoquer *la solidarité passive* à l'encontre des concubins qui s'étaient comportés, en fait, comme des gens mariés. Mais cette sévérité du droit reste exceptionnelle, eu égard à la règle qui prévaut en principe en droit civil (anc. art. 1202 ; art. 1310)[3].

1. Crim. 24 févr. 1959, *JCP* 1959. II. 11905 ; Ch. mixte 27 janv. 1970, *Grands Arrêts*, n° 182.
2. Crim. 8 janv. 1985, *JCP* 1986. II. 20588.
3. Comp. Civ. 1re, 17 sept. 2003, *Bull. civ.* I, n° 181, admettant que le concubinage est un élément à prendre en compte dans la preuve du caractère simulé d'une vente entre concubins, vente destinée à faire échapper le bien du gage général des créanciers du soi-disant vendeur, d'où résulte que l'acte simulé est inopposable aux tiers (anc. art. 1321 ; art. 1201).

La communauté d'intérêts patrimoniaux qui découle du concubinage est manifeste dans diverses situations. Il en va ainsi dans le statut du *surendettement des ménages*, où la loi ne distingue pas les couples mariés et les couples de concubins : elle se borne à prendre acte du poids des facultés et charges de chacun pour décider s'il y a lieu ou non d'ouvrir une telle procédure. On peut citer également la jurisprudence, rendue en matière d'*accidents de la circulation*, qui interdit à une assurance ayant indemnisé une victime d'exercer ensuite un recours à l'encontre d'un coauteur s'il est concubin de la victime indemnisée et non assuré : l'idée est que ce recours permettrait à l'assureur de reprendre d'une main ce qu'il a précédemment donné à l'autre en raison de la solidarité patrimoniale existant entre concubins[1]. À quoi il faut évidemment ajouter que le concubinage pourra être pris en compte en matière d'*obligation alimentaire* (ou de *prestation compensatoire* après divorce). Pour déterminer l'existence et le montant d'une créance alimentaire ou d'une prestation compensatoire, le droit prend en considération toutes les facultés et toutes les charges, de droit (celles auxquelles on est juridiquement tenu ou auxquelles on a droit) comme de fait (celles auxquelles on se soumet volontairement ou qui sont en fait versées). Le concubinage, qu'il s'agisse de celui du débiteur ou du créancier, sera ainsi pris en compte[2].

C. La solidarité affective des concubins

329 **Solidarité affective.** La solidarité est aussi affective. Et cette affection partagée peut produire en droit divers effets.

Elle donnera d'abord au concubin survivant le pouvoir de déterminer *la sépulture du prédécédé*, le cas échéant par préférence à la famille issue du mariage. Le droit tente en effet de faire prévaloir ici les volontés du défunt : si elles sont explicites, nul ami, concubin, parent ou allié n'aura son mot à dire ; si en revanche le *de cujus* n'a pas explicitement réglé ses funérailles, le

1. F. Terré, Ph. Simler, Y. Lequette, F. Chénedé, *Les obligations*, Précis Dalloz, n° 1217.
2. Pour une récente illustration, v. Civ. 1re, 4 juill. 2018, n° 17-20.281.

droit recommande de demander à la personne la plus proche de témoigner de la volonté du défunt, et les tribunaux s'attachent parfois davantage aux liens d'affection réels qu'aux liens juridiques de parenté ou d'alliance.

Dans un ordre d'idées voisin, l'union des personnes que manifeste le concubinage explique que son existence puisse, le cas échéant, mettre fin au droit qui avait été reconnu à l'un des concubins *d'user de l'ancien nom marital après divorce* (art. 264 ; v. ss 258).

TITRE 2

LE PACTE CIVIL DE SOLIDARITÉ

330 **Évolution.** La loi du 15 novembre 1999 a créé un nouveau statut, intermédiaire entre concubinage et mariage, le pacte civil de solidarité. Ce statut a soulevé de très nombreuses polémiques. On était « pour » ou « contre », comme l'a heureusement dit Irène Théry, généralement en ignorant tout de son contenu. Les débats qui ont entouré l'adoption de la loi se sont déroulés dans un tel climat passionnel (les uns brandissant la Bible quand les autres se réclamaient de la gay pride), que le droit est « passé à l'as ». Le résultat qui en est issu était un texte miné de non-dits et d'imperfections techniques que le Conseil constitutionnel améliora sur divers points (v. ss 304). Il a dû être modifié, par la loi du 23 juin 2006, précisée par le décret du 23 décembre 2006. Le nouveau dispositif, applicable aux contrats conclus à compter du 1er janvier 2007, a été à nouveau modifié à plusieurs reprises : lois du 5 mars 2007, du 12 mai et 24 novembre 2009, du 1er juillet 2010, du 28 mars 2011, ordonnance du 10 juin 2010, lois du 17 mars 2004 et du 18 novembre 2016.

331 **Nature juridique. Institution ou contrat ? Couple ou famille ?** Parce qu'organiser juridiquement les couples homosexuels revenait implicitement à les « légitimer » et que la société française était à l'époque partagée sur cette question, le législateur s'est efforcé de neutraliser la charge symbolique en essayant d'empêcher toute

comparaison avec le mariage, d'une part en ouvrant ce statut à tous les couples, et pas seulement aux couples homosexuels, et d'autre part en présentant le pacte civil de solidarité comme un simple contrat destiné à organiser, dans l'ordre patrimonial, la vie commune, loin de toute idée de mariage et de famille. Cette thèse officielle est aujourd'hui doublement infirmée.

Il semble en premier lieu impossible de soutenir que le pacs se ramène à un vulgaire contrat, relevant des articles 1101 s. (hier 1108 s.) du Code civil. Divers éléments infirment cette analyse : la place des textes d'abord (insérés dans le Livre premier, qui traite « Des personnes », et non dans le livre II, qui traite « Des biens et des différentes modifications de la propriété », ce qui atteste que la question est personnelle plus que patrimoniale) ; l'incompatibilité existant entre pacte civil et mariage ensuite ; les analogies existant avec le mariage enfin (interdiction du pluri-partenariat et du pacte civil de solidarité entre parents ; devoirs de vie commune, d'assistance et d'aide matérielle ; solidarité patrimoniale à l'égard des tiers). Et les réformes ultérieures ont souvent accentué la ressemblance avec le mariage : extension aux pacsés du « devoir » de vie commune et d'« assistance » ; exclusion de la solidarité pour les achats à tempérament et les emprunts, avec les mêmes limites que dans le mariage ; affirmation que chacun « conserve l'administration, la jouissance et la libre disposition de ses biens personnels » ; extension au pacsé survivant de dispositions successorales bénéficiant au conjoint survivant ; encadrement de la conclusion du pacs par un majeur protégé par des règles semblables à celles retenues en matière de mariage ; admission du « transport » du greffier au domicile ou à la résidence d'un pacsé ; publicité en marge des actes d'état civil et compétence de l'officier d'état civil pour recevoir la déclaration conjointe et enregistrer le pacs.

L'analyse technique conduit ainsi à y voir, non pas un nouveau « contrat spécial » mais bien un nouveau « statut légal » permettant, à côté du mariage, d'organiser la vie d'un couple. Au-delà du symbole, l'enjeu de la discussion est technique. S'il est un contrat « comme un autre », le pacte civil de solidarité devrait être soumis à la théorie générale des contrats (art. 1101 s.) : il relèverait donc de la liberté contractuelle (sauf disposition légale contraire), n'aurait qu'un effet relatif, pourrait être résolu pour inexécution ou conforté par la stipulation d'une clause pénale, obéirait aux règles de nullité des contrats... Une telle « contractualisation » du couple est peut-être conforme aux évolutions contemporaines de la famille et de la société et aux aspirations de certains. Mais elle n'est pas sans danger, car le couple est l'un des piliers de la famille et que celle-ci participe très étroitement à la constitution du lien social.

En outre et en second lieu *la nature familiale* du pacs émerge progressivement. La jurisprudence a d'abord considéré que les articles 515-1 et suivants du Code civil créaient un nouveau lien « de famille » en autorisant le partenaire d'un pacte civil de solidarité à se prévaloir de l'article L. 30-1 du Code électoral, qui permet une inscription tardive sur les listes électorales aux « fonctionnaires et agents des administrations publiques mutés ou admis à faire valoir leurs droits à la retraite après la clôture des délais d'inscription » ainsi qu'aux « *membres de leur famille* domiciliés avec eux à la date de la mutation ou de la mise à la retraite »[1]. La loi du 12 mai 2009 a ensuite étendu au pacs la compétence exclusive du juge aux affaires familiales, s'agissant de l'indivision pacsale et de la protection des victimes de violences (C. pr. civ., art. 1136-1 s. et 1136-3 s.). Plus récemment, la loi du 17 mai 2013 a reconnu la qualité d'association familiale aux associations « qui ont pour but essentiel la défense de l'ensemble des intérêts matériels et moraux, soit de toutes les familles, soit de certaines catégories d'entre elles » et « qui regroupent » soit « des familles constituées par le mariage *ou le pacte civil de solidarité* et la filiation », soit « des couples mariés *ou liés par un pacte civil de solidarité* sans enfant » (CASF, art. L. 211-1). Dans la même perspective, on rappellera que le pacte fait l'objet d'une publicité en marge des actes d'état civil depuis la loi du 23 juin 2006, et que la loi du 18 novembre 2016 a même transféré la réception de la déclaration conjointe des partenaires à l'officier d'état civil (sans supprimer,

1. Civ 2e, 25 mars 2004, *Bull. civ.* II, n° 144. *Adde* Civ. 2e, 5 mars 2008, *Bull. civ.* II, n° 55, qui refuse de traiter le pacs comme le mariage.

il est vrai, la compétence du notaire), d'où résulte que le registre des pacs est désormais tenu par le service de l'état civil.

332 **Plan.** La comparaison avec le mariage et le concubinage sera faite tout au long des développements, qui porteront sur les conditions de formation du pacte civil de solidarité (CHAPITRE 1), puis sur ses effets (CHAPITRE 2), enfin sur sa dissolution (CHAPITRE 3).

CHAPITRE 1

La formation du pacte

333 **Un décalque approximatif du mariage.** Les conditions de formation du pacte civil sont à peu de chose près les mêmes que celles existant en mariage, tant pour ce qui concerne l'exigence d'un consentement (SECTION 1) que pour ce qui a trait aux personnes (SECTION 2). Quelques différences subsistent, sur le fond (les conditions relatives aux personnes sont posées sans possibilité de dispense) ou la forme (le mariage est « célébré » par un officier d'état civil et cette compétence est exclusive de tout autre, quand le pacs ne fait l'objet que d'une déclaration conjointe, qui peut être faite devant et enregistrée par l'officier d'état civil compétent, mais cette compétence n'est pas exclusive, la loi du 18 novembre 2016 n'ayant pas remise en cause la règle résultant de la loi du 28 mars 2011 qui avait donné pouvoir aux notaires en la matière).

SECTION 1

LA CONDITION DE CONSENTEMENT

334 **Plan.** Le pacte civil de solidarité suppose la rencontre des consentements des deux partenaires. On analysera son objet, les règles tenant à son intégrité, le formalisme qui préside à l'échange des consentements, et enfin le moment de la rencontre.

§ 1. L'objet du consentement

335 **Définition du consentement.** Que recouvre le consentement au pacte civil de solidarité ? Cette question théorique est d'une réelle portée pratique : la conclusion d'un pacte conférant divers avantages, en matière sociale, fiscale, etc., le risque de « pacte de complaisance » existe, renforcé par la liberté de la rupture (v. ss 370 s.), qui rend la manœuvre apparemment sans danger[1]. Sans doute peut-on transposer les principes dégagés à propos du mariage. Le pacte civil de solidarité est une institution dont la fonction consiste à organiser la vie commune d'un couple (tel est, littéralement, l'objet assigné au contrat par l'article 515-1), celle-ci ayant été définie par le Conseil constitutionnel comme renvoyant à la notion consacrée en matière de mariage[2]. S'il est exclusivement conclu dans un but autre que cette fonction principale, et pour un avantage accessoire, il ne procède pas d'un consentement réel[3] et doit donc, par transposition de la jurisprudence *Appietto*, être annulé (v. ss 71). Sera peut-être aussi transposée la sanction de l'inopposabilité aux tiers (et notamment à l'administration) de l'acte accompli frauduleusement (v. ss 72). L'officier d'état civil qui refuserait d'enregistrer un pacs doit motiver sa décision et celle-ci est susceptible de recours devant le président du tribunal de grande instance.

1. Les complaisants risquent de regretter cette manœuvre apparemment anodine, d'une part car la liberté de la rupture n'est pas absolue (l'éventualité d'une déclaration de responsabilité civile n'est pas à écarter), d'autre part car la rupture du pacte, libre au fond, doit faire l'objet d'une publicité ; à défaut, le pacs se poursuit, d'où résultent la solidarité des dettes ménagères et, le cas échéant, l'indivision des biens acquis après la conclusion du pacs.
2. Ce qui a été contesté mais semble logique tant il est vrai que les conditions de monogamie et d'exogamie attestent que le pacte est un statut destiné à un couple « sexuel ». V. pourtant Civ. 1re, 8 mars 2017, n° 16-18.685, cassant une décision d'appel qui avait refusé d'autoriser un pacs entre des personnes entretenant des relations filiales (l'une d'elles étant sous curatelle et le curateur ayant refusé son autorisation), la cassation intervenant au motif que la vie commune avait duré 24 ans entre les intéressés et en l'absence d'empêchement légal. Le défaut de publication au Bulletin porte à voir dans cette décision un arrêt d'espèce.
3. On peut raisonner en termes de défaut de consentement ou de but illicite.

§ 2. L'intégrité du consentement

336 **Intégrité du consentement.** Le consentement doit également être intègre. Mais comment entendre les vices du consentement ? La logique matrimoniale doit-elle être transposée ou le droit commun contractuel suffit-il ?

La nullité pour erreur ne pose pas de difficulté particulière. L'erreur pourra éventuellement porter sur la substance des droits et obligations de chacun. Plus probablement, c'est une erreur sur la personne qui sera invoquée : le droit commun contractuel (art. 1132 s.) et, par analogie, le droit matrimonial (art. 180, v. ss 86), invitent à n'admettre une telle erreur que si elle a porté sur des qualités qu'un « bon père de famille » attend d'un partenaire dans un pacte civil de solidarité et si elle a été concrètement déterminante pour le partenaire victime de l'erreur[1].

La nullité pour violence était hier plus délicate : fallait-il recevoir la nullité pour crainte révérencielle à l'image du droit matrimonial contemporain (art. 180, v. ss 78) ou l'exclure par application de la théorie générale des contrats (anc. art. 1114) ? La première solution semblait préférable hier au regard de la nature familiale du statut légal. Elle s'impose aujourd'hui, depuis que la réforme du droit des contrats est intervenue. La difficulté inverse existe à l'égard de la nullité pour dol, rejetée par le droit matrimonial spécial (v. ss 87) et accueillie par le droit commun contractuel (anc. art. 1116 ; art. 1137 s.).

L'analyse statutaire proposée plus haut conduit *a priori* à rejeter *la nullité du pacte pour dol*, pour la même raison que celle qui explique la solution en mariage : dans un couple, l'usage de la séduction est habituel et peut conduire à des mensonges et dissimulations. On remarque que diverses règles viennent limiter le caractère moralement choquant de ce « permis de séduire », voire « de tromper » : la nullité pourra être demandée si les manœuvres de séduction ont entraîné ou permis une erreur sur les qualités essentielles de l'autre (qualités au rang desquelles on peut sans

1. L'analyse statutaire du pacte interdit d'aller au-delà et d'admettre la nullité pour toute erreur subjectivement déterminante au sens de l'art. 1134 (anc. art. 1110) du C. civ.

doute ranger une loyauté minimale) ; en outre, la liberté de rompre unilatéralement le pacte que la loi confère à chacun des partenaires permettra à celui qui a été trompé de se délier du pacte.

On se demande aussi quel est le point de départ du délai de prescription de l'action en nullité : s'agit-il, comme le veut le droit commun, « du jour où le titulaire d'un droit a connu ou aurait dû connaître les faits lui permettant de l'exercer » (art. 2224), donc du jour où l'erreur a été découverte ou du jour où la violence a cessé (art. 1144), ou faut-il transposer la règle matrimoniale, qui fait courir le délai de cinq ans à compter du consentement donné par couple (art. 181, v. ss 113) ?

§ 3. Le formalisme

337 **Évolution des formes.** La loi de 1999 avait institué trois formalités : la conclusion d'un pacte donnait lieu à l'établissement d'une convention en double original, puis à une déclaration conjointe faite par les partenaires au greffe du tribunal d'instance, puis à une inscription du pacte sur un registre par le greffier du tribunal. La loi espérait, par une telle procédure, assurer tout à la fois la connaissance des tiers et la reconnaissance officielle de l'État, tout en évitant de reproduire les formalités nuptiales. Ainsi s'expliquait l'absence de toute forme rattachant, de près ou de loin, le pacte civil de solidarité à l'état civil : pas d'intervention d'un officier d'état civil, pas de mention en marge des actes d'état civil.

La loi du 23 juin 2006 a précisé la portée des formes respectives et ajouté une publicité en marge des actes d'état civil.

La loi du 28 mars 2011 a procédé à quelques retouches et permis au notaire de recevoir la déclaration conjointe des pacsés, ce qui participait du phénomène de privatisation du droit de la famille[1].

Procédant d'une logique inverse, la loi du 18 novembre 2016 a substitué l'officier d'état civil au greffier et organisé la réception

1. Sauf à voir dans cette nouvelle compétence du notaire la contrepartie de la création, par cette même loi, de l'acte contresigné par un avocat.

du consentement par les officiers d'état civil. Partant, le droit accueille aujourd'hui deux modalités formelles de réception du consentement, l'une par le notaire, l'autre par l'officier d'état civil.

338 **Pluralisme des formes.** Les parties doivent d'abord *conclure une convention* par écrit, qu'il s'agisse d'un acte sous seing privé ou d'un acte authentique[1].

Lorsqu'elles choisissent la forme de *l'acte sous seing privé*, elles doivent faire une *déclaration conjointe devant l'officier d'état civil* (art. 515-3, al. 1 ; hier au greffe du tribunal d'instance) de la commune dans laquelle elles fixent leur résidence commune[2]. À cette occasion, elles « produisent la convention passée entre elles » à l'officier d'état civil (art. 515-3, al. 3) ; si les pacsés ne peuvent se déplacer au greffe en raison d'un « empêchement grave », l'officier d'état civil se transporte au domicile ou à la résidence de l'une des parties (art. 515-3, al. 2). Si la convention est établie par *acte notarié*, la déclaration conjointe sera recueillie par le notaire (art. 515-3, al. 5)[3].

Dans les deux cas, il conviendra d'*enregistrer la déclaration* (le registre se trouvait hier au greffe du tribunal à l'égard des actes sous seing privé, et aujourd'hui au service de l'état civil ; sur le registre *ad hoc* établi et tenu par le notaire si l'acte est notarié : Décr. n° 2012-966, 20 août 2012, art. 8).

De même, une *convention modificative* doit être « remise ou adressée à l'officier d'état civil ou au notaire qui a reçu l'acte initial afin d'y être enregistrée » (art. 515-3, al. 6).

Des formalités de publicité doivent enfin être accomplies à la diligence de l'officier d'état civil ou du notaire : la mention du

---

1. L'exigence d'un écrit résulte implicitement de la loi, qui impose aux parties qui déclarent conjointement conclure un pacte civil de solidarité de produire « au greffier la convention passée entre elles » (art. 515-3, al. 3). La possibilité de choisir un acte sous seing privé résulte *a contrario* de l'article 515-3, al. 5 qui prévoit que « lorsque la convention est passée par acte notarié ». L'admission de l'acte notarié ne date que de la loi du 23 juin 2006 : une circulaire antérieure du Garde des Sceaux avait écarté la possibilité de remplacer l'acte sous seing privé par un acte authentique. La solution nouvelle est bienvenue tant il est déraisonnable d'interdire l'acte notarié, qui offre des garanties de rédaction et conservation supérieures à l'acte sous seing privé et apporte aux parties les lumières et conseils du notaire, ce qui est particulièrement appréciable au regard des effets personnels et patrimoniaux produits par le pacte.

2. Ou, en cas d'empêchement grave à la fixation de celle-ci, de la commune dans laquelle se trouve la résidence de l'une des parties.

3. Sur quoi v. Décr. n° 2012-966, 20 août 2012.

pacte civil de solidarité et de l'identité du partenaire doit être portée en marge des actes de naissance de chaque partenaire (art. 515-3, al. 4 et 5, et art. 515-3-1). Il en va de même des conventions modificatives.

À l'étranger, l'enregistrement des pacs conclus par deux personnes dont une au moins est française est opéré par les agents diplomatiques et consulaires français ; il en va de même de l'enregistrement des conventions modificatives (art. 515-3, al. 7). La publicité est ensuite opérée, pour les personnes étrangères, sur un registre tenu au service central d'état civil du ministère des Affaires étrangères (art. 515-3-1, al. 1).

339 **Portée des formes. Loi du 15 novembre 1999.** *La loi du 15 novembre 1999* avait prévu que le greffier recevant une déclaration conjointe de pacte civil de solidarité devait, une fois produites diverses pièces (convention, justificatifs d'état civil...), inscrire la déclaration sur un registre tenu au greffe du tribunal (art. 515-3, al. 3). Elle précisait que *ledit enregistrement conférait date certaine au pacte et le rendait opposable aux tiers.* En outre, afin d'assurer l'information des tiers, qui ne connaissent pas nécessairement la résidence des intéressés mais seulement le lieu de leur naissance, la loi avait chargé le greffier de faire procéder à la *mention de la déclaration sur un registre* tenu au greffe du tribunal d'instance du lieu de naissance de chaque partenaire. Mais le système était inefficace. D'abord parce que la loi n'attachait aucune sanction à cette dernière formalité. Ensuite parce que, suite aux recommandations de la CNIL, et pour éviter toute discrimination à l'encontre des couples homosexuels, les décrets d'application avaient organisé diverses garanties relatives à la tenue du registre, à l'interdiction des interconnexions, à l'existence d'un droit d'accès et de rectification (prévu par la loi Informatique et Libertés). Surtout avait été soigneusement limité l'accès à ce registre (Décr. n° 99-1090, 21 déc. 1999). Le texte distinguait deux catégories de tiers. L'accès à toutes les informations (exceptées celles relatives à la cause de dissolution du pacte) était réservé à des personnes limitativement énumérées par les textes : les signataires, le tuteur d'un partenaire, l'autorité judiciaire, les notaires et agents chargés d'exécuter un titre exécutoire, les administrateurs judiciaires et

mandataires liquidateurs, l'administration fiscale, les organismes débiteurs de diverses prestations (familiales ; assurance-maladie, maternité, décès ; allocation de veuvage). Les autres tiers intéressés (créanciers bénéficiant de la solidarité entre partenaires, syndics de copropriété) n'avaient en revanche pas accès aux informations permettant d'identifier le partenaire de leur débiteur[1].

340 **Portée des formes. Lois du 23 juin 2006, 28 mars 2011 et 18 novembre 2016.** *Les lois du 23 juin 2006, 28 mars 2011 et 18 novembre 2016* ont précisé les conditions et effets de l'enregistrement et de la mention en marge des actes d'état civil.

Le pacs est soumis à une première formalité, *l'enregistrement*, qui peut résulter de l'inscription du pacte soit par l'officier d'état civil sur un registre tenu à l'état civil (hier par le greffier sur un registre du tribunal d'instance)[2], soit par le notaire sur un registre notarial. S'inspirant d'une réponse ministérielle antérieure[3], la loi de 2006 a précisé que « le pacte civil de solidarité *ne prend effet entre les parties qu'à compter de son enregistrement*, qui lui confère *date certaine* » (art. 515-3-1, al. 2).

Le pacs est soumis à une seconde formalité, *la publicité en marge* des actes de naissance de chaque partenaire : elle est opérée par l'officier d'état civil sur les diligences de l'officier d'état civil (hier du greffier) ou du notaire ayant reçu la déclaration conjointe (art. 515-3, al. 4 et 5). Cette formalité est importante : le pacte « n'est opposable aux tiers qu'à compter du jour où les formalités de publicité sont accomplies » (art. 515-3-1, al. 2).

Ces deux exigences sont requises pour *les conventions modificatives*, et produisent le même effet (art. 515-3, al. 6, art. 515-3-1).

341 **La sanction incertaine des autres règles de forme.** Les autres conditions de forme, en revanche, posent problème.

---

1. Cette solution était particulièrement contestable à l'égard des tiers bénéficiant de la solidarité légale des dettes ménagères : en leur refusant la connaissance de l'identité du partenaire, débiteur solidaire, on privait la solidarité de toute portée pratique.

2. Le décret n° 2006-1806 du 23 déc. 2006 tel que modifié par le décret n° 2017-889 du 6 mai 2017 précise que le refus d'enregistrement doit être motivé, que la décision motivée d'irrecevabilité doit être enregistrée et qu'elle peut être contestée devant le président du tribunal de grande instance statuant en la forme des référés (art. 1er).

3. Rép. min. n° 47664, *JOAN* Q 23 oct. 2000, *Dr. fam.* 2001. 13 : « la date à laquelle la convention a été rédigée n'a pas de portée juridique.

Quelle est la sanction de *la condition d'établissement d'un écrit* ? Est-ce une simple règle de preuve[1] ? Ne faut-il pas plutôt y voir une condition de validité ? Dans ce cas, s'agit-il d'une nullité destinée à protéger les intéressés, en assurant le caractère libre et réfléchi du consentement de chacun, ou à préserver les tiers et la famille (notamment contre les éventuels transferts de patrimoine liés à l'indivision, v. ss 368 s.) ? La comparaison avec le contrat de mariage, qui doit être conclu par acte notarié avant le mariage incite plutôt à retenir cette solution.

Quid, en outre, d'un pacte civil de solidarité qui aurait été valablement conclu par écrit mais dont les partenaires n'auraient plus trace ? L'hypothèse est *a priori* réservée aux pactes conclus sous seing privé. Elle n'est pas d'école, car il est tout à fait possible d'imaginer que les deux exemplaires aient été conservés en un même lieu, et aient ainsi disparu en même temps. En ce cas, que faire ? Les partenaires pourront aisément justifier de ce qu'ils ont conclu un pacs grâce à la publicité en marge des actes d'état civil. Ils peineront en revanche à établir le contenu de leur convention. Le droit commun de la preuve devrait seulement conduire à leur permettre d'établir par tous moyens le contenu du pacte qu'ils avaient spécialement conclu s'ils parviennent à prouver que les actes écrits ont été détruits par cas de force majeure (art. 1360). La réception de la convention par un notaire révèle ici sa supériorité.

En quoi consiste, enfin, *l'exigence de déclaration conjointe* et quelle est sa sanction ? La terminologie de « déclaration conjointe » impose *a priori* la comparution des parties, qui vont exprimer par elles-mêmes et oralement leur consentement, ce qui exclut toute possibilité de représentation (comp. en droit du mariage, v. ss 103). Là encore, on peut hésiter entre une fonction d'intérêt privé (assurer un consentement libre et réfléchi par la présence hier du greffier, aujourd'hui de l'officier d'état civil ou du notaire) et une fonction d'intérêt général (constatation publique d'une union jusque-là privée, officialisation d'un couple

1. L'article 515-3 précisait dans sa version initiale que la convention était passée entre les parties « *en double original* », reprenant une formalité imposée par la loi dans les actes sous seing privé contenant des contrats synallagmatiques (anc. art. 1325 ; art. 1375).

reconnu par la société), ce qui débouche soit sur une nullité relative, soit sur une nullité absolue. Cette analyse formaliste n'est pas corroborée par la loi du 23 juin 2006 : alors qu'il semblait logique de soumettre une éventuelle modification de l'accord initial (ou sa rupture) à la même exigence de comparution personnelle des parties, la loi a prévu que les actes emportant la modification (art. 515-3, al. 6) ou la rupture (art. 515-7, al. 4), pouvaient être « remis » ou « adressés » à l'officier d'état civil (hier au greffe) ou au notaire[1]. On observera que cette dernière solution est regrettable, car elle autorise les fraudes.

§ 4. Le moment du consentement

342 **Rencontre des consentements.** Le silence de la loi conduit à considérer qu'il n'existe pas de pacte posthume, à la différence du mariage qui peut être exceptionnellement célébré après et malgré le décès de l'un des conjoints (v. ss 63 s.)[2].

La loi, en prévoyant quatre formes différentes (une convention par acte authentique ou sous seing privé, une déclaration conjointe devant l'officier d'état civil ou le notaire, une inscription sur un registre, une mention en marge des actes d'état civil), conduit en outre à se demander à quel moment le contrat est valablement conclu. Certes, depuis la loi du 23 juin 2006, l'article 515-3-1, alinéa 2, précise que « le pacte ne prend effet entre les parties qu'à compter de son enregistrement, qui lui confère date certaine. Il n'est opposable aux tiers qu'à compter du jour où les formalités de publicité sont accomplies ». Mais cette précision ne répond pas à la question de savoir *quand* le pacte est *valablement conclu.*

Or cette question est d'importance : à quel moment doit-on se placer pour apprécier les conditions de validité du pacs, qu'il s'agisse de la condition de consentement, de l'absence d'un précédent mariage ou pacs, de la capacité des parties, etc. ? La difficulté

1. Alors que la lettre de la loi du 15 novembre 1999 semblait conduire à exiger une comparution personnelle (v. anc. art. 515-3, al. 7, et 515-7, al. 1er), l'administration avait admis plus souplement qu'une modification d'un commun accord soit remise ou adressée au greffier.
2. Rép. min. n° 47405, *Dr. fam.* 2001. 35.

tient au fait qu'un double consentement semble exprimé, le premier lors de l'établissement de l'écrit entre les parties, le second lors de la déclaration conjointe devant une autorité (officier d'état civil – hier greffier – ou notaire). Si l'on s'inspire du droit du mariage, qui, le cas échéant, donne lieu d'abord à la conclusion d'un contrat de mariage (art. 1394 s.) et ensuite à la célébration du mariage (art. 75, v. ss 101 s.), il semble logique de considérer que le consentement au pacs lui-même n'intervient qu'au moment même de la déclaration conjointe : c'est donc à ce moment-là que les conditions de validité tenant aux personnes (v. ss 343 s.) doivent être remplies[1] ; c'est également à ce moment-là qu'il faut vérifier l'existence et la qualité du consentement. Si l'on poursuit la comparaison entre la convention de pacs antérieurement conclue et le contrat de mariage, on admettra également que cette convention donne lieu à un contrôle des consentements au moment de sa conclusion.

Dans la même veine, la conclusion de la convention par acte sous seing privé ou notarié ne saurait suffire à valoir pacte civil de solidarité. Est-elle pour autant dépourvue de tout effet ? Pas nécessairement. Elle indique en toutes hypothèses qu'un pacs était projeté par les parties ; pourrait-elle aussi attester que le processus est plus avancé et qu'il existe une promesse de pacte civil de solidarité ? On suggérera d'appliquer ici les principes dégagés plus haut à l'égard d'une promesse de mariage : si la promesse est nulle comme portant atteinte à la liberté de conclure un pacte, liberté qui doit persister jusqu'à la déclaration conjointe, l'auteur de la rupture est néanmoins susceptible le cas échéant d'engager sa responsabilité délictuelle, s'il a commis une faute dans la manière de rompre, ou consenti une promesse de pacs à la légère ou de mauvaise foi (v. ss 80 s.). La doctrine a suggéré d'y voir une convention organisant un concubinage. Mais la requalification est discutable car elle méconnaît la volonté des parties, qui

1. Il est vrai que l'art. 1395 donne effet au contrat de mariage au jour de la célébration du mariage, alors que la loi ne donne effet au pacs entre les parties qu'à compter de son enregistrement (art. 515-3-1, al. 2). Mais comme l'enregistrement intervient en principe au moment même de la déclaration conjointe (Décr. n° 2006-1806, 23 déc. 2006, art. 515-3, al. 4 et 5, et art. 1er ; Décr. n° 2012-966, 20 août 2012, art. 1er), cette solution n'infirme nullement l'analyse proposée.

n'entendaient pas organiser leur concubinage mais procéder à l'organisation du futur pacte civil de solidarité ; en outre, rien n'indique qu'il existe entre les parties une vie commune stable et continue, ce qui est la définition même du concubinage (v. ss 307 s.).

Section 2
Les conditions relatives aux personnes

343 **Un pacte ouvert aux couples de sexe différent ou de même sexe.** La différence principale entre mariage et pacte civil de solidarité était relative, en 1999, à la condition de différence de sexe : le mariage était à l'époque réservé aux couples hétérosexuels (v. ss 94 s.), alors que le pacte pouvait être conclu par deux personnes de même sexe. Depuis la loi du 17 mai 2013, qui a ouvert le mariage aux couples homosexuels, cette différence n'est plus. Désormais, comme le mariage et le concubinage, le pacs peut indifféremment exister « entre personnes de sexe différent ou de même sexe » (art. 515-1).

Cette indifférenciation sexuelle avait suscité, à l'origine, la critique de la doctrine pour sa portée symbolique : en « a-sexuant » le couple, cette indifférenciation niait la différence des « genres »[1]. On peut surtout regretter ses conséquences pratiques. En 1999, en effet, le législateur avait rejeté toute idée de parenté « homosexuelle » : le pacs ne devait concerner qu'un couple. Très logiquement, il avait donc opté pour un statut dépourvu de tout « effet de filiation ». Or ce « vide juridique » à l'égard d'une descendance éventuelle est mal venu à l'égard des couples hétérosexuels, auxquels la loi reconnaît donc des droits (les effets du pacs leur sont bénéfiques à divers égards) alors qu'elle valide leur éventuelle irresponsabilité parentale. L'ordonnance du 4 juillet 2005 ayant accentué le fondement probatoire factuel de la présomption de

1. I. Théry, *Revue Esprit*.

paternité[1] et la loi du 17 mai 2013 ayant, en même temps qu'elle ouvrait le mariage aux couples homosexuels, accueilli l'adoption homosexuelle (v. ss 96), on se demande si ce vide de filiation perdurera.

344 **Des conditions de capacité comparables à celles du mariage.** Les conditions de formation, qui différaient sensiblement de celles du mariage quant à la condition de capacité dans la loi du 15 novembre 1999, se sont rapprochées avec les lois du 4 avril 2006 (qui a réformé le mariage) et du 5 mars 2007 (qui a modifié le droit des majeurs protégés).

En 1999, le pacte civil de solidarité était réservé aux personnes physiques « *majeures* » (art. 515-1), alors que le mariage était à l'époque ouvert aux jeunes filles de 15 ans (art. 144, v. ss 90) et qu'une dispense d'âge pouvait être accordée pour « motifs graves » (art. 145). La loi du 4 avril 2006 ayant élevé à 18 ans l'âge du mariage, seule demeure désormais comme différence la faculté qu'a le procureur de la République d'accorder des *dispenses* d'âge en matière de mariage (art. 145, v. ss 90)[2]. Aucune *sanction* n'a été prévue par la loi. On peut donc hésiter entre une nullité absolue (par emprunt à la logique matrimoniale et en considérant que la condition d'âge est une condition de fond de l'institution, qui lui permet de remplir sa fonction, à savoir organiser une vie de couple : art. 184, v. ss 112)[3] et une nullité relative (par emprunt à la logique contractuelle et en considérant que l'incapacité vise seulement à protéger le consentement du mineur : anc. art. 1124 ; art. 1146 et 1147).

1. Elle existe identiquement au profit de l'enfant conçu et de l'enfant seulement « né » en mariage (art. 312), alors qu'aucun devoir de fidélité ou de vie commune ne peut alors l'expliquer. Inversement, elle disparaît en cas de silence du titre sur la paternité du mari (art. 313), alors pourtant que les devoirs de mariage existent.

2. *A priori* il n'est absurde, ni d'ouvrir par dispense le mariage aux mineurs, quand on sait que la loi vise avant tout la survenue d'un enfant derrière ces « motifs graves » et que le mariage produit à son égard un effet bénéfique (présomption de paternité), ni réciproquement d'interdire le pacs aux mineurs, sachant que le pacs ne produit justement aucun « effet de filiation ». L'appréciation diffère si l'on admet que d'autres motifs graves peuvent exister, comme le risque de décès : les effets du pacs sont, en cas de décès, plus limités que ceux du mariage mais ils existent tout de même et pourraient donc justifier l'admission de dispense. On note d'ailleurs que, depuis la loi du 28 mars 2011, le greffier – aujourd'hui l'officier d'état civil –peut se transporter au domicile ou à la résidence pour recevoir la déclaration conjointe des pacsés en cas d' « empêchement grave », ce qui vise notamment l'hypothèse du pacs *in extremis* (art. 515-3).

3. Les dispositions spécifiques qui limitent le délai pour agir dans le mariage (art. 185) sont sans équivalent ici.

La loi du 15 novembre 1999 avait seulement interdit la conclusion d'un pacte civil de solidarité par un majeur sous tutelle (art. 506-1)[1]. La réforme de la protection des majeurs opérée par la loi du 5 mars 2007 a modifié la solution. *Le majeur sous tutelle* peut désormais conclure un pacte civil de solidarité (art. 462) ; mais il doit obtenir l'autorisation du juge (ou du conseil de famille s'il a été constitué), qui intervient après audition des futurs partenaires et recueil « le cas échéant » de l'avis des parents, des alliés et de l'entourage ; il doit en outre être assisté par le tuteur lors de la signature de la convention (al. 2) ; la loi écarte en revanche toute assistance ou représentation pour la déclaration conjointe faite devant l'officier d'état civil (le greffier jusqu'à la loi du 18 nov. 2016) ou devant le notaire. Le *majeur sous curatelle* doit quant à lui être assisté du curateur pour signer la convention par laquelle il conclut un tel pacte, mais non pour procéder à déclaration conjointe. Le silence de la loi quant à la sanction applicable peut conduire, soit à faire application du droit commun des actes juridiques conclus par un majeur protégé (auquel cas le pacte conclu sans respecter les conditions requises ne sera nul que s'il en résulte un préjudice pour le majeur : art. 465), soit à considérer qu'il y a là une condition frappée d'une nullité automatique et inconditionnelle, comme c'est traditionnellement le cas dans le mariage (v. ss 62 et 112 s.).

345 **Emprunt au mariage de l'exigence d'un duo et de la prohibition de l'endogamie et de la polygamie.** Le pacte civil ressemble beaucoup au mariage pour les interdits qu'il édicte (v. ss 83 et 84).

La loi précise d'abord qu'un pacte est conclu entre « *deux personnes* », excluant ainsi la reconnaissance par le droit des unions plurielles (art. 515-1). Cette solution, qui n'était qu'implicite jusque-là dans le mariage, a été explicitée à l'article 143 par la loi du 17 mai 2013 (« le mariage est contracté par deux personnes »).

1. Rien n'avait été prévu à l'égard du majeur sous curatelle et du majeur sous sauvegarde de justice. Le silence pouvait être interprété soit comme consacrant la pleine capacité de ces majeurs soit comme renvoyant au dispositif de protection des majeurs (le majeur sous sauvegarde était protégé contre le pacs par les actions en rescision et réduction ; le majeur sous curatelle pouvait conclure un pacs avec l'autorisation du curateur ou, à défaut, du juge).

La loi prohibe ensuite explicitement la conclusion d'un tel pacte *entre membres de la même famille* (art. 515-2). La prohibition est plus strictement sanctionnée qu'en matière de mariage. Le cercle des personnes est le même : le pacte est interdit d'abord entre ascendant et descendant en ligne directe, ensuite entre alliés en ligne directe[1], enfin entre collatéraux jusqu'au troisième degré inclus. De ce point de vue, l'interdit est identique. La différence vient de ce qu'il n'existe à nouveau, pour le pacte civil, aucune des possibilités de dispense qui existent en matière de mariage[2].

La loi interdit ensuite *le cumul des liens de couple.* Un pacte ne peut être conclu entre deux personnes dont l'une au moins est déjà mariée ou liée par un pacte civil de solidarité (art. 515-2). En revanche, la conclusion d'un pacs laisse chacun libre de se marier, la loi prévoyant que la célébration d'un mariage entraîne dissolution automatique du pacs (art. 515-7, v. ss 372).

Cette triple prohibition emprunte au droit du mariage ces tabous sociaux que sont les unions plurielles, l'endogamie, la polygamie. Elle appelle naturellement une *nullité absolue*, comme l'a heureusement précisé le Conseil constitutionnel. Elle atteste surtout que le pacte civil de solidarité n'est pas un contrat relatif aux biens, mais qu'il institue socialement un couple.

1. En revanche, le pacs n'a aucun effet d'alliance, si bien que la conclusion d'un pacs n'interdit pas au beau-père (ou à la belle-mère) de conclure ensuite un pacs ou un mariage avec sa belle-fille ou son gendre.
2. L'impact de la solution diffère de celui qui est attaché à l'absence de dispense à l'égard du mineur : il suffit au mineur d'attendre sa majorité pour pouvoir se pacser.

CHAPITRE 2

Les effets du pacte

346 **Mini-mariage personnel et patrimonial.** La loi du 15 novembre 1999 avait attaché au pacte civil de solidarité des effets limités : elle n'avait explicitement créé qu'un devoir d'aide mutuelle et matérielle entre les partenaires et institué une union patrimoniale relativement souple. La réforme du 23 juin 2006 a renforcé les devoirs entre partenaires (SECTION 1) et modifié assez notablement l'union patrimoniale (SECTION 2). L'alignement sur le mariage a été renforcé depuis, notamment par la loi du 17 mars 2014.

347 **Effets accessoires du pacte civil de solidarité.** En dehors de ces effets civils principaux, le pacte civil de solidarité produit des effets en quelque sorte « accessoires ».

Certains se développent *en matière civile.* Le pacte confère ainsi au partenaire du locataire la co-titularité du bail assurant le logement du couple (art. 1751 rédact. L. 24 mars 2014) et le droit à la continuation du bail en cas d'abandon ou de décès ; réciproquement, le bailleur peut donner congé au locataire pour faire bénéficier son partenaire de l'immeuble (L. 6 juill. 1989, art. 15). Il fait partie des mentions devant désormais être portées sur les actes de décès (art. 79, 4° bis, réd. L. n° 2011-525, 17 mai 2011). Il produit également divers effets en matière de *protection des majeurs* depuis la loi du 5 mars 2007 : le partenaire peut demander l'ouverture d'une mesure (art. 430), être désigné comme tuteur ou curateur (art. 449) ou investi d'une habilitation familiale (mesure créée par Ord. 15 oct. 2015 ; v. art. 494-1), accéder au compte annuel de gestion (art. 510).

Le pacte emporte en outre divers effets *en matière pénale*[1], *fiscale*[2], *sociale*[3], ou encore *en droit de la santé publique*[4], *des étrangers*[5], *du travail*[6] et de *la fonction publique*[7], *en droit processuel*[8], etc.

Le principe est en revanche qu'il ne produit aucun effet d'alliance[9] et aucun effet de parenté[10] : il n'engendre aucune présomption de paternité et n'ouvre pas au couple le droit d'adopter un enfant (art. 343 et 346, al. 1er, v. ss 514 s. et 528 s.)[11]. Ce qui donnait à penser qu'il s'agissait d'un lien de couple, mais pas d'un lien de famille, ce dernier terme renvoyant *a priori* à un lien susceptible de rayonner dans le groupe familial au-delà des deux principaux intéressés. Les lois du 12 mai 2009 (qui a étendu au pacs la compétence du juge aux affaires familiales) et du 17 mai 2013 (qui qualifie d'associations familiales les associations représentant les couples pacsés) attestent une appréhension plus souple du mot « famille ».

1. Il est une circonstance aggravante de diverses infractions : C. pén., art. 132-80. V. ainsi art. 221-4, 222-3, 8, 10, 12 et 13, 24, 28. *Adde* art. 222-48-1 et 222-33-2-1. V. aussi C. pr. pén., art. 230-28.
2. Le couple fera l'objet d'une imposition commune (CGI, art. 6, 885-A) et bénéficiera de taux de mutation à titre gratuit et d'abattements avantageux (CGI, art. 777).
3. Pour les effets en matière de protection sociale, v. not. CSS, art. L. 161-14, L. 361-4 et L. 381-1. *Adde* CSS, art. L. 523-2, et CASF, art. L. 232-7, 10, L. 244-1, L. 245-6, R. 262-1, 3, 7, etc., pour l'attribution et le calcul de diverses prestations et allocations.
4. V. ainsi CSP, art. L. 3211-12-I sur le droit de saisir le juge de la détention et des libertés en cas de soins psychiatriques sans consentement.
5. V. ainsi CESEDA, art. L. 211-2. *Adde* L. n° 99-944, 15 nov. 1999, art. 12 selon lequel « la conclusion d'un pacte civil de solidarité constitue l'un des éléments d'appréciation des liens personnels en France au sens du 7° de l'article 12 *bis* de l'Ord. n° 45-2658, 2 nov. 1945 relative aux conditions d'entrée et de séjour des étrangers en France, pour l'obtention d'un titre de séjour », devenu CESEDA, art. L. 313-11.
6. V. not. C. trav., art. L. 1225-35, L. 3141-14 et 15, L. 3142-1. *Adde* CASF, art. R. 243-12.
7. L. n° 84-16, 11 janv. 1984, art. 60 et 62 ; L. n° 84-53, 26 janv. 1984, art. 54 ; L. n° 86-33, 9 janv. 1984, art. 38.
8. Pour l'assistance et la représentation en justice, v. par ex. C. pr. civ., art. 828 et C. pr. exéc., art. R. 121-7.
9. Il ne crée ni obligation alimentaire ni interdit à mariage entre chaque partenaire et le père (ou la mère) de l'autre. V. ss 157 s., en mariage.
10. La loi ouvre l'assistance médicale à un couple, et prévoit qu'elle ne peut avoir lieu en cas de dépôt d'une demande en divorce ou séparation de corps ou en cas de disparition de la vie commune: CSP, art. L. 2141-2. Le pacs n'est donc pas spécifiquement visé.
11. La solution n'est pas contraire aux droits fondamentaux : Décis. n° 2010-39 QPC, 6 oct. 2010, consid. 9 ; CEDH 15 mars 2012, *Gas et Dubois*, n° 25951/07.

SECTION 1
LE LIEN INTERPERSONNEL

348 **Renforcement du lien interpersonnel. Rapprochement progressif avec le mariage.** Le seul devoir explicitement institué entre les partenaires par la loi du 15 novembre 1999 était un devoir d'« aide mutuelle et matérielle ». La doctrine s'était demandé si ce vide personnel était praticable. Elle avait notamment fait valoir que le contentieux que la rupture risquait de susciter conduirait sans doute le juge à apprécier les comportements de chacun, notamment en termes de fidélité, de soutien, de respect mutuel… Une décision remarquée avait ainsi admis l'existence d'un devoir de vie commune et de fidélité entre partenaires[1]. S'inspirant de ces réflexions, la loi du 23 juin 2006 a créé un devoir de vie commune et un devoir d'assistance réciproque. L'énumération légale reste limitée.

§ 1. Le devoir de vie commune

349 **Le devoir de vie commune.** La loi du 15 novembre 1999 n'avait explicitement imposé aucun devoir de vie commune aux partenaires. Mais elle avait défini le pacte comme étant « un contrat conclu par deux personnes (…) pour *organiser leur vie commune* ». Le Conseil constitutionnel avait jugé qu'un tel objet était fixé par la loi à titre impératif. À partir de ce texte, une décision avait attaché au pacte un tel devoir de vie commune[2]. L'article 515-4 nouveau précise désormais que « les partenaires liés par un pacte civil de solidarité s'engagent à une vie commune ».

La vie commune doit s'entendre comme en matière de mariage (v. ss 126) : elle impose une double communauté, de toit et de lit[3]. Sans doute convient-il aussi d'admettre l'éventualité de résidences séparées pour cause professionnelle. Depuis la loi du 9 juillet 2010, en cas de violences exercées au sein du couple et mettant en dan-

1. TGI Lille ord. 5 juin 2002, *D.* 2003. 515, note X. Labbée, *RTD civ.* 2003. 270, obs. J. Hauser.
2. *Idem.*
3. V. pourtant Civ. 1re, 8 mars 2017, n° 16-18.685. Une décision d'espèce, vraisemblablement.

ger la victime ou un enfant, le juge aux affaires familiales peut délivrer en urgence une ordonnance de protection attribuant la jouissance du logement à la victime et se prononçant sur l'aide mutuelle matérielle engendrée par le pacs (art. 515-9 et 11).

La loi n'ayant prévu aucune sanction spéciale, l'exécution forcée semble impossible, s'agissant d'une obligation de faire éminemment personnelle (C. civ., anc. art. 1142 et art. 1221, v. ss 166), si bien que la seule sanction consiste sans doute dans l'attribution de dommages et intérêts, la difficulté consistant à nouveau à évaluer le dommage (v. ss 168).

§ 2. Le devoir d'aide matérielle

350 **Le devoir d'aide matérielle.** La loi du 15 novembre 1999 avait prévu que « les partenaires (...) s'apportent une aide mutuelle et matérielle. Les modalités de cette aide sont fixées par le pacte » (anc. art. 515-4). La loi du 23 juin 2006 a modifié la rédaction : « les partenaires s'engagent à une aide matérielle (...) réciproque(s). Si les partenaires n'en disposent autrement, l'aide matérielle est proportionnelle à leurs facultés respectives ».

Le principe est donc inchangé : les partenaires sont tenus à un devoir d'aide matérielle. La nouvelle rédaction insiste seulement sur le caractère obligatoire de cette aide matérielle (s'engagent). Elle n'a en revanche pas précisé *l'objet de ce devoir* : comment définir l'aide matérielle ? En imposant explicitement un devoir d'assistance entre pacsés en 2006, la loi interdit d'analyser le devoir d'« aide matérielle » comme la transposition au pacte civil de solidarité du devoir d'« assistance » conjugale (v. ss 128). On rapprocherait volontiers le devoir d'aide matérielle du devoir de secours et du devoir de contribution aux charges du mariage existant entre époux (v. ss 142), en relevant notamment que leur quantum dépend du même critère (v. ss 351), si la différence de terminologie légale n'incitait à les différencier. Bref, il faudra attendre que la jurisprudence soit saisie de la question pour savoir ce que désigne précisément ce devoir d'« aide matérielle ».

La loi du 23 juin 2006 a modifié *la détermination des modalités* de cette aide (quantum et nature). Alors qu'en 1999, elle avait entièrement renvoyé cette détermination aux stipulations de la convention conclue entre partenaires, sans prévoir de critère légal subsidiaire, elle a choisi en 2006 de copier le droit matrimonial : l'aide matérielle due par chacun est déterminée « à proportion des facultés respectives » des partenaires (comp. ss 142), sauf s'ils préfèrent régler leur contribution par stipulation contractuelle. La loi prévoit par ailleurs que les créances dont l'un des partenaires pourrait être titulaire à l'égard de l'autre au moment de la dissolution du pacs pourront être compensées par l'avantage qu'il a pu retirer de la vie commune, notamment en ne contribuant pas à hauteur de ses facultés aux dettes contractées pour les besoins de la vie courante (art. 515-7, v. ss 375). Enfin, la jurisprudence autorisera sans doute ici le recours à l'action *de in rem verso,* comme elle le fait entre conjoints (lorsque les époux sont mariés sous la séparation de biens, v. ss 144) ou concubins (v. ss 323) : si l'un des partenaires concourt à l'activité professionnelle de l'autre sans contrepartie et au-delà de ce devoir d'aide matérielle, et que ce concours conduit à son appauvrissement et à l'enrichissement de l'autre partenaire, il y aura lieu, en fin de pacs, au versement d'une indemnité compensatrice (égale à la plus faible des deux sommes tenant dans l'appauvrissement de l'un et l'enrichissement de l'autre)[1].

La portée de ce devoir n'a guère été précisée par la loi. La seule disposition explicite concerne l'hypothèse de violences au sein du couple : depuis la loi du 9 juillet 2010, les textes autorisent le juge aux affaires familiales à délivrer en urgence une ordonnance de protection se prononçant notamment sur l'aide mutuelle matérielle engendrée par le pacs (art. 515-9 et 11). Pour le reste, les questions sont nombreuses : ce devoir est-il d'ordre public, à l'instar du devoir de secours ? Et quelles en sont les sanctions ? Les sanctions du droit commun des obligations pourront pleinement jouer. La loi de 2006 ayant précisé que ce devoir était « réciproque » (et non plus « mutuel » comme le disait le texte initial), l'exception d'inexécution devrait s'appliquer[2]. En toutes hypo-

1. En ce sens, v. Civ. 1re, 21 nov. 2018, n° 15-16.331.
2. On se souvient que la doctrine souligne que la loi impose aux époux des devoirs « mutuels » et non pas « réciproques » parce que le mariage n'est pas un contrat synallagmatique ordinaire, d'où

thèses, la sanction la plus courante sera l'attribution de dommages et intérêts, et l'exécution forcée en nature si l'on admet que le devoir d'aide matérielle est l'équivalent du devoir de secours et emprunte donc le plus souvent une forme monétaire. La doctrine considère parfois qu'il s'agit d'une obligation alimentaire, d'où résulterait l'application des voies d'exécution renforcées spécifiques à la matière (L. n° 84-1171, 22 déc. 1984, art. 9 ; C. pr. exéc., art. L. 161-3. ; L. n° 75-618, 11 juill. 1975, art. 1 et 15, mod. Ord. n° 2010-420, 27 avr. 2010 et CSS, art. L. 581-9 s.). On regrette que ces voies d'exécution renforcées propres à la matière alimentaire n'aient pas été explicitement transposées au pacs (v. ss 700). Le principe de légalité explique que la sanction pénale de l'abandon de famille (C. pén., art. 227-3) ne soit pas applicable[1].

§ 3. Le devoir d'assistance

351 **Le devoir d'assistance.** La loi du 23 juin 2006 a enfin créé un *devoir « d'assistance réciproque »*. Là encore, la comparaison avec le mariage est inéluctable (v. ss 128). Il semble logique de retenir ici la même notion que dans le mariage : les partenaires doivent donc se soutenir dans toutes les épreuves de l'existence, maladie, peine, chômage, etc. La loi n'ayant prévu aucune sanction spéciale, il convient de faire application du droit commun : des dommages et intérêts seront dus en cas d'inexécution (art. 1231 s.), aucune exécution forcée en nature n'étant envisageable (anc. art. 1142 ; art. 1221). Ce devoir explique que le droit des majeurs protégés fasse au partenaire une place de choix lorsque survient une altération des facultés mentales de l'autre : qualité pour demander l'ouverture d'une mesure de protection (art. 430), charge de la tutelle ou curatelle légale (art. 449), bénéfice de l'habilitation familiale (art. 494-1).

résulte ainsi l'exclusion de l'exception d'inexécution. Il est tentant ici de considérer que le législateur a au contraire voulu insister sur le caractère synallagmatique du pacte civil de solidarité, d'où résulte, notamment, l'exception d'inexécution. V. ss 124 et 165.

1. Crim., 24 juin 2015, n° 14-88.175, refusant de transmettre une QPC fondée sur la violation du principe d'égalité ; Crim., 25 avr. 2017, n° 17-80.879.

§ 4. D'autres devoirs éventuels ?

352 ***Quid* de la fidélité et du respect ?** En s'en tenant à ces trois devoirs personnels, la loi conduit à deux questions.

La première tient dans le *devoir de fidélité* (art. 212, v. ss 127). La jurisprudence l'imposera-t-elle, soit en se fondant sur un devoir contractuel de loyauté[1], soit de façon plus convaincante en considérant que le devoir de vie commune va naturellement de pair avec un devoir de fidélité ? L'interdiction d'un pacte à plus de deux partenaires et la prohibition de tout cumul de pactes ou de tout cumul de mariage et pacte (v. ss 345) plaident en faveur de l'affirmation d'un devoir d'exclusivité entre partenaires, même s'il ne faut pas confondre les conditions d'existence des liens avec leurs effets.

La seconde question concerne *le devoir de respect* mutuel, explicité par la loi du 4 avril 2006 dans le mariage (art. 212, v. ss 129). Il semble peu probable qu'un tel devoir ne s'impose pas aux partenaires. En ce sens, on peut d'ailleurs faire valoir, d'une part que l'ordonnance de protection des victimes de violences peut être délivrée au profit d'un partenaire comme d'un conjoint depuis la loi du 9 juillet 2010 (C. civ., art. 515-9 s. ; v. ss 126), d'autre part que le pacs constitue en droit pénal une circonstance aggravante de diverses agressions contre les personnes au même titre que le mariage (C. pén., art. 132-80).

SECTION 2

L'UNION PATRIMONIALE

353 **D'une union patrimoniale de principe à une séparation patrimoniale de principe. Choix d'une éventuelle indivision.** La loi du 15 novembre 1999 avait créé une solidarité à l'égard des tiers que les lois du 23 juin 2006 et 17 mars 2014 ont heureusement limitée. Elle avait en outre institué une indivision entre partenaires, à laquelle elle avait donné une portée large et incertaine ; la loi du 23 juin 2006

1. En ce sens, v. TGI Lille ord. 5 juin 2002, préc.

l'a restreinte dans son domaine et renforcée dans sa portée. Le principe est que chacun conserve son indépendance (**§ 1**), sauf dans certains domaines, qui restent limités (**§ 2**). Le pacte civil de solidarité est un « contrat de liberté patrimoniale »[1]. L'union patrimoniale ainsi instituée entre les partenaires rappelle celle qui existe entre des époux séparés de biens, qui peuvent eux aussi associer leur destin en faisant le choix d'une indivision.

§ 1. L'indépendance de principe

354 **Du non-dit de la loi du 15 novembre 1999 au dit de la loi du 23 juin 2006.** La loi du 15 novembre 1999 n'avait rien prévu d'autre, en matière patrimoniale, que la solidarité et l'indivision. La loi du 23 juin 2006 a développé ce qu'on appellera « le régime pacsal », en le rapprochant encore davantage du mariage et en insistant sur l'indépendance conservée par chacun. Le régime pacsal ressemble ainsi au régime de la séparation de biens. La loi du 17 mars 2014 est allée dans le même sens.

355 **Biens personnels de chacun.** La première règle est celle de l'article 515-5, alinéa 1er, *in limine* : « sauf dispositions contraires de la convention visée au troisième alinéa de l'article 515-3 (à savoir celle que les partenaires doivent conclure avant la déclaration conjointe devant l'officier d'état civil ou le notaire), *chacun des partenaires conserve l'administration, la jouissance et la libre disposition de ses biens personnels* ». La règle rappelle la règle du régime primaire contenue à l'article 225 (« chacun des époux administre, oblige et aliène seul ses biens personnels », v. ss 147) et recopie purement et simplement celle de l'article 1536, alinéa 1er (« chacun d'eux conserve l'administration, la jouissance et la libre disposition de ses biens personnels »), texte propre à la séparation de biens.

La seule particularité tient dans la réserve, sans plus de précisions, de « dispositions contraires ». Ce faisant, le texte pose de nombreuses questions. Les partenaires pourraient-ils se donner mandat réciproque de gérer les biens, et si oui, ce mandat échap-

1. Suivant l'expression employée par Bernard Beignier.

perait-il à la libre révocabilité de tout mandat ? Les partenaires pourraient-ils organiser la co-gestion pour le domicile commun (ainsi transposer l'art. 215, al. 3), étendre les pouvoirs judiciaires prévus par les articles 217, 219, 220-1 ? Une telle solution permettrait aux partenaires de se fabriquer un « mariage à la carte », et éventuellement de bénéficier des dispositions favorables du mariage sans assumer les charges corrélatives (v. ss 151 et 356, le statut des dettes). Il faut espérer que ni la pratique, ni la jurisprudence ne l'accepteront.

356 **Dettes personnelles de chacun.** L'article 515-5, alinéa 1er, *in fine*, précise en outre que « *chacun d'eux reste seul tenu des dettes personnelles nées avant ou pendant le pacte*, hors le cas du dernier alinéa de l'article 515-4 ».

Le régime pacsal diffère ainsi radicalement du régime légal de la communauté réduite aux acquêts : ce ne sont pas seulement les dettes dont les partenaires étaient tenus au jour de la conclusion du pacte civil de solidarité qui restent personnelles (comp. art. 1410, v. ss 151) mais aussi celles qui naissent après cette conclusion, alors que le passif de la communauté intègre les dettes contractées « pendant la communauté » (art. 1409, v. ss 151). À nouveau, le régime pacsal emprunte ainsi au régime de la séparation de biens, et plus précisément recopie quasiment l'article 1536, alinéa 2 (« chacun d'eux reste seul tenu des dettes nées en sa personne, avant ou pendant le mariage, hors le cas de l'article 220 »). Les dettes qui naissent pendant le pacte civil de solidarité restent donc personnelles à leur débiteur : le créancier ne pourra donc saisir que les biens personnels de son débiteur ; conformément au droit commun de l'indivision, il ne pourra pas saisir la part de son débiteur dans les biens indivis et ne pourra que provoquer le partage (art. 815-17).

Il convient toutefois de réserver deux hypothèses particulières. La première est prévue par le droit spécial du pacte civil de solidarité : *les dettes* visées à l'article 515-4, c'est-à-dire celles qui sont « *contractées pour les besoins de la vie courante* » engagent solidairement les deux partenaires et pourront donc être exécutées sur n'importe quel bien, personnel ou indivis (v. ss 360). La seconde résulte du *droit commun de l'indivision*. Comme n'importe quelle indivision, l'indivision pacsale éventuellement instituée entre les parties conduit à réserver le cas des créanciers indivis, c'est-à-dire ceux dont la créance est née de la conservation ou de la gestion des biens indivis : ceux-là peuvent non seulement saisir les biens personnels du partenaire du chef duquel la dette est née mais également saisir le bien indivis qui a généré la dette et se payer sur son prix, ou se payer par prélèvement avant partage (art. 815-17).

357 **Présomption de pouvoir sur les biens meubles détenus individuellement.** La loi du 23 juin 2006 a également transposé au pacte civil de solidarité la présomption de pouvoir que le régime primaire instaure à l'égard des biens meubles. Reprenant l'article 222 (v. ss 148), l'article 515-5, alinéa 2, prévoit en effet que « *le partenaire qui détient individuellement un bien meuble est réputé, à l'égard des tiers de bonne foi, avoir le pouvoir de faire seul tout acte d'administration, de jouissance ou de disposition* ». La règle est donc identique en ce qui concerne le domaine de la règle quant aux personnes (elle joue seulement au profit des tiers de bonne foi) et quant aux actes (administration, jouissance, disposition) et quant à la situation du bien (il doit être détenu individuellement). Mais elle est plus large quant aux biens visés : tous les biens meubles sont concernés, sans restriction, et notamment sans que soient exclus, comme c'est le cas dans le mariage, les biens meubles meublant le logement familial et les meubles corporels dont la nature fait présumer la propriété de l'autre conjoint conformément à l'article 1404 (donc les biens à caractère personnel et instruments de travail nécessaires à l'exercice de la profession de l'autre). La première exclusion s'explique dans la mesure où la protection du logement familial assurée par le droit du mariage est sans équivalent dans le pacte civil de solidarité. Elle est plus étonnante à l'égard des biens présumés appartenir à l'autre partenaire que celui le détenant individuellement. Elle atteste que la loi choisit alors de faire prévaloir la sécurité juridique des tiers sur la protection des partenaires, non sans limite d'ailleurs : on peut penser que la présomption de bonne foi du tiers sera sans doute plus facile à renverser à l'égard de tels biens.

§ 2. Les limites

358 **Une union patrimoniale limitée.** La loi n'institue qu'une union patrimoniale limitée (**A**). Mais les partenaires peuvent développer leurs intérêts communs en faisant le choix explicite d'une indivision générale (**B**).

A. L'union patrimoniale instituée par la loi

359 la loi ne lie les destins patrimoniaux des partenaires que dans deux cas. À l'égard des tiers, d'abord, elle prévoit la solidarité des partenaires pour les dettes engagées pour les besoins de la vie courante (**1**). Entre partenaires, ensuite, elle consacre le cas échéant une indivision par l'intermédiaire d'une règle de preuve (**2**).

1. La solidarité à l'égard des tiers

360 **Solidarité des dettes engagées pour les besoins de la vie courante.** La solidarité entre les pacsés avait été instituée très largement par la loi du 15 novembre 1999 : elle concernait toutes les dettes « contractées par l'un d'eux pour les besoins de la vie courante *et* pour les dépenses relatives au logement commun » (art. 515-4, al. 2). La différence était triple avec le droit du mariage (v. ss 144). D'abord la solidarité n'incluait pas explicitement les dettes contractées « pour l'éducation des enfants »[1]. Compréhensible lorsque le pacte était conclu par des homosexuels auxquels le législateur de 1999 ne souhaitait pas accorder le bénéfice de la parentalité, cette solution paraissait regrettable à l'égard des couples hétérosexuels[2]. Ensuite, la solidarité n'englobait pas les dettes contractées pour « l'entretien du ménage » mais celles engagées pour « les besoins de la vie courante et les dépenses relatives au logement commun ». Alors que la solidarité matrimoniale dépendait de deux critères cumulatifs de nature qualitative (la dette devait être par nature une dépense « d'entretien » « du

1. Or il est discutable d'y voir des dettes contractées pour les besoins de la vie courante, cette dernière notion renvoyant *a priori* aux dettes destinées à permettre la prise en charge des besoins personnels des partenaires.

2. Conséquence logique du vide de statut à l'égard des enfants, cette solution atteste combien le raisonnement indifférencié à l'égard des couples homosexuels et hétérosexuels est malvenu.

ménage »), la solidarité pacsale était soumise à un double critère qualitatif et alternatif (les besoins de la vie courante *ou* les dépenses relatives au logement commun). Enfin, la limite prévue à l'article 220, alinéa 2, des « dépenses manifestement excessives » n'apparaissait pas dans le pacte civil de solidarité. Le résultat était que, hormis les dettes engagées pour l'éducation des enfants, la solidarité était plus étendue en pacte qu'en mariage, ce qui était tout de même assez paradoxal.

La loi du 23 juin 2006 a supprimé cette bizarrerie[1]. Désormais, l'article 515-4, alinéa 2 précise que « les partenaires sont tenus solidairement à l'égard des tiers des dettes contractées par l'un d'eux pour les besoins de la vie courante. Toutefois cette solidarité n'a pas lieu pour les dépenses manifestement excessives ». Le droit du pacte civil de solidarité emprunte ainsi désormais largement au droit matrimonial pour déterminer l'obligation à la dette de chacun (l'obligation assumée par chaque partenaire à l'égard des tiers). On regrettera que le législateur ait maintenu *le critère des besoins de la vie courante* au lieu de reprendre celui que le droit du mariage consacre, à savoir celui des dépenses d'entretien du ménage (sans doute pour éviter un rapprochement trop visible avec le droit du mariage) car la notion de « ménage » est une notion factuelle qui renvoie à la vie de couple, et s'applique donc sans difficulté au pacte civil de solidarité. On approuvera en revanche l'exclusion des dépenses relatives au logement commun[2] ainsi que celle des « *dépenses manifestement excessives* ». On note que l'article 515-4 nouveau ne reprend pas les critères de l'excès que pose le droit matrimonial (art. 220, al. 2, v. ss 144), à savoir le train de vie du ménage, l'utilité ou l'inutilité de l'opération, la bonne ou mauvaise foi du tiers contractant. Pour autant, ce sont bien ces mêmes éléments qui permettront de qualifier la dépense « manifestement excessive ». L'avantage du silence législatif est d'autoriser la prise en compte éventuelle d'autres élé-

1. Le Conseil constitutionnel avait suggéré le tempérament de la responsabilité civile en cas de dettes contractées abusivement par l'un des partenaires. Ce tempérament, qui ne jouait qu'entre partenaires, était insuffisant. La solution consistant à restreindre le domaine de la solidarité est plus protectrice.
2. La solidarité pouvait s'avérer très lourde, notamment lorsqu'il s'agissait de la dette de remboursement d'un emprunt immobilier.

ments. La loi du 1er juillet 2010 a enfin étendu au pacs l'exclusion, prévue dans le mariage, *des achats à tempérament et des emprunts* (sauf les emprunts qui portent sur des sommes modestes nécessaires aux besoins de la vie courante)[1]. La loi du 17 mars 2014 limite cette exception (retour à la solidarité pour les emprunts portant sur des sommes modestes nécessaires aux besoins de la vie courante) en cas de pluralité d'emprunts : le montant cumulé de ces sommes ne doit pas être manifestement excessif eu égard au train de vie du ménage.

La loi ne dit rien de *la contribution à la dette* (c'est-à-dire du poids définitif de la dette sur chaque partenaire). Celle-ci peut être déterminée en répartissant par parts viriles (donc ici en divisant par deux) ou par calcul proportionnel (à proportion des facultés respectives). La seconde solution semble à la fois plus juste et plus logique : si l'on admet que la solidarité constitue la face passive, à l'égard des tiers, de l'aide matérielle que se doivent les partenaires, il est logique d'utiliser le critère des facultés respectives de chacun pour déterminer le poids final de la dette. Les partenaires pourraient sans doute convenir de la répartition du poids de la dette dans la convention conclue entre eux. La loi précise que les éventuelles créances dont un partenaire pourrait être titulaire à l'égard de l'autre lors de la dissolution du pacs pourront venir en compensation des avantages que le titulaire a pu retirer de la vie commune, notamment en ne contribuant pas à hauteur de ses facultés aux dettes contractées pour les besoins de la vie courante (art. 515-7, al. 11, v. ss 375).

2. La présomption d'indivision entre partenaires

361 **Présomption d'indivision.** La loi du 23 juin 2006 a en outre transposé au pacte civil de solidarité les présomptions qui existent dans le régime légal de communauté réduite aux acquêts et dans le régime conventionnel de la séparation de biens : de même que les biens dont les époux ne parviennent pas à établir qu'ils sont leur propriété exclusive sont réputés biens communs s'ils sont mariés

1. Les achats à tempérament ne seront donc pas couverts par la solidarité, même s'ils visent à faire face aux besoins de la vie courante. La solution est heureuse, l'addition de tels achats pouvant conduire au surendettement.

sous un régime de communauté (art. 1402) ou biens indivis s'ils sont mariés sous un régime de séparation (art. 1538), les biens sur lesquels aucun des partenaires ne peut justifier d'une propriété exclusive sont réputés leur appartenir indivisément (art. 515-5, al. 2), étant précisé que la preuve de la propriété exclusive de l'un ou l'autre peut se faire par tous moyens, que ce soit entre partenaires ou à l'égard des tiers. Il en résultera, le cas échéant, une indivision entre partenaires, indivision dont on se demande si elle obéit aux règles du droit commun de l'indivision (art. 815 s.) ou si elle est soumise aux règles spécialement prévues par la loi pour l'indivision volontairement instituée entre partenaires (v. ss 362 s.).

B. L'indivision choisie par les partenaires

362 **Séparation de biens et éventuelle indivision.** Le pacte fait naître, le cas échéant, une union patrimoniale spécifique entre les partenaires. Une quasi-communauté apparaît, si les partenaires le souhaitent, sous la forme d'une indivision, variable dans son étendue, et dont la portée a été considérablement modifiée par la loi du 23 juin 2006.

L'indivision issue de la loi du 15 novembre 1999. Dans le droit issu de la loi du 15 novembre 1999, l'indivision entre partenaires était déterminée par l'article 515-5 du Code civil

Ce texte conduisait à distinguer selon la nature du bien et les conditions de son acquisition. Les meubles meublants acquis à titre onéreux après la conclusion du pacte civil de solidarité (ou ceux dont la date d'acquisition ne pouvait être établie) étaient présumés indivis par la loi[1] : le texte précisait seulement que les partenaires pouvaient indiquer qu'ils soumettaient à l'indivision lesdits meubles ; mais, soucieux de sécurité juridique, le Conseil constitutionnel avait ajouté à la loi et précisé que cette présomption ne pouvait être écartée que par une stipulation du pacte initial. Les autres biens (immeubles et meubles non meublants)

1. La présomption d'indivision devait jouer même pour un bien acquis par l'un à l'insu de l'autre : Rép. min. n° 23816, *Dr. fam.* 2001. 27, note Lécuyer.

acquis à titre onéreux après la conclusion du pacte étaient, quant à eux, présumés indivis faute de stipulation particulière dans l'acte d'acquisition ou de souscription. Les biens acquis avant la conclusion du pacte restaient donc personnels à chacun ; et il en allait de même des biens acquis à titre gratuit, quelle que soit la date de leur acquisition.

La doctrine avait dénoncé une « visite aux enfers »[1] et annoncé un contentieux important. D'abord car la qualification « meuble meublant » n'est pas toujours aisée. Ensuite car le sort des revenus était difficile à déterminer, et notamment celui des revenus du travail ou des biens personnels de chacun. Également parce que se posait la question de savoir ce qu'il convenait d'entendre par « conclusion du pacte ». Encore parce qu'un tel système imposait lors de la dissolution du pacte une périlleuse recherche des actes d'acquisition. Aussi car cette présomption d'indivision conduisait à la question de savoir quel était l'impact de l'origine des fonds ayant permis l'acquisition du bien : si les fonds étaient personnels à l'un des partenaires, l'acquisition en indivision constituait-elle une libéralité (auquel cas s'appliquait un régime éventuellement restrictif, tenant aux règles de forme ou aux limites successorales) ou un prêt (auquel cas une obligation de restitution apparaissait entre partenaires), ou fallait-il considérer qu'un tel transfert de valeur trouvait sa source dans la loi, échappant ainsi à toutes les limites encadrant les libéralités ? Enfin parce que, rien n'imposant le recours à un professionnel du droit, nombre de partenaires concluaient un pacte sans savoir qu'il en résultait entre eux une indivision : ils se retrouvaient alors copropriétaires sans l'avoir voulu, et même le cas échéant, sans le savoir !

L'indivision issue de la loi du 23 juin 2006. La loi du 23 juin 2006 a modifié la source de l'indivision, son assiette, posé une présomption d'indivision, précisé les conditions de sa gestion, ainsi que les conséquences d'une éventuelle participation inégalitaire aux frais d'acquisition. L'indivision mise en place est aujourd'hui une indivision d'acquêts.

1. B. Beignier, *Defrénois* 2000. 620.

1. Le choix de l'indivision

363 **Choix des partenaires.** Les partenaires peuvent librement choisir soit de constituer entre eux une masse indivise soit de maintenir une cloison étanche entre leurs patrimoines et de conserver ainsi une entière indépendance patrimoniale.

Ce choix peut être opéré *dès l'origine ou ultérieurement* : l'article 515-5-1 permet d'opter pour l'indivision dans la convention initiale ou dans une convention modificative. Le rejet initial de l'indivision n'est donc pas définitif : les partenaires pourront ultérieurement adopter une convention modificative et procéder aux formalités nécessaires pour lui conférer efficacité (art. 515-3, al. 4). Le texte ne reprend en revanche plus la liberté, que la loi du 15 novembre 1999 avait ouverte pour les biens autres que les biens meubles meublants, d'opter ou non pour l'indivision à l'occasion de l'acquisition du bien. Cela ne signifie pas que les partenaires ne peuvent pas décider, alors même qu'ils auraient écarté l'indivision dans leur convention initiale de pacs, d'acquérir un bien en indivision : le droit commun s'applique, qui permet à toute personne d'acquérir en indivision n'importe quel bien, à n'importe quel moment. Mais l'indivision ainsi créée sera une indivision « ordinaire » : elle donnera donc lieu, le cas échéant, à un recours de l'un contre l'autre en cas de contribution inégale au paiement du prix de l'acquisition (v. *in fine*).

2. La durée de l'indivision

364 **Durée de l'indivision.** Une fois choisie, l'indivision semble exister *jusqu'à la dissolution du pacs*. En ce sens on note d'abord que la lettre du texte ne reconnaît pas aux partenaires la possibilité, après avoir opté pour le régime de l'indivision, de conclure une convention modificative optant pour la séparation pure et simple. On relève surtout que l'article 515-5-3, alinéa 3, semble empêcher toute modification de ce type : « la convention d'indivision est réputée conclue pour la durée du pacte civil de solidarité ». Pareille solution assure la stabilité du régime pacsal. Mais elle étonne alors que la libre mutabilité du régime matrimonial est en progression et que les formalités encadrant les conventions modificatives semblent suffire à informer les tiers du passage à la séparation (si

bien que la modification ne devrait pas entamer leurs prévisions légitimes). Elle risque en outre de conduire des partenaires à dissoudre le pacte, pour conclure aussitôt une nouvelle convention excluant l'indivision, sauf à considérer qu'il y a là fraude à la loi[1].

De l'article 515-5-3, résulte en outre que la dissolution du pacs entraîne dissolution de l'indivision. Le texte limite toutefois la solution : « lors de la dissolution du pacte, les partenaires peuvent décider qu'elle continue de produire ses effets ». Le texte précise que cette décision « est soumise aux dispositions des articles 1873-1 à 1873-15 ». Les parties pourront donc décider de demeurer dans l'indivision, après dissolution du pacs : mais cette décision ne vaudra que pour les biens antérieurement acquis. L'indivision ne pourra pas, en revanche, appréhender les biens à venir : ils n'appartiendront donc qu'à l'auteur de leur acquisition.

3. L'assiette de l'indivision

365 **Détermination des biens indivis.** L'article 515-5-1 a modifié les biens concernés par l'indivision.

La nature mobilière ou immobilière du bien est désormais indifférente. Seront indivis tous « les biens » que les partenaires « acquièrent, ensemble ou séparément à compter de l'enregistrement » de la convention optant pour l'indivision. Le texte pose ainsi un principe d'indivision à l'égard de tous les biens acquis après enregistrement de la convention ayant opté pour l'indivision.

Ce principe est toutefois écarté dans six cas par l'article 515-5-2, le texte précisant que les biens visés demeurent la propriété exclusive de chacun. Il en va ainsi : 1°) des « deniers perçus par chacun », la loi précisant que peu importe le titre de perception, dès lors que les deniers n'ont pas été employés à l'acquisition d'un bien ; 2°) des biens créés et de leurs accessoires (ce qui vise aussi bien la propriété intellectuelle, que les biens issus d'une création matérielle) ; 3°) des biens à caractère personnel (ce qui renvoie évidemment aux biens que la loi répute personnels dans le régime

1. Comp. Civ. 1re, 17 nov. 1981, *D.* 1982. 573.

de communauté : art. 1404)[1] ; 4°) des biens (ou portions de biens) acquis au moyen de deniers appartenant à un partenaire antérieurement à l'enregistrement de la convention d'indivision, à condition que l'acte d'acquisition mentionne l'emploi de deniers antérieurs ; en l'absence d'une telle mention, le bien est réputé indivis par moitié et le partenaire n'est tenu qu'à une créance envers l'autre ; 5°) des biens ou portions de biens acquis au moyen de deniers reçus par donation ou succession, la même déclaration formelle d'emploi dans l'acte (avec la même sanction) que celle envisagée précédemment étant alors requise ; 6°) les portions de biens acquises à titre de licitation de tout ou partie d'un bien dont l'un des partenaires était propriétaire au sein d'une indivision successorale ou par suite d'une donation (comp. art. 1408). Quoique le texte ne le précise pas explicitement, il convient aussi rationnellement d'exclure les biens acquis par chacun des partenaires par « succession, donation ou legs » (comp. art. 1405) : il serait absurde, en effet, de déclarer propriété exclusive les biens acquis en emploi de deniers provenant de donation ou succession et de considérer que sont indivis les biens provenant de donation ou succession (sauf bien sûr si les deux partenaires sont codonataires ou cohéritiers).

4. La présomption d'indivision

366 La loi pose en outre une présomption d'indivision qui joue, que les partenaires aient ou non fait le choix d'une indivision conventionnelle : les biens sur lesquels aucun des partenaires ne pourrait justifier d'une propriété exclusive sont réputés leur appartenir indivisément (art. 515-5, al. 2).

5. La gestion de l'indivision

367 **Gestion des biens indivis.** La loi du 15 novembre 1999 ne disait rien de la gestion de l'indivision, rendant ainsi applicables les dispositions de droit commun des articles 815 et suivants du Code

1. *Quid* des droits exclusivement attachés à la personne ? L'art. 1404, al. 2, en les qualifiant de propres par nature à côté des biens à caractère personnel, semble considérer qu'ils ne constituent pas des biens à caractère personnel et sont seulement soumis au même régime. Faut-il les faire tomber dans l'indivision en cas de pacs ou, par analogie avec le mariage, juger qu'ils restent la propriété exclusive de chacun ? La seconde solution semble plus rationelle.

civil. La loi du 23 juin 2006 a consacré à la question un texte, l'article 515-5-3, qui est assez obscur.

Le texte prévoit d'abord que « chaque partenaire est gérant de l'indivision et peut exercer les pouvoirs reconnus par les articles 1873-6 à 1873-8 ». Les pouvoirs des partenaires sur les biens indivis s'inspirent ainsi fortement des pouvoirs des époux sur les biens communs en régime légal. Il réserve toutefois l'hypothèse de « dispositions contraires dans la convention », dispositions contraires qui semblent pouvoir toucher soit le pouvoir général de gestion, soit les pouvoirs plus spécifiquement reconnus aux articles cités, soit les deux en même temps. Est-ce à dire que la convention pourrait ne donner de pouvoir de gestion qu'à l'un des partenaires ?

Le texte permet en outre aux partenaires, « pour l'administration des biens indivis », de conclure une convention « relative à l'exercice de leurs droits indivis », ce dans les conditions énoncées aux articles 1873-1 à 1873-15. L'opposabilité de cette convention est toutefois subordonnée à sa publication au fichier immobilier, publication qui doit intervenir « à l'occasion de chaque acte d'acquisition d'un bien soumis à publicité foncière ».

6. La portée de l'indivision

368 *La réforme du 23 juin 2006* s'est efforcée de préciser la portée de l'indivision à deux égards.

La rédaction de l'article 515-5 sous l'empire de la loi du 15 novembre 1999 avait conduit à se demander si les parties pouvaient stipuler, dans la convention de pacte civil de solidarité ou dans l'acte d'acquisition, une indivision autre que par moitié. La question est aujourd'hui clairement réglée par l'article 515-5-1, qui interdit une telle hypothèse en précisant catégoriquement que « ces biens sont alors *réputés indivis par moitié* ». Les partenaires n'ont donc d'autre choix que la séparation ou l'indivision par moitié : il n'est pas possible de stipuler des parts inégales.

La question s'était en outre posée, après la loi du 15 novembre 1999, de savoir quelle incidence pouvait avoir *l'origine des fonds* utilisés pour l'acquisition. *Quid* lorsque lesdits fonds provenaient exclusivement de l'un des partenaires ? Devait-on, s'inspirant du régime de communauté légale, considérer que l'avantage ainsi tiré, par le partenaire non contributeur, de la nature indivise du bien était un « avantage pacsal » trouvant sa source dans la loi et échappant aux règles des libéralités (comp. art. 1527) ? Ou fallait-il, comme dans le régime de la séparation de biens, considérer que l'époux devenant propriétaire indivis sans avoir participé à la moitié du financement de l'acquisition avait bénéficié d'une libéralité indirecte[1], ou était tenu de rembourser le prêt qui lui avait alors été fait ? Le Conseil constitutionnel avait jugé que la réforme n'avait rien changé aux règles successorales, invitant ainsi à raisonner par référence à la séparation de biens. La loi du 23 juin 2006 a renouvelé la question. L'article 515-5-1, *in fine*, précise aujourd'hui que les biens sont indivis « sans recours de l'un des partenaires contre l'autre au titre d'une contribution inégale ». La règle doit être précisée à trois égards. On note d'abord qu'elle n'envisage que l'hypothèse d'une contribution inégale : *quid* en cas d'absence totale de contribution ? On note ensuite qu'elle ferme catégoriquement tout « recours » mais limite ensuite l'exclusion : « au titre d'une contribution inégale ». Il faut donc *a priori* en déduire qu'elle bloque seulement une action en remboursement qu'un partenaire prétendrait exercer contre l'autre en se prévalant de ce que l'acquisition réalisée l'a été principalement avec ses fonds et que l'autre bénéficie ainsi d'un enrichissement injustifié. Est-ce à dire que demeurent ouvertes, dans les conditions du droit commun, les actions qui seraient fondées sur une autre cause : *quid* aussi de l'action en remboursement du prêt consenti par l'un à l'autre ou de l'action en révocation d'une donation indirecte pour ingratitude… ? On note enfin que l'exclusion ne concerne que les recours entre partenaires : les tiers pourraient donc agir, là encore dans les conditions du droit commun. On songe ainsi à l'action en réduction d'une libéralité pour atteinte à la réserve héréditaire d'un héritier ou encore à l'action paulienne fondée sur la fraude aux droits d'un créancier.

1. Pouvant, le cas échéant, constituer une libéralité rémunératoire, si sa contribution aux charges du ménage excédait son obligation. Ainsi de l'époux participant à l'activité professionnelle de l'autre sans rémunération et au-delà de sa contribution aux charges.

369 **Conclusion. Une séparation de biens avec une éventuelle quasi-communauté active sous forme d'indivision.** Le régime pacsal emprunte ainsi à la séparation de biens l'indépendance patrimoniale qui la caractérise : les patrimoines restent séparés, à l'exception de la solidarité des dettes engagées pour la vie courante et d'une éventuelle indivision résultant de l'impossibilité de prouver la propriété exclusive de l'un des partenaires sur tel ou tel bien. Mais, si les partenaires le souhaitent, ils peuvent unir davantage leur destin patrimonial : ils peuvent d'abord, comme dans le régime de la séparation de biens, acquérir tel ou tel bien en indivision ; ils peuvent surtout opter, à l'origine ou ultérieurement pour une indivision pacsale qui constitue en quelque sorte une communauté d'acquêts sans communauté de dettes. Passivement, en effet, les dettes restent propres à chacun, même contractées en cours de pacte. Activement, en revanche, l'indivision appréhendera en principe tous les acquêts. L'association patrimoniale est même plus étendue que la communauté légale. Les instruments de travail nécessaires à la profession de l'un des partenaires ne demeurent pas, ainsi, propriété exclusive de chacun (comp. art. 1404, al. 2) ; il en va de même des biens acquis à titre d'accessoires d'un bien propre (comp. art. 1406, al. 2) ou de ceux acquis par subrogation (comp. art. 1406, al. 2). Et le droit commun, s'il permet parfois de qualifier de propriété exclusive les biens considérés (par exemple en vertu du principe selon lequel « l'accessoire suit le principal »), n'y suffit pas toujours : rien de tel n'existe ainsi dans le cas des biens professionnels.

Une telle organisation pourra ne pas paraître convaincante. Est-il logique de ne consacrer aucune disposition propre à garantir l'indépendance professionnelle des partenaires ? Ne mérite-t-elle pas d'être protégée autant que celle des époux ? Est-il logique, aussi, de n'avoir rien dit du logement du couple ? Est-il convaincant de laisser chacun des partenaires libre de disposer du logement commun alors que, dans le même temps, la loi impose au bailleur la continuation du bail au profit du partenaire survivant ? Est-il logique que le pacte civil de solidarité soit opposable aux tiers (bailleur, État, sécurité sociale) mais que la protection des tiers soit limitée, puisqu'elle n'est assurée que par la solidarité des dettes de la vie courante et par la présomption de pouvoir relative aux biens meubles détenus individuellement ? N'est-il pas inique, surtout, de voir rompu l'équilibre, essentiel, existant entre actif et passif ? Le résultat est que, d'une part, l'activité professionnelle exercée par l'un permettra le cas échéant d'enrichir substantiellement l'autre via l'indivision des biens acquis en cours de pacte mais que, d'autre part, le passif engendré restera propre au professionnel en question.

On mesure ici la difficulté qu'il y a à construire un statut de couple qui ne soit pas le mariage mais qui soit juste, tant entre les membres du couple qu'à l'égard des tiers, tant en termes d'union qu'en termes d'indépendance, tant en matière personnelle qu'en matière patrimoniale.

CHAPITRE 3

La dissolution du pacte

370 **Un concubinage à la dissolution.** La dissolution du pacte creuse la différence entre pacte civil de solidarité et mariage. Si une comparaison s'impose alors, c'est davantage avec le concubinage - chacun est libre de rompre, aucun effet n'est en principe attaché au pacs après sa dissolution –, à cette différence près que diverses formalités doivent être accomplies pour que le pacte civil de solidarité disparaisse. L'étude des causes de dissolution sera suivie de celle des effets de la dissolution.

SECTION 1

LES CAUSES

371 **Une dissolution formellement encadrée.** Les causes de dissolution admises par la loi donnent au pacte civil une grande fragilité et le distinguent nettement du mariage.

La loi prévoit *quatre causes de dissolution* : la mort, le mariage (qu'il s'agisse du mariage de l'un d'eux ou de leur mariage commun), la volonté accordée ou unilatérale des partenaires. Il serait toutefois erroné de comparer ces cas de dissolution avec les « cas de divorce » prévus par l'article 242 du Code civil (v. ss 191). Le divorce suppose en effet des conditions de fond (un accord conjoint émanant d'une volonté libre et éclairée, l'acceptation par chacun de la rupture du mariage, une faute, une séparation de fait de deux ans...) qui sont assez différentes des événements ici énumérés. Surtout, et en la forme cette fois, la dissolution du pacs ne suppose aucune décision judiciaire : elle est seulement soumise à diverses formalités, dont l'encadrement a été progressivement dessiné par les lois du 15 novembre, du 23 juin 2006 et du 28 mars 2011.

La nature statutaire du pacte conduit à considérer que l'énumération de l'article 515-7 est limitative et que le pacte civil de solidarité ne peut prendre autrement fin. Ainsi, convient-il *a priori* d'écarter la possibilité d'une résolution judiciaire pour inexécution. Pareillement, une clause prévoyant la cessation du pacte civil de solidarité en cas de disparition de la vie commune ne saurait produire effet.

1. La dissolution par mort ou mariage

372 **Dissolution par mort ou mariage.** L'article 515-7 issu de la loi du 15 novembre 1999 prévoyait que le pacte prenait fin par le décès de l'un au moins des partenaires (al. 4) ou son mariage (al. 3). La loi du 23 juin 2006 a ajouté l'hypothèse du mariage des partenaires entre eux.

Diverses formalités doivent toutefois être accomplies. Dans le système issu de la loi du 15 novembre 1999, une double formalité était prévue. En cas de décès, une copie de l'acte de décès devait être adressée par l'autre partenaire ou tout intéressé au greffe du tribunal d'instance ayant reçu l'acte initial ; le greffier devait alors porter mention de la dissolution en marge de l'acte initial et faire procéder à l'inscription en marge du registre tenu au greffe. En cas de mariage, le partenaire se mariant devait signifier le mariage à l'autre, adresser copie de la signification et de son acte de naissance portant mention du mariage au greffe du tribunal ayant reçu l'acte initial ; le greffier devait, là encore, procéder à la double formalité de la mention en marge de l'acte initial et de la mention en marge du registre. Un tel système présentait évidemment l'inconvénient de faire reposer la dissolution du pacte sur des formalités accomplies par des personnes privées. La loi du 23 juin 2006 a amélioré le système qu'elle a renforcé, en reprenant les règles imposées lors de la conclusion du pacte. La loi du 28 mars 2011 (qui a permis aux notaires de recevoir la déclaration conjointe des partenaires) et celle du 18 novembre 2016 (qui a substitué l'officier d'état civil au greffier du tribunal d'instance) ont imposé de modifier le système. Il appartient à l'officier d'état civil ayant célébré le mariage ou établi l'acte de décès d'informer l'officier d'état civil (hier le greffier du tribunal) ou le notaire ayant reçu la déclaration conjointe initiale de l'événement considéré (c'est-à-dire mort ou mariage) ; il appartient alors à cet officier d'état civil (hier à ce greffier) ou à ce notaire d'enregistrer la dissolution, puis de faire procéder aux formalités de publicité (art. 515-7, al. 2).

Dans ces deux cas, la loi précise, et ce depuis la loi du 15 novembre 1999, que *la dissolution du pacte prend effet à la date de l'événement* extinctif (art. 515-7, al. 1er).

2. La dissolution par la volonté unilatérale ou accordée des partenaires

373 **Dissolution volontaire.** Le pacte peut aussi être rompu volontairement par les partenaires ou par l'un d'eux.

Les partenaires peuvent décider de dissoudre le pacte par *déclaration conjointe* (art. 515-7, 3 et 4). La loi du 15 novembre 1999 leur imposait de remettre une déclaration conjointe en ce sens au greffe du tribunal dans le ressort duquel l'un des partenaires au moins avait sa résidence. Pour faciliter la rupture accordée, la loi du 23 juin 2006 leur a permis de remettre ou d'« adresser » leur déclaration conjointe au greffe du tribunal du lieu de son enregistrement. Depuis la loi du 28 mars 2011, si le pacte a été conclu par acte notarié, c'est au notaire instrumentaire qu'ils doivent remettre ou adresser leur déclaration conjointe de rupture. Et depuis la loi du 18 novembre 2016, c'est à l'officier d'état civil et non plus au greffier du tribunal que la convention de rupture doit être remise ou adressée.

Mais la rupture peut aussi intervenir sur *décision unilatérale* de l'un (art. 515-7, 3 et 5). Au fond, la décision est libre, peut intervenir à tout moment, et n'a pas à être motivée. La loi du 15 novembre 1999 imposait seulement à l'auteur de la rupture de signifier à l'autre sa décision puis d'adresser copie de la signification au greffe du tribunal ayant reçu l'acte. La loi du 23 juin 2006 lui permet désormais d'adresser mais aussi de « remettre » ladite copie au greffe du tribunal. Depuis la loi du 28 mars 2011, si le pacs a été conclu par acte notarié, ladite copie doit être remise ou adressée au notaire instrumentaire. Là encore, depuis la loi du 18 novembre 2016, c'est à l'officier d'état civil et non plus au greffier du tribunal que la copie de la signification doit être adressée.

Dans ces deux cas, la loi charge *l'officier d'état civil* (hier le greffier) ou *le notaire* d'enregistrer la dissolution et de faire procéder aux formalités de publicité (art. 515-7, al. 6). À l'étranger, ce sont les agents diplomatiques et consulaires français qui procèdent ou font procéder à ces formalités (art. 515-7, al. 9).

La loi du 15 novembre 1999 avait fixé *la date à laquelle le pacte prenait fin* en distinguant selon que la rupture intervenait sur déclaration conjointe ou volonté unilatérale : elle avait retenu la date de la mention en marge de l'acte initial dans le premier cas ; dans le second, en revanche, le pacte ne prenait fin que trois mois après la signification délivrée à l'autre partenaire, et encore seulement sous réserve qu'une copie de la signification ait été portée à la connaissance du greffier du tribunal ayant reçu l'acte initial. La consécration d'un tel laps de temps n'était évidemment pas sans danger. La loi du 23 juin 2006 a simplifié le système en même temps qu'elle améliorait la sécurité juridique des partenaires et des tiers : *entre les partenaires*, le pacte prend désormais fin à *la date de l'enregistrement* de la dissolution (art. 515-7, al. 7) ; la dissolution n'est en revanche *opposable aux tiers* qu'au jour de l'accomplissement des *formalités de publicité* (art. 515-7, al. 8). Cette solution demeure aujourd'hui, et ce que la rupture ait été enregistrée par un officier d'état civil ou un notaire.

SECTION 2

LES EFFETS

374 **Dissolution-liquidation.** Alors que le divorce ne conduit pas seulement à faire table rase du mariage dissous mais engendre des effets qui lui sont propres (éventuel port du nom du conjoint, versement d'une prestation compensatoire, concession à bail du logement familial, v. ss 251 s.), la dissolution du pacte est radicale[1]. Il s'agit d'anéantir dans le futur les effets du pacte, de « liquider les droits et obligations des partenaires » comme dit l'article 515-7. La précarité qui caractérise le pacs explique que la loi pose peu de règles matérielles, conduisant à un encadrement légal sommaire (**1**) et s'en remette en principe à l'accord des intéressés (**2**), le juge ne devant intervenir qu'à défaut d'accord des partenaires (**3**). Ces solutions creusent la différence avec le divorce, où le juge doit être saisi et où la loi fixe elle-même le cadre des effets du divorce[2].

1. Un encadrement légal sommaire

375 **Créances entre partenaires.** La loi du 23 juin 2006 a prévu à l'article 515-7 une règle relative aux créances entre partenaires : « les créances dont les partenaires sont titulaires l'un envers l'autre sont évaluées selon les règles prévues à l'article 1469 » (al. 11).

– *Règles d'évaluation des récompenses entre époux.* Le pacte emprunte ainsi de nouveau au mariage son régime : les créances entre partenaires sont évaluées comme les récompenses entre époux. Trois règles en découlent. *Le principe* est que c'est *la plus faible* des deux sommes que représentent la dépense faite et le profit subsistant qui est due. La première limite est l'hypothèse d'une *dépense nécessaire* : la dette ne peut alors être inférieure à

1. Décis. n° 2011- 155 QPC, 29 juill. 2011, jugeant que l'art. L. 39 du Code des pensions civiles et militaires de retraite, qui n'ouvre pas droit à la pension de réversion en cas de pacs, n'est pas contraire à l'égalité : « le législateur a, dans l'exercice de la compétence que lui reconnaît l'article 34 de la Constitution, défini trois régimes de vie de couple qui soumettent les personnes à des droits et obligations différents » et « la différence de traitement quant au bénéfice de la pension de réversion entre les couples mariés et ceux qui vivent en concubinage ou sont unis par un pacte civil de solidarité ne méconnaît pas le principe d'égalité ».
2. Mais v. Centre d'analyse stratégique, note « Désunion et paternité », 17 oct. 2012, suggérant une prestation compensatoire pour... sécuriser le lien père/enfant !

la *dépense faite*. La seconde limite est celle d'*une créance ayant permis d'acquérir, conserver et améliorer un bien qui se retrouve, au jour de la liquidation, dans le patrimoine emprunteur*[1]. La créance échappe alors au principe du nominalisme monétaire et constitue une dette de valeur : c'est le *profit subsistant* qui est dû. La loi précise deux choses : en cas d'aliénation du bien considéré, le profit est évalué au jour de l'aliénation ; en cas d'aliénation suivie d'une subrogation réelle, le profit est évalué sur le bien nouveau subrogé au bien aliéné.

– *Limites*. Le texte prévoit deux limites.

Il admet en premier lieu l'hypothèse d'une « *convention contraire* ». Les partenaires pourraient ainsi décider d'une autre technique d'évaluation. La loi ne précisant rien, il semble logique d'admettre qu'une telle convention puisse être insérée dans le pacte initial ou intervienne ultérieurement, et notamment au moment de la liquidation (v. ss 377).

Il prévoit en second lieu que « ces créances peuvent être *compensées avec les avantages que leur titulaire a pu retirer de la vie commune*, notamment en ne contribuant pas à hauteur de ses facultés aux dettes contractées pour les besoins de la vie courante ». De ce point de vue, le pacte civil de solidarité diffère du concubinage : l'action *de in rem verso* est en effet en principe fermée lorsque le concubin se plaint seulement d'avoir assumé plus qu'il ne fallait les dépenses de la vie commune, le principe étant qu'« aucune disposition légale ne réglant la contribution des concubins aux charges de la vie commune, chacun d'eux doit, en l'absence de volonté exprimée à cet égard, supporter les dépenses « ainsi exposées » (v. ss 311)[2]. Il emprunte en revanche à la séparation de biens : lorsqu'un époux contribue aux charges du mariage au-delà de son obligation légale et appauvrit ainsi son patrimoine (par manque à gagner ou perte éprouvée) en même temps qu'il enrichit corrélativement celui de l'autre époux, il en résulte une

1. Ce sera le plus souvent le patrimoine du partenaire débiteur. Mais on peut imaginer qu'un partenaire consente un prêt à l'autre pour acquérir un bien indivis. La règle conduira alors à évaluer la créance à partir de la valeur de la part indivise du débiteur.

2. Civ. 1re, 19 mars 1991, *Bull. civ.* I, n° 92 ; 17 oct. 2000, *Bull. civ.* I, n° 244 ; 28 nov. 2006, *Bull. civ.* I, n° 517; v. ss 323, les limites jurisprudentielles de ce principe.

dette à la charge de l'enrichi, dette qui peut être exécutée sous la forme d'une libéralité rémunératoire ou justifier le versement d'une indemnité compensatrice lors de la dissolution du mariage (v. ss 142). Le « notamment » invite évidemment à se demander dans quel autre cas une telle compensation pourrait être opérée. Il semble logique d'envisager l'hypothèse de la collaboration non rémunérée d'un partenaire à la profession de l'autre. En pareil cas, dans la séparation de biens comme dans le concubinage[1], celui qui s'appauvrit et enrichit en même temps l'autre (parce que la collaboration est non rémunérée), est titulaire d'une créance à l'égard de l'autre[2]. Il convient en revanche d'écarter toute prise en compte de l'avantage résultant de l'indivision des biens acquis en cours de pacte pour le partenaire n'ayant pas contribué également à l'acquisition, l'article 515-5-1 *in fine* interdisant tout « recours de l'un des partenaires contre l'autre au titre d'une contribution inégale » (v. ss 368).

376 **Sort des biens indivis.** La loi du 23 juin 2006 a également consacré quelques règles relatives au sort des biens indivis en cas de dissolution du pacte.

– *Attribution préférentielle de droit commun.* La loi du 15 novembre 1999 avait étendu au pacte civil de solidarité les dispositions de l'article 832 du Code civil (art. 515-6), d'où résultait que, lors de la dissolution du pacte, chacun pouvait éventuellement bénéficier de l'attribution préférentielle de certains biens. Étaient toutefois exclues les dispositions relatives à tout ou partie d'une exploitation agricole, ainsi qu'à une quote-part indivise ou aux parts sociales de cette exploitation. Depuis la loi du 23 juin 2006, l'article 515-6 renvoie aux articles 831, 831-2, 832-3 et 832-4 : l'attribution préférentielle pourra donc, dans les conditions prévues par ces textes, concerner une entreprise ou partie d'entreprise (agricole, commerciale, industrielle, artisanale ou

1. Celui qui a, par son fait personnel, enrichi l'autre en même temps qu'il s'appauvrissait, peut agir sur le terrain de l'action *de in rem verso* si le fait invoqué « se distingue d'une participation aux dépenses communes des concubins », par exemple si elle consiste en une collaboration professionnelle : Civ. 1re, 15 oct. 1996, *Bull. civ.* I, no 357.

2. À condition, en mariage, que ladite collaboration dépasse l'obligation légale de contribuer aux charges du mariage.

libérale), la propriété ou le droit au bail du local d'habitation (ou du local professionnel), les biens meubles nécessaires à l'exploitation d'un bail rural.

– *Attribution préférentielle de droit.* La loi du 23 juin 2006 a en outre rendu applicables au partenaire survivant les dispositions du premier alinéa de l'article 831-3, si le défunt l'a expressément prévu par testament. L'attribution préférentielle de la propriété du local et du mobilier le garnissant est donc de droit au profit du partenaire survivant si le défunt l'a décidé par testament.

– *Droit de jouissance du logement et des meubles pendant un an après le décès.* Enfin, l'alinéa 3 du texte prévoit que le survivant peut se prévaloir des deux premiers alinéas de l'article 763. Ce faisant, la loi étend au partenaire survivant le bénéfice du droit créé au profit du conjoint survivant par la loi du 3 décembre 2001, à savoir le droit à la jouissance gratuite du logement occupé à titre d'habitation principale ainsi que du mobilier le garnissant, droit de jouissance qui existe pendant un an à compter de l'ouverture de la succession (v. ss 155). À supposer que le logement soit assuré au moyen d'un bail, c'est à la succession que reviendra la charge des loyers pendant une même année[1]. Le texte a toutefois limité l'extension au pacs du statut successoral du conjoint survivant : les alinéas 3 et 4 de l'article 763 ne sont ainsi pas applicables au partenaire lié par un pacte civil de solidarité au défunt. Cette limitation est importante : il en résulte d'abord que les droits en question seront considérés comme des droits successoraux[2] ; il en résulte ensuite que ces droits ne sont pas d'ordre public, si bien que le défunt aura pu les écarter.

2. La liquidation conventionnelle du pacte civil de solidarité

377 La loi renvoie par ailleurs aux parties le soin de procéder à la liquidation de leurs droits et obligations : les partenaires procèdent « eux-mêmes » à la liquidation, dit l'article 515-7, alinéa 10.

Il appartient donc aux partenaires de *liquider leurs intérêts*, ce qui est bien vague comme directive. L'accord pourra naturelle-

1. Pour les conséquences fiscales, v. CGI, art. 775 *quater*.
2. La précision est d'importance notamment en termes de réduction des libéralités.

ment porter sur l'indivision : il faudra établir le compte de l'indivision éventuelle, décider du partage, régler le sort des dettes indivises, se mettre éventuellement d'accord sur la vente ou la jouissance par l'un d'un bien indivis, etc. L'accord pourra également porter sur les conditions de la reprise par chacun de ses biens personnels. La convention pourra aussi, non sans rapport avec les solutions existant dans le mariage ou la rupture de concubinage, porter sur le versement d'une somme, à titre de réparation d'un dommage éventuel ou de soutien dans l'adversité, etc.

La loi n'ayant prévu aucune règle spéciale relative aux effets de l'accord des partenaires et n'ayant institué aucun contrôle préalable de la qualité des consentements et de l'acceptabilité du contenu de l'accord (comp. art. 232 et 279 et 279-1, v. ss 178 s. et 194 s.), c'est au regard *du droit commun* que la validité et les effets de cette convention seront déterminés, qu'il s'agisse du droit commun des contrats (art. 1128 s.) ou du droit commun du partage (art. 835 et 887 s.) : la nullité pourra intervenir pour erreur, dol ou violence, ou pour illicéité ou immoralité du contenu ; la fraude paulienne pourra éventuellement être invoquée par des créanciers lésés ; l'accord aura force obligatoire, sera opposable aux tiers, ne sera pas rescindable pour lésion (excepté le partage, rescindable en cas de lésion de plus d'un quart) ; etc. On retrouve en somme ici les avantages (la liberté) et inconvénients (l'insécurité) de l'organisation conventionnelle de la rupture d'un concubinage (v. ss 318 s.).

Ces solutions peinent à convaincre. Les partenaires pourront fort bien d'abord ne pas procéder à la liquidation de leur situation patrimoniale, auquel cas le décès survenant après la dissolution pourra conduire à des imbrications d'indivisions le cas échéant assez complexes. Surtout, rien ne garantit que les accords conclus seront justes et sûrs : les partenaires ne connaissent pas nécessairement leurs droits et le risque de pressions de l'un sur l'autre est réel au moment de la dissolution. Il est donc à craindre que l'absence de contrôle judiciaire et d'intervention d'un professionnel qualifié (comp. art. 255, v. ss 227) ne conduise à des accords iniques qui seront ultérieurement contestés. Le risque de litige *a posteriori* est donc réel, sauf à ce que la prescription ne s'oppose à la contestation de l'accord, qu'il s'agisse du droit commun de la prescription quinquennale (art. 2224) ou d'un délai plus court (v. ainsi le délai de prescription de deux ans en cas de partage lésionnaire : art. 889).

3. La liquidation judiciaire subsidiaire du pacte civil de solidarité

378 **Un pouvoir judiciaire subsidiaire.** « À défaut d'accord » entre les partenaires, l'article 515-7 confère au juge le pouvoir de « statuer sur les conséquences patrimoniales de la rupture », « sans préjudice de la réparation du dommage éventuellement subi » (art. 515-7, al. 10).

379 **La réparation du dommage éventuel.** La formule vise sans doute à éviter que le silence de la loi ne soit interprété comme consacrant au profit de chacun une immunité civile. La précision a ainsi l'avantage de rappeler qu'un éventuel préjudice pourrait être réparé. Mais la loi n'a précisé ni les préjudices réparables ni le fondement d'une telle réparation. S'agit-il de réparer le préjudice causé par la dissolution ? Mais alors à quelle condition ? Faut-il, s'inspirant de l'article 266 (v. ss 265 s.), subordonner l'obligation de réparer à l'imputabilité de la rupture ? Mais alors n'est-il pas illogique d'admettre, comme le veut le même texte, la réparation de tout préjudice alors que le droit du divorce limite la réparation aux seules « conséquences d'une particulière gravité (...) subi(es) du fait de la dissolution » ? La logique interne du pacte civil de solidarité, dont la liberté de rompre est traditionnellement présentée comme une caractéristique essentielle, ne conduit-elle pas plutôt à poser un principe de liberté et à n'admettre de responsabilité qu'en cas de faute dans la rupture, brutale, violente... ? Le dommage réparable ne pourrait-il en outre trouver sa source dans l'exécution du pacte, par exemple du fait de la violation du devoir d'assistance, ou de vie commune ? Ne pourrait-il même procéder de la conclusion du pacte, par exemple si elle a été faite à la légère et immédiatement suivie d'une rupture, ou réalisée de mauvaise foi (par exemple par fraude) ? Si analogie il doit y avoir, il semble que ce soit en effet davantage avec le concubinage, libre dans sa rupture, qu'avec le mariage, qui n'est pas une promesse sans

lendemain. Et d'autres questions surviennent. La responsabilité est-elle, ainsi, de nature contractuelle ou délictuelle ? Les parties peuvent-elles convenir, dès l'origine, des conditions et effets de cette responsabilité ?

380 **Pouvoir que le juge tire du droit commun.** La loi n'envisage explicitement que la responsabilité éventuelle de l'un à l'égard de l'autre ou la question de l'évaluation des créances entre époux ou quelques questions relatives à l'indivision. Est-ce à dire que ce soit les seules questions qui pourraient être soumises au juge ? La réponse est évidemment négative. Ici, comme dans le concubinage, le droit commun s'applique : le juge pourra donc être saisi d'une demande de restitution de biens (art. 544), d'une demande de révocation de libéralité pour inexécution des conditions ou ingratitude (art. 953 s.), etc. Plus généralement, n'importe quelle demande pourra lui être soumise, fondée sur le droit commun, des biens ou des obligations (enrichissement sans cause, exécution de contrat, gestion d'affaires).

381 **Conclusion.** Un tel exposé atteste : 1°) que le pacte civil de solidarité est quasiment un mariage dans sa formation, puisqu'il lui emprunte pour l'essentiel ses règles (et notamment celle, hautement symbolique, de l'état civil) ; 2°) qu'il ressemble fort à un mariage conclu sous la séparation de biens pendant son existence, même si des différences fortes subsistent (aucun effet ne lui est attaché à l'égard des enfants des partenaires ; les dettes restent personnelles ; la vocation successorale du conjoint survivant est sans équivalent) ; 3°) qu'il se rapproche davantage du concubinage que du mariage lors de sa dissolution. Le nouveau statut qu'il offre aux couples aboutit ainsi à une union privée de tout effet générationnel, moins étroite que le mariage dans l'ordre patrimonial, et largement amputée d'effet contraignant dans la durée.

L'avenir dira quelle est la liberté exacte dont chacun dispose (notamment en termes de fidélité et de dissolution) et quelles conséquences un tel statut aura sur l'institution du mariage (renforcement de sa portée, symbolique et pratique, ou affaiblissement de sa portée, notamment dans les effets personnels et lors de la dissolution) et sur le fait du concubinage (accentuation du non-droit ou voie de l'institutionnalisation). L'avenir dira aussi quelle conséquence ce statut aura sur la « contractualisation » des couples.

DEUXIÈME PARTIE

L'ENFANT

382 **Plan.** Le mot « enfant » reçoit, dans le vocabulaire courant, deux acceptions : il désigne soit la personne immature, et même plus précisément la personne non parvenue à capacité, soit la personne unie par le lien de parenté le plus étroit qui soit, le lien de filiation. Ces deux acceptions renvoient, en droit, à deux questions : comment un enfant est-il rattaché à ses auteurs, d'abord, et quel est son statut de mineur, ensuite ?

La ligne de force du droit positif consiste à reconnaître aux parents un rôle privilégié, pour diverses raisons qu'on exposera plus tard (v. ss 592). Mais l'émergence progressive du mot « *parentalité* » atteste la remise en cause du modèle traditionnel. Le mot est venu des psychologues, qui considèrent que la qualité de parent, au sens d'éducateur, n'est pas naturelle mais s'acquiert par l'expérience, l'éducation, la réflexion : pour paraphraser Simone de Beauvoir, on ne naît pas parent lorsque l'enfant paraît, on le devient en même temps qu'il grandit. Le mot a ensuite été repris par les sociologues pour désigner des situations de parenté marginales, comme les familles monoparentales, ou l'homoparentalité. Le terme est ainsi très ambigu, dans son objet (désigne-t-il la parenté ou l'autorité parentale, l'autorité parentale seule ou le devoir d'entretien, etc. ?), dans sa source (la parentalité procède-t-elle de la nature, de la loi, du fait de la vie commune, de l'expérience éducative ?), dans ses caractères (est-elle marginale, ou qualitative, etc. ?). En toutes hypothèses, l'essor du mot dit quelque chose des pressions exercées sur le rôle des parents ; plus précisément elle renforce le caractère artificiel et normatif de leur autorité parentale, en même temps qu'elle justifie l'introduction des tiers, comme concurrents potentiels des père et mère[1].

On envisagera dans un livre premier la question de la filiation (rattachement de l'enfant à ses père et mère) avant d'analyser dans un livre second le statut familial de l'enfant, statut familial qui atteste le rôle important joué par les parents dans la protection de l'enfant.

1. Le lien est immédiat avec l'émergence du couple, notion elle aussi très vague, et qui éprouve elle aussi un modèle traditionnel, celui du mariage.

LIVRE PREMIER

LE RATTACHEMENT DE L'ENFANT À SA FAMILLE

383 **Filiation en fait et filiation en droit.** Pour le commun des mortels, la filiation est le plus souvent associée à l'idée de lien biologique : être le fils (ou la fille) de tel et telle, c'est être né des œuvres de ce père et de cette mère, avoir été enfanté par eux. C'est aussi le pari du droit positif, qui s'efforce, autant que possible, de consacrer la « filiation biologique » (qu'on pourra préférer appeler « filiation charnelle » en ce qu'elle ancre l'enfant dans l'union charnelle d'un homme et d'une femme plus que dans la génétique). *L'engendrement naturel* permet en effet le plus souvent d'établir un lien de « filiation » au sens du Titre VII du Livre Ier du Code civil, lien qui rattache l'enfant directement à l'auteur en question (père ou mère), et le relie indirectement aussi aux parents de cet auteur[1]. Le droit considère aujourd'hui que tel est le fondement le plus favorable de la filiation juridique. *Les raisons en sont multiples* : l'engendrement ancre l'enfant dans la chaîne généalogique de l'humanité ; c'est une réalité stable, quand la société est de plus en plus caractérisée par la précarité ; il suppose bien souvent en

1. Par une sorte de transitivité : si A est le père de B, et B le père de C, alors A est parent de C (à un degré certes différent).

amont une volonté de parenté, car la maîtrise de la procréation a marginalisé la procréation d'un enfant non désiré, et la parenté volontairement assumée est souvent jugée conforme à l'intérêt de l'enfant ; il satisfait au besoin psychologique du sujet de connaître ses origines ; etc. Pour toutes ces raisons, et d'autres encore, multiples et souvent diffuses (v. ss 397), le droit arrime ainsi autant que possible la filiation juridique à l'engendrement. Pour autant, ce serait une erreur de croire qu'il s'en tient toujours et exclusivement *au lien de sang*. La filiation juridique est « *construite* » par le droit : elle peut donc, le cas échéant, différer de la filiation charnelle, qui n'est qu'un simple « *fait* ». Plus précisément, filiation charnelle et filiation juridique diffèrent à deux égards.

384 **Filiation juridique et filiation charnelle.** La filiation charnelle n'est pas, en premier lieu, toujours suffisante.

La filiation juridique s'entend en effet d'abord d'une *filiation « légalement établie »*[1], c'est-à-dire établie selon des voies déterminées par le droit dans le Titre VII du Livre Ier du Code civil. Il en résulte que le fait brut de l'engendrement ne suffit pas pour parler, juridiquement, de filiation. C'est que le droit a besoin d'*instituer* le sujet, d'inscrire la réalité de son engendrement dans le système de l'état civil, pour passer de *l'être biologique* au *sujet juridique*.

Mieux, *il arrive que la filiation charnelle ne puisse pas être juridiquement établie* : dans certains cas, le droit estime qu'il vaut mieux ne pas connaître la vérité charnelle. Ainsi, l'enfant issu d'une union incestueuse ne pourra pas voir sa double filiation établie, le droit estimant qu'une telle inscription à l'état civil porterait préjudice tant à l'enfant qu'à l'ordre social (v. ss 417). De même, le droit choisit de rendre incontestable la filiation d'un enfant qui a été reconnu par un homme qui n'est pas son père si ce dernier, après l'avoir reconnu, l'élève pendant plus de cinq ans : le système juridique considère alors que la stabilité de la filiation doit l'emporter sur le souci de vérité biologique, tant dans l'intérêt de l'enfant que dans celui de la famille et de l'ordre social

1. Le mot est mal choisi : mieux vaudrait parler de filiation « juridiquement » établie, car il arrive que ce soit par une décision de justice qu'une filiation est établie.

(v. ss 498 s.). De même encore, l'enfant ayant bénéficié d'une adoption plénière ne pourra pas voir sa filiation charnelle juridiquement consacrée, le droit estimant que la prise en charge volontaire d'un enfant en mal de famille doit, une fois la décision judiciaire d'adoption intervenue, faire obstacle à l'établissement de la filiation procédant de l'engendrement (v. ss 531).

385 **Filiation juridique et filiations artificielles.** *La filiation charnelle n'est pas, en second lieu, toujours nécessaire :* le droit accueille à côté d'une filiation dont la logique profonde est de reposer sur l'engendrement, *une filiation* qu'on peut dire *« artificielle »*, en ce qu'elle est créée par le droit sans arrimage au fait charnel.

L'adoption, ainsi, relie un enfant à celui (ou celle) que le droit qualifie de père (ou mère), parce qu'il (ou elle) a voulu se rattacher un enfant et que cette volonté a été consacrée par décision judiciaire, indépendamment de tout lien de sang.

De même, la filiation de l'enfant issu de ce que le droit appelle « *l'assistance médicale à la procréation* », se construit sur autre chose que l'engendrement naturel. Diverses techniques permettent en effet aujourd'hui de faire venir à la vie des enfants « artificiellement » : insémination artificielle *in utero*[1], implantation d'ovule non fécondé[2], fécondation *in vitro* suivie de la réimplantation de l'embryon ainsi conçu[3]. De ces techniques, résultent la conception et la naissance d'enfants que *le droit considère comme issus des couples qui ont voulu leur conception* alors pourtant que ces enfants ne sont *pas engendrés par rapport charnel du couple* (l'artifice résulte alors de la dissociation de la procréation et du rapport sexuel) et que, bien souvent, ils auront même été *conçus à partir des forces génétiques d'un tiers* (l'artifice résulte alors d'une double dissociation, entre procréation et rapport sexuel d'une part, entre procréation et source génétique d'autre part). Certes, le droit utilise alors *formellement* la filiation du Titre VII, dont la vocation est de s'appuyer sur la filiation charnelle, en ce

1. Qui consiste à féconder dans l'utérus d'une femme un ovule de cette femme avec le sperme de son mari ou concubin, ou d'un tiers.
2. Qui consiste à implanter dans un utérus féminin l'ovule d'une autre femme.
3. Qui consiste à féconder, en laboratoire (ce qui explique les expressions « *in vitro* » et « *bébé éprouvette* »), un ovule avec du sperme, puis à réimplanter dans l'utérus d'une femme l'embryon ainsi conçu.

sens que la filiation sera établie suivant les mêmes voies formelles que celles employées à l'égard d'un enfant « biologique » : acte de naissance, reconnaissance, acte de notoriété de la possession d'état, décision judiciaire. Mais c'est sur *la volonté de faire venir à la vie un enfant* que le droit fonde alors, en fait, la filiation : la seule caractéristique commune à *tous les enfants issus d'une assistance médicale à la procréation* est qu'ils ont été « *voulus* » par ceux que le droit qualifie ensuite de père et mère. La filiation issue d'une assistance médicale à la procréation ressemble à cet égard peut être davantage à la filiation adoptive qu'à la filiation dite « biologique » ou « charnelle », et ce même si le droit procède à son établissement selon les voies de la filiation du Titre VII. Sauf à fonder la filiation sur une conception renouvelée de l'engendrement. Sur quoi, v. V. Deschamps, *L'engendrement comme fondement de la filiation, Étude sur la cohérence du Titre VII du Livre premier du Code civil*, LGDJ, coll. « Th. dr. pr. », à paraître.

386 **Filiations artificielles. Modèle biologique.** Il ne faudrait pas croire que ces filiations artificielles n'ont aucun rapport avec *la filiation charnelle* : la filiation découlant de l'engendrement reste traditionnellement un « *modèle* ». C'est vrai de l'assistance médicale à la procréation, qui est un mode subsidiaire de procréation (elle ne peut intervenir que pour suppléer un engendrement impossible pour des raisons médicales, infertilité pathologique ou risque de transmission d'une maladie grave) et n'est ouverte que par imitation de la procréation naturelle (elle est réservée aux couples, d'un homme et d'une femme, vivants, en âge de procréer). C'était vrai hier de l'adoption : elle était un mode subsidiaire de rattachement familial de l'enfant par rapport à la filiation du titre VII et imitait cette filiation, comme l'illustraient la loi (qui posait ainsi une condition de différence d'âge entre l'adoptant et l'adopté) et la jurisprudence (qui subordonnait le prononcé de l'adoption à l'existence, en fait, d'un rapport de type filial entre le candidat adoptant et le sujet adoptable).

387 **Avenir du modèle charnel : quelle place, demain, pour l'engendrement dans la filiation ?** La place à venir de l'engendrement dans le

système de la filiation reste incertaine. Deux forces contraires s'affrontent en effet.

La première procède de *l'importance de la connaissance des origines*, que la loi interne ne consacre pas comme un droit de l'enfant, en l'état du droit positif (v. ss 487), mais que la Cour européenne des droits de l'homme protège sur le fondement du droit à la vie privée[1]. Il en résulte, en matière de filiation, une assez forte poussée en faveur de la révélation à chacun des conditions de son engendrement (que ce soit dans l'accouchement sous X ou dans l'adoption), voire un droit à faire établir en justice la vérité biologique, qu'il s'agisse d'établir la filiation ou de la contester[2].

La seconde procède *des progrès du volontarisme en matière de filiation*, progrès que l'on peut constater dans deux directions. *Dans le domaine du discours*, d'abord, l'idée selon laquelle la filiation voulue est la filiation préférable ne cesse de progresser, au motif qu'une telle filiation comblerait le désir de l'adulte, tout en donnant à l'enfant un parent soucieux de son intérêt (parce qu'il veut être parent, il est prêt à assumer les responsabilités liées à cette parenté et assurera donc effectivement l'éducation et l'entretien de l'enfant dans l'intérêt de ce dernier), et en dispensant l'État de devoir assumer la charge de l'enfant. *Dans le domaine du droit* ensuite, l'ouverture du mariage aux couples homosexuels ayant incontestablement accentué l'artificialisme de l'adoption : parce que *l'ouverture du mariage aux couples homosexuels leur donne accès à l'adoption conjointe*, simple ou plénière, et que l'adoption plénière conjointe par un couple de même sexe conduit à l'établissement d'un acte de naissance portant mention de ce que l'enfant est né de deux pères ou de deux mères, la loi du 17 mai 2013 conduit indirectement à la bi-parenté adoptive paternelle et à la bi-parenté adoptive maternelle, d'où résulte un bouleversement de l'adoption, qui ne peut plus prétendre imiter l'engendrement, ce avec l'assentiment du Conseil constitutionnel qui a jugé

1. CEDH 13 févr. 2003, *Odièvre c/ France*, n° 42326/98 ; 18 mars 2013, *Godelli c/ Italie*, n° 33783/09.
2. V. par ex. CEDH 4 sept. 2002, *Mikulic c/ Croatie*, n° 53176/99 ; 10 oct. 2006, *Paulik c/ Slovaquie*, n° 10699/05 ; 9 nov. 2006, *Tavli c/ Turquie*, n° 11449/02 ; 20 déc. 2007, *P. c/ Chypre*, n° 23890/02 ; 16 juin 2011, *Pascaud c/ France*, n° 19535/08.

qu'« aucune exigence constitutionnelle n'impose (...) que les liens de parenté établis par la filiation adoptive imitent ceux de la filiation biologique » et qu'*il n'existe aucun principe fondamental reconnu par les lois de la République en matière de « caractère bilinéaire de la filiation fondé sur l'altérité sexuelle »*[1]. Et la décision qu'il a rendue, volontairement très générale dans ce fondement, laisse ouverte la voie à d'autres bouleversements, dans le domaine de l'adoption bien sûr (*quid*, par exemple, des conditions d'âge ?) mais aussi dans le domaine de la filiation du Titre VII ou celui de l'assistance médicale à la procréation. Certes, en l'état, le Conseil constitutionnel a jugé que la loi du 17 mai 2013 n'avait ni pour objet ni pour effet de renverser l'interdiction de convenir par contrat de la procréation ou de la gestation pour autrui (v. ss 551), que le principe d'égalité n'imposait pas d'ouvrir l'assistance médicale à la procréation aux couples d'homosexuels, qui se trouvaient dans une situation différente de celle des couples de personnes de sexe différent (v. ss 551), et que la loi ne produisait pas non plus d'effet sur la filiation du Titre VII, ce que précise d'ailleurs l'article 6-1 nouveau du Code civil et ce que confirme l'article 320, qui interdit qu'une double filiation paternelle (ou maternelle) soit établie[2]. Mais en refusant d'admettre qu'il existait, dans le droit de la filiation, un principe fondamental reconnu par les lois de la République en matière de « caractère bilinéaire de la filiation fondé sur l'altérité sexuelle », il laisse la porte ouverte aux réformes dans ces domaines.

388 **Plan.** L'analyse de la filiation sera ainsi conduite en trois temps : la « filiation charnelle » (TITRE 1) sera envisagée avant « la filiation adoptive » (TITRE 2). puis la filiation de l'enfant conçu par assistance médicale à la procréation (TITRE 3).

1. Décis. n° 2013-669 DC, 17 mai 2013, consid. 51 et 56.
2. Consid. 40 et 44.

TITRE 1

LA FILIATION CHARNELLE

389 **Présentation générale.** La filiation dite « charnelle », encore appelée filiation « biologique », est celle qui existe entre un enfant et celui qui l'a enfanté charnellement. On parle aussi parfois de la « filiation par le sang », voire de « filiation par les gènes »[1].

Le *concept juridique de filiation* est plus complexe que cette réalité charnelle. En premier lieu car le lien de sang n'est ni toujours nécessaire ni toujours suffisant pour que la filiation existant en fait soit officiellement reconnue : le droit fait sa part à d'autres considérations, de temps, d'affection, de vécu... En second lieu car le droit opère diverses distinctions, selon que la filiation est paternelle ou maternelle, établie hors la justice ou en justice...

Le droit contemporain n'opère plus de distinction entre les enfants selon le lien unissant ses auteurs. Pendant plusieurs siècles, le système juridique a repris les catégories, issues de la religion chrétienne, des *enfants dits « légitimes »* (parce que conçus pendant le mariage de leurs auteurs, et donc fruits d'une union « légitime ») et *des enfants dits « naturels »* (parce que conçus hors le mariage de leurs auteurs). Il distinguait même, au sein de la filiation dite « naturelle », trois catégories : la filiation naturelle

1. La maternité atteste qu'il y a réduction à parler de filiation génétique : la maternité biologique, issue de l'engendrement charnel, est double, car la mère est à la fois *génitrice* (c'est à partir de son ovule que l'enfant est conçu ; elle lui transmet ses gènes) et *gestatrice* (elle le porte et en accouche).

« simple », la filiation naturelle « adultérine », la filiation naturelle « incestueuse », selon qu'aucun des parents de l'enfant n'était marié au moment de sa conception (il n'était donc pas le fruit de l'adultère de son père ou sa mère), ou que l'enfant avait été conçu pendant le mariage d'un de ses auteurs avec une tierce personne (l'enfant était fruit de l'adultère commis par l'un au moins de ses auteurs), ou que l'enfant était issu d'une union incestueuse en fait (car ses auteurs étaient soit parents en ligne directe, soit collatéraux proches en degré ; sur la liste des empêchements à mariage, v. ss 92). Ces distinctions ont progressivement perdu de leur portée au cours du XXe siècle avant de disparaître des textes avec l'ordonnance du 4 juillet 2005.

Mais d'autres distinctions demeurent. La première distinction est celle qui sépare la *paternité* et la *maternité*, que le droit ne traite pas de façon absolument identique, pour diverses raisons, tant naturelle[1] que culturelle[2]. La deuxième distinction est celle qui sépare *la filiation établie paisiblement*, en dehors de tout procès, et celle qui s'établit *de façon contentieuse*, par la voie judiciaire. Et encore faut-il distinguer, au sein de la première, celle qui résulte d'actes juridiques et celle qui découle des situations de fait.

390 **Évolution historique.** *La loi du 3 janvier 1972* avait profondément modifié le droit de la filiation, en limitant l'incidence du mariage sur le statut de l'enfant et en essayant de trouver un équilibre entre la filiation charnelle, et la filiation affective (encore dite filiation sociologique), c'est-à-dire celle que tisse le vécu quotidien d'un enfant avec ceux qui sont en charge de lui. Mais ce droit de la filiation n'était plus en phase avec la société de la fin du XXe siècle : le nombre de naissances hors mariage rendait discutable le maintien de la distinction de la filiation légitime et naturelle ; la fragilité des couples retentissait trop souvent sur la filiation de l'enfant, livrée aux dissensions conjugales... Ces considérations, et bien d'autres encore, ont conduit à une nouvelle

1. La paternité conduit seulement à une transmission génétique alors que la maternité comporte deux aspects, la transmission des gènes d'une part, la gestation et l'accouchement d'autre part.
2. Maternité et paternité renvoient, dans la société, à des stéréotypes assez différents, en termes d'autorité, d'éducation, de rapports affectifs, de transmission morale, etc.

réforme, profonde elle aussi. Peu enclin à subir les aléas de la discussion parlementaire, le gouvernement a choisi de procéder par la voie d'une ordonnance, promulguée le *4 juillet 2005*. Il faut déplorer le dévoiement de cette procédure dans une matière aussi essentielle que la filiation : comment admettre que la définition de ce lien familial élémentaire, hautement symbolique et qui participe à la constitution du lien social, ait été ainsi soustraite aux débats démocratiques ? *La loi de ratification du 28 janvier 2009* a apporté diverses modifications, dont certaines d'ampleur.

391 **Légitimation. Suppression par l'ordonnance du 4 juillet 2005.** Avant de rentrer dans le vif du sujet, quelques mots s'imposent à propos d'une institution disparue avec la réforme de 2005 : la légitimation.

Parce que le principe d'égalité des filiations légitime et naturelle n'était pas absolu en 1972 (v. ss 394 et 401 s.) et que la qualité d'enfant légitime était encore préférable dans l'ordre symbolique et social, la loi du 3 janvier 1972 avait autorisé la légitimation des enfants naturels, *cette institution permettant à un enfant naturel de devenir légitime.*

Elle ne pouvait exister qu'au profit d'enfants bénéficiant d'une filiation légalement établie (art. 329). Elle pouvait en revanche bénéficier à tous les enfants naturels, qu'ils soient naturels simples ou adultérins voire incestueux (s'il ne s'agissait que d'une légitimation unilatérale). Elle pouvait procéder de deux voies. Elle pouvait d'abord résulter *du mariage des parents de l'enfant lorsqu'il intervenait après la naissance de celui-ci*[1], auquel cas elle donnait à l'enfant[2] le statut d'enfant légitime dès la date du mariage (anc. art. 332-1)[3]. Elle pouvait aussi intervenir *en l'absence du mariage des parents, par autorité de justice* : « s'il apparaît que le

1. Elle était dite *par mariage subséquent* ou *concomitant* selon que la filiation naturelle était établie à l'égard des deux époux *avant* ou *au moment même* de la célébration du mariage. Le droit accueillait aussi la légitimation *post nuptias :* pour éviter que des époux rattachent à leur mariage un enfant qui n'était pas du mari, la légitimation supposait alors un jugement, qui devait « constater » que l'enfant avait eu, « depuis la célébration du mariage, la possession d'état d'enfant commun » (anc. art. 331-1).
2. Le changement de nom de l'enfant majeur était subordonné à son consentement (anc. art. 331-2 et 332-1).
3. Cette filiation légitime pouvait être attaquée en faisant tomber l'une des filiations, paternelle ou maternelle, à laquelle le mariage était venu apporter la qualité légitime.

mariage est impossible entre les deux parents[1], le bénéfice de la légitimation pourra [...] être conféré à l'enfant par autorité de justice pourvu qu'il ait, à l'endroit du parent qui la requiert, la possession d'état d'enfant naturel[2] » (anc. art. 333). Cette légitimation par autorité de justice était même ouverte au parent adultère par la loi, le droit subordonnant toutefois sa recevabilité « au consentement du conjoint » (anc. art. 333-2)[3]. Le tribunal ne pouvait la prononcer que s'il l'estimait « justifiée », ce qui impliquait un contrôle d'opportunité, notamment au regard de l'intérêt de l'enfant. Prenant effet à la date de la décision (anc. art. 333-4)[4], elle conférait à l'enfant la qualité d'enfant légitime mais seulement à l'égard du requérant[5].

La suppression de la distinction des enfants naturels et des enfants légitimes a conduit le législateur à abroger cette institution.

392 **Plan.** Le cadre général du système mis en place par le Titre VII du Livre Ier du Code civil sera d'abord présenté (CHAPITRE 1). Seront ensuite exposés les modes d'établissement non contentieux du lien (CHAPITRE 2) puis les règles relatives au contentieux de la filiation (CHAPITRE 3).

---

1. L'impossibilité pouvait être absolue, tenant à une raison de droit ou de fait (décès d'un parent ; prohibition des unions endogames, v. ss 92), ou relative (ainsi pour un parent marié avec une tierce personne).
2. Le droit ne voulait bâtir de légitimité (fictive par hypothèse puisque détachée du mariage des parents) que sur une filiation vécue en fait.
3. Car la légitimation modifiait les droits du conjoint survivant, en supprimant la restriction successorale attachée au caractère adultérin de la filiation (v. ss 404).
4. La filiation légitime pouvait être contestée soit en agissant contre la filiation naturelle qui préexistait à la décision de justice, soit en exerçant une voie de recours contre la décision judiciaire prononçant la légitimation.
5. Prononcée à l'égard des deux parents, elle produisait les effets de toute légitimité (anc. art. 332-1, al. 1er et 333-6), sauf pour le nom (le changement de nom supposait le consentement de l'enfant majeur : anc. art. 331-2). Si l'enfant était mineur, le tribunal statuait sur les modalités d'exercice de l'autorité parentale (anc. art. 333-5). *Si elle est prononcée à l'égard d'un seul parent*, « elle n'a(vait) point d'effet à l'égard de l'autre » (anc. art. 333-4).

CHAPITRE 1

Le cadre général de la filiation

393 **Filiation biologique et juridique, fait et droit.** Le droit de la filiation est un droit complexe. Même lorsqu'il s'agit de la filiation régie par le Titre VII du Livre Ier du Code civil, c'est-à-dire de celle qui, par vocation, doit rattacher juridiquement l'enfant à ceux qui l'ont effectivement engendré par rapport charnel, le droit ne se contente pas du fait, voire l'écarte catégoriquement. C'est que le droit ne se borne pas à dire « ce qui est » mais décide de « *ce qui doit être* ». Dans cette perspective, on comprend qu'il puisse écarter un parent par le sang ou retenir un parent qui n'est pas le géniteur ou encore qu'il s'en tienne parfois à de simples vraisemblances.

394 **Évolution historique.** *Le Code civil de 1804* se souciait avant tout de *l'institution du mariage* : la filiation était sous la dépendance du mariage et n'avait pas d'autonomie institutionnelle. D'où une profonde inégalité des enfants dits « légitimes » (conçus « en mariage ») et des enfants dits « naturels » (conçus « hors mariage ») et une tendance à écarter la réalité biologique lorsque cela paraissait nécessaire à la défense du mariage. Diverses réformes ponctuelles améliorèrent le sort de l'enfant naturel et accentuèrent le rôle de la vérité biologique mais sans souci d'ensemble, jusqu'à

ce que la loi du 3 janvier 1972 procède à une réforme profonde de l'institution, notamment *en renforçant le rôle de la biologie et en posant explicitement un principe d'égalité* entre les enfants. Ces deux lignes de force ont été accentuées par les réformes ultérieures du droit au point qu'il semble possible, depuis *l'ordonnance du 4 juillet 2005 ratifiée par la loi du 16 janvier 2009*, de parler de principes fondamentaux.

395 **Plan.** Ces principes fondamentaux seront d'abord présentés car c'est eux qui donnent à la filiation juridique du Titre VII ses traits essentiels (SECTION 1). Seront ensuite exposées quelques dispositions générales, applicables à tous les liens encadrés par le Titre VII du Livre Ier du Code civil (SECTION 2).

SECTION 1
LES PRINCIPES FONDAMENTAUX

396 **Évolution historique.** En 1804, l'institution du mariage était centrale, et la filiation s'ordonnait autour d'elle, dépendant de son existence ou de son absence. Le statut des enfants était donc caractérisé par une inégalité profonde entre les enfants dits « légitimes » et les enfants dits « naturels ». La loi du 3 janvier 1972 posa un principe d'égalité que l'ordonnance du 4 juillet 2005 a pleinement consacré en supprimant purement et simplement les qualificatifs de filiation « légitime » ou « naturelle ». Désormais la filiation est unique. La loi de 1972 avait en outre permis une plus grande prise en considération de la réalité, biologique mais aussi sociologique ; la réforme opérée en 2005 a accentué le trait. La filiation du Titre VII obéit ainsi à deux principes, celui de réalité (**§ 1**) et celui d'égalité (**§ 2**).

§ 1. Le principe de réalité

397 **Fondement.** Le droit moderne de la filiation est *implicitement* fondé sur un premier principe, qu'on appelle généralement *le principe de vérité*, et qu'il est sans doute préférable de désigner comme *le principe de réalité*. Nulle part explicité, ce principe est

sous-jacent aux diverses règles qui déterminent les conditions dans lesquelles la filiation est considérée comme « établie » en droit : le droit s'efforce de faire coïncider la filiation juridiquement établie avec la filiation existant dans l'ordre biologique. Plusieurs raisons expliquent l'essor progressif de ce principe : *les progrès de la science*, qui rendent plus accessible la connaissance de la parenté biologique (et notamment la découverte de la « preuve génétique »), et engendrent en outre une fascination pour la génétique et l'hérédité ; *le droit au bonheur* qui inspire de plus en plus le droit familial, car la filiation assise sur la parenté biologique semble de nature à donner à l'enfant une famille aimante (la maîtrise de la procréation permettant généralement de doubler la parenté biologique d'une parenté volontaire) ; *l'évolution des mœurs*, qui ne condamnent plus des situations de fait autrefois honnies ; *l'idée de responsabilité* (la maîtrise de la procréation, notamment via la contraception, justifie que l'on impute aux auteurs biologiques de l'enfant venu au monde la charge de ce dernier) ; *les mérites propres de la filiation fondée sur la parenté biologique*, qui permet l'établissement d'une filiation conforme aux origines personnelles[1], ancre définitivement l'enfant dans une chaîne généalogique, et l'arrime ainsi à une famille en même temps qu'à l'espèce humaine.

398 **Limites.** Mais le droit refuse de décalquer purement et simplement la nature, ce que manifestent diverses règles, de preuve mais aussi de fond.

399 **Un système de preuve.** *Le droit de la filiation est avant tout un système de preuves* : il énumère limitativement les modes de preuve admissibles[2]. La filiation biologique est un fait juridique, c'est-à-dire un événement auquel le droit attache des effets juridiques. La règle de principe veut qu'un fait juridique se prouve par tous moyens (art. 1341). Mais l'importance du lien de filiation, tant dans l'ordre symbolique que dans l'ordre pratique, en rattachant un enfant à une famille, et en déterminant ainsi un nom,

1. Sur le lien entre origines personnelles, identité et vie privée, v. CEDH, *Gaskin c/ Royaume Uni*, 7 juillet 1989.
2. V. l'art. 310-3 : « la filiation se prouve… ».

une autorité parentale, un devoir d'entretien, une vocation successorale, une nationalité, etc., explique que le système juridique ne soit pas aussi libéral que le droit commun : cet élément de l'état civil doit être établi selon des règles fixées par la loi.

Depuis l'ordonnance du 4 juillet 2005, la loi distingue deux modes de preuve (art. 310-1). La filiation peut d'abord être « *légalement* » établie, ce qui renvoie à l'effet de la loi (ce qui désigne l'acte de naissance et la présomption de paternité) ou la reconnaissance volontaire ou la possession d'état constatée par un acte de notoriété. La filiation peut « *aussi* » être établie « *par jugement* ». En ce cas, la liberté de la preuve est aujourd'hui explicitement consacrée : « si une action est engagée en application du chapitre III du présent titre, la filiation se prouve et se conteste par tous moyens » (art. 310-3, al. 2).

400 **Des règles de fond.** Le droit de la filiation limite en outre la vérité biologique par *plusieurs règles de fond qui tiennent à des raisons diverses,* certaines d'intérêt général, d'autres d'intérêt privé, d'autres tenant à l'un et l'autre.

Des considérations *morales*, individuelles et sociales, interviennent parfois : ainsi s'explique l'interdiction d'établir le double lien de filiation incestueuse (C. civ., art. 310-2, v. ss 417).

La paix des familles explique d'autres limites : elle fonde divers délais, de prescription ou préfix (C. civ., art. 321, 329, 333, 335 ; v. ss 473, 460 s., 485, 488 et 496 s.), ou encore explique le refus de connaître de la filiation d'un enfant qui n'est pas né viable (art. 318 ; v. ss 472), etc.

Des considérations *affectives* sont également présentes : c'est d'elles ainsi que procède le refus de remettre en question une filiation établie par titre et possession d'état (C. civ., art. 333 et 335 ; v. ss 498 s.).

Des considérations de *liberté* se retrouvent également : la liberté qu'ont les femmes d'accoucher sous X. se traduisait même jusqu'à la loi du 16 janvier 2009 par une fin de non-recevoir empêchant l'enfant de rechercher sa mère en justice (C. civ., art. 325 et 326 ; v. ss 486).

Des considérations de *sécurité juridique* peuvent enfin apparaître. Ainsi s'explique un principe important nouvellement consacré par l'ordonnance du 4 juillet 2005, *le principe chronologique*, qui interdit de faire établir un lien paternel ou maternel tant qu'un lien préexistant à l'état civil n'a pas été contesté avec succès (art. 320, v. ss 418).

Sur l'avenir incertain de ce principe de réalité en droit prospectif, v. ss 387.

§ 2. Le principe d'égalité

401 **Évolution.** Le principe d'égalité veut que filiation « en mariage » et filiation « hors mariage » se valent et que la première ne soit pas une filiation de « qualité » préférable à l'autre. Ce principe, aujourd'hui explicite (art. 310), n'est apparu que récemment.

402 **Inégalité des enfants et Code civil.** L'infériorité de l'enfant dit « naturel », très nette sous l'Ancien droit, fut maintenue dans le Code civil de 1804. L'établissement de cette filiation était doublement limité : il était prohibé lorsque la filiation était adultérine ou incestueuse ; il ne pouvait procéder que d'une reconnaissance. Il fallut attendre la loi du 16 novembre 1912 pour que soit ouverte l'action en recherche de paternité naturelle. Les effets de la filiation naturelle étaient en outre moins complets que ceux produits par la filiation légitime : l'enfant naturel, ainsi, n'entrait pas dans la famille de son auteur. Le droit tenait alors la filiation sous la dépendance étroite du mariage, la protection de ce dernier l'emportant sur toute autre considération.

403 **Apparition d'un principe relatif d'égalité dans la loi du 3 janvier 1972.** Ce n'est qu'en 1972 que, le législateur, s'en tenant au double principe de la personnalité des peines et de l'innocence de l'enfant, affirma solennellement le principe d'égalité : « l'enfant naturel a en général les mêmes droits et les mêmes devoirs que l'enfant légitime dans ses rapports avec ses père et mère. Il entre dans la famille de son auteur » (C. civ., art. 334).

Mais ce principe cédait à divers égards.

En premier lieu, la loi avait rapproché *les modes d'établissement du lien* de filiation mais ne les avait pas alignés : l'acte de naissance de l'enfant avait ainsi une portée différente selon que l'enfant était légitime ou naturel ; le titre conforté par la possession d'état bénéficiait d'une portée temporelle variable selon les enfants...

En second lieu, si l'égalité avait progressé s'agissant *des effets du lien* établi (le statut de l'enfant naturel était très proche de celui de l'enfant légitime[1]), diverses différences demeuraient : statut successoral inférieur de l'enfant adultérin en concours avec le conjoint trompé ou les enfants issus du mariage au cours duquel il avait été conçu[2], protection amoindrie de l'enfant d'un premier lit contre les avantages matrimoniaux (C. civ., art. 1527)[3], etc.

Enfin, et en dernier lieu, l'égalité ne bénéficiait pas à *l'enfant incestueux* : ce tabou essentiel qu'est l'interdiction de l'inceste (v. ss 92) se répercutait sur l'enfant qui en était issu, dans la mesure où sa filiation ne pouvait être *simultanément* établie à l'égard de ses deux auteurs biologiques (s'il existait entre eux un empêchement à mariage absolu, c'est-à-dire ne pouvant être levé par dispense, C. civ., anc. art. 334-10 ; v. ss 92). Le droit faisait ainsi obstacle à la reconnaissance officielle de l'inceste qui serait résulté de l'établissement des deux liens, non sans limite d'ailleurs, puisqu'il ouvrait dans le même temps à l'enfant l'action à fins de subsides (C. civ., anc. art. 342 ; v. ss 502 s.).

404 **La consécration progressive d'un principe général d'égalité.** L'unité profonde de la notion même de filiation appelait une nouvelle réforme. Le lien existant, en fait, entre l'enfant et chacun de ses auteurs est en effet indépendant de celui existant entre les auteurs en question. Et distinguer, en droit, selon que les parents de l'enfant sont ou non mariés, se justifie malaisément. Prétendre protéger l'institution du mariage en sanctionnant l'enfant né hors mariage est injuste pour cet enfant et inefficace pour l'institution du mariage : qui peut croire que la perspective d'une sanction de l'éventuel enfant à naître dissuadera les adultes de commettre l'adultère ? C'est en outre méconnaître la finalité même de la filia-

1. La plupart des exceptions se bornaient à tirer les conséquences d'une différence réelle de situation de fait : ainsi de l'autorité parentale, du nom (l'enfant naturel portait le nom de celui de ses parents à l'égard duquel sa filiation avait été établie en premier).
2. En principe égaux à ceux d'un enfant légitime (anc. art. 757), les droits successoraux de l'enfant naturel étaient limités s'il était adultérin et venait en concours avec le conjoint trompé par son père ou (et) sa mère ou les enfants du mariage pendant lequel il avait été conçu : anc. art. 759 s., 908 et 915.
3. Civ. 1re, 8 juin 1982, *D.* 1983. 19, *JCP* 1983. II. 20018.

tion, finalité qui est propre à cette institution, et réside dans la prise en charge de l'enfant par le mécanisme de l'autorité parentale et dans la transmission généalogique, des biens, du nom... L'évolution législative se fit en deux temps.

405 **L'égalité dans les effets attachés au lien de filiation.** Le législateur se contenta, dans un premier temps, *d'attacher à la filiation des effets qui ne variaient pas selon que l'enfant était ou non issu du mariage de ses auteurs.* La première réforme fut successorale : suite à la condamnation de la France par la Cour européenne de sauvegarde des droits de l'homme et des libertés fondamentales dans le célèbre arrêt *Mazurek* du 1er février 2000[1], la loi du 3 décembre 2001 consacra sans réserve l'égalité successorale des enfants[2]. Puis vinrent les réformes de l'autorité parentale (L. 4 mars 2002, v. ss 597 s.) et du nom (L. 4 mars 2002 et 18 juin 2003 et 17 mai 2013, v. ss 660 s.). Un nouvel article 310-1 (devenu art. 310 avec l'Ord. 4 juill. 2005) fut voté à l'occasion de la loi du 4 mars 2002 : « tous les enfants dont la filiation est légalement établie ont les mêmes droits et les mêmes devoirs dans leurs rapports avec leur père et mère. Ils entrent dans la famille de chacun d'eux »[3].

406 **L'égalité dans les modes d'établissement du lien de filiation.** Le législateur s'efforça dans un second temps de *consacrer l'égalité dans l'établissement du lien de filiation.* Tel fut l'un des objets de l'ordonnance du 4 juillet 2005.

Outre la suppression pure et simple de la qualification d'enfant « légitime » et « naturel », l'ordonnance unifia davantage les modes d'établissement de la filiation : l'acte de naissance établit désormais la maternité sans distinguer selon que la mère est ou non mariée ; la reconnaissance n'est plus réservée aux seuls parents naturels ; les actions en établissement ou contestation du lien sont les mêmes quelle que soit la nature du lien...

---

1. L'infériorité successorale de l'enfant adultérin fut jugée contraire au droit au respect des biens consacré par l'art. 1er du Protocole additionnel n° 1, combiné avec l'interdiction des discriminations par l'art. 14 de la Convention elle-même : *D.* 2000. 332, *JCP* 2000. II. 10286.
2. Sur l'application dans le temps, v. CEDH 7 févr. 2013, *Fabris c/ France*, n° 16574/08.
3. Sur un exemple de sanction d'une distinction perdurant dans l'ordre de la protection sociale, en matière de calcul de la pension de réversion des enfants par le Code des pensions civiles et militaires de retraite : v. Décis. n° 2010-108 QPC, 25 mars 2011, *Marie-Christine D.*

Demeurent toutefois quelques différences, justifiées, semble-t-il, par la différence de situation de fait existant entre les enfants en question. La première tient au fait que l'enfant né de parents mariés conserve le bénéfice exclusif de la présomption de paternité du mari de sa mère (art. 312, v. ss 429) : l'absence de mariage entre les auteurs d'un enfant interdit d'étendre cette présomption, qui procède du contexte juridique et factuel du mariage (v. ss 429, pour cette justification), à cet enfant. Surtout, le statut particulier de l'enfant incestueux demeure (art. 310-2, v. ss 417).

Section 2
Les dispositions générales

407 **Des dispositions générales au sein du Titre VII et hors le Titre VII.** Le chapitre premier du Titre VII relatif à la filiation est consacré aux « dispositions générales »[1]. En dehors des règles de conflit de lois dans l'espace (art. 311-14 s.)[2], ou relatives aux conséquences d'une procréation médicalement assistée (art. 311-19 s., v. ss 571 s.), ou déterminant le nom de l'enfant (art. 311-21 s., v. ss 662 s.), ce chapitre organise la preuve de la filiation. Pour obtenir un cadre général fidèle, il faut ajouter à ces dispositions le principe chronologique et les règles relatives à ce qu'on appelle « la preuve génétique ».

408 **Filiation juridique et encadrement de la preuve.** La filiation est un fait juridique. Cette nature devrait conduire à admettre qu'elle peut être librement prouvée. Mais le droit de la filiation déroge au droit commun de la preuve : la filiation n'est établie, en droit, que dans des conditions spécifiques, le système juridique ayant à cœur d'assurer la sécurité juridique de l'état civil. Inversement, soucieux de faciliter la preuve d'un fait qui engage la vie privée, il consacre des présomptions. Pour assurer la sécurité de l'état, il empêche l'établissement de parentés plurielles en consacrant un principe chronologique. Enfin, et surtout, pour respecter la paix

1. Le titre était autrefois : « Dispositions communes à la filiation légitime et à la filiation naturelle ».
2. Elles relèvent du droit international privé.

des familles, il encadre spécifiquement ce qu'on appelle parfois « la reine des preuves », à savoir l'identification génétique.

1. L'énumération limitative des modes d'établissement du lien par la loi

409 **Des modes d'établissement limitativement énumérés.** Le droit énumère limitativement les voies conduisant à la filiation juridique. L'ordonnance du 4 juillet 2005 distingue explicitement la filiation « légalement » établie et la filiation « judiciairement » établie (art. 310-1).

Le vœu du législateur est que la filiation soit établie en dehors du procès, paisiblement et volontairement, « *légalement* » dit aujourd'hui la loi. Cette première voie peut emprunter trois formes, qui correspondent à trois *actes* : l'acte de naissance, la reconnaissance (l'acte par lequel une personne reconnaît que tel enfant est sien), l'acte de notoriété de possession d'état (l'acte délivré par le juge constatant l'existence factuelle d'un rapport de filiation).

À défaut, la filiation peut encore être « *judiciairement* » établie. Il faudra alors saisir le juge, et établir en justice le lien de filiation allégué. Certes, la liberté de la preuve est largement reçue devant le juge. Mais elle connaît des limites, tenant par exemple à l'écoulement du temps (art. 321 et 335, v. ss 473, 485, 488 et 496 s.) ou à l'existence d'un titre corroboré par une possession d'état (art. 333, v. ss 498), etc.

2. La consécration de présomptions légales

410 **Consécration de présomptions.** L'identification des géniteurs d'un enfant fut longtemps chose délicate. Surtout pour ce qui était du père, que seule la mère pouvait connaître avec certitude si elle réservait l'exclusivité de ses relations charnelles à un homme. Cette difficulté était moindre à l'égard de la mère, puisque, de son accouchement, pouvait être déduite sa maternité, d'où la célèbre formule « *mater semper certa est* » (la mère est toujours certaine). C'est pour simplifier la charge probatoire pesant sur les individus que le système juridique a posé des présomptions.

Les progrès des sciences et techniques ont modifié la donne. Il existe désormais des preuves très fiables de la filiation : l'examen comparé des sangs permet de parvenir à des certitudes de nonfiliation en cas de groupes sanguins incompatibles ; la comparaison des empreintes génétiques (cette sorte de code génétique, propre à chaque individu – sauf le cas des jumeaux parfaits –, qui peut sans difficulté être établi à partir d'une cellule quelconque) donne des quasi-certitudes positives.

Parce que les présomptions simplifient la vie du plus grand nombre et assurent la paix des familles, qu'une recherche systématique d'hérédité mettrait en péril, elles ont été maintenues par l'ordonnance du 4 juillet 2005. Parmi elles, il s'en trouve deux qui sont communes à toutes les filiations, paternelle ou maternelle, de l'enfant conçu (ou né) en ou hors mariage. Pour l'étude de la présomption de paternité du mari de la mère, v. ss 428 s.

a. La date de la conception

411 **Double présomption.** Connaître la date de la conception était essentiel lorsque l'identification d'un père n'était qu'indirecte et supposait découvert quel était l'homme qui avait eu les relations « fructueuses » avec la mère de l'enfant. Le droit avait posé deux présomptions relatives, l'une à la durée de la grossesse, l'autre à la date précise de la conception. Maintenues en 1972, ces deux présomptions ont été reconduites telles quelles par l'ordonnance du 4 juillet 2005. Elles figurent à l'article 311 du Code civil.

412 **La durée de la grossesse.** La loi présume « que l'enfant a été conçu pendant la période qui s'étend du trois centième au cent quatre-vingtième jour, inclusivement, avant la date de la naissance ». Les médecins considéraient en effet en 1804 qu'une grossesse ne pouvait durer moins de 180 jours et plus de 300. Il n'était donc pas aberrant de considérer que l'enfant avait été forcément conçu pendant la période intermédiaire.

Cette présomption légale de cent vingt jours est un peu dépassée, dans son principe (l'échographie donne des indications beaucoup plus fines) et ses modalités (la médecine néonatale permet à des enfants de vivre quand ils n'auraient pas survécu hier). Mais elle demeure acceptable car elle correspond effectivement à la majorité des cas et, surtout, car elle est réfragable, c'est-à-dire que l'on peut apporter la preuve contraire[1].

1. À la différence du droit antérieur : Civ. 16 mars 1925, *D.* 1926. 1. 145.

413 **Le moment présumé de la conception.** Pour fixer le moment précis de la conception au sein de cette période possible, la loi pose une seconde présomption : « la conception est présumée avoir eu lieu à un moment quelconque de cette période, suivant ce qui est demandé dans l'intérêt de l'enfant ». Une telle présomption n'est pas fondée sur une probabilité naturelle mais seulement sur un *a priori* politique : l'intérêt de l'enfant. Quoiqu'un peu fictive, elle reste acceptable dans la mesure où la preuve contraire peut là encore être rapportée.

b. La possession d'état

414 **La possession d'état. Fait et droit.** Lorsque la filiation est établie par un acte de naissance, une reconnaissance, voire une décision de justice, l'individu est doté, en droit, d'un lien qui constitue un élément de son état civil (et le rattache à une famille, voire à un État). Mais, indépendamment de ces actes officiels établissant un lien de filiation, les individus sont généralement dotés, en fait, d'un lien de filiation, c'est-à-dire qu'ils *vivent en fait comme s'*ils étaient fils (ou fille) de tel (ou telle). Cette filiation vécue peut soit exister seule, sans que l'individu ait de filiation établie par un acte officiel, soit aller de pair avec une filiation établie par un acte solennel, acte qui peut d'ailleurs confirmer ou contredire la filiation vécue. C'est cette filiation vécue, encore appelée filiation « sociologique » qui constitue la possession d'état d'enfant de tel homme (ou de telle femme).

415 **Rôle.** Institution originale, la possession d'état est controversée. Elle l'est d'abord parce que son existence suscite beaucoup de discussions : comme tout fait juridique, elle suppose des interprétations et appréciations qui sont parfois hasardeuses. Elle l'est ensuite parce qu'elle est dotée d'effets considérables : elle peut constituer un indice dans une situation douteuse (art. 313 s., v. ss 438 s.) ; elle peut aussi établir juridiquement la filiation (art. 310-1, 310-3, 317 et 330, v. ss 455 s.) ; elle peut même, le cas échéant, prévaloir sur la filiation biologique (art. 321, 333 et 335, v. ss 496 s.). L'ordonnance du 4 juillet 2005 a tenté de l'encadrer davantage afin d'améliorer la sécurité juridique. Les modifications n'ont guère porté sur la définition même de la possession d'état,

dans ses éléments constitutifs et qualités. Elles ont porté sur la preuve de la possession d'état et son effet de filiation. Désormais la possession d'état ne suffit plus, à elle seule, à établir en droit le lien de filiation : il faut qu'elle ait été officiellement *constatée*, que ce soit par une décision de justice rendue dans un cadre contentieux (art. 330, v. ss 460 ; le juge vérifie alors l'existence de la possession d'état) ou « par un acte de notoriété » délivré par le juge dans un cadre non contentieux (art. 310-1, v. ss 461, le juge dresse alors un acte de notoriété sur la foi des déclarations des parties et témoins). L'essence de la possession d'état s'en trouve ainsi notablement modifiée, puisque l'aspect « factuel » décline au profit de l'aspect « formel ».

3. L'encadrement de l'identification génétique

416 **Identification génétique et conditions légales.** En outre, le droit ne permet pas sans limite l'identification d'une personne par ses empreintes génétiques. Soucieuse d'éviter des analyses intempestives qui auraient révélé que l'enfant n'est pas issu de tel ou telle sans que l'intéressé et sa famille bénéficient de garanties judiciaires, la loi bioéthique du 29 juillet 1994 n'avait autorisé une telle identification que dans trois cas : « à des fins médicales » ; à des fins « de recherche scientifique » ; « lors d'une procédure judiciaire ». Des réformes successives ont progressivement élargi le domaine dans lequel il peut être recouru à une telle mesure : lois du 24 mars 2005, du 20 novembre 2007, du 3 juin 2016, du 13 juillet 2018. Dans sa version actuelle, le texte autorise l'identification génétique dans quatre hypothèses : « dans le cadre de mesures d'enquêtes ou d'instruction diligentées lors d'une procédure judiciaire » ; « à des fins médicales ou de recherche scientifique » ; « aux fins d'établir, lorsqu'elle est inconnue, l'identité de personnes décédées » ; « dans les conditions de l'article L. 2381-1 du Code de la défense », ce qui vise, dans le cas d'une opération militaire qui se déroule à l'extérieur du territoire français, soit l'identification de personnes décédées, capturées ou dont on a de sérieuses raisons de penser qu'elles constituent une menace pour la sécurité des forces armées ou de la population civile, soit leur participation antérieure aux hostilités. À quoi il faut ajouter,

depuis la loi 20 novembre 2007 relative à la maîtrise de l'immigration, à l'intégration et à l'asile, la possibilité d'y recourir afin de vérifier une identité dans le cadre d'une procédure de regroupement familial (CESEDA, art. L. 111-6).

« En matière civile », le texte poursuit en précisant que la preuve génétique peut uniquement être utilisée « en exécution d'une mesure d'instruction ordonnée par le juge saisi d'une action tendant soit à l'établissement ou la contestation d'un lien de filiation, soit à l'obtention ou la suppression de subsides ». La jurisprudence, après avoir semblé favorable à l'ouverture d'une « action tendant à la reconnaissance d'une ascendance génétique par voie d'expertise »[1], a récemment réaffirmé le caractère limitatif des actions visées par le texte[2]. En droit positif, seul *le contentieux civil de la filiation ou des subsides* (sur quoi, v. ss 502 s.) peut donc fonder une telle mesure.

La loi pose en outre deux conditions. Il faut d'abord une *autorisation judiciaire préalable* : l'identification doit intervenir « en exécution d'une mesure ». La jurisprudence refuse que la mesure soit ordonnée en référé[3]. Il faut ensuite *le consentement préalable, et express*, de l'intéressé. Mais la jurisprudence, appliquant le droit commun de la preuve, admet que le refus de l'intéressé peut être retenu contre lui et valoir aveu, à condition qu'il soit corroboré par des éléments concordants (C. pr. civ., art. 11)[4]. La loi du 29 juillet 1994 n'ayant pas réglé la question de savoir ce qu'il convenait de faire en cas de décès de l'intéressé, la justice avait admis que des prélèvements soient réalisés sur le corps du défunt après exhumation. La loi du 6 août 2004 a restreint l'hypothèse : l'identification ne peut plus être réalisée après la mort de l'intéressé que s'il a expressément manifesté son accord de son vivant (art. 16-11, al. 2 *in fine*)[5].

Ces exigences s'expliquent par le souci de préserver l'intégrité corporelle, le secret génétique et la paix des familles. Mais elles

---

1. En ce sens, implicitement, Civ. 1re, 13 nov. 2014, n° 13-21.018.
2. Civ. 1re, 14 mars 2018, n° 17-12.060, inédit.
3. Civ. 1re, 8 juin 2016, n° 15-16.696. Solution étendue à l'examen comparé des sangs : Civ. 1re, 12 juin 2018, n° 17-16.793.
4. La Cour européenne a jugé la solution conforme à l'art. 8, Conv.EDH à deux reprises : *Canonne c/ France*, 2 juin 2015, n° 22037/13 ; *Mandet c/ France*, 14 janv. 2016, n° 30955/12.
5. Civ. 1re, 2 avr. 2008, *Bull. civ.* I, n° 1012 : texte d'application immédiate.

étonnent au regard de l'admission, plus libérale, d'autres mesures[1]. Surtout, si le Conseil constitutionnel a décerné au texte un brevet de constitutionnalité[2], sa conventionnalité est incertaine[3] : la Cour européenne des droits de l'homme a en effet tiré de l'article 8 de la Conv. EDH, dans un premier temps, un droit à connaître son identité[4], notamment biologique[5], puis dans un second temps un droit à voir juridiquement consacré le lien de filiation[6]. Les limites résultant de l'article 16-11 doivent donc respecter le filtre du contrôle de conventionnalité, et notamment celui de proportionnalité, la Cour européenne ayant cru bon affirmer qu'elle avait du mal à admettre que « des contraintes juridiques » entravent le recours à des empreintes génétiques[7].

Depuis 2000, la Cour de cassation juge qu'une « expertise biologique est de droit en matière de filiation »[8]. Ce principe connaît deux limites : la première tient dans le fait que, « en matière de constatation de possession d'état, il ne peut y avoir lieu à prescription d'une expertise biologique »[9], ce qui se comprend aisément eu égard à l'objet de cette action[10] ; en outre et dans les autres actions, elle peut être écartée « s'il existe un motif légitime de ne pas y procéder », ce qui correspond à une demande dilatoire ou vexatoire ou superfétatoire, la jurisprudence ayant refusé de considérer que l'intérêt de l'enfant pouvait constituer un tel motif légitime[11]. La réalité biologique acquiert ainsi une importance primordiale dans l'établissement judiciaire ou la contestation judiciaire du lien juridique (v. ss 483, 488 et 494).

---

1. On ne peut s'empêcher ainsi de regretter le parti pris législatif d'exiger le consentement du défunt alors que, dans d'autres cas, la volonté du défunt n'est pas protégée avec autant de scrupules : ainsi des prélèvements d'organes aux fins de greffes, auxquels on est présumé avoir consenti en cas de silence ; ainsi des autopsies destinées à rechercher la cause d'un décès... L'intérêt de l'enfant à voir sa filiation établie est pourtant, lui aussi, digne de considération.
2. Cons. const., 30 sept. 2011, n° 2011-173 QPC.
3. V. not. P. Hilt, Pour une réécriture de l'art. 16-11 du C. civ., *RTDciv.* 2017, 27.
4. CEDH, 7 juill. 1989, *Gaskin c/ RU*, n° 10454/83.
5. CEDH, 13 févr. 2003, *Odièvre c/ France*, n° 42326/98.
6. CEDH, 25 juin 2015, *Canonne*, préc.
7. CEDH 16 juin 2011, *Pascaud c/ France*, n° 19535/08.
8. Civ. 1re, 28 mars 2000, *JCP* 2000. II. 10409. Même solution dans l'action à fins de subsides : Civ. 1re, 8 juill. 2009, *Bull. civ.* I, n° 159.
9. Civ. 1re, 16 juin 2011, *Bull. civ.* I, n° 116.
10. Accéder à la réalité biologique ne dit strictement rien de la possession d'état.
11. Civ. 1re, 13 juill. 2016, n° 15-22.848 ; v. déjà Civ. 1re, 14 janv. 2015, n° 13-28.256 ; comp. Civ. 1re, 30 sept. 2009, *Bull. civ.* I, n° 197 ; *adde* Civ. 1re, 29 mai 2013, n° 12-15.901.

4. L'enfant incestueux

417 **Enfant incestueux.** La loi du 3 janvier 1972 avait prévu que « s'il existe entre les père et mère de l'enfant naturel un des empêchements à mariage prévus par les articles 161 et 162 ci-dessus pour cause de parenté, la filiation étant déjà établie à l'égard de l'un, il est interdit d'établir la filiation à l'égard de l'autre ». La lettre du texte ne distinguait donc pas selon le mode d'établissement du lien de filiation : peu importait comment le premier lien était établi ; dès qu'il l'était, le second ne pouvait plus l'être, quelle que soit la voie empruntée. La Cour de cassation avait même interdit l'adoption d'un enfant, par ailleurs reconnu par sa mère, par un proche parent de celle-ci (en l'occurrence le frère de la mère) : elle avait jugé que le texte, d'ordre public, prohibait l'établissement du second lien par la voie de l'adoption[1].

L'ordonnance du 4 juillet 2005 a reconduit la solution jurisprudentielle. L'article 310-2 affirme désormais : « s'il existe entre les père et mère de l'enfant un des empêchements à mariage prévus par les articles 161 et 162 pour cause de parenté, la filiation étant déjà établie à l'égard de l'un, il est interdit d'établir la filiation à l'égard de l'autre *par quelque moyen que ce soit* ».

La règle est parfois contestée, comme étant contraire à l'égalité des enfants et au droit à leur vie privée ; elle serait donc à terme condamnée dans l'ordre européen[2], la jurisprudence *Mennesson* et *Labassee* (sur laquelle v. ss 581) laissant peu de doutes sur l'issue d'un contentieux devant la Cour européenne. Cette conclusion est hâtive : l'interdiction de l'inceste constitue un tabou d'importance, que l'on peut expliquer par le souci, non seulement d'ouvrir la famille sur l'extérieur et d'assurer sa paix, mais aussi de respecter la place généalogique assignée à chacun. Partant, l'interdiction d'établissement du double lien poursuit une finalité légitime – elle est facteur d'ordre et de justice – et répond à l'exigence de proportionnalité. Il n'est pas aberrant que le droit essaye de cacher à l'enfant les circonstances de sa naissance. Surtout,

1. Civ. 1re, 6 janv. 2004, *Grands arrêts*, n° 52.
2. Des juges du fond ont déjà écarté l'interdit, en se fondant sur l'intérêt de l'enfant, il est vrai dans des circonstances particulières, car c'est le père qui avait d'abord fait établir le lien à son égard : Caen, 8 juin 2017, n° 16/01314.

on comprend qu'il bloque l'établissement d'un lien qui perturbe profondément la généalogie familiale et referme la famille sur elle-même.

5. Le principe chronologique

418 **Principe chronologique.** L'ordonnance du 4 juillet 2005 a consacré un nouveau principe, par généralisation de règles que la loi du 3 janvier 1972 avait posées relativement à la possession d'état d'enfant légitime ou à la reconnaissance d'enfant naturel. L'article 320 dispose désormais que, « tant qu'elle n'a pas été contestée en justice, la filiation légalement établie fait obstacle à l'établissement d'une autre filiation qui la contredirait » (art. 320), ce que la doctrine désigne heureusement par l'expression de « principe chronologique ». Peu importe que la filiation première en date soit maternelle ou paternelle, en ou hors mariage, établie par l'effet de la loi (acte de naissance et présomption de paternité), la reconnaissance ou la possession d'état. Peu importe également, que la seconde filiation soit « en » ou « hors » mariage, établie par la loi, la reconnaissance volontaire ou la possession d'état. Dans tous les cas, il faudra d'abord contester la filiation légalement établie, puis, si l'action en contestation est accueillie, faire établir le second lien. La règle, qui vise à renforcer la confiance qu'on peut avoir dans les actes de l'état civil en prévenant l'existence de conflits de filiations, ne connaît qu'une exception, visée à l'article 336-1, et qui concerne l'enfant né d'une femme mariée ayant fait l'objet d'une reconnaissance prénatale par un homme autre que le mari de la mère et que la personne déclarant la naissance de l'enfant à l'état civil dit par ailleurs être né du mari de la mère (sur la résolution de ce conflit, v. ss 452). En l'état du droit positif, cette règle interdit l'établissement d'une double filiation mono-sexuée[1]. Cette restriction indirecte au droit de faire établir juridiquement telle filiation fondée sur la réalité biologique a été jugée conforme aux droits fondamentaux par la Cour de cassation[2]

1. Décis. n° 2013-669 DC, 17 mai 2013, consid. 40. V. d'ailleurs Civ. 1re, avis n° 15003 du 7 mars 2018.
2. Civ. 1re, 5 oct. 2016, n° 15-25.507.

CHAPITRE 2

L'établissement non contentieux de la filiation

419 **Plan.** Hors contentieux, la filiation peut être établie de trois façons : par le seul effet de la loi (ce qui vise l'acte de naissance et la présomption de paternité du mari de la mère), par la reconnaissance volontaire, par la possession d'état constatée par acte de notoriété. Ces trois modes de preuve seront successivement envisagés. La preuve qu'ils apportent dans l'ordre de la filiation est, depuis l'ordonnance du 4 juillet 2005, en principe la même quelle que soit la nature du lien (qu'il s'agisse de la filiation paternelle ou maternelle) ou les caractéristiques du couple ayant engendré l'enfant (que l'enfant ait été conçu et soit né hors mariage, ou qu'il ait été conçu ou soit né en mariage ou qu'il soit issu de l'inceste). Ce principe connaît toutefois des limites, qui seront exposées en même temps que seront présentés ces trois modes de preuve.

L'ordre légal correspond à la coutume sociale, en ce sens que la plupart des enfants ont leur filiation établie par un acte de naissance, la présomption de paternité ou une reconnaissance. Il peut également être interprété comme le signe d'une préférence législative à l'égard des modes solennels d'établissement du lien qui impliquent bien souvent une démarche volontaire des auteurs de l'enfant (déclarer sa naissance à l'état civil, le reconnaître devant un officier d'état civil) et présentent une sécurité juridique particulière. Il est en certaines occasions doté d'une portée juridique, dans la mesure où la loi pose parfois une règle de subsidiarité : ce n'est qu'à défaut de filiation établie par l'acte de naissance que la filiation peut être établie par reconnaissance (art. 316, v. ss 447 et 451) ; de même, ainsi, ce n'est qu'à défaut de maternité légalement établie que la filiation maternelle peut être judiciairement recherchée (art. 325, mais il s'agit alors d'établissement contentieux du lien de filiation). Sur le principe chronologique, v. ss 418.

Section 1
L'effet de la loi : l'acte de naissance

420 Conformément à l'article 310-1 du Code civil issu de l'ordonnance du 4 juillet 2005, la première voie permettant d'établir « légalement » la filiation est « l'effet de la loi »[1]. L'expression désigne deux modes d'établissement qu'envisage ensuite précisément la section première du Chapitre II (section intitulée De l'établissement de la filiation par l'effet de la loi), à savoir l'acte de naissance (art. 311-25) et la présomption de paternité du mari de la mère (art. 312 s.).

421 **Égalité des enfants.** Dans le droit issu de la loi du 3 janvier 1972, l'acte de naissance de l'enfant légitime établissait indivisiblement la maternité de la femme désignée comme mère de l'enfant déclaré et la paternité du mari de celle-ci, via la célèbre présomption de paternité légitime. Il en allait autrement pour l'enfant naturel : l'acte de naissance n'établissait en principe ni la maternité ni la paternité.

L'ordonnance du 4 juillet 2005 a modifié la règle : l'acte de naissance de l'enfant conçu établit désormais la maternité de la

1. La rédaction est maladroite : la filiation « établie par l'effet de la loi » n'est qu'un cas de « la filiation légalement établie ».

femme désignée dans l'acte comme ayant accouché de l'enfant, que cet enfant ait été ou non conçu ou né en mariage. S'agissant, en revanche, de la paternité, la loi continue de distinguer selon l'existence ou l'absence de mariage entre les auteurs de l'enfant lors de sa conception ou lors de sa naissance : la présomption de paternité est réservée au seul mari de la mère.

Avant toute chose, il convient de rappeler les exigences que posent *les articles 55 et suivants du Code civil relativement à l'acte de naissance* : il doit être en principe établi dans les cinq jours de l'accouchement ; il doit l'être par l'officier d'état civil du lieu de naissance ; il l'est sur production d'un certificat d'accouchement et sur la foi des déclarations du père, ou, à défaut, du père du personnel médical ou de toute autre personne ayant assisté à l'accouchement, ou par la personne chez laquelle la mère a accouché si la naissance est intervenue hors du domicile de cette dernière ; il contient des indications relatives à l'enfant (jour, heure, lieu de naissance ; sexe de l'enfant ; prénom ; nom de famille) ainsi que, s'il y a lieu, des mentions relatives aux parents[1] (prénom, nom, âge, profession et domicile des père et mère s'ils sont désignés à l'officier d'état civil) et, s'il y a lieu, du déclarant.

422 **Plan.** La portée de l'acte de naissance doit être précisée à l'égard de la maternité (**§ 1**) avant que la présomption de paternité du mari de la mère soit analysée (**§ 2**).

§ 1. Maternité et indication du nom de la mère dans l'acte de naissance

423 **Désignation de la mère dans l'acte et établissement de la maternité.** « La filiation est établie, à l'égard de la mère, par la désignation de celle-ci dans l'acte de naissance de l'enfant » : la portée de l'article 311-25 doit être précisée à trois points de vue.

424 **Objet de la preuve.** La désignation de la mère dans l'acte de naissance établit que la mère de l'enfant en question est la femme

1. La loi du 17 mai 2013 a remplacé la mention des pères et mère par celle des parents, en conséquence de l'ouverture du mariage aux couples homosexuels, ce qui conduit à la parenté homosexuelle via l'adoption : v. ss 512.

dont *l'identité* est indiquée. Plus précisément, elle prouve que cette femme a *accouché* d'un enfant à la date et au lieu indiqués. En revanche, elle ne prouve pas que celui qui se prévaut de l'acte de naissance considéré est bien celui que cette femme a mis au monde : si cette question est discutée, il devra prouver cette identité, par tous moyens.

425 **Conditions de la preuve.** L'établissement de la maternité suppose seulement « la désignation de (la mère) dans l'acte de naissance » (art. 311-25). Il faut donc que *l'identité de la femme* qui est accouchée de l'enfant soit portée dans l'acte. À défaut, l'acte ne produira aucun effet à l'égard de la mère. Mais cette indication dans l'acte suffit. Peu importe les circonstances de l'établissement de l'acte. Peu importe notamment l'identité de l'auteur des déclarations qui ont été faites à l'officier d'état civil et au vu desquelles l'acte de naissance a été établi : il pourra s'agir du père, voire d'un tiers ayant assisté à l'accouchement[1]. Le plus souvent, la maternité sera ainsi établie sans manifestation, du moins sans manifestation expresse[2], de volonté de la mère, si du moins celle-ci n'est pas mariée[3]. La maternité se fonde ainsi pour l'essentiel sur la réalité biologique de l'engendrement, puisque l'acte de naissance se borne à reprendre les déclarations du témoin qui a assisté à l'accouchement, déclarations dont la véracité est attestée par le certificat médical, qui doit être produit devant l'officier d'état civil et établit que telle femme est accouchée d'un enfant en tel lieu et à telle heure.

426 **Maternité en et hors mariage.** La loi du 3 janvier 1972 admettait déjà que « la filiation des enfants légitimes se prouve par les actes de naissance inscrits sur les registres de l'état civil » (C. civ., anc. art. 319). Et cette règle valait notamment à l'égard de la maternité.

1. L'acte de naissance doit être établi dans les cinq jours de la naissance (art. 55) ; on comprend donc que la loi prévoit qu'il doit l'être à l'initiative du père ou, à défaut, de toute personne ayant assisté à l'accouchement (art. 56) mais qu'elle ne cite pas la mère.

2. Si l'identité de la femme est indiquée dans l'acte de naissance, c'est qu'elle n'a pas demandé le secret de son identité lors de l'accouchement (sur quoi, v. ss 487 s.), et qu'elle a accepté que l'enfant soit déclaré à l'état civil comme étant le sien. Bref, on peut soutenir que l'indication du nom de la mère dans l'acte de naissance est la preuve de ce qu'elle a tacitement accepté sa maternité.

3. Si elle est mariée, l'engagement parental qu'elle a pris au jour du mariage (art. 213, v. ss 162) permet de considérer que la filiation issue de l'acte de naissance n'est pas *exclusivement* fondée sur la parenté biologique mais qu'elle procède *aussi* d'une volonté d'accueillir l'enfant.

En revanche, l'acte de naissance de l'enfant conçu et né hors mariage ne suffisait pas à établir la maternité de la femme désignée dans l'acte comme ayant accouché de l'enfant. On pouvait voir dans cette règle le souvenir d'un temps où la maternité hors mariage était honteuse et se cachait, d'où l'exigence d'une manifestation de volonté solennelle et explicite de la mère. Ainsi analysée, la règle était devenue discutable dans une société où l'union libre est devenue banale. Mais on pouvait aussi y voir la conséquence de l'absence d'engagement parental : à la différence d'un couple marié, qui s'est engagé, au moment du mariage, à assurer ensemble la direction morale et matérielle de la famille, à pourvoir à l'éducation des enfants et à préparer leur avenir (art. 213, v. ss 162), le couple non marié n'est lié par aucun engagement parental ; de ce point de vue, il n'était pas absurde que le droit souhaite un engagement explicite des auteurs de l'enfant, et notamment de la mère, et refuse de faire produire effet au seul acte de naissance, qui se contente de prouver le fait de l'accouchement, mais ne porte aucune promesse à l'égard de l'enfant, une filiation biologique assumée volontairement pouvant *a priori* être regardée comme une « meilleure » prise en charge de l'enfant qu'une filiation procédant de la seule réalité biologique. La différence de traitement pouvait ainsi procéder soit d'une réprobation morale dépassée, soit d'une conception « volontariste » et pas seulement « biologique » de la filiation.

La règle présentait toutefois l'inconvénient de priver, le cas échéant, l'enfant de filiation maternelle, lorsque la mère, ignorant cette particularité du droit positif, ne procédait à aucune reconnaissance solennelle de l'enfant. La loi du 3 janvier 1972 avait donc prévu deux « rattrapages » possibles : l'article 337 prévoyait d'abord que « l'acte de naissance portant l'indication de la mère vaut reconnaissance lorsqu'il est corroboré par la possession d'état » ; non sans rapport, par une interprétation *a contrario* de l'article 336 (v. ss 453), l'on admettait que la reconnaissance paternelle, si elle portait l'indication de la mère et était corroboré par l'aveu de celle-ci, établissait la filiation maternelle. La loi du 5 juillet 1996 avait en outre renforcé l'information des parents : lors d'une reconnaissance, l'officier d'état civil devait informer son auteur de ce que la filiation naturelle s'établissait séparément à l'égard de chaque parent (et que chacun devait donc reconnaître l'enfant) et l'acte devait porter une mention en ce sens (art. 335, al. 3 et art. 316, al. 3, v. ss 447).

L'ordonnance du 4 juillet 2005 a aligné la portée de l'acte de naissance de l'enfant conçu et né hors mariage sur celle de l'acte de naissance de l'enfant conçu ou né en mariage[1]. Très logiquement, elle a également abrogé les deux règles qui s'efforçaient de limiter l'insuffisance de l'acte de naissance de l'enfant « naturel » à l'égard de la mère : les solutions autrefois prévues par les articles 336 et 337 ne sont plus de droit positif.

Le fondement biologique de la filiation s'en trouve conforté : le plus souvent, l'acte n'est pas dressé sur les déclarations de la mère mais sur celle du père ou d'un témoin ayant assisté à l'accouchement, qui doit produire un certificat médical attestant qu'un enfant est bien né en tel lieu, à telle heure, de telle femme ; l'acte de naissance ne donne ainsi d'indication certaine que sur la « maternité biologique » (v. ss 421)[2].

427 **Contestation de la maternité établie.** La maternité ainsi établie peut être contestée dans des conditions qui seront ultérieurement précisées (v. ss 493 s.). Le principe est que tout intéressé peut, pendant dix ans à compter du moment où la maternité a été établie par l'acte (art. 321 ; le délai est suspendu pendant la minorité de l'enfant à son égard)[3], contester la maternité à condition de prouver que la mère légale n'a pas accouché de l'enfant (art. 332). Mais, si la maternité est établie non seulement par l'acte de naissance mais aussi par une possession d'état conforme, la loi n'autorise à agir que l'enfant, les père et mère, le parent véritable, et ce seulement pendant cinq ans à compter de la cessation de la possession d'état (art. 333, al. 1er). La loi interdit même toute contes-

1. La Cour de cassation a étendu la portée de l'alignement dans le temps en adoptant la solution de façon rétroactive : Civ 1re, 20 févr. 2008, n° 07-13.642 ; 15 déc. 2010, *Bull. civ.* I, n° 264. Mais l'effet de maternité ainsi attaché aux actes de naissance établis avant l'entrée en vigueur de la loi nouvelle n'entraîne aucun changement de nom sur les personnes nées avant son entrée en vigueur et n'a aucun effet de nationalité sur les personnes majeures lors de l'entrée en vigueur de la loi nouvelle : Ord. n° 2005-759, 5 juill. 2005, art. 20 modifiée L. n° 2009-61, 16 janv. 2009. Le Conseil constitutionnel a validé cette dernière solution : Décis. n° 2011-186/187/188/189 QPC, 21 oct. 2011, *Fazia C. et a.*

2. Sur la volonté tacite éventuelle de la mère, v. ss 426.

3. Donc en principe dans les dix-huit premières années de l'enfant.

tation lorsque la maternité est établie par l'acte de naissance et par une possession d'état conforme et qui a duré cinq ans depuis l'établissement de la maternité (donc cinq ans depuis l'établissement de l'acte de naissance, art. 333, al. 2).

§ 2. Paternité et présomption à l'égard du mari de la mère

428 **Présomption de paternité.** L'indication du nom du mari de la mère vaut également établissement du lien de filiation paternelle lorsque l'enfant a été conçu ou est né en mariage : l'acte établit alors que l'enfant dont la naissance est relatée par cet acte de naissance a pour père le mari de la mère. Il ne s'agit là que de l'application d'une des plus célèbres et plus anciennes présomptions qui soit, que l'on appelait autrefois « la présomption de paternité légitime » et qu'il faut désormais désigner par « présomption de paternité du mari de la mère ».

429 **Présentation générale.** Cette présomption est souvent énoncée sous sa forme originaire : *pater is est, quem nuptiae demonstrant*, c'est-à-dire littéralement « le père est celui que le mariage désigne », ce que la loi contemporaine dit plus simplement : « l'enfant conçu ou né pendant le mariage a pour père le mari » (art. 312).

La doctrine discute de *la nature de cette présomption.* Pour les uns, la paternité du marié serait *une règle de fond* et procéderait de *l'engagement* pris, au jour du mariage, d'éduquer les enfants et de pouvoir à leur avenir (art. 213, v. ss 162). Pour d'autres, elle ne constituerait qu'*une règle de preuve*, consistant à induire du mariage de la mère *l'existence vraisemblable* de la paternité du mari, certains rattachant cette vraisemblance aux devoirs de mariage (et plus précisément à la communauté de vie et à la fidélité, v. ss 126 et 127), quand d'autres la relieraient plutôt au contexte affectif du mariage (en général, c'est avec son mari ou futur mari qu'une femme a des relations sexuelles, pendant le mariage ou juste avant le mariage).

Cette dernière explication semble la mieux à même de justifier le domaine actuel de la présomption (art. 312), qui couvre non seulement l'enfant « *conçu* » en mariage (les trois explications peuvent convenir) mais aussi l'enfant « *né* » en mariage (seule la dernière explication explique que cet enfant soit effectivement couvert par la présomption, aucun engagement parental ou devoir de mariage n'existant avant la célébration de ce dernier, et donc lors de la conception de l'enfant).

Une telle présomption entraîne l'indivisibilité de la filiation « en mariage » : maternité et paternité se prouvent en même temps l'une *avec* l'autre. Selon la formule imagée d'un auteur, « cherchez la mère, grâce au mariage, voilà le père »[1].

430 **Évolution historique.** La réforme du 3 janvier 1972 a incontestablement affaibli la présomption de paternité légitime : elle a restreint son domaine et diminué sa force. La jurisprudence postérieure n'a fait qu'accentuer l'évolution. L'ordonnance du 4 juillet 2005 a reconduit pour l'essentiel les dispositions relatives au domaine de cette présomption, tout en accentuant encore son affaiblissement (v. not. art. 314, v. ss 434 s.). Elle a surtout modifié la force de cette présomption : les actions attitrées en contestation de paternité légitime ont été supprimées ; la paternité d'un homme marié est désormais contestée dans les conditions du droit commun (art. 321 et 332 s., v. ss 492 s.). La loi de ratification du 16 janvier 2009 a poursuivi dans la même veine (art. 336-1, v. ss 452). On envisagera : les conditions de la présomption de paternité du mari de la mère (**1**) ; l'exclusion éventuelle de la présomption et les moyens de faire établir ou rétablir la paternité du mari (**2**) ; les modalités de contestation de la présomption de paternité (**3**).

1. Les conditions de la présomption

431 **La condition de « mariage » de la mère avec l'homme dont la paternité est en question.** La présomption de paternité suppose que la mère est liée par mariage avec celui qu'elle désigne comme étant le père. Aucune présomption de ce type n'existe au profit de l'enfant autrefois dit « naturel ». L'ordonnance du 4 juillet 2005 n'a de ce point de vue pas modifié le droit antérieur. L'égalité des enfants

1. Cornu, *op. cit.*, n° 213.

n'est donc pas totale, puisque l'enfant de parents mariés bénéficie d'une présomption que le droit refuse à *l'enfant de parents non mariés*. Et cette solution se justifie aisément : aucune présomption de paternité ne peut être posée en l'absence de mariage, car rien ne permet alors de présumer que la mère a eu des relations sexuelles avec tel homme et seulement avec lui[1].

Il en résulte aussi une nette différence entre *maternité et paternité*. Et cette différence de droit n'est, elle aussi, que la conséquence d'une différence de fait : parce que la maternité se traduit par des événements que les tiers peuvent connaître (la gestation et l'accouchement), l'acte de naissance, établi sur l'attestation de l'accouchement émanée d'un médecin ou d'un témoin, peut suffire à prouver la maternité. Rien de tel n'existe, en revanche, quant à la paternité, qui ne peut s'accrocher à aucune réalité biologique ostensible. Si les auteurs de l'enfant sont mariés, l'acte de naissance pourra indirectement produire des effets à l'égard du mari de la mère grâce à la présomption de paternité que pose l'article 312 ; dans le cas contraire, il sera dépourvu de tout effet et l'homme devra reconnaître son enfant pour que sa paternité soit établie (sauf à ce qu'une possession d'état soit constatée par acte de notoriété ou qu'une décision judiciaire constate ou déclare le lien de paternité).

La présomption de paternité ne doit pas jouer non plus au sein *des couples homosexuels* : l'égalité des couples au regard des effets du mariage a été évincée explicitement par l'article 6-1 nouveau du Code civil, qui précise clairement que « le mariage (...) emporte (...) les mêmes effets, droits et obligations reconnus par les lois, *à l'exclusion de ceux prévus au titre VII du Livre Ier* » du Code civil, que les époux soient de sexe différent ou de même sexe, et le Conseil constitutionnel l'a rappelé[2], tout en laissant la porte ouverte à une réforme législative sur ce point en affirmant qu'*il*

1. La promesse de vie commune et de fidélité d'une part, de prise en charge de l'enfant d'autre part, sont sans équivalent dans un concubinage. Quant au pacs, il n'a pas d'effet de parenté et n'engendre aucun devoir de fidélité. Il serait excessif de fonder sur le seul devoir de vie commune une présomption légale de paternité : le fait sexuel n'implique en rien son exclusivité. Pour autant, en fait, cet élément pourra être retenu comme constituant une présomption judiciaire de paternité.
2. Décis. n° 2013-669 DC, 17 mai 2013, consid. 40.

n'existe aucun principe fondamental reconnu par les lois de la République en matière de « caractère bilinéaire de la filiation fondé sur l'altérité sexuelle »[1].

432 **La condition de « conception ou naissance en mariage ».** *Traditionnellement*, seule *la conception en mariage* entraînait le jeu de la présomption : ce n'est qu'à compter de cette date que le droit pouvait s'appuyer sur l'engagement matrimonial (prise en charge de l'enfant, fidélité et vie commune avec la mère) pour en déduire que l'enfant conçu par la femme mariée était bien issu du mari. Mais la jurisprudence avait étendu la présomption de paternité légitime au profit de l'enfant conçu avant le mariage mais né pendant celui-ci, dans un célèbre arrêt *Degas* rendu au siècle dernier[2]. La Cour de cassation avait jugé que l'enfant conçu avant le mariage mais *né en mariage* n'était pas seulement légitimé par le mariage de ses auteurs : il était légitime depuis l'origine, *ab ovo* comme disait la doctrine. Cette règle, indispensable pour assurer l'unité familiale, a été consacrée par la loi de 1972 : « l'enfant né avant le cent-quatre-vingtième jour du mariage est légitime et *réputé l'avoir été* dès sa conception » (anc. art. 314). La présomption de paternité légitime dont bénéficiait cet enfant était toutefois affaiblie : le père pouvait en effet exercer non seulement le désaveu de droit commun en prouvant qu'il n'était pas le père (anc. art. 314, al. 2) mais « même » exercer un désaveu dit « simplifié » : il lui suffisait alors de se prévaloir de « la simple preuve de la date de l'accouchement » (anc. art. 314, al. 3)[3].

L'ordonnance du 4 juillet 2005 a supprimé ce désaveu simplifié (en même temps qu'elle supprimait, d'ailleurs, cette action attitrée que constituait le désaveu de droit commun, v. ss 492). Désormais, la loi affirme sans distinction : « l'enfant *conçu ou né* pendant le

1. Consid. 56.
2. Civ. 8 janv. 1930, *DP* 1930. 1. 51.
3. Cette date permettait en effet, grâce à la présomption légale relative à la durée de la gestation (C. civ., art. 311 ; v. ss 412 s.), de déterminer la date de conception, et établissait sans difficulté que l'enfant avait été conçu avant le mariage de sa mère, si bien que le mariage ne suffisait pas à le rattacher au mari de sa mère. Mais ce désaveu dit « simplifié » était fermé s'il était établi que le mari de la mère connaissait la grossesse avant le mariage ou qu'il s'était comporté comme le père après la naissance. Dans les deux cas, l'attitude du mari de la mère était une sorte d'acceptation de l'enfant à venir ou déjà né qui valait aveu de paternité ; il ne restait alors plus au mari de la mère que la voie du désaveu ordinaire, c'est-à-dire qu'il devait établir qu'il n'était pas le père de l'enfant.

mariage a pour père le mari ». Il suffit donc de comparer quatre dates : les dates de la célébration du mariage, de sa dissolution, de la conception de l'enfant, de sa naissance. De cette comparaison, résultera l'application de la présomption (si la conception *ou* la naissance sont situées pendant le mariage) ou son exclusion (si la conception *et* la naissance sont situées avant la célébration et après la dissolution). Peu importe que celle-ci procède du divorce des époux ou du décès du mari[1].

2. L'exclusion éventuelle de la présomption

433 **L'exclusion de la présomption et ses effets.** Dans deux cas, la présomption de paternité est écartée, alors pourtant que l'enfant a été conçu ou est né pendant le mariage de sa mère. Mais la loi permet alors au mari de la mère de faire établir ou rétablir sa paternité.

a. Les cas d'exclusion

434 **Les deux cas d'exclusion de la présomption.** La présomption de paternité est écartée dans deux cas : lorsque l'acte de naissance ne rattache pas l'enfant au mari de sa mère ou lorsque l'enfant a été conçu pendant une période de séparation légale.

435 **Premier cas : l'enfant qui n'est pas rattaché au mari par l'acte de naissance.** La loi de 1972 avait écarté la présomption de paternité légitime lorsque « l'enfant, inscrit sans l'indication du nom du mari, n'a(vait) de possession d'état qu'à l'égard de la mère » (anc. art. 313-1). Deux conditions cumulatives devaient ainsi être réunies : l'une relative à l'acte de naissance (il devait garder le silence sur le mari de la mère) ; l'autre relative à la possession d'état (elle devait exister à l'égard de la mère et faire défaut à l'égard du mari). Le silence de l'acte de naissance était en soi suspect ; renforcé et conforté par l'absence de filiation paternelle vécue en fait (absence d'autant plus significative que la possession d'état

1. L'art. 315 tel qu'issu de la loi du 3 janvier 1972 distinguait deux cas, celui de la dissolution du mariage et celui de la déclaration d'absence du mari : jusqu'à la loi du 28 déc. 1977 en effet, ladite déclaration d'absence ne valait pas présomption de décès et n'entraînait donc pas la dissolution du mariage. Une fois cette réforme intervenue (art. 127, 128 et 132), l'art. 315 du Code civil avait pour effet écarter la présomption de paternité en présence de l'enfant conçu après la disparition du mari de la mère mais avant la déclaration d'absence, et donc avant la dissolution du mariage. L'ordonnance du 4 juillet 2005 a abrogé cette règle. Désormais, la présomption de paternité jouera jusqu'à la dissolution du mariage, à charge pour tel ou tel (le vrai père, la mère, l'enfant...) de contester ladite paternité.

maternelle existait), il entraînait logiquement la mise à l'écart d'une présomption qui ne correspondait vraisemblablement pas aux faits. Selon toute vraisemblance, cet enfant avait été conçu pendant une séparation de fait entre sa mère et le mari de celle-ci ; il n'y avait donc aucune raison de le rattacher légalement au mari, qui, vraisemblablement, n'était pas le père.

L'ordonnance du 4 juillet 2005 avait modifié la règle. Consacrant la jurisprudence antérieure, elle avait précisé qu'il fallait d'abord que « l'acte de naissance ne désigne pas le mari en qualité de père » (si son nom était seulement mentionné, la présomption était donc écartée). Surtout, elle avait transformé la seconde condition : il fallait seulement que « l'enfant n'a(it) pas de possession d'état à son égard » (art. 314). Le double vide de filiation paternelle (ni acte de naissance ni possession d'état) suffisait donc, peu important que l'enfant ait, ou non, de possession d'état maternelle.

La loi de ratification de l'ordonnance du 4 juillet 2005, en date du 16 janvier 2009, a encore affaibli la présomption de paternité. Il suffit désormais que *l'acte de naissance ne désigne pas le mari « en qualité de père »* pour que la présomption soit automatiquement écartée par la loi.

436 **Deuxième cas : l'enfant conçu pendant une « séparation légale ».** Soucieuse de vérité, la loi du 3 janvier 1972 avait restreint la présomption de paternité en cas de « séparation légale » de deux époux, c'est-à-dire lorsque l'enfant était conçu au cours d'une procédure en divorce ou séparation de corps. L'ordonnance du 4 juillet 2005 a retenu le même principe, tout en apportant des modifications liées à la réforme du divorce opérée par la loi du 26 mai 2004.

Désormais, pour que la présomption soit écartée, il faut, aux termes de l'article 313 : 1°) qu'une *demande* en divorce ou séparation de corps ait été formée ; 2°) que l'enfant *naisse plus de* trois cents jours après une date qui varie selon le cas de divorce, et qui peut être, soit la date de l'homologation de la convention qui, dans le divorce par consentement mutuel, règle l'ensemble des effets du divorce ou arrête les mesures provisoires (v. ss 278 et 227), soit la date de l'ordonnance de non-conciliation (qui organise la résidence séparée des époux, v. ss 226 et 227) ; 3°) que l'enfant *naisse moins de* cent quatre-vingts jours après le rejet définitif de la demande (qui prive d'effet l'ordonnance de non-conciliation, et restaure donc le devoir de communauté de vie) ou la réconciliation. Lorsque ces trois conditions sont réunies, l'enfant n'est pas rattaché au mari de la mère : quoique celle-ci reste tenue du devoir de fidélité, le fait qu'elle ait été dispensée de la communauté de vie et qu'une procédure de divorce (ou séparation de corps) soit en cours rend la présomption trop fictive pour qu'elle demeure applicable. Sous l'empire de la loi du 3 janvier 1972, la jurisprudence avait considéré que l'action en constatation de l'illégitimité de l'enfant n'avait pas pour objet la contestation de la présomption de paternité légitime et échappait donc aux règles encadrant ladite contestation[1]. L'analyse théorique demeure, même si l'enjeu pratique diffère : l'action en constatation de l'inapplicabilité de la présomption de paternité légitime n'est pas une action en *contestation* de la paternité, puisque la paternité n'est *pas établie*. Il en résulte notamment que le jeu de l'article 320 est exclu : une autre filiation paternelle peut donc être établie sans qu'il soit nécessaire de contester la paternité du mari de la mère.

b. Les effets de l'exclusion sur la filiation de l'enfant

437 **La filiation de l'enfant.** De quelle filiation l'enfant bénéficie-t-il alors ?

Maternité. Les textes issus de la loi du 3 janvier 1972 précisaient que l'enfant était alors rattaché à la femme désignée comme mère dans l'acte de naissance mais pas au mari de celle-ci, et ce « comme s'il y avait eu désaveu admis en justice » (anc. art. 313-2)[2]. Cette précision a disparu avec l'ordonnance du 4 juillet 2005 : elle était inutile eu égard à la portée désormais conférée à l'acte de naissance en matière de maternité (art. 311-25 ; v. ss 423 s.). Le plus souvent, il s'agira d'un enfant issu de l'adultère de sa mère, sauf s'il a été conçu avant la célébration du mariage de celle-ci.

1. Civ. 1re, 10 mai 1988, *Bull. civ.* I, n° 137.
2. Cette précision s'imposait : l'acte de naissance d'enfant naturel ne suffisait pas, sous l'empire de la loi de 1972, à établir la maternité.

Paternité. Cet enfant pourra bénéficier d'une filiation paternelle à l'égard d'un tiers, que celle-ci soit établie par reconnaissance, possession d'état ou décision de justice. La paternité du mari de la mère pourra également être établie. La loi du 3 janvier 1972 avait prévu que la présomption pouvait retrouver application dans deux cas : automatiquement, du seul fait de la loi, si l'enfant avait la possession d'état d'enfant légitime (anc. art. 313, al. 2) ; sur décision judiciaire, en établissant que « dans la période légale de la conception, une réunion de fait a eu lieu entre eux, qui rend vraisemblable la paternité du mari » (anc. art. 313-2, al. 2). L'ordonnance du 4 juillet 2005, telle que ratifiée par la loi du 4 juillet 2005, a prévu trois possibilités.

438 **Le rétablissement légal automatique de la présomption.** L'article 314 prévoit d'abord que « la présomption de paternité se trouve rétablie de plein droit si l'enfant a la possession d'état à l'égard du mari et qu'il n'a pas une filiation paternelle déjà établie à l'égard d'un tiers ». La restauration de la présomption de paternité suppose ainsi désormais deux conditions. Il faut d'abord que l'enfant ait « la possession d'état à l'égard de chacun du mari » ; il faut aussi qu'il n'ait pas « de filiation déjà établie à l'égard d'un tiers ».

La condition de *possession d'état* s'entend conformément aux articles 311-1 et 2 (v. à l'égard du mari ss 415 s. et 458 s.). Quel peut bien être l'intérêt du texte, sachant que la possession d'état est depuis 1972 un mode d'établissement légal autonome du lien de filiation ? À la réflexion, un double intérêt existe potentiellement. Le premier tient dans le fait que la possession d'état n'établit légalement le lien de filiation qu'après avoir été constatée par acte de notoriété (art. 310-1, 310-3 et 317 ; v. ss 465 et 468) alors que le silence de la loi porte ici à considérer que le fait même de la possession d'état, quoique non constaté dans un tel acte, suffit à rétablir la présomption attachée à l'acte de naissance de l'enfant d'une femme mariée[1]. Le second est que l'on peut éventuellement

1. La circulaire exige, certes, qu'un acte de notoriété intervienne. Pourtant, il semble souhaitable de distinguer entre la rectification de l'acte de naissance (demander la production d'un acte de notoriété peut se comprendre par souci de sécurité juridique) et le rétablissement de la présomption (qui n'est subordonné qu'à l'existence de la possession d'état). La nuance peut être importante pour apprécier dans le temps la condition d'absence de paternité déjà établie d'un tiers.

songer à faire application de l'article 333, une fois admis le jeu de l'article 314 : complété par la possession d'état, l'acte de naissance établit la paternité (art. 314) ; cet acte devient incontestable une fois que cinq ans de conformité du titre et de la possession d'état se sont écoulés (art. 333 ; v. ss 500).

La seconde condition exigée par le texte est que l'enfant n'ait *pas de filiation paternelle déjà établie à l'égard d'un tiers*. La loi de ratification du 16 janvier 2009 a ainsi explicitement repris la solution jurisprudentielle antérieure, que l'ordonnance du 4 juillet 2005 avait malencontreusement oublié d'expliciter, en pensant sans doute que le principe chronologique général de l'article 320 suffisait en la matière, ce qui n'était pas aussi évident que cela (v. ss 418). On comprend aisément la solution : le fait qu'un enfant, conçu en période vraisemblable de crise conjugale (crise induite de la séparation légale ou du silence de l'acte de naissance), soit reconnu par un autre que le mari de la mère (ou qu'un acte de notoriété établisse une possession d'état, par hypothèse antérieure à la possession d'état à l'égard du mari), donne en effet à penser que l'enfant n'est pas issu du mari, quoique celui-ci puisse ensuite se prévaloir d'une possession d'état. L'obstacle n'est toutefois pas définitif : le mari (comme tout intéressé d'ailleurs le cas échéant) peut en effet contester la paternité ainsi établie à l'égard d'un tiers, afin, le cas échéant, de faire ensuite rétablir la présomption de paternité à son égard.

439 **Le rétablissement judiciaire de la présomption.** La loi du 3 janvier 1972 avait en outre permis à chacun des époux de demander le rétablissement judiciaire de la présomption, à condition d'établir une réunion de fait (c'est-à-dire l'existence de relations sexuelles) rendant vraisemblable la paternité du mari. En pratique, c'était bien souvent sur la seule preuve de la réalité biologique que s'opérait le rétablissement de la présomption de paternité. La réforme du 8 janvier 1993[1] avait également autorisé l'enfant à agir pendant les deux ans qui suivaient sa majorité[2].

1. La jurisprudence antérieure écartait l'enfant : Civ. 1re, 3 juin 1980, *D.* 1981. 119.
2. Ce qui revenait à étendre à la filiation légitime le court et contesté délai applicable à la recherche de paternité naturelle.

L'ordonnance du 4 juillet 2005 a repris cette possibilité : « lorsque la présomption de paternité est écartée dans les conditions prévues aux articles 313 et 314, ses effets peuvent être rétablis en justice dans les conditions prévues à l'article 329 » (art. 315). Mais elle a modifié les conditions de l'action : l'action est désormais ouverte, à chacun des époux pendant la minorité de l'enfant, à l'enfant dans les dix ans qui suivent sa majorité ; il faut désormais prouver « que le mari est le père ». À quoi s'ajoute que, conformément au principe de priorité chronologique consacré par l'ordonnance du 4 juillet 2005 (art. 320)[1], une telle action ne pourra être exercée si une autre filiation paternelle est établie : la filiation préétablie devra être contestée avant que le rétablissement de la paternité du mari de la mère ne soit demandé[2].

440 **La souscription volontaire d'une reconnaissance de paternité.** La loi de ratification du 16 janvier 2009 a également prévu que « le mari a également la possibilité de reconnaître l'enfant dans les conditions prévues aux articles 316 et 320 » (art. 315, *in fine*). L'ordonnance du 4 juillet 2005 suffisait à fonder la solution, la généralité de la lettre de la loi (les articles 310-1, 310-3 et 316 ne distinguent pas entre les enfants) et le principe d'égalité des enfants justifiant sans peine que la reconnaissance soit ouverte aux enfants rattachés à un mariage comme aux autres (v. ss 442 et 447). La précision apportée par la loi de ratification a le mérite de résoudre le problème d'interprétation pour le père[3]. En pratique, cette possibilité n'a d'intérêt que pour l'enfant ayant fait l'objet d'un accouchement sous X : si son père souhaite le prendre en charge, il doit pouvoir faire établir sa paternité sans passer par la maternité, par hypothèse non établie (art. 326, v. ss 486 s.), avant de saisir le procureur de la République pour identifier l'enfant (art. 62-1, v. ss 487).

1. Le texte de l'art. 315 se borne à renvoyer à l'art. 329 et ne mentionne pas l'article 320. Mais l'art. 320, faisant partie des « dispositions générales », vaut aussi pour l'action visée à l'art. 315.
2. La jurisprudence antérieure avait considéré que la présomption de paternité, une fois rétablie, conduisait à la nullité d'une éventuelle reconnaissance souscrite par un tiers : Civ. 1re, 25 juin 1991, *Bull. civ.* I, n° 208.
3. Il ne faudrait pas interpréter le texte *a contrario* comme fermant la reconnaissance dans les autres cas, et notamment à la mère.

3. Les conditions de contestation de la présomption de paternité

441 **Le jeu du droit commun de la contestation.** La présomption de paternité n'est plus aujourd'hui soumise à des règles spécifiques : elle obéit au droit commun de la contestation. En principe, tout intéressé peut agir pendant dix ans (art. 321 et 334), en établissant que le mari n'est pas le père (art. 332, al. 2). Mais si l'acte de naissance est conforté par la possession d'état, l'action est fermée au bout de cinq ans de conformité du titre et de la possession (art. 333). Sur quoi, v. ss 500.

Section 2
La reconnaissance volontaire

442 **Présentation générale.** La reconnaissance est la déclaration, faite par acte authentique, par laquelle une personne avoue tel enfant comme sien et s'engage à assumer les responsabilités en découlant. Les conditions et effets de cet acte, à mi-chemin entre l'aveu d'un fait et l'engagement de prendre en charge un enfant, n'ont pas été bouleversés par l'ordonnance du 4 juillet 2005, à deux exceptions près. Alors que ce mode d'établissement du lien de filiation paternel ou maternel ne concernait autrefois que l'enfant « naturel », la loi présente désormais la reconnaissance volontaire comme constituant le second mode d'établissement légal du lien, sans limiter en rien son domaine aux enfants conçus et nés hors mariage (art. 310-1 et 310-3). L'esprit égalitaire du nouveau droit de la filiation incite à analyser les textes, dont la lettre ne distingue pas, comme permettant la reconnaissance de tous les enfants, sous réserve du cas de l'enfant incestueux (art. 310-2 ; v. ss 417) : *ubi lex non distinguit, nec nos debemus distinguere.* Surtout, l'ordonnance a modifié les conditions de sa contestation (art. 321 et 333 ; v. ss 453 et 457). Les modifications apportées par la loi n° 2018-778 du 10 septembre 2018 sont destinées à permettre de lutter efficacement contre les reconnaissances frauduleuses, et notamment celles faites en fraude au droit des étrangers[1].

1. Les dispositions nouvelles entrent en vigueur à une date fixée par décret en Conseil d'État, au plus tard le 1er mars 2009 ; elles s'appliquent alors aux demandes postérieures à cette date : art. 71, IV, de la loi du 10 sept. 2018.

443 **Plan.** Les conditions de la reconnaissance seront envisagées (**§ 1**) avant les effets qu'elle produit (**§ 2**).

§ 1. Les conditions

444 **Plan.** La reconnaissance est un acte juridique qui doit répondre, comme tout *acte juridique*, à des conditions classiques de validité. Elles tiennent à la volonté de l'auteur de l'acte (**A**), aux formes requises (**B**), aux enfants susceptibles d'être reconnus (**C**) et au moment où elle intervient (**D**).

A. La qualité de la volonté de l'auteur de l'acte

445 **Une volonté réelle et non viciée.** La reconnaissance doit émaner d'une *volonté intègre*, c'est-à-dire être donnée sans erreur et librement. L'erreur et la violence sont des vices du consentement dans la théorie générale des contrats que le droit familial reçoit : elles entacheront la reconnaissance viciée d'une nullité relative, l'action étant réservée à l'intéressé et pouvant être exercée pendant cinq ans.

Elle peut en revanche être le fait d'un *incapable*, dès lors qu'elle émane d'une volonté suffisante. La jurisprudence a, dans le passé, admis des reconnaissances souscrites par des majeurs protégés lorsque l'altération des facultés mentales n'était pas telle qu'elle supprimait la volonté et la conscience que le sujet avait des conséquences de ses actes ; pareillement, la reconnaissance souscrite par un mineur pourvu de discernement avait été jugée valable. Cette solution quoique non consacrée explicitement par la loi du 3 janvier 1972 et l'ordonnance du 4 juillet 2005, demeure de droit positif, comme l'a implicitement admis la réforme du droit des majeurs protégés opérée par la loi du 5 mars 2007. L'article 458 dans sa nouvelle rédaction précise en effet, d'une part que l'assistance et la représentation sont exclues pour les actes « dont la nature implique un consentement strictement personnel », d'autre part que « sont réputés strictement personnels la déclaration de naissance d'un enfant, sa reconnaissance... ». La loi n'ayant pas explicitement interdit de tels actes, elle admet ainsi implicitement qu'ils peuvent être le fait de majeurs protégés, si du moins ils sont aptes à manifester un consentement suffisant. La même solution doit *a fortiori* être transposée au mineur : son jeune âge lui laisse bien souvent une volonté suffisante pour reconnaître son enfant.

Le consentement de l'auteur de la reconnaissance doit par ailleurs ne pas être entaché de *fraude* : sa volonté doit effectivement avoir pour objet la création d'un lien juridique de filiation, et non telle ou telle conséquence du lien de filiation (par exemple échapper à telle règle défavorable du droit des étrangers). La loi du 10 septembre 2018 s'est efforcée de prévenir de telles situations en mettant en place un système de saisine du procureur de la République par l'officier d'état civil (art. 316-1 et 2 ; v. ss 446 et 454) comparable à celui existant en matière de mariage (v. ss 74). À supposer que la fraude n'ait pas été découverte à l'origine, il y aura encore place pour une action en nullité, pour défaut de but, ou consentement illicite (sur cette analyse en droit du mariage, v. ss 75).

B. La forme de l'acte

446 **Un acte authentique.** Le droit exige qu'une reconnaissance soit souscrite par *acte authentique*[1]. Ce formalisme n'est pas seulement destiné à protéger l'auteur de la reconnaissance en attirant son attention sur les conséquences de sa déclaration, mais vise aussi – surtout ? – à la sécurité juridique, en assurant la qualité de l'acte et l'information des tiers : il est donc imposé à peine de nullité absolue[2].

L'article 316 du Code civil prévoit qu'une reconnaissance peut être faite par : 1°) une déclaration spéciale faite dans l'acte de naissance au moment de l'établissement de ce dernier ; 2°) une déclaration souscrite auprès d'un officier d'état civil ; 3°) « tout

1. Civ. 1re, 14 janv. 2009, *Bull. civ.* I, n° 5 : « la simple indication de la filiation du défunt dans un acte de décès dressé sur les déclarations d'un tiers ne peut valoir reconnaissance ».
2. La reconnaissance sous seing privé pourra toutefois être utilisée comme indice d'une possession d'état ou comme élément de preuve dans une action en recherche de paternité ou maternité.

autre acte authentique », qu'il s'agisse d'une déclaration réalisée en la forme authentique devant un notaire ou un juge...

Dans deux cas, le droit antérieur à l'ordonnance du 4 juillet 2005 assouplissait le formalisme : il admettait d'abord que la reconnaissance paternelle valait établissement de la maternité naturelle si elle désignait la mère et était corroborée par l'aveu de celle-ci (anc. art. 336) ; il considérait ensuite que « l'acte de naissance portant l'indication du nom de la mère (valait) reconnaissance, lorsqu'il (était) corroboré par la possession d'état » (anc. art. 337)[1]. Ces deux exceptions ne présentaient plus guère d'intérêt, alors que la loi du 25 juin 1982 avait admis la possession d'état au rang des preuves autonomes de la filiation naturelle (anc. art. 334-8, al. 2 ; v. ss 464 s.) et, surtout, alors que l'ordonnance du 4 juillet 2005 avait prévu que l'acte de naissance établissait la maternité naturelle (art. 311-25 ; v. ss 422 s.). C'est la raison pour laquelle l'ordonnance du 4 juillet 2005 a abrogé ces deux règles.

L'acte doit comporter *diverses mentions* (art. 62) relatives à son auteur (prénoms, nom, date et lieu de naissance, domicile) et à l'enfant (date et lieu de naissance, sexe, prénoms, ou à défaut « tous renseignements utiles sur la naissance »). Depuis la loi du 4 mars 2002, il doit être établi après que *lecture* a été faite au déclarant des articles 371-1 et 371-2 (textes qui définissent l'autorité parentale et le devoir d'entretien, v. ss 595 s. et 598 s.). L'acte doit en outre, depuis la loi du 5 juillet 1996, comporter la mention de ce que son auteur a été informé du *caractère divisible du lien de filiation*, c'est-à-dire du fait que la reconnaissance n'établit la filiation qu'entre son auteur et l'enfant (art. 316, al. 4).

Pour lutter contre la fraude, la loi du 10 septembre 2018 exige que son auteur justifie de son identité et de son domicile (art. 316) et donne à l'officier d'état civil qui estime qu'il existe des indices sérieux de fraude, le pouvoir de saisir le procureur de la République qui doit, dans les quinze jours, opter pour l'une des trois décisions suivantes (art. 316-1) : il peut en premier lieu lais-

1. Ce tempérament était destiné à tempérer la rigueur du formalisme exigé par la loi à l'égard des mères naturelles qui ignoraient cette faiblesse de l'acte de naissance.

ser l'officier d'état civil procéder à ces formalités ; il peut en deuxième lieu s'opposer à l'enregistrement de la reconnaissance et à sa mention en marge des actes de l'état civil[1], l'opposition devant être motivée et mentionnée dans les registres de l'état civil, et pouvant être contestée par l'auteur de la reconnaissance devant le tribunal de grande instance, qui doit se prononcer dans les dix jours de la saisine (art. 316-2 et 3) ; il peut en troisième lieu, surseoir à ces formalités et diligenter une enquête[2], l'auteur de la reconnaissance ayant ici aussi le droit de contester la décision de sursis devant le tribunal de grande instance, qui doit statuer dans les dix jours (art. 316-1).

C. L'enfant concerné

447 **Enfant naturel simple, adultérin, incestueux. Enfant légitime.** La reconnaissance n'est pas toujours possible. Il faut que l'enfant soit de ceux dont la filiation peut être ainsi établie. La loi du 3 janvier 1972 avait maintenu divers interdits, et l'ordonnance du 4 juillet 2005 a procédé de la même façon. Le droit consacre-t-il sans limite la liberté de reconnaître un enfant ?

– *Enfants « naturels »*. La loi de 1972 avait libéralisé le droit antérieur sans lever pour autant tous les obstacles existant à l'égard des enfants « naturels ». Elle avait maintenu la possibilité, qui existait déjà, de reconnaître un enfant naturel simple. Elle avait également autorisé ce qui était jusque-là interdit, à savoir reconnaître un enfant adultérin. En revanche, elle n'avait pas permis le double établissement du lien de filiation incestueuse. L'ordonnance du 4 juillet 2005 a maintenu cette dernière interdiction : un seul des deux liens, paternel ou maternel, pouvant apparaître, la reconnaissance de l'enfant issu de l'inceste est impossible si la filiation est déjà établie à l'égard de l'autre auteur (art. 310-2 ; v. ss 417).

1. Lorsque la saisine concerne une reconnaissance prénatale ou concomitante à l'acte de naissance, ce dernier est établi sans mention de la reconnaissance : art. 316-4.
2. Pour une durée maximale d'un mois, renouvelable une fois, sauf si l'enquête doit en partie se dérouler à l'étranger, auquel cas le délai est porté à deux mois.

– *Enfants « légitimes ».* La loi du 3 janvier 1972 ne prévoyait la reconnaissance que pour l'enfant dit « naturel ». La jurisprudence avait même explicitement refusé la possibilité de reconnaître un enfant légitime. Depuis l'ordonnance du 4 juillet 2005, le Code présente la reconnaissance volontaire comme constituant le second mode d'établissement légal du lien, sans limiter son domaine aux enfants conçus et nés hors mariage (art. 310-1). Tant l'esprit (le droit consacre une égalité de principe entre les enfants) que la lettre des textes (qui ne distinguent pas selon les circonstances de la conception et de la naissance de l'enfant) conduisent à permettre la reconnaissance des enfants nés ou conçus « en mariage » : *ubi lex non distinguit, nec nos debemus distinguere.* Le plus souvent, cette hypothèse ne se réalisera pas en pratique : l'acte de naissance suffit en effet à établir la maternité de la femme désignée dans l'acte (art. 311-25) et, via la présomption de paternité, la paternité du mari de cette femme (art. 312) ; or l'article 316 précise bien que la reconnaissance a un caractère subsidiaire. Mais on peut imaginer qu'une situation familiale et personnelle complexe conduise la mère à cacher son accouchement à son mari et à accoucher sous X[1], ou à ne pas désigner son mari comme père dans l'acte de naissance. Celui-ci aura alors la possibilité de procéder à une reconnaissance, et ainsi déclencher les recherches éventuelles du procureur de la République (art. 62-1 ; v. ss 487). La même liberté doit être offerte à la mère « légitime » dans la même situation.

D. Le moment de la reconnaissance

448 **Faveur à la reconnaissance.** Le droit consacre largement la liberté de reconnaître son enfant dans le temps (**1**), et ne lui oppose que quelques limites (**2**). Il faudra envisager spécialement l'hypothèse du conflit susceptible de naître entre la reconnaissance prénatale qu'il autorise et la présomption de paternité du mari de la mère de l'enfant (**3**).

1. Pour une telle suggestion doctrinale, v. Massip, *Defrénois* 2006. 38303 et 38312 et 38324.

1. La liberté temporelle de la reconnaissance

449 **Liberté de reconnaître un enfant à tout moment.** Il est possible de reconnaître un enfant à tout moment. La faculté de reconnaissance échappe à toute prescription : dix ans, quinze ans, trente ans, après la naissance de l'enfant, il est encore possible de le reconnaître. Elle n'est pas non plus subordonnée à la vie de l'enfant : il est possible de reconnaître un enfant après son décès, alors même que, bien souvent, la reconnaissance pourra procéder de la cupidité la plus sordide. Elle est également susceptible d'intervenir avant la naissance. La jurisprudence a admis la reconnaissance prénatale par simple application de l'adage *Infans conceptus pro nato habetur, quoties de commodis ejus agitur* (l'enfant est réputé conçu chaque fois qu'il y va de son intérêt) : elle l'a jugée valable, mais l'a subordonnée dans son efficacité à la naissance effective d'un enfant vivant et viable. Cette possibilité s'expliquait théoriquement : la théorie générale des obligations admet que l'acte juridique porte sur un objet futur (anc. art. 1130). Elle avait aussi de puissantes raisons pratiques : elle était le seul moyen permettant à un père naturel de faire établir sa filiation contre la volonté du mari de la mère ; elle pouvait aussi permettre de prévenir le vide de filiation que le décès prématuré du père ou même de la mère (les progrès médicaux permettent parfois de laisser la gestation se poursuivre malgré la mort cérébrale de la mère) risquait d'entraîner (ainsi en cas de maladie fatale). L'ordonnance du 4 juillet 2005 a explicité cette hypothèse : la reconnaissance peut être « faite avant (...) la naissance » (art. 316, al. 1er *in fine*).

2. Les limites à la liberté temporelle de la reconnaissance

450 **Loi du 3 janvier 1972 et interdictions spéciales.** La loi du 3 janvier 1972 avait posé deux limites.

– *Possession d'état d'enfant légitime antérieure.* La loi interdisait de reconnaître un enfant qui bénéficiait d'une possession d'état d'enfant légitime (anc. art. 334-9). Cette faveur s'appuyait sur la qualité de la filiation préétablie (une filiation légitime *et* une filiation vécue). Mais elle ne jouait que si la possession d'état était antérieure : une possession d'état d'enfant légitime postérieure n'entraînait pas la nullité d'une reconnaissance préalable. Il y avait donc un grand intérêt à reconnaître un enfant à naître.

– *Reconnaissance d'enfant naturel antérieure.* La même solution jouait à l'égard d'une filiation naturelle préétablie par reconnaissance : « tant qu'elle n'a pas été contestée en justice, une reconnaissance rend irrecevable l'établissement d'une autre filiation naturelle qui la contredirait » (anc. art. 338).

451 **Ordonnance du 4 juillet 2005. Principe chronologique et subsidiarité.** La liberté de la reconnaissance se heurte aujourd'hui à deux limites.

– *Principe chronologique.* La première vient du « principe chronologique ». Pour assurer la sécurité juridique et éviter qu'un enfant ne soit doté de deux parents légaux dans la même ligne, l'article 320 (bien mal situé d'ailleurs dans le chapitre III qui a trait aux actions relatives à la filiation, alors qu'il constitue une disposition générale, valable à l'encontre de tous les modes d'établissement du lien de filiation) prévoit que, « tant qu'elle n'a pas été contestée en justice, la filiation légalement établie fait obstacle à l'établissement d'une autre filiation qui la contredirait » (v. ss 418). Cette faveur à la filiation établie la première, qui ne dépend ni de la qualité des filiations en cause (en ou hors mariage...), ni des modes d'établissement utilisés (acte de naissance, présomption de paternité, reconnaissance, possession d'état), vaut à l'égard de la reconnaissance comme à l'égard de n'importe quel mode d'établissement du lien. En pareil cas, celui qui souhaite souscrire une reconnaissance doit contester préalablement la filiation établie (à supposer que cette contestation soit possible), puis, en cas de succès de son action, souscrire une reconnaissance.

– *Nature subsidiaire.* La seconde limite tient au caractère subsidiaire de la reconnaissance par rapport à l'établissement de la filiation « par le seul effet de la loi ». L'article 316 prend soin, en effet, de limiter la reconnaissance : « lorsque la filiation n'est pas établie dans les conditions prévues à la section I du présent chapitre, elle peut l'être par reconnaissance ». Ce faisant, il interdit la reconnaissance maternelle de l'enfant qui serait doté d'une maternité en vertu d'un acte de naissance (art. 311-25), ou la reconnaissance paternelle de l'enfant qui jouirait d'une paternité établie par la présomption de paternité de l'article 312.

3. Le conflit éventuel entre reconnaissance prénatale et présomption de paternité

452 **Le jeu de la présomption et le principe chronologique.** La loi de ratification du 16 janvier 2009 a inséré un nouvel article 336-1 : « Lorsqu'il détient une reconnaissance paternelle prénatale dont les énonciations relatives à son auteur sont contredites par les informations concernant le père que lui communique le déclarant, l'officier de l'état civil compétent en application de l'article 55 établit l'acte de naissance au vu des informations communiquées par le déclarant. Il en avise sans délai le procureur de la République qui élève le conflit de paternité sur le fondement de l'article 336 ». Il s'agit de soustraire la présomption de paternité aux difficultés qui pourraient naître du principe chronologique, ce principe qui veut qu'une filiation légalement établie interdise l'établissement d'une autre filiation qui la contredirait (art. 320, v. ss 418). Le jeu de ce principe posait en effet deux difficultés en présence d'un conflit entre une reconnaissance prénatale et la présomption de paternité. La première était qu'il était difficile de déterminer quelle était la filiation première établie en date : fallait-il prendre en compte la date d'établissement de l'acte[1], ou fallait-il considérer que les deux filiations étaient établies au même moment, que ce soit au moment de l'établissement de l'acte de naissance[2] ou au moment de la naissance de l'enfant[3], etc. ? La seconde était qu'une reconnaissance erronée ou faite de mauvaise foi pouvait priver l'enfant de son vrai père – le mari de la mère – si celui-ci ne prenait pas l'initiative, à la naissance, d'agir en contestation de reconnaissance ; or rien ne garantissait qu'il soit informé de ladite reconnaissance prénatale. Le législateur a donc préféré poser une règle spéciale : dans une telle situation, au lieu de prévenir le conflit, il admet son existence et charge l'officier d'état civil de transmettre la difficulté au procureur de la République. Par hypothèse, la situation correspond en effet à celle visée à l'article 336, celle où « des indices tirés des actes

1. C'est alors la reconnaissance prénatale qui prévalait.
2. Jusque-là, aucune personne juridique n'existe, si bien qu'aucune filiation ne peut être établie.
3. On considère généralement que les actes sont déclaratifs dans la filiation, en ce qu'ils remontent à la naissance de l'enfant.

eux-mêmes (...) rendent invraisemblable la filiation », d'où résulte que le ministère public peut contester le lien de filiation (v. ss 496). En pareil cas, il appartiendra au juge de trancher, l'expertise biologique étant vraisemblablement déterminante.

§ 2. Les effets

453 **Établissement de la filiation.** La reconnaissance établit la paternité de l'homme (ou la maternité de la femme) qui la souscrit. Elle a quatre caractéristiques notables.

– *Caractère plénier.* La filiation établie produit les effets qui sont habituellement attachés à la filiation en matière de nom, d'autorité parentale, de devoir d'entretien... De ce point de vue, la reconnaissance a plus de portée qu'une décision de justice, qui ne produit pas toujours d'effet sur le nom, l'autorité parentale, le devoir alimentaire (art. 331 ; v. ss 595 s., 598 s. et 663 s.). Pour autant, du moins, que l'enfant soit identifié, ce qui peut poser problème lorsqu'elle concerne un enfant né sous X (sur cette question, v. ss 487).

– *Caractère irrévocable.* La reconnaissance est irrévocable, en ce sens que son auteur ne peut la rétracter par sa seule volonté.

– *Caractère déclaratif.* Elle est déclarative, en ce sens qu'elle ne constitue pas le lien de filiation, qui lui préexiste, mais se contente de reconnaître officiellement un lien préexistant en fait. Ses effets remonteront donc, le cas échéant, dans le temps : l'enfant sera censé avoir toujours eu cet homme (cette femme) pour père (pour mère).

– *Caractère personnel.* Elle « n'établit la filiation qu'à l'égard de son auteur » (art. 316).

La logique explique sans mal qu'une reconnaissance, à la fois aveu et engagement, soit personnelle à son auteur. Mais ce caractère pourrait s'avérer préjudiciable à l'enfant si l'un de ses auteurs, ignorant la règle juridique, omettait de procéder lui-même à une reconnaissance, persuadé que celle réalisée par l'autre parent suffit à établir le double lien. C'est pourquoi, à l'occasion de la réforme de l'adoption par la loi du 5 juillet 1996, il a été prévu que l'acte portant reconnaissance comporterait « la mention que l'auteur de la reconnaissance a été informé du caractère divisible du lien de filiation naturelle ». Le législateur espérait ainsi parvenir à une meilleure information des intéressés. L'ordonnance du 4 juillet 2005 a maintenu cette information (art. 316, v. ss 446).

Ce principe connaissait un tempérament sous l'empire de la loi du 3 janvier 1972. L'article 336 du Code civil disposait en effet alors que « la reconnaissance du père, sans l'indication et l'aveu de la mère, n'a d'effet qu'à l'égard du père ». Interprétant ce texte *a contrario*, la jurisprudence et la doctrine considéraient que la reconnaissance souscrite par le père produisait effet à l'égard de la mère et établissait la maternité naturelle si l'acte « indiquait » la mère et si cet indice était conforté par l'« aveu » de celle-ci. Cette solution avait perdu une bonne partie de son intérêt depuis que la possession d'état était devenue une preuve autonome du lien de filiation (L. 25 juin 1982, v. ss 464). Elle en aurait eu encore moins dans un système qui considère que l'acte de naissance établit la maternité (art. 311-25, v. ss 423 s.), qu'elle soit naturelle ou légitime. C'est pourquoi elle a disparu avec l'ordonnance du 4 juillet 2005.

Il faut toutefois mesurer que, si une reconnaissance ne crée de lien de filiation qu'à l'égard de son auteur, elle modifie notablement la situation de l'enfant, en empêchant l'établissement d'un autre lien de filiation dans cette ligne (art. 320, v. ss 418), et en pesant sur le statut de l'enfant, notamment en matière d'autorité parentale (art. 372 s., v. ss 617 s.), de gestion des biens (art. 389 s., v. ss 605 s.), de devoir d'entretien (art. 371-2, v. ss 595 s.). Le droit veille donc à informer l'autre auteur de l'enfant, afin qu'il puisse, le cas échéant, exercer une action en contestation : l'officier d'état civil du lieu de naissance de l'enfant reconnu, lorsqu'il porte la mention de cette reconnaissance en marge de l'acte de naissance, doit aviser l'autre parent par lettre recommandée avec demande d'avis de réception ; à défaut, il doit informer le procureur de la République qui fait procéder aux diligences utiles (art. 57, réd. L. 5 juill. 1996).

454 **Anéantissement de la filiation établie par reconnaissance.** La reconnaissance peut être attaquée de deux façons.

– *Nullité de la reconnaissance.* Elle peut d'abord l'être par une action en nullité, pour défaut de consentement intègre, fraude à la loi, irrespect des règles de forme, violation de l'interdiction d'établir le double lien de filiation incestueuse. Le silence de la loi porte *a priori* à faire application de la distinction entre nullité absolue et nullité relative, ce qui pourra conduire à d'étranges solutions[1].

– *Contestation de la reconnaissance.* Elle peut surtout l'être par une action en contestation. L'ordonnance du 4 juillet 2005 a profondément modifié le droit.

Si *la reconnaissance n'est pas confortée par la possession d'état*, ce sont les articles 321 et 334 qui s'appliquent : tout intéressé peut agir, pendant un délai de dix ans qui court à compter de la reconnaissance, mais est suspendu à l'égard de l'enfant pendant sa minorité, la preuve devant être faite que la filiation déclarée ne correspond pas à la réalité biologique. La réforme a donc sensiblement réduit le délai d'action (du moins lorsqu'il ne s'agit pas de l'action de l'enfant), qui était autrefois de trente ans.

Si *la reconnaissance est confortée par la possession d'état*, le droit restreint l'action pour protéger le lien affectif, dans l'intérêt de l'enfant, de l'adulte en cause et de la société. Sous l'empire du droit antérieur, l'article 339 n'ouvrait l'action, si la possession d'état avait duré dix ans depuis la reconnaissance, qu'à « l'autre parent, l'enfant lui-même ou ceux qui se prétendent les parents véritables ». Depuis l'ordonnance du 4 juillet 2005, l'article 333 s'applique alors (v. ss 500 s.). Seuls peuvent agir l'enfant, l'un de ses père et mère ou celui qui se prétend le parent véritable. L'action se prescrit de deux façons possibles : par l'écoulement d'un délai de cinq ans à compter de la cessation de la possession d'état ou du décès du parent prétendu ; par l'existence d'une possession d'état conforme au titre et qui dure cinq ans après la reconnaissance. La réforme a donc à nouveau restreint l'action, sous réserve du droit d'action du ministère public.

1. La nullité absolue pour inceste pourra être invoquée pendant 30 ans contre le mariage mais seulement 5 ans contre la reconnaissance.

Le droit autorise l'auteur d'une reconnaissance mensongère à la contester ; mais la jurisprudence requalifie la reconnaissance, dans laquelle elle voit un engagement à assumer la charge de l'enfant ; cet engagement fait obstacle à la restitution des paiements réalisés dans le passé, auxquels il donne une cause ; il permet en outre de tenir son auteur pour responsable du dommage subi par l'enfant à raison de son inexécution (v. ss 501).

SECTION 3
LA POSSESSION D'ÉTAT

455 **Évolution historique.** La loi du 3 janvier 1972 avait concédé à la possession d'état une place de choix, conforme à l'inspiration sociologique de l'auteur de la réforme. La loi du 23 juin 1982, puis celle du 8 janvier 1993 accentuèrent encore le rôle de réalité sociologique, la première en admettant qu'elle suffisait à établir la filiation naturelle, la seconde en prévoyant l'inscription, en marge de l'acte de naissance, d'une possession d'état constatée par acte de notoriété. L'ordonnance du 4 juillet 2005 a quelque peu inversé la donne, en subordonnant l'effet probatoire de la possession d'état à sa constatation judiciaire. Ce faisant, elle a accentué le formalisme d'un mode de preuve dont l'essence, autrefois, était factuelle.

Les conditions d'une possession d'état seront exposées (**§ 1**) avant ses effets (**§ 2**).

§ 1. Les conditions de la possession d'état

456 **Plan.** La possession d'état correspond à la filiation vécue en fait, ce que l'on appelle parfois la « filiation sociologique ». Elle suppose réunies des conditions de fond (**A**) et obéit à des règles de preuve assez originales (**B**).

A. Les conditions de fond

1. Les éléments constitutifs de la possession d'état

457 **Éléments constitutifs.** La possession d'état suppose « *une réunion suffisante de faits qui révèlent le rapport de filiation et de parenté*

entre une personne et la famille à laquelle elle est dite appartenir » (art. 311-1, al. 1er). « Les principaux de ces faits » sont : le fait qu'ils se soient réciproquement traités en parents et enfant (éducation, entretien, installation de l'enfant par les parents « de fait ») ; que tous (société, famille, autorité publique) considèrent l'enfant comme issu de ces personnes ; qu'il porte le nom de celui ou ceux dont on le dit issu (art. 311-1, al. 2). La lettre des textes confère au juge un pouvoir considérable : d'autres éléments peuvent être retenus ; il n'est pas nécessaire que tous les indices énumérés existent en l'espèce ; le caractère « suffisant » de la « réunion » de ces éléments de fait relève de l'appréciation souveraine des juges du fond.

2. Les qualités de la possession d'état

458 **Qualités.** « La possession d'état doit être *continue* » (C. civ., art. 311-1, al. 3), c'est-à-dire que les éléments de fait indiquant le rapport de filiation doivent être habituels, suffisamment pour correspondre à une situation normale. Elle doit être en outre « *paisible, publique et non équivoque* »[1] : autrefois exigées en doctrine et jurisprudence malgré le silence des textes issus de la loi de 1972, ces qualités sont explicitement requises depuis l'ordonnance du 4 juillet 2005 (art. 311-2).

La loi précisait autrefois qu'« il n'y a de possession d'état d'enfant légitime qu'autant qu'elle rattache l'enfant indivisiblement à ses père et mère » (anc. art. 321). Les textes faisaient ainsi application à la possession d'état de cette caractéristique inhérente à la filiation dite « légitime » qu'est l'indivisibilité, caractéristique qui veut que l'enfant rattaché à un couple marié, soit nécessairement rattaché « en même temps » à ses père et mère. L'ordonnance du 4 juillet 2005 a abrogé le texte, conséquence logique de la suppression de la distinction des enfants légitimes et des enfants naturels.

1. Ce vice procède souvent du concours de plusieurs possessions d'état.

B. Les règles de preuve

459 **Preuve.** La possession d'état est un fait *à partir duquel* la loi présume le lien de filiation. *Mais*, en tant que fait, c'est *aussi* un *élément qui doit être prouvé*. La question se pose alors de savoir comment la prouver.

Le droit commun de la preuve devrait conduire *a priori* à appliquer à la possession d'état, qui constitue un simple fait juridique, le principe de liberté de la preuve : celui qui s'en prévaut devrait pouvoir l'établir par tout moyen (témoignages, présomptions, écrits...) ; la force probante de ces éléments de preuve devrait relever du pouvoir souverain d'appréciation des juges du fond.

Le droit contemporain de la filiation est plus subtile : il distingue selon que la preuve de la possession d'état est discutée en justice ou non.

1. La preuve contentieuse de la possession d'état

460 **Preuve contentieuse.** Le droit commun s'applique lorsque l'existence d'une possession d'état est discutée *dans le cadre contentieux*, qu'il s'agisse d'une action en constatation de la possession d'état, dont l'objet est de constater l'existence d'une possession d'état (art. 330, v. ss 489) ou de toute autre action, qu'elle tende à l'établissement du lien de filiation (la possession peut être un indice du lien biologique dans le cadre d'une action en recherche de paternité ou maternité) ou à sa contestation (l'objet de l'action peut être de contester la possession d'état constatée dans un acte de notoriété, ou de s'attaquer à la filiation établie par l'acte de naissance ou la reconnaissance ; la possession d'état peut dans ces deux derniers cas être invoquée pour conforter l'acte attaqué ou au contraire le fragiliser). C'est par tout moyen que la possession d'état pourra alors être établie. Encore faut-il noter que, hormis l'action en constatation de la possession d'état (dans laquelle il n'est pas possible de prescrire une expertise biologique, v. ss 416 et 489), la preuve génétique (v. ss 416) est plus souvent utilisée que la possession d'état dans le cadre contentieux.

2. La preuve non contentieuse de la possession d'état

461 **Preuve non contentieuse. Nécessité d'un acte de notoriété.** L'existence de la possession d'état est une question qui existe aussi *en dehors de tout contentieux*. Tel est le cas lorsqu'un enfant qui ne bénéficie ni d'un acte de naissance ni d'une reconnaissance souhaite se prévaloir de sa possession d'état pour établir un lien lui permettant d'hériter ou d'obtenir tel ou tel droit de l'administration, par exemple en matière sociale, etc.

La loi de 1972 permettait alors d'invoquer la possession d'état en la prouvant par *n'importe quel mode de preuve*. Mais, *pour simplifier* la tâche du demandeur, elle avait organisé un mode de preuve préconstitué en permettant aux parents ou à l'enfant de « demander au juge (...) que leur soit délivré (...) un *acte de notoriété* » (anc. art. 311-3, al. 1er), dans les conditions prévues aux articles 71 et 72 du Code civil : trois témoins devaient donc attester les faits invoqués. L'acte délivré ne donnait qu'un avantage provisoire : il ne valait que jusqu'à preuve contraire. Et s'il était contesté, n'importe quel mode de preuve pouvait être invoqué à son soutien. Mais il présentait l'avantage de procurer aux parents et à l'enfant un élément de preuve « préconstitué » les dispensant de faire la preuve de la possession d'état chaque fois que la question de la filiation se posait.

De façon ambiguë, *la loi du 8 janvier 1993* avait renforcé l'efficacité de l'acte de notoriété : elle avait prévu qu'il pouvait être mentionné *en marge de l'acte de naissance de l'enfant* (anc. art. 311-3, al. 3, réd. L. 8 janv. 1993). L'intérêt était évident : la filiation établie par possession d'état, au lieu de n'exister qu'en fait, pouvait être alors invoquée en produisant un acte d'état civil. Mais l'on aboutissait à une curieuse formalisation-officialisation d'une preuve en principe factuelle.

L'ordonnance du 4 juillet 2005 est allée plus loin. Désormais, pour que la possession d'état établisse *à elle seule* le lien de filiation, elle doit avoir été *officiellement constatée*, soit par une décision de justice rendue dans un cadre contentieux (art. 330, v. ss 415 et 489 ; le juge vérifie alors l'existence de la possession d'état), soit « par un acte de notoriété » délivré par le juge dans un cadre non contentieux (art. 310-1). La solution a le mérite de sécuriser cette preuve et d'empêcher les manœuvres et mensonges que la possession d'état peut permettre. Mais elle modifie l'essence de la possession d'état dont l'aspect « factuel » décline avec l'essor du « formalisme ». L'article 317 précise les conditions d'établissement de cet acte et ses effets.

Le projet de loi de programmation pour la Justice 2018-2022 envisage de confier la réception de cet acte au notaire.

462 **Conditions d'établissement de l'acte de notoriété.** La délivrance de l'acte peut être demandée par chacun des parents ou par l'enfant. Les tiers n'ont quant à eux pas d'autre choix que celui d'exercer une action judiciaire en constatation de la possession d'état (art. 330, v. ss 489).

Par faveur pour cette preuve non contentieuse de la possession d'état, l'ordonnance du 4 juillet 2005 a permis sa délivrance malgré la mort du parent prétendu : l'article 317 insistait alors simplement sur la nécessité de prouver « une réunion suffisante de faits au sens de l'article 311-1 », précision inutile au regard de la définition de la possession d'état (art. 311-1, v. ss 414 et 456 s.).

La délivrance ne peut être demandée que dans un délai de cinq ans. Ce délai court à compter de la cessation de la possession d'état alléguée ou du décès du parent prétendu[1], y compris lorsque le décès est survenu avant la naissance[2]. Il s'est agi d'empêcher que la délivrance soit demandée trop longtemps après la disparition de la possession d'état ou le décès du parent en cause, ce qui rend la preuve non contentieuse dangereuse. Mais passé ce délai, les intéressés pourront exercer une action judiciaire en constatation de la possession d'état, ce dans le délai de droit commun fixé par l'article 321, à savoir pendant dix ans à compter du jour où la personne a été privée de la filiation invoquée, ce délai étant même suspendu à l'égard de l'enfant pendant sa minorité (art. 330, v. ss 473 et 489).

C'est le juge d'instance du lieu de naissance ou du domicile du demandeur qui est compétent[3]. Sa mission doit être précisée : il

1. La précision a été apportée par loi du 16 janv. 2009.
2. La précision a été apportée par la loi du 28 mars 2011.
3. La précision date de la loi du 13 déc. 2011.

lui appartient de rechercher, non pas la réalité biologique, mais seulement la réalité sociologique. C'est donc elle qui doit être établie par le demandeur : celui-ci doit présenter au moins trois témoins qui attestent l'existence de cette possession d'état. La loi a précisé que si le juge l'estimait nécessaire, il pouvait exiger d'autres éléments de preuve.

Le refus de délivrer l'acte n'est pas sujet à recours. Mais le demandeur pourra alors, s'il le souhaite, faire judiciairement établir la possession d'état en exerçant une action en constatation de celle-ci (art. 330). Il pourra aussi exercer simplement une action aux fins d'établissement du lien de filiation, quitte à se fonder sur la possession d'état pour prouver la paternité ou maternité alléguée.

463 **Portée de l'acte de notoriété.** L'acte de notoriété n'est en lui-même sujet à aucun recours. Il fait « foi de la possession d'état » dit l'article 317, en ajoutant deux précisions.

– *Acte d'état civil.* La première concerne son effet sur les actes de l'état civil : la filiation établie par la possession d'état constatée par acte de notoriété est mentionnée en marge de l'acte de naissance de l'enfant. Il en résulte une simplification notable de la preuve de la filiation.

– *Contestation.* La seconde concerne l'éventuelle contestation de la filiation ainsi établie : la preuve contraire pourra être rapportée, dans des conditions qui seront envisagées ultérieurement (v. ss 497).

§ 2. Les effets de la possession d'état

1. Le domaine général de la possession d'état

464 **Généralité du domaine.** Le domaine dans lequel la possession d'état produit des effets juridiques s'est progressivement étendu.

La loi du 3 janvier 1972 ne lui avait explicitement conféré cette fonction qu'à l'égard de *la filiation légitime* (anc. art. 320). La question s'était alors posée de savoir si elle pouvait jouer ce même rôle à l'égard de la filiation naturelle. Le silence des textes avait amené la jurisprudence, malgré les deux principes d'égalité et de réalité portés par la réforme du 3 janvier 1972, à écarter ce mode de preuve dans le domaine de la filiation naturelle[1]. La loi du 25 juin 1982 a brisé cette jurisprudence en visant explicitement la possession d'état comme constituant l'un des trois modes d'établissement du lien de *filiation naturelle*, paternelle ou maternelle (anc. art. 334-8).

La règle a été reconduite avec l'ordonnance du 4 juillet 2005. C'est sans distinguer que l'article 310-1 dispose que « la filiation est légalement établie (...) par la possession d'état constatée par un acte de notoriété ». Et il en va de même de l'article 317, qui précise les conditions et effets de la délivrance de l'acte de notoriété. La possession d'état peut donc établir indifféremment la paternité ou la maternité, en ou hors mariage.

2. Les trois effets possibles de la possession d'état

465 **Premier effet : la possession d'état comme mode autonome d'établissement du lien.** Le rôle essentiel de la possession d'état tient dans le fait qu'elle constitue un *mode autonome d'établissement du lien.*

Cette solution résulte du *plerum que fit* : le plus souvent, la filiation vécue, encore dite « *filiation sociologique* », correspond à la réalité biologique. Certes, il arrive qu'elle contredise la réalité biologique : l'enfant, quoiqu'élevé par le mari de la mère, pourra ainsi fort bien être issu des œuvres de l'amant. Mais si le droit la retient alors, c'est qu'il choisit de faire prévaloir l'affectif, la paix des familles, la stabilité de l'état civil de l'enfant, etc., sur le lien de sang.

Cette portée de la possession d'état est générale en ce sens qu'elle vaut pour la maternité comme pour la paternité, et que l'enfant soit conçu ou né en mariage/ou hors mariage (v. ss 464). Mais ce rôle probatoire autonome est, depuis l'ordonnance du 4 juillet 2005, subordonné à une condition de forme : seule la possession d'état constatée par un juge produira cet effet d'établissement légal du lien de filiation. Enfin, la filiation ainsi établie par la possession d'état est susceptible d'être contestée.

1. Civ. 1re, 8 mai 1979, *D.* 1979. 477.

466 **Deuxième effet : la possession d'état comme indice d'appoint.** Sous l'empire de la loi du 3 janvier 1972, la possession d'état jouait souvent un *rôle d'appoint en éclairant une situation douteuse* : elle pouvait ainsi compléter un titre d'enfant légitime ou naturel insuffisant (anc. art. 313, 313-1, 336 s.). Elle permettait la légitimation *post nuptias* (anc. art. 331-1 ; v. ss 391). Elle permettait également, à défaut d'autre élément de solution, de trancher un conflit de filiations (art. 311-12).

L'ordonnance du 4 juillet 2005 a considérablement restreint ce rôle : les conflits de filiations ont en principe disparu du fait du principe chronologique exposé ci-dessus (art. 320, v. ss 418). La légitimation n'existant plus et l'acte de naissance suffisant à établir la filiation maternelle de l'enfant « hors » mariage (art. 311-25, v. ss 420 s.), la possession d'état a perdu le rôle qu'elle jouait alors autrefois. Seule demeure la possibilité pour elle de conforter une présomption de paternité affaiblie en fait, en raison soit de la séparation légale des parents, soit de l'insuffisance de l'acte de naissance de l'enfant qui ne désigne pas le mari de la mère comme étant le père de l'enfant (art. 313 et 314, v. ss 438 s.).

467 **Troisième effet : la possession d'état comme élément de consolidation d'un titre.** Sous l'empire de la loi du 3 janvier 1972, la possession d'état jouait aussi un autre *rôle : elle permettait de consolider un titre suffisant à établir le lien de filiation en restreignant la possibilité de le contester* (anc. art. 322 et 333). Cette solution a été reconduite sous l'empire de l'ordonnance du 4 juillet 2005 : l'article 333 du Code civil restreint ainsi la contestation d'un titre (acte de naissance ou reconnaissance) lorsqu'il est conforté par la possession d'état (v. ss 500).

3. La question délicate de la preuve de la possession d'état

468 **Difficulté tenant à la preuve.** La possession d'état est une présomption qui « révèle » le lien de filiation, paternel ou maternel, pour reprendre une expression légale imagée (art. 311-1, v. ss 414 et 457 s.). Elle peut, on l'a vu, soit valoir comme mode de preuve autonome et suffisant du lien de filiation, soit être utilisée pour conforter un titre insuffisant, soit encore venir consolider un titre qui suffit par ailleurs à établir légalement le lien de filiation. Se pose alors la question de savoir comment elle peut être prouvée.

– Lorsqu'elle est invoquée comme *mode d'établissement autonome et suffisant du lien de filiation*, la réponse ne fait pas de doute : la possession d'état *doit avoir été constatée officiellement*, par un acte de notoriété ou une décision de justice. Telle n'était pas la solution sous l'empire de la loi de 1972. La loi avait certes prévu la possibilité d'obtenir un acte de notoriété et la jurisprudence avait consacré l'action en constatation de la possession d'état. Mais la loi ne subordonnait pas le rôle probatoire de la possession d'état à une quelconque constatation formelle : la possession d'état pouvait être invoquée « au coup par coup », chaque fois que la question de la filiation de l'enfant se posait, celui s'en prévalant devant alors la prouver, ce qu'il pouvait faire par tous moyens. Afin de sécuriser l'état civil, l'ordonnance du 4 juillet 2005 a modifié la règle : désormais, pour que la filiation soit légalement établie, il faut une « possession d'état constatée par un acte de notoriété » (art. 310-1 et 317, v. ss 415)[1].

– La solution est plus incertaine lorsque la possession d'état n'est invoquée que dans *un rôle d'appoint*, plus précisément pour conforter la présomption de paternité du mari de la mère lorsque l'acte de naissance de l'enfant conçu ou né en mariage n'indique pas le mari de la mère comme étant le père ou lorsque l'enfant a été conçu pendant une période de séparation légale des époux (art. 313, v. ss 434 s.). Dans ce cas, en effet, l'article 314 permet à la possession d'état de restaurer automatiquement la présomption de paternité (v. ss 438). Le texte n'exige pas qu'elle ait été constatée officiellement, mais la doctrine est favorable à cette exigence, ce que la circulaire a d'ailleurs confirmé. Une autre analyse est pourtant possible, consistant à soutenir que le fait brut de la possession d'état assure le rétablissement de la présomption, et que l'acte de notoriété n'est nécessaire que pour permettre la rectification des mentions de l'acte de naissance. L'enjeu est réel : l'article 314 subordonne le rétablissement de la présomption au fait que « l'enfant n'a pas une filiation paternelle déjà établie à l'égard d'un tiers » ; cette condition sera différemment appréciée

1. Elle peut aussi l'être « judiciairement » (art. 310-1, al. 2), par une action en constatation judiciaire de la possession d'état (art. 330, v. ss 490).

selon que l'on estime que l'acte de notoriété est nécessaire pour faire rétablir la présomption (en ce cas, il faudra qu'au jour de la délivrance de l'acte, aucune autre filiation n'existe) ou seulement faire rectifier le titre (le fait qu'une filiation existe à ce jour ne suffira pas à empêcher le rétablissement de la présomption ; seule l'existence d'une filiation légalement établie lors de l'apparition de la possession d'état pourra être un obstacle).

– La solution ne pose guère de difficulté en revanche lorsqu'il s'agit de faire jouer à la possession d'état son rôle de consolidation d'un titre valant établissement légal du lien de filiation : c'est alors par tout moyen que la possession d'état pourra être prouvée.

4. La contestation de la possession d'état

469 **Possibilité de la contestation.** Sous l'empire de la loi du 3 janvier 1972, *la possession d'état « nue »* (non confortée par un titre) n'était incontestable qu'au bout de trente ans. L'ordonnance du 4 juillet 2005 avait opté pour un délai de cinq ans, ce qui renforçait la stabilité de la filiation procédant de la réalité sociologique, au détriment éventuel de la réalité biologique. Soucieux d'aligner le délai de contestation sur le délai de la tierce-opposition ouverte à un tiers contre la décision judiciaire ayant constaté la possession d'état (art. 324, v. ss 479), le Sénat a, à l'occasion du vote du projet de loi de ratification de l'ordonnance, allongé ce délai : une « filiation établie par la possession d'état constatée par un acte de notoriété peut être contestée (...) dans le délai de *dix ans* à compter de la délivrance de l'acte » (art. 335, v. ss 497). Pour le reste, le droit antérieur a été reconduit. Tout intéressé peut agir. Le succès de l'action suppose que la « preuve contraire » soit apportée, ce qui vise soit le fait que la possession d'état n'existe pas au sens des articles 311-1 et 2 (v. ss 457), soit la preuve qu'elle existe mais ne correspond pas à la réalité biologique.

Les modifications ne sont pas moins importantes s'agissant de la contestation d'une *possession d'état confortée par un titre* (acte de naissance ou reconnaissance). L'article 333 restreint alors l'action, tant à l'égard des titulaires de l'action qu'à l'égard des délais (v. ss 457).

Seuls peuvent en effet agir l'enfant, l'un des père et mère, celui qui se prétend le parent véritable. L'ordonnance du 4 juillet 2005 est à cet égard plus ouverte que le droit antérieur, surtout à l'égard de l'enfant « en » mariage : la filiation de l'enfant naturel ne pouvait, en pareil cas, être contestée par l'auteur de la reconnaissance (anc. art. 339) ; quant à la filiation de l'enfant légitime, elle ne pouvait alors être contestée que par le père présumé (désaveu des anc. art. 316 s.) ou, à de strictes conditions, par la mère (après remariage avec le vrai père : anc. art. 318).

S'agissant des délais, l'article 333 en fixe deux : l'action en contestation se prescrit par cinq ans à compter du jour où la possession d'état cesse ; en outre, la contestation devient impossible lorsque la possession a duré au moins cinq ans depuis l'établissement de l'acte de naissance ou la reconnaissance. Les conséquences de la réforme sur la stabilité de la filiation et sa sécurité varient ainsi selon les situations de fait (v. ss 500, l'analyse plus précise de l'évolution).

CHAPITRE 3

Le contentieux de la filiation

470 **Plan.** Sur ce point aussi, l'ordonnance du 4 juillet 2005 a apporté de profondes modifications. Elle a maintenu le droit commun des actions créé par la loi du 3 janvier 1972 en lui apportant diverses modifications, principalement en matière de prescription (SECTION 1). Elle a par ailleurs largement unifié les règles spéciales propres à telle ou telle action tout en maintenant un droit spécial (SECTION 2).

SECTION 1

LE DROIT COMMUN DES ACTIONS

471 Depuis la loi de 1972, le Code civil connaît un droit commun des actions relatives à la filiation. L'ordonnance du 4 juillet 2005 l'a reconduit en apportant diverses modifications, plus ou moins importantes.

§ 1. La recevabilité de l'action

472 **La non-viabilité de l'enfant.** « Aucune action n'est reçue quant à la filiation d'un *enfant qui n'est pas né viable* » (art. 318). Soucieuse de la paix des familles, la loi pose ici une première limite à la recevabilité des actions. Naturelle pour ceux qui considèrent

qu'un enfant non viable n'a jamais eu la personnalité juridique, cette solution est discutée par ceux pour lesquels la personnalité de l'enfant conçu n'est pas une fiction légale mais devrait découler d'une réalité biologique (l'existence d'un être humain) et du postulat juridique de la dignité de la personne (art. 16). L'avenir de la règle est incertain, en raison d'une part des critiques adressées à la notion de viabilité[1], d'autre part de l'importance que la jurisprudence européenne attache à l'accès à la réalité biologique[2].

473 **La prescription des actions.** La considération manifestée par le législateur du 3 janvier 1972 à l'égard de la réalité vécue explique qu'il ait rompu avec le droit antérieur et soumis les actions à la prescription extinctive trentenaire (anc. art. 311-7). L'ordonnance du 4 juillet 2005 a repris le principe mais abrégé le délai. La règle est désormais que, sauf texte contraire, les actions se prescrivent « *par dix ans* » (art. 321), le point de départ du délai étant soit le « jour où la personne a été privée de l'état qu'elle réclame », soit le jour où elle « a commencé à jouir de l'état qui lui est contesté »[3]. L'ordonnance du 4 juillet 2005 a également précisé que ce délai était *suspendu pendant la minorité de l'enfant*, mais en prenant soin de préciser que ce n'était le cas qu'« à l'égard de l'enfant ». Si l'enfant veut agir, il pourra donc le faire jusqu'à ses vingt-huit ans. On s'interroge sur les causes de suspension du droit commun (art. 2233 s.) ; l'importance que la jurisprudence européenne attache à l'accès aux origines biologiques donne à penser que la prescription de droit interne risque d'être jugée contraire aux droits fondamentaux lorsqu'une impossibilité absolue d'agir a

1. La loi de 1993 ayant permis l'établissement d'un acte d'enfant sans vie (art. 79-1), une circulaire ministérielle du 30 nov. 2001 reprit la définition de la viabilité donnée par l'OMS, en exigeant soit que le fœtus ait atteint un poids de 500 grammes, soit que 22 semaines d'aménorrhée se soient écoulées. Mais la Cour de cassation a écarté cette condition, dans 3 décisions du 6 févr. 2008, au motif que la circulaire ajoutait à la loi : Civ. 2e, 6 févr. 2008, *Bull. civ.* II, n° 41 à 43. La solution a toutefois été reprise : Décr. n° 2008-800, 20 août 2008 et Arr. 20 août 2008, *JO* 22 août 2008, p. 13165.
2. CEDH 2 juin 2005, *Znamenskaya c/ Russie*, n° 77785/01, pour le refus opposé à une mère de rendre à son enfant mort-né sa filiation paternelle.
3. Sur l'application du nouveau délai aux enfants nés antérieurement, v. pour l'action en constatation de la possession d'état, Civ. 1re, 16 mars 2016, n° 14-21.457 ; pour l'action en recherche de paternité, Civ. 1re, 9 nov. 2016, n° 15-25.068 ; pour l'action en contestation de reconnaissance, Civ. 1re, 6 mars 2013, n° 11-28.780.

empêché l'exercice de l'action[1]. Dans son principe, le texte a été jugé conforme aux droits fondamentaux[2].

474 **L'indisponibilité des actions.** « Les actions relatives à la filiation *ne peuvent faire l'objet de renonciation* » (art. 323). Posée par la jurisprudence antérieure à la loi du 3 janvier 1972, consacrée par cette loi et reconduite telle quelle par l'ordonnance du 4 juillet 2005, cette indisponibilité se fonde sur les enjeux de la question de filiation, essentiels dans la double perspective des intérêts particuliers et de l'intérêt général[3]. La règle est toutefois écartée en cas de procréation assistée (art. 311-19 et 311-20 ; v. ss 575 s.).

§ 2. La saisine du tribunal

475 **La compétence.** L'importance de la filiation explique d'une part que les causes relatives à la filiation doivent être communiquées *au ministère public* (C. pr. civ., art. 425, 1°)[4], d'autre part que les actions relatives à la filiation relèvent de la compétence exclusive du *tribunal de grande instance* (art. 318-1). Les juridictions répressives conservent toutefois le droit de statuer sur des questions incidentes de filiation, sauf s'il s'agit d'une « infraction portant atteinte à la filiation d'une personne », c'est-à-dire d'une infraction qui s'attaque à la preuve légale de la filiation (substitution d'enfant, destruction de registres d'état civil...) : le juge pénal doit alors attendre que la décision civile soit passée en force de chose jugée avant de statuer sur l'action pénale engagée (art. 319).

La compétence territoriale est déterminée selon les règles de droit commun.

476 **La qualité pour agir.** Le principe découlant du droit commun de la procédure, qui ouvre l'action « à tous ceux qui ont un *intérêt légitime* au succès ou au rejet d'une prétention » (C. pr. civ., art. 31), est appliqué par le droit de la filiation.

Mais, par souci de la paix des familles et en raison du lien étroit que la filiation entretient avec la personnalité, la loi du

1. Par ex. parce que absolument rien ne permettait de suspecter la vérité biologique.
2. Civ. 1re, 9 nov. 2016, n° 15-25.068.
3. V. par ex. Civ. 1re, 25 sept. 2013, n° 12-24.588.
4. Même solution dans l'action à fins de subsides : Civ. 1re, 17 oct. 2007, *Bull. civ.* I, n° 325.

3 janvier 1972 avait réservé certaines actions à certaines personnes : seul le mari pouvait exercer l'action en désaveu de paternité légitime ; seul l'enfant pouvait agir en recherche de paternité ou maternité naturelle... L'ordonnance du 4 juillet 2005 a supprimé certaines de ses actions, en particulier celles qui étaient propres à la contestation de la paternité « en mariage ». Pour autant, demeurent *quelques actions attitrées* : l'action en rétablissement de la présomption de paternité (art. 329, v. ss 488), l'action aux fins d'établissement de la paternité ou de la maternité (art. 325, al. 2 et 327, al. 2, v. ss 484 s.), l'action en contestation d'une filiation établie par un titre conforté par la possession d'état (art. 333, v. ss 500), l'action aux fins de subsides (art. 342, v. ss 502).

Ce lien étroit avec la personnalité conduit en outre à reconnaître aux actions *un caractère personnel.* Ainsi s'explique que *les créanciers* ne peuvent agir par la voie de l'action oblique. L'ordonnance du 4 juillet 2005 a en revanche supprimé un obstacle que le droit érigeait autrefois à l'encontre de la transmission d'une action aux héritiers de la personne titulaire de l'action en question. L'article 311-8 autorisait *les héritiers* à poursuivre une action déjà engagée (sauf désistement ou péremption d'instance) ; en revanche, il ne leur permettait d'intenter l'action que si l'enfant était décédé mineur (ou dans les cinq ans de sa majorité ou de son émancipation). Cette limite a disparu : l'action peut désormais être exercée par les héritiers d'une personne décédée dès lors qu'ils le font « avant l'expiration du délai qui était imparti à celle-ci pour agir » (art. 322).

§ 3. La décision judiciaire

477 **Contenu matériel.** La décision judiciaire qui accueille l'action aux fins d'établissement établit le lien de filiation. Inversement, celle qui accueille l'action en contestation détruit le lien de filiation qui était établi. Dans les deux cas, la décision produira donc plusieurs conséquences importantes, dans l'ordre personnel (nom, autorité parentale, interdit à mariage et pacs) et patrimonial (administration des biens, vocation successorale, devoir d'entretien, obliga-

tion alimentaire). Il appartiendra le cas échéant au juge de prendre en la matière les décisions nécessaires, et notamment de statuer sur l'exercice de l'autorité parentale, l'attribution du nom[1], la contribution à l'entretien de l'enfant (v. en cas d'établissement du lien, art. 331, v. ss 490).

478 **Portée temporelle.** Par définition, l'action est déclarative de droit (et non constitutive) : elle se borne à constater un élément de fait préexistant à la décision (le lien de filiation) et ne le crée pas. L'établissement ou la destruction du lien de filiation remontera donc, le cas échéant, dans le passé, à la date de naissance de l'enfant. D'où d'éventuelles restitutions : la destruction d'une filiation permettra à celui qui était considéré comme le parent légal d'obtenir restitution des sommes qu'il a versées à tort, pour entretenir un enfant qui n'était pas le sien (v. ss 501) ; elle lui permettra aussi d'échapper à la responsabilité parentale édictée par l'article 1242 (anc. art. 1384, al. 4)[2].

Ce caractère rétroactif pourra le cas échéant être tempéré. Il en va sans doute ainsi en matière de nom, la jurisprudence semblant disposée à admettre que l'enfant conserve l'usage du nom attaché à son ancienne filiation, si son intérêt l'exige[3] et sur le fondement de son droit à la vie privée. Surtout, la loi permet éventuellement de maintenir des relations entre l'enfant et celui qui l'a élevé : la loi précisait autrefois que les juges pouvaient, lorsqu'ils rejetaient l'action de celui qui élevait en fait l'enfant, attribuer à cette partie un droit de visite (anc. art. 311-13) ; l'ordonnance du 4 juillet 2005 a autorisé le tribunal à « fixer les modalités des relations de (l'enfant) avec la personne qui l'élevait », mais seulement en considération de « l'intérêt de l'enfant » (art. 337 ; comp. art. 371-4, al. 2, depuis L. 4 mars 2002, v. ss 600)[4].

---

1. Pour un tel changement, en cas de déclaration judiciaire de paternité, v. Civ. 1re, 8 juill. 2015, n° 14-20.417. Comp. Civ. 1re, 11 mai 2016, n° 15-17.185, renvoyant la question à l'appréciation souveraine des juges du fond, qui avaient en l'espèce écarté le changement de nom.
2. Telle est la solution retenue en jurisprudence. Elle est discutable, car il est fictif de faire ainsi table rase de l'autorité que l'ex-parent en question a effectivement exercée sur l'enfant, indépendamment du lien de filiation.
3. V. *a contrario* Civ. 1re, 17 mars 2010, *Bull. civ.* I, n° 64.
4. Rien n'a été prévu en matière de nom par la loi.

479 **Autorité.** La décision judiciaire est opposable *erga omnes*, c'est-à-dire qu'elle vaut même à l'encontre de ceux qui n'ont pas été parties au jugement (anc. art. 311-10, art. 324). Cette solution, indispensable s'agissant d'un jugement relatif à l'état des personnes, est dangereuse pour les tiers. C'est pourquoi la loi les autorise à former tierce-opposition contre le jugement, si du moins l'action leur était ouverte, et ce dans le délai de droit commun de dix ans prévu par l'article 321 (v. ss 473)[1]. C'est pourquoi les juges peuvent également ordonner d'office la mise en cause de tous les intéressés auxquels ils estiment que le jugement doit être rendu commun.

SECTION 2
LE DROIT SPÉCIAL DES ACTIONS

480 **Plan.** L'ordonnance du 4 juillet 2005 a largement unifié, et en conséquence simplifiée, le droit spécial des actions relatives à la filiation. Sous l'empire de la loi du 3 janvier 1972, tout dépendait en effet du point de savoir d'abord si l'enfant était « légitime » ou « naturel » ; ensuite si l'action portait sur la paternité ou la maternité ; enfin si elle tendait à établir ou contester le lien de filiation, dans ce cas, si la filiation était établie par titre ou – et – possession d'état. Le droit s'avérait ainsi extrêmement complexe. Partant du principe d'égalité entre les enfants (peu importe que l'enfant soit issu ou non d'un couple marié) et d'égalité entre les parents (peu importe qu'il s'agisse de la mère ou du père), l'ordonnance du 4 juillet 2005 s'est efforcée d'abolir ces distinctions, et de ne retenir, autant que possible, que la distinction entre les actions tendant à l'établissement du lien (**§ 1**) et celles tendant à sa contestation (**§ 2**). Elle a également maintenu l'action à fins de subsides (**§ 3**).

1. L'ordonnance du 4 juillet 2005 a consacré cette condition que la jurisprudence antérieure avait posée, en excluant la tierce-opposition à un jugement rendu sur l'exercice d'une action attitrée : Civ. 1re, 11 juin 1991, *Bull. civ.* I, nº 200.

§ 1. Les actions aux fins d'établissement du lien de filiation

481 **Plan.** La loi ouvre trois actions qui tendent à établir le lien de filiation : l'action en recherche de paternité ou maternité (il s'agit de faire déclarer le lien de filiation entre le demandeur et le défendeur, (**A**)), l'action en rétablissement de la présomption de paternité (il s'agit de restaurer le jeu de la présomption, *a priori* écartée en raison d'une séparation légale ou du silence du titre, et en l'absence de possession d'état à l'égard du mari de la mère, v. ss 439) (**B**), l'action aux fins de constatation de la possession d'état (**C**). On envisagera ensuite les effets de l'établissement du lien (**D**).

A. L'action en recherche de paternité ou maternité

482 **Évolution historique. Libéralisation. Unification.** *La loi du 3 janvier 1972* avait ouvert deux actions aux fins d'établissement de la filiation légitime : l'enfant pouvait exercer une action en « réclamation » d'état d'enfant légitime ; quant aux parents, ils étaient titulaires de l'action en « revendication » d'enfant légitime (action au demeurant bien mal nommée). De même, avait-elle ouvert à l'enfant une action en recherche de maternité naturelle[1]. Surtout, elle avait élargi la possibilité de rechercher judiciairement la paternité naturelle. Une telle possibilité n'existait pas dans le Code civil de 1804, qui craignait que des chantages soient exercés par des filles-mères. Elle avait été reconnue par la loi du 16 novembre 1912, mais de façon assez stricte. La loi du 3 janvier 1972 s'efforça donc d'en élargir le domaine, sans pour autant aligner l'action en recherche de paternité naturelle sur les autres actions : elle n'était ainsi ouverte que dans cinq cas particuliers (anc. art. 340)[2], que la jurisprudence avait considérés comme étant des cas limitative-

1. Il était inutile, en revanche, de l'ouvrir à la mère (ou au père), qui pouvait toujours reconnaître l'enfant.
2. Enlèvement ou viol de la mère ; séduction dolosive ; aveu non équivoque de paternité ; concubinage pendant la période légale de conception ; participation du père prétendu à l'entretien de l'enfant en qualité de père.

ment énumérés par la loi, si bien que la seule preuve de la paternité biologique ne pouvait suffire à l'établissement de la filiation paternelle[1]. En outre, la loi du 3 janvier 1972 avait consacré des fins de non-recevoir, qui permettaient au défendeur d'empêcher l'examen de la demande[2].

Une première réforme importante fut opérée par *la loi du 8 janvier 1993*. De façon quelque peu paradoxale, cette loi élargit l'action en recherche de paternité naturelle, en supprimant cas d'ouverture[3] et fins de non-recevoir alors que, dans le même temps, elle restreignait la recherche de maternité, en consacrant une nouvelle fin de non-recevoir, tenant au fait que la mère en question avait choisi d'accoucher sous X (anc. art. 341 et 341-1). Elle unifia par ailleurs les actions aux fins d'établissement, en les soumettant toutes à un système à double détente (anc. art. 323, 328, 340 et 341) : l'action n'était recevable que s'il existait des présomptions ou indices graves ; elle ne pouvait ensuite être accueillie que si le demandeur parvenait à prouver, et ce par tous moyens, que l'enfant avait été engendré par son auteur prétendu.

L'ordonnance du 4 juillet 2005 a élargi les actions en admettant purement et simplement la liberté de la preuve (**1**). Elle a généralisé les règles de procédure que la loi du 3 janvier 1972 avait posées relativement à l'action en recherche de paternité naturelle et abrogé diverses dispositions spéciales à telle ou telle action, unifiant ainsi fortement les règles (**2**). Enfin, la loi du 16 janvier 2009 a supprimé la fin de non-recevoir à l'action en recherche de maternité que la loi de 1993 avait créée en cas d'accouchement sous X (**3**).

1. Les règles de preuve

483 **Liberté de la preuve.** Le système probatoire mis en place par *la loi du 8 janvier 1993* hésitait entre libéralisme et restriction. Il distinguait recevabilité de l'action et bien-fondé de l'action. L'action tendant à établir la filiation d'un individu n'était rece-

---

1. Civ. 1re, 5 juill. 1988, *JCP* 1989. II. 21353, *D.* 1989. 227.
2. L'art. 340-1 du Code civil retenait à ce titre l'inconduite notoire de la mère ou le commerce avec un autre individu ainsi que l'impossibilité du défendeur d'être le père.
3. L'action pouvait donc être exercée en dehors des situations qu'envisageait jusque-là l'art. 340 (concubinage, viol...).

vable que s'il existait des « présomptions ou indices (...) graves » (anc. art. 323 et 340 s.). La justice ne pouvait ainsi être saisie que s'il existait un début de preuve, de quelque nature qu'il soit : écrit, témoignage, présomption... Seule comptait la possibilité, voire la vraisemblance de la filiation alléguée. Ensuite seulement, le bien-fondé de l'action était examiné : la réalité de la filiation alléguée devait alors être établie. Cette solution valait pour la preuve de la maternité comme pour celle de la paternité, que la filiation soit naturelle ou légitime, la seule spécificité de cette dernière tenant dans le fait que la preuve de la paternité biologique du mari de la mère n'avait pas à être rapportée, la célèbre présomption de paternité légitime suffisant, une fois établie la maternité d'une femme mariée, à établir la paternité de son époux (v. ss 428 s.). Cette condition préalable de vraisemblance de la filiation recherchée ne pouvait être justifiée – comme cela avait pu être soutenu – par le refus du « tout biologique » et le souci d'exiger un minimum de « filiation sociologique », dans la mesure où les présomptions et indices requis par la loi ne consistaient pas nécessairement en une « mini possession d'état ». Elle avait en réalité été posée par la loi afin de canaliser les actions aux fins d'établissement du lien de filiation et d'empêcher les actions « de curiosité » ou « de malveillance ». Or on pouvait se demander si le droit commun ne pouvait alors suffire, notamment le recours à la théorie de l'abus du droit d'agir en justice. On ne regrettera donc pas la suppression de cette solution par l'ordonnance du 4 juillet 2005.

La recevabilité de l'action n'est plus désormais soumise à une condition préalable de vraisemblance. *La seule exigence posée par les textes est la preuve de la réalité biologique* et *l'absence de toute fin de non-recevoir* : « si une action est engagée en application du chapitre III du présent titre, la filiation se prouve (...) par tous moyens, sous réserve de la recevabilité de l'action » (art. 310-3). Cette preuve sera, le plus souvent, rapportée par expertise biologique, dans les conditions de l'article 16-11 (v. ss 416).

Si l'action tend à l'établissement de la paternité, l'enfant doit prouver que *le défendeur est son père* (art. 327). S'il s'agit d'une action en recherche de maternité, il doit établir « qu'il est *celui dont la mère prétendue a accouché»* (art. 325). L'ordonnance n'exige en effet que la preuve de la gestation et de l'identité et passe sous silence le second élément de la maternité biologique, à savoir la maternité génétique (la transmission des gènes résultant de ce que l'ovule fécondé est issu de la mère qui porte l'enfant). Dans l'immense majorité des cas, ce silence est anodin, la gestation allant en principe de pair avec la maternité génétique : *Mater semper certa est.* Les techniques médicales permettent toutefois aujourd'hui de *dissocier la procréation et la gestation*, grâce à un don d'ovule ou un accueil d'embryon. Lorsque l'assistance médicale à la procréation se fait dans le cadre légal, le droit désigne comme mère celle qui a porté l'enfant et interdit tout établissement du lien de filiation à l'égard d'une éventuelle donneuse (art. 311-19 et 20, v. ss 573 s.). *Quid* en dehors ? La règle posée par l'ordonnance, qui a ainsi défini la maternité par référence à la gestation, permet alors de répondre à cette question délicate de savoir qui, de la génitrice qui a fait don d'ovule, ou de la gestatrice qui a porté l'enfant et accouché de lui, est la mère. Outre cet enjeu pratique, la solution est d'importance au plan symbolique : entendue par référence à la gestation, la maternité légale est certes ancrée dans *le biologique* ; mais elle correspond aussi à un *vécu sociologique* (porter l'enfant, pendant de longs mois, tisse déjà un lien entre la mère et l'enfant) et présuppose bien souvent déjà *une forme d'acceptation de l'enfant* (puisque l'interruption de grossesse permet d'éviter la naissance).

2. L'encadrement procédural de l'action

484 **Règles encadrant l'exercice de l'action.** Par dérogation au droit commun (v. ss 476), l'action en recherche, qu'elle ait pour objet la maternité ou la paternité, en ou hors mariage, est *réservée à l'enfant* (art. 325, al. 2, et 327, al. 2).

L'ordonnance a en outre étendu à la maternité les règles que la loi du 3 janvier 1972 avait posées pour l'action en recherche de paternité.

L'article 328 prévoit d'abord que, *pendant la minorité* de l'enfant, *le parent* à l'égard duquel la filiation a été établie a « seul qualité pour exercer l'action en recherche» à l'égard de l'autre parent. La règle vaut même si le parent considéré est mineur : il y a là une dérogation à l'incapacité du mineur. Si aucun lien de filiation n'est établi ou si le parent légal est décédé ou dans l'impossibilité de manifester sa volonté, l'action est intentée conformément aux dispositions de l'article 464, alinéa 3 : le tuteur ne peut agir au nom de l'enfant mineur qu'avec l'autorisation du conseil de famille (comp. art. 458 réd. L. 5 mars 2007).

L'article 328 prévoit aussi que l'action est *exercée contre* le parent prétendu, ou ses héritiers s'il est décédé, ou l'État à défaut d'héritiers ou en présence d'héritiers renonçant. Le texte précise toutefois, dans ce dernier cas, que les héritiers renonçant sont appelés à la procédure pour faire valoir leurs droits.

485 **Unification du régime des actions.** L'ordonnance du 4 juillet 2005 a par ailleurs supprimé diverses solutions spécifiques.

Les premières sont relatives à l'enfant conçu ou né en mariage. L'ordonnance a d'abord supprimé *l'action en revendication* que la loi ouvrait aux parents d'un enfant légitime, car la faculté qu'ils ont désormais de reconnaître un enfant (v. ss 442 s. et 448) rend inutile une telle action. Elle a également supprimé des *règles spécifiques à la réclamation d'état*, c'est-à-dire l'action que l'enfant exerçait contre un couple marié dont il prétendait être issu. La loi du 3 janvier 1972 avait alors envisagé l'hypothèse de l'adultère de la femme en question et institué deux actions spéciales, ouvertes au mari et éventuellement à ses héritiers[1] : *le désaveu « en réponse »* (anc. art. 325, al. 2)[2] et *le désaveu « préventif »* (anc. art. 326)[3] pour reprendre des expressions doctrinales imagées. Ces dispositions ont disparu : la contestation de paternité du mari de la mère de l'enfant se fait donc désormais dans les conditions du droit commun (v. ss 492 s.).

---

1. Si le mari était mort dans le délai utile pour agir, les héritiers pouvaient également exercer le désaveu préventif ; quant au désaveu « en défense » de l'action en réclamation, l'art. 327 le leur ouvrait dès lors que le mari était mort.
2. Elle permettait au mari qui n'avait pas été mis en cause dans l'instance en réclamation de contester sa paternité dans les six mois du jour où il prenait connaissance du jugement passé en force de chose jugée accueillant la demande de l'enfant.
3. Le mari pouvait contester sa paternité dans les six mois du jour où il apprenait la naissance, sans avoir à attendre l'exercice d'une action en réclamation d'état.

Surtout, l'ordonnance a *unifié les délais*. Ils étaient jusque-là de trente ans pour les actions destinées à établir la filiation légitime, ainsi que pour la recherche de maternité naturelle. La paternité hors mariage, quant à elle, était soumise à un bref délai préfix[1] de deux ans (anc. art. 340-4)[2] qui était d'ordre public et que les juges devaient donc soulever d'office. Ce court délai avait perdu toute légitimité, au regard des autres délais que retient le droit de la filiation, à une époque où la preuve scientifique du lien de filiation ne permettait plus de le justifier par la crainte du dépérissement des preuves. Désormais, le délai de droit commun de 10 ans s'applique (art. 321, v. ss 473).

3. Les difficultés liées à l'accouchement sous X

486 **Accouchement sous X. Évolution des textes.** Le droit reconnaît depuis fort longtemps à une femme la liberté d'accoucher « sous X », c'est-à-dire sans décliner son identité (CASF, art. L. 222-6). Pour protéger la volonté des femmes et aussi faciliter l'adoption, *la loi du 8 janvier 1993* avait fait de cet accouchement sou X une fin de non-recevoir à l'action en recherche de maternité naturelle : l'enfant ne pouvait plus alors rechercher en justice l'établissement du lien de maternité (anc. art. 341-1)[3].

Une question d'interprétation était apparue, qui tenait au champ d'application de la disposition : l'accouchement sous X n'était pas réservé à la mère naturelle par le Code de l'action sociale et des familles ; mais la place de l'article 341-1 dans le Code civil conduisait à limiter la fin de non-recevoir à la seule action en recherche de maternité naturelle. En même temps qu'elle supprimait la distinction des enfants légitimes et des enfants naturels, *l'ordonnance du 4 juillet 2005* avait repris, de façon tout à fait générale, l'ancienne disposition en prévoyant (anc. art. 341-1) que l'action en recherche de maternité « est admise

1. Qui ne pouvait donc être suspendu.

2. Qui courait à compter de la naissance ou de la rupture de concubinage (le texte précisait « à défaut de communauté de vie, des relations stables ou continues ») ou de la cessation de la participation du père prétendu à l'entretien, l'éducation ou l'établissement de l'enfant. L'action pouvait encore être exercée dans les deux années de sa majorité par l'enfant. Mais celui-ci ne bénéficiait pas de l'allongement prévu pour l'action exercée par sa mère en cas de rupture de concubinage ou cessation de la participation à l'entretien de l'enfant : Civ. 1re, 17 janv. 1978, *D.* 1978. 670.

3. Ce qui, en pratique, rendait bien difficile la recherche de paternité naturelle.

sous réserve de l'application de l'article 326 », ce dernier texte disposant que « lors de l'accouchement, la mère peut demander que le secret de son admission et de son identité soit préservé ».

La loi de ratification du 16 janvier 2009 a heureusement modifié la solution : l'article 325 ne réserve plus, désormais, l'application de l'article 326. Dès lors, en droit, l'accouchement sous X ne constitue plus une fin de non-recevoir à l'action en recherche de maternité. Pour autant, il complique singulièrement son exercice, en fait, car l'anonymat rend très difficile l'identification de la mère.

La jurisprudence considère que le droit, en offrant à la mère cette faculté d'accoucher sous X, ne rompt pas l'égalité avec le père, qui n'a aucun moyen de s'anonymiser ainsi[1].

487 **Conciliation incertaine des intérêts en cause.** La décision d'accoucher sous X est d'une extrême gravité, pour la mère (qu'elle risque de priver définitivement de l'enfant s'il est adopté), pour l'enfant (qui ne connaîtra rien de son passé), pour le père (qui aura bien du mal à faire établir sa paternité), et pour tous les parents de l'enfant. Confronté aux plaintes des enfants nés sous X, le législateur a tenté, par la loi du 22 janvier 2002, de concilier les intérêts en présence, sans y parvenir réellement.

– *La protection de la mère.* La loi prévoit d'abord l'information de la femme sur les conséquences juridiques de cette demande ainsi que sur « l'importance pour toute personne de connaître ses origines et son histoire » (CASF, art. L. 222-6). Malheureusement, rien n'a été prévu quant à la capacité requise pour prendre une telle décision, et la jurisprudence l'abandonne à la mineure seule[2].

– *La protection de l'enfant.* La femme est en outre « *invitée* » *à laisser des informations* destinées à l'enfant, et elle-même informée de la possibilité qu'elle a, à tout moment, de lever le secret ou de donner son identité sous pli fermé. Toutes les informations en question sont conservées sous la responsabilité du président du Conseil général. Si le Conseil national pour l'accès aux origines

1. En ce sens, Civ. 1re, 28 mars 2013, n° 13-40.001, et 2 déc. 2015, n° 15-18.132, refusant de transmettre une QPC.
2. Civ. 1re, 5 nov. 1996, *Bull. civ.* I, n° 368.

personnelles en fait la demande, il les lui transmet. Malheureusement, le système repose exclusivement sur la volonté de la femme qui accouche : c'est à elle de décider des informations devant être délivrées à l'enfant s'il en fait la demande (CASF, art. L. 224-7). La Cour européenne a admis la conventionnalité d'un dispositif[1] qui ne semble pas très soucieux de l'intérêt de l'enfant[2], et le Conseil constitutionnel lui a emboîté le pas[3].

– *La protection du père.* Le père a également été l'objet de la sollicitude législative.

Le secret de l'identité de la mère rend très difficile l'établissement de la filiation paternelle. L'obstacle était quasiment infranchissable autrefois pour le père légitime, puisque la présomption de paternité légitime ne pouvait jouer en raison de l'absence d'un acte de naissance propre à la déclencher (v. ss 435). Mais il existait aussi pour le père hors mariage : il pouvait reconnaître l'enfant, mais il était difficile de procéder au récolement de l'acte de naissance de l'enfant en question (acte qui, par hypothèse, ne comporte pas l'identité de la mère) et de la reconnaissance ainsi établie. La loi du 22 janvier 2002 a donc inséré dans le Code civil un nouvel article 62-1 : « si la transcription de la reconnaissance paternelle s'avère impossible, du fait du secret de son identité opposé par la mère, le père peut en informer *le procureur de la République.* Celui-ci procède à la recherche des date et lieu d'établissement de l'acte de naissance de l'enfant ». Quant à l'ordonnance du 4 juillet 2005, telle que ratifiée par la loi du 16 janvier 2009, elle a explicitement autorisé le mari de la mère à *reconnaître* l'enfant de son épouse lorsque l'acte de naissance ne le désigne pas comme père (art. 315, v. ss 440), ce qui lui permettra d'en appeler ensuite au procureur de la République pour retrouver l'enfant.

---

1. CEDH 13 févr. 2003, *Odièvre c/ France*, n° 42326/98. Comp. *Godelli c/ Italie*, 25 sept. 2012, n° 33783/09.
2. Selon l'étude de l'INED citée *infra*, 23 % des femmes ont laissé des données non identifiantes et 31 % ont laissé un pli au CNAOP permettant de les contacter mais ne garantissant pas qu'elles lèveront le secret de leur identité. La seule certitude est donc que 46 % des enfants ne pourront connaître leur identité.
3. Décis. n° 2012-248 QPC, 16 mai 2012, *Mathieu E.*

Ces dispositions ne suffisent pas à prévenir tout *conflit entre le père biologique et la famille ayant recueilli l'enfant dans le cadre d'une procédure d'adoption* en raison du délai bien souvent nécessaire, d'une part au père pour rechercher son enfant, d'autre part au procureur de la République pour retrouver ce dernier. La Cour de cassation distingue selon que le placement est intervenu après ou avant écoulement d'un délai suffisant pour permettre aux parents biologiques de faire établir le lien de filiation et d'identifier l'enfant[1].

– *La protection des autres membres de la famille.* L'accouchement sous X, en bloquant l'établissement de la maternité, empêche tous les parents de la mère de se prévaloir d'un lien de parenté à l'égard de l'enfant. La Cour de cassation a ainsi considéré que les grands-parents n'avaient pas qualité pour intervenir dans l'instance en adoption, en l'absence qu'une quelconque parenté légalement établie[2]. La même solution vaudrait pour d'éventuels frères et sœurs prêts à prendre en charge l'enfant en question.

Les raisons individuelles de l'accouchement sous X sont diverses[3]. Le Conseil constitutionnel l'a jugé conforme aux droits fondamentaux en invoquant diverses justifications : « éviter le déroulement de grossesses et d'accouchements dans des condi-

1. Dans la célèbre affaire Benjamin, elle a fait prévaloir les droits du père biologique auteur d'une reconnaissance prénatale et ayant entrepris les démarches nécessaires pour retrouver son fils un peu plus d'un mois après la naissance sur ceux de la famille adoptive, ce en se fondant sur l'intérêt supérieur de l'enfant ; elle s'est appuyée sur l'article 7, § 1, de la Convention de New York sur les droits de l'enfant et sur les art. 335, 336, 341-1 (anciens), 348-1 et 352 pour juger que le consentement à l'adoption donné par le conseil de famille, alors que la démarche du père était connue, était dépourvu d'efficacité, si bien que l'adoption ne pouvait être prononcée : Civ. 1re, 7 avr. 2006, *Bull. civ.* I, n° 195. Le 1er juin 2011, elle a en revanche jugé dans deux décisions que le placement était valable s'il intervenait après un laps de temps suffisant après la naissance pour permettre à la mère de se rétracter et au père de reconnaître l'enfant ; la reconnaissance paternelle tardive ne pouvait établir le lien de filiation et le conseil de famille pouvait valablement consentir à l'adoption de l'enfant remis à un organisme agréé : Civ. 1re, 1er juin 2011, n° 10-19028 et 10-20554.

2. Civ. 1re, 8 juill. 2009, *Bull. civ.* I, n° 158.

3. Étude de l'INED, « Les femmes qui accouchent sous le secret en France », juin 2010, *Population* 2011, n° 1. Sur 815 femmes ayant accouché sous X entre 2007 et 2009, 14 viols ou relations forcées avaient été mentionnés ; 43 % des accouchements sous X étaient motivés par les relations avec le père biologique (séparation, violence, refus de l'enfant), 28 % par des conditions économiques précaires, 19 % par la jeunesse de la mère, 11 % par le rejet familial ou de la communauté. Près d'une femme sur deux n'avait pas prévenu le père qu'elle attendait un enfant. La moitié des femmes avait moins de 25 ans et plus d'une sur dix était mineure. Plus d'une sur cinq avait des origines étrangères et 8 % n'avaient pas la nationalité française. Rares étaient celles qui avaient leur indépendance financière.

tions susceptibles de mettre en danger la santé tant de la mère que de l'enfant et prévenir les infanticides ou des abandons d'enfants »[1]. Un projet visant à remplacer l'accouchement sous X par l'accouchement dans la discrétion n'a pas abouti[2].

B. L'action en rétablissement de la présomption de paternité

488 La loi du 3 janvier 1972 avait permis le rétablissement de la présomption de paternité légitime, lorsqu'elle était écartée en raison d'une séparation, de fait ou de droit : chacun des époux pouvait demander ce rétablissement, à condition de justifier de l'existence, pendant cette séparation, d'une réunion de fait rendant vraisemblable la paternité du mari de la mère. La loi du 8 janvier 1993 avait également reconnu cette possibilité à l'enfant, dans les deux années de sa majorité (anc. art. 313-2). Depuis l'ordonnance du 4 juillet 2005, *l'article 315* consacre cette possibilité en précisant que ce rétablissement des effets de la présomption de paternité se fait « dans les conditions prévues à *l'article 329* » (v. ss 439). Lesdites conditions diffèrent quelque peu de celles existant dans le droit antérieur.

Le rétablissement peut, aujourd'hui comme hier, être demandé *soit par chacun des époux soit par l'enfant.* Mais les époux ne peuvent former cette demande que *durant la minorité de l'enfant* ; l'enfant, quant à lui, peut agir dans *les dix ans de sa majorité.* En outre, la seule preuve à rapporter consiste dans le fait que « le mari est le père ». Sur ce point, toutefois, l'innovation est plus formelle que réelle, car la jurisprudence s'en tenait déjà pour l'essentiel à cette exigence.

La doctrine propose parfois de faire échapper l'action au principe chronologique posé à *l'article 320* (v. ss 418), en se fondant sur la lettre de l'article 315, qui ne renvoie qu'à l'article 329 ; mais la généralité de l'article 320, situé dans les dispositions générales relatives aux actions en justice, ne corrobore pas l'analyse.

---

1. Décis. 2012-248 QPC, 16 mai 2012, *Mathieu E.*
2. Rapport Barèges, janv. 2011.

C. L'action en constatation de la possession d'état

489 Sous l'empire de la loi du 3 janvier 1972, et nonobstant le silence des textes, la Cour de cassation avait imaginé une « action en constatation de la possession d'état », distincte de l'action en revendication d'enfant légitime (ou réclamation d'état d'enfant légitime) et de l'action en recherche de paternité (ou maternité) naturelle. Cette action était destinée, non pas à établir le lien de filiation à partir de la preuve d'une vérité biologique ; elle visait seulement à faire constater par le juge qu'il existait une possession d'état, possession qui, une fois judiciairement « constatée », établissait le lien de filiation. La Cour de cassation en avait progressivement dessiné le régime : elle était soumise à la prescription trentenaire[1], ouverte à tout intéressé, et échappait à l'intransmissibilité aux héritiers prévue par l'ancien article 311-8[2].

L'ordonnance du 4 juillet 2005 a consacré cette action : « la possession d'état peut être constatée à la demande de toute personne qui y a intérêt dans le délai mentionné à l'article 321 » (art. 330 ; sur l'article 321, v. ss 473). La loi de ratification du 16 janvier 2009 a précisé que cette constatation de la possession d'état pouvait intervenir « dans le délai de dix ans à compter de sa cessation ou du décès du parent prétendu ».

Après avoir jugé qu'« en matière de constatation de possession d'état, la preuve s'établit par tous moyens, de sorte que l'expertise biologique n'est pas de droit »[3], la Cour de cassation a posé le principe selon lequel « en matière de constatation de possession d'état, *il ne peut y avoir lieu à prescription d'une expertise biologique* »[4]. La solution semble logique au regard de l'objet immédiat de l'action : le constat portant sur la réalité *vécue*, il n'y a pas de raison de recourir à une expertise biologique. Mais c'est oublier que la possession d'état n'est admise que comme indice du rapport biologique (v. ss 414 s. et 456 s.). Il importe donc de limiter la solution à la demande présentée par celui qui agit aux fins de

1. Civ. 1re, 10 févr. 1993, *D.* 1993. 490. Elle avait été soustraite au délai de l'action en recherche de paternité naturelle : Civ. 1re, 27 oct. 1992, *Bull. civ.* I, n° 273.
2. Civ. 1re, 2 mars 1999, *Defrénois* 1999. 936.
3. Civ. 1re, 6 déc. 2005, *Bull. civ.* I, n° 476.
4. Civ. 1re, 16 juin 2011, *Bull. civ.* I, n° 116.

constatation de la possession d'état. S'agissant, en revanche, du défendeur, ou du tiers qui formerait tierce-opposition contre la décision ayant constaté la possession d'état (art. 324, v. ss 479), il faut distinguer : pour faire obstacle à la constatation de la possession d'état, il peut invoquer soit que la « filiation sociologique » n'existe pas en fait, soit qu'elle est contraire à la réalité biologique ; il semble logique de lui refuser le droit de recourir à l'expertise biologique dans le premier cas, car ce mode de preuve est sans rapport avec le fait à prouver ; il est indispensable en revanche de lui permettre de recourir à l'expertise biologique dans le second cas, car cette expertise est parfaitement adaptée pour établir la discordance avec la réalité biologique (v. ss 497).

D. Effets de l'établissement

490 **Effets.** Si l'action est accueillie, elle entraîne *établissement de la filiation*, qu'il s'agisse de la maternité ou (et) de la paternité. Généralisant une disposition antérieure propre à la paternité naturelle (anc. art. 340-6), l'article 331 prévoit depuis l'ordonnance du 4 juillet 2005 que, « s'il y a lieu », le tribunal doit statuer sur l'exercice de l'autorité parentale, la contribution à l'entretien et l'éducation de l'enfant et l'attribution du nom (art. 331)[1]. En outre, le tribunal peut décider de confier provisoirement l'enfant à un tiers à charge pour lui de requérir l'organisation de la tutelle (art. 374-1, v. ss 589). Les questions principales portent sur *le devoir d'entretien* : la mère peut agir en contribution, non seulement pour l'entretien à venir de l'enfant mineur mais aussi pour obtenir remboursement d'une partie des sommes engagées dans le passé pour entretenir l'enfant, et ce même lorsque l'action en recherche est exercée par l'enfant majeur[2] ; les aliments sont dus depuis la naissance de l'enfant[3], puisque l'adage « aliments ne s'arréragent pas » est étranger à la contribution parentale à l'édu-

1. Cass. avis 13 sept. 2010, n° 10-00.004 : le juge peut décider d'adjoindre l'un des noms à l'autre ou de substituer au nom jusque-là porté par l'enfant celui du parent à l'égard duquel la filiation est judiciairement établie.
2. Civ. 1re, 9 nov. 2016, n° 15-27.246.
3. Civ. 1re, 12 juill. 1994, *Bull. civ.* I, n° 247.

cation et l'entretien de l'enfant (v. ss 596)[1], mais l'action en paiement est soumise à la prescription quinquennale[2].

La loi antérieure permettait en outre au tribunal d'allouer à la mère des sommes au titre de *remboursement ou indemnisation* (art. 340-5). Cette précision a disparu, le droit commun étant suffisant, tant pour imposer le remboursement des frais liés à la naissance de l'enfant que pour indemniser le dommage causé par la faute éventuelle de l'auteur de l'enfant, par exemple pour rupture abusive de fiançailles ou abandon fautif de la concubine[3] (v. ss 82 et 322) ou pour résistance abusive dans l'action destinée à établir le lien de filiation[4].

Plus discutable apparaît la disparition de la règle qui figurait autrefois à l'article 340-7 du Code civil, à savoir la possibilité, pour le tribunal qui rejetait l'action en recherche de paternité naturelle, d'allouer des subsides à l'enfant, aux conditions du droit commun de l'action à fins de subsides (v. ss 502 s.).

§ 2. Les actions en contestation du lien de filiation

491 **Plan.** L'ordonnance du 4 juillet 2005 a profondément modifié les actions en contestation : elle a supprimé les actions attitrées qui existaient en matière de paternité légitime (**A**) et revisité les conditions des autres actions (**B**).

A. La suppression des actions propres à la filiation « légitime »

492 Avant l'ordonnance du 4 juillet 2005, le droit organisait plusieurs actions en contestation propres à l'enfant légitime.

La première était l'action d'état consistant à contester non pas le lien de filiation lui-même mais seulement sa qualité : il n'était

1. Civ. 1re, 12 mai 2004, *Bull. civ.* I, n° 128.
2. Civ. 1re, 25 mai 2016, n° 15-17.993.
3. Par ex. abandon matériel et moral de la mère et de l'enfant : Civ. 1re, 9 oct. 1984, *Bull. civ.* I, n° 250.
4. On s'interroge sur le maintien de la solution jurisprudentielle de 1930, selon laquelle la liberté d'établir la filiation interdit de considérer que le défaut de reconnaissance de l'enfant constitue en soi une faute de nature à engager la responsabilité de l'auteur.

pas question de prétendre que l'enfant n'avait pas pour père et mère les parents désignés, mais seulement de lui dénier la qualité de « légitime »[1].

Les secondes étaient les nombreuses actions en contestation de paternité légitime que le droit avait progressivement ouvertes.

La loi de 1972 autorisait en effet d'abord le mari de la mère à contester sa paternité. C'était ce que l'on appelait le désaveu de paternité légitime : l'action était ouverte au père (ou éventuellement à ses héritiers)[2] pendant un bref délai de six mois[3] (anc. art. 316), l'action devant être exercée contre un administrateur *ad hoc* désigné par le juge des tutelles « en présence de la mère » (anc. art. 317). Son succès supposait que le père présumé « justifie de faits propres à démontrer qu'il ne peut pas (...) être le père » de cet enfant (anc. art. 312, al. 2)[4].

La loi du 3 janvier 1972 ne s'en était pas tenue là. Elle avait en outre autorisé la mère à contester la paternité de son époux, si du moins elle se remariait avec le vrai père de l'enfant avant que ce dernier ait atteint l'âge de sept ans[5], si elle exerçait l'action dans les six mois du remariage, et si elle demandait en même temps la légitimation de l'enfant (anc. art. 318 s.). Très contestée en 1972, parce qu'elle autorisait une femme à invoquer l'adultère commis pendant le premier mariage (mais c'était au profit de l'enfant...), cette action avait été souplement interprétée par la jurisprudence, qui avait considéré que la possession d'état dont jouissait l'enfant était indifférente : il n'était pas nécessaire qu'il ait la possession d'état à l'égard du second mari[6] ; et peu impor-

1. Une telle action supposait établi que l'enfant ne pouvait être rattaché au mariage de ses parents ou que ce mariage n'existait pas. La nullité de ce mariage, en revanche, restait sans effet sur une légitimité éventuelle : v. ss 115.

2. Si le père était encore dans les délais pour agir. Mais ils ne pouvaient alors agir que s'il ne s'était pas écoulé un délai de six mois depuis l'époque où l'enfant s'était mis en possession des biens du père prétendu ou depuis celle où il les avait troublés dans leur possession (anc. art. 316-1).

3. Qui couraient à compter de la naissance (si le « père » se trouvait sur les lieux) ou de son retour (dans le cas contraire) ou de la découverte de la naissance si elle lui avait été cachée. Tout acte judiciaire contenant désaveu du mari ou contestation des héritiers devait être suivi d'une action en justice dans les six mois pour ouvrir un nouveau délai (anc. art. 316-2).

4. Peu importait, après la loi de 1972, le fait en question : éloignement au moment de la conception, incompatibilité des sangs ou des caractéristiques génétiques...

5. Pour éviter son trouble psychologique.

6. Avant la loi du 8 janv. 1993, l'art. 318-1 exigeait qu'une demande en légitimation soit « formée dans les termes de l'article 331-1 ci-dessous ». Or cet article, qui régissait la légitimation dite « *post nuptias* » (v. ss 392), exigeait que l'enfant ait la possession d'état d'enfant commun. La lettre du texte invitait donc

tait que son titre d'enfant légitime soit ou non conforté par la possession d'état à l'égard du premier mari[1].

Forte de cette ouverture législative, la jurisprudence avait encore affaibli la présomption de paternité légitime. Se fondant sur l'article 334-9, lequel disposait alors que « toute reconnaissance, toute action en recherche est irrecevable, quand l'enfant a une filiation légitime déjà établie par la possession d'état », la Cour de cassation, raisonnant *a contrario*, avait jugé dans un premier temps que l'enfant légitime dépourvu de possession d'état pouvait être reconnu, d'où résultait un conflit de filiations (entre une filiation légitime établie par titre et une filiation naturelle établie par reconnaissance), conflit qui devait être réglé en justice au profit de la filiation la plus vraisemblable[2]. C'était permettre indirectement la contestation de la présomption de paternité légitime attachée à l'acte de naissance. Poussant plus avant cette logique, la Cour de cassation ouvrit encore, dans un second temps, la contestation en se fondant cette fois sur l'article 322 du Code civil, dans deux arrêts célèbres rendus le 27 février 1985[3]. Ce texte, lu à l'endroit, rendait incontestable « l'état de celui qui a une possession conforme à son titre de naissance ». La règle portée par le texte pouvait donc ainsi s'exprimer : s'il existe en même temps un titre et une possession d'état d'enfant légitime, alors la filiation est incontestable. La Cour entreprit alors de raisonner *a contrario* et d'admettre que, s'il n'existait pas en même temps un titre et une possession d'état d'enfant légitime[4], alors la filiation était contestable. Une telle solution aboutissait à conférer à tout intéressé le

à exiger cette condition pour admettre la contestation de paternité exercée par la mère. Mais la Cour de cassation avait fait prévaloir l'esprit des textes : s'expliquant, dans une légitimation *post nuptias*, où la réalité de la filiation n'avait pas à être établie, cette condition était mal venue dans le cadre d'une contestation aux fins de légitimation puisque l'art. 318 du Code civil imposait alors de prouver la paternité du second mari. Elle fut donc écartée : Civ. 1re, 16 févr. 1977, *D.* 1977. 328, *JCP* 1977. II. 18663.

1. Civ. 1re, 16 févr. 1977, *D.* 1977. 328, *JCP* 1977. II. 18663. Cette solution était raisonnable : puisqu'il s'agissait de faire passer l'enfant d'une fausse paternité légitime à une vraie paternité légitime, la réalité biologique (à l'égard du second mari) l'emportait sur la filiation vécue (à l'égard du premier mari). Même douloureuse dans l'instant, cette substitution semblait conforme, à long terme, à l'intérêt de l'enfant.

2. Civ. 1re, 9 juin 1976, *Bull. civ.* I, n° 211.

3. *D.* 1985. 265, *JCP* 1985. II. 20460.

4. Cette condition de l'absence de possession d'état posait problème : le plus souvent, en effet, des éléments constitutifs de la possession d'état avaient eu le temps de se constituer avant de disparaître.

droit d'agir, pendant trente ans, en contestation de la paternité légitime, à condition bien sûr que le titre d'enfant légitime ne soit pas conforté par la possession d'état d'enfant légitime. Le succès de l'action supposait, certes, que le demandeur établisse que le père présumé n'était pas, biologiquement, le père de l'enfant concerné[1], preuve qui pouvait être établie par tout moyen, et notamment par la preuve biologique. Pour autant, c'était concéder beaucoup à la réalité biologique, dans la mesure où, dans cette hypothèse, rien n'indiquait qu'une autre paternité allait prendre le relais.

L'ordonnance du 4 juillet 2005 a supprimé cette multitude d'actions spéciales.

B. L'encadrement général des actions en contestation

493 La section III du Chapitre III (Des actions relatives à la filiation) du Titre VII (De la filiation) est consacrée aux actions en contestation. Elle détermine les règles de preuve, les conditions temporelles et personnelles des actions, ainsi que les effets.

1. Les règles de preuve

494 **Liberté des modes de preuve. Objet de la preuve.** Deux questions sont réglées par les textes.

– *Les modes de preuve.* Conformément à l'article 310-3, alinéa 2, le principe est que « la filiation se conteste par tous moyens » (sur le rôle de l'expertise biologique, v. ss 416).

– *L'objet de la preuve.* L'article 332 précise, quant à lui, l'objet de la preuve à rapporter : « la maternité peut être contestée en rapportant la preuve que la mère n'a pas accouché de l'enfant » (al. 1er) ; « la paternité peut être contestée en rapportant la preuve que le mari ou l'auteur de la reconnaissance n'est pas le père » (al. 2).

À l'égard de la maternité, la loi prévoit donc que le demandeur doit établir que la mère prétendue n'a pas accouché de l'enfant qui lui est légalement rattaché. Le parti pris législatif n'est pas anodin. La maternité biologique se dédouble en effet (v. ss 389) : elle repose sur l'hérédité (le lien de sang comme on disait autrefois), et sur la gestation (le fait que la mère ait porté l'enfant et

1. Civ. 1re, 13 déc. 1980, *Defrénois* 1990. 299.

en ait accouché). La rédaction du texte semble bien, *a priori*, fermer l'action qui tendrait à remettre en cause la maternité d'une femme ayant porté l'enfant mais ne l'ayant pas conçu. Le texte rejoint en cela la solution retenue en cas d'assistance médicale à la procréation avec don d'ovule ou accueil d'embryon (art. 311-20, v. ss 575 s.). Mais il dépasse cette solution, *a priori* réservée aux assistances médicales conduites dans le respect de l'encadrement légal (v. ss 579 s.). La solution, si elle a le mérite de stabiliser la filiation de l'enfant, permettra aussi le cas échéant de contourner le dispositif mis en place par la loi du 29 juillet 1994.

À l'égard de la paternité, le texte précise qu'il convient de prouver que « le mari ou l'auteur de la reconnaissance » « n'est pas le père ». La règle est donc générale à l'égard de l'enfant conçu ou né en mariage : peu importe que la filiation paternelle contestée procède d'un titre, d'une reconnaissance ou d'une possession d'état. Il en va différemment pour l'enfant conçu et né hors mariage puisque le texte ne vise que « l'auteur de la reconnaissance ». Est-ce à dire que la règle est différente lorsque la paternité « hors mariage » est établie par possession d'état ? L'article 335 infirme une telle hypothèse en prévoyant que la filiation établie par possession d'état constatée par un acte de notoriété peut être contestée « en rapportant la preuve contraire » (sur les autres apports du texte, v. ss 497).

2. Les conditions personnelles et temporelles des actions

495 **Distinction.** Les conditions d'exercice de l'action dépendent de la filiation attaquée.

496 **Le principe.** Le principe posé par l'article 334 est que la filiation peut être contestée par toute personne qui y a intérêt dans le délai prévu à l'article 321.

L'action est donc ouverte pendant un *délai de dix ans*, qui court « à compter du jour où la personne a commencé à jouir de l'état qui lui est contesté », ce délai étant suspendu à l'égard de l'enfant pendant sa minorité (v. ss 473). La filiation est donc plus rapidement inattaquable qu'autrefois (v. ss 473)[1].

1. Civ. 1re, 6 mars 2013, n° 11-28.780 : « la loi substituant le délai de prescription décennale au délai de prescription trentenaire étant entrée en vigueur le 1er juill. 2006, le nouveau délai court à compter de cette date ».

L'action est en outre largement ouverte quant aux personnes. *Tout intéressé* peut agir. L'article 336 précise par ailleurs que « la filiation légalement établie peut être contestée par *le ministère public* si des indices tirés des actes eux-mêmes la rendent invraisemblable ou en cas de fraude à la loi »[1]. L'ordonnance du 4 juillet 2005 a ici généralisé une règle qui, jusque-là, était propre à la contestation d'une reconnaissance d'enfant naturel, et était plus strictement définie puisque l'article 339, alinéa 2, dans la rédaction que lui avait donnée la loi du 5 juillet 1996, n'ouvrait l'action du ministère public, en cas de fraude, que lorsque cette fraude concernait les « règles régissant l'adoption ».

497 **La première règle spéciale : conditions de la contestation de la filiation établie par une possession d'état constatée par un acte de notoriété.** L'article 335 pose une première règle spéciale, propre à la contestation de la filiation établie par la possession d'état constatée par un acte de notoriété.

Le texte confirme d'abord que « *toute personne qui y a intérêt* » peut agir (la qualité pour agir est donc toujours celle du droit commun).

Il précise ensuite que l'action doit être engagée « dans le délai de dix ans à compter de la délivrance de l'acte »[2], ce qui diffère assez nettement du droit antérieur, qui permettait de contester la filiation établie par possession d'état dans le délai de droit commun, qui était de trente ans (art. 311-7 réd. L. 3 janv. 1972). La réforme a ainsi, dans le même temps, d'une part encadré plus strictement la possession d'état en subordonnant son effet de filiation à l'accomplissement de formalités (v. ss 415 et 468), d'autre part renforcé son effet dans le temps, dans la mesure où la supériorité de la réalité sociologique sur la réalité biologique est aujourd'hui plus vite acquise qu'autrefois. Preuve éclatante de ce

1. Par ex. Civ. 1re, 17 nov. 2010, n° 09-68.399, admettant la contestation de l'acte de naissance établi relativement à un enfant remis par kafala à un couple de Français résidant au Maroc, l'acte ayant été dressé par les services consulaires au vu d'un document attestant faussement l'accouchement de l'épouse, la Cour précisant que l'intérêt supérieur de l'enfant ne peut justifier la fraude à la loi ainsi commise.
2. L'ord. du 4 juill. 2005 avait consacré un délai plus court de 5 ans. C'est la loi de ratification du 16 janv. 2009 qui a retenu un délai décennal.

que la filiation juridique n'emprunte pas toujours davantage au biologique.

Le texte précise que l'intéressé peut contester « en rapportant la preuve contraire ». La logique de la matière conduit à autoriser la contestation d'un acte de notoriété sur le fondement soit de *la preuve que la possession d'état n'existe pas*, soit de *la preuve qu'elle est contraire à la filiation biologique.*

498 **La seconde règle spéciale : conditions de la contestation d'une filiation établie par titre *et* possession d'état.** Antérieurement à l'ordonnance du 4 juillet 2005, la contestation de la filiation légitime différait de la contestation de la filiation naturelle en cas de titre conforme à une possession d'état. L'ordonnance du 4 juillet 2005 a unifié les règles.

499 **Droit issu de la loi du 3 janvier 1972.** La loi du 3 janvier 1972 distinguait la filiation légitime et la filiation naturelle.

– *La filiation légitime* établie par titre *et* possession d'état était rapidement incontestable (anc. art. 322) : « nul ne peut contester l'état de celui qui a une possession conforme à son titre de naissance » (al. 2).

La seule condition temporelle provenait de la définition même de la possession d'état, qui doit être continue pour produire ses effets (v. ss 458) : un temps suffisant devait donc d'écouler, pendant lequel l'enfant jouissait de la possession d'état, avant que sa filiation légitime devienne inattaquable.

Le domaine de la règle était toutefois limité : l'article 322 ne valait ni à l'encontre de l'action en désaveu du mari, ni à l'encontre de l'action en contestation de la mère après remariage avec le vrai père (v. ss 492).

La loi faisait en outre exception à ce principe en cas de « supposition » ou de « substitution » d'enfant. La supposition d'enfant existe lorsqu'une femme qui n'a pas accouché d'un enfant se rattache celui d'une autre ; la substitution résulte d'un échange d'enfants opéré après leur naissance, par erreur ou volontairement. Dans ces deux cas, l'article 322-1 permettait aux véritables parents de l'enfant d'agir pour faire établir leur paternité et maternité : « Toutefois, s'il est allégué qu'il y a eu supposition d'enfant, ou substitution, même involontaire, soit avant, soit après la rédaction de l'acte de naissance, la preuve en sera recevable et pourra se faire par tous moyens ». Il suffisait aux parents prétendus d'établir la supposition ou substitution d'enfant ; le caractère mensonger de la filiation légitime de l'enfant en question était alors avéré et cette filiation détruite en même temps qu'étaient établies les paternité et maternité des demandeurs.

– *La filiation naturelle* était sujette à contestation pendant plus longtemps. L'article 339 du Code civil limitait en effet l'ouverture de l'action en contestation lorsque la reconnaissance était confortée par une possession d'état qui avait duré au moins dix ans depuis la souscription de la reconnaissance. Si ces deux conditions (existence et durée de la possession d'état) existaient, la contestation n'était plus recevable : le droit choisissait de maintenir une filiation naturelle contraire à la réalité biologique mais conforme à la vérité affective vécue. Mais le texte écartait cette solution au profit de certaines personnes, qui continuaient de pouvoir agir : l'autre parent, l'enfant lui-même, ceux qui se prétendaient les parents véritables.

500 **Ordonnance du 4 juillet 2005.** L'ordonnance du 4 juillet 2005 a modifié et unifié les solutions. Désormais, l'article 333 pose deux règles, quelle que soit la qualité de la filiation de l'enfant : « lorsque la possession d'état est conforme au titre, seuls peuvent agir l'enfant, l'un de ses père et mère ou celui qui se prétend le parent véritable. L'action se prescrit par cinq ans à compter du jour où la possession d'état a cessé » (al. 1er) ; « nul ne peut contester la filiation lorsque la possession d'état conforme au titre a duré au moins cinq ans depuis la naissance ou la reconnaissance, si elle a été faite ultérieurement » (al. 2).

– *La protection de la stabilité de la filiation passe donc d'abord par la restriction des personnes pouvant agir.* Il ne suffit plus de se prévaloir d'un intérêt à agir. L'action devient attitrée : sous réserve d'une éventuelle action du *ministère public* dans les conditions du droit commun (art. 336, v. ss 496), la filiation ne peut être contestée que *par l'enfant, ou l'un de ses père et mère, ou celui qui se prétend le parent véritable.* Il s'agit d'éviter qu'un tiers vienne perturber une situation familiale paisible, par exemple pour une raison successorale. L'action est également ouverte aux héritiers des personnes visées par la loi, conformément à la règle de droit commun envisagée ci-dessus (art. 322)[1]. La solution fragilise la filiation de l'enfant « en mariage » que l'article 322 faisait échapper en pareil cas à toutes les contestations autres que le désaveu du père, la contestation de la mère après remariage, ou la contestation par les parents véritables en cas de supposition ou substitution d'enfant (v. ss 499). Elle sécurise en revanche la filiation « hors mariage » puisque cette restriction de la qualité pour agir était jusqu'alors soumise à une condition de délai : il fallait dix ans de possession d'état conforme à la reconnaissance (art. 339, al. 3, v. ss 499).

– *La protection de la stabilité de la filiation passe également par la restriction temporelle de l'action.* Le délai de droit commun de dix ans à compter du jour où la personne a commencé à jouir de la filiation contestée (art. 321, v. ss 473) est écarté et remplacé par deux délais.

La loi ferme d'abord l'action lorsque *la possession d'état a duré au moins cinq ans depuis la naissance, ou la reconnaissance si elle a été faite ultérieurement*[2]. En bref, si titre et possession d'état ont tous deux existé en même temps pendant cinq ans, la filiation devient inattaquable, tant par l'enfant, que par son auteur légal, son autre parent, ou celui qui se prétend son vrai parent. L'ordonnance accentue la stabilité de la filiation « en mariage », puisque l'action en contestation ouverte à la mère après remariage avec le vrai père pendant sept ans à compter de la naissance de l'enfant disparaît (art. 318, v. ss 499), comme celle que le droit ouvrait, pendant trente ans, aux véritables parents, en cas de supposition ou substitution d'enfant (art. 322-1, v. ss 499). Elle fait de même pour la filiation « hors » mariage, puisqu'elle ferme l'action qui restait ouverte, autrefois, à l'enfant, aux père et mère de l'enfant, à son vrai parent (art. 339, al. 3, v. ss 499), pendant le délai de droit commun de trente ans (art. 311-7, v. ss 473). La conformité de la solution nouvelle aux droits fondamentaux est incertaine,

1. Elle est fermée, en revanche, au légataire universel, qui n'est pas un héritier au sens de l'art. 322 : Civ. 1re, 2 avr. 2014, n° 13-12.480.

2. Sur l'application du nouveau délai à compter de l'entrée en vigueur de la disposition nouvelle, v. Civ. 1re, 27 févr. 2013, n° 12-13.326, 12-13.329 et 12-15.017.

tant les circonstances de fait sont variables (possession d'état disparue ou persistante, action d'un enfant (jeune ou majeur) ou d'un parent, poursuivant des raisons personnelles ou successorales...) [1]. La loi de ratification du 16 janvier 2009 a limité la règle en réservant au ministère public le droit d'agir éventuellement en contestation. Pour interrompre ce délai de prescription, la jurisprudence exige que l'action en contestation soit exercée en même temps contre l'enfant et le parent dont la paternité ou maternité est en cause [2].

La loi prévoit en outre que *l'action ne peut plus être exercée lorsqu'un délai de cinq ans s'est écoulé depuis le jour où la possession d'état a cessé ou depuis la mort du parent prétendu* [3]. Pour comprendre cette règle, assez étrange *a priori*, il faut déterminer les situations qu'elle vise. Par hypothèse, il faut supposer : 1) qu'une possession d'état est intervenue ; 2) qu'elle n'a pas duré cinq ans depuis la naissance ou la reconnaissance (si elle a été effectuée ultérieurement) car sinon, l'alinéa 2 du texte ferme déjà l'action ; 3) qu'elle n'existe plus au jour où la filiation est contestée. En outre, pour que la disposition trouve à s'appliquer, il faut que le délai de droit commun de l'article 334 ne s'applique pas : il faut donc que dix ans ne se soient pas écoulés depuis l'établissement de la filiation par l'acte de naissance ou la reconnaissance ; sinon le délai consacré à l'article 321 suffit à fermer la voie de la contestation. Ainsi apparaît la situation visée par le texte : c'est celle d'un enfant qui bénéficie d'un titre (reconnaissance ou acte de naissance) qui est encore contestable, et qui a également bénéficié d'une possession d'état mais de façon temporaire. En mettant en place un délai de cinq ans au point de départ glissant (qui court seulement à compter de la disparition de la possession d'état ou du décès du parent prétendu), le droit raccourcit le délai de

1. L'admettant, v. Civ. 1re, 1er févr. 2017, n° 15-27.245, selon lequel la prise en compte de la réalité sociologique serait conforme à l'intérêt de l'enfant. Plus dubitative, v. Civ. 1re, 10 juin 2015, n° 14-20.790.

2. Civ. 1re, 1er févr. 2017, n° 15-27.245.

3. Cette dernière précision a été introduite par la loi de ratification. Elle procède de la difficulté qu'il y a à établir la réalité biologique après décès de celui à l'égard duquel la filiation est contestée, du souci de préserver la paix des familles endeuillées, ainsi que de la volonté d'assurer la sécurité des règlements successoraux.

droit commun de dix ans, mais dans une mesure qui varie en fonction de la durée de la possession d'état. Sans doute est-ce là, d'ailleurs, que le bât blesse, car il semble paradoxal que le délai pour contester la filiation qui n'est plus établie que par titre augmente avec la durée d'une possession d'état passée : si la reconnaissance de l'enfant intervient à la naissance et que l'enfant est doté, dès sa naissance, d'une possession d'état, mais que celle-ci n'a duré qu'un an, la contestation pourra être exercée jusqu'aux six ans de l'enfant ; en revanche, si la possession d'état a duré deux ans, la contestation est possible jusqu'aux sept ans de l'enfant. On comprend la règle, qui s'efforce d'aménager un délai pour agir qui soit intermédiaire entre le délai de droit commun de dix ans (en cas de titre nu) et le délai spécial de cinq ans (en cas de titre conforme à une possession d'état). Mais son application concrète aboutit à un étrange résultat.

Cette règle nouvelle a fragilisé la filiation « en mariage », puisque le titre qu'une possession d'état confortait était en principe incontestable (art. 322, v. ss 499). Inversement, elle a stabilisé la filiation « hors mariage », qui ne devenait incontestable qu'au bout de trente ans, ou lorsqu'une possession d'état conforme à la reconnaissance avait existé pendant dix ans (art. 339, v. ss 499).

La jurisprudence a considéré que ces dispositions constituaient bien une ingérence dans l'exercice du droit au respect de la vie privée et familiale garantie par l'article 8 de la Convention de sauvegarde des droits de l'homme et des libertés fondamentales, en ce qu'elles limitaient le droit de l'enfant à faire établir son lien de filiation paternelle (comme toute règle prévoyant un délai de prescription ou de forclusion), mais qu'elles « poursuivaient un but légitime, en ce qu'elles tendent à protéger les droits et libertés des tiers ainsi que la sécurité juridique »[1] ; ainsi jugées abstraitement conformes aux droits fondamentaux, elles pourront le cas échéant être écartées, au cas par cas, si les circonstances de l'espèce révèlent que l'atteinte au droit à la vie privée n'est pas proportionnée à l'objectif poursuivi.

1. Civ. 1re, 6 juill. 2016, n° 15-19.853.

3. Les effets de l'action

501 **Anéantissement rétroactif.** À supposer l'action accueillie, elle entraînera anéantissement de la filiation déclarée, ce de façon rétroactive. Avec toutes les conséquences qui en résultent, patrimoniales et personnelles : nom, autorité parentale, remboursement des sommes versées au titre du devoir d'entretien...

Par exception, la jurisprudence refusait ces restitutions[1] lorsque l'auteur de la reconnaissance connaissait la vérité lors de la déclaration mensongère qu'il avait souscrite et contestait ensuite cette dernière. Cette mauvaise foi, sans effet sur la recevabilité de l'action en contestation (v. ss 454 et 496), produisait en revanche des effets sur les conséquences de la destruction du lien de filiation. La jurisprudence considérait qu'en souscrivant une reconnaissance qu'il savait mensongère, l'intéressé avait pris l'engagement de subvenir aux besoins de l'enfant. C'était en vertu de cet engagement que le faux père était censé avoir subvenu aux besoins de l'enfant. Partant, la nullité de la reconnaissance ne pouvait fonder leur restitution : les sommes n'étaient pas considérées comme indûment perçues, puisqu'elles n'étaient pas censées l'avoir été au titre d'un devoir d'entretien légal, inexistant, mais au titre d'une obligation prise par engagement volontaire. En outre, en exerçant l'action en contestation, l'auteur de la reconnaissance mensongère violait cet engagement, si bien qu'il engageait sa responsabilité et pouvait être condamné à des dommages et intérêts éventuels. On avait suggéré l'extension de cette solution à la femme procédant en connaissance de cause à une reconnaissance mensongère, voire au père légitime laissant s'établir une paternité qu'il savait ne pas correspondre à la réalité biologique puis la contestant. L'ordonnance du 4 juillet 2005 n'ayant rien précisé, ce tempérament fondé sur le droit commun des obligations reste de droit positif.

En outre, le tribunal pouvait octroyer à l'adulte ainsi évincé après succès de la contestation un éventuel droit de visite (anc.

1. Civ. 1re, 21 juill. 1987, *Bull. civ.* I, n° 246. La Cour de cassation avait toutefois considéré qu'il ne pouvait être fait grief au père prétendu d'avoir violé son engagement si l'action n'était pas introduite par lui : Civ. 1re, 16 juin 1998, *Bull. civ.* I, n° 215.

art. 311-13) : « dans les cas où ils sont amenés à écarter la prétention de la partie qui élevait en fait l'enfant mineur, les tribunaux peuvent, néanmoins, compte tenu de l'intérêt de l'enfant, accorder à cette partie un droit de visite ». Les dispositions générales aux actions relatives à la filiation (art. 318 à 324, v. ss 471 s.) ne contiennent plus cette règle, qui a été déplacée dans les dispositions relatives aux actions en contestation de la filiation. L'article 337 prévoit désormais : « lorsqu'il accueille l'action en contestation, le tribunal peut, dans l'intérêt de l'enfant, fixer les modalités des relations de celui-ci avec la personne qui l'élevait ». On note que l'intérêt de l'enfant est devenu le critère de la décision. Le texte rappelle l'article 371-4, al. 2 : « si tel est l'intérêt de l'enfant, le juge aux affaires familiales fixe les modalités des relations entre l'enfant et un tiers, parent ou non » (v. ss 600).

Enfin, si l'intérêt de l'enfant l'exige, le tribunal pourrait sans doute l'autoriser à continuer d'user du nom que son ancienne filiation lui attribuait[1].

§ 3. L'action à fins de subsides

502 **Plan.** Cette institution originale, créée par la loi de 1972, qui avait repris en la transformant l'action alimentaire ouverte dès la loi du 15 juillet 1955 aux enfants adultérins ou incestueux, a été maintenue par l'ordonnance du 4 juillet 2005 qui s'est contentée d'apporter quelques modifications. Il conviendra d'exposer ses conditions et ses effets. Sa légitimité est discutée, car elle permet à une femme de bénéficier du soutien financier du père de l'enfant sans faire établir le lien de filiation, et donc en privant l'enfant de toutes les conséquences attachées à ce lien (notamment vocation successorale et autorité parentale). Encore faut-il mesurer qu'elle conserve toute son utilité dans des circonstances particulières, comme le viol de la mère ou l'inceste. Cette dernière situation appelle d'ailleurs une réflexion sur le domaine de l'action (pourquoi ne pas l'ouvrir aussi contre la mère, pour pallier l'impossibilité d'établir légalement la maternité lorsque le père a déjà

1. En ce sens, v. par *a contrario* Civ 1re, 17 mars 2010, *Bull. civ.* I, n° 64.

reconnu l'enfant ?) voire sur ses effets (ne pourrait-on lui attacher des effets successoraux et alimentaires ?)[1].

1. Conditions

503 **Demandeur.** L'action peut être exercée par « *tout enfant dont la filiation paternelle n'est pas légalement établie* » (art. 342, al. 1er). Peu importe que cet enfant soit un enfant naturel simple ou adultérin ; peu importe, même, qu'il existe entre la mère de l'enfant et l'homme contre lequel l'enfant exerce l'action un empêchement à mariage fondé sur l'existence d'une proche parenté (art. 342, al. 3). Cette solution, qui tempère les conséquences rigoureuses de l'interdiction de l'établissement du double lien de filiation incestueuse (art. 310-2, v. ss 417), peut se justifier, en théorie, par le fait que l'action n'est pas fondée sur la parenté biologique du défendeur mais sur sa possibilité[2]. La seule exigence est donc que cet enfant n'ait pas de filiation paternelle établie.

L'action était autrefois également ouverte à *l'enfant légitime dont le titre n'était pas corroboré par la possession d'état* (anc. art. 342-1). Cet enfant était en effet couvert par une présomption de paternité légitime fragile, qui ne correspondait à aucune réalité vécue, si bien que le père ne contribuait vraisemblablement pas à l'entretien de l'enfant. La solution n'a pas été reconduite par l'ordonnance du 4 juillet 2005, sans doute pour éviter la situation quelque peu étonnante de l'enfant doté d'un père légal mais bénéficiant également des subsides d'un tiers. Dans une telle situation, il faut désormais contester la paternité du mari de la mère avant d'agir en subsides contre un tiers (comp. art. 320, v. ss 418).

504 **Défendeur.** L'action peut être intentée par l'enfant *contre « celui qui a eu des relations avec sa mère pendant la période légale de la conception »*.

505 **Fondement.** L'action est ainsi fondée sur l'existence de relations sexuelles entre la mère de l'enfant et le défendeur pendant la période légale de conception. Elle se distingue nettement, à cet

1. Le mérite de ces solutions est qu'elles mettraient à l'abri de la condamnation de l'art. 310-2 par la CEDH.

2. Elle est en pratique un peu hypocrite alors que, le plus souvent, la paternité du défendeur est bel et bien établie avec certitude par les modes de preuve utilisés, v. ss 506.

égard, de l'action en recherche de paternité : il ne s'agit pas d'établir que tel homme est le père mais seulement qu'il « peut être » le père. Plus précisément, la doctrine fonde cette action sur la responsabilité qu'assume tout homme qui prend le risque d'être père en ayant des relations sexuelles avec une femme[1].

Le demandeur devra donc *établir* non pas la paternité du défendeur mais la seule existence des *relations sexuelles*.

Il n'était pas, sous l'empire de la loi du 3 janvier 1972, lié par la condition de recevabilité posée par l'article 340 du Code civil en cas de recherche de paternité naturelle (v. ss 482) : il pouvait agir sur un vide total d'éléments de preuve et demander au juge d'utiliser ses pouvoirs pour constituer une preuve, notamment en ordonnant une expertise biologique (C. civ., art. 16-11 ; v. ss 416) ; si le demandeur parvenait à prouver que le défendeur était bien son géniteur, il établissait par là même que cet homme avait eu des relations avec sa mère pendant la période légale de conception[2]. C'est la raison pour laquelle, bien souvent, le mode de preuve invoqué consistait dans l'examen comparé des sangs ou l'identification génétique. Mais le demandeur pouvait utiliser *tout mode de preuve* pour établir les relations sexuelles visées par l'article 342 du Code civil.

Ces solutions perdurent depuis l'ordonnance du 4 juillet 2005 : le demandeur peut donc recourir à tout mode de preuve, pour établir les relations sexuelles, et en particulier à l'expertise biologique, qui est de droit ici comme en matière de filiation[3]. Mais l'enjeu pratique a disparu : la recherche de paternité n'est plus limitée par l'exigence d'adminicules (art. 325 et 327, v. ss 483) ; l'action à fins de subsides n'apparaît donc plus comme une action de rattrapage permettant à un enfant qui ne peut pas faire établir le lien de filiation paternelle de réclamer tout de même des aliments à son père biologique. Cette modification de *l'enjeu pratique* conduirait d'ailleurs à contester la légitimité d'une telle action, qui permet à la mère de priver son enfant d'un lien de

1. Cornu, *D.* 1971. chron. 168, n° 16.
2. Sauf à établir que l'enfant était issu d'une assistance médicale à la procréation !
3. Civ. 1re, 8 juill. 2009, *Bull. civ.* I, n° 159.

filiation tout en bénéficiant du soutien financier du père, si l'éventualité de situations particulières comme celles du viol de la mère ou de l'inceste ne la justifiait.

506 **Moyens de défense.** L'homme contre lequel l'action est intentée peut se défendre, non seulement en établissant qu'il n'a pas eu de relations sexuelles avec la mère de l'enfant, mais aussi en « faisant la *preuve par tous moyens qu'il ne peut être le père de l'enfant* » (art. 342-4). Il pouvait aussi se prévaloir autrefois de ce que la mère avait eu plusieurs amants pendant la période légale de conception. Choquante car elle faisait subir à l'enfant l'inconduite de la mère, cette solution est écartée depuis la loi du 8 janvier 1993.

507 **Procédure.** L'article 342-6 soumet l'action aux articles 327, alinéa 2 (l'action est donc réservée à l'enfant, v. ss 441) et 328 (c'est la mère, même mineure, qui peut seule l'exercer pendant la minorité de l'enfant, v. ss 484). L'ordonnance du 4 juillet 2005 avait reconduit, s'agissant du délai d'action, le droit antérieur, qui résultait d'une loi du 29 décembre 1977 : l'action pouvait être intentée pendant toute la minorité de l'enfant et dans les deux années de sa majorité. La loi de ratification du 16 janvier 2009 a purement et simplement étendu le délai de droit commun de dix ans (art. 342, al. 2).

2. Effets

508 **Subsides et compléments.** L'action tend seulement à l'obtention de subsides, c'est-à-dire des sommes nécessaires à la vie de l'enfant. Ils sont calculés comme les aliments, en fonction des besoins de l'enfant, des ressources du débiteur et de sa situation familiale (art. 342-2, al. 1er). Ils sont indexés et toujours révisables. Ils passent à la charge de la succession en cas de mort du débiteur, et ce dans les conditions de l'article 767 (art. 342-5, v. ss 143). Ils peuvent être dus même après la majorité de l'enfant s'il est encore dans le besoin, à moins, précise la loi, que cet état ne lui soit imputable à faute (art. 342-2, al. 2).

509 **Filiation.** L'action n'établit pas le lien de filiation. L'action à fins de subsides est à cet égard bien distincte de l'action en recherche de paternité.

C'est pourquoi la décision allouant des subsides ne s'oppose pas à l'exercice ultérieur d'une action en recherche de paternité (art. 342-8, al. 1er). Exercée avec succès contre un autre homme que celui condamné aux subsides, elle entraînera toutefois cessation des subsides (art. 342-8, al. 2).

La condamnation à des subsides crée néanmoins des empêchements à mariage réglés par les articles 161 à 164 (art. 342-7, v. ss 92). Cette solution tient au risque d'inceste qui existe puisque le défendeur est « peut-être » le père de l'enfant.

510 **Pluralité de défendeurs.** L'ordonnance du 4 juillet 2005 a supprimé une règle étonnante qui se trouvait à l'article 342-3. Le texte prévoyait, lorsque le défendeur opposait à la demande une défense tirée de ce que la mère avait eu pendant la période légale de conception des relations avec un tiers, que le juge « en l'absence d'autres éléments de décision », avait la « faculté » de « mettre une indemnité[1] destinée à assurer l'entretien et l'éducation de l'enfant à la charge des défendeurs » dans deux cas. Il fallait, soit que des fautes puissent être établies à leur encontre (ainsi de séduction dolosive, de viol...), soient qu'ils aient antérieurement pris des engagements. Le texte, qui trouvait rarement à s'appliquer à l'heure de la preuve génétique, a été supprimé par l'ordonnance du 4 juillet 2005.

1. Cette indemnité était déterminée par application des règles relatives aux subsides (art. 342-3, al. 3), sauf une spécificité relative à son recouvrement : il était opéré par un tiers (service de l'aide sociale à l'enfance, mandataire de justice tenu au secret professionnel...) qui remettait les sommes obtenues au représentant légal de l'enfant. La situation trouble qui entourait la conception de l'enfant expliquait une telle entremise.

TITRE 2

L'ADOPTION

511 **Évolution.** L'adoption, reçue sous l'Antiquité mais écartée par l'Ancien droit, fut réintroduite par le Code civil dès 1804. Elle est aujourd'hui régie par *le Titre huit du Livre premier du Code civil*, refondu par la loi du 11 juillet 1966, elle-même modifiée notamment par les lois du 22 décembre 1976 et 5 juillet 1996, qui se sont attachées à faciliter encore son prononcé[1], et surtout, plus récemment, par la loi du 17 mai 2013 qui, en ouvrant le mariage aux couples de personnes de même sexe leur a donné accès à l'adoption.

Ses fonctions ont considérablement évolué. Essentiellement utilisée en 1804 pour transmettre nom et héritage, elle s'est transformée au XXe siècle en institution charitable destinée à secourir l'enfance malheureuse. Mais depuis quelques décennies, elle apparaît surtout comme le moyen de combler le désir d'adultes en mal d'enfant. La loi du 17 mai 2013, qui a ouvert l'adoption conjointe aux couples homosexuels en leur donnant accès au mariage, confirme excellemment le propos.

1. Sans oublier les modifications ponctuelles plus ou moins directes procédant de réformes n'ayant pas directement pour objet la question de l'adoption : ainsi des conséquences indirectes résultant de l'encadrement de l'accouchement sous X, v. ss 487 s. ; ainsi encore de la réforme de la filiation opérée par l'ord. du 4 juill. 2005, et notamment la portée nouvellement reconnue à l'acte de naissance, v. ss 424 s.

Son avenir est incertain. *En fait*, d'abord, l'institution décline, en raison du petit nombre d'enfants adoptables en France et des difficultés qui se multiplient pour accéder à une adoption internationale. *En droit*, ensuite, l'institution a été assez profondément bouleversée par l'admission de l'adoption par un couple homosexuel, qui a éloigné la filiation adoptive du modèle de la filiation charnelle (v. ss 387), ce que le Conseil constitutionnel a refusé de censurer. Il a en effet jugé qu'« aucune exigence constitutionnelle n'impose (...) que les liens de parenté établis par la filiation adoptive imitent ceux de la filiation biologique » et qu'il n'existe aucun principe fondamental reconnu par les lois de la République en matière de « caractère bilinéaire de la filiation fondé sur l'altérité sexuelle »[1], se contentant de formuler une réserve d'interprétation consistant à préciser que les couples de personnes de même sexe sont soumis aux règles, conditions et contrôles institués en matière de filiation adoptive, et notamment à la nécessité d'obtenir un agrément et une décision judiciaire, les deux phases administrative et judiciaire de la procédure permettant de vérifier que l'adoption est conforme à l'intérêt de l'enfant[2]. Et la décision qu'il a rendue, volontairement très générale dans son fondement, laisse ouverte la voie à d'autres bouleversements dans le domaine de l'adoption : *quid*, par exemple, des conditions d'âge ? Pour l'heure, et pour limiter l'impact psychologique qu'une double parenté paternelle, ou maternelle, est susceptible de créer chez l'enfant, la doctrine suggère de renforcer l'accès aux origines personnelles (CASF, art. L. 174-1 s.) pour permettre aux enfants de construire leur identité en favorisant la connaissance du « roman familial »[3]. En pratique, la réforme risque sur ce point de butter sur les faits : les femmes qui accouchent sous X en France laissent des informations dans moins d'un cas sur deux ; quant aux enfants étrangers, il est encore plus difficile d'accéder à leurs origines personnelles.

1. Décis. n° 2013-669 DC, 17 mai 2013, consid. 51 et 56.
2. Consid. 52 à 54.
3. Sur cette suggestion, v. J. Rochfeld, « Le droit de la filiation », *in L'ouverture du mariage aux personnes de même sexe*, 15 avr. 2013, Ve Colloque annuel de l'association des anciens du M2 DPG de l'Université Paris II, éd. Panthéon-Assas, 2014.

Plus généralement, l'avenir de l'institution est incertain, pris en tenaille entre les droits fondamentaux respectifs des uns et des autres, de l'enfant, des parents biologiques, des adoptants. La Cour européenne[1], comme le Conseil constitutionnel[2] et comme la Cour de cassation[3] rejettent l'idée d'un droit à adopter ; mais tant les conditions auxquelles la loi subordonne la possibilité d'une adoption que les effets qu'elle lui attache doivent respecter le droit à la vie privée, le droit à la vie familiale, l'interdiction des discriminations, l'intérêt supérieur de l'enfant, etc. Il en résulte une poussée tantôt hostile à l'adoption (analysée sous l'angle du droit à la vie familiale des parents biologiques et de l'enfant)[4], tantôt favorable à l'institution (la vie privée et l'égalité interdisant toute discrimination en matière d'accès à l'adoption)[5].

512 **Plan.** Il existe deux cas d'adoption : l'adoption plénière et l'adoption simple. La première substitue une filiation artificielle à la filiation biologique d'origine et est évidemment soumise à des conditions plus rigoureuses que la seconde, qui se contente d'ajouter au lien de sang initial un lien de filiation adoptive. La distinction qu'opèrent les textes sera donc reprise, les dispositions relatives à l'adoption plénière (CHAPITRE 1) étant étudiées avant celles qui régissent l'adoption simple (CHAPITRE 2).

1. CEDH, 22 janv. 2008, *E. B. c/ France*; 15 mars 2012, *Gas et Dubois*.
2. Déc. n° 2010-39 QPC, 6 octobre 2010, *Gas et Dubois*.
3. Civ. 1re, 28 févr. 2018, n° 17-11.069 : le droit à la vie privée et familiale n'impose pas de consacrer par un lien d'adoption tous les liens d'affection fussent-ils anciens et établis. V. déjà Civ. 1re, 12 janv. 2011, n° 09-16.527.
4. CEDH, 5 juin 2014, *I. S. c/ Allemagne*, n° 31021/08, appréciant la conformité à l'intérêt de l'enfant de la destruction de la filiation d'origine par l'adoption.
5. Par ex. CEDH, 19 févr. 2013, n° 19010/07, *X et a. c/ Autriche* : est contraire aux droits fondamentaux, la loi autrichienne qui permet l'adoption par un couple non marié mais la refuse aux couples homosexuels.

CHAPITRE 1

L'adoption plénière

513 **Plan.** Le prononcé (SECTION 1) puis les effets (SECTION 2) de l'adoption seront analysés.

SECTION 1

LE PRONONCÉ DE L'ADOPTION

§ 1. Les conditions de fond

A. Les conditions relatives à l'adoptant

514 **Adoption par un couple. Conditions. Mariage.** L'adoption fut longtemps réservée aux couples mariés. Elle leur est encore ouverte aujourd'hui. Ce sont même les seuls couples y ayant accès : « nul ne peut être adopté par plusieurs personnes si ce n'est par *deux époux* » (art. 346)[1]. Ni les couples de concubins, ni ceux de pacsés ne peuvent procéder à une adoption conjointe. L'adoption diffère, de ce point de vue, de l'assistance médicale à la procréation, désormais ouverte, sans aucune condition de durée, aux couples

1. Civ. 1re, 12 janv. 2011, *Bull. civ.* I, n° 9 ; Civ. 1re, 28 févr. 2018, n° 17-11.069.

non mariés justifiant d'une vie commune (CSP, art. L. 2141-2, v. ss 559).

Le droit permet seulement une nouvelle adoption dans trois cas : en cas de décès de l'adoptant ; en cas de décès des deux adoptants, en cas de décès de l'un des deux adoptants mais seulement si la demande d'adoption est présentée par le nouveau conjoint du survivant (art. 346, al. 2).

La loi pose une condition temporelle, notamment dans l'espoir de donner à l'enfant des parents stables et matures : les époux doivent être non séparés de corps et mariés depuis deux ans au moins[1] ; la règle est toutefois écartée s'ils sont tous deux âgés de plus de vingt-huit ans[2] (art. 343).

515 **Adoption par un couple homosexuel.** Tant qu'il a réservé le mariage aux personnes de sexe différent, le droit interdisait aux couples homosexuels d'accéder à l'adoption conjointe. Ni le Conseil constitutionnel[3] ni la Cour européenne des droits de l'homme[4] n'avaient jugé cette disposition contraire aux droits fondamentaux. En ouvrant le mariage aux couples de même sexe, le législateur leur a indirectement ouvert la voie de l'adoption.

Il aurait été plus prudent de dissocier la question du couple et celle de la parenté. Les enjeux de l'admission d'un couple homosexuel et ceux de la parenté homosexuelle diffèrent profondément, dans la mesure où les fonctions de la filiation sont éprouvées par une bi-parenté mono-sexuée. La Cour de cassation avait d'ailleurs, sous l'empire du droit antérieur, jugé qu'un principe essentiel du droit français de la filiation consistait dans le fait qu'un enfant ne pouvait avoir que deux parents de sexe différent[5]. Il est vrai que la Cour européenne ne permet pas que le droit réserve l'adoption conjointe aux seuls couples mariés hété-

1. La loi du 5 juillet 1996 a ramené le délai d'épreuve de cinq à deux ans.
2. La jurisprudence avait retenu l'âge de trente ans, par application de l'art. 343-1 du Code civil : Civ. 1re, 5 mai 1982, *JCP* 1983. II. 20084.
3. Décis. n° 2010-39 QPC, 6 oct. 2010 relative à l'adoption au sein d'un couple non marié, consid. 9.
4. CEDH 15 mars 2012, *Gas et Dubois c/ France*, n° 25951/07. Il serait en revanche contraire aux droits fondamentaux d'ouvrir l'adoption aux couples de concubins mais de la réserver aux couples hétérosexuels : CEDH, *X et a. c/ Autriche*, 19 févr. 2013, n° 19010/07.
5. Elle avait refusé la reconnaissance en France d'une décision étrangère dont la transcription sur les registres de l'état civil français, valant acte de naissance, emportait inscription d'un enfant comme né de deux parents du même sexe : Civ. 1re, 7 juin 2012, n° 11-30.261 et 11-30.262.

rosexuels, en la refusant aux couples homosexuels mariés[1]. Mais il était possible de développer les effets attachés au pacte civil de solidarité afin d'étendre aux couples pacsés les avantages réciproques que les conjoints trouvent dans le mariage, sans toucher à la filiation. Telle n'a pas été la solution retenue par la loi du 17 mai 2013. On se demande quelles seront les conséquences de cette solution sur l'adoption : le Conseil constitutionnel a seulement précisé que cette adoption était soumise aux « règles, conditions et contrôles institués en matière de filiation adoptive », ce qui vise notamment la nécessité d'obtenir un agrément, de faire prononcer par le juge l'adoption, et implique que les autorités administrative et judiciaire aient vérifié la conformité de l'adoption aux intérêts de l'enfant[2]. Sur les éventuels effets de la réforme sur l'assistance médicale à la procréation, v. ss 551, et sur la filiation du Titre VII, v. ss 387.

516 **Adoption par une seule personne.** Pour des raisons contingentes[3], la loi de 1966 a ouvert l'adoption à une personne seule (art. 343-1).

Elle doit être *âgée* d'au moins vingt-huit ans[4], sauf si l'adopté est l'enfant du conjoint (art. 343-1 et 343-2, v. ss 527).

Si l'adoptant est marié et non séparé de corps, *le conjoint doit consentir* à cette adoption, à moins qu'il ne soit dans l'impossibilité de manifester sa volonté. Ce consentement peut être donné en n'importe quelle forme : il n'a pas à respecter les formalités que l'article 348-3 du Code civil impose pour le consentement des parents d'origine à l'adoption de leur enfant (v. ss 522)[5]. Il n'est pas susceptible de rétractation (comp. ss 523)[6].

517 **Adoption par une personne homosexuelle.** La demande d'adoption présentée par un homosexuel a posé problème dans le passé. Alors qu'elle avait considéré, en 2002, qu'il était possible de rejeter la demande en se fondant sur les conséquences préjudiciables que le

1. CEDH 19 févr. 2013, *X et A. c/ Autriche*, n° 19010/07.
2. Décis. n° 2013-669 DC, 17 mai 2013, consid. 52 à 54.
3. La doctrine analyse parfois cette loi comme une réponse circonstancielle au problème des enfants sans famille après la guerre. Mais la rumeur la dénonce parfois comme constituant l'exemple d'une solution purement casuelle, ouverte par souci d'humanité au profit d'un proche du pouvoir politique.
4. Depuis la loi du 5 juillet 1996, qui a rabaissé l'âge, de trente ans jusque-là.
5. Civ. 1re, 13 mars 2007, n° 04-13.925.
6. Civ. 1re, 2 déc. 1997, *Bull. civ.* I, n° 333.

défaut d'altérité sexuelle pouvait avoir à l'égard de l'enfant, la Cour européenne des droits de l'homme a jugé le 22 janvier 2008 qu'il n'était pas possible de refuser un agrément demandé par un homosexuel en se fondant sur l'absence de « repères identificatoires » due à l'absence d'image ou de référent paternel. L'homosexualité ne doit plus, ainsi, être prise en compte dans la procédure d'adoption.

B. Les conditions relatives à l'adopté

1. Âge

518 L'adopté doit avoir moins de quinze ans (art. 345). Cette limite d'âge peut être écartée si, avant son quinzième anniversaire, l'enfant a fait l'objet d'une adoption simple ou s'il a été accueilli par des personnes qui ne remplissaient pas, alors, les conditions légales pour l'adopter. L'adoption plénière pourra en ce cas être demandée pendant toute la minorité de l'enfant et même pendant les deux années de sa majorité (réd. L. 5 juill. 1996)[1].

2. Consentement

519 **Consentement de l'adopté.** Si l'adopté a plus de treize ans, il doit consentir personnellement à son adoption (art. 345, al. 3). Son consentement relève des actes strictement personnels auxquels il doit consentir seul (art. 458)[2]. Il doit en outre être donné selon les formes prévues à l'article 348-3 pour le consentement de ses parents (v. ss 522) et peut être rétracté à tout moment jusqu'au prononcé de l'adoption (art. 345, al. 3, comp. ss 523).

520 **Consentement de la famille d'origine.** La loi subordonne aussi l'adoption au consentement de certains adultes. Tout dépend du statut de l'enfant et du point de savoir s'il est pupille de l'État, ou s'il bénéficie d'une filiation légalement établie.

---

1. La destruction de la filiation d'origine porte à considérer que le consentement de l'enfant majeur ne devrait pas suffire ici, à la différence de la solution retenue dans l'adoption simple (v. ss 542).

2. Civ. 1re, 8 oct. 2008, *Bull. civ.* I, n° 223 : « le consentement d'un majeur protégé à sa propre adoption qui est un acte strictement personnel ne peut être donné en ses lieu et place par son tuteur » ; « le juge des tutelles, sur avis du médecin traitant, peut autoriser le majeur protégé, seul ou avec l'assistance du tuteur ou de la personne qui en tient lieu, à consentir à sa propre adoption ».

a. Pupilles de l'état

521 Pour les pupilles de l'État dont les parents n'ont pas consenti à l'adoption, le consentement est donné par le conseil de famille (art. 349)[1]. L'adoption est ainsi étroitement arrimée aux institutions de protection de l'enfance que sont le service de l'aide sociale à l'enfance et les organes chargés de la tutelle des pupilles de l'État (tuteur, conseil de famille, président du Conseil général, commission chargée de délivrer l'agrément aux fins d'adoption ; sur quoi, v. CASF, art. L. 224-1 s. et L. 225-1 s.) et à l'immatriculation d'un enfant comme pupille de l'État (CASF, art. L. 224-4 s.). Cette immatriculation est organisée par le Code de l'action sociale et des familles, qui s'efforce de préserver l'intérêt de l'enfant sans sacrifier pour autant les droits de la famille d'origine de l'enfant, notamment en laissant aux parents un délai de réflexion après remise de l'enfant au service de l'aide sociale à l'enfance[2] et en ouvrant un recours contre l'arrêté d'immatriculation de l'enfant comme pupille de l'État[3].

b. Filiation légalement établie

522 **Nécessité du consentement.** Si l'enfant a une filiation légalement établie, le principe est que le consentement des père et mère, ou du conseil de famille, doit être obtenu.

---

1. Il n'appartient pas au conseil de famille de consentir à l'adoption lorsque la mère a conservé l'autorité parentale sur l'enfant bien qu'elle soit dans l'impossibilité de subvenir à ses besoins : Civ. 1re, 4 déc. 2013, n° 12-26.161.

2. Deux mois si la filiation n'est pas établie ou est inconnue ou si la filiation est établie et connue et que l'enfant a été remis par les parents ayant qualité pour consentir à l'adoption ; six mois si l'enfant a une filiation établie et connue mais n'a été remis au service que par l'un des parents.

3. Le Conseil constitutionnel avait jugé que les conditions du recours que l'art. L. 224-8 ouvrait contre l'arrêté d'immatriculation ne respectaient pas le droit d'accès à un tribunal parce que le délai de contestation de la décision d'immatriculation de l'enfant comme pupille de l'État courait du jour où la décision était prise non contradictoirement et alors que l'information des personnes admises à la contester n'était pas assurée : Décis. n° 2012-268 QPC, 27 juill. 2012. *Adde* Civ. 1re, 9 avr. 2013, n° 11-27.071. Depuis la loi du 26 juillet 2013, le recours peut être formé par les parents de l'enfant (sauf cas de déclaration de délaissement ou de retrait total de l'autorité), les membres de la famille de l'enfant, le père de naissance ou les membres de la famille de la mère ou du père de naissance lorsque l'enfant a été admis comme pupille après avoir recueilli pendant deux mois par le service de l'aide sociale à l'enfance, ou toute personne ayant assuré la garde de droit ou de fait de l'enfant, l'action n'étant recevable que si le demandeur entend assumer la charge de l'enfant. L'arrêté est notifié par tout moyen à ces personnes, et comporte diverses mentions informatives. Le délai de trente jours court désormais à compter de la notification. Le placement fait obstacle au recours contre l'arrêté formé par la grand-mère biologique de l'enfant, si cet arrêté ne lui a pas été notifié en l'absence de toute manifestation d'intérêt de sa part auprès du service de l'aide sociale à l'enfance : Civ. 1re, 5 déc. 2018,n° 17-30.914.

– *Auteurs du consentement.* Si la filiation est légalement établie à l'égard des père et mère, le double consentement est requis, sauf si l'un d'eux est mort, dans l'impossibilité de manifester sa volonté ou s'il a perdu ses droits d'autorité parentale, auquel cas le consentement de l'autre suffit (art. 348). De même si la filiation est légalement établie d'un seul côté, seul le parent en question consent à l'adoption (art. 348-1). Si les père et mère sont décédés, dans l'impossibilité de manifester leur volonté ou s'ils ont tous deux perdu leurs droits d'autorité parentale, le consentement doit être donné par le conseil de famille, après avis de la personne chargée de prendre soin de l'enfant en fait (art. 348-2).

Que faire relativement à l'enfant dont une femme accouche sous X et qui fait l'objet d'une reconnaissance paternelle ? La Cour de cassation, dans la célèbre affaire Benjamin, a considéré que le consentement donné par le conseil de famille, alors que la reconnaissance paternelle avait déjà été accomplie et que le conseil de famille connaissait son existence, n'était pas valable, seul le père naturel ayant pouvoir de consentir à l'adoption de l'enfant, d'où résultait qu'il n'était pas possible de rejeter la demande en restitution de l'enfant présentée par ledit père et de prononcer l'adoption plénière de l'enfant[1].

– *Forme du consentement.* Le consentement à l'adoption est donné devant un notaire (français ou étranger)[2] ou devant les agents diplomatiques ou consulaires français ; il peut aussi être reçu par le service de l'aide sociale à l'enfance auquel l'enfant est remis (art. 348-3).

– *Objet du consentement.* Lorsque les parents consentent à l'adoption en remettant l'enfant au service de l'aide sociale à l'enfance ou à un organisme autorisé pour l'adoption, le choix de l'adoptant appartient au tuteur avec l'accord du conseil de famille constitué (C. civ., art. 348-4, réd. L. 5 juill. 1996)[3].

1. Civ. 1re, 7 avr. 2006, *Bull. civ.* I, n° 195. Il en va différemment si un délai suffisant a été laissé aux parents pour établir légalement la filiation de l'enfant : Civ. 1re, 1er juin 2011, n° 10-19.028 et 10-20.554.

2. Autrefois il devait l'être devant le juge ; la loi du 1er févr. 1995 a transféré compétence au greffier en chef du tribunal d'instance ; la loi du 22 déc. 2010 a supprimé cette forme.

3. Il s'agira du conseil de famille des pupilles de l'État ou du conseil de famille de la tutelle organisée à l'initiative de l'organisme autorisé pour l'adoption.

– *Rétractation du consentement.* Le consentement peut être rétracté pendant deux mois[1], par lettre recommandée (avec avis de réception) adressée à la personne ou au service qui l'a reçu. La remise de l'enfant à ses parents vaut preuve de la rétractation. Après rétractation, seul un nouveau consentement donné dans les formes de l'article 348-3 produit effet[2].

– *Restitution de l'enfant.* Le consentement donné à l'adoption ne s'oppose pas à ce que les parents demandent la restitution de leur enfant. Cette demande reste possible tant que l'enfant n'a pas été placé en vue de l'adoption et même après expiration du délai de rétractation. Mais si la personne ayant recueilli l'enfant s'oppose à la restitution de ce dernier, la demande devra être soumise au tribunal, qui appréciera en fonction de l'intérêt de l'enfant[3] (art. 348-3). La restitution rend le consentement à l'adoption caduc.

523 Exceptions. Ce principe connaît deux limites, qui procèdent de la même idée : il est des situations où le désintérêt manifesté par les parents est tel que le droit estime pouvoir se passer de leur consentement.

– *Refus abusif de consentement.* La première limite vient de ce que la loi permet au tribunal de prononcer l'adoption contre la volonté des parents, « s'il estime abusif le refus de consentement opposé par les parents ou par l'un d'eux seulement, lorsqu'ils se sont désintéressés de l'enfant au risque d'en compromettre la santé ou la moralité » (art. 348-6). Le désintérêt doit être volontaire[4]. L'appréciation des faits relève du pouvoir souverain des juges du fond. Il en va de même d'un refus abusif du conseil de famille.

– *Déclaration judiciaire de délaissement.* La seconde limite à la condition de consentement parental tient dans une éventuelle déclaration judiciaire de délaissement par le tribunal de grande instance (art. 381-1 s.). L'institution remplace la déclaration judi-

1. Depuis la loi du 5 juillet 1996, qui a diminué le délai de rétractation, de trois mois jusque-là.
2. Civ. 1re, 24 févr. 1998, *Bull. civ.* I, n° 72.
3. Souverainement apprécié par les juges du fond : Civ. 1re, 22 nov. 1989, *Bull. civ.* I, n° 357.
4. Civ. 1re, 19 juill. 1989, *JCP* 1990. II. 21443.

ciaire d'abandon qui existait hier (anc. art. 350)[1] ce depuis la loi du 14 mars 2016 qui s'est attachée à renforcer la préservation de l'intérêt de l'enfant, sans sacrifier pour autant celui de la famille d'origine. Abandonnant la définition subjective antérieure, qui se référait aux liens affectifs de l'enfant avec ses auteurs[2], l'article 381-1 pose désormais qu'un enfant est considéré comme délaissé lorsque « ses parents n'ont pas entretenu avec lui les relations nécessaires à son éducation ou à son développement »[3]. Ce désintérêt doit durer l'année qui précède l'introduction de la requête. Le texte précise que la simple rétractation du consentement à l'adoption, la demande de nouvelles, la seule expression de l'intention de reprendre l'enfant (non suivie d'effet) ne suffisent, ni à constituer une marque d'intérêt suffisante pour justifier le rejet de plein droit de la demande, ni à interrompre le délai d'un an à l'issue duquel la demande en déclaration de délaissement peut être formée.

La loi du 5 juillet 1996 exceptait le cas de « grande détresse des parents », mais cette réserve, peu conforme à l'intérêt de l'enfant, a été supprimée par l'ordonnance du 4 juillet 2005. La jurisprudence antérieure exigeait en revanche que le désintérêt soit volontaire[4], et la loi du 14 mars 2016 a reconduit la solution en excluant le délaissement si les parents ont « été empêchés par quelque cause que ce soit » d'entretenir avec l'enfant les relations nécessaires à son éducation ou à son développement (art. 381-1).

En présence d'un tel désintérêt, le particulier, l'établissement ou le service ayant recueilli l'enfant doivent transmettre au tribunal une demande en déclaration de délaissement à l'expiration du délai d'un an, après que des mesures appropriées de soutien ont été proposées aux parents. La demande peut aussi émaner du ministère public, agissant d'office ou sur proposition du juge des enfants.

---

1. Mise en place par la loi du 5 juillet 1966, elle avait été modifiée à diverses reprises : v. not. lois du 25 juillet 1994 et 5 juillet 1996, ord. du 4 juillet 2005.
2. Il fallait que les parents n'aient pas entretenu avec lui les relations nécessaires au maintien de liens affectifs.
3. La jurisprudence avait considéré que l'intérêt de l'enfant ne suffisait pas : Civ. 1re, 16 juill. 1992, *Bull. civ.* I, n° 230. La solution perdure.
4. Civ. 1re, 23 nov. 2011, n° 10-30.714.

Le tribunal doit déclarer l'enfant délaissé si les conditions précitées existent[1]. Inversement, il doit refuser de déclarer le délaissement si un membre de la famille demande à assumer la charge de l'enfant pendant ce délai de désintérêt parental d'un an[2] et si cette demande est jugée conforme à l'intérêt de l'enfant.

Le délaissement peut être déclaré à l'égard des deux parents ou d'un seul.

En même temps qu'il déclare l'enfant délaissé, le tribunal délègue les droits d'autorité parentale au service, à l'établissement ou au particulier auquel l'enfant a été confié ou qui l'a recueilli.

La tierce opposition n'est ouverte qu'en cas de dol, fraude ou d'erreur sur l'identité de l'enfant.

Une fois le délaissement déclaré, l'enfant peut être adopté (art. 347).

C. La relation entre l'adopté et l'adoptant

524 **Une relation de type filial.** La fonction de l'adoption est d'instituer un lien de filiation. Ce qui se traduit par deux exigences, l'une tenant à une différence d'âge correspondant à une différence de génération entre adoptant et adopté, l'autre tenant à la finalité poursuivie par l'adoptant et l'adopté. Mais leur avenir n'est pas garanti. La doctrine a relevé que l'adoption était parfois utilisée comme le «joker» du droit de la famille, permettant d'instituer un lien de famille en dehors de tout lien de parenté ou de couple. Quant à l'ouverture du mariage aux couples d'homosexuels, en permettant l'établissement d'une double filiation mono-sexuée, elle rompt avec la logique consistant à imiter la filiation fondée sur l'engendrement, ce que le Conseil constitutionnel a jugé conforme aux droits fondamentaux en considérant qu'« aucune exigence constitutionnelle n'impose (...) que les liens de parenté

1. La Cour de cassation jugeait hier que le tribunal pouvait rejeter la demande si tel était l'intérêt de l'enfant même si les parents s'étaient manifestement désintéressés de lui : Civ. 1re, 6 janv. 1981, *Bull. civ.* I, n° 5 ; Civ. 1re, 3 déc. 2014, n° 13-24.268.

2. Ce rejet de la requête en déclaration d'abandon vaut même si elle est présentée par le parent assumant déjà la charge de l'enfant : Civ. 1re, 24 mars 1987, *JCP* 1988. II. 21076, *D.* 1988. 153.

établis par la filiation adoptive imitent ceux de la filiation biologique »[1].

525 **Différence d'âge.** La première condition concerne la différence de génération que la loi exige entre eux. La règle est que les adoptants doivent avoir quinze ans de plus que les enfants qu'ils souhaitent adopter (art. 344). Cette condition est écartée s'il s'agit de l'enfant du conjoint, auquel cas la différence d'âge requise n'est plus que de dix ans (v. ss 527). En outre, le tribunal peut prononcer l'adoption en présence d'une différence d'âge moindre, à condition qu'il y ait « de justes motifs » (art. 344).

526 **Raison d'être de l'adoption.** La seconde exigence porte sur la raison d'être de l'adoption. Cette institution ayant pour fonction de créer un lien de filiation, le tribunal saisi d'une requête en ce sens, refusera de la prononcer si elle a, en fait, un tout autre but. La jurisprudence écarte ainsi l'adoption destinée à créer un lien de couple[2]. Elle sanctionne aussi l'adoption frauduleuse, qui ne vise pas cet effet essentiel de filiation, et ne poursuit que des effets secondaires de l'institution (v. ss 534).

D. Le cas particulier de l'adoption de l'enfant du conjoint

527 **Adoption de l'enfant du conjoint. Faveur.** Parce qu'elle permet d'intégrer l'enfant à une famille que le droit espère stable, l'adoption de l'enfant du conjoint a les faveurs du législateur. La loi prévoit ainsi que cette adoption n'entraîne pas disparition de la filiation d'origine avec le parent biologique (art. 356, v. ss 538)[3]. Elle assouplit en outre les conditions d'âge, et ce à un double titre. En premier lieu, le droit supprime toute condition d'âge de l'adoptant (art. 343-2, v. ss 516). En second lieu, la différence d'âge qui doit exister entre l'adoptant et l'adopté n'est plus ici que de dix ans (art. 344, v. ss 525) et le tribunal peut même prononcer l'adoption

1. Décis. n° 2013-669 DC, 17 mai 2013, consid. 51.
2. Civ. 1re, 23 juin 2010, n° 09-66.782 ; Civ. 1re, 4 mai 2011, n° 10-13.996.
3. Aucune disposition comparable n'existant hors mariage, la jurisprudence refuse de prononcer une adoption plénière au profit du concubin ou partenaire pacsé du parent, et n'admet qu'une adoption simple. Cette exclusion n'est pas contraire au droit à la vie familiale : Civ. 1re, 28 févr. 2018, n° 17-11.069.

en présence d'une différence d'âge moindre, à condition qu'il y ait « de justes motifs » (art. 344).

528 **Adoption de l'enfant du conjoint. Dangers.** Mais l'adoption plénière de l'enfant du conjoint est, inversement, dangereuse en ce qu'elle rompt tout lien avec la famille de l'autre parent biologique. Comme rien n'avait été spécialement prévu à l'origine relativement à l'adoption de l'enfant du conjoint lorsque l'autre parent était décédé, cette adoption n'était subordonnée qu'au consentement du parent survivant (v. ss 522 s.) et aucun membre de la famille du parent prédécédé ne pouvait s'y opposer (v. ss 535 s.).

Croyant résoudre la difficulté, la loi du 8 janvier 1993 avait introduit dans le Code civil un article 345-1 : « l'adoption plénière de l'enfant du conjoint n'est permise que lorsque cet enfant n'a de filiation légalement établie qu'à l'égard de ce conjoint ». Or n'autoriser l'adoption de l'enfant du conjoint que si cet enfant n'avait pas d'autre filiation légalement établie était trop strict : l'existence théorique d'une filiation à l'égard de l'autre parent ne garantit pas qu'existe un lien réel avec cet autre parent ou sa famille. Le texte faisait donc obstacle à des adoptions qui auraient pourtant été conformes à l'intérêt de l'enfant (parce qu'elles auraient rompu un lien ne correspondant à aucune filiation vécue).

La loi du 5 juillet 1996 a donc élargi le texte, en prévoyant deux autres cas : « lorsque l'autre parent que le conjoint s'est vu retirer totalement l'autorité parentale » (v. ss 640 s.) ; « lorsque l'autre parent que le conjoint est décédé et n'a pas laissé d'ascendants au premier degré[1] ou lorsque ceux-ci se sont manifestement désintéressés de l'enfant ».

Depuis la loi du 17 mai 2013, le texte autorise en outre l'adoption plénière de l'enfant du conjoint lorsque l'enfant a fait l'objet d'une adoption plénière par ce seul conjoint et qu'il n'a de filiation établie qu'à son égard.

529 **Adoption de l'enfant du conjoint. Adoption par un homosexuel.** Parce qu'elle laisse subsister la filiation d'origine à l'égard du parent

1. Le législateur aurait pu prendre en considération d'autres parents que les seuls ascendants, notamment les frères et sœurs.

biologique, l'adoption plénière de l'enfant du conjoint était particulièrement souhaitée par les homosexuels. Mais le mariage leur étant fermé, ils n'y avaient pas accès. Ce que le Conseil constitutionnel et la Cour européenne des droits de l'homme n'avaient pas jugé contraire aux droits fondamentaux (v. ss 94 et 95). L'ouverture du mariage aux couples homosexuels par la loi du 17 mai 2013 leur donne accès à cette institution, dans les conditions du droit commun.

§ 2. Les conditions de procédure

A. La remise de l'enfant au service de l'aide sociale ou à une œuvre d'adoption autorisée

530 **Remise de l'enfant à l'aide sociale.** L'article 348-5 du Code civil exige que les enfants de moins de deux ans soient remis au service social de l'aide à l'enfance ou à une œuvre d'adoption autorisée, à peine de nullité du consentement donné à l'adoption. Il s'agit d'éviter la constitution d'un marché d'enfants en bas âge. Une exception est admise si l'adoptant est un parent ou allié (jusqu'au sixième degré inclus) de l'enfant en bas âge.

B. Le placement de l'enfant

531 **Nécessité du placement.** L'enfant doit être placé, c'est-à-dire « remis(e) effective(ment) aux futurs adoptants » (art. 351). Ce placement ne peut intervenir qu'après l'expression du consentement à l'adoption ou après la déclaration judiciaire de délaissement ou après qu'un délai minimal de deux mois s'est écoulé depuis le recueil de l'enfant dont la filiation n'est pas établie[1]. La demande de restitution formée par les parents fait obstacle au placement tant qu'une décision judiciaire n'a pas statué sur le bien-fondé de cette demande (art. 351).

Le placement en vue de l'adoption met obstacle à toute restitution de l'enfant à sa famille d'origine et à toute déclaration de

1. Trois jusqu'à la loi du 5 juillet 1996.

filiation et à toute reconnaissance (art. 352)[1]. Ses effets disparaissent rétroactivement s'il cesse ou si le tribunal refuse de prononcer l'adoption.

C. L'agrément administratif

532 **Agrément.** S'il s'agit d'adopter un pupille de l'État, un enfant remis à un organisme autorisé pour l'adoption ou un enfant étranger qui n'est pas l'enfant du conjoint, le candidat à l'adoption doit obtenir un agrément administratif (art. 353-1 réd. L. 5 juill. 1996).

Cet agrément, encadré par le Code de l'action sociale et des familles (art. L. 225-2 s.), est accordé par le président du conseil général, après enquête et avis d'une commission administrative, la décision devant intervenir dans les neuf mois de la demande. Il est donné pour cinq ans. Son retrait ou son refus doivent être motivés (art. L. 225-4).

La délivrance a donné lieu à un délicat contentieux s'agissant notamment de savoir quel impact l'homosexualité du candidat pouvait produire sur sa demande. Le Conseil d'État avait considéré qu'il était impossible de se fonder sur ce seul élément pour refuser cet agrément mais qu'il était en revanche possible de prendre en compte les conséquences que cette homosexualité pouvait avoir sur l'intérêt de l'enfant[2]. Tel était notamment le cas lorsque l'adoption privait l'enfant de toute autre référence sexuelle que celle de l'adoptant. La Cour européenne des droits de l'homme vérifiait la licéité d'un refus d'agrément au regard du principe de proportionnalité[3] mais semblait admettre de telles solutions jusqu'à une décision, rendue le 22 janvier 2008. La Grande Chambre a considéré que le droit français était discriminatoire lorsqu'il refusait l'agrément à une homosexuelle au motif que l'enfant serait privé de « repères identificatoires » (en raison de l'absence d'image ou de référent paternel) alors que, dans le même temps, il autorisait l'adoption d'un enfant par un célibataire[4].

1. Sur l'éventuelle irrecevabilité des recours contre l'arrêté d'immatriculation, v. Civ. 1re, 5 déc. 2018, n° 17-30.914.
2. CE 9 oct. 1996, *JCP* 1997. II. 22766.
3. CEDH 26 févr. 2002, *JCP* 2002. II. 10074.
4. CEDH *E.B. c/ France*, préc.

La loi du 17 mai 2013 conforte cette solution. Le Conseil constitutionnel a précisé que l'adoption par un couple marié de personnes de même sexe était soumise aux « règles, conditions et contrôles institués en matière de filiation adoptive », d'où résultait notamment la nécessité d'obtenir un agrément, que les autorités administratives ne pouvaient délivrer qu'après avoir vérifié la conformité de l'adoption à l'intérêt de l'enfant[1].

Le tribunal peut passer outre le refus d'agrément opposé par les services administratifs « s'il estime que les requérants sont aptes à accueillir l'enfant » et que l'adoption est conforme à l'intérêt de ce dernier (art. 353-1, al. 2, réd. L. 5 juill. 1996).

D. La décision de justice

533 **La procédure.** L'adoption est prononcée par le tribunal de grande instance dans les six mois de la saisine (art. 353).

Une demande doit être formée en ce sens par l'adoptant, qui doit être alors capable[2]. Elle peut également être présentée en son nom par son conjoint survivant ou l'un de ses héritiers[3] s'il décède après avoir régulièrement recueilli l'enfant en vue de son adoption (art. 353, al. 3)[4].

Elle peut être présentée si l'enfant devant être adopté décède après avoir été régulièrement recueilli (art. 353, al. 4 réd. L. 5 juill. 1996) : le jugement se bornera alors à modifier l'état civil de l'enfant et produira ses effets le jour précédant son décès.

534 **Le rôle du tribunal.** Le tribunal est chargé d'un triple contrôle. Il vérifie d'abord l'existence des conditions posées par la loi (art. 353, v. ss 514 s.). Il vérifie ensuite que l'adoption n'est pas de nature à compromettre la vie familiale de l'adoptant si celui-ci a des descendants. Il doit enfin s'assurer qu'elle est conforme à l'intérêt de l'enfant. Le Conseil constitutionnel a précisé que

1. Décis. n° 2013-669 DC, 17 mai 2013, consid. 52 et 53.
2. En cas de tutelle, la demande ne peut être présentée par le tuteur et doit l'être par le majeur, avec l'autorisation du juge des tutelles (Civ. 1re, 4 juin 2007, *Bull. civ.* I, n° 218). Comp. art. 458.
3. Le légataire universel n'étant pas héritier ne peut former cette demande : Civ. 1re, 17 mars 2010, *Bull. civ.* I, n° 65.
4. Si l'adoptant décède après avoir déposé la demande d'adoption, le décès ne dessaisit pas le tribunal, qui doit statuer sur l'adoption, qui produit ses effets au jour du dépôt de la requête : Civ. 1re, 11 juill. 2006, *Bull. civ.* I, n° 384.

l'adoption par un couple marié de personnes de même sexe était soumise aux « règles, conditions et contrôles institués en matière de filiation adoptive », ce qui vise notamment la nécessité de faire prononcer par le juge l'adoption et suppose que l'autorité judiciaire ait vérifié la conformité de l'adoption à l'intérêt de l'enfant[1].

Il appartient en outre au tribunal de veiller à ce que l'institution de l'adoption n'est pas détournée de sa finalité et ne tend pas exclusivement à écarter telle ou telle règle jugée inopportune par les intéressés : il doit s'agir de donner à l'enfant une famille[2] et non de poursuivre d'autres fins, notamment fiscales. Cette condition de finalité conduit à rejeter l'utilisation de l'adoption au sein d'un couple[3] et à n'envisager qu'avec une grande méfiance les adoptions intrafamiliales (entre frère et sœur, grand-parent et petit-enfant...), qui bouleversent l'ordre généalogique[4].

Le tribunal peut, avec l'accord du requérant, prononcer l'adoption simple alors qu'il est saisi d'une demande d'adoption plénière[5].

535 **La décision judiciaire.** Le jugement prononçant l'adoption n'est pas motivé (art. 353, al. 5).

Il est transcrit en marge des actes de l'état civil du lieu de naissance de l'adopté, à la requête du procureur de la République (art. 354, al. 1er ; v. ss 537). Si l'adopté est né à l'étranger, la décision est transcrite sur les registres du service central d'état civil du ministère des affaires étrangères (art. 354, al. 2).

Les voies de recours de droit commun peuvent être utilisées[6]. La tierce opposition n'est recevable que dans deux cas : en cas de

1. Décis. n° 2013-669 DC, 17 mai 2013, consid. 52 à 54.
2. La jurisprudence a sanctionné le détournement d'institution dans l'affaire des mères-porteuses (Ass. plén. 31 mai 1991, v. ss 582), mais la solution est dépassée, v. ss 581.
3. Sur quoi, v. Raynaud, « Un abus de l'adoption simple. Les couples adoptifs », *D.* 1983. chron. 39 ; Hauser, « L'adoption à tout faire », *D.* 1987. chron. 205 ; Civ. 1re, 4 mai 2011, *Bull. civ.* I, n° 81 ; comp. Civ. 1re, 8 juin 1999, *Bull. civ.* I, n° 195.
4. Comp. Civ. 1re, 6 janv. 2004, *Bull. civ.* I, n° 2, refus de l'adoption destinée à contourner l'interdiction de l'établissement du double lien de filiation incestueuse, v. ss 418.
5. Civ. 1re, 5 nov. 2008, *Bull. civ.* I, n° 248.
6. Sur le rejet de l'intervention volontaire accessoire d'une association qui, ne se prévalant que de la défense des intérêts collectifs dont elle a la charge, ne justifie pas d'un intérêt légitime à agir : Civ. 1re, 16 mars 2016, n° 15-10.577.

dol ou fraude[1] imputable aux adoptants (art. 353-1). La loi du 17 mai 2013 a précisé que la dissimulation au tribunal du maintien des liens entre l'enfant et un tiers, maintien décidé par le juge aux affaires familiales sur le fondement de l'article 371-4 (v. ss 600), constituait un dol au sens du texte (art. 353-2, al. 2)[2].

Parce qu'elle ne procède pas d'un contrat mais est de nature judiciaire, l'adoption échappe aux causes de nullité des actes juridiques. La Cour de cassation a ainsi refusé d'anéantir l'adoption pour vice du consentement des parents de l'adopté ou de l'adoptant lui-même[3].

Section 2
Les effets de l'adoption

536 **Plan.** L'adoption plénière est radicale : elle substitue la filiation adoptive à la filiation d'origine sans retour en arrière possible. Le principe d'égalité joue ici à deux titres. Il joue entre l'enfant adopté et l'enfant issu d'un engendrement charnel, en ce sens que l'enfant adopté a le même statut que l'enfant rattaché à ceux qui l'ont engendré[4]. Il joue également entre enfants adoptés. La loi du 17 mai 2013 l'a explicitement affirmé au sujet des enfants adoptés dans le cadre d'un mariage de personnes de même sexe[5] : « le mariage et la filiation adoptive emportent les mêmes effets, droits et obligations reconnus par la loi (...) que les époux ou les parents soient de sexe différent ou de même sexe » (C. civ., art. 6-1 nouv.)[6].

1. Civ. 1re, 6 févr. 2008, *Bull. civ.* I, n° 46 : il n'y a pas fraude au sens du texte lorsque l'adoption est détournée de son but, qui est de créer un lien de filiation.
2. V. déjà pour la dissimulation au tribunal des liens affectifs de l'adopté avec sa grand-mère maternelle (et son époux) et ses sœurs, Civ. 1re, 5 nov. 2008, *Bull. civ.* I, n° 248.
3. Civ. 1re, 27 nov. 2001, *Bull. civ.* I, n° 292.
4. Décis. n° 2013-669 DC, 17 mai 2013, consid. 41 et 50. Quelques différences perdurent. Parce qu'elles s'appuient sur les différences de situation, elles échappent sans doute à l'interdiction des discriminations. Pour un exemple en matière de nom, v. ss 678.
5. Ce qui est étrange à deux points de vue : par définition, les enfants adoptés par un couple de même sexe auront, juridiquement, deux pères ou deux mères, ce qui atteste que l'adoption aura un « effet » différent de celui qu'elle a au sein d'un couple de personnes de sexe différent ; en outre, le caractère mono-sexué de leur filiation révèlera la source de celle-ci – une adoption –, alors que les autres enfants bénéficient du secret de celle-ci. Sur le fait que l'adoption est un élément relevant de la vie privée, v. Civ. 1re, 18 oct. 2017, n° 16-19.740.
6. Décis. n° 2013-669 DC, 17 mai 2013, consid. 41.

§ 1. Substitution de filiation

537 **Présentation générale.** « L'adoption confère à l'enfant une filiation qui se substitue à sa filiation d'origine » (art. 356). Il en résulte disparition de la filiation d'origine[1] et création de la filiation adoptive.

Cette substitution se concrétise matériellement à l'état civil par la transcription du jugement d'adoption sur les registres du lieu de naissance de l'adopté, à la demande du procureur de la République, dans les quinze jours de la date à laquelle la décision d'adoption passe en force de chose jugée[2]. La transcription ne contient « aucune indication relative à la filiation réelle de l'enfant » et comprend les seules énonciations résultant du jugement d'adoption quant au jour, heure et lieu de naissance, sexe de l'enfant, nom de famille et prénoms de celui-ci, ainsi que les prénoms, nom, date et lieu de naissance, profession et domicile du (ou des) adoptant(s) (art. 354). Cette transcription « tient lieu d'acte de naissance » à l'adopté. L'acte de naissance originaire est revêtu de la mention « adoption » et considéré comme nul. Cette formalité ne fait qu'illustrer la double conséquence que produit cette adoption.

Cette formalité d'état civil permet à l'enfant de bénéficier d'une filiation dont la nature adoptive n'apparaît pas aux yeux des tiers[3]. Mais le caractère « secret » de l'adoption est aujourd'hui discuté : il l'est d'abord par les enfants, qui recherchent leurs origines et n'ont malheureusement pas toujours accès à des informations suffisantes ; il l'est ensuite à raison de l'ouverture du mariage aux couples homosexuels, ouverture qui ouvre la voie de l'adoption et conduit ainsi à l'établissement d'une double filiation

1. Sur la conformité de cette solution à l'intérêt de l'enfant, v. CEDH, 5 juin 2014, *I. S. c/ Allemagne*, n° 31021/08.
2. Rien n'impose le secret de l'adoption et la dissimulation du caractère adoptif de la filiation lors de la délivrance de copie intégrale de l'acte de naissance : Civ. 1re, 31 mars 2016, n° 15-13.147. Une telle copie ne peut être délivrée qu'à l'intéressé, ses ascendants et descendants, les professionnels mentionnés par la loi (avocat, notaire, etc.). L'accès est libre 75 ans après la clôture du registre contenant l'acte ou 25 ans après la mort de la personne.
3. Tous ceux auxquels une copie intégrale de l'acte de naissance ne peut être délivrée.

mono-sexuée. Le Conseil constitutionnel a jugé qu'« aucune exigence constitutionnelle n'impose (...) que le caractère adoptif de la filiation soit dissimulé »[1]. Mais le caractère adoptif de la filiation relève, selon la jurisprudence de la vie privée[2]

A. Disparition de la filiation d'origine

538 « L'adopté cesse d'appartenir à sa famille par le sang » (art. 356). Ce principe connaît toutefois deux exceptions[3].

La première concerne les prohibitions au mariage, posées par les articles 161 à 164, et qui sont maintenues (art. 356, al. 1er, v. ss 92).

La seconde ne joue qu'en cas d'adoption de l'enfant du conjoint : cette adoption laisse subsister la filiation d'origine de l'enfant à l'égard de ce conjoint et de sa famille (art. 356, al. 2) ; pour le reste, elle produira les mêmes effets que ceux attachés à l'adoption conjointe de deux époux.

B. Création de la filiation adoptive

539 « L'adoption confère à l'enfant une filiation qui se substitue à sa filiation d'origine » (art. 356).

Il en résulte diverses conséquences dans les rapports entre adoptant et adopté. Notamment relativement au nom : le principe est que l'adopté acquiert le nom de l'adoptant, ce qui ne pose aucun problème lorsque l'adoption est le fait d'une personne célibataire mais en pose dans les autres cas (art. 357, v. ss 676 s.). Depuis la loi du 17 mai 2013, le système mis en place est le suivant[4]. En cas d'adoption par deux conjoints, la loi leur ouvre la possibilité de conférer, par déclaration conjointe, à l'adopté soit le nom de l'un d'eux soit leurs deux noms accolés dans l'ordre choisi par eux, dans la limite d'un seul nom de famille pour

1. Décis. n° 2013-669 DC, 17 mai 2013, consid. 51.
2. Civ. 1re, 18 oct. 2017, n° 16-19.740.
3. Sur la compatibilité de la solution aux droits fondamentaux, v. CEDH, 5 juin 2014, *I.S. c/ Allemagne*, n° 31021/08.
4. Ce système vaut à l'égard d'un enfant ayant fait l'objet d'une adoption régulièrement prononcée à l'étranger et ayant en France les effets d'une adoption plénière : art. 357-1.

chacun d'eux (al. 2) ; en l'absence de déclaration conjointe, l'enfant prend le nom de chaque adoptant, accolé dans l'ordre alphabétique, dans la limite du premier nom de famille de chacun d'eux (al. 4). En cas d'adoption par une personne mariée, la loi offre aux conjoints la même faculté de choix (al. 2) et prévoit la même règle supplétive de volonté (al. 4). La faculté de choix ne peut être exercée qu'une seule fois ; en outre le nom qui aurait été précédemment choisi ou dévolu à un premier enfant commun vaudra pour l'adopté (al. 5). En cas de double nom de famille d'un ou des deux adoptants, ils peuvent, par déclaration écrite conjointe, ne transmettre qu'un seul nom à l'enfant (al. 6).

Le tribunal peut modifier les prénoms de l'enfant à la demande du ou des adoptants.

« L'adopté a, dans la famille de l'adoptant, les mêmes droits et les mêmes obligations qu'un enfant dont la filiation est établie en application du titre VII du présent livre » (art. 358). Ce principe joue dans le domaine personnel (charge tutélaire, autorité parentale...) et patrimonial (obligations alimentaires, v. ss 690, vocation successorale...).

§ 2. Portée de l'adoption

540 L'adoption produit ses effets *à compter du jour du dépôt de la requête en adoption* (art. 355) : la décision est constitutive de filiation.

Elle est *irrévocable*, une fois que la décision du tribunal de grande instance est passée en force de chose jugée (art. 359)[1]. Il en résulte que, sous réserve de la tierce opposition (v. ss 535), elle ne pourra pas être remise en question.

Une nouvelle adoption est toutefois possible, à titre exceptionnel, dans certains cas. L'enfant peut être adopté sous la forme d'une *adoption simple* en cas de « motifs graves » (art. 360). L'enfant peut aussi bénéficier d'une nouvelle adoption plénière dans trois cas (art. 346, al. 2) : en cas de décès du parent adoptif,

1. Civ. 1re, 7 mars 1989, *Bull. civ.* I, n° 111.

ou des deux parents adoptifs, la nouvelle adoption pouvant alors être le fait d'un couple ou d'une personne seule ; après décès d'un seul des deux adoptants, mais alors seulement à la demande du nouveau conjoint de l'adoptant survivant.

CHAPITRE 2

L'adoption simple

541 **Plan.** Cette adoption est soumise à des conditions moins rigoureuses (SECTION 1) et produit des effets moins radicaux (SECTION 2).

SECTION 1

LE PRONONCÉ DE L'ADOPTION

542 Les conditions posées par la loi pour l'adoption plénière sont transposables par renvoi (art. 361)[1], à l'exception de certaines d'entre elles.

1°) La première spécificité tient au fait que l'adoption simple est permise quel que soit l'âge de l'adopté (art. 360, al. 1er).

2°) La deuxième tient au consentement de l'adopté et de sa famille. S'il a plus de treize ans, l'adopté doit personnellement consentir à l'adoption (al. 4), dans les conditions prévues à l'article 345, alinéa 3 (v. ss 519). Et s'il est majeur, seul son

1. Le contrôle du tribunal est ici le même que dans l'adoption plénière : il veille à la conformité de l'adoption à l'intérêt de l'adopté et refuse les détournements d'institution. V. ss 535. À titre d'illustration, v. Civ. 1re, 6 mars 2013, n° 12-17.183, refusant de prononcer une adoption intrafamiliale par des grands-parents. *Adde* Civ. 1re, 23 juin 2010, *Bull. civ.* I, n° 144, jugeant que « l'institution de l'adoption n'avait pas vocation à créer un lien de filiation entre deux ex-époux ». Comp. Civ. 1re, 10 févr. 2016, n° 14-23.326, validant une adoption qui ne poursuit pas exclusivement des motifs successoraux.

consentement est requis, les parents n'ayant aucun pouvoir de veto sur l'adoption de leur enfant[1].

3°) L'adoption simple peut concerner un enfant déjà adopté sous la forme plénière « s'il est justifié de motifs graves » (art. 360, al. 2, réd L. 5 juill. 1996). La loi du 17 mai 2013 a ouvert une autre possibilité : l'enfant ayant été adopté par une seule personne, sous la forme simple ou plénière, peut être adopté une seconde fois, en la forme simple, par le conjoint de l'adoptant (al. 3).

4°) L'adoption de l'enfant du conjoint est permise sans les restrictions prévues à l'article 345-1 (v. ss 528).

5°) La Cour de cassation avait jugé que, dans un couple non marié, il n'était pas possible pour l'un des adultes d'adopter sous la forme simple l'enfant biologique de l'autre, au motif que l'adoption simple laisse subsister le lien de filiation d'origine mais entraîne transfert de l'autorité parentale à l'adoptant (sauf en cas d'adoption par le conjoint du père ou de la mère : art. 365, v. ss 547), si bien que le parent d'origine aurait perdu sa fonction parentale après l'adoption, sauf à procéder à une délégation-partage pour restaurer cette autorité du parent biologique (art. 377), ce qui pouvait s'avérer problématique en cas de dislocation du couple[2]. Ni le Conseil constitutionnel[3], ni la Cour européenne des droits de l'homme[4] n'avaient jugé la solution discriminatoire ou attentatoire à la vie familiale. L'ouverture du mariage aux couples de personnes de même sexe par la loi du 17 mai 2013 permet désormais l'adoption par une personne de l'enfant de son conjoint homosexuel. Les raisons qui justifiaient cette solution jurisprudentielle demeurant en dehors du mariage, la solution perdure dans les couples non mariés.

6°) Le placement de l'enfant en vue de l'adoption chez les futurs adoptants n'est pas requis, à la différence de l'agrément (art. 361).

1. Civ. 1re, 6 mars 2013, n° 12-17.183 ; 20 mars 2013, n° 12-16.401.
2. Civ. 1re, 21 févr. 2007, *Grands Arrêts*, n° 53-55.
3. Décis. n° 2010-39 QPC, 6 oct. 2010 relative à l'adoption au sein d'un couple non marié, consid. 9.
4. CEDH 15 mars 2012, *Gas et Dubois c/ France*, n° 25951/07.

Section 2
Les effets de l'adoption

543 **Présentation.** Le particularisme de l'adoption simple se manifeste surtout dans les effets qu'elle produit. Elle entraîne adjonction d'une filiation adoptive à la filiation d'origine (**§ 1**), adjonction qui peut éventuellement être remise en cause (**§ 2**).

§ 1. L'adjonction de la filiation adoptive à la filiation d'origine

544 **Principe.** Au lieu de se construire sur un passé dont elle ferait table rase, la filiation résultant de l'adoption simple compose avec ce passé.

La filiation d'origine est maintenue : l'adopté conserve dans cette famille tous ses droits, notamment ses droits héréditaires ; les empêchements à mariage demeurent dans la famille d'origine (art. 364). La filiation adoptive vient seulement s'ajouter à la filiation d'origine.

C'est pourquoi la décision est transcrite sur l'acte de naissance de l'intéressé, l'acte originaire étant maintenu et non pas considéré comme non avenu (art. 362). C'est également pourquoi, en principe, l'enfant conserve son nom d'origine auquel est seulement ajouté le nom de la famille adoptive (art. 363, al. 1er, v. ss 678, pour la mise en œuvre de la règle).

545 **Mise en œuvre.** Cette adjonction de filiation est aménagée en pratique, pour tenir compte de certaines difficultés de mise en œuvre.

546 **Les limites de la filiation adoptive.** Les conséquences familiales de la filiation adoptive sont limitées : la filiation crée un lien entre adoptant et adopté. Ce lien s'étend à tous les descendants de l'adopté. Mais il ne joue pas toujours à l'égard de la famille de l'adoptant.

La spécificité de la filiation adoptive apparaît clairement en matière d'*empêchement à mariage*. L'article 366 interdit le mariage : entre l'adoptant, l'adopté et ses descendants[1] ; entre

1. Ce qui limite la prohibition, en ligne directe : le texte ne vise pas les ascendants de l'adoptant.

l'adopté et le conjoint de l'adoptant (et réciproquement entre le conjoint de l'adopté et l'adoptant) ; entre les enfants adoptifs du même individu ; entre l'adopté et les enfants de l'adoptant[1]. Le texte précise que des dispenses peuvent être accordées dans les trois derniers cas (à condition qu'il y ait décès de la personne qui créait l'alliance dans le deuxième cas).

Il en va de même en *matière successorale*. La loi affirme que l'adopté et ses descendants ont, dans la famille de l'adoptant, des droits successoraux « normaux » mais elle précise aussi que ni les uns ni les autres n'acquièrent la qualité d'héritiers réservataires à l'égard des ascendants de l'adoptant (C. civ., art. 368)[2].

547 **La suprématie de la filiation adoptive.** Le droit fait parfois prévaloir la filiation adoptive.

L'adjonction du nom de l'adoptant à celui de l'adopté peut être écartée par le tribunal. À la demande de l'adoptant (formée dès l'origine ou après la décision d'adoption), il peut décider que sera seul porté le nom de celui-ci (art. 363, al. 4, v. ss 678, les conditions précises de mise en œuvre de cette substitution). Si l'adopté a plus de treize ans, il devra consentir à cette substitution de nom de famille.

La loi privilégie l'adoptant relativement à *l'autorité parentale* (art. 365). Il est seul investi des droits d'autorité parentale (y compris le droit de consentir au mariage), sauf s'il a adopté l'enfant du conjoint : dans ce cas, seul le conjoint exerce cette autorité, que l'adoptant ne partage qu'en titre. Les époux peuvent toutefois, par déclaration conjointe adressée au directeur des services de greffe judiciaire du tribunal de grande instance, opter pour un exercice en commun de cette autorité. Cette autorité parentale s'exerce dans les mêmes conditions qu'à l'égard des enfants « charnels ». Il en va de même de l'administration des biens de l'enfant. C'est ce transfert de l'autorité parentale à l'adoptant qui expliquait le refus de la Cour de cassation d'accueillir la demande d'adoption simple présentée par le concubin ou parte-

1. On ne retrouve donc pas l'interdiction entre oncle (ou tante) et nièce (ou neveu).
2. Cela signifie que les aïeux de l'adoptant peuvent déshériter l'adopté et ses descendants.

naire pacsé du parent de l'enfant[1]. L'ouverture du mariage aux couples homosexuels permettra à l'adoptant marié de partager l'autorité parentale avec le parent biologique ; dans les couples non mariés, la jurisprudence antérieure conserve sa raison d'être.

Enfin, si *l'obligation alimentaire* existe réciproquement dans les deux rapports, d'origine et adoptif, celle à laquelle sont tenus les parents par le sang n'est que subsidiaire : les père et mère de l'adopté ne sont tenus de fournir des aliments que si l'adopté « ne peut les obtenir de l'adoptant » (art. 367)[2]. Depuis la loi du 5 mars 2007, le texte précise en outre que l'obligation alimentaire de l'adopté à l'égard de ses parents biologiques cesse « dès lors qu'il a été admis en qualité de pupille de l'État ou pris en charge dans les délais prescrits à l'article L. 132-6 du Code de l'action sociale et des familles ».

548 **La succession « anomale » de l'adopté mort sans postérité.** En outre, le droit successoral règle de façon spéciale la succession de l'enfant adopté (art. 368-1).

S'il décède en laissant des descendants ou (et) un conjoint survivant, ceux-ci recueilleront sa succession sans difficulté particulière.

En revanche, s'il meurt sans descendants ni conjoint survivant, la dévolution de sa succession pose problème. En pareil cas, la succession est en effet dévolue, dans le droit commun (art. 734 s.), en fonction de la proximité du lien : en principe d'abord[3] aux héritiers du second ordre (c'est-à-dire les ascendants privilégiés et collatéraux privilégiés)[4] ; à défaut aux héritiers du troisième ordre (c'est-à-dire les ascendants ordinaires) ; et enfin, à défaut, aux héritiers du quatrième ordre (c'est-à-dire les collatéraux ordinaires). L'existence d'une double famille modifie les règles habituelles (art. 368-1). En premier lieu car un droit de retour légal existe au profit de chaque famille (art. 368-1, al. 1er), c'est-à-dire que les biens donnés par l'adoptant (ou recueillis dans sa succes-

1. Civ. 1re, 20 févr. 2007, *Bull. civ.* I, n° 70 et 71 ; Civ. 1re, 19 déc. 2007, *Bull. civ.* I, n° 392.
2. Ce qui n'est pas exclusif d'une contribution partielle : Civ. 1re, 14 avr. 2010, *Bull. civ.* I, n° 94.
3. La réserve concerne l'hypothèse d'un concours entre un ascendant privilégié dans une ligne et un ascendant ordinaire dans une autre ligne : art. 738-1.
4. C'est-à-dire au père, mère, frère et sœur du défunt (et représentants de ces derniers).

sion) lui sont rendus (à lui ou à ses descendants) et qu'il en va de même pour les biens provenant des père et mère de l'adopté. En second lieu car ce qui reste après exercice de ce droit de retour est divisé par moitié entre les deux familles, adoptive et d'origine ; chaque famille se partage ensuite la moitié de succession qui lui est dévolue, la répartition se faisant, à l'intérieur de chaque famille, en fonction des règles habituelles.

§ 2. Portée temporelle

549 **Présentation générale.** L'adoption simple pourra être remplacée par une adoption plénière (art. 345, al. 2, v. ss 514). Elle ne sera pas remise en cause par l'éventuel établissement ultérieur d'un lien de filiation biologique (art. 369).

550 **Révocation.** Elle pourra l'être, en revanche, par une révocation (art. 370).

– *Prononcé de la révocation.* Au fond, une telle révocation suppose qu'il soit «justifié de motifs graves», ce qu'apprécie souverainement le tribunal de grande instance[1]. La demande peut être formée par l'adopté ou par l'adoptant. Toutefois, depuis la loi du 14 mars 2016, seul le ministère public peut former cette demande si l'adopté est mineur[2]. Le jugement de révocation doit être motivé (art. 370-1). Il sera mentionné en marge de l'acte de naissance de l'intéressé ou de la transcription du jugement d'adoption.

– *Effets de la révocation.* Elle « fait cesser pour l'avenir tous les effets de l'adoption » (art. 370-2). Il en résulte que l'enfant n'aura plus qu'une famille, sa famille d'origine, au sein de laquelle il aura des droits et devoirs « normaux ». Il ne sera plus relié à sa famille adoptive, et perdra donc le droit d'user du nom de l'adoptant, le droit alimentaire, les droits successoraux, ne sera plus soumis à leur autorité parentale... Mais cette révocation ne produit aucun effet passé : ce qui a été acquis l'a été définitivement (ainsi

1. Elle ne saurait être demandée par celui qui s'est rendu coupable d'une fraude au droit de l'adoption : Civ. 1re, 19 nov. 1991, *Bull. civ.* I, n° 316.

2. Avant 2016, la demande pouvait émaner des père et mère par le sang ou, à défaut, d'un parent d'origine jusqu'au degré de cousin germain inclus.

en cas de succession liquidée...)[1]. En outre, depuis la loi du 13 décembre 2011, la modification des prénoms de l'enfant éventuellement décidée lors de l'adoption ne sera pas remise en cause.

1. La jurisprudence qui refuse l'action en retranchement à l'enfant adopté par le conjoint survivant au motif qu'il est un héritier réservataire à son égard (Civ. 1re, 7 juin 2006, n° 03-14.884) est à cet égard très dangereuse, car la faculté d'obtenir révocation de l'adoption offre au conjoint survivant une sorte de faculté d'exhéréder l'enfant (Civ. 1re, 9 juillet 2014, n° 13-19.013). Mais il est vrai que la révocation ne peut intervenir qu'en présence de motifs graves.

TITRE 3

LA PROCRÉATION ASSISTÉE

551 **Présentation générale.** La procréation assistée est dotée, depuis les lois dites « bioéthiques » (L. n° 94-653 et 94-654, 29 juill. 1994), d'un statut juridique réformé à diverses reprises, le sens général de l'évolution consistant à ouvrir davantage l'accès à l'assistance médicale à la procréation (not. L. 6 août 2004 et 7 juill. 2011). Pour autant, le cadre légal continue de s'appuyer sur le modèle de l'engendrement charnel : la procréation médicalement assistée reste subsidiaire par rapport à la procréation charnelle (il faut justifier d'une impossibilité de procréer charnellement) ; elle est ouverte par imitation de la procréation charnelle (réservée à un couple, d'un homme et d'une femme, vivants, en âge de procréer) ; elle conduit à la même filiation que celle qui prévaut pour l'enfant engendré charnellement.

Le droit positif est aujourd'hui critiqué au nom des droits fondamentaux. La Cour européenne des droits de l'homme, tout en affirmant haut et fort qu'il n'existe aucun droit à l'enfant, attache en effet au droit à la vie privée un droit de devenir parent génétique[1] qui pèse évidemment sur le cadre juridique positif de l'assistance médicale à la procréation, les diverses limites légales

1. CEDH 10 avr. 2007, *Evans c/ Royaume-Uni*, n° 6339/05 ; 4 déc. 2007, *Dickson c/ Royaume-Uni*, n° 44362/04.

au désir d'enfant constituant autant d'ingérences dans ce droit de décider de devenir parent génétique, et donc dans le droit à la vie privée. Sans doute la Cour admet-elle que des limites soient posées par la loi et que des distinctions soient faites en matière d'assistance médicale à la procréation [1]. Mais c'est en soulignant qu'il n'existe en la matière aucun consensus européen, ce qui donne à penser qu'il pourrait en aller autrement à l'avenir. Sans attendre d'ailleurs une condamnation de la Cour européenne, le contrôle de proportionnalité concret auquel se sont abandonnées les juridictions nationales a d'ores et déjà permis au Conseil d'État, le 31 mai 2016, d'écarter l'interdiction de l'assistance médicale *post mortem*, et d'autoriser l'exportation, en Espagne, des gamètes d'un homme décédé après le prélèvement réalisé en France, au motif que l'interdiction portait une atteinte disproportionnée, en l'espèce, au droit à la vie privée de sa femme, de nationalité espagnole, vivant en Espagne, et souhaitant recourir dans son pays à une assistance *post mortem*, comme l'y autorisait la loi espagnole [2].

Non sans rapport, le tourisme procréatif pèse sur le cadre légal français, car les Français qui recourent à une assistance médicale à l'étranger pour se soustraire aux exigences du droit français sont désormais absout de leur fraude par la Cour de cassation, qui leur permet de faire établir en France la filiation de l'enfant, en invoquant d'une part le droit qu'a l'enfant à voir sa filiation établie à l'égard de son géniteur, et d'autre part son intérêt à être adopté par le parent d'intention.

Le droit positif est d'autant plus sous tension que la loi du 17 mai 2013, en supprimant la condition de différence de sexe dans le mariage (v. ss 93 s.), a ouvert la voie de l'adoption conjointe aux couples de personnes de même sexe (v. ss 511 et 515). Ce faisant, elle a écarté l'altérité sexuelle qui caractérisait

1. CEDH 1er avr. 2010 et 3 nov. 2011, *S.H. et A. c/ Autriche*, n° 57813/00. À l'instar du Conseil constitutionnel, qui a rejeté tout droit à l'enfant et jugé que le principe d'égalité n'imposait pas d'ouvrir l'assistance médicale à la procréation au-delà de son domaine actuel, les couples de personnes de même sexe et ceux de personne de sexe différent se trouvant dans une situation différente (v. ss 559) : Décis. n° 2013-669 DC, 17 mai 2013, consid. 52 et 44.

2. CE Ass., *Gomez-Sanchez*, n° 396848.

jusque-là la bi-parenté, et ainsi affaibli le modèle de l'engendrement charnel[1], sans pour autant satisfaire pleinement le désir de parenté de ces couples[2]. Il en résulte une forte pression pour abandonner le modèle de l'engendrement charnel et ouvrir davantage l'assistance médicale à la procréation, en supprimant les obstacles que la loi oppose au désir de parenté (art. L. 2141-2), en réservant l'assistance aux couples, constitués d'un homme et d'une femme (v. ss 559), en exigeant qu'une justification médicale existe (v. ss 560 s.), et enfin en interdisant la procréation et la gestation pour autrui, alors que cette modalité est indispensable pour certains, et notamment pour les couples d'hommes (art. 16-7 ; v. ss 557).

552 Divers rapports et avis ont suggéré d'ouvrir davantage l'assistance médicale à la procréation[3], les uns seulement aux couples de personnes de même sexe[4], les autres également aux femmes célibataires[5]. Il faut pourtant mesurer que de telles solutions constitueraient un véritable bouleversement du système de l'assistance médicale à la procréation : en l'éloignant de sa finalité positive, ancrée dans la pathologie, elles engageraient le droit dans une logique de « droit à l'enfant », et remettraient à terme en question de nombreuses règles, comme l'interdiction de l'assistance *post mortem*, ou la condition d'âge, ou l'anonymat du don, ou encore l'interdiction de la maternité pour autrui. Elles risqueraient aussi de retentir sur la filiation charnelle, régie par le Titre VII, puisque

---

1. On soulignera que le Cons. const. a pris soin de valider la solution et d'ouvrir la voie à un bouleversement de toute la parenté en jugeant très généralement qu'*il n'existe aucun principe fondamental reconnu par les lois de la République en matière de « caractère bilinéaire de la filiation fondé sur l'altérité sexuelle »* : Consid. 56.

2. D'abord car l'adoption porte sur l'enfant d'un autre, et que cet enfant aura à affronter la question du « qui m'a engendré et pourquoi m'a-t-on rejeté ? ». Ensuite car les couples préfèrent accueillir un enfant « à eux », en le faisant venir à la vie à partir des gamètes de l'un des partenaires. Enfin car les chiffres de l'adoption attestent le caractère marginal de ce procédé d'apparentement : en 2012, 1 600 adoptions ont été prononcées, quand il existe environ 10 000 demandes chaque année.

3. Le CE s'est contenté de souligner que la réforme n'était ni obligatoire ni interdite : *Révision de la loi de bioéthique : quelles options pour demain?*, 11 juillet 2018.

4. Un groupe de travail présidé par la sociologue Irène Théry a ainsi rendu un rapport rédigé par Anne-Marie Leroyer et remis en 2014 au ministre des Affaires sociales et de la Santé et au ministre délégué à la Famille. V. « Filiation, origines, parentalité : le droit face aux nouvelles valeurs de responsabilité générationnelle », *Doc. fr.*, avril 2014.

5. Avis n° 126 du 15 juin 2017 sur les demandes sociétales de recours à l'assistance médicale à la procréation du CCNE ; Avis n° 129 du 25 sept. 2018 du CCNE. *Adde* Avis du Défenseur des droits n° 15-18 du 3 juillet 2015 ; Avis du Défenseur des droits, n° 18-23, 10 oct. 2018.

l'enfant issu d'une assistance médicale à la procréation voit sa filiation établie selon les modalités visées par le Titre VII ; or une bi-parenté mono-sexuée avec la logique profonde de réalité biologique qui sous-tend la filiation charnelle entre en conflit[1].

553 **Plan.** Le droit positif sera présenté en distinguant les conditions de l'assistance (CHAPITRE 1), qui sont éventuellement régies par le Code de la santé publique (art. L. 2141-1 s.), puis ses effets (CHAPITRE 2), que détermine le Code civil (art. 311-19 et 20).

1. Sauf à redéfinir l'engendrement, pour y inclure l'engendrement charnel et l'engendrement par procréation assistée. Sur quoi, v. Deschamps, *L'engendrement comme fondement de la filiation, Étude sur la cohérence du Titre VII du Livre premier du Code civil*, LGDJ, coll. « th. dr. pr. », à paraître.

Chapitre 1

Les conditions

554 **Plan.** Les principes seront exposés (**§ 1**), puis leur mise en œuvre sera décrite (**§ 2**). Les règles considérées se trouvent presque toutes dans le Code de la santé publique, alors qu'elles relèvent naturellement, au moins pour une bonne partie d'entre elles, ne serait-ce que symboliquement, de la législation civile.

§ 1. L'exposé des principes

555 **Plan.** Le droit pose des conditions tenant aux techniques employées (**A**) et aux couples bénéficiaires (**B**).

A. Les procédés techniques autorisés

556 **Les procédés admissibles.** L'article L. 2141-1 *définit* l'assistance médicale à la procréation comme les « pratiques cliniques et biologiques permettant la conception *in vitro*, la conservation des gamètes, des tissus germinaux et des embryons, le transfert d'embryons et l'insémination artificielle ». Le texte précise que « la liste des procédés biologiques utilisés » est fixée par *arrêté du ministre* chargé de la santé, après *avis de l'Agence de la biomédecine*, subordonnant ainsi l'utilisation d'une nouvelle technique à sa réception préalable par les pouvoirs publics (ce qui permet un

contrôle préventif en termes de sécurité sanitaire et de fiabilité de la technique).

Le texte précise trois choses : il autorise explicitement la technique de congélation ultra-rapide des ovocytes ; il impose de « privilégier les pratiques et procédés qui permettent de limiter le nombre des embryons conservés » ; il soumet à des règles de bonne pratique fixées par arrêté du ministre chargé de la santé la stimulation ovarienne, y compris lorsqu'elle est mise en œuvre indépendamment d'une technique d'assistance médicale à la procréation.

557 **Les procédés interdits.** Parallèlement, le droit prohibe explicitement deux procédés.

L'article 16-7 du Code civil interdit d'abord « toute convention portant sur la procréation ou la gestation pour le compte d'autrui » : le texte, issu de l'une des lois du 29 juillet 1994, reprend en l'élargissant la solution retenue en 1991 par l'assemblée plénière de la Cour de cassation[1], et la solution n'a pas été modifiée avec le vote de la loi du 17 mai 2013[2]. Le Code pénal renforce l'interdiction en sanctionnant de six mois de prison et 7 500 euros d'amende « le fait de s'entremettre entre une personne et un couple désireux d'accueillir un enfant et une femme acceptant de porter en elle cet enfant en vue de le leur remettre » (art. 227-12)[3]. Sur la filiation de l'enfant ainsi conçu, v. ss 581 s.

En outre, depuis la loi du 6 août 2004, le droit prohibe le clonage. « Est interdite toute intervention ayant pour but de faire naître un enfant génétiquement identique à une autre personne vivante ou décédée » (C. civ., art. 16-4, al. 3 ; CSP, art. L. 2151-1)[4]. La prohibition est ensuite déclinée : interdiction de constitution par clonage d'embryon humain à des fins de recherche (art. L. 2151-2),

1. Ass. plén. 31 mai 1991, *D.* 1991. 417, *JCP* 1991. II. 21752, *RTD civ.* 1991. 517, *Defrénois* 1991. 948.
2. L'ouverture du mariage aux couples de même sexe n'a rien changé, en droit, à cette question, ce que le Conseil constitutionnel a pris soin de rappeler. V. Décis. n° 2013-669 DC, 17 mai 2013, consid. 44 : la loi du 17 mai 2013 n'a eu « ni pour objet ni pour effet de modifier la portée des dispositions de l'article 16-7 du Code civil »
3. L'acte commis à titre habituel ou dans un but lucratif encourt les peines portées au double.
4. Le Protocole additionnel à la Convention pour la protection des Droits de l'homme et de la dignité de l'être humain à l'égard des applications de la biologie et de la médecine (signée à Oviedo le 4 mars 1997), signé à Paris le 17 janvier 1998, est plus strict puisqu'il interdit « toute intervention ayant pour but *de créer* un *être humain* génétiquement identique à un autre être humain vivant ou mort ».

commerciales ou industrielles (art. L. 2151-3), thérapeutiques (art. L. 2151-4). Là encore, l'interdiction est renforcée pénalement, quoique dans une mesure inégale : trente ans de réclusion criminelle et 7 500 000 euros d'amende pour le clonage reproductif (C. pén., art. 214-2), mais sept ans de prison et 100 000 euros d'amende pour le clonage à fins industrielles ou commerciales, ou de recherche, ou thérapeutiques (C. pén., art. 511-17, 18 et 18-1).

B. Les couples bénéficiaires

558 **Nécessité d'un couple présentant certaines caractéristiques et poursuivant certaines finalités.** L'article L. 2141-2 du Code de la santé publique réserve l'assistance médicale à la procréation à des couples qui présentent certaines caractéristiques et poursuivent certaines finalités.

559 **Conditions tenant au couple. Contrôle de l'équipe médicale.** « L'homme et la femme formant le couple doivent être vivants, en âge de procréer » (art. L. 2141-2, al. 2). Il faut donc d'abord un couple, ce qui peut s'entendre du mariage, du pacs ou du concubinage, et renvoie seulement à une exigence de vie commune[1]. Il faut aussi que ce couple réponde à certaines exigences : être constitué d'un homme et d'une femme ; que ces personnes soient vivantes et en âge de procréer[2]. Sont donc écartés, en l'état du droit positif, les célibataires, les couples homosexuels, les demandes d'assistance médicale *post mortem*[3], celles présentées

1. Jusqu'à la loi du 7 juillet 2011, le couple devait être marié ou en mesure d'apporter la preuve d'une vie commune d'au moins deux ans. La suppression de cette condition de durée est regrettable : la double condition alternative était destinée à garantir une certaine stabilité du couple. Sa suppression facilitera en outre les fraudes, consistant pour une personne seule à se présenter comme vivant en couple pour avoir accès à l'assistance médicale à la procréation.

2. Le conseil d'orientation de l'Agence de la biomédecine suggère, dans un avis du 14 juin 2017, de poser un âge légal, de 43 ans en principe pour les femmes et de 60 ans pour les hommes.

3. La Cour de cassation a appliqué l'interdiction à une situation constituée avant la loi de 1994 : Civ. 1re, 9 juill. 1996, *D.* 1996. 376. Le Conseil d'État l'a écartée dans une espèce particulière, à l'issue d'un contrôle de proportionnalité concret : CE Ass., 31 mai 2016, *Gomez-Sanchez*, n° 396848. Il l'a maintenue dans deux autres hypothèses : CE, 13 juin 2018, req. n° 421333 (le partenaire pacsé avait été informé des conséquences du décès avant réalisation de l'assistance et la demanderesse était de nationalité française, résidait en France et n'avait pas de lien particulier avec l'Espagne, car elle y avait seulement pris contact avec un établissement d'assistance médicale à la procréation après le décès de son compagnon) ; CE, 4 déc. 2018, req. n° 425446 (la mère d'un homme qui avait procédé à un recueil préventif de gamètes après l'annonce d'une maladie dont il était mort deux ans plus tard demandait à ce que les gamètes de son fils soient exportées en Israël, au motif que la législation israélienne autorise l'assistance médicale à la procréation *post mortem* y compris à la demande des parents et que son fils avait exprimé, devant ses proches et ses médecins, son désir d'être père et

par des personnes trop âgées. En posant de telles conditions, la loi ne procède à aucune discrimination – le Conseil d'État vient de le confirmer explicitement à propos de la condition d'hétérosexualité[1] –, mais respecte le modèle de l'engendrement charnel sur lequel elle appuie l'assistance médicale à la procréation. Le contrôle de ces conditions relève de l'équipe médicale pluridisciplinaire du centre auquel s'adressent les candidats à l'assistance médicale à la procréation.

Leur avenir est incertain, à en juger d'après diverses propositions de réforme (v. ss 551).

560 **Les finalités explicitement admissibles.** L'article L. 2141-2 du Code de la santé publique affirme par ailleurs que l'on ne peut recourir aux techniques d'assistance médicale à la procréation que dans deux cas : 1°) pour remédier à une infertilité dont le caractère pathologique a été médicalement diagnostiqué[2] ; 2°) pour éviter la transmission d'une maladie d'une particulière gravité à l'enfant, ou à l'un des membres du couple (cette dernière hypothèse a été introduite par la réforme du 6 août 2004). Il s'agit d'assurer la subsidiarité de l'assistance médicale à la procréation, et d'empêcher que cette pratique, qui n'est pas anodine ni pour l'enfant, ni pour les adultes, ni par la société ne soit utilisée par simple convenance personnelle. Pour autant, et même si cela n'apparaît pas clairement dans le texte de l'article L. 2141-2, un couple peut aussi poursuivre une autre finalité, une finalité thérapeutique pour autrui.

561 **L'admission implicite d'une finalité thérapeutique pour un tiers.** La loi du 6 août 2004 a en effet autorisé ce qu'on appelle le « bébé-médicament », ou aussi le « bébé du double espoir » : lorsqu'un

d'avoir une descendance, y compris en cas de décès ; le Conseil d'État refuse de la suivre, au motif que « les circonstances » n'étaient « pas suffisantes » pour considérer que le refus portait une atteinte manifestement excessive aux droits invoqués, et « en particulier » en raison du fait « qu'il n'apparaît pas que l'intéressé ait eu un projet parental précis, pour lequel il aurait procédé, à titre préventif, à un prélèvement de gamètes en vue de bénéficier d'une assistance médicale à la procréation? ni qu'il ait explicitement consenti, à cette fin, au cas où les tentatives réalisées de son vivant se seraient révélées infructueuses, à l'utilisation de ses gamètes après son décès ».). Certains proposent de distinguer, d'interdire la conception *post mortem* et de permettre la réimplantation *post mortem* d'un embryon conçu du vivant du couple. V. not. Rapport d'information n° 2235, 20 janv. 2010, J. Léonetti.

1. CE, 28 sept. 2018, n° 421899.

2. Il faudra abandonner cette condition si l'assistance est ouverte aux femmes célibataires et couples de femmes. Le recours à une assistance médicale relèvera-t-elle alors de la liberté de chacun ?

couple a donné naissance à un enfant atteint d'une maladie génétique incurable et entraînant la mort dès les premières années de la vie, que le pronostic vital de cet enfant peut être amélioré de façon décisive en prélevant des cellules sur un frère ou une sœur à naître s'ils présentent certaines caractéristiques génétiques, la loi permet au couple d'exprimer une demande parentale et de procéder à la conception d'embryons *in vitro* puis de recourir au diagnostic préimplantatoire pour choisir, parmi lesdits embryons, lequel sera réimplanté pour permettre ainsi l'application de la thérapeutique, la loi précisant que la thérapeutique ne doit pas porter atteinte à l'intégrité du corps de l'enfant né du transfert de l'embryon *in utero* (art. L. 2131-4-1). Une rédaction législative adroite a permis d'escamoter ce que l'opération peut avoir de dérangeant au regard du principe de dignité (« traiter la personne toujours comme une fin, jamais comme un simple moyen ») : faire naître un enfant grâce auquel on disposera d'une thérapeutique au profit d'un frère ou d'une sœur malade[1]. Pour des raisons pratiques, le dispositif n'est pas utilisé.

§ 2. La mise en œuvre des principes

A. L'encadrement médical de la mise en œuvre des divers procédés

562 **Condition commune de sécurité médicale. Conditions propres aux divers procédés utilisés.** L'assistance médicale à la procréation doit être réalisée sous la responsabilité de spécialistes compétents. À cette fin, le Code de la santé publique exige l'obtention d'un agrément et le respect de règles de sécurité sanitaire (art. L. 2142-1 s.). Outre cette condition générale, la mise en œuvre des différents procédés d'assistance médicale est étroitement encadrée par le Code de la santé publique.

1. Le texte ne dit pas que l'enfant est *conçu pour* son frère ou sa sœur malade. En théorie, l'assistance médicale sera réalisée pour l'une des deux finalités envisagées par l'art. L. 2141-2, al. 1er. Mais en pratique, la motivation thérapeutique sera inévitablement présente et vraisemblablement déterminante dans beaucoup de cas.

1. Le recours à des gamètes recueillis à titre préventif

563 **Recueil préventif de gamètes.** Depuis 2004, il est possible d'utiliser des gamètes du couple demandeur qui auront été prélevés à titre préventif. La loi du 6 août 2004 a en effet permis de procéder au recueil et à la conservation des gamètes d'une personne « lorsqu'une prise en charge médicale est susceptible d'altérer sa fertilité », ou lorsque « sa fertilité risque d'être prématurément altérée », pour préserver sa capacité procréative future[1] (CSP, art. L. 2141-11). Le recueil est subordonné au consentement de l'intéressé ainsi, le cas échéant, qu'à celui des titulaires de l'autorité parentale ou du tuteur. On débat aujourd'hui de l'opportunité d'autoriser le prélèvement ovocytaire préventif, pour permettre aux femmes d'anticiper sur le déclin de leur fertilité avec l'âge.

2. Le recours à un tiers donneur

564 **Les cas.** La loi permet aussi de recourir aux gamètes d'un tiers donneur. C'était autrefois l'« ultime indication » à laquelle il n'était recouru que lorsque l'assistance médicale à la procréation ne pouvait aboutir à l'intérieur du couple (anc. art. L. 152-6). La loi du 6 août 2004 a étendu cette possibilité en prévoyant qu'elle peut désormais intervenir non seulement lorsqu'il existe un risque de transmission de maladie d'une particulière gravité à l'enfant ou à un membre du couple, ou que les techniques d'assistance médicale à la procréation au sein du couple ne peuvent aboutir, mais aussi lorsque le couple renonce à une assistance médicale à la procréation « au sein du couple », après avoir été dûment informé (art. L. 2141-7).

565 **Les conditions.** Le don de gamètes est d'abord soumis aux conditions générales au don et à l'utilisation des éléments et produits du corps humain (C. civ., art. 16-5 s. ; CSP, art. L. 1211-1 s.). Il suppose donc : 1°) le consentement du donneur, révocable à tout moment (CSP, art. L. 1211-2) ; 2°) la gratuité du don (C. civ., art. 16-6 ; CSP, art. L. 1211-4) ; 3°) l'anonymat des donneurs et receveurs (C. civ., art. 16-8 ; CSP, art. L. 1211-5). À ces conditions générales, s'ajoutent des exigences spéciales, propres au don et à l'utilisation de gamètes (CSP, art. 1244-1 s.).

1. Qu'il s'agisse de réaliser ultérieurement une assistance médicale à la procréation ou de préserver et restaurer sa fertilité.

Jusqu'à la loi du 11 juillet 2011, il fallait que le donneur (ou la donneuse) appartienne à un couple ayant déjà procréé, et que son conjoint ou concubin consente au don, comme lui, par écrit, chacun ayant la liberté de révoquer ce consentement jusqu'à l'utilisation des gamètes ; depuis lors, la loi permet aussi à un majeur n'ayant pas procréé de faire un don, en précisant qu'il faut alors lui proposer un recueil préventif de gamètes en vue de la réalisation ultérieure d'une assistance médicale à la procréation à son bénéfice (art. L. 1244-2). Depuis la loi du 6 août 2004, la donneuse d'ovocytes doit recevoir une information particulière, sur les conditions médicales (risques et contraintes liés à la stimulation ovarienne et au prélèvement ovocytaire) et légales du don (principes de gratuité, d'anonymat) ; la loi précise en outre qu'elle « bénéficie du remboursement des frais engagés pour le don » (art. L. 1244-7).

Aucune insémination ne peut être réalisée à partir de sperme frais ou de mélange de spermes (art. L. 1244-3). En outre, les gamètes d'un même donneur ne peuvent délibérément conduire à la naissance de plus de dix enfants (art. L. 1244-4)[1].

L'article L. 1244-7 interdit en outre de subordonner le don de gamètes à la désignation par le couple receveur d'une personne acceptant de procéder à un tel don en faveur d'un couple anonyme : il s'est agi d'interdire des pratiques discriminatoires qui auraient pu se développer eu égard à la rareté du don d'ovocytes.

La règle de l'anonymat a été beaucoup discutée à l'occasion du vote de la loi du 7 juillet 2011, à raison des conséquences psychologiques perturbantes qu'elle engendre pour l'enfant, qui ne peut accéder à ses origines, le droit étranger étant souvent appelé à la rescousse (Suisse, Suède, Royaume Uni, Allemagne, etc.). Mais le lien étroit qu'elle entretient avec l'altruisme et la gratuité, ainsi que la crainte de voir le nombre de donneurs diminuer drastiquement ont conduit au statu quo. Le Conseil d'État a jugé la solution conforme aux droits fondamentaux à plusieurs reprises[2].

1. La loi du 6 août 2004 a augmenté le seuil, qui était de cinq enfants jusque-là.
2. CE, avis 13 juin 2013, n° 362981, 12 nov. 2015, n° 372121, 28 déc. 2017, n° 396571. La Cour européenne a été saisie de la question par une Française.

3. Le don et l'accueil d'embryon

566 **Présentation générale.** Le couple peut également accueillir un embryon conçu sur la demande d'un autre couple, qui en fait ultérieurement le don. Pour comprendre cette hypothèse, il faut rapidement exposer les conditions de la conception d'un embryon dans le cadre de l'assistance médicale à la procréation.

La conception d'un embryon ne peut être réalisée, *in vitro*, que dans le cadre général de l'assistance médicale à la procréation (CSP, art. L. 2141-3). Toute autre finalité, notamment industrielle ou commerciale ou de recherche, est interdite et sanctionnée pénalement (CSP, art. L. 2141-8 et 2151-2 et 3. Adde art. L. 2151-4).

La conception doit être obtenue en utilisant les gamètes de l'un au moins des deux membres du couple recourant à l'assistance médicale à la procréation (art. L. 2141-3).

Le couple doit consentir par écrit à la conception d'embryons « surnuméraires », conception qui peut rendre nécessaire la conservation d'embryons (art. L. 2141-3). La loi limite toutefois le nombre d'embryons ainsi conçus « à ce qui est strictement nécessaire à la réussite de l'assistance médicale à la procréation, compte tenu du procédé mis en œuvre ».

Les deux membres du couple sont ensuite consultés par écrit tous les ans sur le maintien de leur demande parentale (art. L. 2141-4). S'ils n'ont plus de projet parental, ils ont la possibilité d'opter entre trois solutions[1] : l'accueil de leur embryon par un autre couple, la fin de la conservation des embryons, la réalisation d'une recherche sur les embryons. Cette même option est ouverte au survivant, en cas de décès de l'un des membres du couple à l'origine de la conception de l'embryon. La loi prévoit qu'il est mis fin à la conservation des embryons dans trois cas : en cas de silence de l'un des membres du couple, qui doit être consulté à plusieurs reprises sur le maintien de son projet parental, du moins si les embryons ont été conçus il y a plus de cinq ans ; en cas de désaccord du couple sur le devenir des embryons ;

1. Le consentement doit être écrit et confirmé au bout de 3 mois.

lorsque les embryons n'ont pas été accueillis dans les cinq ans du jour où leur don a été consenti.

Les obligations des établissements et laboratoires relatives à la conservation de ces embryons sont fixées par décret en Conseil d'État (art. L. 2142-1 s.).

567 **Le don et l'accueil d'embryon.** Les deux membres du couple à l'origine de l'embryon peuvent donc consentir à l'accueil, par un autre couple, des embryons ainsi conçus et conservés (art. L. 2141-4 et 5). En cas de décès de l'un des membres du couple, le consentement devra être donné par le survivant. Un tel don est soumis au formalisme puisque le couple d'origine (ou le survivant) doit y consentir par écrit, et devant l'autorité judiciaire (art. L. 2141-5 et 6).

Quant au couple « receveur », il peut bénéficier d'un tel don lorsque les techniques d'assistance au sein du couple ne peuvent aboutir ou lorsqu'il y renonce (art. L. 2141-6). Une décision judiciaire est requise (v. ss 571).

Cet accueil doit respecter le principe d'anonymat : aucun des deux couples, donneur et receveur, ne connaît l'identité de l'autre ; en cas de nécessité thérapeutique, toutefois, un médecin peut accéder aux informations non identifiantes concernant le couple donneur (art. L. 2141-6, al. 3 et 4). Il obéit également au principe de gratuité (art. L. 2141-6, al. 5). Enfin, des règles de sécurité doivent être respectées (art. L. 2141-6, al. 6 et 7).

B. Une demande parentale

568 **La demande parentale.** L'assistance médicale à la procréation ne peut être mise en œuvre que pour répondre à ce que la loi appelait, hier, « la demande parentale d'un couple » (anc. art. L. 2141-2). Cette demande parentale doit être exprimée dans certaines conditions et maintenue jusqu'à la réalisation de la procréation.

1. L'expression initiale de la demande parentale

569 Dans tous les cas, quel que soit le type d'assistance médicale à la procréation auquel recourt le couple, la demande parentale est exprimée auprès d'une équipe médicale pluridisciplinaire. En

outre, si l'assistance médicale fait intervenir un tiers donneur, un formalisme plus solennel est mis en place.

a. Le formalisme de base

570 La demande parentale est exprimée lors d'entretiens avec l'équipe médicale puis confirmée.

– *Les entretiens avec une équipe pluridisciplinaire.* Des entretiens particuliers sont organisés avec les membres de l'équipe médicale clinicobiologique pluridisciplinaire du centre, équipe qui peut le cas échéant faire appel à un intervenant social (art. L. 2141-10).

Ils ont pour objet : 1°) de s'assurer de la motivation du couple ; 2°) d'informer le couple, oralement et par remise d'un dossier-guide, des questions d'ordre médical (possibilités de réussite et d'échec, effets secondaires, risques, pénibilité...) et juridique (possibilités légales d'adoption, conséquences légales de l'assistance médicale à la procréation, impossibilité de transférer les embryons en cas de décès de l'un d'eux ou de rupture du couple)...

– *La confirmation de la demande.* Elle doit respecter des conditions de délai et de forme : elle doit intervenir à l'expiration d'un délai minimal d'un mois après le dernier entretien ; elle doit être réalisée par écrit (art. L. 2141-10, al. 3 et 4).

– *Le contrôle médical.* Le médecin doit refuser son assistance si les conditions imposées par la loi ne sont pas réunies mais aussi, après concertation avec l'équipe pluridisciplinaire, s'il estime qu'un « délai de réflexion supplémentaire est nécessaire aux demandeurs dans l'intérêt de l'enfant à naître » (art. L. 2141-10, al. 6 *in fine*).

b. La solennité supplémentaire

571 Si l'assistance médicale ne fait intervenir aucun tiers donneur, le droit se contente du consentement exprimé devant l'équipe médicale, considérant en somme par là qu'il s'agit d'un acte médical banal. Son inspiration est différente lorsqu'il y a intervention d'un tiers donneur ou accueil d'un embryon.

– *Intervention d'un tiers donneur.* Afin d'attirer l'attention du couple sur l'importance de son acte, le droit renforce alors les conditions d'expression du consentement (art. L. 1241-10, al. 7).

L'article 311-20 du Code civil prévoit que les époux ou concubins « doivent préalablement donner, dans des conditions garantissant le secret, leur consentement au juge ou au notaire, qui les informe des conséquences de leur acte au regard de la filiation ». Les articles 1157-2 et 3 du Code de procédure civile précisent les règles : c'est sous la forme d'une déclaration conjointe recueillie par acte authentique, « hors la présence de tiers », devant le tribunal de grande instance de son choix (ou son délégué) ou devant notaire que le couple exprime son consentement ; l'autorité qui recueille ce consentement doit préalablement informer les membres du couple de divers éléments : l'impossibilité d'établir un lien de filiation avec le donneur ou d'agir en responsabilité contre lui, l'interdiction de contester la filiation de l'enfant ou d'agir en réclamation en son nom (à moins qu'il ne soit soutenu que l'enfant n'est pas issu de l'assistance ou que le consentement a été privé d'effet) ; des cas dans lesquels le consentement est privé d'effet ; de la possibilité de faire établir judiciairement la paternité de celui qui ne reconnaît pas l'enfant après avoir consenti à l'assistance. C'est donc à la fois par le formalisme mis en place et par la mission d'information dévolue au juge ou au notaire que le droit espère un consentement éclairé. Ni le juge ni le notaire ne sont, en revanche, investis d'une quelconque mission de contrôle sur l'intégrité du consentement ou l'intérêt de l'enfant à naître. Le projet de loi de programmation pour la Justice 2018-2022 envisage de confier la réception de cet acte exclusivement au notaire.

– *Accueil d'un embryon.* Fort curieusement, c'est le Code de la santé publique qui encadre l'accueil d'un embryon. L'article L. 2141-6 prévoit en effet que « l'accueil de l'embryon est subordonné à une décision de l'autorité judiciaire ». La loi l'investit de deux missions : après avoir reçu le consentement du couple donneur (v. ss 571), le juge doit vérifier « que le couple demandeur remplit les conditions prévues à l'article L. 2141-2 » et doit faire « procéder à toutes investigations permettant d'apprécier les conditions d'accueil que ce couple est susceptible d'offrir à l'enfant à naître sur les plans familial, éducatif et psychologique ». Le juge est donc investi d'un double contrôle, de légalité (existence d'un couple, vivant... ; v. ss 558 s.) et d'opportunité (intérêt de l'enfant), qui rappelle celui qu'il exerce dans l'adoption (v. ss 534). Le texte précise, depuis la loi du 6 août 2004, que l'autorisation d'accueil n'est délivrée que pour trois ans renouvelables. Le projet de loi de programmation pour la Justice 2018-2022 envisage de confier la réception du consentement à un notaire et d'abandonner tout contrôle de légalité ou d'opportunité.

2. Le maintien de la demande parentale

572 En 1994, le législateur avait envisagé les effets que produisaient le décès de l'homme ou de la femme formant le couple, le dépôt d'une demande en divorce ou séparation de corps, la cessation de la communauté de vie ou encore la révocation du consentement par l'un des membres du couple, à l'article 311-20, alinéa 3, du Code civil. Mais il était difficile de déterminer quelle était la portée de cette disposition. L'alinéa 1er ne concernant que l'assistance médicale avec intervention d'un tiers donneur, on se demandait s'il fallait limiter les alinéas suivants à cette seule hypothèse ou s'il convenait de les appliquer à toute assistance médicale, la lettre de l'alinéa 3 étant tout à fait générale. La doctrine considérait généralement que cette disposition était applicable à toute assistance médicale à la procréation. La loi du 6 août 2004 a conforté cette interprétation. L'article L. 2141-2, alinéa 2 *in fine* du Code de la santé publique dispose en effet : « font obstacle à l'insémination ou au transfert des embryons le décès d'un des membres du couple, le dépôt d'une requête en divorce ou en séparation de corps ou la cessation de la communauté de vie, ainsi que la révocation par écrit du consentement par l'homme ou la femme auprès du médecin chargé de mettre en œuvre l'assistance médicale à la procréation ». Or ce texte encadre de façon générale l'assistance médicale à la procréation. Il semblait logique de considérer que les évènements énumérés produisaient les effets envisagés quelle que soit l'assistance médicale à la procréation à laquelle le couple recourait. La Cour de cassation en a jugé autrement, en considérant que les articles 311-19 et 311-20 ne régissent que les procréations avec trois donnateurs[1].

1. Civ. 1re, 16 mars 2016, no 15-13.427.

– *La caducité de la demande.* Elle procède du décès, du dépôt d'une requête en divorce ou en séparation de corps ou de la cessation de la communauté de vie, dès lors que l'événement considéré intervient avant la réalisation de la procréation médicalement assistée. Le Code civil précise alors que le consentement est « privé d'effet » (il faut comprendre que l'effet de filiation ne s'ensuit pas), le Code de la santé publique se bornant quant à lui à affirmer que ces évènements font « obstacle à l'insémination ou au transfert des embryons ». L'efficacité des textes est incertaine, le médecin n'étant pas nécessairement informé d'une telle cause de caducité du consentement. Le risque est donc que la procréation soit malgré tout réalisée.

– *La rétractation.* Elle est possible, « par l'homme ou la femme », mais doit être formulée « par écrit », « avant la réalisation de la procréation médicalement assistée », et « auprès du médecin chargé de mettre en œuvre cette assistance »[1]. L'exercice de cette faculté n'a pas à être justifié. Là encore, le Code civil précise que le consentement est alors « privé d'effet », le Code de la santé publique insistant sur « l'obstacle » à l'insémination ou au transfert des embryons qu'une telle révocation constitue.

1. Il en résultera, le cas échéant, révocation, par un écrit adressé au médecin, d'un consentement exprimé devant un juge.

CHAPITRE 2

Les effets

573 **Généralités.** L'assistance médicale à la procréation pourra fonder d'éventuelles responsabilités médicales ou administratives. Surtout, elle entraîne, en cas de succès, la naissance d'un enfant dont la filiation mérite d'être examinée.

Soucieux de cacher la stérilité éventuelle des parents qui recourent à une assistance médicale à la procréation et de traiter l'enfant comme n'importe quel enfant, le législateur a étendu les règles relatives à la filiation charnelle (v. ss 389 s.) en édictant deux dispositions particulières : il impose au couple demandeur d'assumer ses responsabilités (**§ 1**) ; il efface, à l'inverse, le lien entre l'enfant et le tiers donneur éventuel (**§ 2**). Ces solutions, qui sont en porte à faux avec un droit de la filiation qui obéit toujours plus au principe de réalité biologique (v. ss 397 s.), et interdit toute renonciation à une action relative à la filiation (art. 323, v. ss 474), laissent entière la question du statut de l'enfant qui viendrait à naître d'une assistance illicite à la procréation, question que la Cour de cassation s'est efforcée de résoudre sans vraiment convaincre (**§ 3**).

§ 1. La filiation à l'égard du couple demandeur

574 **Plan.** Le droit opte ici pour une filiation imposée au couple demandeur, à condition toutefois que l'enfant soit bien issu de cette assistance médicale et que le consentement n'ait pas été privé d'effet.

A. Une filiation imposée

575 **L'obligation d'assumer l'enfant.** L'obligation que la loi impose aux demandeurs d'assumer l'enfant fonde diverses règles.

– *L'exclusion des actions en contestation.* L'article 311-20 prévoit en premier lieu que le consentement donné « interdit toute action (...) aux fins de contestation de la filiation »[1]. À supposer, donc, la filiation légalement établie (par reconnaissance, déclaration de l'enfant à l'état civil, voire acte de notoriété constatant la possession d'état), le texte ferme toute action en contestation. La réalité biologique importe peu : l'exclusion de l'action joue automatiquement malgré l'intervention d'un tiers donneur.

– *La déclaration judiciaire de paternité.* L'article 311-20 prévoit également que « la paternité (de celui qui ne reconnaît pas l'enfant après avoir consenti à l'assistance médicale à la procréation) est judiciairement déclarée ». Il ne s'agit plus, alors, d'interdire la contestation, mais de pallier l'abstention de l'homme qui a consenti à la procréation mais ne reconnaît pas l'enfant. Le texte précise que l'action obéit aux articles 328 (qui détermine qui agit, v. ss 484) et 331 (qui envisage les pouvoirs du juge en matière d'autorité parentale, de contribution à l'entretien de l'enfant et de nom, v. ss 490). Il semble logique d'étendre le texte à la mère[2] et à l'homme marié.

– *La responsabilité à l'égard de la mère et de l'enfant.* L'article 311-20 prévoit également que celui qui ne reconnaît pas

1. Un texte explicite était nécessaire, le droit commun de la filiation (anc. art. 311-9, art. 323) interdisant toute renonciation à une action relative à la filiation. V. ainsi, appliquant le principe à la matière avant la loi de 1994, Civ. 1re, 10 juill. 1990, *Bull. civ.* I, n° 196.
2. Sous la réserve éventuelle de l'accouchement sous X.

l'enfant après avoir consenti à l'assistance médicale à la procréation engage sa responsabilité vis-à-vis de la mère et de l'enfant. Ici encore, il semble naturel d'étendre cette responsabilité à la mère (mais *quid* d'un éventuel accouchement sous X ?) et à l'homme marié. La solution pose une question théorique intéressante, relative à la nature de la responsabilité encourue. À s'en tenir au fondement volontariste de la filiation, il semblerait qu'elle soit de nature contractuelle ; mais la nature institutionnelle de la filiation invite plutôt à lui reconnaître une nature légale.

B. Les moyens de défense

576 **Enfant issu de la procréation assistée.** Une telle filiation ne peut être imposée au demandeur d'enfant qui établirait que l'enfant « n'est pas issu de la procréation médicalement assistée » (art. 311-20, al. 2). Il est en effet logique de ne pas imposer une telle filiation si l'enfant est issu de l'adultère de la mère. Il appartiendra à celui qui se prévaut d'un tel moyen de défense de l'établir.

577 **Consentement caduc ou rétracté.** Plus délicate est la question de savoir ce qu'il advient de l'enfant issu d'une procréation médicalement assistée réalisée malgré la caducité du consentement, ou malgré sa rétractation. La réponse paraît évidente si l'enfant est né avec intervention d'un tiers donneur. Le mari ou concubin n'a alors guère de raison de se voir imposer un enfant qui n'est pas biologiquement de lui et qui n'est pas venu à la vie du fait de sa volonté, par hypothèse disparue lors de l'assistance médicale. La réponse avait paru moins évidente lorsque le mari ou concubin est bien biologiquement le père de l'enfant en question. Le fait qu'il ait repris son consentement, ait introduit une instance en divorce ou séparation de corps... lui permettait-il de se soustraire à l'action en recherche de paternité ou en dommages et intérêts ou à justifier la contestation de sa paternité ? La lettre du texte et le caractère volontariste de l'engendrement de l'enfant auraient dû conduire à appliquer le texte de façon générale, à toutes les assistances médicales, qu'elles soient endogènes ou exogènes. La Cour de cassation en a jugé autrement[1]. Il semble logique de

1. Civ. 1re, 16 mars 2016, n° 15-13.427.

considérer que le comportement de la mère (qui a eu recours à une assistance médicale malgré la disparition du consentement du conjoint ou concubin) fonde une action en responsabilité à son encontre.

§ 2. Le néant à l'égard du donneur éventuel

578 **Vide total à l'égard du donneur.** Imposée à l'égard du couple demandeur, la filiation ne peut, à l'inverse, être établie à l'égard du donneur éventuel.

C'est ce qui résulte des articles 311-19 (« en cas de procréation médicalement assistée avec tiers donneur, aucun lien de filiation ne peut être établi entre l'auteur du don et l'enfant issu de la procréation ») et 311-20, alinéa 2 (« le consentement donné (...) interdit toute action aux fins d'établissement (...) de la filiation »). La généralité des textes fait obstacle à l'établissement d'une filiation, quelle que soit la qualité de la filiation (que l'enfant soit né ou ait été conçu en ou hors mariage ; la question demeure en suspens pour la filiation adoptive) et quel que soit le mode d'établissement considéré (titre, possession d'état, décision judiciaire).

Parallèlement, l'article 311-19 dispose, dans son alinéa 2 : « Aucune action en responsabilité ne peut être exercée à l'encontre du donneur ». L'interdiction est catégorique. Elle est excessive si on l'interprète comme consacrant une impunité totale (exemple du donneur qui, sciemment, dissimulerait une maladie transmissible...).

La règle de l'anonymat (sur laquelle, v. ss 565 s.) conforte ces solutions[1].

1. L'enfant ne peut demander à accéder aux informations relatives au donneur : TA 14 juin 2012, *AJ fam.* 2012. 408 ; CA adm. Paris, 22 janv. 2016, n° 14PA00493 ; CE, 28 déc. 2017, n° 396571 ; CE, 12 nov. 2015, n° 372121 ; CE, Avis n° 362981 du 13 juin 2013.

§ 3. La filiation de l'enfant illicitement procréé

579 **Absence de loi spéciale.** La loi ne dit rien de la filiation de l'enfant qui serait illicitement procréé. Plusieurs hypothèses sont envisageables : l'enfant peut être conçu suivant un procédé interdit par la loi ; le couple recourant à une assistance médicale à la procréation peut ne pas remplir les conditions exigées par la loi ; la mise en œuvre de l'assistance peut ne pas respecter le cadre légal. Dans ces hypothèses, il semble logique d'abord d'écarter les règles spéciales de filiation posées aux articles 311-19 et 20 du Code civil, puisqu'on se trouve hors de leur champ d'application. Il faut rappeler ensuite que le principe d'indisponibilité de l'état civil empêche de donner effet aux éventuelles conventions conclues entre les parties au sujet de la filiation de l'enfant. L'article 323 explicite cette solution relativement aux actions en justice : « les actions relatives à la filiation ne peuvent faire l'objet de renonciation » (v. ss 474). Pour le reste, que faire ? Le premier réflexe du juriste consiste à aller chercher dans le droit commun la solution : la filiation de l'enfant dépendra des articles 310-1 et suivants du Code civil, sauf recours à l'adoption. Telle est d'ailleurs la solution finalement retenue en jurisprudence à l'égard des enfants nés, à l'étranger, d'une assistance médicale interdite en France (femme célibataire, couple homosexuel, femme ménopausée, *post mortem*, etc.) ou d'une gestation pour autrui.

580 **Réalisation à l'étranger d'une assistance médicale interdite en France.** La Cour de cassation a d'abord été confrontée au cas de l'enfant issu d'une assistance médicale à la procréation réalisée à l'étranger à la demande d'un couple homosexuel. Cette fraude avait été envisagée lors du vote de la loi du 17 mai 2013, et le Conseil constitutionnel avait considéré que « l'éventualité d'un détournement de la loi lors de son application n'entach(ait) pas celle-ci d'inconstitutionnalité » mais « qu'il appart(enai)t aux juridictions compétentes d'empêcher, de priver d'effet et, le cas échéant, de réprimer de telles pratiques » (Déc. n° 2013-669 DC 17 mai 2013, cons. 58). Las ! La Cour de cassation, renonçant à toute sanction

de la fraude, a autorisé le parent d'intention à recourir à l'adoption, dans les conditions du droit commun[1]. L'adoption suppose donc notamment que le parent d'intention soit marié avec le parent biologique ; le parent biologique doit consentir à l'adoption de l'enfant ; le tribunal vérifie l'intérêt de ce dernier ; etc.

581 **Gestation pour autrui. Jurisprudences.** La question de la gestation pour autrui, très tôt soumise à la jurisprudence, a donné lieu à des solutions évolutives, la Cour de cassation ayant manifestement aujourd'hui plus à cœur de voir disparaître le contentieux que de sanctionner des pratiques interdites en droit et hautement problématiques, à l'égard de l'enfant, des adultes et de la société. L'importance théorique et pratique de la question[2] impose de présenter les diverses étapes jurisprudentielles.

– **Première étape : le refus de l'adoption en France par l'Assemblée plénière le 31 mai 1991.** Dès 1991, la Cour de cassation fut saisie de la filiation d'un enfant conçu par une femme inséminée artificiellement avec le sperme du mari d'une femme stérile, cette dernière ayant demandé à l'adopter. L'assemblée plénière avait alors affirmé deux choses, au visa des articles 6 et 353 et 1128 du Code civil[3] : elle avait d'abord jugé « que la convention par laquelle une femme s'engage, fût-ce à titre gratuit, à concevoir et à porter un enfant pour l'abandonner à sa naissance contrevient tant au principe d'ordre public de l'indisponibilité du corps humain qu'à celui de l'indisponibilité de l'état des personnes » ; elle avait ensuite estimé que l'adoption de l'enfant ainsi conçu « n'était que l'ultime phase d'un processus d'ensemble destiné à permettre à un couple l'accueil à son foyer d'un enfant, conçu en exécution d'un contrat tendant à l'abandon à sa naissance par sa mère », portait atteinte aux principes de l'indisponibilité du corps humain et de l'état des personnes, et constituait un détournement de l'institution de l'adoption.

L'arrêt interdisait donc l'adoption de l'enfant par le parent d'intention, mais ne disait rien de plus. Trois ans plus tard, la

1. Civ. 1re, avis, 22 sept. 2014, nos 14-70.006 et 14-70.007.
2. Sur laquelle v. M. Fabre-Magnan, *La gestation pour autrui, Fictions et réalité*, Fayard, 2013.
3. D. 1991, 417, *JCP* 1991, II, 21752; *RTD civ.* 1991, 517, *Defrenois* 1991, 948.

loi du 29 juillet 1994 s'était bornée à consacrer, en l'étendant, l'interdiction civile et à la doubler d'une infraction pénale, assez limitée d'ailleurs, puisqu'elle ne touche pas les parents eux-mêmes (v. ss 557). Elle n'avait rien dit, en revanche, de la filiation de l'enfant ainsi conçu.

La doctrine, s'appuyant sur le droit commun de la filiation, considérait que la maternité de la mère porteuse pouvait être établie dans les conditions du droit commun, et que les commanditaires de l'enfant pouvaient eux aussi recourir aux dispositions du Titre VII du Livre Ier du Code civil et reconnaître l'enfant, ou faire établir un acte de notoriété de possession d'état, ou agir en justice, le recours à ces procédés trouvant naturellement sa limite dans le fondement de la filiation du Titre VII, qui repose sur l'engendrement, un tel fondement ne se retrouvant pas toujours à l'égard du père d'intention (qui ne donne pas toujours ses gamètes) et n'existant pas, par hypothèse, à l'égard de la femme, puisque le droit de la filiation fonde la maternité sur l'accouchement.

La pratique des mères porteuses a perduré, soutenue par la pauvreté de certaines femmes qui proposent leurs services dans des pays qui ne sanctionnent pas la maternité pour autrui, et par sa légalisation dans d'autres pays, toutes choses qui encouragent le « tourisme procréatif » : des Français se sont donc rendus aux États-Unis, en Ukraine, en Inde, etc., pour recourir aux services d'une mère porteuse. De retour en France, après la naissance, ils ont demandé la transcription des actes d'état civil étranger.

– Deuxième étape : le refus de la transcription en France des actes d'état civil étrangers. De l'ordre public en 2011 à la fraude en 2013. La Cour de cassation a commencé par rejeter les demandes de transcription, en invoquant d'abord l'ordre public, ensuite la fraude.

Le 6 avril 2011 [1], elle se fondait sur *l'ordre public*, plus précisément sur le principe d'indisponibilité de l'état, qualifié de « principe essentiel du droit français ». Dans trois décisions rendues le même jour, elle posait trois solutions : 1) ce principe essentiel

1. Civ. 1re, nos 09-17.130, 09-66.486 et 10-19.053, *Bull. civ.* I, no 70 à 72.

interdisait « de faire produire effet à une convention portant sur la gestation pour le compte d'autrui, nulle d'une nullité d'ordre public aux termes des articles 16-7 et 16-9 du Code civil » ; 2) il convenait de refuser de transcrire l'acte de naissance s'il était établi « en exécution d'une décision étrangère qui comport(ait) des dispositions qui heurtent des principes essentiels du droit français à raison de la contrariété à l'ordre public international français de cette décision »[1] ; 3) ce même principe d'indisponibilité de l'état « fai(sai)t obstacle aux effets en France d'une possession d'état invoquée pour l'établissement de la filiation en conséquence d'une telle convention, fût-elle licitement conclue à l'étranger, en raison de sa contrariété à l'ordre public international français »[2].

Le 13 septembre 2013[3], elle préférait invoquer *la fraude* : au visa des articles 16-7, 16-9 et 336 du Code civil, elle affirmait alors « qu'en l'état du droit positif, est justifié le refus de transcription d'un acte de naissance fait en pays étranger et rédigé dans les formes usitées dans ce pays lorsque la naissance est l'aboutissement, en fraude à la loi française, d'un processus d'ensemble comportant une convention de gestation pour le compte d'autrui, convention qui, fût-elle licite à l'étranger, est nulle d'une nullité d'ordre public ». Un tel fondement, parfaitement justifié en droit au regard de la théorie de la fraude, conduisait à faire obstacle aussi bien à la transcription de la filiation qu'à son établissement en France, et ce à l'égard du parent biologique comme à l'égard du parent d'intention[4]. C'était sans compter l'argument – le prétexte – des droits fondamentaux.

Le prétexte a d'abord conduit le garde des Sceaux à adopter une circulaire relative à la délivrance des certificats de nationalité française : le 25 janvier 2013[5], l'attention des parquets était aussi attirée sur le fait que « le seul soupçon du recours à une telle convention conclue à l'étranger ne peut suffire à opposer un

1. Civ. 1re, nos 10-19.053 et 09-66.486.
2. Tel est le motif de la décision no 09-17.130.
3. Civ. 1re, nos 12-30.138 et 12-18.315. Solution réitérée par Civ. 1re, 19 mars 2014, no 13-50.005.
4. Elle n'empêchait pas, en revanche, l'ouverture à l'enfant d'une action en recherche de paternité, voire de maternité, l'enfant étant étranger à la fraude.
5. NOR:JUSC1301528C.

refus » aux demandes de délivrance de certificat de nationalité française « dès lors que les actes de l'état civil local attestant du lien de filiation (de l'enfant né à l'étranger) avec un Français (...) sont probants au sens de l'article 47 » du Code civil. Certes, il ne s'agissait que d'une circulaire, et elle ne concernait pas directement la filiation, mais seulement la nationalité. Pour autant, elle recommandait très explicitement, lorsqu'une question découlant directement de la filiation de l'enfant issu d'une gestation pour autrui se posait, de ne pas être trop regardant à l'égard des actes d'état civil étrangers. Alors même qu'elle semblait peu compatible avec l'interdiction civile de la gestation pour autrui, la circulaire fut validée par le Conseil d'État[1] au motif que « la seule circonstance que la naissance d'un enfant à l'étranger ait pour origine un contrat qui est entaché de nullité au regard de l'ordre public français ne peut, sans porter une atteinte disproportionnée à ce qu'implique, en termes de nationalité, le droit de l'enfant au respect de sa vie privée, garanti par l'article 8 de la Convention européenne de sauvegarde des droits de l'homme et des libertés fondamentales, conduire à priver cet enfant de la nationalité française à laquelle il a droit, en vertu de l'article 18 du Code civil et sous le contrôle de l'autorité judiciaire, lorsque sa filiation avec un Français est établie ». Pareille validation du texte préfigurait le revirement jurisprudentiel de la Cour de cassation.

– **Troisième étape : l'établissement de la filiation à l'égard du parent biologique et l'ouverture de l'adoption à l'égard du parent d'intention par une Cour de cassation surenchérissant sur la jurisprudence européenne.** Les solutions jurisprudentielles de la Cour de cassation ont conduit à la condamnation de la France par la Cour européenne des droits de l'homme, puis à l'abandon de toute sanction par la Cour de cassation, bien au-delà de ce qu'exigeait la jurisprudence européenne.

Le 26 juin 2014, dans les célèbres arrêts Mennesson et Labassee[2], la Cour européenne, après avoir écarté l'argument tiré du droit à la vie familiale des parents, jugeait que la jurisprudence

1. CE, 12 déc. 2014, n°s 367324, 366989, 366710, 365779, 367317, 368861.
2. CEDH, n° 65192/11 et n° 65941/11.

française portait atteinte au droit à la vie privée de l'enfant, en l'empêchant d'établir le lien de filiation, particulièrement à l'égard du père biologique de l'enfant[1]. La solution pouvait être discutée, théoriquement et pratiquement. D'abord en ce qu'elle révélait le glissement, dans la jurisprudence européenne, d'un droit à la vie privée incluant *la connaissance des origines*, à un droit à la vie privée imposant *l'établissement juridique du lien de filiation*. Ensuite en ce qu'elle estimait l'atteinte disproportionnée au regard des objectifs poursuivis (lutter contre la gestation pour autrui), sans reconnaître à la France une marge d'appréciation nationale[2]. Au-delà de ces critiques, on soulignera qu'il suffisait, pour se conformer au droit européen, d'autoriser l'enfant à faire établir sa filiation à l'égard de son parent biologique, ce qui supposait l'exercice d'une action en recherche et la preuve de la paternité biologique. La Cour de cassation n'a malheureusement pas souhaité s'en tenir là.

Dans un premier temps, la Cour a abandonné le refus de transcription à l'égard du parent biologique, permettant ainsi à l'auteur de la fraude de se prévaloir de celle-ci, et ce sans même exiger la preuve de sa parenté biologique[3]. *Le 3 juillet 2015, l'assemblée plénière de la Cour de cassation rendait deux décisions*, au visa des articles 47 du Code civil, 7 du décret du 3 août 1962 (modifiant certaines règles relatives à l'état civil) et 8 de la Convention européenne des droits de l'homme, dans lesquelles elle affirmait que « *l'acte de naissance* concernant un Français, dressé en pays étranger, dans les formes usitées dans ce pays, est transcrit sur les registres de l'état civil sauf si d'autres actes ou pièces détenus, des données extérieures ou des éléments tirés de l'acte lui-même établissent, le cas échéant après toutes vérifica-

1. Solution mainte fois réitérée : *Foulon c/ France*, *Bouvet c/ France*, 21 juillet 2016 ; *Laborie c/ France*, 19 janv. 2017.
2. Comp. CEDH, *Odièvre c/ France*, 13 févr. 2003, n° 42326/98, cons. 49.
3. Solution explicitée par Civ. 1re, 5 juillet 2017, n° 15-28.597 : la transcription n'est pas subordonnée à une expertise judiciaire ; les mentions du jugement étranger indiquant l'utilisation des gamètes du commanditaire de l'enfant, et en l'absence de preuve contraire, la transcription doit être admise. Le CCNE suggère que la parenté biologique soit vérifiée avant que la transcription ne soit autorisée : avis n° 129, *Contribution du CCNE à la révision de la loi de bioéthique*, 27 sept. 2018.

tions utiles, que cet acte est irrégulier, falsifié ou que les faits qui y sont déclarés ne correspondant pas à la réalité »[1].

L'abandon de toute référence à la fraude a d'abord conduit à se demander s'il ne serait pas également *possible pour le parent biologique d'établir directement en France la filiation de l'enfant*, question à laquelle la Cour de cassation a apporté une réponse positive deux ans plus tard[2].

En outre, la réserve d'un acte mentionnant des faits ne correspondant pas à « la réalité » a posé problème : la Cour visait-elle la réalité factuelle ou la réalité juridique ? L'enjeu était de taille : dans le premier cas, l'indication d'une filiation contraire à la parenté biologique empêchait la transcription ; dans le second, la transcription était possible dès lors que l'acte étranger mentionnait la filiation effectivement établie à l'étranger (donc éventuellement aussi en présence d'une adoption, ou d'une filiation établie par l'acte de naissance sur déclaration du parent d'intention, etc.). Le 5 juillet 2017, la Cour de cassation réglait cette question en adoptant la première analyse : « concernant la désignation de la mère dans les actes de naissance, *la réalité, au sens de ce texte, est la réalité de l'accouchement* »[3]. Pareille interprétation conduisait à admettre la transcription des mentions de l'acte relatives à la filiation du parent biologique mais à la refuser lorsqu'il s'agissait des mentions de l'acte relatives au parent d'intention. La question du statut de ce dernier demeurait donc entière.

Cette question, que les décisions *Mennesson* et *Labassee* n'avaient pas réglée, fut soumise à *la Cour européenne le 24 janvier 2017. Dans une décision Paradiso et Campanelli contre Italie*[4], elle jugeait que l'éloignement d'un enfant et sa remise aux services sociaux ne pouvaient être analysés comme une atteinte au droit à la vie familiale des parents d'intention (l'enfant était biologiquement étranger aux deux commanditaires) et que l'ingé-

1. Ass. plén., n° 14-21.323 et 15-50.002. Solution maintes fois réaffirmée depuis : Civ. 1re, 29 nov. 2017, n° 16-50.061.
2. Civ. 1re, 5 juillet 2017, nos 16-16.901, 16-50.025, 15-28.597.
3. Civ. 1re, nos 16-16.901 et 16-50.025, 15-28.597. Solution réaffirmée depuis : Civ. 1re, 29 nov. 2017, n° 16-50.061, 14 mars 2018, n° 17-50.021.
4. CEDH, n° 25358/12.

rence dans la vie privée qu'ils constituaient était justifiée par une finalité légitime (la défense de l'ordre, la protection des droits et libertés d'autrui) et pouvait être jugées nécessaire dans une société démocratique car accepter de laisser l'enfant avec les requérants revenait à légaliser la situation créée par eux en violation de règles importantes du droit italien. Autant dire que la Cour européenne n'imposait nullement l'établissement d'une filiation à l'égard du parent d'intention... Et pourtant !

Le 5 juillet 2017, la première chambre civile de la Cour de cassation rendait cinq nouvelles décisions en matière de gestation pour autrui. *Elle rejetait toujours la transcription de l'acte étranger s'agissant de la mention de la maternité de la femme n'ayant pas accouché de l'enfant* (au motif que l'acte d'état civil étranger n'était pas conforme à la réalité)[1] et affirmait en outre la nullité de l'acte de naissance établi sur les registres consulaires français au vu d'un certificat d'accouchement mensonger. Mais, cédant à une instrumentalisation regrettable des droits de l'homme, et croyant manifestement se débarrasser définitivement d'une question encombrante[2], *elle autorisait également le prononcé de l'adoption à l'égard du parent d'intention.* Dans deux des affaires, elle soulignait que le refus de transcription était une ingérence dans le droit à la vie privée de l'enfant qui était proportionnée au but légitime poursuivi (protéger l'enfant et la mère porteuse ; prévenir la gestation pour autrui) grâce à trois éléments[3] : l'admission de la filiation à l'égard du parent biologique[4] ; le comportement des autorités françaises qui ne remettaient pas en cause l'accueil des enfants au sein du foyer constitué par leur père et son épouse et délivraient des certificats de nationalité française aux enfants ; enfin et surtout le fait que « l'adoption permet, si les conditions légales en sont réunies et si elle est conforme à l'intérêt de l'enfant, de créer un lien de filiation entre les enfants et l'épouse de leur père »[5]. Elle affirmait même explicitement dans

1. Civ. 1re, nos 16-16.901, 16-50.025 et 15-28.597.
2. Ce qui est un leurre, car les conditions qu'elle pose ne satisfont pas les intéressés !
3. Civ. 1re, nos 16-16.901, 16-50.025 et 15-28.597.
4. Que ce soit par la transcription de l'acte étranger s'agissant de la filiation établie à son égard ou par l'établissement direct de cette filiation en France.
5. Civ. 1re, nos 15-28.597, 16-16.901, 16-50.025, 16-16.455.

l'une des affaires que « le recours à la gestation pour autrui à l'étranger ne fait pas, en lui-même, obstacle au prononcé de l'adoption, par l'époux du père, de l'enfant né de cette procréation, si les conditions légales de l'adoption sont réunies et si elle est conforme à l'intérêt de l'enfant »[1]. Les juges du fond se sont pour l'essentiel inclinés : ils admettent l'adoption, simple ou plénière (lorsque le mariage des commanditaires la rend possible), en vérifiant le respect des conditions légales, et tout particulièrement de la condition de consentement des parents d'origine, mais aussi l'intérêt de l'enfant[2].

On rappellera par ailleurs que la loi du 18 novembre 2016 a organisé une procédure de réexamen des décisions en matière d'état des personnes qui a permis la transcription des actes étrangers qui avaient été écartés par des décisions ayant autorité de chose jugée[3].

La seule question qui reste en suspens concerne l'enfant issu d'une gestation pour autrui réalisée en France. Les décisions jurisprudentielles récentes ont toutes eu trait à des gestations réalisées à l'étranger. Il est difficile d'en déduire que des solutions différentes interviendraient si la gestation pour autrui était pratiquée dans l'Hexagone, car les solutions de la Cour de cassation ne procèdent en rien d'un raisonnement conflictualiste et se fondent exclusivement sur le droit à la vie privée de l'enfant. D'où la nécessité absolue de veiller à l'application des sanctions pénales, voire de renforcer l'arsenal pénal en la matière.

Ces diverses solutions ne satisfont pas les parents d'intention, qui souhaiteraient pouvoir faire transcrire en France les actes d'état civil établis à l'étranger, quelles que soient les modalités de la gestation pour autrui. La Cour de cassation, saisie de la difficulté à l'égard de la mère d'intention, a préféré botter en touche : le 5 octobre 2018, l'assemblée plénière de la Cour de cassation a saisi pour avis la Cour européenne, en se fondant sur le Protocole

1. Civ. 1re, n° 16-16.455.
2. Contra Paris, 30 janv. 2018, *D.* 14 févr. 2018, Actualités, obs. M. Borde.
3. Cour de réexamen, 16 févr. 2018, Décis. n° 001 et 002. Comp. Ass. plén., 5 juillet 2017, n° 16-20.052, rejetant la demande de transcription en se fondant sur l'autorité de la chose jugée et renvoyant les plaideurs à user de la procédure de réexamen instituée par la loi du 18 nov. 2016.

additionnel n° 16 entré en vigueur le 1er août 2018 (p. 10-19053). Elle lui a posé deux questions : le refus de transcription de l'acte de naissance de l'enfant en ce qu'il désigne la mère d'intention comme étant sa mère légale, alors que la transcription est admise en tant que l'acte désigne le père d'intention, père biologique de l'enfant, excède-t-il la marge d'appréciation dont l'État dispose au regard de l'article 8, et y a-t-il lieu de distinguer selon que l'enfant a été conçu ou non avec les gamètes de la mère d'intention ? En cas de réponse positive à l'une des deux questions précédentes, la possibilité pour la mère d'intention d'adopter l'enfant de son conjoint, père biologique, ce qui constitue un mode d'établissement à son égard, permet-elle de respecter l'article 8 de la Convention ?

582 **Gestation pour autrui. Un interdit à préserver.** Les solutions retenues en jurisprudence sont hautement contestables, en droit et en opportunité. En droit d'abord : elles manifestent une totale indifférence à la fraude, nonobstant le principe général du droit qui veut que « la fraude corrompt tout » ; elles attachent au droit à la vie privée de l'enfant des conséquences discutables, ce droit ne devant conduire qu'à ouvrir à l'enfant les moyens de connaître ses origines ou, éventuellement, une action en recherche de paternité ; elles méconnaissent le fait qu'il n'existe aucun « droit à adopter ». En opportunité ensuite : elles permettent aux auteurs de la fraude d'obtenir exactement ce qu'ils cherchent ; elles sont d'une conformité très incertaine à l'intérêt de l'enfant[1] ; elles amoindrissent notablement la portée de l'interdit de la gestation pour autrui, en évinçant la seule sanction redoutée par les parents.

Certains contestent radicalement la légitimité de cet interdit, au prétexte qu'il bride la liberté qu'ont les femmes de disposer de leurs corps et nie la force du désir d'enfant, alors qu'il serait possible, disent-ils, d'instituer une gestation pour autrui éthique[2]. C'est oublier que la vocation du droit n'est pas de soutenir les

1. Le CCNE préférerait la voie de la délégation car « elle respecte la réalité des conditions de sa naissance » : avis n° 129, *Contribution du CCNE à la révision de la loi de bioéthique*, 27 sept. 2018, p. 124.

2. V. par ex. M. André, A. Milon, H. de Richemont, *Rapport d'information n° 421*, 25 juin 2008. V. déjà *Étude de législation comparée* n° 182, janv. 2008.

désirs mais de régler harmonieusement les relations sociales, et qu'une gestation pour autrui éthique ne peut exister, car aucun encadrement ne peut rendre éthique une opération qui porte sur l'exploitation du corps de la femme et la fabrication et la livraison d'un enfant. Les arguments de liberté et d'égalité qu'on invoque sont contestables en soi[1], et de peu de poids face aux nombreuses objections : conséquences sur les femmes porteuses[2] ; chosification de l'enfant ; soumission de l'enfant à plusieurs risques, celui d'un triple abandon, celui d'une bataille entre mère porteuse et couple demandeur, celui de se savoir engendré dans de telles conditions, au mépris éventuel total de l'intégrité physique et psychique de celle qui lui a donné la vie, etc. ; répercussions sur la famille de la mère porteuse, etc. Quant à faire valoir que l'interdit est impuissant à éradiquer la pratique mais que la légalisation permettrait de l'encadrer (et ainsi de protéger, notamment en affirmant la gratuité), il est absurde : à défaut d'éradiquer cette pratique, l'interdit limite son existence ; toute loi s'accompagne d'ineffectivité, et celle qui prétendra encadrer la gestation pour autrui n'y échappera pas non plus, si bien qu'à peine votée, la réforme paraîtra dépassée et appellera une nouvelle « libéralisation ».

Pour l'heure, la plupart des rapports et avis provenant des pouvoirs publics – Conseil d'État[3], Assemblée nationale[4], Comité consultatif national d'éthique[5] – se sont montrés hostiles à la légalisation du procédé. Pour que cette solution perdure, nonobstant le progrès de l'idée de « droit à l'enfant », le vent libé-

1. La liberté qu'a le sujet sur son corps est toute de nuances (entre fait et droit, comportement et acte juridique, rapport à soi et relation d'altérité) et soumise à de multiples limites. Elle pose en outre toute la question de la réalité du consentement. Quant à l'égalité (entre les couples d'hommes et les couples de femmes, ou entre les femmes ne pouvant porter d'enfant et celles qui le peuvent), elle trouve sa limite dans la différence de situation. Or une chose est d'admettre le don de gamète, voire le don d'embryon, en préservant la gestation, qui ancre biologiquement la naissance de l'enfant dans le couple, autre chose d'avoir recours à une mère porteuse.

2. On devrait prêter plus d'attention au profil des femmes proposant leurs services : leur provenance géographique, leur nationalité, leurs ressources, etc.

3. CE, « La révision des lois de bioéthique », *Doc. fr.*, avr. 2009 ; CE, *Révision de la loi de bioéthique : quelles options pour demain ?*, 28 juin 2018.

4. J. Léonetti, *Rapport d'information* n° 2235, 20 janv. 2010.

5. CCNE avis n° 110, *Problèmes éthiques soulevés par la gestation pour autrui*, 1er avril 2010 ; avis n° 126, *Avis sur les demandes sociétales de recours à l'assistance médicale à la procréation*, 15 juin 2017 ; avis n° 129, *Contribution du CCNE à la révision de la loi de bioéthique*, 18 sept. 2018.

ral venant d'Outre Atlantique et le poids économique du marché de la procréation, il importe de veiller à son respect, d'abord et à court terme en renforçant le cadre pénal, ensuite et à long terme en participant à l'élaboration d'une convention internationale en la matière.

Livre second

Le statut de l'enfant dans sa famille

583 **Distinction entre l'enfant majeur et l'enfant mineur.** Le statut de l'enfant dans sa famille procède de diverses règles qui imposent une solidarité patrimoniale ou personnelle. La filiation et tous les liens en découlant indirectement à l'égard de la famille des père et mère, qu'il s'agisse des parents en ligne directe (ascendants et descendants) ou des collatéraux (frère et sœur, neveu et nièce, oncle et tante, cousin et cousine...), fondent ainsi les vocations alimentaire (art. 205) et successorale (art. 733 s.), le droit d'agir en justice afin de protéger un membre de la famille (droit de saisir le juge de l'assistance éducative[1], droit de demander au juge aux affaires familiales de statuer sur l'exercice de l'autorité parentale[2], droit de demander l'ouverture d'un régime de protection[3], etc. ; comp. le droit éventuel de former opposition à mariage[4]) ou le devoir d'assumer les charges tutélaires[5] ou encore diverses inter-

1. Art. 375, v. ss 631 s.
2. Art. 373-2-8, v. ss 628 s.
3. Art. 430 réd. L. n° 2007-308, 5 mars 2007.
4. Art. 173 s., v. ss 109.
5. V. en particulier, et respectivement pour la tutelle des mineurs et la protection des majeurs, les art. 394, 399 et 409, ainsi que les art. 415, 449, 454 et 456 réd. L. n° 2007-308, 5 mars 2007.

dictions à mariage[1], etc. Il ne sera ici question que du statut familial du mineur, auquel son immaturité confère un statut particulier.

584 **Minorité. Incapacité de principe.** La minorité est la situation de l'enfant qui n'a pas encore atteint l'âge de la capacité civile, c'est-à-dire l'âge où l'on acquiert le pouvoir d'accomplir tous les actes de la vie civile. Elle dure, depuis la loi du 5 juillet 1974, jusqu'à l'âge de dix-huit ans : « le mineur est l'individu de l'un ou l'autre sexe qui n'a point encore l'âge de dix-huit ans accomplis » (art. 414 réd. L. n° 2007-308, 5 mars 2007). Jusqu'à cet âge, donc, le mineur est incapable, c'est-à-dire qu'il ne peut exercer lui-même ses droits, et ne peut notamment conclure un contrat (anc. art. 1124 ; art. 1146 s.). Du moins est-ce le principe. Un principe qui connaît plusieurs limites.

585 **Première limite : l'émancipation.** La première limite tient à l'émancipation éventuelle du mineur de moins de dix-huit ans. L'émancipation est une institution qui confère à un individu, pourtant mineur par son âge, une capacité civile presque intégrale : sauf exception, comme en matière commerciale[2] ou pour contracter mariage ou se donner en adoption (art. 413-6 et 413-8), le mineur peut librement exercer ses droits civils. En conséquence, il est privé des institutions habituelles de protection que sont l'autorité parentale (art. 413-7)[3] et la tutelle. Cette émancipation existe dans deux cas. Elle résulte du mariage de l'intéressé (art. 413-1)[4] ou d'une décision de justice rendue, à la demande de l'un au moins des parents (le conseil de famille si le mineur est resté sans père et mère), par le juge des tutelles qui vérifie l'existence « de justes motifs » (art. 413-2).

586 **Deuxième limite : les pré-majorités spéciales.** La deuxième limite résulte du développement de l'idée d'autonomie des mineurs. Sans

1. Art. 161 s., v. ss 92.
2. Désormais, il peut être commerçant, s'il obtient l'autorisation du juge.
3. Par faveur pour le mineur émancipé, la jurisprudence a maintenu à son profit le devoir parental d'entretien : Civ. 2e, 9 juill. 1973, *Bull. civ.* II, n° 222.
4. Une telle possibilité d'émancipation est rare, pour des raisons théorique (l'âge nubile étant fixé en principe à dix-huit ans, l'émancipation par mariage est en principe sans intérêt) et pratique (le faible nombre de mariages de jeunes mineurs de quinze ans ou plus). Pour les règles relatives à l'âge légal pour se marier, v. ss 90.

leur reconnaître la pleine capacité, le droit les traite de moins en moins comme des personnes incapables. D'où l'existence de mesures particulières, dérogeant dans des domaines divers et de façon variable à l'incapacité et à la représentation.

– *Certaines de ces mesures sont « substantielles »*. Elles donnent un véritable pouvoir de décision (ou au moins de participation à la décision) au mineur. Elles concernent souvent des questions personnelles, qu'il est logique de ne pas abandonner au pouvoir exclusif d'un représentant. Ainsi en matière de mariage[1], de reconnaissance d'enfant naturel[2], d'interruption volontaire de grossesse[3], de contraception, de recherche biomédicale[4], de don d'éléments ou produits du corps humain[5], de décision relative à la santé[6]. Mais elles existent aussi en matière patrimoniale. Le droit laisse ainsi au mineur sa liberté testamentaire (à partir de seize ans)[7], son autonomie professionnelle, sa liberté de gérer son argent de poche... C'est même un pouvoir général d'agir qui lui a été conféré en matière patrimoniale par la loi du 4 juin 1970. S'inspirant de la jurisprudence antérieure, cette loi a en effet prévu que le mineur devait être représenté dans tous les actes de la vie civile sauf les cas où « l'usage autorise les mineurs à agir seul » (anc. art. 450 ; « à agir lui-même » dit l'article 408 aujourd'hui). Passant de l'usage à l'acte usuel, la doctrine considère généralement que les mineurs sont ainsi autorisés à conclure les actes courants (acquisition de fournitures scolaires, achat de denrées alimentaires, etc.), La doctrine s'interrogeait sur le point de savoir si ces actes encouraient une éventuelle sanction pour lésion (v. ss 587)[8]. La loi le dit explicitement aujourd'hui (art. 1149).

1. V. ss 61.
2. V. ss 446.
3. CSP, art. L. 2212-7.
4. CSP, art. L. 1122-2.
5. CSP, art. L. 1221-5 (don de sang) et L. 1241-3 (don de moelle osseuse au profit du frère ou de la sœur).
6. CSP, art. L. 1111-4 (le texte impose de « rechercher » le consentement du mineur s'il est apte à exprimer sa volonté) et L. 1111-5 (le consentement du mineur suffit lorsqu'un traitement ou une intervention s'impose pour sauvegarder sa santé et qu'il s'oppose à la consultation du ou des titulaires de l'autorité parentale).
7. C. civ., art. 904
8. Cette condition était généralement posée en doctrine, l'idée étant que le droit entendait conférer une liberté minimale au mineur et une sécurité juridique au tiers contractant ne voulait pas permettre au mineur de se léser au profit d'un tiers de mauvaise foi.

– *D'autres mesures sont de nature « procédurale ».* Elles imposent seulement au titulaire du pouvoir de décision d'entendre l'enfant mais ne donnent pas à ce dernier le pouvoir de participer à la décision.

La première procède de *l'article 388-1 du Code civil*, qui a été introduit par la loi du 8 janvier 1993[1] et dispose : « dans toute procédure le concernant, le mineur capable de discernement peut, sans préjudice des dispositions prévoyant son intervention ou son consentement, être entendu par le juge »[2]. La loi n° 2007-293 du 5 mars 2007 a renforcé ce statut procédural[3] : l'audition est désormais « de droit lorsque le mineur en fait la demande » ; ce n'est que si « son intérêt le commande » qu'il est entendu non par le juge lui-même mais par une personne désignée par ce dernier à cet effet ; le juge doit enfin s'assurer « que le mineur a été informé de son droit à être entendu et à être assisté par un avocat ». Une double limite demeure[4] : le mineur n'a pas le droit de prendre lui-même la décision le concernant ; juridiquement, il ne devient pas partie à la procédure.

La seconde résulte de *l'article 371-1, alinéa 3*, tel qu'issu de la loi du 4 mars 2002. Ce texte affirme que « les parents associent l'enfant aux décisions qui le concernent, selon son âge et son degré de maturité ». Limité, à la lettre et par sa place, à l'autorité parentale, ce texte a sans doute vocation à déborder ce champ strict et à prévaloir quelle que soit l'institution de protection dont bénéficie le mineur. Il pose un principe dont la portée était plus symbolique que pratique dans l'esprit du législateur mais qui pourrait, à l'avenir, être doté d'une portée positive par le juge. Quatre interprétations différentes peuvent en être données. Dans une interprétation minimale, il peut être analysé comme imposant seulement un devoir d'information du mineur : les parents (sans doute aussi le tuteur et le conseil de famille) n'auraient ainsi que

1. Loi destinée à transposer en droit interne la Convention de New York sur les droits de l'enfant.
2. Droit qui procède de l'autonomie personnelle : CEDH, 3 sept. 2015, n° 10161/13, *M. et M. c/ Croatie* ; CEDH, 2 févr. 2016, n° 71776/12, *N.T.S. c/ Géorgie*.
3. Notamment pour tenir compte de l'effet direct nouvellement reconnu à la Convention par la Cour de cassation, v. ss 28.
4. Ce sont les seuls motifs autorisant un refus d'audition : Civ. 1re, 18 mars 2015, n° 14-11.392.

l'obligation de prévenir l'enfant des décisions prises à son sujet. Dans une interprétation maximale, il conférerait au mineur une pré-majorité seulement subordonnée à son âge et son degré de maturité : l'enfant devrait désormais consentir à un voyage, une décision éducative... Une telle solution serait excessive (l'incapacité du mineur procède de son immaturité et constitue une mesure de protection nécessaire qu'il convient de maintenir) et contredirait directement la volonté fréquemment réaffirmée par le législateur de conforter l'autorité parentale. Une solution intermédiaire consiste à lire dans le texte une exigence de procédure : l'enfant doit participer à la discussion avec ses parents, exprimer son opinion, discuter avec ses auteurs des choix qui l'engagent. Une telle solution, tout à la fois respectueuse des pouvoirs parentaux et de l'intérêt de l'enfant, semble raisonnable. Elle apparaîtra néanmoins comme une sorte de vœu pieux car on s'interroge sur ses éventuelles sanctions. Une dernière interprétation pourrait consister à distinguer selon l'âge et la maturité de l'enfant : trop jeune, il ne serait qu'associé à la procédure, plus âgé il le serait à la décision. Cette interprétation, qui consacre le pluralisme au sein de l'incapacité, présente l'inconvénient d'être floue : quel âge, quelle maturité conduiront à passer de l'un à l'autre système ?

587 **Troisième limite : la sanction de l'incapacité.** Il faut en outre tenir compte des règles relatives à la sanction des actes accomplis par le mineur. Si l'acte en question est un acte de disposition, c'est-à-dire un acte de gestion grave (sur quoi, v. art. 496), la nullité, dite « de droit », est automatique : elle découle de la seule constatation de l'incapacité de son auteur. S'il ne s'agit que d'un acte d'administration, c'est-à-dire si l'acte est un acte de gestion courante, sa nullité ne sera prononcée que s'il est lésionnaire (art. 1149), c'est-à-dire s'il est déséquilibré ou inutile[1]. La nullité est relative : elle ne peut être demandée par le contractant (anc. art. 1125 ; art. 1147 et 1181) mais peut l'être par le mineur ou ses représentants pendant un court délai de cinq ans (anc. art. 2224) ; l'acte nul est susceptible de confirmation. La nullité produit les effets

1. Le texte écarte la nullité si la lésion « résulte d'un événement imprévisible ». Adde la limite résultant de l'art. 1151.

habituels : anéantissement de l'acte, dans le futur et le passé. La rétroactivité de la nullité est toutefois tempérée. Le Code civil n'impose en effet au mineur que de restituer « ce qui a tourné à son profit » comme disait la loi hier (anc. art. 1312 ; art. 1352-4) : le montant des restitutions ne peut donc dépasser la valeur dont son patrimoine s'est effectivement enrichi. Il s'agit d'éviter que l'obligation de restitution ne prive en réalité le mineur du bénéfice de la nullité.

588 **Institutions de protection du mineur.** L'immaturité du mineur le place donc dans une situation juridique particulière : il n'est pas en principe capable de conclure un acte juridique ; plus généralement, il ne peut présider seul à sa destinée. Afin de pallier cette inaptitude à défendre ses intérêts, le droit met en place des institutions de protection, c'est-à-dire qu'il charge telle ou telle personne, dans telles ou telles conditions, du pouvoir de diriger la vie du mineur et de gérer son patrimoine. Cette protection peut être assurée par deux modalités très différentes : l'autorité parentale, qui, comme son nom l'indique, est dévolue aux parents ; la tutelle, qui repose en principe sur la famille du mineur et ne se met en place qu'en cas de défaillance des père et mère du mineur (quelle qu'en soit la cause). La tutelle est une institution qui relève du droit des incapacités ; mais elle devra être sommairement décrite, parce que le droit de l'autorité parentale s'y réfère souvent. Ce dernier pourra alors être seul exposé dans le détail.

589 **Protection de l'enfant. Tutelle des mineurs. Cas.** Conformément à la société de l'époque, le Code civil de 1804 conférait à la famille élargie un rôle considérable dans la protection du mineur. Le rétrécissement des familles, la relative incurie des parents éloignés dans la protection de l'enfant et la promotion de la femme expliquent que les réformes successives aient accentué le rôle des père et mère et réduit la place des parents plus éloignés. Ce phénomène de vase communicant est évident si l'on s'attache à déterminer les cas dans lesquels il y a lieu d'ouvrir une tutelle (art. 390).

La tutelle est d'abord ouverte lorsque l'enfant n'a pas de filiation « légalement établie » (pour la signification de l'expression, v. ss 384, 399 et 419). La loi prévoit également qu'un tribunal statuant sur l'établissement du lien de filiation peut décider de confier provisoirement l'enfant à un tiers qui sera chargé de requérir l'organisation de la tutelle (art. 374-1, v. ss 656). La loi permet de substituer une administration légale à la tutelle, si l'un des parents reconnaît l'enfant après ouverture de la tutelle (art. 392).

La tutelle s'ouvre également lorsque les père et mère sont tous deux décédé(s) ou (et) privé(s) de l'autorité parentale (art. 373-1), pareille situation survenant soit parce qu'ils sont hors d'état de manifester leur volonté (en raison de l'incapacité, de l'absence ou de toute autre cause : art. 373) soit parce qu'un jugement leur a retiré leur autorité (art. 378 s.).

L'ouverture de la tutelle peut enfin être décidée à l'avance par le juge aux affaires familiales lorsqu'il statue sur l'exercice de l'autorité parentale entre parents séparés : le magistrat peut, en même temps qu'il confie l'exercice de l'autorité à l'un des parents, prévoir qu'à son décès l'enfant sera confié à un tiers avec ouverture d'une tutelle (art. 373-3 et 4, v. ss 656).

Il faut enfin préciser que la tutelle peut n'être ouverte que sur les biens : elle coexistera alors avec l'autorité parentale que les auteurs de l'enfant conserveront sur la personne de ce dernier. Le juge des tutelles a en effet le pouvoir de retirer aux parents leur pouvoir patrimonial de gestion à tout moment, et pour cause grave, soit d'office soit à la requête de parents ou alliés ou du ministère public (art. 391).

590 **Tutelle des mineurs. Fonctionnement.** La tutelle des mineurs est en principe une tutelle familiale, c'est-à-dire que les organes de protection sont en principe choisis au sein de la famille de l'intéressé.

Ces organes sont au nombre de trois. Le conseil de famille est un organisme collégial, désigné par le juge des tutelles parmi les parents et alliés des père et mère de l'enfant, les amis, voisins... (art. 398 s.). Le tuteur est désigné par le dernier vivant des parents ou, à défaut, par le conseil de famille (art. 404). Quant au subrogé-tuteur, il est choisi par le conseil de famille en son sein (art. 409 s.). Les fonctions ainsi assumées sont obligatoires pour les parents et alliés des père et mère (art. 394), personnelles (art. 407) et gratuites.

Ces organes assument ensemble la protection du mineur. Pour tout ce qui touche à la « personne » du mineur, la compétence est répartie entre le tuteur, qui « prend soin de l'enfant » au quotidien, et le conseil de famille, qui décide « des conditions générales de l'entretien et de l'éducation » du pupille en ayant égard à la volonté des père et mère (art. 401 et 408). Pour ce qui a trait au patrimoine du mineur, la répartition est comparable : le tuteur accomplit seul les actes d'administration, c'est-à-dire les actes « relatifs à la gestion courante du patrimoine », mais doit se munir d'une autorisation du conseil de famille dès lors qu'il s'agit d'un acte de disposition, c'est-à-dire d'un acte « qui engage (...) celui-ci de manière durable et substantielle » (art. 496). Le tuteur est sous le contrôle du subrogé-tuteur (art. 410)[1]. Ce contrôle s'exerce notamment grâce à l'inventaire établi à l'ouverture de la tutelle (art. 503) et grâce à la reddition de comptes à laquelle est tenu le tuteur chaque année (art. 510 s.). Autrefois tenu de gérer en « bon père de famille » (anc. art. 451), il « est (depuis la loi du 5 mars 2007) tenu d'apporter, dans (la gestion du patrimoine du pupille), des soins prudents, diligents et avisés, dans le seul intérêt » de l'enfant (art. 496). Les tutelles sont sous la surveillance du juge des tutelles et du procureur de la République, investis de pouvoirs de convocation, voire d'injonction à l'égard des organes tutélaires (art. 411-1). Tous les organes de la tutelle sont responsables, pendant cinq ans après la majorité de l'enfant, des dommages résultant d'une faute quelconque qu'ils auraient commise dans l'exercice de leur fonction (art. 412)[2].

S'il est impossible de constituer une tutelle familiale, le juge des tutelles peut décider d'ouvrir une tutelle étatique : dépourvue

1. Outre un pouvoir général de contrôle, la loi consacre parfois une véritable association du tuteur et du subrogé-tuteur : ainsi pour réaliser l'inventaire (art. 503) ou vérifier les comptes (art. 511, al. 2). Il est également prévu que les capitaux sont directement versés sur un compte ouvert au nom de l'enfant et que le subrogé-tuteur atteste du bon déroulement de l'opération d'emploi et de remploi (art. 497 et 498). De même encore, la loi du 5 mars 2007 prévoit que la vente des immeubles et fonds de commerce ne doit intervenir qu'après réalisation d'une mesure d'instruction exécutée par un technicien ou l'avis d'au moins deux professionnels qualifiés (art. 505, al. 3).

2. Pour le jeu de l'art. 1240, s'agissant de l'action en responsabilité ouverte à un tiers contre un organe de la tutelle, l'art. 412 ne pouvant être invoqué que par le majeur protégé, ses ayants droit et son représentant légal, v. Civ. 1re, 16 déc. 2015, n° 14-27.028 – sur la nullité éventuelle des délibérations du conseil de famille, v. art. 402.

de conseil de famille et de subrogé-tuteur, elle est déférée à la collectivité publique compétente en matière d'aide sociale à l'enfance (art. 411).

591 **Protection de l'enfant. Rôle des parents. Présentation générale.** En dehors de ces cas spécifiés, la protection du mineur est assumée par les parents qui exercent à son égard, ensemble ou séparément, l'autorité dite « parentale », et assument également le devoir d'entretenir l'enfant, c'est-à-dire de lui fournir tout ce qui est matériellement nécessaire à son bon développement. À la différence du devoir d'entretien, l'autorité parentale est une institution relativement moderne puisqu'elle date de la réforme du 4 juin 1970 qui l'a substituée à la puissance paternelle. Et le changement de terminologie est révélateur de l'institution contemporaine.

La puissance « paternelle », confisquée par le père, est devenue autorité « *parentale* », donc pouvoir dévolu aux deux parents. La loi de 1970 a pris acte d'une évolution sociologique (la modification du rôle des femmes dans la société) et d'un principe juridique (l'égalité des sexes). Mais elle n'avait pas été jusqu'au bout du principe. La première limite tenait à la question patrimoniale : avec la loi de 1970, le père conservait des pouvoirs prépondérants ; et cette solution perdura jusqu'à la réforme du 23 décembre 1985. La seconde limite est factuelle plus que juridique et tient dans l'avantage reconnu à la mère dans diverses situations, lorsque la communauté de vie entre parents n'existe pas, la loi ou la pratique ayant parfois tendance alors à considérer que la mère a plus de titre que le père à s'occuper de son enfant. Les lois du 22 juillet 1987 et du 4 mars 2002 ont tenté de remédier à cette inégalité, sans y parvenir complètement pour diverses raisons (sur quoi, v. ss 616 s.).

La « puissance » paternelle s'est en outre transformée en « *autorité* » parentale. La terminologie indique que les parents sont investis de prérogatives qu'ils exercent, non dans leur intérêt propre, mais dans l'intérêt d'autrui, en l'occurrence l'enfant. Et cette finalité fonde trois sortes de règles.

– Elle explique que chaque prérogative d'autorité parentale soit constituée d'un droit (d'agir) et d'un devoir (d'agir) dans l'intérêt du mineur, l'un et l'autre sanctionné (le droit sera protégé contre autrui, le devoir sera imposé aux parents).

– Elle fonde l'indisponibilité des prérogatives d'autorité : on peut disposer de son intérêt propre mais non point de celui d'autrui. Cette règle, affirmée en 1970, reste inchangée dans les textes (art. 376). Mais diverses limites lui sont apportées par la loi qui prend de plus en plus en considération les accords de volonté entre parents. La première tient dans le développement de la médiation avec la loi du 4 mars 2002 : afin de faciliter l'exercice « consensuel » de l'autorité parentale, le juge peut proposer voire imposer aux parents de recourir à la médiation (art. 373-2-10, v. ss 627). La seconde tient dans l'essor de la portée des accords substantiels. Jusqu'à la loi du 4 mars 2002, les pactes parentaux étaient un élément d'appréciation pour le juge appelé à statuer sur l'autorité parentale (art. 376-1), sauf dans le divorce sur requête conjointe, où ils faisaient partie de la convention homologuée par le juge et ne pouvaient être révisés que pour motif grave. La loi du 4 mars a reconnu aux parents en toutes situations la possibilité de saisir le juge d'une demande d'homologation de leur accord (art. 373-2-7, v. ss 626). En outre, depuis la loi du 18 novembre 2016, la convention de divorce réglera les questions relatives à l'enfant sans être contrôlée par le juge, du moins *a priori* (v. ss 200).

– Elle justifie d'autre part que les parents soient sous le contrôle de l'État : ce dernier, chargé de la protection des incapables, ne peut abandonner tous les pouvoirs aux parents et doit veiller à la sauvegarde des intérêts de l'enfant. Ce contrôle se traduit par des institutions civiles (assistance éducative, retrait d'autorité, délégation d'autorité, pouvoir judiciaire de trancher un différend) mais aussi par des mesures d'ordre social qui se développent, souvent en marge des principes civils. La crise économique et sociale frappe de plein fouet les enfants, qui sont soumis à la maltraitance des adultes ou abandonnés à eux-mêmes. Face aux statistiques de la délinquance des mineurs comme de la maltraitance dont ils sont victimes, les pouvoirs publics multiplient les armes, de droit pénal, civil, social... sans grand succès apparent si l'on en juge à l'aune du nombre de réformes successivement intervenues en la matière ces dernières années.

592 **Protection générale. Parenté ou parentalité ?** Le droit s'appuie en principe sur les parents de l'enfant pour ce faire, pour diverses raisons : vue du côté de l'enfant, la filiation est un « certificat d'aptitude parentale » assez convaincant ; vue du côté des parents, une sorte de droit naturel à assumer la charge de l'enfant existerait. « Qui fait l'enfant doit le nourrir », disait Loysel. « Qui fait l'enfant a le droit de s'en occuper », pourraient dire les tenants des droits fondamentaux. La Cour européenne des droits de l'homme juge d'ailleurs que le droit à la vie familiale intègre notamment le droit, pour les parents, d'exercer leur autorité, et de garder l'enfant auprès d'eux. Mais les progrès de la parentalité (sur quoi, v. ss 382) éprouvent ce modèle traditionnel.

593 **Plan.** *La protection* civile de l'enfant mineur qui incombe *aux parents* se traduit par l'autorité parentale et le devoir d'entretien : elle sera exposée dans un premier temps (CHAPITRE 1). Il faudra ensuite présenter *le contrôle étatique* existant : si le droit fait confiance aux parents, *a priori*, parce qu'il les estime les mieux placés pour conduire l'enfant jusqu'à l'âge adulte, il met toutefois en place des structures permettant, si nécessaire, de modifier la fonction dévolue aux parents pour assurer l'intérêt de l'enfant (CHAPITRE 2). Les chiffres attestent l'importance du contentieux lié à l'autorité parentale : 112 820 affaires nouvelles ont été soumises aux juges aux affaires familiales en 2006, 134 461 en 2010[1]. Le contentieux de la contribution parentale à l'entretien de l'enfant est important également : 26 201 demandes en 2006, auxquelles il faut ajouter une partie (sans doute non négligeable mais difficile à connaître) des 18 261 demandes ayant pour objet la contribution à l'entretien de l'enfant hors mariage ou aux aliments entre parents et alliés. Les chiffres indiquent aussi que 19 % environ des mineurs de moins de dix-huit ans ont bénéficié d'une mesure de protection de l'enfance en 2012, la moitié des prises en charge se faisant en milieu ouvert[2].

1. À rapprocher du chiffre des demandes en divorce : 179 976 en 2006, 175 261 en 2010.
2. Rapport de l'Observatoire national de l'enfance en danger, 30 mai 2013.

CHAPITRE 1

La protection parentale

594 **Protection parentale. Double traduction.** Pour accompagner l'enfant jusqu'à l'âge adulte et lui permettre d'accéder harmonieusement à la maturité, le droit fait d'abord confiance aux parents. Il les charge ainsi d'entretenir l'enfant, c'est-à-dire de lui apporter tout ce qui est nécessaire pour lui permettre de grandir (SECTION 1). Il leur confère en outre une autorité, un pouvoir – à la fois droit et devoir –, qui s'exerce tant sur la personne que sur les biens, le pouvoir de prendre en charge les intérêts de l'enfant, pour lui permettre de grandir et assurer la bonne gestion de ses biens (SECTION 2).

SECTION 1

LE DEVOIR PARENTAL D'ENTRETIEN

595 **Détermination.** Le devoir parental d'entretien est le devoir qu'ont les parents d'entretenir l'enfant, c'est-à-dire d'assumer tous les frais liés à sa vie, son éducation.

– *Son objet.* Il n'est pas sans rapport avec l'obligation alimentaire, quoiqu'il la dépasse dans son étendue car il ne se limite pas aux seuls aliments (v. ss 692), qui recouvrent strictement ce qui est nécessaire à la vie (comp. le rapport entre devoir de secours entre époux et contribution aux charges du mariage, v. ss 142).

– *Ses débiteurs.* Il lie tous les père et mère, qui l'assument *in solidum.* « Qui fait l'enfant doit le nourrir » disait Loysel. L'article 203 du Code civil semble l'attacher, il est vrai, au mariage. Mais cette présentation est inexacte : ce devoir est un effet, non du mariage, mais du lien de filiation. Et peu importe, à cet égard, le mode d'établissement du lien (titre, possession d'état, décision de justice). Dans le même ordre d'idée, on regrettera que la loi du 4 mars 2002 l'ait inséré dans les règles relatives à l'autorité parentale (art. 371-2) alors qu'il ne dépend pas de l'exercice de l'autorité[1]. Ce devoir ne pèse en revanche que sur les parents : les autres membres de la famille sont certes, le cas échéant, tenus par une obligation alimentaire (art. 205, v. ss 690), mais jamais par le devoir d'entretien, et encore leur devoir alimentaire est-il subsidiaire par rapport au devoir parental d'entretien. L'importance du devoir parental explique qu'il passe à la charge de la succession des auteurs de l'enfant. Finalement, seule l'impossibilité de s'en acquitter en dispense le(s) parent(s).

– *Sa durée.* Il n'existait traditionnellement que pendant la minorité de l'enfant. Parvenu à ses dix-huit ans, l'enfant devient en effet capable. Il en résulte qu'il est soustrait à l'autorité parentale (ou la tutelle). Il était en même temps autrefois privé du devoir d'entretien, la loi considérant alors qu'il était à la fois apte à veiller lui-même à ses propres intérêts et à subvenir seul à ses propres besoins. Cette solution était toutefois écartée par la jurisprudence si l'enfant majeur poursuivait des études dans des conditions normales, de telle sorte qu'il ne pouvait lui-même s'assumer financièrement[2]. La réforme du 4 mars 2002 a consacré la solution : l'article 371-2, alinéa 2, prévoit désormais que cette « obligation ne cesse pas de plein droit lorsque l'enfant est majeur ». La modification formelle pourrait bien aller de pair avec

1. V. ainsi art. 373-2-1, al. 3, qui maintient le devoir à la charge du parent n'exerçant pas l'autorité après séparation des parents. V. aussi art. 375-8 qui maintient le devoir en cas d'assistance éducative, alors même qu'elle a conduit à des mesures qui peuvent être incompatibles avec certaines prérogatives d'autorité parentale.

2. Civ. 18 mai 1967, *D.* 1967. 63.

une modification substantielle. Dans l'ordre de la preuve d'abord : alors qu'autrefois il appartenait à l'enfant majeur de prouver qu'il ne pouvait subvenir seul à ses besoins malgré sa majorité, la loi charge désormais les parents de justifier la cessation des versements en prouvant que le jeune majeur peut subvenir seul à ses moyens[1]. Dans l'ordre du fond du droit ensuite : alors qu'autrefois il fallait établir que l'on se trouvait dans une situation exceptionnelle justifiant la survie de l'obligation, on peut penser désormais que seule la preuve d'une autonomie financière prive l'enfant du devoir d'entretien (comp. art. 373-2-5).

596 **Mise en œuvre.** La mise en œuvre du devoir d'entretien renvoie à diverses questions.

– *La source des modalités d'exécution.* Les modalités de la contribution pourront être déterminées par une convention, homologuée par le juge (art. 373-2-2) ou non (sur la convention dans le divorce contractuel, v. ss 200). En cas de désaccord entre les parties (entre parents lorsque l'enfant est mineur[2] ; entre enfant et parent(s) lorsque l'enfant est majeur), c'est le juge qui en décidera (art. 373-2-2).

– *Le montant.* La contribution de chacun des parents est déterminée par ses ressources, celles de l'autre parent et les besoins de l'enfant (art. 371-2, al. 1er)[3]. S'il est saisi, le juge aux affaires familiales fixe ce montant après une appréciation souveraine des faits de la cause, étant précisé qu'il lui est interdit de se fonder sur une table de références[4].

– *Les modalités et garanties.* Dans une famille unie, le devoir d'entretien est quotidiennement exécuté (avec les charges du mariage s'il y a mariage, v. ss 144). En l'absence de vie commune,

1. Civ. 1re, 9 janv. 2008, *Bull. civ.* I, n° 1 ; Civ. 1re, 7 nov. 2012, n° 12-17.394 : « il appartient au débiteur de la contribution de rapporter la preuve des circonstances permettant de l'en décharger ».

2. Par exemple dans le cadre d'un divorce, ou d'une action en recherche de paternité. La Cour de cassation permet à la mère d'agir en contribution même lorsque l'action est exercée par l'enfant majeur : Civ. 1re, 9 nov. 2016, n° 15-27.246.

3. Civ. 1re, 17 nov. 2010, *Bull. civ.* I, n° 234 : « pour la détermination de la contribution de chacun des parents à l'entretien et à l'éducation des enfants, les allocations familiales peuvent être prises en compte au titre des ressources dont chacun d'eux dispose ». En revanche, ne doivent être pris en compte ni les revenus du concubin du parent, car il n'est pas tenu d'une obligation alimentaire à l'égard de l'enfant (Civ. 1re, 21 oct. 2015, n° 15-25.132), ni la prestation compensatoire perçue par le créancier de la contribution (Civ. 1re, 19 nov. 2014, n° 13-23.732).

4. Civ. 1re, 23 oct. 2013, n° 12-25.301.

il prend le plus souvent la forme d'une pension versée par le parent qui n'assume pas la charge matérielle de l'enfant au parent ou au tiers qui l'assume (art. 373-2-2[1] ; ou à l'enfant s'il est majeur)[2]. Il pourra également prendre la forme d'une prise en charge des frais exposés pour l'enfant ou d'un droit d'usage ou d'habitation (art. 373-2-2, comp. ss 272)[3]. Il pourra aussi être exécuté sous la forme du versement d'un capital ou de l'octroi d'un usufruit ou de l'affectation de biens productifs de revenus (art. 373-2-3, comp. ss 272). Enfin, depuis la loi du 23 décembre 2016, le juge peut prévoir le paiement de la pension alimentaire au directeur de l'organisme débiteur des prestations familiales en cas de menaces ou violences volontaires sur le parent créancier ou l'enfant (si elles ont fait l'objet d'une plainte ou justifié une condamnation ou sont relatées dans une décision de justice, par exemple un jugement de divorce).

– *Les variations.* Comme l'obligation alimentaire, le devoir d'entretien varie en fonction des besoins de l'enfant et des facultés de chaque parent. Il est en outre indexé. En cas de versement initial s'avérant finalement insuffisant, un complément peut être demandé, notamment sous forme de pension alimentaire (art. 373-2-4)[4].

– *L'indisponibilité.* Le devoir d'entretien est d'ordre public. L'enfant ne peut ni y renoncer ni le céder[5].

– *Les voies d'exécution.* Le devoir d'entretien bénéficie des modes de recouvrement spécifiques qui sont destinés à assurer l'exécution des dettes alimentaires (v. ss 700).

---

1. La convention ou le juge doivent fixer les modalités et les garanties de cette pension. Il est possible de prévoir le paiement par virement ou tout autre moyen de paiement.

2. Civ. 1re, 11 févr. 2009, *Bull. civ.* I, n° 26 : « lorsque le parent qui assume à titre principal la charge d'un enfant majeur, qui ne peut lui-même subvenir à ses besoins, demande à l'autre parent de lui verser une contribution à son entretien et à son éducation, le juge peut décider ou les parents convenir que cette contribution sera versée en tout ou partie entre les mains de l'enfant ; cette faculté n'est pas subordonnée à une demande de l'enfant ». Le cas échéant le versement peut être opéré à un tiers. Tel est le cas lorsqu'aucun des parents n'est en charge de l'enfant : enfant confié à un tiers, enfant placé hors de son milieu familial naturel par le juge de l'assistance éducative, délégation d'autorité parentale disparaissant rétroactivement.

3. Pour un ex. d'exécution en nature par occupation du logement, v. Civ. 1re, 10 juill. 2013, n° 12-21.097.

4. Sur le pouvoir des organismes débiteurs des prestations familiales, v. projet de loi de programmation pour la Justice 2018-2022, art. 6.

5. V. ainsi la nullité d'une convention de concubinage qui stipulait le versement, à ce titre, d'une somme forfaitaire en cas de rupture : Civ. 1re, 20 juin 2006, *Bull. civ.* I, n° 312.

– *La rigueur spécifique du devoir d'entretien.* Le devoir d'entretien déroge doublement au droit commun des aliments : le droit se montre plus rigoureux à l'égard des père et mère qu'à l'égard des autres débiteurs d'aliments, en se fondant sur la responsabilité toute particulière qu'ont les père et mère dans l'existence même de l'enfant. Le droit écarte en premier lieu la règle « aliments ne s'arréragent pas » (sur quoi, v. ss 701)[1]. Il exclut en second lieu la possibilité de décharge du débiteur pour faute du créancier (v. ss 691), pour la simple raison que le devoir parental est unilatéral et échappe donc à ce qui ressemble fort à une sorte d'exception d'inexécution[2].

SECTION 2
L'AUTORITÉ PARENTALE

597 **Plan.** L'autorité parentale confère aux parents[3] un pouvoir considérable, que la loi du 4 mars 2002 s'est employée, sans grand succès, à redéfinir dans son contenu. L'article 371-1 affirme ainsi : « l'autorité parentale est un ensemble de droits et de devoirs ayant pour finalité l'intérêt de l'enfant. Elle appartient aux parents jusqu'à la majorité ou l'émancipation de l'enfant pour le protéger dans sa sécurité, sa santé et sa moralité, pour assurer son éducation et permettre son développement, dans le respect dû à sa personne ». On analysera d'abord le contenu de ce pouvoir (**§ 1**), ensuite les modalités d'exercice mises en place (**§ 2**), modalités qui ont profondément changé depuis 1970, le législateur s'efforçant de maintenir le duo parental alors même que les parents ne forment plus un couple uni, afin de permettre à l'enfant de conserver ses deux parents.

---

1. Civ. 2e, 29 oct. 1980, *Bull. civ.* II, n° 226. Cette règle empêche le créancier d'aliments de poursuivre en justice le recouvrement des sommes échues et non réclamées.
2. Civ. 2e, 17 juill. 1985, *Bull. civ.* II, n° 139.
3. La loi du 17 mai 2013 a remplacé les mots « père et mère » par parents, pour tenir compte de l'ouverture de l'adoption conjointe aux homosexuels, qui ouvre sur une autorité conférée à deux pères, ou deux mères.

§ 1. Le contenu du pouvoir

598 L'autorité concerne la personne de l'enfant (**A**) mais aussi son patrimoine (**B**).

A. La personne de l'enfant

599 **Plan.** Il faut élever l'enfant afin de lui permettre de s'assumer à l'âge adulte. Dans cette perspective, traditionnellement, la loi attachait deux prérogatives à l'autorité parentale : la garde (**1**) et l'éducation (**2**), la surveillance pouvant être rattachée à l'une comme à l'autre des deux autres prérogatives (anc. art. 371-2). Elles ont formellement disparu depuis la loi du 4 mars 2002 : l'article 371-1, alinéa 2, ne définit plus l'autorité que par sa finalité, à savoir protéger l'enfant dans sa sécurité, sa santé et sa moralité, assurer son éducation et permettre son développement dans le respect dû à sa personne. Nonobstant cette nouvelle définition légale, il semble bien que le contenu de l'autorité parentale demeure inchangé.

1. La garde

600 **Mode de vie du mineur. Droits des tiers.** Bien qu'elle ne soit plus visée que dans un cas particulier, la garde reste la prérogative centrale de l'autorité parentale.

Outre le pouvoir de *garder l'enfant* avec soi, explicitement consacré par la loi (art. 371-3), la garde est le pouvoir de décider à titre général du *mode de vie de l'enfant*, de ses relations, de ses occupations. Elle a pour corollaire le pouvoir de surveillance de l'enfant, notamment dans les relations qu'il entretient avec les tiers.

Elle est protégée par d'éventuelles *sanctions pénales* qui pourraient frapper, soit les parents qui l'exerceraient mal, soit les tiers qui porteraient atteinte au pouvoir parental. La loi du 3 juin 2016 a créé un nouvel article 371-6, qui subordonne *la sortie de territoire national* de l'enfant à une autorisation de sortie d'un titulaire de l'autorité parentale lorsque l'enfant n'est pas accompagné d'un titulaire de l'autorité.

Mais elle connaît trois limites, en vertu desquelles les parents sont tenus de respecter les relations personnelles nouées entre l'enfant et autrui.

Tel est d'abord le cas pour *les relations de l'enfant avec ses ascendants*. Reprenant la jurisprudence antérieure, la réforme de 1970 avait consacré un véritable « droit » des grands-parents à « entretenir des relations personnelles » avec leurs petits-enfants (anc. art. 371-4, al. 1er). La jurisprudence avait donné au texte une interprétation large : elle l'avait étendu à tous les ascendants[1] ; elle avait inclus dans « les relations personnelles » un droit de visite et d'hébergement[2] ainsi qu'un droit de correspondance ; elle avait imposé aux parents qui souhaitaient s'opposer à de telles relations la charge de justifier de « motifs graves »[3], souverainement appréciés par le juge aux affaires familiales. La loi du 4 mars 2002 a recentré le dispositif sur l'enfant : c'est à lui qu'est conféré le droit d'entretenir des relations personnelles avec ses ascendants ; « seul » son intérêt peut faire obstacle à ce droit (art. 371-4, al. 1er).

Tel est ensuite le cas pour *les éventuelles relations que l'enfant aurait nouées avec des tiers*. La loi de 1970 avait permis au juge aux affaires familiales « en considération de situations exceptionnelles » d'accorder un droit de correspondance ou de visite à toute personne, parente ou non du mineur (anc. art. 371-4, al. 2). La loi du 4 mars 2002 a recentré là encore la mesure sur l'enfant : des « circonstances exceptionnelles » ne sont plus requises, il suffit que « tel soit l'intérêt de l'enfant » ; ce sont très généralement des « relations » avec des tiers qui peuvent être ainsi imposées aux parents. Pour autant, on imagine que ce sont les mêmes hypothèses pratiques qui se rencontreront : parrain ou marraine souhaitant s'occuper d'un(e) filleul(e) ; personne ayant élevé l'enfant lors de la maladie des parents ou lors d'un abandon et souhaitant préserver la relation affective ; éventuelle demande d'un ex-beau père ou d'une ex-belle-mère attaché(e) à l'enfant[4] ; etc. (comp.

1. TGI Paris 3 juin 1976, *D.* 1977. 303.
2. Civ. 1re, 5 mai 1986, *D.* 1986. 496.
3. Civ. 1re, 1er déc. 1982, *Bull. civ.* I, n° 346.
4. Par ex. CA Besançon, 1er sept. 2016, n° 15/00916, octroyant un droit de visite à l'ancienne compagne de la mère malgré des relations conflictuelles entre les deux intéressées. Comp. Civ. 1re, 23 oct. 2013, n° 12-20.560, refusant un droit de visite en se fondant sur l'intérêt de l'enfant.

art. 337, v. ss 501). La loi du 17 mai 2013 a précisé que tel était le cas « en particulier lorsque ce tiers a résidé de manière stable avec lui et l'un de ses parents, a pourvu à son éducation, à son entretien ou à son installation, et a noué avec lui des liens affectifs durables »[1].

Tel est enfin le cas *des relations personnelles de l'enfant avec ses frère et sœur.* Depuis la loi du 30 décembre 1996, et sur proposition du parlement des enfants, l'article 371-5 prévoit en effet que « l'enfant ne doit pas être séparé de ses frères et sœurs, sauf si cela n'est pas possible ou si son intérêt commande une autre solution. » Ce n'est donc qu'à titre exceptionnel qu'une séparation peut être décidée, l'appréciation des juges étant ici nécessairement souveraine. En cas d'opposition parentale, la loi précise que « le juge statue sur les relations personnelles entre les frères et sœurs ». Le même contenu doit ici être donné aux « relations personnelles » (droit de visite, d'hébergement, de correspondance...).

2. L'éducation

601 **Pouvoir général.** Le pouvoir d'éducation conféré aux père et mère est général et recouvre tous les domaines : intellectuel, philosophique, religieux, politique, professionnel... Il se traduit à la fois par des choix de principe et par des décisions d'application (inscription dans les établissements scolaires, achat de livres, pratique religieuse...).

B. La gestion du patrimoine de l'enfant

602 **Plan.** Le droit confère aux parents un pouvoir de gestion sur les biens mais aussi un droit particulier, le droit de jouissance légale.

603 **Les pouvoirs de gestion.** Si le mineur est à la tête d'un patrimoine effectif, il appartient à ses père et mère de gérer ses biens : ils en sont les administrateurs légaux (art. 382). La loi leur donne à cet effet le pouvoir de représenter leur enfant : il leur appartient de conclure tout acte juridique conforme à l'intérêt de l'enfant au nom et pour le compte de celui-ci.

1. Civ. 1re, 13 juill. 2017, n° 16-24.084.

Ce pouvoir cesse en cas de conflit entre les intérêts de l'enfant et ceux de l'administrateur : en pareil cas, un administrateur *ad hoc* doit être nommé par le juge des tutelles, à la demande des administrateurs légaux, ou, à défaut, du ministère public, du mineur, ou même d'office (art. 383).

Il est également écarté sur les biens qui ont été donnés ou légués[1] au mineur[2] sous condition d'être administrés par un tiers (art. 384)[3], la loi précisant alors que le tiers a les pouvoirs conférés par l'acte qui l'a investi ou, à défaut, ceux d'un administrateur légal. S'il refuse sa mission ou se trouve dans l'une des situations prévues aux articles 395 (causes d'incapacité d'exercer la charge de la tutelle) et 396 (causes de retrait de la charge de la tutelle), le juge des tutelles désigne un administrateur *ad hoc* pour le remplacer.

Le pouvoir parental d'administrer les biens de leur enfant mineur ne se traduit pas seulement par *le droit* d'accomplir des actes juridiques sur le bien de l'enfant : il impose aussi à l'administrateur *la charge* de fournir des soins prudents, diligents et avisés, dans le seul intérêt du mineur (art. 385), faute de quoi il engage *sa responsabilité* (art. 386)[4].

La reconnaissance légale d'un pouvoir de représentation explique le jeu d'institutions comparables à celles existant en matière de tutelle : contrôle et pouvoirs du juge des tutelles et du procureur de la République (art. 387-6) ; contrôle éventuel des comptes (art. 387-5).

604 **Le droit de jouissance légale.** Pour éviter une trop grande disparité dans le train de vie de l'enfant et celui de ses parents (comp. la contribution aux charges du mariage, v. ss 142), la loi attribue un droit de jouissance légale aux parents. C'est un usufruit légal, portant sur tous les biens du mineur (à l'exception de ceux qu'il aurait

1. Sur la qualification de legs, v. Civ. 1re, 11 févr. 2015, n° 13-27.586 ; 10 juin 2015, nos 14-18.856 et 14-20.146.

2. Peu importe la réserve héréditaire de l'enfant (Civ. 1re, 6 mars 2013, n° 11-26.728) ou l'intérêt de l'enfant (Civ. 1re, 26 juin 2013, n° 11-25.946).

3. La disposition est conforme à la Constitution, le droit de mener une vie familiale normale n'impliquant pas que l'administration de biens donnés ou légués soit confiée aux parents : Civ. 1re, 15 juin 2017, n° 17-40.035.

4. Les parents exerçant en commun leur autorité sont solidairement responsables.

acquis par son travail ou de ceux qui lui auraient été donnés ou légués sous la condition d'être soustraits à cet usufruit ou de ce qu'il reçoit en réparation d'un préjudice extra-patrimonial dont il a été victime : art. 386-4). Comme tout usufruit, il confère aux père et mère le droit d'user et jouir de ces biens, à charge pour eux d'assumer les charges de cette jouissance (art. 386-3), d'en conserver la substance et d'en respecter la destination initiale. Son particularisme est limité : il doit être affecté au service prioritaire de l'enfant mineur considéré (art. 386-3) ; il est subordonné à l'existence d'un inventaire des biens du mineur (art. 386) ; il est lié à l'exercice de l'administration légale (art. 386-1) mais disparaît dès les seize ans révolus du mineur (art. 386-2)[1].

§ 2. L'exercice du pouvoir

605 **Répartition des pouvoirs.** L'autorité étant « parentale », la question délicate est de déterminer qui des père et mère peut faire quoi. Tout dépend, en réalité, de la modalité d'exercice retenue. L'autorité parentale peut en effet soit être exercée en commun par les parents (on parle alors d'« exercice conjoint » de l'autorité parentale), soit être exercée unilatéralement par un seul des parents (on parle alors d'« exercice unilatéral » de l'autorité parentale). La modalité retenue est en principe générale, c'est-à-dire qu'elle concerne en principe aussi bien la direction de la personne du mineur que la gestion de ses biens (art. 383). Le fonctionnement de ces deux modalités sera présenté (**A**) puis le domaine de chacune d'elles exposé (**B**).

A. Le fonctionnement des deux modalités

1. L'exercice en commun de l'autorité parentale

606 **Plan.** Procédant d'une même inspiration, les règles techniques diffèrent selon que l'autorité parentale concerne la personne ou les biens.

1. Ou également en cas de retrait de l'autorité sur la personne ou de cessation de l'administration légale ; ou pour les causes qui entraînent extinction de tout usufruit.

a. L'autorité sur la personne

607 **Exercice de l'autorité et gravité de l'acte considéré.** L'exercice en commun de l'autorité parentale varie selon qu'il est, ou non, question d'un acte usuel.

S'il s'agit d'accomplir *un « acte usuel »*, chaque parent est réputé avoir reçu l'accord de l'autre parent pour l'effectuer (art. 372-2). Concrètement, cela signifie que rien ne pourra être reproché au tiers avec lequel le parent a contracté, si du moins ce tiers est de bonne foi. Peu importe à cet égard l'existence, ou l'absence, dans la réalité, d'un tel accord parental. En revanche, cette règle qui n'est destinée qu'à simplifier la vie quotidienne en permettant à chacun d'agir seul, au jour le jour, ne préjuge en rien de la solution devant l'emporter dans un éventuel conflit parental : l'un des parents pourra reprocher à l'autre d'avoir accompli un tel acte malgré son opposition.

Hors le domaine des actes usuels en revanche, les parents doivent agir conjointement : *les questions importantes* relatives à la personne du mineur doivent ainsi être l'objet d'une codécision. Un éventuel désaccord sera réglé par le juge (v. ss 627). Les tiers qui accepteraient de traiter avec un seul parent le feraient alors à leurs risques et périls.

La qualification « acte usuel » est donc déterminante : l'expression renvoie à la double idée d'un acte de faible gravité et d'un acte qu'il est d'usage d'accomplir seul. Au-delà des cas simples, cette qualification n'est pas toujours aisée. *Quid* d'un traitement médical ? *Quid* d'une sortie du territoire national ? Le Conseil d'État a ainsi considéré que chaque parent pouvait obtenir l'inscription de l'enfant mineur sur son passeport, sans avoir à justifier de l'accord de l'autre[1]. Pour éviter les enlèvements internationaux d'enfants, la loi[2] a donc prévu que le juge aux affaires familiales pouvait ordonner l'inscription sur le passeport des parents de l'interdiction de sortie de l'enfant du territoire français

1. CE, 8 févr. 1999, *Defrénois* 1999. 944.

2. Cette restriction à la liberté de circulation a été jugée conforme aux droits fondamentaux car elle poursuit une finalité légitime (la protection des droits et libertés d'autrui), ne conduit pas à une interdiction absolue, et que le juge peut toujours la réexaminer, si bien qu'elle n'est pas illimitée dans le temps : Civ. 1re, 8 mars 2017, n° 15-26.664.

sans l'autorisation des deux parents, cette interdiction étant inscrite au fichier des personnes recherchées par le procureur de la République (art. 373-2-6)[1].

b. L'administration des biens

608 **Administration légale. Pouvoirs des parents. Contrôle du juge.** La loi pose un cadre qui peut être aménagé par le juge.

– *Le cadre légal.* La détermination des pouvoirs parentaux sur les biens varie selon la gravité de l'acte projeté (art. 389-4 et 389-5).

S'il s'agit d'un *acte d'administration*, catégorie qui inclut tous les actes de gestion courante (art. 496, al. 3, réd. L. 5 mars 2007), chacun est réputé « à l'égard des tiers » avoir reçu de l'autre le pouvoir d'agir seul (art. 389-4). Il s'agit là encore de faciliter la vie quotidienne en dispensant les parents de devoir conclure ensemble tel ou tel contrat de faible gravité. Là encore, seuls les tiers de bonne foi doivent être protégés[2].

S'il s'agit en revanche d'un acte « de disposition », catégorie qui englobe tous les actes qui engagent le patrimoine de manière durable et substantielle, les deux parents doivent agir de concert : ils ne peuvent l'un sans l'autre conclure l'acte. À défaut d'accord, l'acte doit être autorisé par le juge des tutelles, qui statue en fonction de l'intérêt de l'enfant (art. 387).

Pour *certains actes de disposition graves* (vente ou apport en société d'un immeuble ou fonds de commerce, conclusion d'un emprunt, renonciation à un droit, etc.), l'accord parental ne suffit pas : il faut en outre obtenir l'autorisation du juge des tutelles (art. 387-1 ; *adde* art. 388-1-2).

Enfin, il est *des actes purement et simplement interdits* : aliénation gratuite des biens ou droits du mineur ; transfert dans un patrimoine fiduciaire des biens ou des droits du mineur, etc. (art. 387-2).

---

1. Pour le maintien de l'interdit en présence d'un conflit persistant et alors que le père unilatéralement décide du lieu de vie et de scolarisation de l'enfant, v. Civ. 1re, 16 déc. 2015, n° 15-10.442.
2. Le silence du texte explique les hésitations doctrinales. On peut toutefois penser que seule la bonne foi justifie qu'un tiers soit à l'abri de tout reproche du parent qui n'a pas, en réalité, donné son accord à l'autre.

– *L'aménagement judiciaire.* Le juge peut renforcer la protection des intérêts de l'enfant.

Il peut d'abord étendre le domaine dans lequel son autorisation est requise avant de conclure un acte : l'article 387-3 lui donne en effet le pouvoir de décider que certains actes seront soumis à son autorisation préalable, mais cette mesure doit être « indispensable à la sauvegarde des intérêts du mineur », et il convient de prendre en considération la composition ou la valeur du patrimoine, l'âge du mineur, ou sa situation familiale. Cette décision peut intervenir, soit à l'occasion du contrôle de l'un des actes de disposition visés à l'article 387-1, soit à la demande des parents ou de l'un d'eux ou du ministère public ou de tout tiers ayant connaissance d'actes ou omissions qui compromettent manifestement et substantiellement les intérêts patrimoniaux du mineur ou d'une situation de nature à porter un préjudice grave à ceux-ci.

Il peut ensuite, à l'occasion de la conclusion d'un acte supposant son autorisation, *exiger l'établissement d'un inventaire* et son actualisation annuelle (art. 387-4).

609 **Droit de jouissance légale.** Puisqu'il est attaché à l'administration légale, le droit de jouissance légale est attribué aux deux parents, qui sont ainsi co-titulaires d'un usufruit sur les biens de leur enfant mineur (art. 386-1).

2. L'exercice unilatéral de l'autorité parentale

610 **Plan.** Ici aussi l'exercice unilatéral de l'autorité sur la personne (**a**) et l'exercice unilatéral de l'autorité sur les biens (**b**) relèvent de la même inspiration, même si les règles techniques diffèrent.

a. L'autorité parentale sur la personne

611 **Diversité.** L'exercice unilatéral de l'autorité parentale fonctionne selon un schéma simple qui varie quelque peu selon l'enfant qu'il s'agit de diriger.

612 **Pouvoir du parent chargé d'exercer l'autorité. Contrôle du juge.** Ce mode d'exercice confère au parent qui exerce l'autorité de grands pouvoirs sur la personne de l'enfant : il a seul le pouvoir d'agir, quelles que soient la décision considérée et la nature du lien de filiation. Ni l'autre parent ni le juge n'ont en principe le pouvoir de participer à la décision. La seule limite des pouvoirs du parent

exerçant l'autorité tient au fait qu'il doit, conformément à sa fonction, agir dans l'intérêt de l'enfant. Le parent qui n'exerce pas l'autorité pourra donc, le cas échéant, saisir le juge au motif que la décision prise n'est pas conforme à cet intérêt.

613 **Droit de visite et d'hébergement. Droit de surveillance.** Les prérogatives de l'autre parent varient selon la situation.

Lorsque l'exercice unilatéral de l'autorité fait suite à la séparation des parents, la loi reconnaît au parent écarté un double droit.

L'article 373-2-1 tel qu'issu de la loi du 4 mars 2002[1] lui reconnaît en premier lieu *un droit de visite et d'hébergement*, dont l'exercice ne peut lui être refusé que pour « des motifs graves ». La loi du 5 mars 2007 a autorisé le juge, lorsque « la continuité et l'effectivité des liens de l'enfant avec ce parent l'exigent », à organiser ce droit dans un espace de rencontre désigné à cet effet. Depuis la loi du 9 juillet 2010, le juge peut organiser les modalités de la remise de l'enfant à ce parent de telle sorte qu'elle présente toutes les garanties nécessaires : il peut ainsi prévoir qu'elle s'effectue dans un espace de rencontre qu'il désigne, ou avec l'assistance d'un tiers de confiance ou du représentant d'une personne morale qualifiée.

Le texte confère en outre au parent qui n'exerce pas l'autorité *le droit et le devoir de surveiller l'entretien et l'éducation de l'enfant.* À cet effet, il doit être informé de tous les « choix importants relatifs à la vie de ce dernier ». La loi n'envisageant pas explicitement la possibilité de lui ôter ce droit de surveillance, il semble qu'il est intangible.

Qu'en est-il lorsque l'autorité parentale est exercée unilatéralement en dehors de toute séparation des parents ? Le texte figurant dans un paragraphe relatif à « l'exercice de l'autorité par les parents séparés » semble *a priori* réservé à cette hypothèse. La question ne se pose pas, par hypothèse, lorsque l'enfant n'a qu'un

1. Jusqu'à la loi du 4 mars 2002, cette solution ne valait que pour l'enfant légitime. L'enfant naturel était soumis à des règles différentes : le parent qui n'exerçait pas l'autorité pouvait prétendre à un droit de surveillance, mais l'attribution de ce droit n'était pas automatique et devait être décidée par le juge aux affaires familiales ; quant au droit de visite et d'hébergement, il existait en principe mais pouvait lui être retiré par le juge aux affaires familiales « pour des motifs graves ». Cette différence de traitement a été supprimée par la loi du 4 mars 2002.

parent : il ne peut être alors question d'attribuer à l'autre un droit quelconque. Mais *quid* lorsque l'enfant a deux parents, qui ne sont pas séparés, mais dont un seul exerce l'autorité ? Lorsque l'un des parents a été privé en justice de l'exercice de l'autorité, c'est le tribunal qui décide de l'étendue du retrait, total ou partiel : il lui est donc sans doute loisible de maintenir un droit de surveillance au profit du parent écarté (art. 378 s.). Lorsque l'exercice de l'autorité parentale a été perdu en raison de l'inaptitude d'un parent à consentir (notamment en raison de la maladie), il appartient au juge d'apprécier si l'état mental du parent lui permet de conserver telle ou telle prérogative d'autorité parentale : qui peut le plus peut le moins. On peut alors imaginer que le juge maintienne un droit de surveillance et, éventuellement, un droit de visite (notamment si le parent est soigné dans un établissement spécialisé)[1].

b. L'administration des biens

614 **Lien avec l'autorité sur la personne.** Autorité parentale sur la personne et gestion des biens sont liées à un double titre : l'exercice unilatéral de l'autorité parentale sur la personne va en principe de pair avec l'exercice unilatéral du pouvoir de gestion sur les biens du mineur (art. 382 ; sous réserve de l'ouverture d'une tutelle : art. 391) ; le parent désigné pour exercer l'autorité sur la personne est en principe également en charge du patrimoine (art. 382).

615 **Administration légale sous contrôle judiciaire. Droit de jouissance légale.** Avant l'ordonnance du 15 octobre 2015, l'administration légale était placée « sous le contrôle du juge des tutelles » (art. 389-2) lorsque l'autorité parentale était exercée unilatéralement (v. ss 608). Cette administration légale « sous contrôle judiciaire » distinguait selon la gravité de l'acte : les actes trop graves étaient purement et simplement interdits, comme dans l'administration légale pure et simple ; les actes d'administration pouvaient

1. Il n'en résulte pas nécessairement que les parents sont « séparés » car cette notion suppose non seulement que la communauté de toit ait matériellement cessé mais encore que la volonté de vivre ensemble ait disparu. Le placement dans un établissement spécialisé ne signe pas toujours la mort d'un couple.

être accomplis par le parent investi de l'autorité ; quant aux actes de disposition, leur accomplissement supposait toujours une autorisation judiciaire (art. 389-6).

Au prétexte de la simplification et de l'égalité[1], et dans l'espoir caché de désengorger les tribunaux et d'économiser les fonds publics, l'ordonnance du 15 octobre 2015 a allégé le fonctionnement de l'administration légale attachée à l'exercice unilatéral de l'autorité. Hier comme aujourd'hui, l'administrateur a le pouvoir de conclure les actes d'administration. Quant aux actes de disposition, tout dépend : en principe, il peut les accomplir seul (alors qu'ils supposent l'accord des deux parents dans l'administration légale conjointe) ; dans certains cas, il doit être autorisé par le juge pour les conclure (art. 387-1) ; parfois, ils lui sont purement et simplement interdits (art. 387-2).

À la différence de ce qui se produit s'agissant de la protection de la personne de l'enfant, le parent écarté de l'exercice de l'autorité parentale n'est investi, en matière patrimoniale, d'aucune mission de surveillance, ne bénéficie d'aucun droit d'information... Il peut seulement saisir le juge en protestant contre l'acte accompli par l'autre, voire en demandant une modification des modalités d'exercice de l'autorité parentale.

Attaché à l'administration légale, le droit de jouissance légale bénéficie au parent investi du pouvoir de gestion des biens du mineur (art. 386-1).

B. Le domaine des deux modalités

616 **Plan.** L'exercice en commun de l'autorité est devenu le modèle, la modalité d'exercice à privilégier : parce qu'elle associe les père et mère, elle a le mérite évident de donner à l'enfant, dans sa vie personnelle et patrimoniale, un père et une mère, quelles que soient les vicissitudes que connaît par ailleurs le couple des auteurs de l'enfant. Les réformes successives ont donc étendu pro-

1. L'égalité entre parents impose-t-elle vraiment de traiter le parent exerçant l'autorité unilatérale comme ceux qui l'exercent conjointement ? Est-il identique de soumettre un acte à l'accord des époux ou de donner pouvoir à un seul de l'accomplir ? Curieuse conception de l'égalité consistant à faire, pour reprendre une jolie formule, comme si 1+1 = 1...

gressivement cette modalité d'exercice. Depuis la loi du 4 mars 2002, le Code civil pose des principes généraux (**1**) avant d'envisager la situation d'un enfant dont les parents sont séparés (**2**).

1. Les principes généraux

617 **Le principe de l'exercice conjoint.** La loi du 4 mars 2002 commence par poser un principe à l'article 372 : « les père et mère exercent en commun l'autorité parentale ». Cette solution est générale : elle vaut quelle que soit la filiation de l'enfant (issu ou né « en » ou « hors » mariage), dès lors que le double lien est établi (quel que soit en principe le mode d'établissement du lien), et quelle que soit la situation des parents, qu'ils soient ou non mariés.

618 **Les limites à l'exercice conjoint.** Ce principe connaît deux limites.

– *Les premières limites tiennent aux conditions d'établissement de la filiation de l'enfant.*

Dans deux cas, en effet, la loi écarte l'exercice conjoint de l'autorité (art. 372, al. 2).

Il en est ainsi en premier lieu lorsque la filiation est établie à l'égard de l'un des parents dans la première année de vie d'un enfant *et* que le second lien n'est établi à l'égard de l'autre parent que plus d'un an après la naissance : le parent juridique « premier dans le temps » reste alors seul investi de l'autorité. Neutre en la forme, la règle concerne en pratique essentiellement les mères hors mariage car ce sont le plus souvent elles qui établissent le premier lien de filiation.

Il en est ainsi en second lieu lorsque la filiation est judiciairement établie à l'égard du second parent.

Dans ces deux situations toutefois, la loi permet de passer à un exercice conjoint soit par déclaration conjointe adressée au directeur des services de greffe judiciaire du tribunal de grande instance[1], soit sur décision du juge aux affaires familiales (art. 372, al. 3).

– *La seconde limite tient à la situation dans laquelle se trouve l'un des parents.* Le décès d'un parent empêche l'exercice par lui de l'autorité (art. 373-1). Il se peut aussi que la loi le prive de cet

1. Jusqu'à la loi du 18 nov. 2016, la déclaration devait être adressée au greffier.

exercice de son vivant : ainsi s'il est hors d'état de manifester sa volonté en raison de son incapacité, de son absence, ou de toute autre cause, par exemple d'une hospitalisation (art. 373) ; ainsi encore si l'exercice de l'autorité lui est retiré parce qu'il a manqué à sa fonction parentale (art. 373-1, v. ss 640 s.).

2. La séparation des parents

619 **Maintenir si possible les modalités d'exercice de l'autorité après séparation.** L'article 373-2 du Code civil envisage le cas de la « séparation » des parents. La loi vise par cette expression toutes les désunions, qu'elles soient de droit ou de fait, et qu'elles s'attaquent à un lien légalement institué ou factuellement vécu : divorce, séparation de corps, séparation de fait d'un couple marié ou de partenaires pacsés, rupture de concubinage, dissolution de pacte civil de solidarité. Le vœu de la loi est que l'enfant conserve ses deux parents, malgré la séparation de ses auteurs. Mais la mise en œuvre de ce vœu n'est pas toujours facile.

620 **Préserver la relation parentale.** Le vœu de la loi est donc de maintenir un couple parental au-delà de la séparation du couple conjugal. Ainsi s'expliquent trois règles posées à l'article 373-2[1].

– *Le premier principe légal* est que la séparation ne change rien à l'exercice de l'autorité. Comme le dit la loi, elle est « sans incidence sur les règles de dévolution de l'exercice de l'autorité parentale ». S'il était conjoint avant la séparation, il le reste. S'il était unilatéral, il le demeure.

– *Le deuxième principe* est que chaque parent doit, d'une part « maintenir les relations avec l'enfant », d'autre part « respecter les liens de l'enfant avec l'autre parent »[2]. On s'interroge sur la sanction de telles obligations. Le juge peut-il prononcer une condamnation sous astreinte ? Peut-il sanctionner par la modification des modalités d'exercice de l'autorité ? La réalité sociologique atteste les limites du mythe du couple parental : 18 % des enfants de parents séparés ne voient jamais leur père ; la jeunesse de l'enfant

1. Sur les modifications envisagées par le projet de loi de programmation pour la Justice 2018-2022, v. art. 18 du projet n° 1548.
2. Ex. obligation d'installer Skype pour le parent séparé : CA Rouen, 22 oct. 2015, n° 14/04174.

lors de la séparation, la durée de celle-ci, le fait que le père vive seul, et la faiblesse de ses revenus sont des facteurs importants[1].

– *Le troisième principe* est que tout changement de résidence d'un parent qui a pour conséquence de modifier les modalités d'exercice de l'autorité doit être porté à la connaissance de l'autre parent préalablement et « en temps utile ». En cas de désaccord, la loi permet au parent le plus diligent de saisir le juge qui « statue selon ce qu'exige l'intérêt de l'enfant »[2]. S'il ne peut évidemment interdire au parent considéré de changer de résidence, il peut sans doute modifier les modalités d'exercice de l'autorité. La loi prévoit même qu'il peut répartir les frais de déplacement et ajuster « en conséquence » la contribution à l'entretien et à l'éducation de l'enfant.

621 **Les limites du principe.** Cette directive légale rencontre plusieurs limites.

– *La première limite* est factuelle. À partir du moment où les parents sont séparés, aucune vie commune « à trois » n'existe. La séparation parentale implique nécessairement que soit fixé le lieu où l'enfant réside. Sur la contribution à l'entretien de l'enfant, v. ss 596.

La première question est de savoir qui en décide. La loi charge le juge de déterminer la résidence de l'enfant. Il peut se borner à homologuer une convention parentale, ou accéder à la demande de l'un des parents, voire imposer ses propres vues aux deux parents. Il peut être saisi par les deux parents ou l'un d'eux, ou également par le ministère public (art. 373-2-8). Il ne lui est pas possible de renvoyer les modalités de la résidence et le droit de visite à l'accord des parties[3] ou aux modalités en vigueur dans l'espace de rencontre désigné[4].

La seconde question est de déterminer comment la résidence de l'enfant peut être fixée.

1. Étude de l'INED, *Population et sociétés*, mai 2013.
2. V. par ex. Civ. 1re, 13 avr. 2016, n° 14-24.841.
3. Civ. 1re, 26 juin 2013, n° 12-15.677.
4. Civ. 1re, 10 juin 2015, n° 14-12.592.

Elle peut, très classiquement, être fixée chez l'un des parents (art. 373-2-9)[1]. En ce cas, le juge aux affaires familiales doit statuer sur les modalités du droit de visite de l'autre parent[2], droit de visite qui peut être exercé dans un espace de rencontre désigné par le juge, à condition que cette mesure soit spécialement motivée (al. 3). Lorsque l'intérêt de l'enfant le commande ou lorsque la remise de l'enfant à l'autre parent présente un danger pour l'un d'eux, la loi permet au juge d'organiser les modalités de la remise de l'enfant à l'autre parent de telle sorte qu'elle présente toutes les garanties nécessaires (notamment prévoir qu'elle s'effectue dans un espace de rencontre qu'il désigne, ou avec l'assistance d'un tiers de confiance ou du représentant d'une personne morale qualifiée).

La résidence peut également être fixée en alternance au domicile de chacun des parents (art. 373-2-9). Autrefois condamnée en jurisprudence, puis admise de façon détournée en octroyant au parent chez lequel la résidence de l'enfant n'était pas fixée un droit de visite et d'hébergement très étendu, la résidence alternée a été officiellement introduite par la loi du 4 mars 2002, toujours dans l'espoir de préserver le double lien parental. L'accord des parents n'est pas nécessaire : le juge peut l'imposer aux deux parents ; la loi exige seulement que le juge en décide à titre provisoire avant de l'organiser définitivement. On aurait préféré que la loi encadre davantage cette solution en la subordonnant à l'intérêt de l'enfant, et en énumérant quelques critères d'appréciation, comme l'âge de l'enfant, les occupations professionnelles des parents, leurs domiciles respectifs, etc. Elle est assez marginale (moins de 15 % des cas en 2012).

– *La seconde limite* résulte de la possibilité, pour le juge, de passer à un exercice unilatéral de l'autorité, « si l'intérêt de l'enfant le commande » (art. 373-2-1)[3]. La formule restrictive

1. Crim. 6 nov. 2012, n° 11-86.857 : « en cas de divorce, la responsabilité de plein droit prévue par le quatrième alinéa de l'article 1384 incombe au seul parent chez lequel la résidence habituelle de l'enfant a été fixée, quand bien même l'autre parent, bénéficiaire d'un droit de visite et d'hébergement, exercerait conjointement l'autorité parentale ».

2. Civ. 1re, 23 nov. 2011, *Bull. civ.* I, n° 202.

3. Par ex. si le parent a des difficultés à prendre en compte des impératifs légitimes autres que les siens : Civ. 1re, 26 juin 2013, n° 12-17.275.

employée atteste la faveur légale pour l'exercice conjoint. Le texte prévoit que la loi ne peut alors priver l'autre parent de son droit de visite et d'hébergement que pour des « motifs graves »[1], et qu'il conserve le droit et le devoir de surveiller l'éducation et l'entretien de l'enfant. Il autorise en outre le juge, si nécessaire, à organiser le droit de visite et la remise de l'enfant à ce parent selon des modalités présentant toutes les garanties nécessaires, par exemple dans un espace de rencontre[2], ou avec l'assistance d'un tiers de confiance ou du représentant d'une personne morale qualifiée.

1. Le juge ne peut déléguer à l'enfant le pouvoir de décider des droits de visite : Civ. 1re, 9 nov. 2016, n° 15-20.610.
2. Sur quoi, v. Décr. n° 2012-1312 du 27 nov. 2012.

CHAPITRE 2

Le contrôle étatique de la protection parentale

622 **Fonction parentale. Intérêt de l'enfant. Contrôle étatique.** L'autorité parentale est destinée à « protéger l'enfant dans sa sécurité, sa santé et sa moralité » (art. 371-2). Cette finalité lui imprime le caractère d'un pouvoir, d'un droit-fonction, c'est-à-dire qu'elle fonde le contrôle de sa bonne mise en œuvre. Le juge aux affaires familiales exerce, de ce point de vue, une magistrature très générale (SECTION 1). Le droit envisage en outre en particulier plusieurs mesures spécifiques, destinées à répondre à d'éventuelles situations de crise (SECTION 2).

SECTION 1

LE RÔLE GÉNÉRAL DU JUGE AUX AFFAIRES FAMILIALES

623 **Apport de la loi du 4 mars 2002.** La loi du 4 mars 2002 a consacré diverses dispositions au rôle du juge aux affaires familiales.

624 **Mission générale du juge aux affaires familiales.** L'article 373-2-6 lui reconnaît d'abord une compétence générale : il lui appartient de régler « les questions qui lui sont soumises dans le cadre du

présent chapitre ». Et le texte explicite le critère qui doit guider les décisions du juge aux affaires familiales : il est chargé de sauvegarder « spécialement » les intérêts des enfants mineurs.

625 **Préserver le lien parental.** Plus novatrice est la disposition suivante, qui reconnaît au juge le pouvoir de prendre les mesures permettant de « garantir la continuité et l'effectivité du maintien des liens de l'enfant avec chacun de ses parents » (art. 373-2-6, al. 2).

Le texte est général quant aux personnes (sont concernés tous les parents et tous les enfants), même si, en pratique, il concerne principalement les parents séparés.

Le texte précise ensuite que le juge peut « notamment ordonner l'interdiction de sortie de l'enfant du territoire français sans l'autorisation des deux parents » : il s'agit d'éviter les enlèvements internationaux d'enfants, hélas trop fréquents. La loi du 9 juillet 2010 a prévu l'inscription de cette interdiction au fichier des personnes recherchées par le procureur de la République.

Il doit également être rapproché d'autres dispositions, avec lesquelles il entretient un lien étroit. Il en va ainsi de l'article 373-2, qui impose au père et mère, en cas de séparation, de « maintenir des relations personnelles avec l'enfant » et de « respecter les liens de celui-ci avec l'autre parent » (art. 373-2, al. 2, v. ss 620). Et il en va de même des articles 373-2-9 ou 373-2-1, qui permettent, le premier de prévoir une résidence alternée (v. ss 621), le second d'organiser le droit de visite du parent qui n'exerce pas l'autorité dans un espace de rencontre désigné à cet effet (v. ss 613).

Mais, au-delà de ces mesures spécifiques, la généralité de la formule employée par le texte autorise le juge à prendre toutes décisions propres à assurer la pérennité du double lien parental. On se demande seulement s'il pourrait sanctionner le parent qui ne respecte pas en fait le lien existant entre l'enfant et l'autre parent (notamment par une attitude systématique de dénigrement), ou qui ne maintient pas de relations personnelles avec l'enfant : pourrait-il le menacer de le priver de l'exercice de l'autorité, le condamner à des dommages et intérêts, le condamner sous astreinte, suspendre son droit de visite et d'hébergement, modifier la résidence de l'enfant, etc. ?

626 **Homologuer les conventions parentales.** L'article 373-2-6 confère en outre au juge aux affaires familiales un pouvoir d'homologation d'importance.

Le texte autorise en effet « les parents » à faire homologuer la convention « par laquelle ils organisent les modalités d'exercice de l'autorité parentale et fixent la contribution à l'entretien et à l'éducation de l'enfant ». Jusque-là, une telle solution n'était explicitement prévue par les textes que dans le divorce. La loi du 4 mars 2002 l'a généralisée : elle est désormais offerte à tous les parents, après, mais aussi en dehors, de toute séparation. On imagine ainsi qu'elle pourrait être utilisée par de futurs époux qui entendraient fixer les conditions d'une éducation religieuse, ou par des parents unis qui souhaiteraient stabiliser l'éducation de l'enfant. La seule limite concerne l'objet de la convention, qui doit porter sur « les modalités d'exercice de l'autorité parentale » ou « la contribution à l'entretien et à l'éducation de l'enfant ».

La première question est celle des pouvoirs respectifs des parents et du juge. Les premiers ont sans doute toute liberté dès lors du moins qu'ils ne méconnaissent pas une disposition d'ordre public (ainsi de la révisabilité sans limite de la contribution à l'entretien de l'enfant, v. ss 596) et que la convention n'est pas contraire à l'intérêt de l'enfant. Doit-elle pour autant être conforme à l'intérêt de l'enfant ? Il ne le semble pas, puisque le texte précise que le juge homologue la convention « sauf s'il constate qu'elle ne préserve pas *suffisamment* l'intérêt de l'enfant ou que le consentement des parents n'a pas été donné librement ». Il eut été plus conforme à la logique sous-tendant la loi du 4 mars 2002 de subordonner l'homologation à la conformité de la convention à l'intérêt de l'enfant.

La seconde question est celle de la portée de la convention homologuée. L'article 373-2-13 choisit la prudence en prévoyant que les dispositions de la convention peuvent être modifiées ou complétées « à tout moment » par le juge à la demande d'un parent ou du ministère public qui peut être saisi par un tiers parent ou non. Est-ce à dire que la convention n'a pas la force traditionnellement attachée à une décision de justice et que son contenu pourrait être modifié sans un quelconque changement de situation ?

627 **Résoudre les conflits parentaux.** Le juge conserve en outre le pouvoir qui était autrefois le sien de résoudre les conflits parentaux, relatifs aux modalités d'exercice de l'autorité parentale (et notamment la fixation de la résidence de l'enfant : art. 373-2-9) et à la contribution à l'entretien et l'éducation de l'enfant.

Très classiquement, il peut être saisi « par l'un des parents ou le ministère public, qui peut lui-même être saisi par un tiers, parent ou non » (art. 373-2-8). L'enfant ne peut donc pas saisir lui-même le juge

Ici comme ailleurs, le juge doit déterminer l'intérêt de l'enfant[1]. L'article 373-2-11 énumère divers éléments qu'il « prend notamment en considération ». Certains sont internes à la famille : ainsi de la pratique antérieure, des sentiments exprimés par l'enfant mineur[2], ainsi de critères qui ont trait aux parents, comme l'aptitude de chacun à assumer ses devoirs et respecter les droits de l'autre ou encore, depuis la loi du 9 juillet 2011, l'existence de pressions ou violences, à caractère physique ou psychologique, exercées par l'un des parents sur la personne de l'autre. Mais le juge peut aussi avoir recours à des expertises et enquêtes sociales. À ce sujet, l'article 373-2-12 l'autorise à donner mission « à toute personne qualifiée d'effectuer une enquête sociale », dans le but de « recueillir des renseignements sur la situation de la famille et les conditions dans lesquelles vivent et sont élevés les enfants ». Deux règles complémentaires sont destinées à préserver les intérêts des parents : si l'un d'eux conteste les conclusions de l'enquête sociale, « une contre-enquête peut être ordonnée à sa demande » ; l'enquête sociale ne peut en outre « être utilisée dans le débat sur la cause de divorce ».

La loi a reconduit les pouvoirs qu'a le juge de statuer par voie contentieuse mais elle s'est efforcée de promouvoir une solution consensuelle (art. 373-2-10). La première règle est que, en cas de désaccord, le juge « s'efforce de concilier les parties ». La seconde règle est que, pour faciliter la recherche par les parents d'un exer-

1. Par ex. pour trancher un conflit sur le baptême de l'enfant : Civ. 1re, 23 sept. 2015, n° 14-23.724.
2. Le juge qui statue sur la résidence des enfants n'a pas à préciser les sentiments exprimés par l'enfant lors de l'audition qu'il prend en considération : Civ. 1re, 22 oct. 2014, n° 13-24.945.

cice consensuel de l'autorité parentale, le juge peut « proposer » une mesure de médiation : après avoir recueilli l'accord des parents, il désigne le médiateur. La troisième règle est que le juge peut même « leur enjoindre de rencontrer » un médiateur familial, dont la mission est alors de « les informer » sur l'objet et le déroulement de la mesure. La solution s'explique au regard des vertus des accords de volonté au sein de la famille (sur quoi, v. ss 37). Elle n'est pas sans danger, toutefois, car le médiateur risque d'être moins attentif à la légalité et plus soucieux de psychologie.

Séduite par les atouts de la médiation (apaiser les tensions, prévenir les conflits à venir, économiser l'argent public, désengorger les tribunaux, etc.), la loi du 18 novembre 2016 (art. 7) a prévu, à titre expérimental et jusqu'au 31 décembre de la troisième année suivant sa promulgation, que la tentative de médiation devenait obligatoire avant toute saisine du juge d'une demande de modification d'une décision ou d'une convention relative à l'exercice de l'autorité ou à la contribution à l'entretien de l'enfant, à peine d'irrecevabilité de la demande (que le juge peut soulever d'office prévoit le texte). L'obligation cède en cas de violences commises par un parent sur l'autre ou sur l'enfant, de motif légitime, ou si la demande a pour objet l'homologation de la convention[1].

628 **Caractère toujours révisable.** En toute hypothèse, l'organisation retenue est provisoire (art. 373-2-13).

Ce caractère provisoire a une grande portée : il concerne aussi bien les décisions judiciaires relatives à l'exercice de l'autorité (et aussi, eu égard à sa nature alimentaire, à la contribution à l'entretien de l'enfant) que les dispositions de la convention homologuée (qui échappe donc à la force obligatoire commune des conventions et des décisions de justice).

La révision est largement admise : le juge peut modifier ou compléter les mesures prises ; il peut le faire « à tout moment » ; il peut être saisi par l'un des parents ou le ministère public, qui peut lui-même être saisi par un tiers, parent ou non.

1. Sur les modifications de l'art. 373-2-6 par le projet de loi de programmation pour la Justice 2018-2022, v. art. 18 du projet n° 1548.

Section 2
Les mesures particulières

629 **Des mesures spécifiques.** Si les parents ne respectent pas la finalité des pouvoirs qui leur sont conférés ou, en dehors même de tout détournement de pouvoir, ne les appliquent pas à bon escient, le droit intervient, non pour les sanctionner mais pour protéger l'enfant. Ainsi s'expliquent la mise en place d'une procédure d'assistance éducative (**§ 1**), d'une mesure judiciaire d'aide à la gestion du budget familial (**§ 2**), le retrait d'autorité parentale (**§ 3**), les règles régissant la délégation d'autorité parentale (**§ 4**) ou la situation de l'enfant confié à un tiers (**§ 5**). On ne reparlera pas ici de mesures déjà envisagées : ainsi de la procédure de délaissement parental (art. 381-1, v. ss 523) ou de l'ouverture éventuelle d'une tutelle (art. 391, v. ss 589).

§ 1. L'assistance éducative

630 **Préserver l'autorité des parents.** Créée en 1935, l'assistance éducative a été réformée par l'ordonnance du 23 décembre 1958. Dans sa version d'origine, elle se veut respectueuse de la fonction parentale : elle n'intervient qu'en cas de danger réel pour l'enfant et n'apporte aux pouvoirs parentaux que les limites strictement nécessaires à la sauvegarde de l'enfant. De nombreuses modifications, d'ampleur inégale, ont été apportées par des réformes successives (v. not. L. 22 juill. 1987, 2 janv. 2004, 5 mars 2007, 9 juill. 2010, 17 mai 2013, 14 mars 2016, 3 juin 2016, 28 févr. 2017) qui sont intervenues pour répondre au phénomène de l'enfance en danger, phénomène auquel la crise économique, sociale et morale contemporaine donne une ampleur considérable et des visages divers : enfant maltraité, enfant souffrant de l'extrême pauvreté, enfant réfugié, enfant happé par le terrorisme, etc. L'institution peine à conserver sa cohérence.

A. Les conditions

1. Les conditions de fond

631 **Danger réel couru par l'enfant.** Une mesure d'assistance éducative ne peut être envisagée que si « la santé, la sécurité ou la moralité »

d'un mineur « sont en danger » ou si « les conditions de son éducation ou de son développement physique, affectif, intellectuel et social sont gravement compromises » (art. 375). Dans la première hypothèse, le danger peut être actuel ou futur, dès lors qu'il est réel. Dans la seconde hypothèse, le texte ne vise pas « l'éducation ou le développement de l'enfant » mais « les conditions » de cette éducation... Cette précision est intentionnelle : le législateur a entendu reconnaître par là aux parents une liberté réelle dans les choix éducatifs, notamment religieux, cette liberté ne pouvant céder qu'en raison des conditions dans lesquelles l'éducation serait dispensée. Ces conditions de fond relèvent du pouvoir souverain d'appréciation du juge.

2. Les conditions de procédure

632 **Compétence judiciaire et saisine du juge.** La loi reconnaît aux parents conjointement ou isolément, à la personne ou au service auquel l'enfant a été confié, au tuteur, au ministère public[1] et même, solution rarissime en procédure, au mineur lui-même, le droit de saisir le juge. Ce dernier peut évidemment se saisir d'office, mais seulement « à titre exceptionnel ». C'est le juge des enfants qui a reçu compétence, à charge d'appel, l'affaire étant alors portée devant le tribunal de grande instance (art. 375-1).

B. Les effets

1. Les mesures provisoires avant ou pendant l'instance

633 **Nécessité de mesures rapides.** Le danger couru par l'enfant peut être suffisamment menaçant pour qu'une mesure conservatoire doive être rapidement prise (art. 375-5).

Une personne qualifiée (ou un service spécialisé) peut être chargée d'aider et conseiller la famille (ou la personne ou service auquel l'enfant a été confié). L'enfant peut même être retiré de

1. S'il a été saisi par le président du conseil départemental, il lui appartient de s'assurer que la situation du mineur entre bien dans le champ d'application de l'art. L. 226-4, CASF, ce qui implique que des mesures d'aide à domicile, d'accueil ou de prise en charge de l'enfant par le service de l'aide sociale ont déjà été prises (ou ne peuvent l'être à raison du refus de la famille ou de son impossibilité de collaborer) et qu'elles ont échoué, ou que « le danger est grave et immédiat, notamment dans les situations de maltraitance ».

son milieu actuel et remis à un centre spécialisé ou à un particulier (parent ou tiers digne de confiance...).

Ces diverses mesures peuvent être prises par le juge des enfants pendant l'instance, à titre provisoire mais à charge d'appel. Elles peuvent même, en cas d'urgence, être décidées par le procureur de la République (du lieu où le mineur a été trouvé), à charge pour lui de saisir le juge des enfants dans les huit jours, juge qui pourra maintenir, modifier ou rapporter la mesure. Si la situation de l'enfant le permet, le procureur de la République fixe la nature et la fréquence des droits de correspondance, visite, hébergement, des parents ; il peut les « réserver si l'intérêt de l'enfant l'exige ».

Lorsqu'un service de l'aide sociale à l'enfance signale la situation d'un enfant provisoirement ou définitivement privé de la protection de sa famille, le procureur de la République ou le juge des enfants demande au ministère de la Justice de communiquer, pour chaque département, les informations permettant d'orienter le mineur concerné.

La loi envisage désormais explicitement la situation « d'urgence », dans laquelle, d'une part « il existe des éléments sérieux laissant supposer que l'enfant s'apprête à quitter le territoire national dans des conditions qui le mettraient en danger », et d'autre part « l'un des détenteurs au moins de l'autorité parentale ne prend pas de mesure pour l'en protéger » : le procureur de la République peut alors, par décision motivée, interdire la sortie du territoire de l'enfant, ce pour une durée qui ne peut excéder deux mois, et est inscrite au fichier des personnes recherchées. Il doit saisir le juge compétent pour qu'il maintienne la mesure ou prononce sa main levée.

2. Les mesures d'assistance éducative

634 **Assistance des parents.** La procédure est dite d'assistance éducative car elle veut « assister » et non écarter les parents. Cette inspiration explique deux choses.

– *Le juge doit, en premier lieu, toujours s'efforcer d'obtenir l'adhésion de la famille à la mesure envisagée* (art. 375-1). La loi du 2 janvier 2004 a toutefois précisé que le juge devait se prononcer « en stricte considération de l'enfant » : façon de rappeler qu'il ne saurait être question de faire passer le respect des prérogatives parentales avant l'intérêt du mineur.

– En outre, et en second lieu, *« chaque fois qu'il est possible », le mineur doit être maintenu dans son « milieu actuel »* (art. 375-2).

Le juge doit donc en principe se borner à désigner une personne ou un service spécialisé chargé de suivre l'enfant et d'aider et conseiller la famille pour qu'elle surmonte les difficultés auxquelles elle est confrontée. Un rapport périodique est fait au juge.

La loi du 5 mars 2007 a ajouté une précision : le juge peut, lorsqu'il confie cette mission d'assistance à un service spécialisé, autoriser ce dernier à héberger l'enfant, exceptionnellement ou périodiquement, s'il est habilité à cet effet. Mais le service considéré doit informer sans délai les représentants de l'enfant et le juge et le président du conseil départemental de tout hébergement effectif. Le juge règle tout désaccord relatif à cet hébergement.

Le juge peut aussi subordonner le maintien de l'enfant dans son milieu à des obligations particulières telles que la fréquentation de tel établissement, sanitaire ou d'éducation (le cas échéant sous régime de l'internat), l'exercice d'une activité professionnelle... (art. 375-2).

La loi articule les interventions du juge des enfants et du juge aux affaires familiales : le juge de l'assistance éducative ne pourra intervenir après saisine ou décision du juge aux affaires familiales[1], que si un fait nouveau de nature à entraîner un danger pour le mineur s'est révélé postérieurement à la décision rendue relativement aux modalités d'exercice de l'autorité ou confiant l'enfant à un tiers ; les mesures qu'il pourrait prendre ne sauraient faire obstacle au pouvoir qu'a le juge aux affaires familiales de décider à qui l'enfant doit être confié. Les mêmes solutions valent en cas de séparation de corps.

La loi autorise désormais le procureur de la République à requérir directement le concours de la force publique pour faire exécuter la décision de placement.

1. Plus précisément, après qu'une demande en divorce a été formée, ou après qu'une demande a été formée relativement à la résidence de l'enfant et au droit de visite afférent à cet enfant, ou après qu'une décision a été rendue par lui relativement à l'une ou l'autre de ces demandes.

635 **Placement exceptionnel de l'enfant.**

Le mineur n'est retiré de son milieu actuel que si « la protection de l'enfant l'exige » : il est alors placé chez un tiers ou dans un service spécialisé (art. 375-3)[1].

L'article 375-4 prévoit deux compléments éventuels. Le juge peut d'abord désigner une personne (ou un service qualifié) pour aider et conseiller celui qui est chargé de l'enfant (art. 375-4). Depuis la loi du 5 mars 2007, le juge peut aussi imposer des obligations particulières (fréquentation d'un établissement sanitaire ou d'éducation, exercice d'une activité professionnelle), et exiger qu'il lui soit rendu compte périodiquement de la situation de l'enfant (art. 375-4).

Le placement dans un établissement recevant des personnes hospitalisées en raison de troubles mentaux ne peut, depuis la loi du 4 mars 2002, être ordonnée qu'après « avis médical circonstancié d'un médecin extérieur à l'établissement », pour une durée ne pouvant excéder quinze jours, la décision pouvant être renouvelée avec l'avis conforme d'un psychiatre de l'établissement d'accueil, pour une durée d'un mois renouvelable (art. 375-9).

636 **Autorité parentale.** L'autorité parentale est conservée par les parents ou celui qui l'exerçait, du moins autant que possible, c'est-à-dire dans la mesure compatible avec la mesure d'assistance éducative (art. 375-7).

Afin de prévenir toute « émancipation-expulsion », les parents doivent toutefois obtenir l'autorisation du juge des enfants s'ils souhaitent demander l'émancipation de leur enfant.

En outre, pour assurer en pratique les décisions nécessaires à l'intérêt de l'enfant, la loi du 5 mars 2007 a introduit une disposition qui permet au juge d'autoriser « exceptionnellement » la personne ou le service à qui l'enfant a été confié à accomplir un acte relevant de l'autorité parentale. Mais cette autorisation, qui doit

1. La loi du 28 fév. 2017 permet au juge des enfants, à titre expérimental, et pour une durée de trois ans à compter de sa promulgation, et sur réquisitions du ministère public, de charger un service du secteur public de la protection judiciaire de la jeunesse d'apporter aide et conseil et de suivre l'enfant, lorsque la situation et l'intérêt de ce dernier le justifient. Les frais sont à la charge de l'État. Un rapport gouvernemental sur cette expérimentation doit être remis au Parlement au moins six mois avant son terme.

être limitée dans le temps[1], ne joue que si « l'intérêt de l'enfant le justifie », et seulement « en cas de refus abusif ou injustifié ou en cas de négligence des détenteurs de l'autorité parentale » ; il appartient au demandeur « de rapporter la preuve de la nécessité de cette mesure ».

Le juge détermine le lieu d'accueil de l'enfant en suivant deux directives : assurer « l'intérêt de celui-ci » et faciliter la préservation des relations familiales[2]. Il décide de l'anonymat du lieu d'accueil « si l'intérêt de l'enfant le nécessite ou en cas de danger ».

Si l'enfant a été retiré de son milieu familial, les parents conservent un droit de correspondance, de visite et d'hébergement. Les modalités précises en sont en principe fixées par le juge ; mais il peut, « si la situation de l'enfant le permet », se contenter de fixer la nature et fréquence des droits de visite et d'hébergement, et décider que leurs conditions exactes d'exercice seront fixées conjointement par les titulaires de l'autorité et la personne ou le service à qui l'enfant a été confié, un document récapitulant ces conditions devant alors être adressé au juge et ce dernier étant saisi en cas de désaccord (art. 375-7, al. 5).

Le juge peut décider de suspendre provisoirement l'exercice des droits de correspondance, de visite ou d'hébergement, ou de l'un d'eux, mais seulement si « l'intérêt de l'enfant l'exige » (art. 375-7, al. 4). Il peut même, mais seulement par décision spécialement motivée, imposer la présence d'un tiers[3] lors de l'exercice par le ou les parents du droit de visite[4].

Que l'enfant reste ou non dans sa famille, le juge peut ordonner l'interdiction de sortie du territoire de l'enfant, pour une durée maximale de deux ans ; elle sera inscrite au fichier des personnes recherchées par le procureur de la République.

637 **Devoir d'entretien.** Les frais d'entretien et d'éducation du mineur restent à la charge de ses parents (au titre du devoir d'entretien,

---

1. Civ. 1re, 4 janv. 2017, n° 15-28.935.
2. Il s'agit plus précisément de faciliter l'exercice du droit de visite et d'hébergement des parents et le maintien des liens de l'enfant avec ses frères et soeurs.
3. Les modalités d'organisation de la visite sont fixées par décret en Conseil d'État.
4. Le tiers est désigné soit par le juge (si l'enfant est confié à une personne physique), soit par l'établissement ou le service auquel l'enfant a été confié.

v. ss 595) ou ascendants (comme débiteurs d'aliments, v. ss 690). Le juge peut toutefois les décharger en tout ou partie (art. 375-8).

638 **Portée personnelle et temporelle des mesures.** Ces mesures d'assistance éducative peuvent concerner en même temps plusieurs enfants relevant de la même autorité parentale (art. 375, al. 2).

Leur durée est fixée par la décision judiciaire, mais ne peut excéder deux ans. La mesure peut toutefois être renouvelée par décision motivée (art. 375, al. 3). En outre, la loi du 5 mars 2007 a prévu que, lorsque les parents présentent des « difficultés relationnelles et éducatives graves, sévères et chroniques, évaluées comme telles dans l'état actuel des connaissances, affectant durablement leurs compétences dans l'exercice de leur responsabilité parentale », le juge peut ordonner une mesure d'accueil par un service ou une institution pour une durée supérieure, ce afin « de permettre à l'enfant de bénéficier d'une continuité relationnelle, affective et géographique dans son lieu de vie dès lors qu'il est adapté à ses besoins immédiats et à venir » (art. 375, al. 4). Un rapport portant sur la situation de l'enfant doit être transmis au juge annuellement, et même tous les six mois pour les enfants de moins de deux ans.

En toute hypothèse, la décision peut être modifiée ou rapportée, « à tout moment », par le juge qui l'a rendue, et ce d'office ou à la demande des père ou (et) mère, ou de diverses personnes visées par les textes (la personne ou le service chargé de l'enfant ou le tuteur), sans compter, là encore, l'action éventuelle du mineur lui-même ou celle du ministère public (art. 375-6).

§ 2. La mesure judiciaire d'aide à la gestion du budget familial

639 **Aide budgétaire.** La loi du 5 mars 2007 a également créé dans le Code civil une « mesure judiciaire d'aide à la gestion du budget familial » (art. 375-9-1 et 2), qu'elle a intégrée dans une nouvelle section II-1 du chapitre premier (De l'autorité parentale relativement à la personne de l'enfant) du Titre IX (De l'autorité parentale). Cette mesure rappelle la mesure d'« accompagnement

judiciaire » que le juge des tutelles peut, depuis le 1er janvier 2009, instituer auprès d'un majeur lorsqu'une mesure d'accompagnement social n'a pas « permis une gestion satisfaisante (...) de ses prestations sociales » par l'intéressé, et que « sa santé ou sa sécurité en est compromise » (art. 495 s.).

La mesure judiciaire d'aide à la gestion du budget familial est, quant à elle, subordonnée à deux conditions. Il faut d'abord que « les prestations familiales ou le revenu de solidarité active servi aux personnes isolées ne so(ie)nt pas employées pour les besoins liés au logement, à l'entretien, à la santé et à l'éducation des enfants ». Il faut ensuite qu'un accompagnement en économie sociale et familiale (CASF, art. L. 222-3) « n'appara(isse) pas suffisant »[1]. Le juge des enfants peut alors ordonner que les prestations soient « en tout ou partie » « versées à une personne physique ou morale qualifiée » appelée « délégué aux prestations familiales ». La mission du délégué rappelle celle de l'accompagnant judiciaire : prendre toutes décisions[2] et répondre aux besoins de l'enfant, exercer une action éducative auprès de la famille « visant à rétablir les conditions d'une gestion autonome des prestations ». La mesure dure deux ans au plus, mais peut être renouvelée par décision motivée.

La loi a également reconnu au maire le pouvoir, conjointement avec l'organisme débiteur des prestations familiales, de saisir le juge des enfants pour signaler les difficultés d'une famille (art. 375-9-2).

§ 3. Le retrait d'autorité

640 **Présentation générale.** Il arrive que le comportement parental et le risque qui en découle pour l'enfant soient d'une nature telle qu'ils rendent insuffisante une simple mesure d'assistance éducative ou d'aide à la gestion du budget familial. La loi du 4 juin 1970 avait

1. Les deux conditions sont requises : Civ. 1re, 20 oct. 2010, *Bull. civ.* I, n° 205.
2. Son pouvoir de décision est plus étendu : l'accompagnant ne peut que percevoir les prestations et les gérer dans l'intérêt du majeur « en tenant compte de son avis et de sa situation familiale ». Le texte renvoyant à l'art. 472, l'accompagnant ne peut qu'engager les dépenses nécessaires, le surplus étant laissé à la libre gestion du majeur. Il n'en va pas de même ici.

donc mis en place une mesure dite de « déchéance » ou de « retrait partiel » d'autorité parentale (art. 378 s.). Les textes ont été modifiés à l'occasion de la réforme de l'adoption opérée par la loi du 5 juillet 1996, essentiellement en la forme, le législateur ayant remplacé la terminologie « déchéance », jugée infamante pour les parents, par l'expression « retrait total » d'autorité. Nonobstant quelques modifications récentes, le droit positif est assez stable, tant pour les conditions que les effets de cette mesure.

A. Les conditions

1. Le retrait d'autorité par une juridiction pénale

641 Le retrait total d'autorité peut être prononcé par une juridiction pénale dans trois cas (art. 378).

– Il peut l'être à l'encontre des père et mère qui « sont condamnés soit comme auteurs, coauteurs ou complices d'un crime ou délit commis sur la personne de leur enfant ». Cette sanction procède de ce que l'infraction pénale reprochée aux parents a directement attenté à l'enfant.

– Il peut également intervenir si la condamnation est intervenue à titre de « coauteurs ou complices d'un crime ou délit commis par leur enfant » : c'est alors leur devoir de surveillance et d'éducation, leur obligation de veiller à la moralité de l'enfant que les parents méconnaissent, de façon suffisamment grave pour que l'autorité parentale puisse leur être retirée[1].

– Il peut enfin, depuis la loi du 9 juillet 2010, être décidé si le parent a été condamné comme « auteur, coauteur ou complice d'un crime sur la personne de l'autre parent ». Les méfaits qu'un tel comportement peut avoir, en termes exemplaires sur l'enfant expliquent la solution.

2. Le retrait d'autorité par une juridiction civile

642 Le retrait d'autorité peut être prononcé par le tribunal de grande instance, en dehors de toute condamnation pénale (art. 378-1)[2].

---

1. Le Code pénal envisage spécifiquement cette question lorsque le parent fait participer le mineur à un groupement ou une entente établie pour préparer un acte terroriste : art. 421-2-4-1 réd. L. n° 2017-1510 du 30 oct. 2017.

2. Sans compter le pouvoir reconnu à la juridiction civile de retirer à un parent condamné pour l'une des infractions visées à l'article 378 du Code civil l'exercice de l'autorité parentale, alors même que la juridiction pénale ne l'aurait pas fait : Civ. 1re, 16 févr. 1988, *D.* 1988. 373.

Tel peut être le cas à l'encontre de parents qui « soit par de mauvais traitements, soit par une consommation habituelle et excessive de boissons alcooliques ou un usage de stupéfiants, soit par une inconduite notoire ou des comportements délictueux[1], soit par un défaut de soins ou un manque de direction », « mettent manifestement en danger la sécurité, la santé ou la moralité de l'enfant ». Il faut donc que certains comportements parentaux, qu'il s'agisse d'action ou d'abstention, dirigés contre l'enfant ou non, aient pour effet de mettre en danger l'intérêt de l'enfant, et ce « manifestement ». Ces conditions sont abandonnées au pouvoir souverain des juges du fond.

En outre, l'autorité peut être retirée à des parents qui se sont, volontairement et pendant plus de deux ans, abstenus d'exercer les prérogatives d'autorité que leur laissait une mesure d'assistance éducative.

Dans les deux cas, l'action est exercée par le ministère public, un membre de la famille ou le tuteur de l'enfant ou le service départemental de l'aide sociale auquel l'enfant a été confié.

B. Les effets

643 **Portée matérielle.** Le retrait est en principe total, c'est-à-dire qu'à défaut de disposition explicite contraire du jugement, il concerne tous les attributs de l'autorité parentale (art. 379), aussi bien personnels que patrimoniaux. Mais il peut n'être que partiel, si le jugement préfère se borner au retrait de certains attributs, qu'il doit alors spécifier (art. 379-1).

De ce retrait d'autorité parentale, découlent indirectement deux conséquences pour l'enfant.

La première concerne l'institution désormais chargée de sa protection. Si l'autre parent est en état d'exercer son autorité, il sera investi de ce pouvoir (art. 380). À défaut, il faudra confier l'enfant au service départemental de l'aide sociale à l'enfance ou à un tiers à charge pour celui-ci de requérir l'organisation d'une

1. Depuis la loi du 14 mars 2016, le texte précise « notamment lorsque l'enfant est témoin de pressions ou de violences, à caractère physique ou psychologique, exercées par l'un des parents sur la personne de l'autre ».

tutelle (art. 380, al. 1er). La même décision pourrait être prise alors même que le parent auquel l'autorité n'a pas été retirée est en état d'exercer sa fonction (art. 380, al. 2) : il s'agit de permettre au juge de prévenir le danger qui pourrait résulter, pour l'enfant, de la vie commune poursuivie, après la décision judiciaire de retrait d'autorité parentale, entre le parent auquel sa fonction aurait été retirée et celui encore en état de l'exercer.

La seconde est relative à l'obligation alimentaire due par l'enfant. Le retrait d'autorité parentale entraîne dispense de l'obligation alimentaire pour l'enfant, sauf disposition contraire dans le jugement de retrait (art. 379).

644 **Portée personnelle.** Là encore à défaut de disposition contraire, le retrait d'autorité vaut pour tous les enfants mineurs déjà nés au jour du jugement (art. 379, al. 1er *in fine*). Le tribunal peut toutefois préciser que le retrait ne concerne que certains des enfants déjà nés (art. 379-1).

Il semble logique de considérer, par *a contrario*, que les parents pourront exercer l'autorité sur les enfants non encore conçus au jour du jugement. Quant aux enfants conçus mais non encore nés, l'adage *Infans conceptus pro nato habetur quoties de commodis ejus agitur* impose plutôt de les assimiler aux enfants nés, le laps de temps séparant le prononcé du retrait de la naissance de l'enfant étant trop court pour que l'on puisse refaire automatiquement confiance aux parents.

645 **Portée temporelle.** Hormis le cas de l'enfant placé en vue de l'adoption (le placement fait obstacle à toute demande de restitution : art. 381, al. 2 *in fine* ; v. ss 531), le retrait d'autorité est toujours révisable : les père et mère pourront, par requête, obtenir du tribunal de grande instance restitution de tout ou partie de leurs droits. Il leur appartiendra seulement de justifier « de circonstances nouvelles » (art. 381).

Cette demande ne pourra être formée au plus tôt qu'un an après que le jugement de retrait est devenu irrévocable ou après qu'une précédente demande de restitution a été rejetée (art. 381, al. 2)

En cas de restitution, le ministère public pourra éventuellement demander la mise en place de mesures d'assistance éducative (art. 381, al. 3).

§ 4. La délégation d'autorité

646 **Indisponibilité de l'autorité.** L'indisponibilité classiquement attachée à l'autorité parentale n'a pas été abandonnée en son principe : puisqu'il s'agit d'un pouvoir que les parents doivent exercer dans l'intérêt de l'enfant, il est logique de considérer que l'institution est d'ordre public et donc hors de portée des volontés individuelles. D'où l'article 376 du Code civil : « aucune renonciation, aucune cession portant sur l'autorité parentale ne peut avoir d'effet ». Mais le texte poursuit : « si ce n'est en vertu d'un jugement dans les cas déterminés ci-dessous ». Et de fait, il est manifeste que la législation moderne est moins hostile qu'autrefois aux accords de volontés privés.

647 **Pactes et accords parentaux.** Cette constatation s'impose d'abord au vu de textes qui offrent aux parents un pouvoir de s'accorder sur l'intérêt de leur enfant.

Partant de l'idée qu'une décision judiciaire est d'autant mieux respectée par les intéressés qu'elle correspond à leur volonté personnelle et prenant acte de la privatisation progressive du droit de la famille, le législateur a d'abord reconnu au juge le pouvoir de faire produire certains effets aux accords parentaux.

Ainsi d'abord des articles 230 et 232, qui renvoient aux époux la charge d'organiser le devenir des enfants dans le divorce judiciaire par consentement mutuel, ce sous le contrôle du juge (v. ss 194 s.)[1]. Ainsi ensuite de l'article 376-1, qui permet au juge, qui statue sur les modalités de l'exercice de l'autorité parentale ou sur l'éducation d'un enfant mineur ou confie l'enfant à un tiers, d'« avoir égard aux pactes que les père et mère ont pu librement conclure entre eux à ce sujet, à moins que l'un d'eux ne justifie de motifs graves qui l'autoriseraient à révoquer son

1. L'art. 290 prévoyait, avant la loi du 4 mars 2002, que, pour statuer sur les modalités d'exercice de l'autorité parentale, le juge du divorce tenait compte des accords passés entre époux.

consentement ». Ainsi encore de l'article 373-2-11, qui permet au juge, qui statue sur les modalités de l'autorité parentale, de prendre en considération « la pratique que les parents avaient précédemment pu suivre ou les accords qu'ils avaient pu antérieurement conclure »[1]. Ainsi enfin, et surtout, de l'article 373-2-7, qui permet aux parents de soumettre au juge l'homologation de la convention par laquelle ils organisent les modalités d'exercice de l'autorité et fixent la contribution à l'entretien de l'enfant (v. ss 626).

On observe, dans tous ces cas, une même logique : réaliste sur l'aptitude des parents à préserver dans tous les cas l'intérêt de leur enfant, la loi se borne alors à reconnaître au juge le pouvoir de prendre en compte (ou en considération) ou d'avoir égard... aux « pactes », aux « accords », à la « pratique », toutes expressions s'efforçant d'écarter l'idée de contrat et de contrainte. Dans tous ces cas, le principe d'indisponibilité demeure, tempéré par le pouvoir qu'a le juge de considérer les volontés privées des parents comme constituant l'un des éléments importants de sa décision.

La loi du 18 novembre 2016 est allée au-delà en déjudiciarisant le divorce par consentement mutuel. Comme on l'a vu, ce divorce ne procède plus aujourd'hui en principe que de l'accord des deux époux, accord qui doit être contresigné par leurs avocats et déposé au rang des minutes d'un notaire (art. 229-1 v. ss 191). Ce divorce contractuel n'étant pas réservé aux époux sans enfant mineur, il en résulte que la convention doit, à peine de nullité, contenir l'organisation des rapports parentaux (art. 229-3) : modalités d'exercice de l'autorité, contribution à l'entretien de l'enfant. C'est admettre une contractualisation directe de l'autorité parentale, même adoucie : la convention aura force exécutoire sans aucun contrôle judiciaire préalable (art. 229-1 et 4) ; mais elle pourra être modifiée plus facilement que ne l'autorise le droit commun contractuel, en ce sens que la loi renvoie à l'article 373-2-13, qui permet de modifier ou

1. La loi du 4 mars 2002 s'est inspirée de l'art. 372-1-1 qui, dans un désaccord parental, prévoyait que « la pratique qu'ils avaient précédemment pu suivre dans des occasions semblables leur tiendra(it) lieu de règle ».

compléter à tout moment les dispositions des conventions parentales, ce à la demande des ou d'un parent, ou du ministère public, qui peut être saisi par un tiers, parent ou non (v. ss 626).

648 **Délégation d'autorité.** À cette prise en compte de la volonté parentale pour statuer sur l'autorité parentale et résoudre d'éventuels conflits, il faut ajouter la délégation d'autorité parentale, cette institution qu'a maintenue la loi du 4 juin 1970, et à laquelle la loi du 4 mars 2002 a apporté des modifications, le cas échéant assez considérables. Ses conditions et ses effets seront successivement envisagés.

A. Les conditions

649 La délégation peut intervenir dans diverses situations.

1. La délégation volontaire

650 La délégation peut d'abord procéder de la volonté des père et mère, mais seulement si « les circonstances l'exigent ». Les parents doivent alors, ensemble ou séparément, saisir le juge et c'est lui qui décide. Le tiers au profit duquel elle peut être réalisée est largement défini : membre de la famille ; proche digne de confiance ; établissement agréé pour le recueil des enfants ; service départemental de l'aide sociale à l'enfance (art. 377, al. 1er). Cette mesure est notamment destinée aux familles recomposées qui ne souhaitent pas créer de lien de parenté entre l'enfant et le beau-parent mais veulent conforter le rôle éducatif et l'autorité de ce dernier.

2. La délégation forcée

651 La délégation d'autorité parentale peut également intervenir sans que les parents ne se soient associés à la demande.

Il en est ainsi, soit en cas de « désintérêt manifeste » des parents (ce qui n'est pas sans rappeler la déclaration de délaissement ou le refus abusif de consentir à l'adoption, v. ss 523), soit si « les parents sont dans l'impossibilité d'exercer tout ou partie de l'autorité parentale » sur l'enfant.

En pareil cas, le juge peut être saisi par le particulier, l'établissement ou le service départemental de l'aide sociale à l'enfance ayant recueilli l'enfant ou un membre de la famille (art. 377, al. 2).

Il peut aussi l'être par le ministère public (le cas échéant avisé par le juge des enfants), en accord avec le candidat à la délégation.

3. La règle procédurale commune

652 La délégation procédera ainsi toujours de la décision du juge aux affaires familiales. En outre, et « dans tous les cas », l'article 377, alinéa 4, exige que les « deux parents » soient « appelés à l'instance ». Si l'enfant est placé sous assistance éducative, le juge des enfants doit préalablement donner son avis.

B. Les effets

653 **Portée matérielle.** La loi du 4 mars 2002 a ouvert, à côté de la délégation transfert classique, une délégation partage de l'autorité originale.

– *La délégation est en principe « une délégation-transfert »* : l'autorité sur l'enfant est « transférée » au délégataire. Elle peut être, selon la décision judiciaire et, le cas échéant, la volonté privée des parents délégants et du délégataire, soit totale, soit partielle (art. 377-1, al. 1). Dans le premier cas, les délégants perdront toute autorité, le délégataire en étant totalement investi, à l'exception du droit de consentir à l'adoption de l'enfant (art. 377-3) qui n'est jamais délégué. Dans le second cas, tout dépendra de la décision judiciaire et de l'attribut (ou des attributs), personnel(s) ou patrimonial(ux), de l'autorité, sur le(s)quel(s) elle porte.

– *La loi du 4 mars 2002 a également institué, à titre exceptionnel*[1] *« une délégation-partage » d'autorité (art. 377-1, al. 2).* Le texte limite cette hypothèse : un tel partage ne peut intervenir que « pour les besoins d'éducation de l'enfant »[2]; le ou les parents « en tant qu'ils exercent l'autorité parentale » doivent y consentir ; la délégation ne peut être faite qu'au profit d'un délégataire. Les effets d'un tel partage ne sont qu'évoqués. Le texte précise deux choses : la présomption de l'article 372-2 est applicable à l'égard des actes accomplis par le ou les délégants et le délégataire. Cela signifie donc que chacun est présumé avoir le pouvoir d'accomplir

1. « Toutefois » dit le texte.
2. On se demande ce que cette condition ajoute à celle que pose l'art. 377 : « lorsque les circonstances l'exigent ».

les actes usuels de l'autorité parentale (v. ss 607). En outre, le texte précise que « le juge peut être saisi des difficultés que l'exercice partagé de l'autorité parentale pourrait générer » : il peut être saisi par les parents, l'un d'eux, le délégataire, et aussi le ministère public. Il statue, poursuit le texte, « conformément aux dispositions de l'article 373-2-11 » (il prend notamment en considération la pratique antérieure, les sentiments de l'enfant, etc., v. ss 627).

Cette hypothèse a été instituée en 2002 principalement pour répondre au souci qu'ont certains beaux-parents de voir légalement reconnu leur rôle éducatif à l'égard de l'enfant. Elle peut aussi être utilisée pour permettre à un partenaire homosexuel de partager l'autorité avec l'auteur biologique de l'enfant[1].

654 **Portée temporelle.** Très respectueux de la fonction parentale, le législateur a prévu que cette délégation pourrait prendre fin (art. 377-2). Il en est ainsi à condition qu'il soit justifié « de circonstances nouvelles »[2] et qu'une décision judiciaire intervienne en ce sens. Mais un nouveau transfert pourrait également survenir. Les parents qui obtiendraient restitution de leur enfant devraient alors rembourser tout ou partie des frais d'entretien, sauf s'ils sont indigents.

§ 5. L'enfant confié à un tiers

655 **Plan.** L'intérêt de l'enfant impose parfois de le confier à un tiers. Là encore, la loi du 4 mars 2002 a profondément modifié les règles, au moins sur la forme. Ce sont désormais les articles 373-3 et suivants qui règlent cette question.

656 **Les cas.** L'enfant peut être confié à un tiers dans deux cas, envisagés aux articles 373-3 et 374-1[3].

1. Civ. 1re, 24 févr. 2006, *Bull. civ.* I, n° 101, *Grands arrêts*, n° 54, Civ. 1re, 20 févr. 2007, *D.* 2007. 891.
2. Sur l'incidence de la séparation du parent et du tiers délégataire, comp. Caen, 10 mars 2016, n° 15-01.208 (cessation de la délégation à raison de la séparation de la mère et de sa compagne, celle-ci ayant par ailleurs changé de sexe) et Civ. 1re, 4 janv. 2017, n° 15-28.230 (persistance de la délégation, la volonté de la mère d'y mettre fin résultant seulement de circonstances personnelles et la séparation n'ayant pas de conséquences négatives sur l'enfant).
3. Civ. 1re, 25 févr. 2009, *Bull. civ.* I, n° 38 : « seuls les parents et le ministère public, lui-même éventuellement saisi par un tiers, peuvent saisir le juge aux affaires familiales à l'effet de voir confier un enfant à un tiers ».

– *Il peut en être ainsi en cas de séparation des parents.* L'article 373-3 pose un principe : si l'un des parents décède ou se trouve privé de l'autorité parentale, l'autorité est en principe confiée à l'autre, alors même qu'il aurait été privé de certains des attributs de l'autorité par jugement prononcé contre lui. Mais le texte prévoit que le juge peut aussi « à titre exceptionnel et si l'intérêt de l'enfant l'exige » confier l'enfant à un tiers. Il envisage « notamment » le cas où l'autre parent a été privé de l'autorité parentale : on imagine sans peine la nécessité qu'il peut y avoir à soustraire l'enfant au parent auquel l'autorité a été retirée en raison des brutalités qu'il lui faisait subir, etc. La loi prévoit même qu'une telle solution peut être organisée de façon anticipée : l'article 373-3, alinéa 3, prévoit en effet que « dans des circonstances exceptionnelles », le juge qui statue sur l'exercice de l'autorité après séparation des parents peut décider, du vivant des parents, que l'enfant sera confié à un tiers en cas de décès de celui qui exerce l'autorité.

– *L'enfant peut également être confié à un tiers par le tribunal qui statue sur l'établissement du lien de filiation.* Le juge qui déclare légalement le lien, statue, « s'il y a lieu », sur l'autorité parentale et la contribution à l'entretien de l'enfant (art. 331). Il peut en outre décider de confier l'enfant à un tiers, en le chargeant de requérir l'organisation de la tutelle (art. 374-1).

657 **La désignation.** La logique du droit de l'enfance (priorité à l'autorité parentale, principe de la tutelle familiale) conduit à choisir *a priori* le tiers de préférence dans la parenté. Telle est la solution retenue par l'article 373-3, alinéa 2, dans le cas du décès du parent exerçant l'autorité après séparation du couple des auteurs de l'enfant. Le silence de l'article 374-1 peut en revanche se comprendre, vu l'absence de lien familial à laquelle correspond le plus souvent la situation de fait visée par le texte.

658 **Le fonctionnement.** Comment déterminer les pouvoirs respectifs du tiers et des parents ?

– L'article 373-4, alinéa 1er, distingue les parents et le tiers : les premiers conservent l'autorité parentale, le second n'est compétent que pour les actes usuels relatifs à la surveillance et l'éducation de l'enfant. Il en résulte donc que les père et mère peuvent visiter et héberger l'enfant, sont seuls habilités à prendre les décisions graves (inscription dans un établissement, etc.). Mais le pouvoir du tiers, qui a la charge quotidienne de l'enfant, est évidemment considérable.

– Cette distinction de deux domaines de compétence est assez théorique dans le cas de l'enfant confié au tiers par le tribunal qui établit légalement la filiation : si l'enfant est confié à un tiers, c'est que, par hypothèse, le parent « légalement déclaré » n'a pas été jugé à même de s'occuper convenablement de l'enfant et il est fort possible qu'aucune prérogative d'autorité parentale ne lui ait été confiée par le tribunal (art. 331). On comprend bien, alors, pourquoi l'article 373-4 charge en pareil cas le tiers de « requérir l'organisation de la tutelle ».

Troisième partie

La famille au-delà

659 **Plan.** La famille existe, au-delà des questions de couple ou du statut de l'enfant. Elle se traduit notamment par trois séries de règles : le nom (titre 1), l'obligation alimentaire (titre 2), le patrimoine (titre 3).

TITRE 1

LE NOM

660 **Du nom patronymique au nom de famille.** Le Code civil de 1804 consacrait le système du nom dit « nom patronymique » : le père transmettait son nom à l'enfant. Dans un souci d'égalité, la loi du 23 décembre 1985 institua un nom dit « nom d'usage » : l'enfant pouvait user du nom du parent qui ne lui avait pas transmis son nom ; mais ce nom était intransmissible à ses propres descendants. La loi du 4 mars 2002 s'est efforcée, sans y parvenir, d'instituer un nom de famille à la fois simple à déterminer et respectueux des principes de liberté et d'égalité que reçoit la famille contemporaine. Les réformes réalisées par la loi du 18 juin 2003 et par l'ordonnance du 4 juillet 2005 n'ont pas levé les critiques encourues par le système. La loi du 17 mai 2013 est donc à nouveau intervenue.

661 **Nom de la famille ou nom familial de la personne ?** La terminologie « nom de famille » ne doit pas induire en erreur : le nom n'est pas celui de la famille, c'est celui du sujet. La nouvelle terminologie résulte de ce que le nom du sujet n'est plus automatiquement celui du père (comme l'était le nom patronymique) et dépend aussi de la volonté des père et mère. Toute considération familiale n'est pas non plus absente du régime juridique du nom. La détermination du nom sera exposée (CHAPITRE 1) avant le régime du nom (CHAPITRE 2).

CHAPITRE 1

La détermination du nom

662 **Dévolution du nom par la loi et la volonté, en fonction de la filiation de l'enfant.** La loi du 4 mars 2002, modifiée par la loi du 18 juin 2003, l'ordonnance du 4 juillet 2005 et la loi du 17 mai 2013, conduisent à distinguer les principes applicables dans la famille « biologique » et ceux qui prévalent dans la famille adoptive.

SECTION 1

LE NOM DANS LA FAMILLE BIOLOGIQUE

663 **Pluralité de critères.** La dévolution de nom obéit à des règles complexes, qui associent la filiation de l'enfant, la volonté des parents, la suprématie du père (**§ 1**). La question de l'application de la loi dans le temps sera ensuite exposée (**§ 2**).

§ 1. Les principes

664 **Principes.** Le nom de l'enfant dépend largement des conditions d'établissement de sa filiation.

1. L'enfant doté de deux filiations établies au plus tard lors de la déclaration de sa naissance, ou plus tard mais simultanément

665 **Effort d'égalité.** Le droit s'efforce de mettre en place un système égalitaire et unitaire, au profit de l'enfant dont « la filiation (...) est établie à l'égard de ses deux parents au plus tard le jour de la déclaration de sa naissance ou par la suite mais simultanément ».

666 **Domaine.** L'article 311-21 vise deux catégories distinctes d'enfants.

– *L'enfant dont la filiation est établie à l'égard de ses deux parents au plus tard au jour de la naissance.* Cette catégorie regroupe plusieurs hypothèses. L'enfant conçu ou né en mariage est en principe dans cette situation : le plus souvent, il est pourvu d'un acte de naissance qui établit en même temps la maternité de la femme désignée dans l'acte et la paternité du mari de cette femme (art. 311-25 et 312 ; v. ss 420 s.) ; il peut également être doté d'une possession d'état qui sera indivisible et se sera bien souvent constituée avant la naissance (art. 310-1, 311-1 et 2, 317, v. ss 455 s.). Mais ce peut être aussi le cas de l'enfant né et conçu hors mariage : par exemple s'il bénéficie de reconnaissances simultanées de ses père et mère lors de la déclaration de sa naissance, ou avant, ou de reconnaissances successives mais intervenues avant qu'il ne soit déclaré à l'état civil (art. 316, v. ss 442 s.) ; par exemple s'il est doté de la possession d'état à l'égard de ses deux parents, que cette possession d'état s'est en même temps constituée à l'égard de chacun d'eux et qu'un acte de notoriété est intervenu au plus tard au moment de sa déclaration à l'état civil ou si les possessions d'état se sont successivement établies à l'égard de ses père et mère mais que l'acte de notoriété a existé au plus tard le jour de la déclaration de sa naissance (art. 310-1, 311-1 et 2, 317, v. ss 455 s.).

– *L'enfant dont la filiation est établie par la suite mais simultanément à l'égard de ses deux parents.* Là encore, plusieurs enfants sont susceptibles d'être concernés. Le plus souvent, il s'agira d'un enfant conçu et né hors mariage et bénéficiant d'une reconnaissance après la déclaration de sa naissance. Mais l'enfant pourrait aussi voir sa filiation légalement établie à l'égard de ses deux parents par un acte de notoriété.

667 **Système à trois branches.** En ce cas, l'article 311-21 du Code civil prévoit désormais trois règles. Le texte a été jugé conforme à la Constitution (Déc. n° 2013-669 DC 17 mai 2013).

– *Le choix volontaire.* Les parents « choisissent le nom de famille qui lui est dévolu : soit le nom du père, soit le nom de la mère, soit leurs deux noms accolés[1] dans l'ordre choisi par eux dans la limite d'un nom de famille pour chacun d'eux ». Les parents peuvent donc décider ensemble le(s)quel(s) de leurs noms l'enfant commun recevra et pourra transmettre à sa descendance. Le décret du 29 octobre 1994 a précisé les conditions de la déclaration conjointe.

– *L'absence de choix volontaire.* « À défaut de déclaration conjointe faite à l'officier d'état civil », la loi prévoit que l'enfant prend « le nom de son père ».

– *Le désaccord.* En revanche, depuis la loi du 17 mai 2013, en cas de désaccord, signalé par l'un des parents à l'officier d'état civil au plus tard le jour de la déclaration de naissance, ou lors de l'établissement simultané de la filiation, l'enfant prend les deux noms, dans la limite du premier nom de famille de chacun d'eux, accolés dans l'ordre alphabétique.

668 **Limites à la volonté parentale.** Une triple limite est apportée à la volonté parentale.

– *Un premier choix qui engage.* La première est destinée à assurer l'unité familiale du nom, un nom par « famille », c'est-à-dire par couple + enfant(s) commun(s) : « le nom précédemment dévolu ou choisi vaut pour (tous) les enfants communs » (art. 311-21, al. 3).

– *Une exigence temporelle.* La deuxième est destinée à assurer la stabilité temporelle du nom : la déclaration conjointe doit être faite au moment même de la déclaration de la naissance (v. Décr. 29 oct. 2004).

– *L'objet du choix.* La troisième est destinée à maintenir le lien entre filiation et nom : les parents ne peuvent choisir n'importe

1. La circulaire de présentation des lois relative à la dévolution du nom de famille du 6 déc. 2004 avait précisé qu'ils devaient être accolés avec un double tiret séparateur. Le système a été jugé illégal par le Conseil d'État.

quel nom ; ils peuvent seulement choisir parmi les noms qui sont les leurs. Dans ce cadre, toutefois, le droit est assez libéral : il permet aux parents de choisir soit le nom du père, soit le nom de la mère, soit les deux noms accolés dans n'importe quel ordre ; il permet même aux parents, lorsque l'un d'eux porte un « double nom de famille », de décider par déclaration conjointe de ne transmettre qu'un seul des deux noms à l'enfant.

669 **Droit des étrangers.** Deux règles bénéficient à l'enfant né à l'étranger et à l'enfant qui devient français.

Si l'enfant est né à l'étranger et a au moins un parent français, les parents qui n'auraient pas usé de leur faculté de choix au moment de la naissance pourraient faire une déclaration en ce sens au moment de la demande de transcription de l'acte de naissance, à condition que l'enfant n'ait pas encore trois ans (art. 311-21, al. 2).

Enfin, l'enfant qui devient français parce que l'un de ses parents acquiert la nationalité française et qu'il réside avec lui (art. 22-1) peut bénéficier de ce système.

2. Les autres cas

a. L'enfant n'ayant qu'une filiation légalement établie lors de la déclaration de sa naissance

670 **Nom du premier parent. Possibilité de changement de nom lors de l'établissement du second lien.** Si l'enfant n'a qu'une filiation établie au moment de la déclaration de sa naissance, l'article 321-23 prévoit un système à double détente

– *Domaine.* Sont concernés les enfants conçus et nés hors mariage qui ont été reconnus par un seul de leurs père et mère (art. 316, v. ss 442 s.), ou n'ont de possession d'état que maternelle ou paternelle (art. 310-1, 311-1 et 2, 317, v. ss 455 s.). Peuvent également être concernés les enfants conçus ou nés en mariage dont l'acte de naissance établit la maternité de la femme qu'il désigne (art. 311-25, v. ss 423 s.) mais qui est impropre à faire jouer la présomption de paternité du mari de la mère (art. 313 et 314, v. ss 433 s.).

– *Attribution du nom du parent légal. Possibilité de changement de nom.* Lorsque l'enfant ne bénéficie de filiation qu'à l'égard d'un de ses deux parents, l'article 311-23 prévoit que « l'enfant prend le nom de ce parent ». Mais la loi permet alors un changement de nom. L'alinéa 2 du texte dispose en effet que, « lors de l'établissement du second lien puis durant la minorité de l'enfant »[1], les parents peuvent, toujours par déclaration conjointe devant l'officier d'état civil, soit substituer au nom de l'enfant le nom du parent à l'égard duquel la filiation a été établie en second lieu, soit accoler leurs deux noms, dans l'ordre choisi par eux, et toujours dans la limite d'un nom de famille pour chacun d'eux. En bref, on leur ouvre la même liberté que celle que l'on offre à des parents dont l'enfant bénéficie dès la déclaration de naissance d'un double lien de filiation.

La loi pose deux limites. La première est que l'enfant doit consentir personnellement au changement de nom s'il a plus de treize ans. La deuxième est que, si le couple a d'autres enfants communs, la déclaration de changement de nom ne peut avoir d'autre effet que de donner à l'enfant le nom précédemment dévolu ou choisi par les parents pour un autre enfant commun (art. 311-23, al. 3)[2].

Enfin, on note que la loi du 17 mai 2013 n'a pas étendu à cet enfant le système prévu à l'article 311-21 en cas de désaccord parental : le désaccord conduira donc l'enfant à conserver son premier nom : *prior tempore, potior jure.*

b. L'enfant dont la filiation est établie après la déclaration de sa naissance.

671 **Enfant dont la filiation est établie après la déclaration de naissance.** La loi du 4 mars 2002 n'a rien prévu quant au nom de l'enfant qui ne bénéficie d'aucune filiation lors de sa déclaration à l'état civil. La solution antérieure demeure donc : c'est l'officier d'état

1. La déclaration conjointe ne pouvait initialement intervenir qu'au moment de l'établissement du second lien. Mais la loi de ratification de l'ordonnance du 4 juillet 2005 a supprimé cette limite temporelle.

2. En se bornant à offrir la possibilité de procéder en ce cas à une déclaration, la loi semble implicitement admettre que les parents n'en fassent pas. Ce qui porte atteinte au principe d'unité familiale du nom. On comprend la raison de la règle : éviter la perte de repères liée au changement de nom. Mais on aurait préféré que le changement de nom de l'enfant soit automatique, quitte à permettre aux parents de saisir le juge pour qu'il écarte la modification de nom si elle risque d'avoir sur l'enfant des conséquences préjudiciables.

civil qui attribue à l'enfant des prénoms (sauf indications données par la mère accouchée sous X) et un nom, ce dernier se transformant en prénom si la filiation de l'enfant est ultérieurement établie. Si l'enfant est ultérieurement adopté, ce sont les règles relatives au nom issu de l'adoption qui s'appliquent (v. ss 676 s.). Si la filiation biologique de l'enfant vient à être établie, le nom du parent en question est automatiquement dévolu à l'enfant. Mais si le second lien est ultérieurement établi, les parents pourront procéder au changement de nom par déclaration conjointe (v. ss 667 s.).

§ 2. L'application de la loi dans le temps

672 **Aménagement de la portée temporelle du nouveau système.** La loi du 4 mars 2002 devait entrer en vigueur le 1er septembre 2003. La loi du 18 juin 2003 a modifié le système et repoussé dans le temps l'application des nouvelles règles en retenant la date du 1er janvier 2005. Le droit antérieur continue en principe de s'appliquer aux enfants nés avant le 1er janvier 2005 : appliquer immédiatement le système était impossible en pratique car c'eût été totalement bouleverser l'état civil. Mais la loi a voulu permettre aux parents d'étendre dans le temps la portée égalitaire du nouveau système.

1. Le nom de l'enfant né avant le 1er janvier 2005

673 **Situation familiale de l'enfant.** Le nom de l'enfant né avant le 1er janvier 2005 reste soumis au droit antérieur : il dépend de sa situation familiale.

– *Enfant conçu ou né en mariage.* Cet enfant, qualifié de « légitime » avant l'ordonnance du 4 juillet 2005, prenait automatiquement le nom de son père. Il ne pouvait en changer qu'en conséquence d'une destruction du lien de paternité (à la suite du désaveu du père, de la contestation de la mère ou d'un tiers, voire à la suite d'une adoption). Si l'enfant était majeur, il devait consentir au changement de patronyme.

– *Enfant conçu et né hors mariage.* Cet enfant, qualifié de « naturel » avant l'ordonnance du 4 juillet 2005, était doté d'un nom plus complexe à déterminer. Si sa filiation n'était établie qu'à l'égard de son père ou de sa mère, il prenait le nom de ce parent.

Si la paternité et la maternité étaient en même temps établies, il prenait le nom de son père. Si les deux filiations étaient établies à des moments différents, il prenait le nom du parent à l'égard duquel sa filiation avait d'abord été établie (anc. art. 334-1)[1]. Les parents pouvaient toutefois, par déclaration conjointe devant le greffier du tribunal de grande instance, attribuer à l'enfant mineur le nom de son père (anc. art. 334-2). Dans les autres cas, il fallait demander le changement de nom au juge aux affaires familiales (anc. art. 334-3). Lorsque l'enfant n'avait pas de filiation paternelle établie, la loi permettait enfin au mari de la mère de donner son nom à l'enfant en faisant une déclaration conjointe à cet effet avec la mère (anc. art. 334-5), l'enfant pouvant alors, dans les deux ans de sa majorité, demander à reprendre le nom qu'il portait antérieurement.

2. Le nom du mineur de moins de treize ans au 1er janvier 2005

674 **Extension de la portée de la loi nouvelle en cas de déclaration parentale.** La loi du 4 mars 2002 avait voulu permettre aux enfants nés avant son entrée en vigueur de bénéficier de la nouvelle égalité instituée. La loi du 18 juin 2003 a adopté le même parti pris en modifiant les modalités pratiques. La loi a donc permis aux parents de demander que soit ajouté au nom que porte leur enfant mineur le nom de l'autre parent. Mais la volonté des parents a été enserrée dans des limites étroites : la déclaration conjointe ne pouvait être faite qu'une seule fois ; elle ne pouvait l'être que pour les enfants de moins de treize ans ; il ne fallait pas qu'il existe des enfants communs ayant plus de treize ans ; un nom de famille identique était attribué à tous les enfants communs ; la déclaration ne pouvait intervenir qu'avant le 1er juillet 2006.

3. L'application dans le temps de la loi du 17 mai 2013

675 **Silence de la loi du 17 mai 2013.** La loi du 17 mai 2013 n'ayant rien prévu, c'est le droit commun des conflits de lois dans le temps qui s'applique : l'entrée en vigueur va de pair avec l'application immédiate de la loi nouvelle.

1. Pour une illustration, v. Civ. 1re, 7 mai 2010, *Bull. civ.* I, n° 109. D'où la pratique des reconnaissances maternelles prénatales, permettant aux mères de donner leur nom à l'enfant.

SECTION 2

LE NOM DANS LA FAMILLE ADOPTIVE

676 **Plan.** Les effets de l'adoption sur le nom de l'enfant varient selon que l'adoption est plénière ou simple.

1. L'adoption plénière

677 **Effet de nom.** L'adoption plénière est celle qui rompt le lien de filiation avec la famille d'origine et crée un nouveau lien de filiation (v. ss 497 s.). Les effets qu'elle produit sur le nom ont été modifiés notablement avec la réforme opérée.

– *Avant la loi du 4 mars 2002,* la solution était simple (art. 357). L'adoption plénière par un couple (qui ne pouvait être qu'un couple marié) conférait à l'enfant le nom de l'adoptant. L'adoption pouvait aussi être le fait d'une personne seule. En ce cas, le nom de l'adoptant(e) était automatiquement transmis à l'enfant, sous deux réserves. La première visait l'enfant adopté par une femme mariée. Le tribunal pouvait alors décider que le nom du mari était conféré à l'adopté ; il fallait cependant que le mari y consente ; s'il était décédé ou dans l'impossibilité de manifester sa volonté, le tribunal devait consulter ses héritiers ou successibles les plus proches. La seconde concernait l'adoption de l'enfant du conjoint : une telle adoption laissait subsister la filiation d'origine à l'égard du conjoint et de sa famille, mais produisait « pour le surplus », les effets d'une adoption par deux époux (art. 356, al. 2) : l'enfant adopté portait donc le nom de son père, qu'il soit son père biologique ou son père adoptif.

– *Depuis la réforme opérée par les lois du 4 mars 2002 et 18 juin 2003, par l'ordonnance du 4 juillet 2005, et par la loi du 17 mai 2013,* le système est plus complexe (art. 357). Le premier principe est que l'enfant prend le nom de l'adoptant. Le second principe concerne l'adoption de l'enfant du conjoint, ou l'adoption d'un enfant par un couple marié : ce sont alors les époux qui déterminent par déclaration conjointe le nom dévolu à l'enfant (nom de l'un d'eux, deux noms accolés dans l'ordre choisi par eux mais dans la limite d'un seul nom pour chacun) ; le choix n'est exercé qu'une fois ; en l'absence de choix, l'enfant porte le nom de l'adoptant et de son conjoint, ou de chacun des adoptants, dans la limite du premier nom de famille de chacun, accolés selon l'ordre alphabétique[1] ; le nom dévolu ou choisi précédemment pour un enfant commun vaut pour l'adopté ; les adoptants peuvent, s'ils portent tous deux ou si l'un d'eux porte un double nom, décider de ne transmettre qu'un des noms à l'enfant.

2. L'adoption simple

678 **Effet de nom.** L'adoption simple laisse subsister le lien de filiation existant à l'égard de la famille d'origine et se borne à y ajouter un nouveau lien de filiation (v. ss 504 s.).

– *Avant la réforme opérée par la loi du 4 mars 2002*, l'adoption simple conférait à l'adopté le nom de l'adoptant qu'elle ajoutait au nom de l'adopté. Le tribunal pouvait toutefois décider d'une substitution de nom, et ce même après l'adoption, à condition toutefois que l'adopté y consente s'il avait plus de treize ans.

– *Des réformes successives*, résulte un système plus complexe (art. 363). Le nom de l'adoptant est en principe ajouté au nom de l'adopté, qui doit y consentir s'il est majeur[2]. Mais des hypothèses particulières peuvent se présenter.

Il peut arriver que l'adopté, ou l'adoptant, ou les deux, portent un double nom de famille. C'est alors à l'adoptant de choisir quel est celui de ce double nom qui sera porté par l'adopté ; l'adopté doit toutefois y consentir s'il a plus de treize ans. En cas de désaccord, ou à défaut de choix, le premier nom du double nom de l'adopté est suivi du premier nom du double nom de l'adoptant.

L'adoption peut également être le fait d'un couple marié. La loi prévoit alors qu'il appartient au couple de choisir lequel des deux noms des adoptants sera ajouté au nom de l'adopté. Si l'adopté porte un double nom de famille, les adoptants choisissent celui qu'il conserve ainsi que l'ordre des noms adjoints ; le

1. Décis. n° 2013-669 DC, 17 mai 2013, consid. 64 s., spéc. 68 : la différence de traitement avec l'enfant charnel n'est pas discriminatoire.
2. Civ. 1re, 8 oct. 2008, *Bull. civ.* I, n° 220 : le changement de nom de la personne majeure ayant fait l'objet d'une adoption simple retentit sur les enfants mineurs de l'adopté, nés avant cette adoption ; ce changement de nom ne nécessite pas le consentement personnel des enfants de l'adopté dès lors qu'ils sont âgés de moins de 13 ans au moment du jugement d'adoption ; le respect du droit de l'enfant de préserver son identité et sa vie privée et familiale ne s'oppose pas à tout changement de nom.

consentement de l'adopté de treize ans est requis. En cas de désaccord ou à défaut de choix, c'est le premier nom des adoptants dans l'ordre alphabétique qui est ajouté au premier nom de l'adopté[1].

Enfin, ces règles peuvent être écartées. En cas d'adoption de l'enfant du conjoint, le juge peut décider que l'enfant conserve son nom d'origine. En cas d'adoption par une personne, le tribunal peut, à la demande de l'adoptant, ne conférer à l'enfant que le nom de l'adoptant. Il peut aussi décider de substituer le nom choisi par les adoptants au nom de l'adopté en cas d'adoption par un couple marié : les adoptants peuvent choisir le nom de l'un d'eux ou leurs deux noms accolés dans l'ordre choisi par eux et dans la limite d'un seul nom pour chacun d'eux. La demande en question peut être formée après l'adoption. Si l'adopté a plus de treize ans, son consentement personnel à cette substitution du nom de famille est nécessaire.

1. Décis. n° 2013-669 DC, 17 mai 2013, consid. 64 s., spéc. 68 : la différence de traitement avec l'enfant charnel n'est pas discriminatoire.

CHAPITRE 2

Le régime du nom

679 **Plan.** Le nom peut, et doit, être porté par le sujet (**§ 1**). Il présente des caractères particuliers (**§ 2**).

§ 1. Le port du nom

A. Les principes

680 **Un port personnel.** Le port du nom est un droit et une obligation.

C'est *un droit*, en ce sens que le sujet peut user de ce nom et même exiger d'autrui qu'il le désigne ainsi. Ce droit existe tant dans la sphère publique que privée, en matière personnelle, professionnelle, artistique, familiale, etc.

C'est aussi *une obligation*, qui découle de la loi du 6 fructidor de l'an II : « Aucun citoyen ne pourra porter de nom ni de prénom autres que ceux exprimés par son acte de naissance ». Cette obligation est générale, et vaut dans tous les actes, de droit public ou de droit privé. Elle est même parfois sanctionnée pénalement : l'article 433-19 du Code pénal incrimine ainsi le fait dans un acte public ou authentique ou dans un document administratif destiné à l'autorité publique de prendre un nom autre que son nom légal ou de changer ou modifier le nom assigné par l'état civil.

681 **Un port réservé.** Le port du nom est réservé à ceux auxquels la loi confère ledit nom, soit à titre de nom de famille, soit à titre de nom d'usage (v. ss 682 s.).

La jurisprudence considère que tous les membres d'une famille, qu'ils usent ou non du nom considéré, peuvent agir en usurpation de nom. Aucun dommage ne doit être établi s'il s'agit d'empêcher l'usage personnel, par autrui, d'un nom que la loi ne lui permet pas de porter. En revanche, si l'action vise à interdire l'utilisation d'un nom dans une œuvre littéraire ou artistique, son succès est subordonné à la preuve qu'un risque de confusion existe avec le personnage de l'œuvre considérée. Il en va de même en cas d'action contre l'utilisation du nom d'autrui à titre de nom commercial.

B. Les limites

682 **Les limites.** La loi donne au sujet la liberté de déroger au principe du port du nom attribué par la loi. Tel est d'abord le cas de l'usage d'un pseudonyme, qui est libre dans les rapports privés (sous réserve, v. ss 680). L'anonymat peut également, le cas échéant, être conservé, sous réserve de l'intérêt qu'ont éventuellement les tiers à connaître l'identité réelle de la personne. Surtout, la loi consacre, à côté du nom dit « de famille », un nom dit « nom d'usage », qui procède d'autres sources et ne confère que la prérogative de porter le nom en question. Deux hypothèses doivent être distinguées.

683 **L'usage du nom du conjoint.** Le premier cas est le nom d'usage du conjoint.

Chacun des époux peut en effet user du nom de l'autre. Initialement fondée sur une coutume réservant le bénéfice de cet usage à la femme mariée, la solution avait été implicitement consacrée par la loi de 1975, l'article 264 précisant alors que « à la suite du divorce, chacun des époux reprend l'usage de son nom »[1]. Cette liberté est ouverte explicitement à chaque époux depuis la loi du

1. La formule est différente depuis la loi du 26 mai 2004 : *« à la suite du divorce, chacun des époux perd l'usage du nom de son conjoint »*

17 juin 2013 : chacun des époux peut porter, à titre d'usage, le nom de l'autre époux, par substitution ou adjonction à son propre nom dans l'ordre qu'il choisit (art. 225-1 réd. L. 17 mai 2013). Nul ne peut s'opposer à un tel usage, ni l'époux, ni les autres membres de la famille.

Le nom d'usage disparaît en principe en cas de divorce. À titre exceptionnel toutefois, il perdure : ainsi en cas d'accord du conjoint ; ainsi encore « s'il justifie d'un intérêt particulier pour lui ou pour les enfants » (v. ss 258).

En cas de séparation de corps, en revanche, le principe est inverse : « chacun des époux séparés conserve l'usage du nom de l'autre » ; la loi prévoit toutefois qu'un jugement peut, « compte tenu des intérêts respectifs des époux », en décider autrement (art. 300, v. ss 293).

684 **L'usage du nom du parent qui n'a pas transmis le sien.** La loi du 23 décembre 1985, en même temps qu'elle parachevait l'égalité dans les régimes matrimoniaux et la gestion des biens du mineur, s'efforçait d'insuffler son esprit dans le domaine du nom. L'article 43 prévoit ainsi que « toute personne majeure peut ajouter à son nom, à titre d'usage, le nom de celui de ses parents qui ne lui a pas transmis le sien ». Il ajoute « à l'égard des enfants, cette faculté est mise en œuvre par les titulaires de l'autorité parentale ».

Le nom d'usage confère des prérogatives limitées. Comme son nom l'indique, il donne seulement au sujet le droit de porter le nom et d'exiger des autres qu'ils le désignent ainsi. En revanche, aucune dévolution héréditaire n'est possible : le nom d'usage ne se transmet pas aux enfants. Par ailleurs, la loi se borne à autoriser l'adjonction de nom et non la substitution.

Conserve-t-il une quelconque utilité depuis l'institution du nom de famille, qui consacre une égalité plus aboutie ? Diverses différences demeurent, qui donnent au nom d'usage certains avantages. En premier lieu, le choix du nom d'usage n'est pas limité dans le temps : il peut être exercé pendant la minorité de l'enfant mais aussi après sa majorité. En deuxième lieu, le choix du nom d'usage n'est pas réservé aux parents : l'enfant peut en décider après sa majorité. En troisième lieu, le choix du nom d'usage de l'enfant mineur ne semble pas subordonné à son consentement, et ce quel que soit son âge. En quatrième lieu, le choix du nom d'usage n'est pas subordonné à l'accord des parents mais à la décision des « titulaires de l'autorité parentale », ou du juge en cas de désaccord[1] : tout dépend donc du point de savoir qui détient cette autorité. En cinquième lieu, le choix d'un nom d'usage n'est pas subordonné à l'unité du nom d'une fratrie : peu importe le nom porté par les autres enfants.

§ 2. Les caractères du nom

685 **Institution de police civile.** Le nom est un attribut particulier du sujet. Cette particularité procède de ce que le nom sert à identifier le sujet. Il en résulte plusieurs caractéristiques.

686 **Immutabilité du nom.** Le principe est que l'on ne peut changer de nom. « Aucun citoyen ne pourra porter de nom ni de prénom autres que ceux exprimés dans son acte de naissance : ceux qui les auraient quittés seront tenus de les reprendre » (art. 1er L. 6 fructidor an II). À titre exceptionnel, un tel changement peut toutefois intervenir en certains cas.

– Tel est d'abord le cas en vertu de la loi du 4 mars 2002 lorsqu'une seconde filiation vient s'ajouter à celle dont l'enfant bénéficiait déjà : les parents peuvent alors faire procéder à un changement de nom par simple déclaration conjointe (art. 311-23, v. ss 667 et 670).

– Tel est encore le cas lorsque la filiation qui a fondé la dévolution de nom est contestée avec succès ou disparaît en cas d'adoption (v. ss 501) : l'enfant perd alors automatiquement le nom de celui de ses parents à l'égard duquel la filiation est anéantie.

– Tel peut enfin être le cas sur décision administrative (art. 61).

Le changement de nom peut en premier lieu intervenir par décret du premier Ministre : le demandeur doit établir qu'il a un

1. Civ. 1re, 3 mars 2009, *Bull. civ.* I, n° 42 : lorsque les parents sont investis conjointement de l'autorité parentale sur leur enfant mineur, l'un d'eux ne peut adjoindre, seul, à titre d'usage, son nom à celui de l'autre, sans recueillir, au préalable l'accord de ce dernier ; à défaut, le juge peut autoriser cette adjonction.

intérêt légitime ; tout intéressé peut faire opposition au décret devant le Conseil d'État pendant un délai de deux mois à compter de la publication au journal officiel. Le changement de nom produit automatiquement ses effets à l'égard des enfants mineurs du demandeur s'ils ont moins de treize ans ; au-delà, leur consentement est requis ; au-delà de dix-huit ans, une demande personnelle de changement de nom doit être faite (art. 61-3). Le décret du 28 décembre 2005 précise que la demande de changement de nom de l'enfant mineur suppose l'accord conjoint des parents s'ils exercent en commun l'autorité[1] ; si l'autorité est unilatéralement exercée parce qu'une seule filiation est établie ou parce qu'un parent est écarté de cette autorité, le juge des tutelles (ou le conseil de famille si le mineur est sous tutelle) doit autoriser la demande de changement de nom par le parent qui exerce l'autorité. Deux autres procédures spécifiques de changement de nom existent : l'une, en faveur des étrangers qui souhaitent obtenir la francisation de leur nom (L. 25 oct. 1972) ; l'autre en faveur des successibles (jusqu'au 6e degré) d'un citoyen qui est mort pour la France, sans postérité, le droit leur permettant de faire ajouter le nom de leur ancêtre au leur.

687 **Indisponibilité du nom.** Le nom est indisponible : on ne peut ni céder son nom (que ce soit à titre gratuit ou à titre onéreux), ni y renoncer. Le principe est écarté à l'égard du nom commercial, qui devient un élément du fonds de commerce et se transmet avec le fonds[2].

688 **Imprescriptibilité du nom.** Le nom est imprescriptible passivement : il ne se perd pas par non-usage. La jurisprudence admet en revanche que la possession loyale et prolongée d'un nom permet le cas échéant de le porter légitimement[3]. L'application cumulée des deux règles impose de trancher entre le nom des ancêtres et le nom porté en fait : la Cour de cassation considère qu'il appartient aux juges d'apprécier s'il y a lieu d'accueillir ou non la

---

1. Le juge aux affaires familiales statuant comme juge des tutelles tranchera l'éventuel désaccord parental : Civ. 1re, 9 sept. 2015, n° 14-19.876.
2. Com. 12 mars 1985, *D.* 1985. 471. Pour les limites de l'autorisation, Civ. 1re, 24 juin 2008, *Bull. civ.* I, n° 129.
3. Une possession prolongée est requise : Civ. 1re, 23 juin 2010, *Bull. civ.* I, n° 148.

revendication, en fonction de la durée respective des possessions, de leur ancienneté, et des circonstances dans lesquelles elles se sont succédé[1].

1. Civ. 1re, 15 mars 1988, *Grands arrêts*, n° 22 ; Civ. 1re, 10 mai 2005, *Bull. civ.* I, n° 202 ; 17 déc. 2008, *Bull. civ.* I, n° 290.

Titre 2

L'OBLIGATION ALIMENTAIRE

689 **Plan.** Il conviendra d'étudier l'existence de l'obligation alimentaire (SECTION 1), puis son exécution (SECTION 2).

Section 1

L'EXISTENCE DE L'OBLIGATION ALIMENTAIRE

690 **La délimitation abstraite de l'obligation : le lien alimentaire.** Tous les liens de famille ne créent pas d'obligation alimentaire. Le droit est même assez singulièrement chiche en la matière.

– *Dans la famille par le sang*, le devoir est strictement défini : il est réservé aux parents en ligne directe et n'existe pas entre collatéraux : frère et sœur, neveu et tante, cousin et cousine, etc. Il est en revanche très fort entre parents en ligne directe. À la différence de l'obligation parentale d'entretien, qui ne pèse que sur les parents et n'existe qu'au profit de l'enfant qui ne s'est pas encore établi, l'obligation alimentaire de droit commun existe, d'une part sans limitation de degré (peu importe que les personnes soient parentes au premier[1], deuxième[2], troisième[3]... degré : art. 205), d'autre part

1. Entre parents et enfants.
2. Entre grands-parents et petits-enfants.
3. Entre arrière-grands-parents et petits-enfants.

de façon parfaitement réciproque (c'est-à-dire que les ascendants doivent des aliments aux descendants tout comme les descendants doivent des aliments aux ascendants : art. 207). Dans la famille adoptive, il faut distinguer : l'enfant adopté sous la forme plénière est traité comme un enfant charnel et bénéficie de l'obligation alimentaire exactement comme lui ; l'enfant adopté sous la forme simple conserve ses débiteurs alimentaires dans la famille d'origine et en acquiert de nouveaux dans la famille adoptive, mais la famille d'origine est tenue subsidiairement (v. ss 538 s. et 548).

– *Dans la famille par alliance*, le devoir est étroitement défini. D'abord parce qu'il n'existe que dans le mariage : ni le concubinage[1] ni sans doute le pacte civil de solidarité[2] ne créent de devoir alimentaire. Ensuite parce que le mariage ne crée de devoir alimentaire qu'entre deux catégories de personnes : il existe d'abord entre les époux eux-mêmes, sous la forme du devoir de secours (art. 212, v. ss 142 s.) ; il existe ensuite, là encore à titre réciproque (art. 207), entre chaque époux et les père et mère de l'autre, la loi précisant toutefois en ce cas que « cette obligation cesse lorsque celui des époux qui produisait l'affinité et les enfants issus de son union avec l'autre époux sont décédés » (art. 206). La doctrine regrette l'absence de devoir alimentaire du conjoint à l'égard des enfants de l'autre : l'essor du phénomène de recomposition familiale militerait effectivement pour l'instauration d'un tel devoir, au moins pendant le temps du mariage.

L'obligation alimentaire n'existe ainsi que dans un cercle étroit de parenté, par le sang ou l'alliance. Au-delà, la loi n'impose rien. Mais l'obligation naturelle permet éventuellement de pallier le silence de la loi. La jurisprudence considère en effet que celui qui, s'estimant en conscience tenu de venir en aide à un proche qui ne peut se prévaloir d'aucune créance alimentaire légale, prend

1. La solution est logique, au regard du refus d'engagement juridique des concubins.
2. Sauf à analyser le « devoir d'aide matérielle » consacré par l'art. 515-4 comme une sorte d'obligation alimentaire. L'emploi volontaire d'une terminologie différente de celle que le droit du mariage utilise (devoir de secours) conduisait dès l'origine à penser qu'il ne s'agissait pas d'une obligation alimentaire. Et la réforme du 23 juin 2006 corrobore l'interprétation : l'art. 515, al. 1er *in fine* précise désormais que « si les partenaires n'en disposent autrement, l'aide matérielle est proportionnelle à leurs facultés respectives », ce qui conduit à rapprocher l'aide matérielle de la contribution aux charges du mariage et non du devoir de secours (v. ss 351).

l'engagement de l'accomplir ou l'exécute volontairement, transforme en devoir juridiquement sanctionné ce qui n'était qu'obligation naturelle : il peut alors être contraint juridiquement de l'exécuter et ne peut réclamer le remboursement des sommes versées en se prévalant de la répétition de l'indu. La solution a été notamment appliquée entre concubins (v. ss 318) ou entre frère et sœur.

691 **La décharge exceptionnelle du débiteur.** Depuis la loi du 3 janvier 1972, l'obligation alimentaire peut, à titre exceptionnel, être écartée lorsque « le créancier aura lui-même gravement manqué à ses obligations envers le débiteur » (art. 207). L'exception est doublement encadrée, au fond, par l'exigence d'un manquement « grave » (par exemple l'abandon du débiteur par ses père et mère dans son jeune âge)[1], et en la forme, par l'exigence d'une décision judiciaire en ce sens, la Cour de cassation renvoyant l'appréciation du manquement grave au pouvoir souverain des juges du fond.

La Cour de cassation écarte par ailleurs ce texte à l'égard du devoir parental d'entretien (v. ss 596)[2] et du devoir conjugal de secours (v. ss 142)[3], l'idée étant que ces deux devoirs ne trouvent pas leur cause dans le devoir alimentaire assumé par l'enfant ou l'autre conjoint, mais dans le lien de filiation ou le lien matrimonial existant entre les personnes.

692 **La délimitation concrète de l'obligation.** Elle est soumise à un double critère.

La loi impose une obligation strictement encadrée : celle de fournir des aliments à celui qui est dans le besoin.

La condition fondamentale est donc l'existence d'un « besoin » (art. 205 s. et 208) : il faut que le créancier ne soit pas en mesure de subvenir lui-même à ses besoins, c'est-à-dire qu'il ne peut assumer les dépenses élémentaires de l'existence : nourriture, logement, habillement, santé, chauffage, etc. Il appartient à celui qui réclame des aliments d'établir que ses facultés, principalement

1. Comp. art. 379, v. ss 644.
2. Civ. 2e, 17 juill. 1985, *Bull. civ.* II, n° 139.
3. Civ. 1re, 17 janv. 1995, *Bull. civ.* I, n° 30.

en revenus du capital[1], mais aussi en force de travail[2], ne lui permettent pas de s'assumer seul.

L'obligation porte sur un objet étroitement défini. Seuls sont dus des « aliments ». Le terme ne se définit pas par référence au sens commun mais désigne toutes les dépenses nécessaires à la vie[3], du créancier et de sa famille, ainsi d'ailleurs que les frais des obsèques du créancier[4].

La délimitation de l'obligation est en outre encadrée, côté passif, par les facultés du débiteur. Le lien de famille à l'égard d'une personne dans le besoin ne suffit pas à générer l'obligation alimentaire : encore faut-il être en mesure d'assumer les aliments. La loi précise ainsi que « les aliments ne sont dus qu'à proportion de la fortune de celui qui les doit » (art. 208, al. 1er *in fine*). Il appartient aux juges du fond d'apprécier souverainement les ressources du débiteur d'aliments[5].

693 **Expression d'une solidarité familiale élémentaire.** Le double fondement du devoir alimentaire (la nécessité dans laquelle se trouve le créancier, le lien de famille existant entre les parties) explique pour partie le régime juridique spécifique de l'obligation.

L'obligation est d'ordre public. Le créancier ne peut y renoncer[6]. Les transactions sont interdites[7]. La convention que les parties pourraient conclure entre elles ne lie pas le juge, au moins pour l'avenir : il pourra augmenter les versements, ou les diminuer, s'ils ne respectent pas les canons législatifs du besoin de l'un, des facultés de l'autre.

L'obligation est strictement personnelle du côté du créancier : elle est intransmissible, que ce soit à cause de mort (la mort du débiteur supprime la cause de l'obligation)[8] ou entre vifs (la dette,

1. Civ. 1re, 17 déc. 1965, *D.* 1966. 465. Une ancienne jurisprudence considère que le créancier ne peut être contraint de vendre un bien pour pourvoir à ses propres besoins : Req. 23 févr. 1898, *DP* 1898. 1. 303. Mais il doit l'exploiter si possible : Civ. 2e, 17 déc. 1965, *D.* 1966. 465.
2. Soc. 6 mars 1985, *Bull. civ.* I, no 152 : le créancier doit prouver qu'il ne peut exercer d'activité rémunérée.
3. Civ. 28 févr. 1938, *DH* 1938. 241.
4. Civ. 1re, 14 mai 1992, *Bull. civ.* I, no 140.
5. Civ. 1re, 17 févr. 1971, *Bull. civ.* I, no 54.
6. Req. 26 juill. 1928, *DP* 1929. 1. 9, 2e esp. Il ne peut non plus renoncer aux sûretés légales ou judiciaires qui garantissent l'obligation.
7. Civ. 21 janv. 1930, *S.* 1930. 1. 322.
8. Civ. 29 mars 1950, *D.* 1950. 593.

liée à l'état de besoin du créancier, est incessible). La voie de l'action oblique est fermée, s'agissant d'un droit « personnel » du débiteur. Elle est également insaisissable. Et elle ne peut faire l'objet d'une compensation.

L'obligation est également personnelle du côté du débiteur : l'obligation ne sera pas transmise aux héritiers (qui pourront en revanche être tenus, mais à titre personnel).

Section 2
L'exécution de l'obligation alimentaire

694 L'exécution de l'obligation alimentaire pose divers problèmes : que faire en cas de pluralité de débiteurs ? ; quelles sont les modalités d'exécution de la dette ? ; quelles sont les sanctions applicables ?

§ 1. La pluralité de débiteurs

695 **Absence de hiérarchie entre débiteurs d'aliments.** Le principe est qu'il n'existe pas de hiérarchie entre les différents débiteurs : le créancier peut donc choisir librement celui auquel s'adresser pour exiger le versement d'aliments[1]. La limite tient dans la suprématie de deux obligations alimentaires spécifiques, celle que les parents assument à l'égard de leur enfant mineur, et celle que les époux assument mutuellement l'un envers l'autre : la jurisprudence considère que le conjoint ou l'enfant dans le besoin ne peut se prévaloir de l'obligation alimentaire de droit commun que s'il ne peut obtenir des aliments de la part de son époux ou de ses père et mère.

696 **Éventuel recours entre débiteurs.** À supposer qu'il existe plusieurs débiteurs tenus sur le même rang (plusieurs enfants par exemple), le créancier doit-il diviser ses poursuites ? À défaut de disposition légale instituant une solidarité, la jurisprudence semble considérer

1. Civ. 2 janv. 1929, *Grands arrêts*, n° 56.

que les codébiteurs sont tenus in solidum[1] : chacun est tenu pour le tout à l'égard du créancier. Celui qui a assumé seul le paiement des aliments dispose alors d'un recours contre les autres débiteurs « pour les sommes qu'(il) a payées excédant sa part contributive compte tenu des facultés respectives des débiteurs »[2], ce sur le fondement de la subrogation légale (anc. art. 1251-3° ; art. 1346)[3].

§ 2. Les modalités d'exécution de la dette

697 **Le quantum de l'obligation.** L'objet de l'obligation est précisément encadré (art. 208, v. ss 692). Parce que la dette est fondée sur le besoin du créancier, les aliments ne sont accordés que « dans la proportion du besoin de celui qui les réclame ». Parce qu'elle doit pouvoir être supportée par le débiteur, ils ne sont dus qu'à proportion « de la fortune de celui qui les doit ».

698 **Les formes de l'obligation.** Le plus souvent, l'obligation s'exécute sous la forme du versement d'une « pension alimentaire ». La loi permet alors au juge, pour assurer l'adéquation de la dette aux besoins du créancier et aux facultés du débiteur, d'assortir la pension d'une clause de variation, et ce « même d'office », et en fonction des « circonstances de l'espèce » (art. 208, al. 2).

Elle peut aussi s'accomplir en nature. Les parties peuvent d'abord s'entendre sur la remise de biens en pleine propriété ou en usufruit, ou sur l'attribution d'un droit d'usage ou d'habitation, ou sur l'affectation de biens productifs de revenus... La solution, que la loi donne explicitement au juge le pouvoir d'imposer, le cas échéant, aux parents en matière d'obligation parentale d'entretien (art. 373-2-2 s., v. ss 596 ; comp. en matière de prestation compensatoire, les art. 274 s., v. ss 272 s.), est, dans les autres cas, subordonnée à l'accord des parties. La loi permet toutefois au juge d'imposer une modalité particulière d'exécution en nature. Si le débiteur ne peut payer de pension alimentaire, le juge peut ordonner qu'il recevra dans sa demeure, nourrira et entretiendra, le

1. Civ. 1re, 29 mai 1974, *D.* 1975. 482.
2. Civ. 1re, 29 mai 1974, préc.
3. Le *solvens* était bien, en effet, tenu, hier, « avec d'autres » de l'obligation alimentaire. Il a bien, aujourd'hui, un intérêt légitime à payer le créancier.

créancier d'aliments : le créancier est alors tenu d'accepter l'offre faite par le débiteur (art. 210), et le parent l'offre faite par l'autre parent relativement à l'enfant commun (art. 211).

699 **La révisabilité de l'obligation.** Le principe fondamental est que l'obligation alimentaire doit toujours être en adéquation avec le double critère envisagé plus haut : les besoins du créancier, les facultés du débiteur. Il en résulte que toute modification dans la situation des parties (augmentation ou diminution des besoins, augmentation ou diminution des facultés) peut se traduire par une modification du quantum de l'obligation, que ce soit pour accroître, réduire ou supprimer la somme due (art. 209). La fixation de l'obligation, qu'elle procède d'un contrat ou d'une décision de justice, est toujours provisoire.

§ 3. Sanction de l'inexécution

700 **Sanction renforcée.** Parce qu'elle a pour objet la fourniture d'aliments, et est donc indispensable à la vie du créancier, l'obligation alimentaire bénéficie de sanctions rigoureuses.

– *Des voies d'exécution renforcées.* Une procédure de « paiement direct » de l'obligation alimentaire a été instituée par la loi du 2 janvier 1973 : elle permet, en recourant à un huissier, de prélever les revenus du débiteur directement entre les mains d'un tiers (C. pr. exéc., art. L. 213-1 s ; C. trav., art. L. 3252-5). Une loi du 11 juillet 1975 a également créé une procédure simplifiée permettant au créancier de bénéficier des voies de recouvrement applicables aux contributions directes : en cas d'échec des voies d'exécution du droit privé, le créancier peut adresser une demande au Procureur de la République, qui peut dresser un état exécutoire transmis au Trésor public (Loi n° 75-618 du 11 juillet 1975). Il est enfin possible de s'adresser aux caisses d'allocations familiales (CSS, art. L. 581-1 s. ; C. pr. exéc., art. L. 161-3)[1].

– *D'éventuelles sanctions pénales.* La sanction pénale vient également renforcer l'obligation civile : l'article 227-3 du Code pénal

1. La caisse peut verser au créancier l'allocation de soutien familial avant de se retourner contre le débiteur. Sur cette garantie contre les impayés instituée par la loi du 23 déc. 2016, v. CSS, art. L. 523-1 s. et R. 523-1 s.

sanctionne ainsi pour abandon de famille celui qui n'exécute pas une décision de justice ou une convention judiciairement homologuée imposant de verser au profit d'un enfant mineur, d'un descendant, d'un ascendant ou du conjoint une pension, une contribution, des subsides ou des prestations de toute nature dues en raison de l'une des obligations familiales prévues par le Code civil, dès lors qu'il demeure plus de deux mois sans s'acquitter intégralement de son obligation (deux ans de prison, 15 000 euros d'amende)[1].

701 **Aliments ne s'arréragent pas.** De façon apparemment paradoxale, les aliments sont soumis à une limite importante : « aliments ne s'arréragent pas ». L'adage signifie que les aliments ne sont en principe dus au créancier qui en réclame le paiement en justice qu'à compter de sa demande en justice[2]. Plutôt que de fonder la solution, comme le fait la jurisprudence, sur l'idée que, si le créancier n'agit pas, il est censé avoir renoncé au paiement[3], explication qui s'accorde mal avec l'ordre public qui dirige la matière, il suffit de faire valoir que l'inaction du créancier établit que le paiement ne lui est pas nécessaire pour vivre et prouve qu'il ne se trouve pas, *a priori*, en situation de besoin. Mais cette présomption cède devant la preuve contraire, et notamment si le créancier parvient à établir qu'il a à plusieurs reprises réclamé le paiement et accompli des actes de poursuite[4]. La règle qui veut que le créancier ne puisse ainsi réclamer le paiement des sommes dues avant l'assignation[5] trouve en outre sa limite dans l'hypothèse d'une condamnation judiciaire : c'est alors la prescription quinquennale de droit commun qui s'applique, sauf au débiteur à établir que le créancier ne se trouvait plus en état de besoin[6]. La jurisprudence soustrait l'obligation parentale d'entretien[7] et le devoir conjugal de contribution aux charges du mariage[8] à cette règle.

1. V. aussi art. 227-4 punissant de 6 mois de prison et 7 500 euros d'amende le fait de ne pas notifier au créancier d'aliments un changement de domicile dans un délai d'un mois.
2. Civ. 1re, 1er juill. 1986, *Bull. civ.* I, n° 189.
3. Req. 30 janv. 1933, *Gaz. Pal.* 1933. 1. 618.
4. Civ. 1re, 9 mai 1975, *Bull. civ.* I, n° 152.
5. L'établissement hospitalier peut poursuivre son action pour obtenir la détermination de la dette d'aliments due à compter de l'assignation et jusqu'au décès du créancier : Civ. 1re, 14 juin 2005, *Bull. civ.* I, n° 265.
6. Civ. 1re, 5 juill. 1988, *D.* 1989. 51.
7. Civ. 2e, 29 oct. 1980, *Bull. civ.* II, n° 226.
8. Civ. 1re, 8 nov. 1989, *Bull. civ.* I, n° 341.

TITRE 3

LE PATRIMOINE DE LA FAMILLE

702 Le principe est l'autonomie du patrimoine de chacun des membres de la famille. Le mariage apporte à ce principe un tempérament, tenant à l'existence éventuelle d'une masse commune, active et passive (v. ss 151 s.).

703 **Biens de famille. Suppression.** La loi du 12 juillet 1909 avait permis la constitution d'un bien de famille insaisissable, que la recodification avait étrangement placée au sein du Code de l'action sociale et des familles : « il peut être constitué au profit de toute famille (...) un bien insaisissable qui porte le nom de bien de famille » (CASF, anc. art. L. 215-1). Mais l'institution, tombée en désuétude, a été supprimée par la loi n° 2011-1862 du 13 décembre 2012. Seule demeure aujourd'hui la protection du logement familial fondée sur l'article 215 du Code civil (v. ss 145) ou sur les dispositions générales du droit commercial (déclaration d'insaisissabilité de la résidence principale ou déclaration d'affectation du patrimoine, v. C. com., art. L. 526-1 et L. 526-6).

704 **Souvenirs de famille. Invention jurisprudentielle.** Dans le silence du Code civil, c'est la jurisprudence qui a consacré la spécificité des souvenirs de famille. Une recodification civile pourrait utilement les introduire dans le Code civil, en précisant la notion et le régime.

§ 1. La notion

705 **Incertitudes notionnelles.** La notion est « floue »[1]. Elle a fait l'objet d'applications hétéroclites : des papiers (notamment la correspondance)[2], des décorations, des armes, des portraits de famille, plus généralement des tableaux familiaux, mais aussi des bijoux... ont ainsi été qualifiés. Mais c'est la détermination d'un critère général qui est difficile.

Positivement, est souvenir de famille le bien qui a une signification familiale, morale et affective, qui évoque le passé de la famille, constitue la « mémoire de la famille », pourrait figurer dans une sorte de « musée de la famille ». Il est ainsi tentant de suggérer comme premier critère celui de l'origine : le bien doit avoir une origine familiale. Mais l'origine familiale ne suffit pas. Il faut aussi que le bien ait une valeur sentimentale, familiale[3], en quelque sorte qu'il y ait « *tractatus* »[4]. Mais là aussi cette valeur affective ne suffit pas : il faut un lien objectif entre la famille et le bien considéré. Un arrêt a évoqué « un rapport direct » qu'aurait le bien « avec divers membres de la famille »[5]. Mais la définition de ce rapport direct est délicate : le « caractère historique du bien » ne suffit pas ; « la seule perpétuation de la possession par la famille » non plus ; « l'apposition des armes de la famille » pas davantage[6]...

Négativement, il était tentant de n'inclure dans cette catégorie que les biens dépourvus de valeur vénale et n'ayant de valeur que « purement morale », ou « essentiellement morale ». Mais, après en avoir ainsi décidé[7], la jurisprudence a progressivement assoupli sa position : elle s'est d'abord livrée à une sorte d'appréciation relative, en admettant que la valeur morale éclipse la valeur

1. Malaurie, *Les biens*, n° 22.
2. Civ. 1re, 21 févr. 1978, *Grands arrêts*, n° 98 : ne constituent pas des souvenirs de famille des lettres qui ne sont ni adressées ni écrites par un membre de la famille.
3. Civ. 1re, 29 mars 1995, *Bull. civ.* I, n° 115.
4. *Grands arrêts*, préc.
5. Civ. 1re, 29 mars 1995, préc.
6. Civ. 1re, 12 nov. 1998, *Bull. civ.* I, n° 311. Des membres de la famille demandaient qu'interdiction soit adressée au détenteur des biens de les vendre. La demande fut rejetée, au motif que « les biens (en question) n'(avaie)nt pas une valeur morale telle qu'ils pourraient être qualifiés de souvenirs de famille ».
7. Req. 14 mars 1939, *D.* 1940. I. 9, note Savatier ; 30 juin 1942, *JCP* 1942. II. 2254.

vénale[1] ; elle a finalement considéré que peu importait la valeur vénale du bien[2], et que seule comptait sa valeur morale[3].

§ 2. Le régime

706 **Incertitude positive et théorique.** Les solutions jurisprudentielles ont évolué et restent incertaines. Quant à la doctrine, elle peine à trouver une analyse théorique convaincante.

A. Les solutions jurisprudentielles

707 **Évolution jurisprudentielle.** Pendant longtemps, la jurisprudence s'est contentée d'affirmer que « les souvenirs de famille échappent aux règles de dévolution successorale et de partage établies par le Code civil et peuvent être confiés, à titre de dépôt, à celui des membres de la famille que les tribunaux estiment le plus qualifié »[4].

Elle écarte ainsi les règles de partage : les souvenirs de famille sont exclus de la licitation. Elle écarte aussi celles de la dévolution : outre la mise à l'écart du principe d'unité de la succession autrefois consacré à l'article 732 (qui a disparu avec la réforme du 23 juin 2006), elle soustrait l'attribution des souvenirs de famille aux critères habituels de l'ordre et du degré et considère qu'il convient de remettre le bien à « l'héritier le plus qualifié ». Cette « qualité », qui est indépendante du lien de famille avec le défunt (il peut s'agir aussi bien du conjoint, de l'aîné des descendants, de l'héritier le plus apte...), est souverainement appréciée par les juges du fond, à défaut d'un accord entre les membres de la famille[5].

Quelles sont alors les prérogatives des différents héritiers ? L'héritier auquel le souvenir est remis bénéficie, selon la jurisprudence, des « droits conférés au gardien dépositaire, droits

1. Civ 1re, 21 févr. 1978, préc. : il s'agissait d'un manuscrit de Zola évalué à plusieurs milliers de francs. Comp. Terré, Simler, *Les biens*, n° 771.
2. Civ. 2e, 29 mars 1995, préc.
3. Civ. 1re, 12 nov. 1998, préc.
4. Req. 14 mars 1939 et 30 juin 1942, préc., Civ. 1re, 21 févr. 1978, préc.
5. Civ. 1re, 29 nov. 1994, *Bull. civ.* I, n° 354.

exclusifs de toute appropriation individuelle »[1]. Cela revient à exclure le droit de propriété[2]. Cela revient à affirmer l'existence d'un dépôt et la garde du bien. Quant aux prérogatives des autres membres de la famille, elles consistent seulement en un libre accès au bien : la jurisprudence reconnaît ainsi aux non-adjudicataires le droit de prendre copie des biens considérés.

Cette jurisprudence n'est pas sans rappeler celle relative aux bijoux de famille. Lorsque les bijoux remis à titre de cadeaux lors de fiançailles ou à l'occasion du mariage sont des bijoux de famille, la jurisprudence analyse la remise comme intervenue à titre de prêt et non de donation : la restitution s'impose alors au moment de la rupture des fiançailles ou de la dissolution du mariage, quelles que soient les circonstances de la rupture (quelle que soit l'imputabilité de la rupture des fiançailles ou du mariage) et la valeur du cadeau[3]. La raison est simple : il s'agit d'assurer la conservation des bijoux dans la famille.

708 **Indisponibilité des souvenirs de famille ?** Mais les solutions aujourd'hui retenues semblent procéder d'une autre logique.

La jurisprudence tend en effet à considérer que la qualification « souvenir de famille » entame la disponibilité du bien. Elle limite en effet le pouvoir de libre disposition du propriétaire, qui ne peut céder le bien à un tiers à la famille : la Cour de cassation a ainsi admis qu'il soit fait interdiction de vendre des biens qui « présentent un rapport direct avec divers membres de la famille d'Orléans, descendants ou alliés du roi Louis Philippe et sont revêtus d'une grande valeur affective »[4].

---

1. Req. 30 juin 1942, *JCP* 1945. II. 2245.
2. Au décès du dépositaire, le bien n'est pas transmis selon les règles successorales : il est recueilli par le successeur que le dépositaire s'est choisi parmi les membres de la famille pour assurer la conservation du souvenir.
3. Civ. 1re, 20 juin 1961, *D.* 1961. 641, *JCP* 1961. II. 12352, La Rochefoucauld ; Civ. 1re, 19 déc. 1979, *D.* 1981. 449. Civ. 1re, 23 mars 1983, *Grands arrêts*, n° 92. Traditionnellement, la règle qui veut que les donations intervenues en faveur du mariage soient caduques si le mariage ne survient pas (art. 1088) est écartée en cas de menus cadeaux ou pour prendre en compte la responsabilité du donateur dans la rupture. Le statut de la bague de fiançailles échappe à ces règles, si elle a une origine familiale : elle doit toujours être restituée, quelle que soit l'imputabilité de la rupture. Et il en va de même dans le divorce. C'est que la remise d'un bijou de famille est *a priori* analysée comme réalisée au titre d'un prêt (ou un dépôt), d'où résulte que le divorce, comme la rupture de fiançailles, conduisent à sa restitution.
4. Civ. 2e, 29 mars 1995, *JCP* 1995. II. 22477, *RTD civ.* 1996. 420, *D.* 1995. somm. 330 : le comte et la comtesse de Paris se virent interdire la vente aux enchères publiques de biens mobiliers leur appartenant et ayant illustré la maison d'Orléans au motif qu'il s'agissait de souvenirs de famille.

La doctrine se demande si la qualification ne fait pas obstacle également à la saisie par les créanciers du dépositaire. Pareille indisponibilité pose problème, tant au regard du principe de la libre propriété, qu'au regard de l'intérêt des créanciers, ce qui explique que la doctrine s'emploie à la limiter. Surtout, elle atteste implicitement une mutation de l'analyse technique. La personne autrefois désignée ne pouvait disposer du bien car elle n'en était pas propriétaire mais seulement dépositaire. Affirmer désormais que la qualification vient limiter la libre disponibilité du bien revient à reconnaître l'existence d'un droit de propriété divis affecté de charges dans l'intérêt des autres membres de la famille.

B. L'analyse doctrinale

709 **Dérogation au droit de propriété.** Deux analyses s'opposent. Elles ont en commun de déroger fortement à la théorie générale de la propriété, soit qu'elle exclut le droit de propriété, soit qu'elle l'admette mais en le limitant fortement[1].

Un premier courant soutient que le « dépositaire » est en réalité propriétaire, mais qu'il doit respecter les droits des autres héritiers, auxquels le droit reconnaît un droit d'accès et de reproduction. La spécificité du droit de propriété ainsi dégagé tient alors dans le fait qu'il y a propriété individuelle grevée d'une affectation familiale[2].

L'analyse est rejetée par ceux qui s'en tiennent aux décisions qui affirment l'existence, au profit de l'héritier auquel ont été remis les souvenirs de famille, d'un droit « exclusif de toute appropriation individuelle »[3], ou d'un « dépôt »[4]. Mais la difficulté est alors de déterminer qui est propriétaire. Trois réponses sont proposées.

La première consiste à se prévaloir d'une personnification de la famille, et à inclure les souvenirs de famille dans le patrimoine

1. Barbieri, « Les souvenirs de famille : mythe ou réalité juridique », *JCP* 1984. I. 3156.
2. Guinchard, « L'affectation des biens en droit privé français », 1976, n° 173 s. ; Barbieri, art. préc.
3. Req. 30 juin 1942, préc.
4. Civ. 1re, 21 févr. 1978, préc.

de la personne morale ainsi reconnue[1]. À quoi l'on objecte généralement que la propriété de la famille est une explication peu convaincante car elle ressuscite la thèse de la personnalité morale de la famille[2], thèse incertaine tant il est vrai qu'on peine à identifier les membres de ladite personne morale, ses organes, etc. (v. ss 14)[3].

La deuxième consiste à ne voir dans ces solutions que la « rémanence d'une forme archaïque de propriété commune totalement étrangère à l'indivision et à la conception moderne des biens fondée sur la disponibilité », ressemblant à d'anciennes formes de propriétés[4] : « les souvenirs de famille n'appartiennent à personne » ; il s'agit d'une propriété vraiment collective, en ce sens que la chose commune n'est pas soumise à des droits de propriété individuels et concurrents mais à un seul droit de propriété exercé de manière communautaire[5]. Si l'on admet ainsi que la chose appartient au groupe lui-même, la propriété est impartageable, le bien indisponible, le lien entre le bien et le groupe est perpétuel et le sort de la jouissance du bien est réglé par le chef de famille. L'explication ne coïncide pas vraiment avec les droits individuels d'accès reconnus aux membres de la famille. Elle dépasse en outre pour l'heure la jurisprudence, qui s'est contentée d'empêcher l'héritier de vendre, mais n'a pas consacré l'insaisissabilité du bien. Enfin, elle suppose reconnue une forme de propriété étrangère à notre système juridique.

La troisième, la plus largement partagée dans la doctrine contemporaine, consiste à retenir une copropriété indivise familiale échappant au droit commun de l'indivision à divers égards[6] :

1. C'était l'explication de Demogue, « Les souvenirs de famille et leur condition juridique », *RTD civ.* 1928. 27 ; v. aussi Savatier, *DP* 1940. I. 9.
2. Savatier, « Une personne morale méconnue, la famille en tant que sujet de droit », *D.* 1939. chron. 49.
3. V. pourtant Reynaud-Canon, « Les souvenirs de famille : une étape vers la reconnaissance de la personnalité morale de la famille », *D.* 1987. 46.
4. Telles la propriété en main commune ou la propriété tribale ou encore la communauté de biens de main-morte pratiquée au Moyen-Âge.
5. Zenati, *RTD civ.* 1989. 773 s. et 1996. 420.
6. Civ. 1re, 29 nov. 1994, préc. Le duc de Gramont revendiquait des tableaux qui lui avaient été remis par son père à titre de dépôt, et que son mandataire avait remis à deux cohéritiers. La Cour de cassation a alors affirmé que les souvenirs de famille, dont la propriété était indivise entre le possesseur et d'autres personnes, constituaient une universalité mobilière échappant à l'art. 2276 du Code civil. La décision présentait trois intérêts : elle consacrait une propriété indivise des souvenirs de famille, elle admettait l'existence d'une universalité mobilière, elle la soustrayait au jeu de l'art. 2276.

admission d'une indivision perpétuelle par exclusion du partage ; choix de l'héritier dépositaire par les héritiers et, en cas de difficulté, par le juge.

710 **Création d'une fondation ?** La création d'une fondation privée à affectation familiale, suggérée en doctrine[1], aurait le mérite de fournir une justification technique solide à ces solutions, sans heurter la théorie générale du droit de propriété, tout en insistant symboliquement sur l'existence d'un groupe familial et le dépassement des intérêts égoïstes de chacun dans l'intérêt de tous. Une belle leçon de solidarisme familial en somme.

1. Barbieri, art. préc., n° 26 s.

INDEX

Les chiffres renvoient aux numéros de paragraphes.

A

B

C

E

F

G

H

I

J

L

M

N

O

U

V

TABLE DES MATIÈRES

PHOTOCOMPOSITION NORD COMPO
59650 VILLENEUVE D'ASCQ

717815 (I) - OSB-P 60g - NOR (CDR)
Achevé d'imprimer en France en mars 2019
dans les ateliers de Normandie Roto Impression s.a.s.
61250 Lonrai
N° d'imprimeur : 1802968
Dépôt légal : mars 2019